Princípios de marketing de serviços
Conceitos, estratégias e casos

Tradução da 4ª edição norte-americana

Dados Internacionais de Catalogação na Publicação (CIP)
(Câmara Brasileira do Livro, SP, Brasil)

B329p   Bateson, John E. G.

Princípios de marketing de serviços : conceitos, estratégias e casos / John E. G. Bateson, K. Douglas Hoffman ; tradução técnica Cristina Bacellar ; revisão técnica Ana Akemi Ikeda, Marcelo Barbieri Campomar. — [3. ed.]. — São Paulo, SP : Cengage Learning, 2016.
568 p. : il. ; 24 cm.

VInclui índice e glossário.
Tradução da 4ª edição norte-americana.
ISBN 978-85-221-2388-9

1. Marketing de serviços. 2. Comportamento do consumidor. 3. Estratégia. 4. Satisfação do consumidor. I. Hoffman, K. Douglas. II. Título.

CCDU 658.8
CDD   658.8

Índice para catálogo sistemático:
1. Marketing de serviços 658.8
(Bibliotecária responsável: Sabrina Leal Araujo — CRB 10/1507)

Princípios de marketing de serviços
Conceitos, estratégias e casos

Tradução da 4ª edição norte-americana

JOHN E. G. BATESON
Consultor independente

K. DOUGLAS HOFFMAN
Professor de Marketing
University Distinguished Teaching Scholar
Colorado State University

Tradução técnica
Cristina Bacellar
Professora de Marketing e coordenadora do mestrado da International Business École de Management de Normandie – França

Revisão técnica
Ana Akemi Ikeda
Professora titular da Faculdade de Economia, Administração e Contabilidade da Universidade de São Paulo (FEA-USP). Bacharel, mestre, doutora e livre docente em Marketing pela FEA-USP. Vice-coordenadora do MBA Marketing da Fundação Instituto de Administração (FIA) e autora de diversos livros e artigos sobre marketing.

Marcelo Barbieri Campomar
Professor de Marketing da Fundação Instituto de Administração (FIA). Mestre e doutorando em Marketing pela FEA-USP. Contador pela FEA-USP, economista pela Faculdade de Economia, Administração e Contabilidade da Pontifícia Universidade Católica de São Paulo (FEA-PUC-SP), gerente do MBA de Marketing de Serviços da FIA e autor de artigos sobre marketing.

Austrália • Brasil • Japão • Coreia • México • Cingapura • Espanha • Reino Unido • Estados Unidos

Princípios de marketing de serviços: conceitos, estratégias e casos – Tradução da 4ª edição norte-americana

3ª edição brasileira

John E. G. Bateson e K. Douglas Hoffman

Gerente editorial: Noelma Brocanelli

Editora de desenvolvimento: Viviane Akemi Uemura

Supervisora de produção gráfica: Fabiana Alencar Albuquerque

Título original: Services marketing – 4th edition

(ISBN 13: 978-0-538-47645-4; ISBN 10: 0-538-47645-1)

Tradução técnica: Cristina Bacellar

Revisão técnica: Ana Akemi Ikeda e Marcelo Barbieri Campomar

Copidesque: Carlos Villarruel

Revisão: Mayra Clara Albuquerque Venâncio dos Santos e Bel Ribeiro

Diagramação: Cia. Editorial

Indexação: Casa Editorial Maluhy

Capa: BuonoDisegno

Imagem da capa: Brian A Jackson/Shutterstock

Especialista em direitos autorais: Jenis Oh

Pesquisa iconográfica: ABMM

Editora de aquisições: Guacira Simonelli

© 2011 Cengage Learning
© 2016 Cengage Learning Edições Ltda.

Todos os direitos reservados. Nenhuma parte deste livro poderá ser reproduzida, sejam quais forem os meios empregados, sem a permissão por escrito da Editora. Aos infratores aplicam-se as sanções previstas nos artigos 102, 104, 106, 107 da Lei nº 9.610, de 19 de fevereiro de 1998.

Esta editora empenhou-se em contatar os responsáveis pelos direitos autorais de todas as imagens e de outros materiais utilizados neste livro. Se porventura for constatada a omissão involuntária na identificação de algum deles, dispomo-nos a efetuar, futuramente, os possíveis acertos.

A Editora não se responsabiliza pelo funcionamento dos *links* contidos neste livro que possam estar suspensos.

Para informações sobre nossos produtos, entre em contato pelo telefone **0800 11 19 39**
Para permissão de uso de material desta obra, envie seu pedido para **direitosautorais@cengage.com**

© 2016 Cengage Learning. Todos os direitos reservados.
ISBN 13: 978-85-221-2388-9
ISBN 10: 85-221-2388-8

Cengage Learning
Condomínio E-Business Park
Rua Werner Siemens, 111 – Prédio 11 – Torre A – Conjunto 12
Lapa de Baixo – CEP 05069-900 – São Paulo – SP
Tel.: (11) 3665-9900 Fax: 3665-9901
SAC: 0800 11 19 39
Para suas soluções de curso e aprendizado, visite
www.cengage.com.br

Impresso no Brasil
Printed in Brazil
1 2 3   17 16 15

Para Dori, Lorna, Jonathan e Thomas
John Bateson

Para Brittain, Emmy, Maddy e meus pais
Doug Hoffman

Prefácio

O principal objetivo do livro *Princípios de marketing de serviços: conceitos, estratégias e casos* é fornecer elementos que não apenas introduzam o aluno no campo do marketing de serviços, mas também o familiarizem com questões relativas ao atendimento ao cliente. Além de conhecimento tradicional em gestão, o mundo dos negócios atual demanda mais competência dos funcionários em desenvolvimento de processos de serviços eficazes, construção de *servicescapes* (ou ambiente físico) significativos e mensuração da satisfação do cliente e da qualidade do serviço, além de competência na recuperação de serviços, aspecto essencial no crescimento e na manutenção da base atual de clientes.

Abordagem

Seguindo a mesma abordagem filosófica utilizada nas edições anteriores, a quarta edição de *Princípios de marketing de serviços: conceitos, estratégias e casos* analisa a utilização de marketing serviços como uma ferramenta competitiva a partir de uma perspectiva mais ampla. Consequentemente, encaramos o marketing de serviços não apenas como uma ferramenta de marketing para empresas de serviços, mas também como uma forma de vantagem competitiva para as empresas que comercializam produtos em relação ao aspecto tangível do contínuo do produto. Como resultado, os exemplos de empresas utilizados ao longo do livro refletem uma ampla gama de negócios que representam os nove subsetores da economia de serviços, incluindo educação e serviços de saúde, atividades financeiras, governo, informação, lazer e hospitalidade, serviços profissionais e para empresas, transporte e serviços públicos, comércio atacadista e varejista, e outros serviços, bem como as empresas que produzem produtos tangíveis.

Em suma, o *setor de serviços* (setor terciário) é uma das três categorias principais de uma economia desenvolvida – as outras são indústria (secundário) e agropecuária (primário). Tradicionalmente, as economias, em todo o mundo, tendem a se desenvolver de uma *economia agrícola* para uma *economia industrial* (por exemplo, fabricação, mineração etc.) e, em seguida, para uma *economia de serviços*. O Reino Unido foi a primeira economia do mundo moderno a fazer essa transição. Vários outros países, como Estados Unidos, Japão, Alemanha e França, fizeram essa transição, e muitos mais se juntarão a esse grupo em ritmo acelerado.

Continuamos a viver tempos interessantes! O aumento da taxa de transformação de uma economia agropecuária em industrial e esta em uma economia baseada em serviços tem sido provocado por um mercado internacional altamente competitivo. Simplificando, como os bens são mais propícios para o comércio internacional do que os serviços, estes se tornam mais vulneráveis a ações da concorrência. Em outras palavras, os países que industrializaram suas economias primeiro, eventualmente, se veem sob ataque de outros países que ainda estão no processo de transição de uma economia agropecuária para uma economia industrial. Os países "recém-chegados" oferecem menores custos de produção (especialmente em termos de mão de obra), o que é atraente para a indústria. Assim, à medida que os setores industriais migram de um país para outro, os países "abandonados" passam a depender mais do crescimento dos próprios setores de serviços como base de suas economias. Esse processo se repete sempre que outros países menos desenvolvidos entram na disputa, o que facilita a transformação das economias agropecuárias e industriais em economias de serviços.

Estrutura do livro

Princípios de marketing de serviços: conceitos, estratégias e casos está dividido em três partes principais.

Parte I: Visão geral de marketing de serviços
A Parte I concentra-se na definição de marketing de serviços e aborda em detalhes conceitos e estratégias fundamentais que diferenciam o marketing de serviços do marketing de bens tangíveis. O principal objetivo dessa parte é estabelecer uma base de conhecimentos essenciais que serão aprofundados ao longo do livro.

O Capítulo 1, "Introdução aos serviços", apresenta uma introdução ao campo de marketing de serviços. Estabelece a importância do setor de serviços na economia mundial e a necessidade de uma qualificação em marketing de serviços. O Capítulo 2, "Setores de serviços tradicionais e considerações éticas", fornece uma visão geral do setor de serviços e enfoca os nove subsetores da indústria de serviços e as mudanças mais importantes que estão ocorrendo nesse setor da economia. Além disso, o capítulo apresenta uma análise aprofundada da ética no setor de serviços. As diferenças entre bens e serviços criam oportunidades que podem encorajar a má conduta ética. O Capítulo 3, "Diferenças fundamentais entre bens e serviços", concentra-se mais profundamente nas diferenças entre bens e serviços, ou seja, intangibilidade, inseparabilidade, heterogeneidade e perecibilidade, e nas respectivas implicações gerenciais. Abordam-se ainda possíveis soluções para minimizar as consequências negativas dessas características únicas de serviços.

Os capítulos 1, 2 e 3 introduzem os fundamentos da experiência de serviços, fornecem uma visão geral das indústrias de serviços e considerações éticas, e detalham os desafios específicos associados ao marketing de serviços. O restante do livro é organizado em torno da estrutura apresentada na Figura 3.5. Como o consumidor é o coração do marketing de serviços, o Capítulo 4, "Comportamento do consumidor de serviços", concentra-se na compreensão do comportamento dos clientes, pois são eles que selecionam os fornecedores e avaliam o próprio nível de satisfação com base no serviço recebido. Nesse capítulo, há conceitos e estruturas relacionados aos mecanismos utilizados pelas empresas de serviços para adaptar os próprios *mixes* de marketing, com o propósito de refletir as mudanças nas necessidades dos clientes.

Parte II: Aspectos táticos do mix de marketing de serviços
Um dos conceitos mais básicos de marketing é o *mix* de marketing (ou composto de marketing), que representa as variáveis que a organização controla. Essas variáveis podem ser usadas para influenciar os processos de escolha dos consumidores e avaliar a satisfação deles com o serviço. O *mix* de marketing tradicional é muitas vezes expresso como os 4Ps – produto, praça (ou ponto), preço e promoção. Como ilustrado na Figura 3.5, em função das diferenças fundamentais entre bens e serviços, o *mix* de marketing de serviços pode ser redefinido e ampliado, de modo a apresentar três variáveis adicionais relativas a *processo*, ambiente físico e *pessoas*.

Dada a importância do *mix* de marketing de serviços, a Parte II enfoca os *aspectos táticos do mix de marketing de serviços*, destacando as variáveis que devem ser enfatizadas quando uma empresa compete em ambientes de marketing de serviços. Mais especificamente, o Capítulo 5 – "Foco nos processos de serviço" – familiariza os estudantes de marketing de serviços com os conceitos de operações e explica a importância estratégica de equilibrar as funções de operações e de marketing em operações de serviços; o Capítulo 6 – "Considerações para a precificação em serviços" – trata de aspectos relacionados à *determinação* de preço no setor de serviços; o Capítulo 7 – "Promoções eficazes em serviços" – apresenta uma visão geral da estratégia de comunicação aplicada ao marketing de serviços; e o Capítulo 8 – "Gerenciamento do *servicescape* e outras evidências físicas" – fornece uma compreensão da importância das evidências físicas das empresas de serviços sobre as percepções dos clientes em relação à qualidade dos serviços prestados. Por fim, os capítulos 9 e 10 – "Pessoas como estratégia: como gerenciar o pessoal de serviços" e "Pessoas como estratégia: como gerenciar os consumidores de serviços" – exploram as "questões relativas a pessoas" em torno do marketing de serviços.

Parte III: Implementação de estratégias bem-sucedidas de serviços
O papel do marketing em relação ao restante da organização é o tema da Parte III do livro, focada na avaliação e implantação de estratégias de sucesso em serviços. O marketing está no centro de cada uma dessas estratégias, mas a execução depende da mobilização de todas as funções: operações, recursos humanos e marketing. O Capítulo 11 – "Fundamentos da mensuração da satisfação do cliente" – explora aspectos relacionados à mensuração e ao gerenciamento da satisfação do cliente. O Capítulo 12 – "Qualidade de serviços: como identificar e corrigir as lacunas" – aprofunda o conteúdo do Capítulo 11 e amplia a nossa compreensão de como os consumidores avaliam os serviços e do conceito de longo prazo de qualidade do serviço. Em função da complexidade das várias relações envolvidas em um encontro de serviço típico, falhas de serviço são inevitáveis. Entretanto, em razão da inseparabilidade, muitas vezes é possível recuperar uma situação de falha durante um encontro de serviço. O Capítulo 13 – "Gerenciamento de falhas de serviços e implementação de estratégias de recuperação de serviços" – apresenta os conceitos relativos a reclamações e ao gerenciamento da recuperação de serviços.

Dada a atual situação concorrencial entre muitas empresas de serviços, o Capítulo 14 – "Estratégias para facilitar a fidelização e retenção do cliente" – trata da retenção de clientes, uma estratégia fundamental que deve ser considerada pelas empresas de serviços. Por último, o Capítulo 15 – "Juntando as peças: como criar uma cultura de serviços de nível internacional – analisa o papel do marketing na organização de serviços, justapondo o modelo industrial de gestão e o modelo focado no mercado, e mostra a importância do último para uma empresa de serviços. Esse capítulo final também aborda os principais componentes da criação de uma cultura de serviço de nível internacional.

O que há de novo nesta edição?

Nova versão com 15 capítulos: Esta edição foi simplificada para poder ser utilizada tanto em cursos trimestrais, semestrais ou anuais. Assim, trata-se de um material didático que incorpora, em uma única obra, considerações relativas à internet e aspectos globais, éticos e de sustentabilidade, além de fornecer conceitos e práticas atualizados de marketing de serviços.

Novas citações de abertura do capítulo: Cada capítulo começa com uma citação inspiradora orientada para a gestão e diretamente relacionada ao conteúdo a ser estudado. Citações tais como "As condições dos banheiros de sua empresa sempre refletirão se você se preocupa com os clientes" e "A amargura de má qualidade é lembrada por muito tempo depois de a doçura do preço baixo ter sumido da memória" dão o tom de aplicação prática de cada capítulo.

Objetivos de aprendizagem revisados: Os objetivos de aprendizagem estabelecem a estrutura de cada capítulo, permitindo aos professores organizar as aulas expositivas de forma mais eficaz. Além disso, ex-alunos acreditam que os objetivos de aprendizagem foram úteis na organização de suas anotações ao prepararem trabalhos de final de curso.

Capítulos revisados: Cada capítulo foi revisado para apresentar os conceitos e as práticas mais atualizados de marketing de serviços. Os capítulos que sofreram as maiores transformações tratam dos seguintes temas: introdução ao marketing de serviços, gestão de funcionários, gestão do cliente de serviços, implementação de programas de recuperação de serviços, entendimento dos subsetores de serviços, considerações éticas e criação de uma cultura de serviço de nível internacional.

Novas aberturas de capítulo: Cada capítulo abre com uma nova vinheta que destaca questões de serviço em empresas reais. Essas situações da vida real atraem a atenção dos leitores e preparam a cena para os tópicos do capítulo. Além de abordarem importantes questões relacionadas aos serviços ao cliente, as vinhetas representam uma variedade de empresas: Netflix, Ticketmaster, Frontier Airlines, Vail Resorts, Harrah's, Google, Geico, "Dinner in the Sky" e RateMyProfessor.com.

Apresentação dos boxes "Sustentabilidade e serviços em ação": Cada capítulo contém um novo boxe dedicado à "Sustentabilidade e serviços *em ação*". Trata-se, provavelmente, do primeiro livro de marketing de serviços a incorporar a sustentabilidade. Bateson e Hoffman abordam especificamente as práticas de marketing de serviços sustentáveis de uma variedade de indústrias em todo o mundo. Apesar da natureza intangível dos serviços, as empresas que os produzem estão entre os maiores consumidores dos recursos naturais da Terra. Eis alguns temas e algumas empresas presentes nesses boxes: hotéis, bancos, companhias aéreas, restaurantes, universidades, sistemas de classificação LEED, custo de se tornar ecológico, TerraPass, TreeHugger, motivação do consumidor para reciclar, *triple bottom line* (ou tripé da sustentabilidade).

Boxes "Serviços globais *em ação*" revisados: Em resposta ao crescimento das economias de serviços em todo o mundo, este livro traz boxes de práticas de marketing de serviços internacional em cada capítulo. Esses boxes revelam frequentes ajustes sutis que são necessários para uma empresa de serviços poder atingir um patamar internacional. Eis algumas empresas e alguns conceitos presentes nesses boxes: Ski Dubai, Katitche Point Great House, Singapore Airlines, determinação de preços baseada na etnia, perspectivas de chineses em relação a falhas de serviço, abordagens de venda pessoal em todo o mundo e considerações internacionais para a criação de culturas de serviços de nível internacional.

Boxes "Serviços eletrônicos *em ação*" revisados: A cada capítulo, esses boxes destacam a natureza dinâmica das práticas de marketing de serviços *on-line*. Eis alguns exemplos de empresas e tópicos presentes nesses boxes: Zappos.com; Match.com; Google.com; sites de mídia social como Facebook, Twitter e LinkedIn; determinação de preços *on-line* para companhias aéreas; e os prós e contras de caixas registradoras de autosserviço.

"Questões de revisão" de fim de capítulo revisadas: Cada capítulo termina com dez questões de revisão especificamente redigidas para reforçar ainda mais a compreensão dos alunos e a aplicação do conteúdo do capítulo.

Glossários de margens e de fim de capítulo revisados: As palavras-chave, fornecidas em cada capítulo, são destacadas no texto e a definição delas é apresentada na margem adjacente. Para fins de estudo, os palavras-chave são novamente listadas no final de cada capítulo, em ordem de aparição, e definidas no "Glossário".

Novos casos de fim de capítulo: Esta edição contém um novo conjunto de casos de fim de capítulo que ajudam a ilustrar, aprofundar e ampliar os conceitos desenvolvidos em cada capítulo. Tais casos, propositadamente curtos, mas com grande aplicabilidade prática, representam uma variedade de indústrias de serviços, proporcionando aos alunos a oportunidade de internalizar ainda mais os conceitos de marketing de serviços.

Agradecimentos

Nossos mais sinceros agradecimentos aos funcionários da Cengage, sobretudo àqueles com os quais convivemos há muitos anos ao longo de nossos outros projetos de livros. Um agradecimento especial a Jack Calhoun, vice-presidente de negócios editoriais; Melissa S. Acuña, editora chefe; Mike Roche, editor-executivo de aquisições; e Daniel Noguera, editor de desenvolvimento que criou e manteve o nível de apoio e entusiasmo associado a esse projeto ao longo de todo o processo.

Agradecimentos adicionais são estendidos a Mary Stone, gerente de projetos; Stacy Shirley, diretora de arte sênior; Deanna Ettinger, gerente de fotografias; Jaime Jankowski, pesquisador de fotografias; John Rico, editor de mídia; Miranda Klapper, comprador de lançamentos; Mardell Glinski-Schultz, gerente de permissões de texto; e a todos da PreMediaGlobal por tocarem o projeto. Não foi uma tarefa fácil!

Agradecemos também a Holly Hapke da University of Kentucky que revisou o "Manual do professor", o banco de testes e os *slides* em PowerPoint. Obrigado, Holly!

Um agradecimento especial às alunas da Colorado State University, Shawna Strickland e Ashley Tevault, que colaboraram na execução das aberturas de capítulo e dos boxes "Serviços *em ação*". Foi uma ótima experiência envolver alunos no desenvolvimento desta quarta edição. Boa sorte para vocês duas em seus respectivos programas de mestrado no exterior!

Finalmente, agradecemos à equipe de vendas da Cengage que apoiou este projeto. Agradecemos profundamente os esforços em levar este pacote ao mercado e oferecemos nossa ajuda aos esforços realizados.

As três primeiras edições se beneficiaram muito com a qualidade dos comentários dos revisores. Agradecemos os comentários perspicazes dos seguintes colegas:

Nancy Sirianni, Arizona State University
Nadia Pomirleanu, University of Central Florida
Doug Cords, California State University
Melissa St. James, California State University
Olivia Lee, Saint Cloud State University
Kim Nelson, University of Arizona
Ronald Goldsmith, Florida State University
Mohan Menon, University of South Alabama
Cheryl Brown, University of West Georgia
Bacy Dong, University of Missouri
Roxanne Stell, Northern Arizona University

Para encerrar, esperamos que você goste do livro e de seu curso de marketing de serviços. Trata-se certamente de um dos cursos mais práticos de toda a sua carreira universitária. Educação é em si uma experiência de serviço. Como participante nessa experiência de serviço, há a expectativa de que você participe ativamente das discussões em classe. Aproveite as oportunidades oferecidas durante este curso e torne-se um componente integrante do processo de produção de educação. Independentemente da sua principal área de estudo, o curso de marketing de serviços tem muito a oferecer.

Agradecemos sinceramente quaisquer comentários ou sugestões que você quiser compartilhar conosco. Acreditamos que este livro aumentará a sua sensibilidade aos serviços e, com base nessa crença, fazemos a seguinte promessa: garantimos que, depois de concluir este livro e o curso de marketing de serviços, você nunca mais encarará uma experiência de serviço da mesma forma. Essa nova visão se tornará cada vez mais frustrante à medida que você encontrar muitas experiências aquém do satisfatório. Aprenda com essas experiências negativas, desfrute os encontros positivos e use essa informação para fazer a diferença quando for a sua vez de definir os padrões para os outros seguirem. Como apóstolos do marketing de serviços, não poderíamos desejar maior recompensa.

John E. G. Bateson
The Hale, Wendover, Bucks,
HP22 6QR
Reino Unido
john@johnbateson.net

K. Douglas Hoffman
Professor de Marketing
University Distinguished Teaching Scholar
Marketing Department
Colorado State University
Fort Collins, Colorado 80523
Doug.Hoffman@colostate.edu

Sobre os autores

John E. G. Bateson é um consultor independente e presidente de empresa. Anteriormente, foi Group Chief Executive da SHL Group, líder global em testes psicométricos para entrevistas de recrutamento e seleção. O SHL tem ações comercializadas na Bolsa de Valores de Londres. Em 2006, Bateson conduziu um *management buyout* (MBO) da empresa. Foi vice-presidente sênior da Gemini Consulting e membro do comitê executivo do Cap Gemini Group. Foi professor associado de marketing da London Business School, na Inglaterra, e professor visitante associado da Stanford Business School. Antes de se tornar professor, Bateson foi gerente de marca na Lever Brothers e gerente de marketing na Philips.

Bateson é graduado pelo Imperial College, em Londres, mestre pela London Business School, e doutor em Marketing pela Harvard Business School. Publicou extensivamente na literatura de marketing de serviços, incluindo *Journal of Marketing Research, Journal of Retailing, Marketing Science* e *Journal of Consumer Research*. Também é o autor de *Managing services marketing: text and readings* (South-Western) e *Marketing public transit: a strategic approach* (Praeger).

Bateson esteve ativamente envolvido na criação da divisão de serviços da American Marketing Association. Participou do Service Council por quatro anos e presidiu sessões da AMA Services Marketing Conference. Também atua no comitê de pilotagem do Marketing Science Institute.

K. Douglas Hoffman é professor de Marketing na Everitt Companies Teaching Scholar e University Distinguished Teaching Scholar da Colorado State University. É bacharel pela The Ohio State University e realizou MBA e DBA na University of Kentucky. A experiência de ensino de Hoffman nos níveis de graduação e pós-graduação se estende por quase 25 anos, durante os quais ocupou cargos nas seguintes universidades: Colorado State University, University of North Carolina em Wilmington e Mississippi State University. Além disso, Hoffman foi professor visitante na Helsinki School of Business and Economics (Helsinque, Finlândia), no Institute of Industrial Policy Studies (Seul, Coreia do Sul), na Thammasat University (Bangkok, Tailândia) e na Cornell-Nanyang Technological University (Cingapura).

Hoffman é um talentoso estudioso na área de marketing de serviços. Além disso, escreveu artigos sobre ensino em periódicos e anais de conferências. Seus estudos também abrangem a coautoria de três livros, além da quarta edição de *Princípios de marketing de serviços: conceitos, estratégias e casos*, publicado pela Cengage. Recebeu numerosos prêmios pelo ensino universitário, como o prestigioso Board of Governors Excellence in Undergraduate Teaching Award. Também recebeu o título University Distinguished Teaching Scholar em 2007, uma nomeação vitalícia. O professor Hoffman foi nomeado editor da *Marketing Education Review* em 2010.

As atividades atuais de pesquisa e consultoria de Hoffman envolvem principalmente as áreas de vendas/interface de serviços, satisfação/atendimento ao cliente, falha e recuperação de serviços, e educação em marketing de serviços.

Sumário

PARTE I Visão geral de marketing de serviços — 1

capítulo 1
A experiência em serviços — 2

Introdução — 3
O que é um serviço? — 4
Moldando e estruturando a experiência de serviço: modelo *servuction* — 8
Por que estudar marketing de serviços? — 13
Resumo — 21
Palavras-chave — 22
Questões de revisão — 22
Notas — 22
CASO 1: O primeiro encontro de serviço das gêmeas — 23

capítulo 2
Setores de serviços tradicionais e considerações éticas — 31

Introdução — 32
O que é economia de serviços? — 33
Considerações éticas para os profissionais de serviços — 43
O que é ética? — 44
Oportunidade para má conduta ética em marketing de serviços — 45
Questões que criam conflito ético — 48
Efeitos da falta de ética — 50
Resumo — 52
Palavras-chave — 53
Questões de revisão — 53
Notas — 54
CASO 2: *Sears Auto Centers*: o dilema — 55

capítulo 3
Diferenças fundamentais entre bens e serviços — 57

Introdução — 59
Intangibilidade: a mãe de todas as diferenças — 60
Inseparabilidade: a interligação dos participantes do serviço — 65
Heterogeneidade: a variabilidade da prestação de serviços — 71
Perecibilidade: equilíbrio entre oferta e demanda — 74
A estrutura deste livro — 81
Resumo — 83
Palavras-chave — 84
Questões de revisão — 84
Notas — 85
CASO 3: Passagens aéreas *on-line*: Expedia, Orbitz e Travelocity na liderança — 85

capítulo 4
Comportamento do consumidor de serviços — 87

Introdução — 89
Processo de decisão do consumidor: visão geral — 90
Considerações especiais relativas a serviços — 97
Resumo — 107
Palavras-chave — 108
Questões de revisão — 108
Notas — 109
CASO 4: As escolhas de Mariano Ferreyra — 110

PARTE II   Táticas do composto de marketing de serviços — 115

capítulo 5
Foco nos processos de serviço — 116

Introdução — 118
Estágios de competitividade operacional — 118
Marketing e operações: o equilíbrio é fundamental — 122
Em um mundo perfeito, as empresas de serviços seriam eficientes — 124
Como aplicar modelos de eficiência em empresas de serviços — 126
A arte de preparar um *blueprint* — 132
Blueprint e desenvolvimento de novos produtos: complexidade e divergência — 142
Resumo — 144
Palavras-chave — 145
Questões de revisão — 146
Notas — 146
CASO 5: *Build-A-Bear Workshops*: como calcular o custo do serviço por urso — 147

capítulo 6
Considerações para precificação em serviços — 150

Introdução — 151
O que significa fornecer valor? — 153
Considerações especiais para a precificação de serviços — 154
Estratégias de precificação emergentes em serviços — 168
Algumas considerações finais sobre precificação de serviços — 172
Resumo — 172
Palavras-chave — 173
Questões de revisão — 173
Notas — 173
CASO 6: MDVIP: torne-se uma prioridade, não apenas um paciente — 174

capítulo 7
Promoções eficazes em serviços — 177

Introdução — 178
Como gerenciar o processo de comunicação de serviços — 180
Desafios especiais associados à estratégia de comunicação de serviços — 189
Orientações específicas para o desenvolvimento de comunicações de serviços — 192

Desenvolvimento de estratégias de comunicação para prestadores
    de serviços profissionais 198
Resumo 203
Palavras-chave 204
Questões de revisão 204
Notas 204
CASO 7: Escoteiros da Austrália: uma história de orgulho e um caminho a percorrer ... 205

capítulo 8
Gerenciamento do *servicescape* e outras evidências físicas   210

Introdução 211
Papel estratégico da evidência física 212
Modelo EOR 216
Desenvolvimento de *servicescape* 218
Como gerenciar os sentidos quando se criam *servicescapes* 226
Resumo 235
Palavras-chave 235
Questões de revisão 236
Notas 236
CASO 8: O serviço faz parte do CRAIC 237

capítulo 9
Pessoas como estratégia: como gerenciar os prestadores de serviços   240

Introdução 242
A importância do pessoal de serviços 244
Pressões e tensões naturais do pessoal de contato de serviços .. 246
Como desencadear o serviço com o clima certo 249
O papel da gerência 263
Tecnologia de informação e prestador de serviços 263
Resumo 268
Palavras-chave 268
Questões de revisão 268
Notas 269
CASO 9: Economias de custos de recrutamento na indústria de jogos ... 270

capítulo 10
Pessoas como estratégia: como gerenciar os consumidores de serviços   274

Introdução 274
Consumidores experientes e principiantes como parte do processo de produção ... 276
Desempenho do consumidor e eficiência operacional 277
Desempenho do consumidor e tecnologia da informação 278
Satisfação e desempenho do consumidor 280
Analogia teatral 280
Como gerenciar roteiros de desempenho do consumidor 283
Como gerenciar as percepções de serviços do consumidor 288
A inseparabilidade do consumidor e o papel do marketing e das operações ... 292
Resumo 295

Palavras-chave	295
Questões de revisão	296
Notas	296
CASO 10: Você decide quanto valem as refeições, dizem os restaurantes aos clientes	299

PARTE III Implementação de estratégias bem-sucedidas de serviços 301

capítulo 11
Fundamentos da mensuração da satisfação do cliente 302

Introdução	304
A importância da satisfação do cliente	304
Mensuração da satisfação do cliente	309
Como compreender as pontuações de satisfação do cliente	311
Satisfação do cliente: quanto bom é suficientemente bom?	317
Satisfação do cliente se traduz em retenção de clientes?	319
Satisfação do cliente: um olhar mais atento	321
Resumo	327
Palavras-chave	328
Questões de revisão	328
Notas	328
CASO 11: Crestwood Inn	329

capítulo 12
Qualidade do serviços: como identificar e corrigir as lacunas 331

Introdução	333
O que é qualidade do serviço?	334
Como diagnosticar lacunas de falha na qualidade do serviço	336
Como medir a qualidade do serviço: a escala de mensuração Servqual	342
Sistemas de informação de qualidade do serviço	350
Resumo	356
Palavras-chave	356
Questões de revisão	357
Notas	357
CASO 12: Qualidade do serviço no Hotel Libertador	358

capítulo 13
Gerenciamento de falhas de serviços e implementação de estratégias de recuperação 361

Introdução	362
Psicologia do comportamento de reclamações do cliente	364
Como desenvolver um programa de gerenciamento de recuperação do serviço	372
Arte da recuperação do serviço: regras básicas	382
Resumo	384
Palavras-chave	385
Questões de revisão	385
Notas	386
CASO 13: Parte I: Isso é jeito de operar uma companhia aérea?	387

CASO 13: Parte II: Resposta da World Airline — 390

capítulo 14
Estratégias para facilitar a fidelização e retenção do cliente — 392

Introdução — 393
O que é lealdade do cliente? — 394
O que é retenção de cliente? — 399
Benefícios da retenção de clientes — 402
Programas de retenção de clientes — 405
Gestão de perdas de clientes: desenvolvimento de uma cultura de zero perdas — 411
Resumo — 417
Palavras-chave — 418
Questões de revisão — 418
Notas — 418
CASO 14: O enigma do Mandalay Bay — 419

capítulo 15
Juntando as peças: como criar uma cultura de serviços de nível internacional — 422

Introdução — 423
Obstáculos para um serviço de nível internacional: departamentalização e funcionalismo — 425
Como desenvolver uma cultura de serviço — 435
Estratégias que facilitam a mudança cultural — 442
Resumo — 447
Palavras-chave — 448
Questões de revisão — 448
Notas — 449
CASO 15: Para avaliar a cultura de sua faculdade, faça uma caminhada cultural — 449

Glossário — 451

Índice remissivo — 465

PARTE I
Visão geral de marketing de serviços

O marketing de serviços é diferente do marketing de bens. O pacote de benefícios entregues aos clientes é derivado da experiência de serviço que é cuidadosamente criada pela organização de serviço.

Capítulo 1
A experiência em serviços

Capítulo 2
Setor de serviços tradicionais e considerações éticas

Capítulo 3
Diferenças fundamentais entre bens e serviços

Capítulo 4
Comportamento do consumidor de serviços

Este livro está dividido em três seções principais:
- Parte I: "Visão geral de marketing de serviços" (capítulos 1 a 4).
- Parte II: "Táticas do composto de marketing de serviços" (capítulos 5 a 10).
- Parte III: "Implementação de estratégias bem-sucedidas de serviços" (capítulos 11 a 15).

A Parte I – Visão geral de marketing de serviços – concentra-se na definição de marketing de serviços e aborda em detalhes os conceitos e as estratégias fundamentais que o diferenciam do marketing de bens tangíveis. Também introduz os subsetores de serviços e trata de questões éticas relacionadas ao campo do marketing de serviços. Por fim, aborda aspectos relacionados à forma como os consumidores de serviços tomam decisões de compra com foco, mais uma vez, nas principais diferenças entre bens e serviços. O objetivo principal desta parte é estabelecer uma base de conhecimentos essenciais que serão aprofundados ao longo do livro.

capítulo 1
A experiência em serviços

"O valor econômico, assim como o grão de café, evolui de uma commodity para um bem, deste ponto para um serviço e, então, para uma experiência impressionante."

Joseph B. Pine II & James H. Gilmore
The Experience Economy

Objetivos do capítulo

Após a leitura deste capítulo, você deve ser capaz de:
- Entender as diferenças básicas entre bens e serviços.
- Compreender como os serviços podem ser utilizados como vantagem competitiva para produtos intangíveis e tangíveis.
- Avaliar os fatores que criam a experiência de serviço ao cliente e entender por que é importante gerenciar a experiência como um todo.
- Compreender as forças motrizes existentes subjacentes ao estudo do marketing de serviços.

Este capítulo fornece uma introdução ao campo do marketing de serviços. Como tal, apresenta as diferenças básicas entre bens e serviços e destaca a importância do gerenciamento da experiência de serviço ao cliente como um todo. Além disso, estabelece a importância do setor de serviços na economia global, introduz o conceito de serviços eletrônicos baseados em tecnologia e aborda aspectos relacionados à necessidade de desenvolver práticas de negócios de serviços sustentáveis.

"PARE DE TENTAR SER PERFEITO E COMECE A SER EXTRAORDINÁRIO!"

Seth Godin escreveu vários livros excelentes sobre como as empresas podem se destacar da concorrência. Dois dos nossos favoritos são *Purple cow* (A vaca roxa) e *The big moo* (O grande mugido). O primeiro foi inspirado em um passeio feito pelo ator na zona rural francesa, onde observou a beleza da paisagem povoada de vacas leiteiras igualmente belas. No entanto, ao ver a mesma paisagem se repetir por horas a fio, o passeio começou a ficar um pouco monótono. Godin pensou: "Verdadeiramente extraordinário seria ver uma 'vaca roxa'". Obviamente, uma vaca roxa de fato se destacaria da multidão!

A vaca roxa
Transforme seu negócio sendo notável
Seth Godin, autor do best-seller Tribos e O melhor do mundo
O clássico imperdível agora com uma seção bônus
"O melhor marqueteiro dos Estados Unidos." – Revista American Way

Ironicamente, a experiência de Seth Godin nos campos franceses encontra um paralelo no ambiente atual de negócios. Existem inúmeras empresas excelentes, mas que se tornaram enfadonhas. Em geral, essas empresas não se arriscam, raramente se destacam em algo muito específico e, muitas vezes, são comandadas por *chief executive officers* (CEOs) que, por terem medo de assumir riscos, precisam de cinto e suspensórios para manter as calças no lugar. Hoje, empresas precisam desenvolver ideias e conceitos que sejam verdadeiramente extraordinários – "vacas roxas!".

Depois de ler *A vaca roxa*, 33 líderes empresariais do mundo escreveram ensaios de uma a três páginas sobre o que consideravam ser extraordinário. Esta coleção de ensaios, intitulada *The big moo*, fornece os princípios implícitos na possibilidade de desenvolver uma empresa e/ou uma vida digna de nota. Histórias como "Harry Houdini era um péssimo mágico", "Terças com Shecky", "Eles dizem que sou o máximo" e "Bob usa meia-calça" proporcionam *ideias apuradas* sobre o que significa ser notável. O autor de *The big moo*, livro extraordinário por si só, renunciou a quaisquer direitos autorais, e os leitores são encorajados a fazer quantas cópias quiserem da obra. Além disso, todos os lucros da venda do livro são doados para instituições de caridade. A missão admirável de *The big moo* é disseminar a ideia e tornar os negócios marcantes.

O que *A vaca roxa* e *The big moo* têm a ver com marketing de serviços? Dada a natureza interpessoal dos serviços, proporcionar uma grande experiência de serviço para os clientes pode fazer toda a diferença. Excelência em serviços transforma o mundano no reino do extraordinário, seja por se destacar na entrega do serviço principal ou por levar o tempo que for necessário para dar um toque extra, o que a concorrência raramente faz.

As páginas a seguir fornecem as chaves para a entrega de uma experiência de serviço verdadeiramente fora do comum. Como você logo descobrirá, gerenciar uma experiência de serviço de forma eficaz e eficiente é uma tarefa complicada, mas fascinante. No entanto, as mesmas complexidades que compõem um encontro de serviço também oferecem oportunidades capazes de proporcionar uma experiência de serviço verdadeiramente excepcional que beneficia consumidores, funcionários, a organização e a própria sociedade. Bem-vindo à quarta edição de *Princípios de marketing de serviços: conceitos, estratégias e casos!*

Introdução

Os serviços estão em toda parte: em uma viagem para um destino turístico exótico, uma consulta médica, um serviço de igreja, uma ida ao banco, uma reunião com uma empresa de seguros, uma refeição no restaurante favorito ou um dia na escola. Muitos países, em especial os industrializados, têm constatado que a maior parte do Produto Interno Bruto obtido por eles é gerada pelos setores de serviços. No entanto, o crescimento deste setor não se baseia apenas nas indústrias de serviços tradicionais, como lazer e hospitalidade, educação e saúde, serviços financeiros e de seguros, e serviços profissionais e de negócios. Produtores de bens tradicionais, como automóveis, computadores etc., têm se concentrado hoje nos aspectos de serviço de suas operações com o propósito de estabelecer um diferencial no mercado e gerar fontes adicionais de receita para suas empresas. Em essência, tais empresas, habituadas a competir pelo "pacote" de marketing (bens tangíveis), mudaram o foco competitivo para a prestação de incomparáveis e inigualáveis serviços ao cliente.

Existe uma ampla evidência documentada desta transição da venda de "pacotes" para a competição por serviços. Indústrias tradicionais de produção de bens, como a automotiva, agora estão enfatizando os aspectos de serviços de seus negócios, tais como baixas taxas de financiamento, acordos de arrendamento (*leasing*) atraentes, garantias de defeitos de fábrica, garantias de baixos custos de manutenção e serviços de transporte gratuitos para os clientes. Ao mesmo tempo, menos está sendo dito sobre os aspectos tangíveis de veículos, como aceleração e estilo. Da mesma forma, a indústria de computadores pessoais promove consertos em domicílio, atendimento ao cliente 24 horas e acordos de arrendamento (*leasing*); e a indústria de televisão por satélite agora tem alardeado benefícios do serviço digital, alternativas *pay-per-view* e opções de segurança para evitar que as crianças visualizem determinadas programações.

No geral, esta nova "era de serviços globais" caracteriza-se por:

- *dados da economia e da mão de obra dominados pelo setor dos serviços;*
- *maior envolvimento do cliente nas decisões estratégicas de negócios;*
- *produtos cada vez mais focados no mercado e muito mais sensíveis à evolução de suas necessidades;*
- *desenvolvimento de tecnologias que ajudam os clientes e funcionários na prestação de serviços;*
- *funcionários com maior liberdade para desenvolver soluções personalizadas para os pedidos especiais dos clientes e encontrar soluções imediatas para as reclamações de clientes com o mínimo de inconveniência; e*
- *surgimento de novas indústrias de serviços e do "**imperativo de serviços**", em que os aspectos intangíveis dos produtos estão se tornando cada vez mais os principais atributos que os diferenciam no mercado.*

Em muitos países, está claro que os setores de serviços já não são mais os primos pobres da indústria. Os serviços proporcionam a maior parte da riqueza e são uma importante fonte de emprego e exportações para muitos países. Além disso, existem inúmeros exemplos de empresas que utilizam o imperativo de serviços para conduzir seus negócios em direção ao lucro e ao crescimento. Nas seções denominadas "Serviços *em ação*" apresentadas neste livro, apontam-se muitas delas. Como as economias mundiais continuam a se transformar, o crescimento dos serviços tende a continuar.

imperativo de serviços Reflete a visão de que os aspectos intangíveis dos produtos estão se tornando cada vez mais os principais atributos que os diferenciam no mercado.

O que é um serviço?

É certo que a distinção entre bens e serviços nem sempre é perfeitamente clara. De fato, mencionar um exemplo de um bem ou serviço puro é muito difícil, se não impossível. No caso de um bem puro, os benefícios recebidos pelo consumidor não contêm elementos fornecidos por serviços. Da mesma forma, um serviço puro não contém elementos tangíveis.

Na realidade, muitos serviços contêm ao menos alguns elementos materiais, tais como as opções de menu em um restaurante, como o Rainforest Café, o extrato bancário do banco ou a apólice de seguro. Além disso, a maioria dos bens oferece ao menos um serviço de entrega. Por exemplo, o sal de mesa simples é entregue ao supermercado, e a empresa que o vende pode oferecer métodos inovadores de faturamento que, por conseguinte, a diferença de seus concorrentes.

A distinção entre bens e serviços é ainda menos clara com relação a empresas que realizam negócios em ambos os lados. Por exemplo, a General Motors, a gigante de fabricação de "bens", gera uma porcentagem significativa de sua receita a partir de seus negócios financeiros e de seguros, e a maior fornecedora das montadoras é a Blue Cross-Blue Shield, que é uma seguradora e não uma fornecedora de peças metálicas, pneus ou vidro, como a maioria das pessoas poderia pensar.[1] Há outros exemplos, como a General Electric e a IBM, geralmente consideradas grandes fabricantes de bens, que atualmente geram mais de metade de suas receitas a partir de serviços. A transição de fabricante de bens a fornecedor de serviços pode ser encontrada em diferentes

Apesar de um serviço, como a educação, ser predominantemente intangível, elementos tangíveis, tais como edifícios e espaços abertos são frequentemente usados para diferenciar um ambiente educacional de outro.

graus em grande parte do setor industrial. Um dos maiores produtores de aço do mundo passou a considerar suas atividades relacionadas com serviços como a força dominante em sua estratégia global de negócios.[2]

Apesar da confusão, as definições apresentadas a seguir devem fornecer um bom ponto de partida no desenvolvimento da compreensão das diferenças entre bens e serviços. Em geral, **bens** podem ser definidos como *objetos, dispositivos* ou *coisas*, ao passo que **serviços** são *ações, esforços* ou *desempenhos*.[3] Além disso, é importante ressaltar que, quando o termo **"produto"** é mencionado, para os nossos propósitos, refere-se tanto a bens como a serviços, e é utilizado desta forma ao longo deste livro. Em última análise, a principal diferença entre bens e serviços é a característica da *intangibilidade*. Por definição, produtos intangíveis não têm substância física. Como resultado, enfrentam uma série de problemas de marketing de serviços que nem sempre são devidamente resolvidos por soluções de marketing tradicional empregadas para bens. Tais diferenças são abordadas detalhadamente no Capítulo 3.

> **bens** Objetos, dispositivos ou coisas.
> **serviços** Ações, esforços ou desempenhos.
> **produto** Um bem ou um serviço.

A escala de entidades do mercado

Uma perspectiva interessante sobre as diferenças entre bens e serviços é fornecida pela **escala de entidades do mercado**,[4] apresentada na Figura 1.1. Esta escala apresenta um contínuo de produtos com base em sua tangibilidade, no qual os bens estão no extremo de **predominância tangível** e os serviços no de **predominância intangível**. Em geral, o principal benefício de um produto de predominância tangível envolve a posse física, que contém elementos de serviços em menor grau. Por exemplo, um automóvel é um produto de predominância tangível que proporciona transporte. À medida que o produto passa a ter mais predominância tangível, evidenciam-se menos aspectos de serviços. Em contrapartida, produtos de predominância intangível não envolvem a posse física de um produto e só podem ser experimentados. Uma companhia aérea oferece transporte, mas o cliente não possui fisicamente o avião em si. O passageiro tem a experiência do voo; consequentemente, os aspectos de serviços predominam como principal benefício do produto e os elementos tangíveis estão presentes em menor grau. Em comparação, restaurantes de *fast-food* que incluem tanto bens (por exemplo, a comida) como componentes de serviços (por exemplo, um funcionário recebe o pedido, outro prepara a comida, que é então entregue pessoalmente ao cliente) ficam no meio do contínuo.

> **escala de entidades do mercado** Exibe uma gama de produtos ao longo de um contínuo baseado em sua tangibilidade, variando entre predominância tangível e predominância intangível.
> **predominância tangível** Refere-se a produtos com propriedades físicas. Nesse caso, o consumidor pode ver, sentir o cheiro ou o sabor do produto antes de comprá-lo.
> **predominância intangível** Refere-se a serviços que não têm propriedades físicas que possam ser detectadas pelos consumidores antes da decisão de compra.

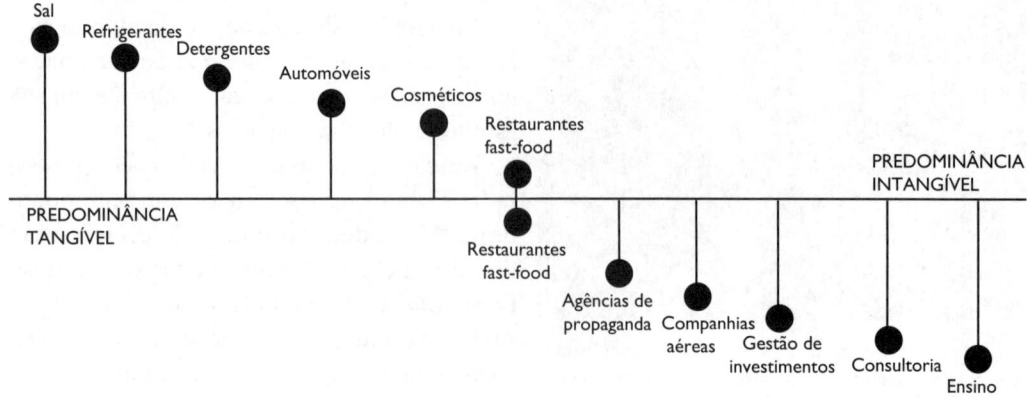

Fonte: Adaptado de G. Lynn Shostack. Breaking Free from Product Marketing. *The Journal of Marketing*, abr. 1977, p. 76.

FIGURA 1.1 Escada de entidades do mercado

A escala de entidades do mercado revela duas importantes lições. Em primeiro lugar, não existe um bem puro nem um serviço puro. Produtos são uma mistura de elementos tangíveis e intangíveis combinados em vários graus. Em segundo lugar, os aspectos tangíveis de um produto de predominância intangível e os aspectos intangíveis de um produto de predominância tangível são uma fonte importante de diferenciação dos produtos e das novas fontes de receita. Por exemplo, as empresas que produzem produtos de predominância tangível e ignoram ou esquecem os aspectos de serviços (intangíveis) da sua oferta de produto estão negligenciando um componente vital de seus negócios. Ao definirem os negócios de forma muito limitada, tais empresas têm produzido casos clássicos de **miopia de marketing de serviços**. Por exemplo, uma pizzaria típica pode ter a miopia de ver-se exclusivamente no negócio de pizzas e se concentrar principalmente nelas como produto. No entanto, uma visão mais ampla do negócio reconhece que essa empresa está fornecendo ao consumidor um produto alimentício a preços razoáveis em um formato conveniente, cercado por uma experiência que foi deliberadamente criada para o consumidor-alvo. É interessante observar que a adição de aspectos de serviços muitas vezes transforma o produto de uma simples mercadoria em uma experiência, e, ao fazê-lo, aumenta consideravelmente as oportunidades geradoras de receitas do produto.

> **miopia de marketing de serviços** Condição na qual empresas que produzem produtos tangíveis negligenciam os aspectos de serviços de seus produtos.

Por exemplo, visto como matéria-prima, o quilo de café em grãos custa quase US$ 2.[5] Quando processado, embalado e vendido no supermercado como um bem, há um aumento do preço do café: de US$ 0,05 a US$ 0,25 por xícara. Quando essa mesma xícara é vendida em um restaurante, o café ganha outros aspectos de serviços e é vendido por US$ 1 a US$ 2 por xícara. No entanto, o ato supremo de valor agregado se produz quando essa mesma xícara de café é vendida dentro de uma experiência sensorial forte de um restaurante cinco estrelas ou dentro do ambiente singular de uma Starbucks, e o cliente paga de bom grado de US$ 4 a US$ 5 por xícara. Neste exemplo, o processo inteiro de pedido, preparação e consumo torna-se uma experiência "agradável e até mesmo teatral". Dessa forma, o valor econômico, como o grão de café, evolui de uma matéria-prima para um *bem*, desse ponto para um *serviço* e, então, para uma *experiência impressionante*. Com base no exemplo apresentado, podemos constatar que o café foi transformado a partir de uma matéria-prima no valor de aproximadamente US$ 2 por quilo a US$ 4 a US$ 5 por xícara, uma margem de 5.000%!

Modelo molecular

O modelo molecular é outra ferramenta útil para expandir nossa compreensão das diferenças básicas entre bens e serviços. Um **modelo molecular** é uma representação pictórica da relação entre os elementos tangíveis e intangíveis das operações de uma empresa.[6] Um dos principais benefícios obtidos do desenvolvimento de um modelo molecular é o fato de tratar-se de uma ferramenta de gestão que proporciona a oportunidade de visualizar todo o pacote de benefícios que o produto da empresa oferece aos clientes. A Figura 1.2 mostra dois modelos moleculares que continuam

modelo molecular Modelo conceitual da relação entre os componentes tangíveis e intangíveis das operações de uma empresa.

nossa discussão anterior sobre as diferenças entre a posse do automóvel (predominância tangível) e a compra de um bilhete de avião (predominância intangível). Como visto anteriormente, as companhias aéreas diferem dos automóveis porque os consumidores, em geral, não detêm a posse do avião. Os consumidores, nesse caso, compram o principal benefício de transporte e todos os correspondentes benefícios tangíveis (representados na Figura 1.2 por círculos com linhas contínuas) e intangíveis (representados por círculos com linhas tracejadas) associados com o voo. Em comparação, ao comprar um automóvel, o consumidor usufrui principalmente da propriedade de um bem físico que proporciona um serviço de transporte.

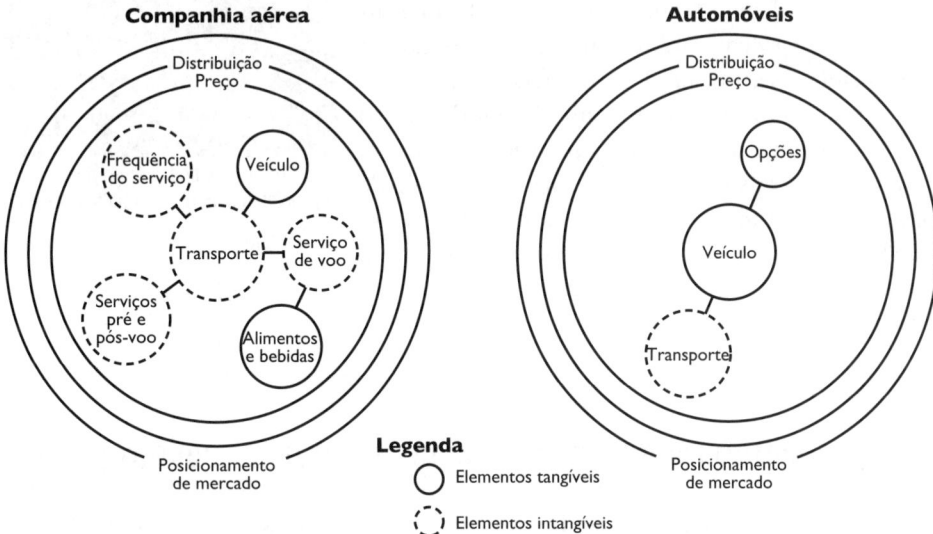

Fonte: Adaptado de G. Lynn Shostack. Breaking Free from Product Marketing. *The Journal of Marketing*, abr. 1977, p. 76.
FIGURA 1.2 Modelo molecular

Os diagramas da Figura 1.2 são simplificações do pacote de benefícios que compõe a experiência de um voo e a posse de um carro. Do ponto de vista gerencial, uma elaboração desses modelos seria identificar os componentes tangíveis e intangíveis dos produtos que precisam ser gerenciados de forma eficaz. Por exemplo, a experiência bem-sucedida de um voo não é apenas determinada pela chegada segura dos passageiros aos seus destinos. O modelo molecular da companhia aérea poderia ser facilmente expandido para incluir:

- *estacionamento de longa e curta durações (elemento intangível),*
- *serviço de transporte de e para os terminais (elemento intangível),*

- *disponibilidade de locadoras de automóveis (elemento intangível),*
- *comissários de bordo (elemento tangível),*
- *atendentes de portão de embarque (elemento tangível),*
- *bagageiros (elemento tangível).*

Do mesmo modo, o modelo do automóvel poderia ser expandido para incluir:

- *vendedores no* showroom *(elemento tangível),*
- *opções de financiamento (elemento intangível),*
- *gerente financeiro (elemento tangível),*
- *serviços de manutenção e consertos (elemento intangível),*
- *representantes de mecânica e de serviços (elemento tangível).*

O benefício primordial obtido com o desenvolvimento de modelos moleculares é a análise dos elementos intangíveis e tangíveis que compõem a maioria dos produtos. Ao compreenderem de forma clara essa visão ampliada dos produtos, os gestores serão capazes de identificar as reais necessidades do cliente, atendê-las de modo mais eficaz e diferenciar sua oferta de produtos da concorrência. O modelo molecular também demonstra que o conhecimento dos consumidores sobre serviços e sobre bens não são obtidos da mesma maneira. No caso de produtos de predominância tangível, os consumidores obtêm o "conhecimento" quando se concentram nos aspectos físicos do próprio produto. Em contrapartida, os consumidores avaliam os produtos de predominância intangível com base na *experiência* em torno do benefício central do produto. Assim, a compreensão da importância e dos componentes da experiência do serviço é decisiva.

"Como você pode ver no fluxograma, o problema decorre de uma falta de direção."

O modelo servuction fornece o direcionamento para empresas de serviços criarem uma experiência de serviço convincente.

Moldando e estruturando a experiência de serviço: modelo *servuction*

Devido à sua natureza intangível, o conhecimento de serviços é adquirido de forma diferente do conhecimento referente aos produtos. Por exemplo, antes de comprar, os consumidores podem provar produtos de predominância tangível, como refrigerantes e biscoitos. Em comparação, antes da compra, um consumidor não pode provar um produto de predominância intangível, como corte de cabelo, procedimento cirúrgico ou conselho de um consultor. Assim, o conhecimento de serviços é obtido com a experiência de receber o serviço em si. Em última análise, quando um consumidor compra um serviço, ele está realmente comprando uma experiência!

Todos os produtos, sejam bens ou serviços, oferecem um pacote de benefícios para o consumidor.[7] O **conceito de benefício** é a síntese desses benefícios tangíveis e intangíveis armazenada na mente do consumidor. Para um bem de predominância tangível, como o detergente para roupas Tide, o conceito de benefício principal pode ser simplesmente a limpeza. No entanto, para outros indivíduos, ele também pode incluir atributos embutidos no produto que vão além do mero pó ou líquido, tais como limpeza, brancura e/ou maternidade (é uma crença amplamente generalizada em algumas culturas de que a limpeza da roupa das crianças é um reflexo de suas mães). A determinação do que está incluso no pacote de benefícios, ou seja, o conceito de benefício que é adquirido pelos consumidores, é o coração do marketing e transcende todos os bens e serviços.

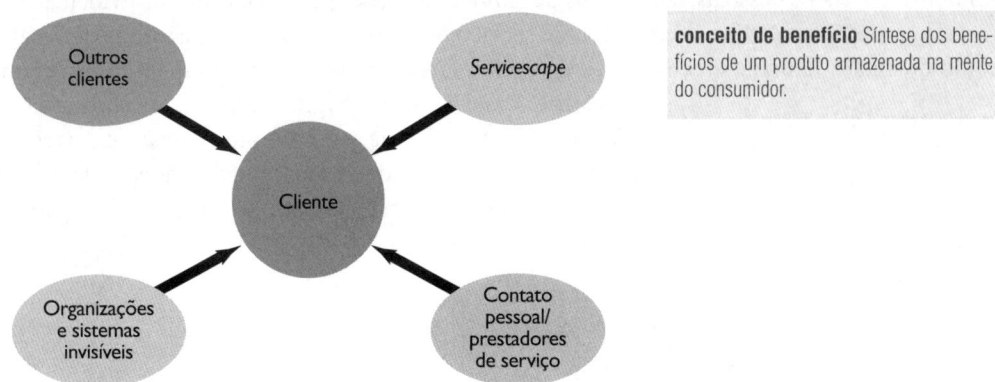

conceito de benefício Síntese dos benefícios de um produto armazenada na mente do consumidor.

Fonte: Adaptado de E. Langeard, J. Bateson, C. Lovelock e P. Eiglier. *Marketing of Services:* New Insights from Consumers and Managers. Report n. 81-104. Cambridge, MA: Marketing Sciences Institute, 1981.

FIGURA 1.3 Modelo *servuction*

Em comparação com os bens, os serviços entregam um pacote de benefícios por meio da experiência que é criada para o consumidor. Por exemplo, a maioria dos consumidores do detergente Tide nunca verá o interior da fábrica onde ele é produzido. Os clientes provavelmente nunca interagirão com os funcionários da fábrica que produz o detergente ou com a equipe de gestão que orienta os funcionários. Além disso, em geral, os clientes não vão usar Tide na companhia de outros consumidores. Em contrapartida, os clientes de um restaurante estão fisicamente presentes na "fábrica" onde a comida é produzida; tais clientes interagem com os funcionários que preparam e servem a comida, bem como com a gerência do restaurante. Além disso, os clientes do restaurante consomem o serviço na presença de outros clientes que podem se influenciar mutuamente em suas experiências de serviço. Um modelo particularmente simples, mas poderoso, que ilustra os fatores que influenciam a experiência de serviços é o **modelo *servuction*** representado na Figura 1.3, que é composto por quatro fatores que influenciam diretamente as experiências de serviços dos clientes:

1. *Servicescape* (visível),
2. Contato pessoal/prestadores de serviço (visível),
3. Outros clientes (visível),
4. Organizações e sistemas (invisível).

Os três primeiros fatores do modelo *servuction* são claramente visíveis para os clientes. Entretanto, as organizações e os sistemas, embora com profundo impacto na experiência do cliente, normalmente são invisíveis.

modelo *servuction* Modelo utilizado para ilustrar os quatro fatores que influenciam a experiência de serviços, incluindo fatores visíveis e invisíveis ao cliente.

Servicescape

O termo *servicescape* refere-se ao uso de evidências físicas para criar o ambiente de serviços. Devido à intangibilidade dos serviços, os clientes muitas vezes têm dificuldade para avaliar a qualidade do serviço de forma objetiva. Como resultado, eles usam evidências físicas em torno do serviço para ajudá-los a formar as avaliações. Assim, o *servicescape* consiste em *condições ambientais*, como temperatura e música ambiente; *objetos inanimados*, que ajudam a empresa a completar suas tarefas, como mobiliário e equipamentos; e outras *evidências físicas*, como letreiros, símbolos e artefatos pessoais, como fotos de família e coleções pessoais. O uso da evidência física varia de acordo com o tipo de empresa de serviço. Algumas empresas prestadoras de serviços, como hospitais, *resorts* e creches, muitas vezes usam as evidências físicas quando projetam as instalações e outros itens tangíveis associados com o serviço. Por sua vez, operações de serviço, como caixas de correio, utilizam evidências físicas de forma limitada. Independentemente da variação no uso, todas as empresas de serviços precisam reconhecer a importância de gerenciar o *servicescape* por causa do seu papel na:

servicescape Uso de evidências físicas para criar o ambiente de serviços.

- *Embalagem do serviço,*
- *Facilitação do processo de prestação de serviços,*
- *Socialização de clientes e funcionários,*
- *Diferenciação da empresa de seus concorrentes.*

Dada a importância do *servicescape* na criação da experiência do cliente, o Capítulo 8 é inteiramente dedicado a este tópico.

Pessoal de contato/prestadores de serviços

Outro aspecto importante da experiência do cliente envolve o pessoal de contato e os prestadores de serviços que interagem diretamente com o cliente. De forma técnica, o **pessoal de contato** são outros funcionários além dos principais prestadores de serviços que interagem mesmo que de forma breve com o cliente. Exemplos típicos de pessoal de contato são atendentes de estacionamento e recepcionistas. Por sua vez, os **prestadores de serviços** são os principais provedores do elemento central de um serviço, como garçons ou garçonetes, dentistas, médicos ou professores universitários.

Ao contrário do consumo de bens, o consumo de serviços, muitas vezes, ocorre onde o serviço é produzido (por exemplo, consultório dentário, restaurante e cabeleireiro) ou o serviço é prestado na residência ou no local de trabalho do consumidor (por exemplo, serviços de jardinagem, pintura de residências, limpeza). Independentemente do local da prestação de serviços, interações entre consumidores e pessoal de contato/prestadores de serviços são comuns. Como resultado, prestadores de serviços têm um grande impacto sobre a experiência de serviços. Por exemplo, quando questionados sobre o que mais os irrita em relação aos prestadores de serviços, os clientes listaram sete categorias de reclamação:

pessoal de contato Refere-se a outros funcionários além dos principais prestadores de serviços que interagem mesmo que de forma breve com o cliente.

prestadores de serviços Principais provedores do elemento central de um serviço, como garçons ou garçonetes, dentistas, médicos ou professores universitários.

- *Apatia*: Quando o prestador faz "cara de paisagem".
- *Cliente ignorado*: Quando o prestador tenta se livrar do cliente ignorando-o completamente. Trata-se da síndrome do "Cai fora daqui".
- *Frieza*: Quando os prestadores de serviços não se importam com o que o cliente realmente quer.
- *Condescendência*: Quando os prestadores entendem que, "se você é o cliente/paciente, então deve ser burro".
- *Automatismo*: Quando os clientes são tratados como "mais um na fila que tem que andar".

- *Leitura de regulamento*: Quando os fornecedores seguem rigorosamente as regras da organização, mesmo quando elas não fazem sentido.
- *Enrolação*: Quando o prestador passa o cliente de um funcionário para outro.[8]

O pessoal de serviços tem o duplo papel de interagir com os clientes e dar retorno à empresa. Estrategicamente, o pessoal de serviço é uma importante fonte de diferenciação do produto. Muitas vezes, é um grande desafio para uma empresa de serviços diferenciar-se de outras organizações similares em termos do pacote de benefícios que oferece ou de seu sistema de entrega. Por exemplo, muitas companhias aéreas oferecem pacotes similares de benefícios e voam nos mesmos tipos de aeronave dos mesmos aeroportos para os mesmos destinos. Portanto, sua única possibilidade de uma vantagem competitiva é a partir do nível de serviços, ou seja, a forma como as coisas são feitas. Assim, o fator que muitas vezes distingue uma companhia aérea de outra é a postura e a atitude de seus prestadores de serviços. A Singapore Airlines, por exemplo, goza de uma excelente reputação por causa, em grande parte, da beleza e graça de suas comissárias de bordo. Há outras empresas que têm uma vantagem diferencial sobre os concorrentes com base em seu pessoal, como Ritz Carlton, IBM e Disney Enterprises. Dada a importância dos prestadores de serviços e do pessoal de contato, o Capítulo 9 é dedicado a aspectos de recursos humanos que afetam diretamente o pessoal de empresas de serviços.

Outros clientes

Em última análise, o sucesso dos serviços prestados depende da eficácia da empresa no atendimento da clientela. Uma vasta gama de estabelecimentos de serviços, como restaurantes, hotéis, companhias aéreas e consultórios médicos, atendem vários clientes simultaneamente. Assim, outros clientes podem ter um impacto profundo sobre a experiência de serviço de um indivíduo. Pesquisas mostram que a presença de **outros clientes** pode melhorar ou estragar a experiência de serviço de um indivíduo.[9] Sua influência pode ser *ativa* ou *passiva*. Eis alguns exemplos de clientes que estragam ativamente a experiência de serviço: clientes desordeiros em um restaurante ou um clube noturno, crianças que choram durante um culto na igreja ou frequentadores de teatro que conversam durante a apresentação da peça. Eis alguns exemplos de influência passiva: clientes que se atrasam para uma consulta, o que resulta no atraso dos atendimentos subsequentes; um indivíduo excepcionalmente alto que fica bem na frente de outro espectador em uma sala de cinema; ou o fato de fazer parte de um grupo grande, aumentando o tempo de espera para todos no grupo.

outros clientes Clientes que compartilham a experiência de serviço do cliente principal.

A experiência de serviço é muitas vezes descrita como uma "experiência compartilhada", onde "outros clientes" podem ter um enorme impacto sobre a experiência de outro.

Embora muitas ações do cliente que aumentam ou estragam a experiência de serviço sejam difíceis de prever, as organizações de serviços podem tentar controlar o comportamento dos clientes de modo que eles coexistam pacificamente. Por exemplo, as empresas podem gerenciar os tempos de espera de forma que os clientes que chegam mais cedo tenham prioridade, definir claramente o público-alvo em termos de segmentos de idade específicos, a fim de minimizar potenciais conflitos entre os clientes mais jovens e mais velhos e fornecer espaços reservados para fumantes e clientes com crianças. Uma explicação mais detalhada de como "outros clientes" podem impactar a experiência de serviços e estratégias para gerenciar este aspecto é apresentada no Capítulo 10.

Organização e sistemas invisíveis

Até aqui, o modelo *servuction* sugere que os benefícios obtidos pelo serviço ao cliente são influenciados pela interação com (1) o *servicescape*, (2) o pessoal de contato e/ou prestadores de serviços e (3) outros clientes. Portanto, os benefícios recebidos pelos consumidores de serviços são derivados de um processo interativo que ocorre em toda a experiência de serviço. Obviamente, os componentes visíveis que compõem o modelo *servuction* não podem existir isoladamente, e, de fato, devem estar apoiados em componentes invisíveis que integram a organização e seus sistemas. Por exemplo, a UPS (United Parcel Service) atribui uma boa parte do seu sucesso a atividades de bastidores que o cliente raramente vê: 12 computadores de grande porte capazes de computar cinco bilhões de *bits* de informações por segundo, 90 mil computadores *desktop*, 80 mil *laptops* para registro de entregas, a maior rede de celular privada do país e o maior banco de dados BD2 do mundo concebido para rastreamento de encomendas e outras informações de transporte ao cliente.[10]

Apesar de um cliente poder nunca ver o que acontece na cozinha de um restaurante, este importante aspecto de "sistema e organização invisíveis" impactará a experiência do cliente.

A **organização** e os **sistemas invisíveis** concebem normas, regulamentos e processos que orientam a empresa. Como resultado, apesar de normas, regulamentos e processos serem invisíveis para o cliente, tais elementos têm um efeito muito profundo sobre a experiência de serviço do consumidor. A organização e os sistemas invisíveis determinam fatores como formulários de informação a serem preenchidos pelos clientes, o número de funcionários disponíveis em um determinado momento e as políticas da empresa sobre inúmeras decisões, que podem ir desde a substituição de itens do menu até se a empresa aceita carteiras de identidade para conceder descontos a cidadãos idosos. Em comparação com os bens, que são primordialmente avaliados com base nos resultados (por exemplo, "O carro pega quando giro a chave?"), os serviços o são em termos de *processos* e *resultados* (por exemplo, "Meu voo para Chicago foi uma experiência agradável. Cheguei ao meu destino no horário, o serviço foi ótimo, e os funcionários foram muito amáveis!"). A organização e os sistemas invisíveis conduzem os processos da empresa de serviços. Dada a importância do processo para a criação de experiências de serviço, o Capítulo 5 é dedicado a questões relacionadas com o desenvolvimento dos processos de serviços.

> **organização e sistemas invisíveis** Parte de uma empresa que concebe normas, regulamentos e processos que orientam a organização.

Em última análise, os quatro componentes do modelo *servuction* combinam-se para criar a experiência para o consumidor, a qual cria o pacote de benefícios que o consumidor recebe. Criação de "experiências" para os clientes não é uma ideia nova. Entidades da indústria do entretenimento, como a Disney, vêm fazendo isso há anos. Outros, em especial o setor de hospitalidade, recentemente aderiram à ideia e introduziram conceitos de "experiência" de produtos, como os restaurantes Hard Rock Café, Planet Hollywood e Rainforest Café. A questão enfrentada por muitos outros tipos de prestador de serviços é como transformar as próprias operações em experiências memoráveis para o cliente.

Finalmente, a mais profunda implicação do modelo *servuction* está relacionada à demonstração de que os consumidores são uma parte integrante do processo de serviços. A participação dos consumidores pode ser ativa ou passiva, mas eles sempre estão envolvidos no processo de prestação de serviços. Tal fato tem uma influência significativa sobre a natureza das tarefas e do marketing de serviços, além de criar uma série de desafios normalmente não enfrentados por fabricantes de bens.

Por que estudar marketing de serviços?

Existem muitas razões que justificam a importância de estudar marketing de serviços. Até aqui, demonstramos como os consumidores avaliam os serviços de forma diferente dos bens e como os fornecedores de serviços devem gerenciar de maneira eficaz os aspectos da experiência do serviço. Também abordamos a importância de usar serviços como uma vantagem diferencial para produtos de predominância tangível. Eis outras razões para estudar marketing de serviços: (1) crescimento da economia global de serviços em termos de participação no Produto Interno Bruto (PIB), (2) aumento mundial da mão de obra de serviços, (3) surgimento de serviços eletrônicos baseados em tecnologia que transformaram muitas indústrias de serviços, e (4) importância do desenvolvimento de práticas de negócios sustentáveis em marketing de serviços.

Crescimento da economia global de serviços

O *setor de serviços* (setor terciário) é uma das três categorias principais de uma economia desenvolvida, além da *indústria* (secundário) e *agropecuária* (primário). Tradicionalmente, as economias mundiais tendem a fazer a transição de uma economia agrícola para uma economia industrial (por exemplo, fabricação, mineração etc.) e, em seguida, para uma economia de serviços. O Reino Unido foi a primeira economia do mundo moderno a fazer esta transição. Diversos outros países, como Estados Unidos, Japão, Alemanha e França, também a fizeram, e muitos mais a farão em um ritmo acelerado.

Vivemos tempos interessantes! O aumento da taxa de transformação de uma economia agropecuária em industrial e desta em uma economia baseada em serviços tem sido, em geral, provocado por um mercado internacional altamente competitivo. Colocando de forma simples, os bens são mais propícios ao comércio internacional do que os serviços, tornando-os assim mais vulneráveis às ações da concorrência. De modo mais simplificado, os bens são mais propícios para o comércio internacional, e, por consequência, se tornam mais vulneráveis a ações da concorrência. Em outras palavras, os primeiros países a industrializar suas economias se veem, eventualmente, sob ataque de outros que ainda estão na fase de transição de uma economia agropecuária para uma industrial. Esses países "recém-chegados" têm custos mais baixos de produção (especialmente em termos de mão de obra), o que é atraente para a indústria. Por conseguinte, à medida que os setores industriais migram de um país para outro, os países abandonados passam a depender mais do crescimento de seus setores de serviços como base de suas economias. Este processo se repete sempre que outros países menos desenvolvidos entram na batalha, facilitando a transformação das economias agropecuárias em industriais e estas em economias de serviços – o que, em troca, tem possibilitado o crescimento econômico em todo o mundo.

O crescimento econômico mundial tem alimentado ainda mais o crescimento do setor de serviços, na medida em que aumentar a prosperidade significa que empresas, instituições e indivíduos estão cada vez mais dispostos a trocar o dinheiro por tempo e a comprar serviços em vez de gastar tempo fazendo as coisas para si mesmos. A maior disponibilidade de recursos resultou em uma proliferação de serviços pessoais, particularmente no setor de entretenimento. O crescimento representa um aumento não apenas do volume global de serviços, mas também da variedade e diversidade de serviços oferecidos (sobre a distribuição dos subsetores de serviços nos Estados Unidos e das respectivas participações no PIB; ver Figura 1.6).

O resultado final tem sido um fenomenal crescimento no setor de serviços, mostrado claramente no PIB de diversos países (ver Figura 1.4). Todas as economias desenvolvidas têm grandes setores de serviços, sendo que o Japão, a França e a Grã-Bretanha têm economias de serviços tão desenvolvidas quanto, ou até mais que a dos Estados Unidos. No entanto, na liderança estão economias de serviços que representam cerca de 90% do PIB de seus países, como Hong Kong e Bahamas.

PAÍS	%	PAÍS	%
1. Hong Kong	92,3	11. Bélgica	74,7
2. Bahamas	90	12. Cingapura	73,2
3. Cisjordânia	81	13. Dinamarca	73,1
4. França	78,9	14. Itália	72,9
5. Estados Unidos	76,9	15. Portugal	72,8
6. Líbano	76,2	16. Alemanha	72
7. Japão	75,4	17. Austrália	71,3
8. Taiwan	75,2	18. Nova Zelândia	69,7
9. Reino Unido	75	19. Canadá	69,6
10. Cuba	74,8	20. Polônia	67,3

Fonte: Disponível em: <https://www.cia.gov/library/publications/the-world-factbook/geos/bf.html>. Acesso em: 16 set. 2015.
FIGURA 1.4 Participação do setor de serviços no PIB

PAÍS	%	PAÍS	%
1. Hong Kong	91,6	11. Nova Zelândia	74
2. Bahamas	90	12. Suíça	73,2
3. Israel	82	13. Bélgica	73
4. Reino Unido	80,4	14. Dinamarca	72,7
5. Canadá	79	15. França	71,8
6. Cingapura	77,4	16. Equador	70,4
7. Estados Unidos	76,6	17. Finlândia	69,9
8. Argentina	76	18. Alemanha	67,8
9. Noruega	76	19. Coreia do Sul	67,7
10. Austrália	75	20. Áustria	67

Fonte: Disponível em: https://www.cia.gov/library/publications/the-world-factbook/geos/bf.html. Acesso em: 16 set. 2015.
FIGURA 1.5 Participação da mão de obra de serviços no PIB

Aumento mundial da mão de obra de serviços

Em todo o mundo, o aumento e a transferência de empregos da agropecuária para a indústria e, em seguida, para serviços são evidentes (ver Figura 1.5). As indústrias de serviços não só têm crescido em tamanho, mas, neste processo, também têm absorvido todos os postos de trabalho fechados pelos setores tradicionais, como agropecuária, mineração e manufatura. De acordo com o U. S. Bureau of Labor Statistics, há a expectativa de que os postos de trabalho de serviços representem mais de 96% de todos os novos empregos gerados no período de 2002 a 2112.[11] E o mesmo padrão está se repetindo em grande parte do mundo.

Em 1900, 30% da mão de obra dos Estados Unidos estavam empregadas no setor de serviços; em 2009, as indústrias de serviços empregaram quase 79%. Ao mesmo tempo, a proporção da mão de obra utilizada na agropecuária diminuiu de 42% para apenas 0,6%.[12] Em 1948, 20,9 milhões de pessoas estavam empregadas na produção de bens de todos os tipos nos Estados Unidos e 27,2 milhões em serviços. Em meados da década de 1990, o número de empregados na produção de bens era de 19,9 milhões (sem aumento por mais de duas décadas). Em serviços, este número subiu para 81,1 milhões, muito mais do que o total de pessoas empregadas em todos os setores 30 anos antes.[13]

SETOR INDUSTRIAL:	% CONTRIBUIÇÃO	SETOR INDUSTRIAL:	% CONTRIBUIÇÃO
Agricultura, silvicultura, pesca e caça	1,0	Informação	4,4
Mineração	2,3	Finanças, seguros, imobiliário, aluguéis e arrendamento	20,0
Serviços públicos	2,1	Serviços profissionais e empresariais	12,7
Construção	4,1	Educação, saúde e assistência social	8,1
Manufatura	11,5	Artes, entretenimento, recreação, alojamento e serviços de alimentação	3,8
Comércio atacadista	5,7	Outros serviços	2,3
Comércio varejista	6,2	Governo	12,9
Transporte e armazenagem	2,9		

Fonte: Disponível em: <http://www.bea.gov/industry>. Acesso em: 16 set. 2015.

FIGURA 1.6 PIB dos Estados Unidos: participação por setor industrial

Até mesmo esses números não revelam a verdadeira contribuição dos serviços para o crescimento econômico, porque, na folha de pagamento de empresas de bens, os prestadores de serviços são contabilizados como funcionários industriais. A divisão de serviços da IBM, uma das maiores organizações de serviços em todo o mundo, é computada como sendo do setor de bens, não de serviços, pois, para o governo, o negócio principal da IBM está relacionado a computadores e eletrônicos. Contudo, a IBM se vê como uma grande prestadora de serviços na indústria de "soluções de negócios". Um quadro mais próximo da realidade pode ser obtido quando se combina a participação de pessoas empregadas formalmente no setor serviços, como empresas independentes de arquitetura ou contabilidade, e de pessoas ocupadas nesses mesmos cargos, mas trabalhando para as empresas do setor de bens.[14]

Uma das consequências dessas mudanças foi a transformação na própria natureza da mão de obra. Por exemplo, a maior parte dos novos empregos criados nos Estados Unidos ao longo dos últimos 30 anos envolve aqueles de maior nível, sejam administrativos, técnicos, burocráticos ou em vendas. Especialistas que monitoram a economia norte-americana observam que, como os serviços substituíram os bens como a força mais dominante na economia, o "capital humano" substituiu o capital físico como importante fonte de investimento. Segundo Ginzberg e Vojta, "os norte-americanos devem se livrar da ideia de que os bens por si sós constituem a riqueza, enquanto os serviços são improdutivos e efêmeros. Ao mesmo tempo, devem atuar de acordo com o entendimento de Adam Smith, de que a riqueza de uma nação depende da habilidade, da destreza e do conhecimento do seu povo".[15]

Dada a importância da economia global de serviços tanto em termos de participação no PIB como no aumento mundial da respectiva mão de obra, em cada capítulo deste livro existem seções que destacam as práticas de marketing de serviços desenvolvidas no mundo todo (ver "Serviços globais *em ação*"). Nessas seções, destacam-se empresas (por exemplo, Ski Dubai, DHL e Global Mail) e conceitos, como preços baseados na etnia, comportamento global do hábito de dar gorjetas, expectativas de satisfação do cliente, em várias culturas e muito mais.

Surgimento dos serviços eletrônicos

Em sua forma mais pura, a *tecnologia* representa a aplicação da ciência para resolução de problemas e execução de tarefas. Desenvolvimentos fenomenais na tecnologia – particularmente a internet – têm acarretado mudanças fundamentais na estratégia de marketing de serviços. A obsessão com a internet começou há quase 20 anos (por volta de 1996). Milhares de empresas,

SERVIÇOS GLOBAIS *EM AÇÃO*

Icehotel na Suécia: uma experiência fria muito interessante!

Transporte e alojamento são duas das indústrias mais facilmente reconhecidas no setor dos serviços. Pense em quantas vezes você já esteve em um hotel, dentro ou fora de seu país. Parece um tipo de experiência genérica em que todos os quartos são um pouco semelhantes e o serviço ao cliente não tem nada de novo? Muitos hotéis tentam mudar essas opiniões; no entanto, infelizmente para a maioria de nós, tal tratamento de luxo está muito além de nossas possibilidades financeiras.

Tomemos como exemplo o Icehotel na Suécia, localizado na famosa região da Lapônia. O hotel é construído sazonalmente com enormes blocos de gelo e neve bem compactada, criando um verdadeiro paraíso de inverno para os hóspedes. Promovido pelo hotel como um "projeto de arte surpreendente", a estrutura e todos os itens internos são inteiramente feitos de gelo. Espessas peles de animais cobrem as camas de gelo e os bancos do bar, e os hóspedes recebem casacos e capas ao entrar. Quartos disponíveis incluem suítes e quartos individuais básicos, por um preço que varia de US$ 400 a US$ 1.000 por noite. Excursões também estão disponíveis, incluindo trenós puxados por cães, motos de gelo e esqui.

Os visitantes não vão ao Icehotel para pernoites básicos, mas com a intenção de viver uma experiência verdadeiramente única. São produzidos espetáculos em um teatro de gelo, ressaltando o de 2009, quando o hotel celebrou seu 20º aniversário. Corporações recebem incentivos para a realização de conferências e reuniões no hotel; pacotes que incluem quartos, refeições e excursões são oferecidos geralmente com duração de uma semana. Por causa da natureza sazonal do negócio e da alta demanda, a disponibilidade é limitada.

Dormir em sua cama de gelo ou tomar uma bebida gelada no bar de gelo (servida, é claro, em um copo feito de gelo) é uma experiência para ficar guardada para sempre na memória. Ligeiramente diferente a cada ano, o Icehotel se esforça para fornecer aos clientes uma experiência tão única quanto possível. Não há duas estadas iguais, mesmo para o mais fiel dos clientes.

Fonte: Disponível em: <http://www.icehotel.com>. Acesso em: 16 set. 2015.

clientes, funcionários e parceiros se conectaram e passaram a conduzir negócios *on-line*, também conhecidos como *e-business*. Eventualmente, cada vez mais clientes (empresas e residências) se conectaram para formar uma massa crítica. Com usos frequentes, a confiança do cliente aumentou bastante, e a rede tornou-se uma alternativa viável para o incremento de receitas e crescimento econômico tanto de empresas de serviços como de bens. Em última análise, o *e-business* mudou o equilíbrio de poder no mercado. Agora, este poder está concentrado nos compradores, que têm mais escolhas, mais informações e estão cada vez mais exigentes. Consequentemente, os profissionais que atuam com serviços tiveram que se tornar mais acessíveis, mais ágeis e mais inovadores para atender às necessidades do mercado.

O crescimento dos negócios *on-line* tem sido verdadeiramente fenomenal. Em 2009, 1,7 bilhão de pessoas, aproximadamente 25,6% da população mundial, tinham acesso à internet (ver Figura 1.7). Em comparação, em 2002, 531 milhões de pessoas, quase 8,5% da população mundial, acessavam a rede internacional de computadores. Na América do Norte, 252,9 milhões de pessoas (74,2% da população) utilizam a internet.[16] Em 2008, havia a expectativa de que as vendas do varejo *on-line* norte-americano chegassem a US$ 204 bilhões, com a maioria sendo gerada por três categorias de produtos: vestuário (US$ 26,6 bilhões), computadores (US$ 23,9 bilhões) e automóveis (US$ 19,3 bilhões). De forma geral, as vendas no varejo têm apresentado taxas de crescimento anuais de dois dígitos, até mesmo em períodos de recessão.[17]

O que são serviços eletrônicos? O que exatamente são **serviços eletrônicos**? De acordo com a Hewlett-Packard, "é um serviço disponível na internet que realiza tarefas, resolve problemas ou faz transações. Os serviços eletrônicos podem ser usados por pessoas, empresas e outros serviços eletrônicos. Além disso, podem ser acessados por meio de uma ampla gama de dispositivos de informação". Atualmente, o mercado disponibiliza uma série de serviços eletrônicos. Como a lista é imensa, apresentamos apenas alguns exemplos: bancos *on-line*, caixas eletrônicos, rastreamento de encomendas, negociação de ações, compra *on-line* e caixa de autoatendimento em supermercados. Hoje, serviços eletrônicos são comumente conhecidos como **tecnologias de autoatendimento**.

> **serviço eletrônico** Serviço disponível na internet que realiza tarefas, resolve problemas ou faz operações.

> **tecnologias de autoatendimento** Serviços baseados em tecnologia que possibilitam aos clientes realizar tarefas por si mesmos.

Usuários mundiais da internet classificados por região

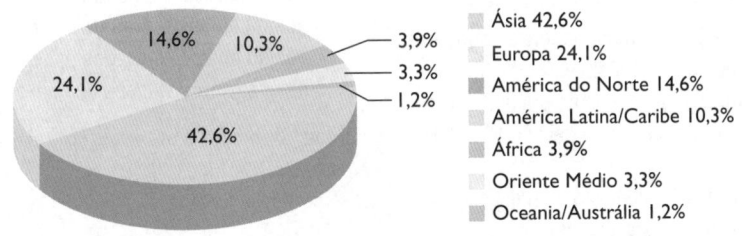

- Ásia 42,6%
- Europa 24,1%
- América do Norte 14,6%
- América Latina/Caribe 10,3%
- África 3,9%
- Oriente Médio 3,3%
- Oceania/Austrália 1,2%

Fonte: Internet World Stats. Disponível em: <www.internetworldstats.com/stats.htm>. Acesso em: 16 set. 2015;1.733.933.741 usuários da internet em 30 de setembro de 2009. Copyright © 2009, Marketing Group Miniwatts.

FIGURA 1.7 Usuários mundiais da internet classificados por região

Os proponentes de tecnologias de autoatendimento (TAA) com frequência se gabam de que "o melhor serviço é o autoatendimento". Consequentemente, as empresas devem operar com base na seguinte filosofia: "Ajude seu cliente a ajudar você". Idealmente, as TAA são propositadamente criadas para automatizar interações rotineiras entre clientes e empresas, com o objetivo de oferecer conveniência e eficiência para ambas as partes.[18] Quando desenvolvidas e implementadas com

SERVIÇOS ELETRÔNICOS EM AÇÃO

TripAdvisor: o melhor amigo de um viajante

Então, você está prestes a fazer um cruzeiro! Como escolheu o roteiro, a cabine e as excursões? Buscou recomendações de amigos e familiares? Talvez tenha dado uma olhada nos comentários da www.cruisecritic.com antes de fazer a escolha final. Como parte do TripAdvisor LLC, o Cruise Critic é apenas um *site* de um conglomerado que atrai mensalmente quase 36 milhões de visitantes que buscam as melhores férias possíveis. Os *sites* Booking Buddy e Seat Guru também fazem parte do TripAdvisor. Se você está procurando a melhor viagem ou as melhores tarifas, recomendações de hotéis, ou restaurantes, ou opiniões sobre cruzeiros, o TripAdvisor tem tudo e é gratuito!

Além de benefícios específicos para o consumidor, o TripAdvisor também propicia às empresas a oportunidade de anunciar para seus mercados-alvo específicos, disponibilizando possibilidades de propaganda gráfica com custo por clique. Esse serviço, combinado com os *sites* de consulta sobre viagens que a empresa possui, resultou em vários prêmios e elogios por parte da indústria. Algumas das principais opções oferecidas que ganharam este reconhecimento são as seguintes:

- **Pesquisa de voo com estimativa de preços** – maior gama de opções de voos.
- **Índices *Top Value*** – mecanismo de pesquisa de hotéis baseado no valor oferecido.
- **Restaurantes** – mais de 551 mil restaurantes com mais de dois milhões de classificações e comentários.
- ***Gas Tank Gateway*** – opções de férias em uma distância máxima correspondente ao consumo de um tanque de combustível.
- **Guias rápidos** – *download* de guias de hotéis, restaurantes e atrações em mais de 13 mil destinos.
- ***Traveler Network*** – conexão com especialistas da indústria e outros viajantes.
- **Vídeo** – os usuários podem postar vídeos de férias, e os profissionais de mercado, clipes promocionais.
- **Distribuição de conteúdo** – permite que as empresas de viagem postem conteúdo do TripAdvisor em seus próprios *sites*.
- **Pastas personalizadas** – os usuários podem salvar comentários em uma pasta personalizada para facilitar a pesquisa.
- **Mapas** – nesta opção, há informações sobre hotéis com preço, disponibilidade e popularidade.
- ***Inside Pages*** – os usuários podem fazer contribuições para guias de viagem.
- ***goLists*** – fornece aos usuários listas de viagens feitas por outros usuários.
- **Ferramenta avançada de seleção de hotéis** – fornece opções de pesquisa dos hotéis mais procurados em uma área.
- **Fotos dos usuários** – esta opção fornece fotografias de atrações e cidades do mundo todo e permite que os usuários postem as próprias fotografias.
- **Índice de popularidade de hotéis** – sistema de classificação de hotéis baseado em conteúdo disponível na internet.
- **Comparador de preços** – compara preços e disponibilidades.
- ***TripWatch*** – fornece alertas via *e-mail* personalizados sobre preferências de hotéis, atrações e destinos dos usuários.
- **Guias para escapadas de final de semana** – guias semanais gratuitos personalizados por código postal e enviados por *e-mail* com informações sobre viagens de final de semana.

Fonte: Disponível em: <www.tripadvisor.com>. Acesso em: 16 set. 2015.

---

sucesso, os consumidores as adoram.[19] Em relação às companhias aéreas, os clientes podem facilmente comparar preços das alternativas, reservar os próprios bilhetes, selecionar os assentos e pré-imprimir cartões de embarque para evitar os procedimentos de *check-in*. Em última análise, os consumidores muitas vezes gostam da conveniência, da velocidade e da facilidade de utilização de TAA, quando comparadas com os serviços tradicionais. Eis alguns exemplos empresas de serviços que empregam TAA: locadoras de automóveis, bancos, companhias de seguros, hotéis, locadoras de filmes e cinemas, além de uma variedade de outras operações de varejo.

As TAA são ótimas quando funcionam. No entanto, quando algo dá errado e os clientes não conseguem navegar nos menus, elas podem se tornar uma grande fonte de insatisfação. Basta considerar um *serviço de atendimento eletrônico* que não responde às questões do cliente ou não lhe fornece a opção desejada. Tomemos como exemplo o sistema telefônico eletrônico de um hospital que fornecia uma infinidade de opções. Espantosamente, a opção "Em caso de emergência..." era a nona! Em alguns casos, os clientes encaram avanços em TAA como uma estratégia intencional para a empresa se distanciar dos clientes. É imprescindível que as empresas de serviços que empregam TAA considerem cuidadosamente a experiência do cliente como um todo. Para que a implementação do autoatendimento obtenha sucesso, deve-se fornecer ao cliente um benefício (ou seja, conveniência e possibilidade de personalização, redução de custos, economia de tempo etc.). Quando este tipo de recurso é utilizado apenas para reduzir os custos operacionais da empresa, os resultados não são satisfatórios.

Os serviços eletrônicos desempenham um papel vital na transformação da experiência *on-line* do cliente, que evolui passando de uma experiência funcional a outra mais personalizada. Em essência, o serviço eletrônico humaniza a internet ao propiciar ao cliente várias atividades de serviço e, simultaneamente, reduzir os custos operacionais da empresa. Eis alguns exemplos: confirmações de pedido eletrônico, serviços de rastreamento de encomendas, navegação acompanhada (*co-browsing*), *chats* ao vivo e serviços de devolução de mercadoria.[20]

Dada a importância do papel da tecnologia na prestação de serviços, este livro fornece, em cada capítulo, seções que destacam o papel dos serviços eletrônicos no setor de serviços (ver "Serviços eletrônicos *em ação*"). Essas seções destacam empresas e conceitos, como Google, Zappos, Match.com, Verizon, *sites* de redes sociais, como Facebook, LinkedIn e Twitter, e muitos mais.

Serviços ecológicos: a sustentabilidade chega aos serviços

Nos últimos anos, muita pesquisa tem sido feita sobre o conceito de sustentabilidade. Profissionais de negócios têm se mostrado particularmente interessados em maneiras de tornar a produção de bens mais sustentável e "ecológica". No entanto, até recentemente, as pesquisas concentravam-se sobretudo na fabricação mais sustentável de bens. Pouco tem sido feito na área de serviços.

As pessoas pensam em muitas coisas diferentes quando ouvem a palavra "sustentabilidade". A maioria delas tende a associar o termo com ser "ecológico" e proteger o meio ambiente. No entanto, em termos gerais, **sustentabilidade** é a capacidade de se sustentar. Mais especificamente, sustentabilidade é definida como "a capacidade de atender às necessidades atuais sem prejudicar de atender às gerações futuras em termos econômicos, ambientais e sociais".[21] Assim, sustentabilidade está intimamente relacionada com o conceito de responsabilidade social.

> **sustentabilidade** Capacidade de atender às necessidades atuais sem prejudicar a de atender às gerações futuras em termos econômicos, ambientais e sociais.

Por que um prestador de serviços desejaria adotar práticas sustentáveis? Os custos iniciais de um programa de sustentabilidade podem ser extremamente elevados, tanto em termos financeiros como de outros recursos. Uma empresa pode acabar se preocupando demasiadamente com os custos iniciais para implementar práticas de sustentabilidade e não perceber os benefícios de longo prazo, o que resultará na crença de que ser ecológico não vale a pena. Este ponto de vista ganhou força significativa desde a crise econômica. No entanto, no longo prazo, assumir um compromisso de ser mais sustentável pode beneficiar uma empresa em mais de um sentido.

Independente de uma empresa produzir um bem ou fornecer um produto, ao optar pelo caminho da sustentabilidade, ela deve ser capaz de demonstrar os benefícios em termos financeiros. As empresas não serão capazes de financiar esforços de sustentabilidade no futuro sem almejar algum tipo de retorno. Portanto, o melhor é optar pela sustentabilidade quando os benefícios sociais sobrepuserem as oportunidades de negócios.[22] Esta sobreposição é conhecida como "ponto ideal". Ao identificar esta área de sobreposição, os executivos serão então capazes de apresentar argumentos consistentes aos acionistas, de modo a obter apoio à estratégia. Um exemplo pode ser visto no Projeto Shakti, da Unilever, na Índia. O projeto visa treinar milhares das mulheres na zona rural desse país para vender produtos de higiene pessoal da empresa para o praticamente inexplorado mercado rural do país. O projeto é sustentável, porque visa entender como se podem fazer negócios com pessoas pobres para tirá-las desta condição. O plano é também uma oportunidade de negócio, porque cria um mercado até então inexistente.

A busca por práticas de negócios sustentáveis permite às empresas encontrar não apenas oportunidades de melhoria, mas também uma fonte de vantagem competitiva. Há quatro áreas nas quais uma empresa pode atingir tais objetivos: *ecoeficiência, liderança de custo ambiental, liderança em ir além das exigências legais (beyond compliance) e eco-branding*.[23]

- *Ecoeficiência*: concentra-se no conceito de "duplo dividendo". As empresas que procuram reduzir desperdícios e ineficiências no sistema têm resultados positivos tanto financeira como ambientalmente.

SUSTENTABILIDADE E SERVIÇOS *EM AÇÃO*

As origens e o crescimento do movimento "ecológico"

Ao considerar o movimento "ecológico", muitos o associam com as tendências atuais em torno da sustentabilidade. Contudo, as origens do movimento remontam à Revolução Industrial, entre os séculos XVII e XIX. Essa época foi definida por progressos tecnológico, industrial e científico sem precedentes, que levaram a uma explosão populacional entre as nações mais industrializadas. O aumento súbito na indústria e na demanda por produtos resultou em uso excessivo dos recursos naturais, aumento de resíduos e más condições de trabalho.

O movimento "ecológico" ressurge nos anos 1950 e 1960, quando os consumidores se tornaram cada vez mais conscientes do impacto do consumo global no meio ambiente. Os arredores, as estradas, os rios e os lagos estavam se tornando cada vez mais poluídos. Por exemplo, não era incomum dirigir atrás de alguém na estrada e ver as pessoas jogando lixo pelas janelas do carro (como latas, garrafas, sacos, pontas de cigarro etc.). Em outro exemplo, o Rio Cuyahoga, localizado perto de Akron, em Ohio, literalmente pegou fogo quando uma mancha de óleo que cobria a superfície da água se incendiou. A campanha original, "*Keep America beautiful*" – KAB ("Mantenha os Estados Unidos bonito"), surgiu em 1953 e era composta por um conglomerado de empresas norte-americanas, organizações sem fins lucrativos, agências governamentais e consumidores preocupados. Ainda em funcionamento, e atualmente a maior organização de melhoria da comunidade nos Estados Unidos, a KAB se concentra na prevenção da sujeira, na hierarquia de resíduos (redução, reutilização e reciclagem de resíduos) e no embelezamento da comunidade. O símbolo mais reconhecível da KAB é a campanha publicitária *Lágrima do índio*, veiculada na década de 1970, em que um nativo norte-americano observa a poluída sociedade americana vivendo onde antes eram terras intocadas (Disponível em: <http://www.youtube.com/watch?v=j7OHG7tHrNM>).

Na década de 1970, as empresas colocaram-se na defensiva em resposta a políticas ambientais mais rigorosas. A enxurrada de novas leis levou à criação do Dia da Terra e contribuiu para instigar a primeira conferência ambiental das Nações Unidas realizada em Estocolmo, em 1972. O movimento mudou de mãos nos anos 1980 e 1990: da esfera governamental ao controle por parte da indústria e do consumidor. Mudanças sociais começaram a ocorrer quando se deu suporte ao avanço do movimento. Apesar de ter sofrido um revés após os ataques de 11 de setembro, quando a preocupação social se deslocou para a segurança nacional, o público voltou a reivindicar mais políticas de sustentabilidade. As seções "Sustentabilidade e serviços *em ação*", apresentadas ao longo deste livro, fornecem informações específicas sobre indústrias de serviços e sua transformação em práticas de negócios sustentáveis.

- *Liderança de custo ambiental*: envolve o desenvolvimento de uma inovação radical que permitirá à empresa ser ecologicamente correta, ao mesmo tempo que mantém o custo de competitividade.
- *Liderança em ir além das exigências legais*: envolve empresas que querem aumentar os esforços de sustentabilidade, mas também desejam que tais esforços sejam reconhecidos pelo público. Essas empresas costumam investir em certificações ambientais, como de construção do programa Liderança em Energia e Projeto Ambiental (*Leadership in Energy and Environmental Design – Leed*). Os primeiros a aderir a este movimento em uma dada indústria terão a maior vantagem. Aqueles que tomam a iniciativa são vistos como inovadores, e as demais empresas do setor são obrigadas a seguir o exemplo.
- *Estratégias de eco-branding*: concentram-se na utilização de diferenciação de marketing com base em atributos ambientais de produtos (por exemplo, orgânico, vegano ou com imagem de comércio justo). Há três pré-requisitos básicos para que as empresas possam executar com êxito tal abordagem: os consumidores devem estar dispostos a pagar os custos da diferenciação ecológica; informações confiáveis sobre o desempenho ambiental do produto devem estar prontamente à disposição do consumidor; e a diferenciação deve ser difícil de ser imitada por parte dos concorrentes.

Dada a importância das práticas operacionais sustentáveis, tanto na perspectiva do meio ambiente quanto na de negócios, este livro fornece, em cada capítulo, seções que destacam práticas sustentáveis de negócios no setor de serviços (ver "Sustentabilidade e serviços *em ação*").

Neste livro, os alunos aprenderão algumas práticas sustentáveis de negócios aplicadas por hotéis, bancos, companhias aéreas, universidades e restaurantes. Além disso, algumas seções apresentam experiências de empresas (como TerraPass, TreeHugger e Starbucks), conceitos relacionados à certificação de construção do programa LEEDS e motivações para reciclar, além das origens e do crescimento do movimento "ecológico".

Resumo

Como os serviços permeiam todos os aspectos de nossa vida hoje em dia, a necessidade de conhecimento de marketing de serviços é maior do que nunca. Ao se definir serviços, a distinção entre bens e serviços nem sempre é perfeitamente clara. Em geral, produtos são definidos como objetos, dispositivos ou coisas, enquanto serviços, como ações, esforços ou desempenhos. Pouquíssimos produtos, se é que há algum, podem ser classificados como serviços ou bens puros. A escala de entidades do mercado e o modelo molecular ilustram como os produtos variam de acordo com a tangibilidade.

Quando um consumidor adquire um serviço, está, na verdade, comprando uma experiência. Os quatro componentes do modelo *servuction* criam a experiência para o consumidor – *servicescape*, prestadores de serviços/pessoal de contato, outros clientes e organização e sistemas invisíveis. Por sua vez, a experiência de serviço criada entrega um pacote de benefícios para o consumidor. Em comparação com a produção de bens, o modelo *servuction* demonstra que os consumidores de serviços são parte integrante do processo de produção de serviços.

Há muitas razões que justificam a importância do estudo de marketing de serviços: (1) os consumidores avaliam os serviços de forma diferente dos produtos, e o marketing de serviços deve gerenciar de forma eficaz os aspectos da experiência do serviço; (2) os serviços podem ser utilizados de forma eficaz como uma vantagem ou diferencial para produtos de predominância tangível; (3) em termos de participação no PIB, a economia mundial de serviços aumentou significativamente; (4) o crescimento mundial da mão de obra de serviços acompanhou este aumento; (5) o surgimento de serviços eletrônicos baseados em tecnologia transformou muitas indústrias de serviços; e (6) são necessários conhecimentos para o desenvolvimento de práticas sustentáveis no marketing de serviços.

Palavras-chave

imperativo de serviços
bens
serviços
produto
escala de entidades do mercado
predominância tangível

predominância intangível
miopia de marketing de serviços
modelo molecular
conceito de benefício
modelo *servuction*
servicescape
pessoal de contato

prestadores de serviços
outros clientes
organização e sistemas invisíveis
serviço eletrônico
tecnologias de autoatendimento
sustentabilidade

Questões de revisão

1. Defina os seguintes termos: bens, serviços, produtos.
2. O que pode ser aprendido com o imperativo de serviços?
3. Por que é difícil fazer a distinção entre bens e serviços? Use o conceito de escala de entidades do mercado e o modelo molecular para justificar sua resposta.
4. Por meio do modelo *servuction*, descreva sua experiência em sala de aula.
5. Haveria alguma alteração no modelo *servuction*, discutido na questão anterior, se você o utilizasse para descrever sua experiência em um restaurante? Explique.
6. Em que aspectos a dimensão "organização e sistemas" do modelo *servuction* difere das outras três dimensões? Qual é o propósito desta dimensão?
7. Considerando a tabela que fornece informações sobre o PIB de alguns países, observe os dez com as maiores proporções de serviços em suas economias. Esses países diferem bastante entre si, mas ainda assim geram grandes economias de serviços. Explique.
8. Discuta os fatores principais para a implantação de tecnologias de autoatendimento eficazes.
9. Descreva os serviços eletrônicos que ajudam a humanizar a experiência *on-line*.
10. Discuta as quatro abordagens para a utilização da sustentabilidade como uma estratégia de posicionamento eficaz.

Notas

1. The Final Frontier. *The Economist*, 20 fev. 1993, p. 63.
2. Organization for Economic Co-Operation and Development (OECD), 2000, *The Service Economy, STI*: Business and Industry Policy Forum Series, p. 10.
3. Leonard L. Berry, Services Marketing Is Different, *Business Magazine*, maio-jun. 1980, p. 24-29.
4. Esta seção foi adaptada de G. Lyn Shostack, Breaking Free from Product Marketing, *Journal of* Marketing 41, abr. 1977, p. 73-80.
5. Joseph B. Pine II; James H. Gilmore. *The Experience Economy*. Boston: Harvard Business School Press, 1999.
6. G. Lyn Shostack, p. 73-80.
7. Esta seção foi adaptada de John E. G. Bateson. *Managing Services Marketing*, 2. ed. Fort Worth, TX: The Dryden Press, 1992, p. 8-11.
8. Ron Zemke; Kristen Anderson. Customers from Hell, *Training*, fev. 1990, p. 25-31.
9. Para obter mais informações, ver Charles L. Martin. Consumer-to-Consumer Relationships: Satisfaction with Other Consumers' Public Behavior. *Journal of Consumer Affairs*, 30, 1, 1996, p. 146-48; e Stephen J. Grove; Raymond P. Fisk The Impact of Other Customers on Service Experiences: A Critical Incident Examination of Getting Along. *Journal of Retailing*, 73, 1, 1997, p. 63-85.
10. Jim Kelley. From Lip Service to Real Service: Reversing America's Downward Service Spiral. *Vital Speeches of the Day*, 64, 10, 1998, p. 301-04.
11. Ver www.bls.gov para obter mais informações relativas ao crescimento dos subsetores de serviços norte-americanos.
12. Idem.

13. *Statistical Abstract of the United States*, 1993.
14. Eli Ginzberg; George J. Vojta. The Service Sector of the U.S. Economy. *Scientific American*, 244, 3, mar. 1981, p. 31-39.
15. Idem.
16. Disponível em: <http://www.internetworldstats.com/stats.htm>. Acesso em: 31 jan. 2010.
17. Disponível em: <http://www.paymentsnews.com/2008/04/us-online-retai.html>. Acesso em: 31 jan. 2010.
18. Disponível em: <http://knowledge.wpcarey.asu.edu/article.cfm?articleid=1624>. Acesso em: 31 jan. 2010.
19. Disponível em: <http://searchcio.techtarget.com/tip/0,289483,sid182_gci1252698,00.html> e <http://www.jazdhotels.com/hotelworldnetworkmarketplace/research/Penn-Center-Systems.htm?contentSetId=40003768>. Acesso em: 31 jan. 2010.
20. Rafi A. Mohammed; Robert J. Fisher; Bernard J. Jaworski; Aileen Cahill. *Internet Marketing*: Building Advantage in a Networked Economy. Boston: McGraw-Hill Irwin, 2002. Zemke e Connellan, e-Service, AMACOM.
21. Lisa Cooling, "On the Front Line of Social Responsibility and Sustainability". *Inside Supply Management*, 20, 1, (2009), p. 22. Web. 27 de setembro, 2009.
22. Adrienne Fox, "Corporate social responsibility pays off: by being good corporate citizens, companies can woo top talent, engage employees and raise productivity", *HR Magazine*, ago. 2007, n. 8, p. 42. Disponível em: <http://findarticles.com/p/articles/mi_m3495/is_8_52/ai_n20525141/?tag=content;col1>. Acesso em: 1º fev. 2010.
23. Renato J. Orsato. Competitive Environmental Strategies: When Does it Pay to Be Green?. *California Management Review*, 48, 2 2006.

CASO 1
O primeiro encontro de serviço das gêmeas

Nosso dia começou às 5h20. Estava previsto que o furacão Félix atingiria a costa da Carolina do Norte no final da tarde, e eu, como a maioria das outras pessoas do sudeste da Carolina do Norte, passei boa parte da véspera preparando a casa para a tempestade. No entanto, minha esposa e eu tínhamos uma preocupação a mais. Ela estava no sexto mês de gestação de gêmeos, e a perspectiva de passar muito tempo dentro de um carro, na tentativa de nos afastar do perigo, não era muito atraente. Tínhamos combinado que decidiríamos se sairíamos de casa ou se ficaríamos para enfrentar a tempestade após a consulta médica da minha esposa, às 9 h. Não fomos ao consultório médico.

Às 5h20, acordei com a voz amedrontada de minha esposa. Sua bolsa tinha estourado, e os gêmeos que eram esperados para 16 de novembro, aparentemente, tinham decidido nascer 13 semanas antes. Como pais de primeira viagem, entendemos que nosso próximo passo seria ir para o hospital. No entanto, não tínhamos certeza sobre o melhor meio de transporte por causa da nossa situação particular. Os médicos nos disseram que gestações múltiplas são de alto risco, e deve-se tomar todas as precauções. Rapidamente ligamos para o hospital para pedir orientações. O hospital sugeriu que, antes de irmos para lá, minha mulher tomasse um banho, raspasse as pernas e preparasse uma bolsa com alguns itens essenciais. Nervosos demais para assumir riscos, não seguimos as recomendações, apanhamos algumas coisas e fomos imediatamente para o hospital.

Fonte: Originalmente impresso por K. Douglas Hoffman. Rude Awakening. *Journal of Health Care Marketing*, verão 1996, 16, 2, p. 14-22.

O departamento de emergência

Ao chegarmos ao hospital, fomos à entrada de emergência, e rapidamente saí do carro para pegar uma cadeira de rodas. Fui imediatamente abordado por um segurança que estava batendo papo com outro homem. Ele me informou que não poderia deixar o carro naquele lugar. Respondi que precisava de uma cadeira de rodas e tiraria o carro assim que pudesse levar minha esposa para dentro. Ele apontou para onde estavam as cadeiras de rodas dentro do hospital. Peguei a primeira que vi e corri para ajudar minha esposa. Nesse momento, o segurança me informou que eu havia pegado uma cadeira de rodas para crianças. Voltei para pegar uma bem maior. Retornei para o carro, ajudei minha esposa a se sentar na cadeira de rodas e me dirigi novamente para dentro do hospital. O segurança, que continuava o bate-papo, me disse que eu deveria deixar a esposa com a enfermeira da triagem do departamento de emergência para que pudesse remover o automóvel. Me separei da minha esposa e fui retirar o carro. Quando voltei, o segurança me informou que haviam levado minha esposa para a ala da maternidade, localizada no terceiro piso.

Seu encontro com a enfermeira da triagem foi, aparentemente, curto e amável. A enfermeira chamou um atendente para levar minha mulher à ala da maternidade. No caminho para o terceiro andar, o atendente perguntou se minha esposa estava animada em ter o bebê. Ela respondeu que estava apavorada, porque tratava-se de uma gravidez de apenas seis meses. O atendente disse que, por causa da prematuridade, o bebê dificilmente sobreviveria.

A ala da maternidade

Ao chegar ao terceiro andar, fui ao posto de enfermagem para saber onde estava minha esposa. Fui recebido por várias enfermeiras sorridentes, que me acompanharam ao quarto onde ela estava. No caminho, encontrei outra enfermeira que havia acabado de sair do quarto. Ela me puxou para um canto e me informou sobre as observações do atendente. Segundo a enfermeira, o comentário feito pelo atendente era inoportuno e, mais importante, incorreto. Ela me disse também que minha esposa estava transtornada e que precisávamos nos unir para acalmá-la, e nos informou que, alguns anos antes, ela mesma tinha dado à luz uma criança prematura aproximadamente no mesmo período gestacional do nosso bebê.

Por volta das 6h30, o residente de plantão entrou no quarto e se apresentou como Dr. Baker. Minha esposa me olhou com ar perplexo e confuso. A clínica tinha cinco médicos que se revezavam em turnos. Baker era um deles. No entanto, ele era de 30 a 40 anos mais velho do que o residente que acabara de se apresentar como tal. O que ocorreu foi que o residente estava nervoso e se apresentou como o próprio Dr. Baker, em vez de seu assistente. Ao perceber o erro, ele, envergonhado, se apresentou corretamente e nos informou que Baker era o médico de plantão e que já havia sido contatado e informado sobre a condição da minha esposa.

O residente saiu da sala e logo reapareceu com um carrinho de ultrassom para verificar a posição dos bebês. Desta vez, estava acompanhado de uma pessoa que entendi ser um residente sênior de plantão. Durante mais ou menos 30 minutos, vi o residente júnior tentar aprender a usar o equipamento de ultrassom. Ele ficava relatando suas descobertas com frases que começavam com "Eu acho que...". Várias vezes durante esse período minha esposa expressou sua preocupação com a condição dos bebês e perguntava onde estava o Dr. Baker. Os médicos residentes nos disseram que ele estava a par de tudo o que estava acontecendo. Ao mesmo tempo, diziam que precisávamos nos acalmar, pois o nervosismo não melhoraria a condição dos bebês. Após cerca de 30 minutos, informei aos médicos residentes que, apesar dos conselhos para que nos mantivéssemos calmos, eles não estavam nos transmitindo muita confiança. Nesse momento, o residente sênior assumiu o exame de ultrassom.

Por volta de 7h30, Baker chegou ao hospital. Desculpou-se por não ter podido chegar mais cedo e nos disse que estava tentando ajudar a esposa a se preparar para o furacão que estava a caminho. Em algum momento desse intervalo, houve a troca de turno dos enfermeiros, assim como a do Dr. Baker. Novos enfermeiros entraram no quarto, e, agora, Dr. Johnson estava substituindo Dr. Baker. Por volta das 8 horas, Baker me puxou para um canto e me informou que, depois de conversar com Johnson, eles haviam decidido que, se o trabalho de parto da minha esposa diminuísse, ela permaneceria no hospital em repouso por um período de sete a dez dias antes de ter os bebês. Explicou-me que cada dia a mais seria melhor para os bebês, pois teriam maior desenvolvimento. Os pulmões eram a maior preocupação.

Ao dar entrada no andar da maternidade, minha esposa foi imediatamente encaminhada para um eletrocardiograma, a fim de monitorar as contrações. Devido ao pequeno tamanho dos bebês, as contrações não eram fortes. No entanto, tanto eu quanto ela tínhamos a clara sensação de que o intervalo entre as contrações estava ficando mais curto. Como pais de primeira viagem, não ficamos excessivamente alarmados com isso, já que estávamos em um hospital com muitos profissionais de saúde.

Entre 8 e 8h30, duas outras enfermeiras entraram no quarto com pilhas de formulários para preenchermos. Como se tratava de gêmeos, precisávamos preencher cada formulário duas vezes com itens básicos, como: nomes, endereços, números de telefone, números de segurança social e informações do plano de saúde. Eram as mesmas informações que o hospital havia solicitado semanas antes, ou seja, os mesmos dados foram fornecidos duas vezes. As enfermeiras liam os itens do formulário, nós fornecíamos as informações, e elas escreviam as respostas.

Às 8h30, Dr. Baker me informou que, por causa posição de um dos bebês, era necessário fazer uma cesariana. Pensando no prazo de uma semana a dez dias, perguntei-lhe quando achava que isto seria feito. Ele respondeu: "Em mais ou menos uma hora". Então, Baker comentou que o trabalho não tinha diminuído e que Johnson o faria.

Enquanto minha esposa estava sendo preparada para a sala de cirurgia, fiquei esperando no corredor do lado de fora do quarto. Notei outro médico, mancando pelo corredor com um pé engessado e uma muleta debaixo do braço. Ele parou do lado de fora do quarto da minha esposa e começou a examinar os prontuários médicos. Apresentou-se como Dr. Arthur (ele havia quebrado o pé enquanto tentava trocar um pneu). Arthur era o neonatologista, o que não significava nada para mim naquele momento. Finalmente, descobri que minha esposa tinha uma equipe de médicos e que os meus recém-nascidos teriam sua própria equipe de profissionais de saúde. Arthur pediu para falar com minha esposa e comigo. Foi quando nos disse que 90% dos bebês como os nossos sobrevivem e que 90% deles se desenvolvem normalmente. Tratava-se de um sujeito calmo e pragmático, que nos encorajou a fazer perguntas. Continuou a explicar que os bebês passariam alguns meses na unidade de terapia intensiva (UTI) neonatal do hospital e que, se tudo corresse bem, poderíamos esperar para levá-los para casa após duas semanas.

Às 9 horas, começou o inferno. A dilatação passou a ter um ritmo mais rápido do que o previsto [...] as contrações de fato estavam ocorrendo em intervalos mais frequentes. Alguns atendentes e enfermeiras pegaram a cama da minha esposa e rapidamente a levaram pelo corredor até a sala de parto. Me deram um conjunto de roupas hospitalares e me disseram para vesti-lo. Em seguida, disseram que voltariam para me pegar, se conseguissem. Por quase 12 longos minutos fiquei sentado sozinho em um banco de um quarto de hospital vazio, assistindo ao canal de meteorologia e acompanhando o furacão Félix. O volume da televisão estava no mudo, e a única coisa que eu podia ouvir era uma mulher gritando em trabalho de parto no quarto ao lado. De repente, uma enfermeira colocou a cabeça para dentro do quarto e disse que haviam preparado um espaço para mim na sala de parto.

A sala de parto

Quando entrei na sala de parto, fiquei impressionado com o número de pessoas envolvidas no processo. Contando comigo, eram 12 pessoas "muito ocupadas". Fiquei sentado na cabeceira do leito da minha esposa. Pediram que ela ficasse acordada durante o procedimento. Ela me perguntou se o homem que ajudava o Dr. Johnson era o residente júnior. Com certeza o vi, vestindo um avental cirúrgico, de máscara e com um bisturi na mão, mas menti, e disse: "Não".

De repente, percebemos que ainda não havíamos escolhido os nomes. De alguma forma, o que não conseguimos decidir durante meses de discussão aconteceu em 30 segundos. Nossa primeira menina, Emma Lewis (Emmy), nasceu às 9h15 pesando 907 gramas e medindo 36,8 centímetros. Nosso segundo bebê, Madeline Stuart (Maddy), nasceu às 9h16 pesando 998 gramas e também com 36,8 centímetros. Ambas eram muito ativas no momento do nascimento, e os choros fracos tranquilizaram minha esposa e a mim mesmo, pois pareciam estar bem.

Depois do parto, as bebês foram imediatamente entregues ao Dr. Arthur e à sua equipe, que havia instalado estações de exame na sala de parto. Cada uma tinha sua própria equipe médica e fiquei animado ao ver Dr. Arthur, que andava pulando com um pé só pela sala de parto, examinando as meninas. A equipe neonatal que examinava as meninas estava muito empolgada, quase numa espécie de competição ao comparar as medições para ver qual bebê tinha os melhores sinais vitais. Arthur então sugeriu que eu fosse com as meninas para a UTI neonatal para assistir a novos exames. Ele também fez questão que minha esposa desse uma boa olhada nas bebês antes que fossem retiradas da sala de parto e encaminhadas às incubadoras. Minha esposa e eu nos despedimos, e me disseram que eu poderia vê-la novamente na sala de recuperação em cerca de 20 a 30 minutos.

A sala de recuperação

Tanto a sala de recuperação como a de parto ficam na maternidade, no terceiro andar do hospital. A UTI neonatal está localizada no quarto andar, designado como ala da ginecologia. A equipe do terceiro andar é aparelhada para mães e bebês, ao passo que a do quarto andar, exceto pela UTI neonatal, é equipada para mulheres com problemas ginecológicos.

Depois de receber os sinais de "por enquanto, tudo bem" por parte dos médicos em relação à minha esposa e aos bebês, fui autorizado a encontrá-la na sala de recuperação. Era um quarto de hospital básico, exceto pelo fato de que uma enfermeira estava designada para o quarto em tempo integral. Um dos voluntários do hospital havia tirado fotos das bebês e colado na grade da cama. As enfermeiras da ala da maternidade do terceiro andar perguntaram à minha esposa se ela gostaria de ficar instalada no quarto andar para poder estar mais perto das meninas quando pudesse andar novamente. Ela concordou, e passou os quatro dias seguintes em um quarto naquele andar.

O furacão Félix ficou sobre o mar e subiu a costa, passando bem longe de nós.

O quarto andar

O apartamento privativo do quarto andar era pequeno, sombrio e sujo. Do ponto de vista emocional, a equipe daquele andar não estava preparada para lidar com a nossa situação. Na verdade, uma enfermeira, após discutir a situação com minha esposa, perguntou se iríamos transferir as bebês para um grande centro médico universitário, a três horas de distância.

A qualidade do atendimento do quarto andar era irregular. Algumas enfermeiras eram boas, outras foram desatenciosas, lentas para responder ao botão de chamada do paciente, e culpavam enfermeiras de outros turnos quando os medicamentos e outros cuidados agendados ou prometidos (por exemplo, fornecer à paciente uma bomba de mama para tirar o leite) não eram feitos no horário programado. Embora possa parecer trivial para algumas pessoas, a bomba de mama representava a maior contribuição que minha esposa podia dar para cuidar das bebês. Era a única coisa que ela podia fazer. Todo o resto estava fora de suas mãos. Minha esposa foi instruída a começar a bombear o leite assim que se sentisse capaz. Ainda assim, devido à sua localização longe da maternidade, a obtenção de uma bomba de mama foi difícil e tornou-se um ponto sensível para minha esposa.

Ao receber uma ligação de um representante dos pacientes do hospital, minha esposa expôs suas preocupações. Pouco tempo depois, o pessoal foi mudado, a qualidade dos cuidados melhorou, e fomos transferidos para um quarto muito maior na terceira tarde.

A unidade de terapia intensiva neonatal

A UTI neonatal estava localizada em uma área isolada do quarto andar. Seu objetivo principal era a prestação de cuidados a bebês prematuros e aos que necessitavam de cuidados especiais. O número de bebês atendidos por dia durante nossa estada girava em torno de 12.

Emmy e Maddy ficaram quase sete semanas na UTI neonatal. A equipe se esforçou para explicar a finalidade de cada equipamento e cada tubo que parecia cobrir os corpos das bebês. Repetiram diversas vezes que eu poderia e deveria fazer perguntas a qualquer momento e que a equipe entendia que eram muitas informações para eu absorver. Por isso, era compreensível e aceitável perguntar as mesmas coisas todo dia. A equipe havia feito cartazes coloridos de boas-vindas para cada uma das bebês e colado acima de suas respectivas estações. Para facilitar o acesso, as meninas ainda não haviam sido colocadas em incubadoras. Elas ficavam no que pareciam ser grandes cestas com bordas altas. Comemoramos algumas semanas mais tarde, quando finalmente, depois de removidos os tubos, as bebês foram transferidas para as incubadoras que chamamos de "camas de meninas crescidas".

Durante os três primeiros dias, ao entrar na UTI neonatal, encontrava mantas de bebê em cada uma das meninas. Um grupo local chamado Quilters by the Sea as havia confeccionado; aparentemente esse grupo fornece com regularidade as mantas para bebês internados na UTI neonatal. Por alguma razão que ainda não sei explicar, o fato de alguém de fora do hospital que eu nem conhecia se preocupar com as minhas meninas me tocou profundamente. Os cartazes feitos pela equipe e as mantas dos bebês humanizaram as máquinas e os tubos. De alguma forma, eu não via mais duas bebês prematuras, mas Emmy e Maddy.

Ao longo da estada das meninas na UTI neonatal, a qualidade da assistência prestada foi excepcional. A equipe não apenas se destacou nos aspectos técnicos, mas também era muito boa em lidar com os pais. Alguns dos toques pessoais incluíam várias fotos de cada uma das meninas para levarmos para casa, cartões de aniversário caseiros com imagens delas para mamãe e papai em seus aniversários, adesivos de bebês nas incubadoras e bilhetes de encorajamento da equipe quando se alcançava um marco, como quando chegaram a 1,5 kg. Um dia, ao chegamos, encontramos lacinhos cor-de-rosa nos cabelos das meninas. As enfermeiras ainda assinaram os nomes de Emmy e Maddy na perninha engessada do bebê da incubadora ao lado.

O envolvimento dos pais no cuidado de todas as crianças foi incentivado, quase obrigatório. Eu havia, de alguma forma, conseguido escapar de trocar fraldas durante minha vida (eu tinha 35 anos). Fui ameaçado, acho que em tom de brincadeira, de que as meninas não seriam autorizadas a sair da UTI neonatal até que eu tivesse demonstrado alguma forma de competência com trocas de fraldas, alimentação e banhos. A equipe feminina me fazia sentir como se minha masculinidade estivesse em jogo se não fosse capaz de desempenhar essas funções. Pessoalmente, acho que elas desejavam ter tido a mesma oportunidade de treinar seus próprios maridos quando tiveram seus bebês. Agora, sou um especialista nessas atividades.

Como é normal no desenvolvimento de bebês, alguns dias são melhores que outros. Comemoramos os ganhos de peso e passamos por colapso pulmonar, transfusões de sangue, respiradores, alarmes causados por ataques de apneia e bradicardia, e outras operações menores. Ao longo de sete semanas, muitos dos funcionários e três neonatologistas se tornaram nossos amigos. Sabíamos seus endereços, conhecíamos maridos, esposas, noivos e filhos, e também ouvimos muito sobre outra preocupação importante da equipe: o escalonamento de turnos.

O quarto de crescimento

Algum tempo depois da sétima semana, tivemos nossa "formatura" e passamos para o quarto de crescimento, que funcionava como uma área de transição entre a UTI neonatal e a alta dos bebês. Quando os bebês são transferidos para este quarto, já não necessitam de cuidados intensivos fornecidos pela UTI neonatal, mas ainda é fundamental que sejam observados em tempo integral. Como o nome indica, o quarto de crescimento é para a alimentação e troca de fraldas, administração de medicamentos e registro de dados vitais, atividades básicas essenciais para o crescimento e desenvolvimento de bebês, e acolhe, no máximo, quatro crianças de cada vez.

O quarto de crescimento era do tipo normal, adaptado para tal fim, e localizado no segundo andar, na ala pediátrica do hospital. Em geral, este quarto tinha uma enfermeira pediátrica e era visitado pelos neonatologistas durante os turnos. Como pais envolvidos no cuidado de seus bebês, ser transferido para o quarto de crescimento significava que, mais uma vez, tínhamos de estabelecer novas relações com outro grupo de profissionais de cuidados de saúde.

Em comparação com a cultura de "carinho" que havíamos experimentado na UTI neonatal, o quarto de crescimento foi uma grande decepção. Uma das primeiras enfermeiras com quem tivemos contato nos informou que as enfermeiras do segundo andar se referiam a ele como o "buraco", e que mais cedo ou mais tarde todas teriam que trabalhar ali. Perguntamos à enfermeira por que era chamado de "buraco". Segundo ela, como o quarto ficava num canto no fundo, o resto da equipe raramente permitia que a "enfermeira de crescimento" fizesse uma pausa. Além disso, por causa dos constantes afazeres envolvidos, a enfermeira designada para tal função nunca podia deixar o quarto sem alguém responsável por ele. Acrescentou também que algumas das enfermeiras simplesmente não se sentiam confortáveis em cuidar de "bebês tão pequenos". Constatamos rapidamente que isto ocorria porque faltavam suprimentos especificamente necessários para bebês menores, como fraldas para prematuros e cobertores macios no interior das incubadoras.

Além disso, era evidente que existia um atrito entre os profissionais da UTI neonatal e do quarto de crescimento. As enfermeiras responsáveis pelo quarto demoravam muito para solicitar suprimentos da UTI neonatal e, em várias ocasiões, não informavam quando havia uma vaga. Isso ocorria porque a enfermeira precisava recuperar o atraso em outros deveres, de modo que pudesse protelar as funções adicionais envolvidas na admissão de novos pacientes. O "atraso bem-sucedido" implicava passar tais atividades para a enfermeira do próximo turno. Aparentemente a indisposição era mútua, já que uma das enfermeiras da UTI neonatal nos aconselhou na saída da UTI: "Não permitam que eles os joguem de um lado para o outro. Se vocês não acharem que estão fazendo o que deveriam, digam exatamente o que querem que façam".

Quando o quarto de crescimento precisava de suprimentos para nossas e outros bebês, eu (em mais de uma ocasião) me oferecia para ir buscá-los na UTI neonatal. Embora todas as minhas iniciativas tenham funcionado, eu definitivamente tinha a sensação de que havia alguma relutância de ambos os lados. Suspeitava que as enfermeiras do quarto de crescimento não queriam pedir nenhum favor, e a equipe da UTI neonatal sentia que não era seu trabalho manter o quarto abastecido com suprimentos. Além disso, suspeito que a UTI neonatal e o quarto têm orçamentos separados. Manter o estoque do quarto de crescimento não é um dos objetivos do orçamento da UTI neonatal. No entanto, para mim, minhas bebês precisavam de suprimentos, e eu não tinha nada a ver com o orçamento de qualquer departamento.

Depois de alguns dias sombrios, estabelecemos novas relações com o pessoal do quarto de crescimento, que passou a se envolver mais com o cuidado de nossas bebês. Depois de passarmos sete semanas na UTI neonatal, estávamos mais familiarizados com as necessidades pessoais de cada bebê do que alguns dos membros do quarto. Reconhecendo nosso nível de envolvimento, a maior parte da equipe parecia ansiar por nossas visitas, já que isto significava menos trabalho para ela. Até agora, havíamos aprendido a fazer muitas perguntas, verificar que os medicamentos haviam sido fornecidos e desenvolver uma relação de trabalho com o pessoal do quarto de crescimento. Olhando para trás, foi quase como se estivéssemos treinando uns aos outros. Na conclusão da experiência do nosso quarto de crescimento, minha esposa e eu sentimos que havíamos conhecido algumas pessoas boas, mas também que a qualidade da experiência foi muito inferior àquela que tivemos na UTI neonatal.

O quarto-ninho

Quando as bebês se "formaram" no quarto de crescimento, nossa última noite no hospital foi no "quarto-ninho". Nossos amigos brincaram dizendo que isso deveria ter envolvido a procura por galhos, grama e lama. Os quartos-ninho estavam localizados no segundo andar do hospital, na mesma área do de crescimento. O ninho permite que os pais e os bebês passem uma ou duas noites juntos no hospital antes de irem para casa. Durante esse período, os pais são os únicos responsáveis por medicamentos, alimentação e cuidados gerais com as crianças. O período de ninho permite aos pais fazer qualquer pergunta de última hora e suaviza a transição de, no nosso caso, nove semanas de tratamento hospitalar para múltiplos cuidados com as bebês em casa.

O ninho em si era um pequeno quarto composto por uma cama de solteiro e uma espreguiçadeira dobrável. As bebês foram transferidas das incubadoras para berços de plástico abertos levados por nós para o quarto. Cada bebê permanecia ligada a um monitor para medições cardíacas e respiratórias. Para dizer o mínimo, o espaço era limitado, mas, pela primeira vez em nove semanas, estávamos os quatro sozinhos como uma família.

Ao longo das 22 horas em que estivemos no ninho, fomos frequentemente visitados por neonatologistas, enfermeiros, que continuaram a medir os sinais vitais das bebês, oftalmologistas pediátricos, assistentes sociais designados a todos os casos de bebês prematuros pelo pessoal do plano de saúde e por uma maravilhosa enfermeira encarregada de preparar tudo para que tivéssemos alta. Nove semanas depois de darmos entrada no hospital, levamos nossas duas bebês de 1,8 kg para casa.

Questões para discussão

1. Com base na escala de entidades do mercado, os serviços de saúde seriam predominantemente tangíveis ou intangíveis? Justifique.

2. Utilize o modelo *servuction* como referência para classificar os fatores que influenciaram este encontro de serviço.
3. Desenvolva um modelo molecular para este hospital.
4. Que ações corretivas precisam ser tomadas para garantir que a experiência de serviço de um próximo paciente seja executada sem problemas e de maneira mais agradável?

capítulo 2

Setores de serviços tradicionais e considerações éticas

"As condições dos banheiros sempre refletirão se a empresa se preocupa com seus clientes."

Anônimo

Objetivos do capítulo

Após a leitura deste capítulo, você deve ser capaz de:
- Descrever os nove setores que compõem a economia de serviços.
- Identificar as tendências e as questões relativas ao crescimento da economia de serviços.
- Compreender por que os consumidores são particularmente vulneráveis à má conduta ética no setor dos serviços.
- Analisar os tipos de questão ética que surgem frequentemente no setor empresarial.
- Abordar as consequências da má conduta ética.
- Explicar as estratégias que buscam facilitar comportamentos éticos.

Este capítulo tem dois objetivos. Em primeiro lugar, fornecer aos alunos uma ampla compreensão da grande variedade de indústrias que compõem o setor de serviços. Mais especificamente, são apresentadas descrições e projeções de emprego de cada um dos nove setores serviço. O segundo objetivo é introduzir o importante tema das questões éticas em marketing de serviços. Os profissionais de marketing de serviços, bem como os respectivos clientes, muitas vezes enfrentam questões éticas específicas que merecem uma discussão mais atenta.

VAIL RESORTS: ALERTA – CONHECER O CÓDIGO É SUA RESPONSABILIDADE!

O setor de serviços é composto por nove setores, como lazer e hospitalidade. Como deve ser o caso com todos os profissionais de serviços, os prestadores de serviços de lazer e hospitalidade têm uma responsabilidade ética e social para a melhoria do bem-estar da sociedade, incluindo o de clientes, funcionários, acionistas e comunidades vizinhas. Muitas empresas líderes de serviços abraçam ativamente esta responsabilidade e conduzem os negócios de forma ética. Vail Resorts é um bom exemplo.

Como muitos outros encontros de serviços, o esqui de inverno nas encostas do Colorado é uma experiência compartilhada na qual os esquiadores podem melhorar ou comprometer a prática deste esporte. Tanto o Vail Resorts, quanto os proprietários e os operadores de outros *resorts* de esqui, como Beaver Creek, Keystone, Breckenridge e Heavenly, reconhecem a ameaça potencial mútua entre os esquiadores. Consequentemente, o Vail Resorts sabe de sua responsabilidade em relação aos hóspedes e promove ativamente a segurança do esquiador.

Existem vários tipos diferentes de entusiastas de esportes de inverno que desfrutam das pistas de esqui das Montanhas Rochosas. Os esquiadores alpinos tradicionais compartilham as pistas com praticantes de *snowboard*, esqui *telemark* (combinação entre esqui alpino e nórdico), esqui *blades* (esquis mais curtos), esquiadores de *cross-country* (caminhada com esquis) e portadores de deficiência que utilizam equipamento especializado. As necessidades e capacidades de cada grupo e entre grupos diferentes podem ser muito variadas. Além das demonstrações de gentileza e bom-senso, o Vail Resorts desenvolveu um "código de responsabilidade". De acordo com a empresa, se os clientes o seguirem e compartilharem a responsabilidade de segurança, todos terão uma grande experiência.

O código de responsabilidade fica bem visível dentro e no entorno das áreas privativas do resort. Afixado em locais de destaque em lojas, nos mapas da estação de esqui e até mesmo sobre os postes de suporte de elevadores de esqui, tem o seguinte texto:

Código de responsabilidade:

- *Mantenha sempre o controle e seja capaz de parar ou evitar pessoas ou objetos.*
- *As pessoas à sua frente têm prioridade de passagem; é sua responsabilidade evitá-las.*
- *Não fique parado obstruindo uma trilha, e permaneça bem visível para quem vem de cima.*
- *Sempre que começar uma descida ou entrar em uma trilha, olhe para cima e abra a passagem.*
- *Prenda bem o equipamento, de modo a impedir que se solte ou saia do seu controle.*
- *Observe sempre os avisos afixados. Mantenha-se fora de trilhas e das áreas fechadas.*
- *Antes de usar qualquer elevador de esqui, certifique-se de ter o conhecimento e a capacidade necessários para entrar, permanecer e sair com segurança.*

Além dos programas de segurança para esquiadores, o Vail Resorts está seriamente comprometido com a responsabilidade social em diversas outras formas de proteger o meio ambiente, como redução de resíduos, reciclagem, gerenciamento de produtos químicos e programação educativa. A declaração de política ambiental do Keystone Resorts tipifica o compromisso do Vail Resorts com o meio ambiente:

O Keystone Resort empenha-se para conservar as belas Montanhas Rochosas e a Floresta Nacional de White River. Para tanto, promove ações voltadas à preservação do meio ambiente: energias renováveis, conservação de recursos, reciclagem, preservação do habitat da vida selvagem e educação ambiental. Ajude-nos a compartilhar esta responsabilidade:

- *Não deixe para trás nenhum objeto, utensílio ou resíduo que trouxer.*
- *Compartilhe o automóvel e use o transporte público.*
- *Reduza, reutilize e recicle os materiais.*
- *Compartilhe a montanha e respeite as placas de entrada proibida.*
- *Ajude a disseminar essas regras.*

Fonte: Disponível em: <http://mediaguide.snow.com/info/vri/safety.asp> e <http:// www.keystoneresort.com/explore-keystone/environmental-initiatives.aspx>. Acesso em: 15 dez. 2009.

Introdução

Para os alunos que buscam uma carreira em marketing de serviços, a primeira parte deste capítulo fornece uma visão ampla dos nove setores que compõem a economia de serviços, como serviços educacionais e de saúde, atividades financeiras, governo, informação, lazer e hospitalidade, serviços profissionais e corporativos, transporte e serviços públicos, comércios atacadista e varejista, e outros serviços. Esses setores, além de ilustrar a diversidade de atividades no setor de serviços, permitem identificar semelhanças entre ocupações de serviços.

Além disso, o texto de abertura deste capítulo, relativa ao Vail Resorts, fornece um exemplo de como uma organização de serviços busca conduzir práticas cotidianas de negócios de forma responsável. Em termos gerais, *responsabilidade social* é o conjunto de filosofias, políticas, procedimentos e ações de marketing destinados a melhorar o bem-estar da sociedade.[1] A ética está incorporada à responsabilidade social de uma empresa. Ao longo da última década, a integração da ética no currículo de cursos de administração de empresas ressurgiu como um importante tema de discussão entre educadores e profissionais de marketing. Originalmente, nos negócios, era ensinada, em geral, em um único curso. No entanto, muitas escolas de administração de empresas agora acreditam que a ética nos negócios deve ser ensinada ao longo de todo o currículo, e que as questões éticas relacionadas a cada tópico devem ser abordadas de forma mais detalhada.[2]

Devido às oportunidades exclusivas que existem devido à má conduta ética nas organizações de serviços, os alunos de cursos de marketing de serviços, em particular, devem estar cientes das questões envolvidas na tomada de decisão ética. Embora a maioria das organizações de serviços cumpra seus deveres de forma ética, prestadores de serviços infames, como Enron, WorldCom e uma lista sempre crescente de personalidades de entretenimento e esportes, têm fornecido evidências de que nem todos os prestadores de serviços podem ser confiáveis.

O que é economia de serviços?

Para os alunos realmente interessados em marketing de serviços, parece que a pergunta mais básica seria: "O que é a economia de serviços e que oportunidades existem nos vários setores de serviços?". É comumente aceito que **economia de serviços** inclui "partes intangíveis" da economia, sendo composta por nove setores: serviços educacionais e de saúde, atividades financeiras, governo, informações, lazer e hospitalidade, serviços profissionais e corporativos, transportes e serviços públicos, comércios atacadista e varejista, e outros serviços. As Figuras 2.1 e 2.2 fornecem uma visão geral dos nove setores em termos de composição do setor de serviços, e porcentagens de emprego, passadas e projeções para 2016.[3]

economia de serviços Inclui "partes intangíveis" da economia e é composta por nove setores.

Para os alunos interessados em seguir uma carreira em marketing de serviços, o Bureau of Labor Statistics (www.bls.gov) fornece uma visão geral de cada um dos nove setores e um guia de carreira que traz a descrição das indústrias em cada setor, com informações sobre condições de trabalho, nível de emprego atual e projetado, cargos e salários. Uma breve descrição de cada setor, segundo a classificação norte-americana, é apresentada a seguir. (Os setores de serviços de outros países podem ser classificados de forma diferente, com base nas práticas de registros de seus governos.)

O setor de serviços está crescendo muito! Como resultado, muitos funcionários estão se reinventando e começando novas carreiras em um dos nove setores de serviços.

SETOR DE SERVIÇOS	ATIVIDADES RELACIONADAS:	PROJEÇÕES DE EMPREGO*
Comércios atacadista e varejista Comércio atacadista Comércio varejista	Vendas para empresas	+7%
	Concessionárias de automóveis	+11%
	Lojas de vestuário, acessórios e mercadorias em geral	+7%
	Supermercados	+1%
Transportes e serviços públicos	Transporte aéreo	+7%
	Transporte rodoviário e armazenagem	+15%
	Serviços públicos	−6%
Informações	Transmissão de programas de tv e rádio	+9%
	Serviços de internet e processamento de dados	+14%
	Indústrias de filmes e vídeos	+11%
	Editoras	−7%
	Desenvolvedores de *software*	+32%
	Telecomunicações	+5%
Atividades financeiras	Bancos	+4%
	Seguros	+7%
	Títulos, *commodities* e outros investimentos	+46%
Serviços profissionais e corporativos	Serviços de propaganda e relações públicas	+14%
	Sistemas de informática e correlatos	+38%
	Serviços de recrutamento e seleção	+19%
	Serviços de consultoria gerencial, científica e técnica	+78%
	Serviços de pesquisa científica e desenvolvimento	+9%
Serviços educacionais e de saúde	Creches	+34%
	Serviços educacionais	+11%
	Assistência médica	+22%
	Assistência social	+59%
Lazer e hospitalidade	Artes, entretenimento e recreação	+31%
	Estabelecimentos de serviços de alimentação e bebidas	+11%
	Hotéis e outros alojamentos	+14%
Governo	Organizações de defesa de direitos, *grantmaking* (concessão de recursos) e cívicas	+13%
	Governo federal	−4,6%
	Governos estaduais e municipais	+8%
Outros serviços	Prestação de serviços, incluindo consertos, cuidados pessoais, relacionamentos, serviços para animais de estimação e estacionamentos	Não disponível

*As expectativas das projeções de 2006 a 2016 são de crescimento. Quando combinados com as outras indústrias (muitas com expectativas de declínios significativos), o crescimento global previsto é de 11%.
Fonte: www.bls.gov/oco/cg/cgs014.htm.
FIGURA 2.1 Economia norte-americana de serviços (projeções de crescimento: 2006-2016)

Serviços educacionais e de saúde

O setor de serviços educacionais e de saúde é composto por dois subsetores: (1) serviços educacionais e (2) cuidados de saúde e assistência social. Os serviços educacionais incluem escolas, faculdades, universidades e centros de formação. Como nos Estados Unidos a educação é obrigatória até pelo menos 16 anos de idade em todos os 50 estados, um entre cada quatro moradores daquele país está atualmente matriculado em instituições de ensino. Assim, os serviços educacionais, que incluem instituições públicas e privadas, são a segunda maior indústria de emprego, respondendo por 13,3 milhões de postos de trabalho. Metade de todos os empregos de serviços educacionais envolve atividades de docência que exigem pelo menos um bacharelado. Níveis de mestrado e doutorado são necessários para muitos cargos no ensino superior, incluindo alguns administrativos. Neste campo, as oportunidades de trabalho parecem promissoras, pois existe a expectativa de muitas aposentadorias em um futuro próximo.

INDÚSTRIA DE SERVIÇOS	PORCENTAGEM DE EMPREGOS (1996)	PORCENTAGEM DE EMPREGOS (2006)	PORCENTAGEM DE EMPREGOS (PROJEÇÃO PARA 2016)
Serviços educacionais e de saúde	10,1	11,8	13,5
Atividades financeiras	5,2	5,6	5,8
Governo	14,5	14,6	14,1
Informações	2,2	2,0	2,0
Lazer e hospitalidade	8,0	8,7	9,0
Serviços profissionais e corporativos	10,0	11,7	13,0
Transportes e serviços públicos	3,4	3,4	3,3
Comércios atacadista e varejista	14,6	14,1	13,4
Outros serviços	4,0	4,1	4,3
Total	72,0	76,0	78,4

Fonte: www.bls.gov/oco/cg/cgs014.htm.

FIGURA 2.2 Empregos nos setores de serviços dos Estados Unidos (1996, 2006 e projeção para 2016)

O subsetor de cuidados de saúde e assistência social é composto por serviços de saúde, tais como hospitais, instalações de serviços de enfermagem, consultórios médicos e cuidados de saúde em domicílio. Por sua vez, a assistência social inclui serviços a indivíduos e famílias, reabilitação profissional, alimentação e alojamentos comunitários, emergência e outros serviços de ajuda comunitária. Os serviços relacionados à saúde representam atualmente a maior indústria do setor privado, oferecendo 14 milhões de empregos. Além disso, 7 das 20 principais ocupações que mais crescem estão em cuidados de saúde. De forma geral, as projeções de emprego para o subsetor de serviços educacionais e de saúde indicam um aumento de três milhões de postos de trabalho no período de 2006 a 2016, o mais alto crescimento projetado de todos os setores de serviço nos Estados Unidos. O subsetor de saúde é composto por 580 mil estabelecimentos, sendo que consultórios médicos, dentários e outros profissionais de saúde representam quase 77% deste total. Surpreendentemente, os hospitais representam apenas 1% de todos os estabelecimentos, mas empregam 35% de todos os trabalhadores. A maioria dos trabalhadores do subsetor de saúde ocupa cargos que exigem menos de quatro anos de formação, ao passo que outros profissionais de saúde, como cirurgiões e anestesistas, possuem um alto nível educacional.

No que diz respeito à assistência social, os profissionais da área, como auxiliares de saúde em domicílio, prestadores de cuidados pessoais em domicílio e assistentes de serviços sociais, ocupam alguns dos segmentos de emprego com maior crescimento nos Estados Unidos. A previsão é de que as oportunidades de trabalho nessas áreas serão abundantes por causa da rotatividade e do próprio crescimento de empregos. A remuneração média para este subsetor da economia de serviços é baixa em razão do grande número de trabalhadores em tempo parcial e dos baixos salários.

Atividades financeiras

O setor de atividades financeiras consiste nos subsetores bancário e de seguros, bem como títulos, *commodities* e outros investimentos. O subsetor bancário é composto por estabelecimentos que se dedicam fundamentalmente ao depósito de dinheiro e objetos de valor e ao fornecimento de serviços de empréstimos, crédito e pagamento. No subsetor bancário dos Estados Unidos, há uma expectativa de aumento de 4% no emprego para o período entre 2006 e 2016. Eis suas principais tendências: (1) dois em cada três trabalhadores exercem cargos administrativos e gerenciais; (2) estão previstas oportunidades futuras para caixas e pessoal administrativo, em razão do grande número de empregos disponíveis e da frequente rotatividade; e (3) cargos de gestão são normalmente preenchidos por profissionais experientes e com competência em tecnologia.

O subsetor de seguros é composto por empresas que fornecem aos clientes proteção contra perda financeira para uma variedade de incidentes, como incêndios, acidentes de carro, roubo, despesas médicas, danos causados por tempestades, invalidez e morte. O emprego na indústria de seguros tem um aumento previsto de 7% entre 2006 e 2016 nos Estados Unidos. Eis suas principais tendências: (1) o pessoal de escritório e administrativo tem tipicamente o ensino médio, enquanto as vagas em vendas, gerência e cargos especializados são preenchidas por indivíduos com formação universitária; (2) a área de planos de saúde é a que mais cresce neste subsetor; e (3) um futuro crescimento do emprego é limitado pelo enxugamento das empresas, por tecnologias de automatização e pelo crescente uso de mala direta, telemarketing e vendas pela internet.

O subsetor de títulos, *commodities* e outros investimentos gerencia a emissão, compra e venda de títulos financeiros. Neste subsetor, nos Estados Unidos, o emprego deverá aumentar na proporção impressionante de 46% entre 2006 e 2016. Esse enorme aumento é atribuído à crescente necessidade de investimentos e títulos para abastecer o mercado global, bem como ao aumento da necessidade de aconselhamento financeiro. A maioria dos trabalhadores deste subsetor tem nível superior. Além disso, devido ao potencial de ganho de funcionários bem-sucedidos neste campo, a competição por empregos neste segmento será intensa.

Governo

O setor governo é composto de três subsetores: organizações de defesa de direitos, *grantmaking* (concessão de recursos) e cívicas; governo federal; e governos estaduais e municipais. O subsetor de organizações de defesa de direitos, *grantmaking* e cívicas é composto por uma infinidade de empresas, e normalmente referido como setor sem fins lucrativos. Essas organizações têm tido impacto nas vidas de praticamente todas as pessoas que vivem nos Estados Unidos, e são muito diversificadas, como museus, uma pequena liga de beisebol, abrigos para sem-teto e orquestras sinfônicas. Além disso, outras agências sem fins lucrativos concentram-se em preocupações globais (ver "Serviços globais *em ação*"). Para o período de 2006 a 2016, os empregos devem aumentar 13% nos Estados Unidos. Este subsetor empregou aproximadamente 1,2 milhão de pessoas em 2006, e há uma expectativa de crescimento por causa do grande número de abertura de novas vagas resultante do crescimento do subsetor, da rotatividade de funcionários e dos baixos salários pagos.

O governo federal é o maior empregador individual dos Estados Unidos, com 1,8 milhão de funcionários. Surpreendentemente, nove em cada dez funcionários federais trabalham em locais fora da área de Washington. A principal função do governo federal é fornecer serviços públicos e proporcionar uma ampla gama de serviços relacionados a áreas como defesa, assuntos afetos a veteranos de guerra, segurança interna, tesouraria, justiça, agricultura, saúde e assistência social,

Pode causar surpresa saber que 9 em cada 10 trabalhadores do governo federal dos Estados Unidos trabalham fora de Washington.

transportes, comércio, emprego, energia, habitação, desenvolvimento urbano e educação. A projeção de empregos para o governo federal revela uma diminuição de 4,6% no período entre 2006 e 2016. Apenas para segurança interna prevê-se um aumento de empregos. Em períodos de turbulência econômica, potenciais trabalhadores muitas vezes procuram a estabilidade de uma ocupação no governo federal.

O terceiro subsetor – governos estaduais e municipais – está relacionado aos seguintes segmentos: serviços públicos, tribunais de justiça, educação, saúde, transporte e segurança pública. Os governos municipais empregam mais trabalhadores – em geral, o dobro – do que os governos estaduais, nos quais os cargos de serviços especializados representam mais da metade de

SERVIÇOS GLOBAIS *EM AÇÃO*

Charity.com

Participar de doações de caridade faz parte do modo de vida norte-americano há algum tempo. Empresas propõem programas para corresponder às doações de caridade de seus funcionários, organizações captam recursos para programas de caridade e algumas pessoas compram presentes para as famílias necessitadas durante os períodos de festa. Com a revolução da internet, o que antes era restrito localmente teve uma explosão global. As pessoas podem comprar *on-line* uma cabra para uma família na África ou fazer uma doação para financiar a educação de uma criança desfavorecida. A infinidade de *sites* que oferecem aos consumidores maneiras de ajudar pessoas em outros países pode tornar-se virtualmente infinita. A Charity.com, uma organização sem fins lucrativos, esforça-se em ser um local conveniente de fornecimento de informações sobre as diferentes possibilidades para doações de caridade.

O *site* lista instituições de caridade por categoria, como drogas, justiça criminal, ajuda humanitária, educação, polícia e bombeiros, direitos humanos, paz, terceira idade e muitos mais. Também oferece uma opção de pesquisa, por meio da qual os visitantes podem localizar instituições de caridade por categoria, palavra-chave e região. Nas descrições das instituições de caridade, o *site* fornece número de identificação, nome, endereço, telefone, fax e endereços de *e-mail* e *site*. Também apresenta breves descrições das operações gerais da instituição. Apenas determinadas instituições de caridade – listadas com *links* para doações e informações de contato fáceis de acessar – podem receber doações *on-line*.

Os doadores podem enviar suas informações para análise pelo *site*, as quais serão então adicionadas ao banco de dados, desde que sejam aprovadas. O "doador do mês" é escolhido e também se disponibiliza um catálogo de vencedores anteriores, desde o início de operação do *site* em 2003. São fornecidas ainda as descrições detalhadas das instituições de caridade e as opções de doação.

Como este *site* atravessa fronteiras internacionais, as pessoas que vivem nos Estados Unidos podem atingir instituições de caridade no mundo todo. O Charity.com fornece uma plataforma para que as instituições ganhem reconhecimento e credibilidade, e, como resultado da publicidade obtida, aumentem suas operações por meio de maiores doações. Finalmente, serve como um serviço de publicidade para instituições de caridade e empresas que desejam ganhar mais atenção em colaboração com o *site*. Com todas estas características, o Charity.com é um formidável prestador de serviços *on-line*.

Fonte: www.charity.com.

todos os empregos. No âmbito do governo municipal, bombeiros e policiais respondem pela maior parte das ocupações. Quando comparado com o setor privado, uma das maiores vantagens de trabalhar para governos estaduais e municipais são os benefícios oferecidos pelo empregador. Neste subsetor, o emprego deverá ter um aumento de 8% entre 2006 e 2016.

Informações

Este setor consiste em estabelecimentos que produzem e distribuem informações e produtos culturais, fornecem os meios para distribuir ou transmitir tais produtos e/ou processam dados. Seus principais atores são as editoras (tradicionais ou de publicação na internet), as indústrias cinematográfica, fonográfica, de radiodifusão e de telecomunicações, os prestadores de serviços de internet e portais de busca na rede mundial de computadores, como o Match.com (ver "Serviços eletrônicos *em ação*"), e as empresas de processamento dados e de serviços de informação. Apesar do grande escopo, o setor de informações emprega modestamente quase 2,6% de todos os trabalhadores e representa 1,9% de todos os estabelecimentos. No entanto, inclui editores de *software*, atualmente a indústria que mais cresce na economia, com uma taxa de crescimento projetada de 32% para o período de 2006 a 2016 nos Estados Unidos.

Restaurantes e bares proporcionam o primeiro emprego a muitos jovens. Mais de um em cada cinco funcionários nestes estabelecimentos têm entre 16 e 19 anos.

Lazer e hospitalidade

O setor de lazer e hospitalidade é composto por três subsetores: artes, entretenimento e recreação; estabelecimentos de serviços de alimentação e bebidas; e hotéis e outros alojamentos. O subsetor de artes, entretenimento e recreação inclui estabelecimentos que (1) produzem e promovem apresentações ao vivo, eventos ou exposições destinadas à exibição pública, ou participam deles; (2) preservam e expõem objetos e locais de interesse histórico, cultural ou educacional; e (3) operam instalações que proporcionam diversão, passatempos e lazer. Essencialmente, faz parte deste subsetor qualquer atividade que ocupe o tempo de lazer de um indivíduo, com exceção de cinemas e locação de vídeo. Nele, mais de 40% da mão de obra não tem nenhuma educação formal além do ensino médio. Embora os salários sejam baixos e os empregados tendam a trabalhar em tempo parcial e/ou em empregos sazonais, o número de postos neste segmento deverá crescer 31% por causa do aumento da renda, da disponibilidade de mais tempo de lazer e de um crescente interesse nos benefícios para a saúde advindos de atividades físicas.

Os estabelecimentos de serviços de alimentação e bebidas variam de franquias de *fast-food* a restaurantes finos, além de lanchonetes, bares e serviços de bufês. Este segmento é a fonte do primeiro emprego para muitos jovens. Mais de um em cada cinco funcionários dentro deste subsetor tem idades entre 16 e 19 anos, cinco vezes mais do que nas demais indústrias. Além disso, dois em cada cinco empregados trabalham em tempo parcial, o dobro da proporção de outras indústrias. Há uma expectativa de crescimento de 11% para o período de 2006 a 2016 nos Estados Unidos, já que muitos trabalhadores devem deixar esses empregos, o que gerará muitas oportunidades de trabalho. Quase três em cada cinco trabalhadores são cozinheiros, garçons e garçonetes.

SERVIÇOS ELETRÔNICOS *EM AÇÃO*

Game, *Set*, Match.com

Ah, o jogo do namoro. Há séculos, pessoas de todo o mundo e de todos os estilos de vida têm praticado este jogo. No entanto, suas tendências intemporal estão mudando rapidamente. Longe vão os dias das casamenteiras da cidade ou do bairro e dos festivais de fertilidade, embora alguns países ainda mantenham vivas essas tradições, apenas dando um toque de modernidade. E chegou o tempo dos relacionamentos cibernéticos. Estudos realizados por Harris Interactive e eHarmony revelam que 19,4% dos recém-casados (com idades entre 20 e 54 anos) consultados em 2008 encontraram seus parceiros em *sites* de namoro. Diversos estudos apontam o Match.com como o líder do setor.

Match.com foi lançado no início de 1995 como um dos pioneiros na indústria. Hoje, o *site* cresceu e tem mais de 15 milhões de usuários em vários países do mundo. Além disso, é considerado o melhor e maior serviço de namoro dos Estados Unidos. Os assinantes que pagam para fazer parte do banco de dados do *site* têm acesso a outros usuários e outros serviços, como conselhos de relacionamento de especialistas da indústria, perfil personalizado, questionários de autodescoberta, recursos de pesquisa e perfil inicial de compatibilidade. Este último talvez seja o mais importante, já que a informação fornecida no perfil é utilizada para identificar os relacionamentos mais compatíveis. O Match.com também fornece um método de comunicação segura entre os usuários que proporciona a oportunidade de aceitar ou recusar as investidas de outros usuários.

Então, quanto os usuários pagam para manter os perfis e participar das vantagens de adesão? As taxas variam de US$ 19,95 para compra mensal, US$ 39,95 por três meses e US$ 59,95 por seis meses. Além disso, o Match.com garante que, se um usuário não encontrar um relacionamento no prazo de seis meses, um semestre adicional do serviço é oferecido gratuitamente. Um período de teste de três dias com recursos limitados também está disponível para usuários interessados em testar o serviço.

Histórias de sucesso são abundantes no Match.com. Pessoas de todo o mundo encontraram seus noivos, cônjuges e parceiros no *site*. Até mesmo os funcionários da empresa têm relacionamentos bem-sucedidos que começaram no serviço de encontros. O Match.com e seus concorrentes são parte de um dos mais interessantes, complicados e controversos serviços proporcionados pela era da internet. É possível encontrar o amor por meio de uma tela de computador? De acordo com os 15 milhões de pessoas, vale a pena tentar.

Fontes:
1. Pickel, Janet. More and more couples finding connections online. *The Patriot-News*, 12 fev. 2009. Disponível em: <http://www.pennlive.com/midstate/index.ssf/2009/02/more_and_more_couples_finding.html>. Acesso em: 17 set. 2015.
2. www.match.com. Acesso em: 17 set. 2015.
3. MatchMaking Service. Disponível em: <http://www.matchmaking-service.net/match-review/>.

Hotéis e outros alojamentos são responsáveis por dois terços de todos os empregos em lazer e hospitalidade. Este segmento inclui estabelecimentos construídos para vários clientes: aqueles que visitam amigos e familiares, pessoas em viagens de negócios e os que estão de férias, para os quais o hotel é o destino final. Por exemplo, os *resorts* e hotéis cassino atualmente são os destinos de férias mais procurados. Como os serviços de alimentação, os hotéis empregam muitos trabalhadores iniciantes, que muitas vezes são empregados de forma sazonal e/ou em tempo parcial. Com base no crescimento projetado da indústria em geral, espera-se um aumento de 14% no número de empregos.

Serviços profissionais e corporativos

O setor de serviços profissionais e corporativos é composto por serviços de propaganda e relações públicas, sistemas de informática e correlatos, recrutamento e seleção, consultoria gerencial, científica e técnica, e serviços de pesquisa e desenvolvimento científico. Consultoria é o serviço de mais rápido crescimento e um dos com os maiores rendimentos. A taxa de crescimento projetada para o subsetor de consultoria é de 78% para o período de 2006 a 2016 nos Estados Unidos. De todos os trabalhadores deste segmento, 21% são independentes e quase 74% têm nível superior. Os sistemas de informática também apresentam uma atraente projeção de taxa de crescimento de emprego no nível de 38%, continuando a ser uma das 20 indústrias que mais crescem no Estados Unidos. Cerca de 500 mil postos de trabalho adicionais são esperados entre 2006 e 2016.

Devido ao *glamour* associado à indústria, os serviços de propaganda e de relações públicas tipicamente têm mais candidatos do que vagas para preencher. De todos os postos de trabalho, 20% estão localizados em Nova York e na Califórnia, que empregam 25% dos trabalhadores da indústria. As projeções de crescimento de emprego são de 14%. No entanto, os candidatos devem estar cientes de que as demissões são comuns em razão de contas perdidas, cortes no orçamento ou fusão de agências.

Os serviços de recrutamento e seleção buscam trabalhadores temporários para empresas, e dão a muitos a oportunidade de entrada no mercado de trabalho. Além disso, ajudam os empregadores a localizar funcionários adequados e prestam serviços de recursos humanos para os clientes. Neste subsetor o crescimento desacelerou, mas ainda se projeta 19% de aumento entre 2006 e 2016.

Finalmente, os serviços de pesquisa e desenvolvimento científico desenvolvem as tecnologias do futuro que mudarão a forma como vivemos e fazemos. Dada sua natureza científica, 58% dos empregos são caracterizados como ocupações profissionais e correlatas. Trata-se de uma das indústrias mais bem pagas de todos os subsetores. As oportunidades de emprego são melhores para cientistas e engenheiros com doutorado. O crescimento do emprego projetado para este subsetor é bem modesto: 9%.

Transportes e armazenagem e serviços públicos

Como o próprio nome indica, este setor é composto de três subsetores: (1) transporte aéreo; (2) transporte rodoviário e armazenagem; e (3) serviços públicos. Talvez nenhum outro setor da economia tenha vivido maior turbulência nos últimos tempos do que o transporte aéreo. Entre 2001 e 2004, as viagens aéreas nos Estados Unidos sofreram impactos negativos da recessão, do terrorismo e das preocupações com pandemias como Sars e H1N1. Apesar dos solavancos, as viagens aéreas continuam a ser uma das formas de transporte mais frequentes. As principais tendências para este subsetor incluem melhores perspectivas de emprego para quem trabalha para fornecedores regionais ou de baixo custo; a maioria dos trabalhos envolve emprego em operações de solo; e pelo menos um grau de bacharelado é o preferido para a maioria dos cargos de piloto e comissário de bordo. Os pilotos com experiência estão entre os trabalhadores mais bem pagos no país. A taxa de emprego é projetada em 7% para o período de 2006 a 2016 nos Estados Unidos.

O subsetor de transporte rodoviário e armazenagem é composto por uma variedade de atividades que fornecem uma ligação entre fabricantes e consumidores, como transporte de carga genérica e especializada, armazenamento e estocagem. Embora motoristas de caminhão e motoristas/vendedores ocupem 45% de todos os empregos neste subsetor, as oportunidades de trabalho são melhores para caminhoneiros e mecânicos. O crescimento do emprego projetado é de 15%, mas com grande variação, o que dependerá da situação econômica.

O subsetor de serviços públicos compreende os estabelecimentos que fornecem os seguintes serviços: eletricidade, gás natural, vapor, água, esgoto e remoção de lixo. Dada a diversidade desses serviços, a experiência em um campo pode não ser facilmente transferida para outro. As projeções de emprego preveem que quase metade dos trabalhadores de serviços públicos atuais deve se aposentar nos próximos dez anos, o que resultará em muito mais oportunidades de emprego do que o crescimento previsto de 6%. Os trabalhadores de serviços públicos geralmente são bem pagos em comparação com outras indústrias, e potenciais empregados com nível superior ou técnico terão as melhores oportunidades.

Comércios atacadista e varejista

Este setor consiste nos subsetores dos comércios atacadista e varejista, como concessionárias de automóveis, lojas de vestuário, acessórios e mercadorias em geral, e supermercados. O comércio atacadista inclui estabelecimentos que vendem mercadorias por atacado (geralmente sem transformação) e prestação de serviços relacionados à venda de mercadorias para outras empresas. A maioria dos atacadistas é pequena e emprega menos de 20 trabalhadores, dos quais 70% trabalham em escritório e apoio administrativo, vendas ou cargos que envolvem transporte e movimentação de mercadorias. O ensino médio é suficiente para a maioria dos postos de trabalho deste subsetor.

Em comparação, o subsetor do comércio varejista inclui estabelecimentos que vendem mercadorias a varejo (geralmente sem transformação) e prestam de serviços relacionados à venda de mercadorias ao consumidor final. O emprego em vendas de automóveis está projetado para crescer 11%, mas as oportunidades de emprego flutuam bastante em função da variação na economia. Comparados com os de outras indústrias, os salários são altos e as oportunidades de trabalho são particularmente promissoras para técnicos de serviço automotivo que tenham concluído treinamentos formais.

Oportunidades de emprego também estarão disponíveis no subsetor de lojas de vestuário, acessórios e mercadorias em geral. Das oportunidades de emprego neste subsetor, 84% giram em torno de vendas e trabalhos de apoio administrativo. Como a maioria dos empregos não exige uma educação formal, a força de trabalho é muitas vezes composta de funcionários de primeiro emprego. Embora as projeções de emprego sejam bem modestas, algo próximo de 7%, muitos empregos estão disponíveis, já que um grande número de funcionários passa a trabalhar em outras indústrias ou sai completamente do mercado de trabalho, resultando em inúmeras vagas de emprego.

Os supermercados são um grupo interessante, com grandes cadeias, como a Publix, Wegmans e Whole Foods, que há muitos anos estão entre as "Melhores empresas para trabalhar nos Estados Unidos" da revista *Fortune*.[4] O subsetor de supermercados oferece outra grande oportunidade para os jovens de 16 a 24 anos, que ocupam um terço de todos os empregos. Muitos desses empregos são em tempo parcial, e metade de todos os empregos neste subsetor é composta por caixas e balconistas. Embora a taxa projetada de crescimento do emprego para o período de 2006 a 2016 seja estimada em 1%, há muitos postos de trabalho disponíveis devido ao grande tamanho do setor e à alta taxa de rotatividade de funcionários.

Outros serviços

O setor de "outros serviços" é um "pega-tudo" para todos os serviços que não se enquadram convenientemente nas categorias dos oito setores anteriores. Por conseguinte, este segmento inclui uma infinidade de estabelecimentos envolvidos em uma variedade de atividades, como conserto de equipamentos e máquinas, promoção ou realização de atividades religiosas, serviços de lavanderia e lavagem a seco, cuidados pessoais, funerárias, serviços para animais domésticos, serviços de fotografia, estacionamentos e serviços de namoro. Este subsetor representa aproximadamente 3,3% do total de empregos e 12,6% de todos os estabelecimentos. As projeções de emprego para o período de 2002 a 2012 indicam um aumento de 15,7%.[5]

Os nove setores ilustram a diversidade de atividades dentro da economia de serviços. Contudo, um dos principais objetivos deste livro é transmitir a mensagem de que os setores de serviços não devem ser estudados como entidades separadas (como bancos, transportes, serviços corporativos, serviços de saúde e empresas de serviços de alimentação). Com muita frequência, as empresas reduzem as próprias chances de desenvolver ideias verdadeiramente inovadoras apenas examinando as práticas de concorrentes dentro de suas próprias indústrias. Muitas empresas de serviços têm desafios em comum na prestação de serviços e, portanto, se beneficiariam em partilhar o conhecimento entre si. Infelizmente, muitas empresas de serviços usam apenas empresas de seu próprio setor como referência. Por exemplo, bancos usam outros bancos, companhias de seguros usam outras companhias de seguros, e assim por diante. Esta abordagem míope atrasa o progresso de inovações em serviços verdadeiramente únicas em cada uma das respectivas indústrias.

Basta considerar os avanços que os hospitais poderiam fazer se pegassem emprestado conceitos de restaurantes e hotéis, em vez de dependerem de outros hospitais para gerar ideias inovadoras de serviços. Da mesma forma, muitos cargos em serviços, como um caixa de banco e um agente de embarque de uma companhia aérea, que parecem ser bem diferentes, na verdade executam tarefas e vivem muitos dos mesmos desafios relacionados com o cliente ao longo de um dia típico. Consequentemente, lições que foram aprendidas nas linhas de frente das operações bancárias podem ser de grande valor para aqueles que trabalham na linha de frente da indústria da aviação.

Preocupações no setor de serviços: esnobação do materialismo

Embora a economia de serviços esteja crescendo a passos largos, nem todo mundo está exultante.[6] A **esnobação do materialismo** (materialismo *snobbery*) reflete a crença de que só a indústria pode criar riqueza real e que todos os demais setores da economia são parasitas e/ou sem importância. Indivíduos materialistas acreditam que, sem fabricação, haverá pouco serviço a ser feito. Como resultado, mais pessoas estarão disponíveis para fazer menos trabalho, o que resultará em baixos salários e redução do padrão de vida nos Estados Unidos. Em última análise, a esnobação do materialismo apoia a crença de que a contínua mudança para uma economia de serviços vai comprometer o modo de vida norte-americano.

> **esnobação do materialismo (materialismo *snobbery*)** Crença de que, sem a indústria manufatureira, haverá menos serviços a serem feitos e, por conseguinte, mais pessoas disponíveis para fazer menos trabalho.

Preocupações semelhantes foram expressas nos Estados Unidos mais de 160 anos atrás, quando a economia estava mudando da agricultura para a indústria transformadora. Em 1850, 50 anos após a industrialização, 65% da população estava ligada à agricultura. Durante esse período, muitos especialistas expressaram grande preocupação com os trabalhadores que abandonavam as fazendas para trabalhar nas fábricas. As preocupações concentravam-se neste tipo de lógica: se a grande maioria da população deixou as fazendas, o que as pessoas vão comer? Hoje, menos de 1% da força de trabalho dos Estados Unidos está envolvida em operações agrícolas.[7] Essa pequena mas poderosa força de trabalho fornece tal excedente de alimentos que o governo federal controla os preços e concede subsídios para manter as fazendas atuantes. Aparentemente, as preocupações em relação à mudança para a indústria manufatureira mostraram-se infundadas. Na verdade, a mudança levou ao crescimento econômico. Da mesma forma, com os avanços da tecnologia e novas práticas de gestão, não existe mais a necessidade de ter tantas pessoas na indústria transformadora como era o caso em meados dos anos 1900. Indústria manufatureira não é superior a serviços, trata-se de setores interdependentes. De fato, metade de todos os trabalhadores da indústria manufatureira realiza trabalhos ligados a serviços.[8]

Outra crítica da economia de serviços refere-se à concentração da riqueza entre os trabalhadores de serviços. Nos Estados Unidos, 80% da população teve uma diminuição real na renda ao longo dos últimos 20 anos. Em contraste, os 5% mais ricos tiveram um aumento de 50%, e o 1% mais rico duplicou os rendimentos.[9] Embora especialistas discordem, alguns acreditam que os baixos salários pagos por alguns setores de serviços, com a mudança da economia se afastando da indústria, conduzirão a uma nova **concentração da riqueza**: os ricos ficarão mais ricos, e os pobres, mais pobres. Sem dúvida, o setor de serviços tem muitos empregos de baixos salários.[10] Para os indivíduos com menos de 30 anos, empregos em serviços pagam 25% a menos do que na indústria. Alguns especialistas acreditam que, como o setor industrial continua a diminuir, a oferta de trabalho disponível para empregos de serviços vai aumentar, reduzindo ainda mais os salários do setor.

> **concentração da riqueza** Os ricos ficam mais ricos, e os pobres, mais pobres.

No entanto, nem todas as pessoas que trabalham nos setores de serviços são mal remuneradas. Por exemplo, nos setores de atividades financeiras e de comércio atacadista os salários são muito próximos da indústria. Além disso, um número crescente de pessoal de serviços altamente qualificado está empregado em indústrias baseadas no conhecimento. De fato, mais da metade da força de trabalho dos Estados Unidos está atualmente empregada em produção, armazenamento, recuperação ou disseminação de conhecimento. Além disso, as oportunidades de emprego que mais crescem no setor dos serviços estão em atividades financeiras, seguros, gestão de imóveis e serviços corporativos – ocupações que exigem pessoal qualificado.[11] Em geral, os salários de serviços parecem estar se aproximando dos obtidos em empregos industriais, e, claramente, existem ocupações de serviços cuja remuneração é muito maior do que na indústria.[12]

A preocupação sobre os salários associados a empregos em serviços é real e ilustra a continuação de práticas de gestão industrial tradicionais. De acordo com Michael E. Raynor, "A maioria das empresas de serviços é composta de um cérebro bem remunerado e uma equipe mal remunerada, advogados que ganham US$ 500 por hora e secretárias que recebem US$ 10 por hora".[13] Este é um ponto importante a ser considerado. Em todo o mundo, algumas das pessoas mais importantes em uma organização de serviços, em termos de fornecer primeiras impressões e atuar como as principais fontes de informação para os clientes, são os indivíduos menos respeitados e com os menores salários em suas respectivas organizações – secretárias, recepcionistas, professores, enfermeiros etc. Isto não faz absolutamente nenhum sentido! Por que um funcionário mal pago e desrespeitado promoveria a excelência de uma empresa que trata os próprios funcionários tão mal? Empresas de serviços bem-sucedidas reconhecem a importância do pessoal da linha de frente e os tratam adequadamente.

Considerações éticas para os profissionais de serviços

A segunda metade deste capítulo é dedicada à ética, um tema importante do marketing de serviços. Circunstâncias únicas que ocorrem no setor de serviços criam um ambiente ético que merece ser examinado e estudado. A seguir, apresentamos uma variedade de temas relacionados à ética que dizem respeito especificamente ao setor de serviços: (1) vulnerabilidade do consumidor no marketing de serviços, (2) problemas que criam conflitos éticos, (3) fatores que influenciam a tomada de decisão ética, (4) efeitos da má conduta ética, e (5) estratégias para controlar o comportamento ético.

Observe que, neste capítulo, não temos a intenção de "pregar" o que pensamos ser certo ou errado. Tal decisão é deixada a critério do aluno. Infelizmente, como você vai viver para aprender, a adequação e/ou aceitação pública de suas decisões e/ou comportamentos são geralmente decididas no noticiário da noite ou mesmo em *talk shows* populares, como os de Oprah Winfrey, Ellen DeGeneres ou Nancy Grace. Nosso objetivo é principalmente fornecer-lhe subsídios para reflexão, a fim de incentivar a **vigilância ética**, ou seja, verificar cuidadosamente se suas ações (individuais ou organizacionais) são certas ou erradas, além de facilitar discussões em classe sobre um assunto importante, mas muitas vezes esquecido.

vigilância ética Ato de verificar cuidadosamente se suas ações são "certas" ou "erradas", e se forem eticamente "erradas", perguntar-se por que você está se comportando de tal maneira.

O que é ética?

Em geral, **ética** é comumente definida como: (1) "um ramo da filosofia que trata do que é bom ou ruim e de deveres e obrigações morais", e (2) "os princípios de conduta moral que regem um indivíduo ou grupo".[14] A **ética nos negócios** compreende princípios morais e normas que guiam o comportamento no mundo dos negócios.[15] Por exemplo, algumas organizações buscam ativamente um *triple bottom line* (ou tripé da sustentabilidade) que leva em conta não apenas a prosperidade econômica da empresa, mas também metas e objetivos relativos a questões e avanços ambientais e de movimentos ligados à justiça e igualdade social na maneira como a empresa conduz as operações cotidianas (ver "Sustentabilidade e serviços *em ação*").

ética Ramo da filosofia que trata do que é bom ou ruim e de deveres e obrigações morais; trata-se dos princípios de conduta moral que regem um indivíduo ou grupo.

ética nos negócios Refere-se aos princípios de conduta moral que guiam o comportamento no mundo dos negócios.

A distinção entre uma decisão comum e uma questão ética é que valores e julgamentos desempenham um papel fundamental nas decisões éticas. Em comparação, as decisões comuns são geralmente feitas com base em um conjunto preordenado de regras aceitáveis.

Em geral, a visão do público sobre a ética nos negócios não é esmagadoramente positiva.[16] De acordo com uma pesquisa da *Business Week*/Harris, 46% dos entrevistados acreditam que os padrões éticos de pessoas de negócios são somente regulares. Além disso, 90% dos entrevistados acreditam que os crimes de colarinho-branco são frequentes ou muito frequentes. Outra pesquisa constatou que a maioria dos norte-americanos acredita que muitos empresários se envolvem em má conduta ética com regularidade. De fato, 76% dos entrevistados em outro estudo acreditam que, nos Estados Unidos, o declínio nos padrões morais é um resultado direto da falta diária de ética nos negócios. Talvez ainda mais prejudiciais sejam os resultados de uma pesquisa realizada pelos próprios profissionais de negócios: 66% dos executivos entrevistados acreditam que as pessoas da área de negócios ocasionalmente agirão de forma antiética durante transações comerciais, ao passo que 15% acreditam que a má conduta ética ocorre frequentemente no setor empresarial.

"Demos a ele o nome de 'Enron' porque ele estraçalha tudo."

A maioria das empresas de serviços fazem negócios eticamente. No entanto, algumas empresas não jogam de acordo com regras ... e, eventualmente, pagam caro por isso.

SUSTENTABILIDADE E SERVIÇOS *EM AÇÃO*

Triple bottom line (ou tripé da sustentabilidade)

À medida que a sustentabilidade toma conta do mundo dos negócios, o setor de serviços está adotando um conceito conhecido como *triple bottom line* (ou tripé da sustentabilidade). Este tripé "refere-se ao compromisso de uma organização para com o progresso econômico, ambiental e social". Criado em 1994 por John Elkington, este conceito tem se tornado a prática imperativa de negócios do século XXI. Para que possam aderir a este princípio, as empresas devem considerar a prosperidade econômica atual, as questões e os avanços ambientais, e os movimentos de justiça e igualdade social.

A criação de políticas para ajudar a apoiar e melhorar tais ideais pode resultar em grandes benefícios para as empresas de serviços. Práticas éticas, transparência e foco ambiental estão se tornando cada vez mais importantes na criação da imagem de uma empresa. Isto é vital para aumentar a confiança e o investimento de *stakeholders*, a retenção de funcionários e a lealdade dos clientes. Bob Willard, um ex-executivo da IBM do Canadá, cita sete benefícios para as empresas que buscam a filosofia da sustentabilidade:

1. Melhoria no recrutamento
2. Maior retenção de talentos
3. Aumento da produtividade dos funcionários
4. Redução de despesas em operações de bens manufaturados

    a. Redução de matérias-primas, energia e outros recursos usados para cada produto
    b. Reformulação das operações
    c. Reúso e reciclagem

5. Redução de despesas em instalações comerciais

    a. Aprimoramento no tratamento de resíduos
    b. Economia de água
    c. Redução no espaço de escritório e de viagens de negócios
    d. Redução de custos de paisagismo e jardinagem
    e. Eficiência energética

6. Aumento da receita e participação de mercado
7. Redução do risco e maiores facilidades de financiamento

    a. Maior facilidade de atrair investidores
    b. Menos risco ligado a mudanças governamentais e legislativas

Fonte: Tevault, Ashley. Serving it up Green: Examination of Sustainability in the Service Sector. Tese Honors Program Senior apresentada na Colorado State University. 12 nov. 2009.

Oportunidade para má conduta ética em marketing de serviços

No setor de serviços, as oportunidades para a má conduta ética podem ser atribuídas predominantemente às dimensões de intangibilidade, heterogeneidade e inseparabilidade inerentes à prestação de serviços.[17] Como veremos com mais detalhes no Capítulo 3, a *intangibilidade* complica a capacidade do consumidor de avaliar objetivamente a qualidade do serviço; a *heterogeneidade* reflete a dificuldade de padronização e o controle de qualidade; e a *inseparabilidade* considera o elemento humano envolvido no processo de prestação de serviços. Todas as três dimensões contribuem para a vulnerabilidade dos consumidores e a confiança depositada sobre a conduta ética do prestador durante o encontro de serviço.

Em termos mais específicos, a vulnerabilidade do consumidor à má conduta ética no setor de serviços pode ser atribuída a várias fontes:[18]

- Os serviços são caracterizados por poucos atributos de pesquisa.
- Os serviços são frequentemente especializados e/ou técnicos.
- Alguns serviços têm um lapso de tempo significativo entre o desempenho e a avaliação.
- Muitos serviços são vendidos sem garantias.
- Os serviços são frequentemente prestados fora da empresa.
- A variabilidade no desempenho do serviço é razoavelmente aceitável.
- Os sistemas de recompensa são muitas vezes baseados em resultados, e não em comportamentos.
- Os clientes são participantes ativos no processo de produção.

Poucos atributos de pesquisa

Como veremos no Capítulo 4, *atributos de pesquisa* podem ser determinados antes da compra e incluem tato, olfato, detalhes visuais e gosto. No entanto, devido à intangibilidade dos serviços, os consumidores não têm a oportunidade de examinar fisicamente um serviço antes de comprá-lo. Consequentemente, dispõem de poucas informações de pré-compra para ajudá-los a tomar uma decisão informada e inteligente. Assim, os consumidores de serviços muitas vezes devem basear as decisões de compra em informações fornecidas pelo prestador de serviços.

Serviços técnicos e especializados

Muitos serviços não são facilmente compreendidos e/ou avaliados; consequentemente, existe a oportunidade de enganar os consumidores com facilidade. Avaliar o desempenho de prestadores de um serviço especializado é particularmente desafiador. Como consumidor, como você sabe se seu médico, advogado, corretor, padre ou sacerdote é competente no trabalho que exerce? Muitas vezes, nossas avaliações dessas pessoas são baseadas na aparência, nos móveis dos escritórios e em uma postura socialmente agradável. Em outras palavras, na ausência de dados mais específicos e claros, os clientes, ao fazer avaliações, muitas vezes recorrem a informações em torno do serviço, e não do serviço propriamente dito.

Lapso de tempo entre desempenho e avaliação

A avaliação final de alguns serviços, como seguros e planejamento financeiro, é muitas vezes realizada apenas em um futuro distante. Por exemplo, o sucesso ou o fracasso de um plano de aposentadoria somente será entendido 30 anos depois da transação original do serviço. Assim, os prestadores de serviços não podem ser responsabilizados por suas ações no curto prazo. Isto poderia levar a um cenário em que os prestadores de serviços não éticos podem maximizar os ganhos de curto prazo em detrimento dos benefícios de longo prazo dos consumidores.

Serviços vendidos sem garantias

No setor de serviços, outra oportunidade de má conduta ética resulta de garantias sem muito significado. Consequentemente, quando o consumidor tem dificuldades com um prestador desonesto ou antiético, existem poucos ou nenhum meio de buscar uma punição rápida. Por exemplo, quais serão suas opções se não cortarem bem o seu cabelo? Cola? Um chapéu novo?

Serviços prestados fora da empresa

Muitos prestadores de serviços oferecem os serviços fora das instalações físicas da própria empresa. Quando isto ocorre, esses fornecedores de serviços expandem os limites de uma empresa para além do escritório principal. Prestadores de serviços, como pintores, especialistas em jardinagem, paramédicos e limpadores de carpetes são exemplos típicos. Devido à distância física do escritório principal inerente ao papel do **pessoal de serviços externos**, tais prestadores muitas vezes não estão sob supervisão direta e podem agir de maneira inconsistente com os objetivos organizacionais, o que aumenta a oportunidade de se envolverem em má conduta ética sem repercussões na gerência.

> **pessoal de serviços externos** Refere-se aos funcionários que prestam serviços fora das instalações físicas da empresa.

Prestadores de serviços que não estão sob nenhuma supervisão direta e executam serviços nas casas dos clientes têm mais oportunidade de se envolverem em má conduta ética.

Variabilidade de desempenho aceitável

No setor de serviços, outra oportunidade de má conduta ética está relacionada à *heterogeneidade* inerente à prestação de serviços. Em função da heterogeneidade, é difícil manter a padronização e o controle de qualidade a cada prestação de serviços individuais. Isto ocorre porque muitos serviços são personalizados e exigem diferentes habilidades do prestador de serviços, além do que, os consumidores podem ser expostos a diferentes prestadores de uma mesma empresa. O resultado é que a variabilidade no desempenho é inevitável.

Sistemas de recompensa baseados em resultados

O sistema de recompensa de uma organização muitas vezes dita o comportamento de seus funcionários, que não levam muito tempo para descobrir o caminho mais curto para ganhar mais dinheiro. Consequentemente, este sistema pode incentivar, ainda que involuntariamente, a conduta antiética dos funcionários da empresa. Por exemplo, a relação direta entre comissões e vendas reforça atividades diretamente ligadas a fazer a própria venda, mas, ao mesmo tempo, desencoraja outras atividades, como fazer a manutenção da loja, abastecer as gôndolas e despender muito tempo respondendo a perguntas dos clientes.

Participação dos consumidores na produção

À primeira vista, pode-se pensar que quanto mais o consumidor está envolvido no encontro de serviço, menor a possibilidade de o prestador de serviços se envolver em má conduta ética. No entanto, as trocas de serviços podem ser comprometidas por estratégias de influência coercitiva utilizadas pelo prestador do serviço. O envolvimento do consumidor no processo de prestação de serviços permite que um prestador tente influenciar o cliente a concordar com uma compra por meio de medo ou culpa. Um mecânico de automóveis que faz uma declaração como "Eu não gostaria que minha família andasse em um carro que tem freios como estes" é um exemplo do tipo de influência que um prestador de serviços pode ter sobre um cliente. Além disso, por causa das contribuições do consumidor no processo de produção, ele muitas vezes assume boa parte da responsabilidade pelo serviço que está sendo prestado. Às vezes, os consumidores sentem que não se expressaram com clareza suficiente e aceitam grande parte da culpa para evitar um confronto com o prestador de serviços. Na verdade, a prevenção de conflitos é uma das principais razões de os clientes não se queixarem de fornecedores de serviços. Tal situação contribui para que os prestadores de serviços deixem de assumir a responsabilidade pelas próprias ações e proporciona mais uma oportunidade para se envolverem em um comportamento antiético.

Questões que criam conflito ético

Os tipos de questões éticas enfrentadas por prestadores de serviços nem sempre são exclusivos do setor de serviços. Isto pode ser explicado pela mistura entre produtos e atendimento ao cliente que existe em uma infinidade de diferentes empresas. A Figura 2.3 apresenta um exemplo dos muitos tipos de questões éticas encontradas no mundo dos negócios. Por meio de levantamento realizado com os funcionários, as empresas podem determinar as questões éticas específicas que aparecem na empresa. Os problemas mais comuns que os gerentes e/ou funcionários terão de enfrentar ao fazer negócios são:[19]

- *Conflito de interesses*
- *Relações organizacionais*
- *Honestidade*
- *Justiça*
- *Comunicação*

Conflito de interesses

Muitas vezes, os funcionários de uma empresa ficam muito próximos dos clientes durante a prestação de serviços. Consequentemente, o prestador de serviços pode enfrentar **conflito de interesses** à medida que a relação fornecedor/cliente vira amizade. Em tal situação, o prestador de serviços pode sentir-se dividido entre a organização, o cliente e/ou os próprios interesses. Por exemplo, o pessoal de seguros pode dar dicas a amigos e membros da família sobre como preencher os formulários necessários a fim de obter taxas mais baixas. Neste caso, os beneficiados são o cliente (por causa das taxas mais baixas) e os funcionários (pela "venda"), mas a organização sofre (por não ter obtido o montante adequado do prêmio).

conflito de interesses Situação em que um prestador de serviços se sente dividido entre a organização, o cliente e/ou os próprios interesses.

Relações organizacionais

Os prestadores de serviços formam **relações organizacionais** com uma variedade de parceiros, como clientes, fornecedores, colegas, subordinados, supervisores e outros. A informação adquirida por meio dessas relações é muitas vezes delicada. Por exemplo, a maioria das pessoas não quer que o padre revele o conteúdo de suas confissões nem que o médico conte seus problemas de saúde a outros. Devido ao sigilo da informação, prestadores

relações organizacionais Relações formadas entre prestadores de serviços e vários parceiros, como clientes, fornecedores, colegas, subordinados, supervisores e outros.

de serviços éticos são obrigados a manter a confidencialidade nas relações, a fim de que possam cumprir suas obrigações e responsabilidades profissionais. Todavia, os prestadores de serviços antiéticos podem utilizar as informações adquiridas a partir de relações organizacionais para o ganho pessoal. Ivan Boesky, um dos maiores especuladores de Wall Street, foi acusado de negociação de informações sigilosas pela Securities and Exchange Commission (SEC). Boesky supostamente ganhou milhões com a obtenção de informações sobre aquisições de empresas antes de seus anúncios públicos. Ao tomar conhecimento de uma aquisição, ele comprava grandes quantidades de ações que mais tarde venderia com enormes lucros. Em troca dos nomes de outros envolvidos, Boesky se declarou culpado da acusação de atividade criminosa e concordou em pagar uma multa de US$ 100 milhões. Além disso, cumpriu pena de três anos de prisão. O velho ditado de que "conhecimento é poder" frequentemente é adotado por aqueles que se envolvem em má conduta ética.

TIPOS DE QUESTÕES ÉTICAS ENFRENTADAS EM NEGÓCIOS	
Honestidade	Precisão de livros e registros
Conflito de interesses	Privacidade de registros de funcionários
Questões de marketing e propaganda	Atividades e contribuições políticas
Questões ambientais	Má utilização dos ativos da companhia
Discriminação por idade, raça ou sexo	Governança corporativa
Responsabilidade e segurança do produto	Problemas
Códigos de ética e autorregulamentação	Teoria ética
Relações com os clientes	Ética nas negociações
Suborno	Relações com as comunidades locais
Direitos e responsabilidades relacionados aos acionistas	Fechamento de fábricas e demissões
Denúncias	Disciplina do funcionário
Propinas	Uso de informações de propriedade alheia
Obtenção de informações sigilosas	Relações com representantes do governo
Questões antitruste	Relações com concorrentes
Problemas enfrentados por multinacionais	Benefícios aos funcionários
Relações com governos estrangeiros	Fusões e aquisições
Fundamentos éticos do capitalismo	Abuso de drogas e álcool
Saúde e segurança no trabalho	Testes de drogas e álcool
Gerenciamento de um ambiente ético	Coleta de informações
Relações com fornecedores e subcontratados	Compra de controle acionário pelos funcionários
Uso de informações confidenciais da empresa	

FIGURA 2.3 Tipos de questões éticas enfrentadas em negócios

Honestidade

Honestidade é parceira da veracidade, integridade e confiabilidade. No atendimento ao cliente, a desonestidade ocorre quando uma empresa promete prestar um serviço ao consumidor sem a intenção de fazê-lo ou informa que o serviço já foi executado, quando, na verdade, isto não aconteceu. Questões de honestidade também podem envolver determinadas estratégias de negócios utilizadas por empresas de serviços para gerenciar as expectativas do consumidor. Por exemplo, uma prática típica em alguns restaurantes é propositadamente estimar os tempos de espera maiores que os reais. Ao conseguir uma mesa antes do esperado, os clientes sentem que foram mais bem atendidos. Você considera esta prática ética? Outras questões de honestidade envolvem:

(1) respeitar a propriedade privada dos clientes quando os serviços são prestados nas suas casas deles e nos locais de trabalho; (2) realizar os serviços como prometido, na hora designada; (3) fornecer uma fatura precisa sobre os serviços prestados; e (4) dar informações precisas aos clientes, mesmo que isto implique a perda de uma venda.

Justiça

Justiça é o resultado de tratamento justo, equidade e imparcialidade. Os clientes devem ser tratados de forma equitativa, e promoções com base em favoritismo devem ser evitadas. Além disso, questões de discriminação de clientes também devem ser abordadas. Os homens recebem melhor serviço em comparação com as mulheres ou vice-versa? Pessoas bem-vestidas são mais bem atendidas do que clientes com roupas mais simples? Será que a raça de um cliente ou sua aparência geral afeta o nível do serviço prestado?

Comunicação

Questões éticas também surgem da comunicação que a empresa de serviços faz para o seu público. A comunicação pode incluir propaganda de massa, informações sobre garantias e comunicação interpessoal entre o prestador de serviços e o cliente. A má conduta ética decorrente da comunicação pode envolver afirmações falsas sobre a superioridade dos serviços da empresa, alegações falsas sobre ofertas da concorrência e/ou promessas que a empresa conscientemente sabe que não pode cumprir.

Efeitos da falta de ética

As empresas de serviços devem enfatizar a importância do comportamento ético dos funcionários por vários motivos. Em primeiro lugar, em termos de responsabilidade social, as empresas devem ser obrigadas a agir da melhor forma possível para atender aos interesses da sociedade. Em segundo lugar, os funcionários forçados a lidar continuamente com questões éticas vivenciam com frequência problemas relacionados ao trabalho, como tensão, frustração, ansiedade, desempenho ineficaz (ou seja, redução das vendas e dos lucros), rotatividade e baixa satisfação.[20] Basta observar o dilema de Toyota sobre o *recall* de milhões de automóveis para ver, em primeira mão, o impacto de encobrir erros.

Os efeitos pessoais de má conduta ética também atingem a organização. Em geral, as improbidades éticas têm sido associadas à insatisfação do cliente (perda de vendas), à publicidade boca a boca desfavorável para a empresa e a uma imagem pública negativa para o setor como um todo.[21]

Como controlar a tomada de decisão ética

Os efeitos adversos da tomada de decisão antiética podem levar as empresas de serviços a tentar controlar o comportamento ético de seus funcionários de variadas maneiras. Eis algumas sugestões de como controlar e gerenciar o comportamento ético:[22]

- *Socialização do funcionário*
- *Normas de conduta*
- *Controle corretivo*

- *Treinamento em liderança*
- *Conhecimento do serviço/produto*
- *Monitoramento do desempenho do funcionário*
- *Construção de relacionamentos de longo prazo*

Socialização do funcionário

Socialização do funcionário refere-se ao processo pelo qual um indivíduo se adapta a valores, normas e padrões de comportamento exigidos por uma organização e passa a adotá-los. Questões éticas, como trapaça, pagamento de subornos e mentira, podem ser definidas por meio da socialização de valores e normas organizacionais que podem ser transmitidos em sessões de treinamento inicial e reuniões formais posteriores para abordar novas questões e reforçar as lições do passado.

> **socialização do funcionário** Processo pelo qual um indivíduo se adapta a valores, normas e padrões de comportamento exigidos por uma organização e passa a adotá-los.

As empresas de serviços também podem transmitir os valores e as normas organizacionais por meio de comunicações, como boletins informativos da empresa e propaganda. Por exemplo, a Delta Airlines foi elogiada por uma propaganda que retrata funcionários muito prestativos, amáveis e felizes esforçando-se para ajudar os clientes da companhia aérea. Os anúncios não apenas atingem os clientes, mas também ajudam os funcionários da Delta a definir seu próprio papel dentro da empresa e os tipos de comportamento que a empresa espera e recompensa.

Normas de conduta

Como parte do processo de socialização, as normas formais de conduta podem ser apresentadas aos funcionários por meio de um **código de ética**. Pesquisas indicam que os funcionários desejam códigos de ética para ajudá-los a definir o comportamento adequado, de modo a reduzir conflito e ambiguidade.[23] Embora o desenvolvimento de um código de ética não garanta o comportamento ético, é um passo inicial importante no processo de controle da tomada de decisão ética.

> **código de ética** Padrões formais de conduta que ajudam a definir o comportamento organizacional adequado.

Controle corretivo

Para que o código de ética da empresa de serviço seja eficaz, as condições nele estabelecidas devem ser cumpridas. A aplicação do código de ética pode ser realizada por meio de **controle corretivo**, ou seja, o uso de recompensas e punições. Prestadores de serviços que são recompensados (ou não são punidos) por comportamento antiético continuarão a praticá-lo. Curiosamente, pesquisas indicam que os funcionários de empresas que têm códigos de ética são mais propensos a acreditar que quem não os respeita deve ser punido.

> **controle corretivo** Refere-se à utilização de recompensas e punições para se fazer cumprir o código de ética da empresa.

Treinamento em liderança

Devido aos efeitos aparentes da *associação diferencial* sobre a tomada de decisão ética, as empresas de serviços precisam salientar a importância dos comportamentos dos líderes e a influência destes sobre os subordinados. Os líderes devem ser exemplos de padrões de conduta ética. Eles precisam entender que os trabalhadores confrontados com decisões éticas muitas vezes imitam o comportamento de seus supervisores. Isto é particularmente verdadeiro para novos funcionários que tendem a copiar os supervisores para demonstrar lealdade.

Conhecimento do serviço/produto

As empresas de serviços precisam constantemente treinar todos os funcionários sobre os detalhes do que o serviço pode ou não fornecer. Por causa da natureza complexa das muitas ofertas de serviços e de um ambiente de negócios em constante mudança, as empresas de serviços não podem se dar ao luxo de acreditar que os funcionários entendem completamente as ramificações de desenvolvimentos de um novo serviço/produto. Algumas poucas indústrias de serviços entendem a responsabilidade social de manter os funcionários informados. Por exemplo, a indústria de seguros agora requer educação continuada de seus agentes de venda.[24]

Monitoramento do desempenho do funcionário

Outro método possível de controlar a tomada de decisão ética é a medição do desempenho ético dos funcionários. Esta abordagem implica a comparação dos comportamentos utilizados para a obtenção de níveis de desempenho em relação aos padrões éticos organizacionais. Para monitorar o desempenho dos funcionários, as empresas de serviços podem observar a atuação deles ou utilizar questionários sobre comportamento ético. Os resultados obtidos a partir do monitoramento devem ser discutidos com os funcionários para esclarecer quaisquer dúvidas sobre as medidas apropriadas quando surgem situações questionáveis.

Enfatizar o relacionamento de longo prazo com o cliente

Os prestadores de serviços devem construir relações de confiança com seus clientes para que possam promover um relacionamento mutuamente benéfico no longo prazo.[25] Práticas éticas de marketing fornecem a base a partir da qual tais relações de confiança são formadas. Muitas decisões antiéticas são tomadas enfatizando apenas os benefícios de curto prazo que elas oferecem. Por exemplo, um prestador de serviços pode enganar um cliente para fazer uma venda rápida. As empresas de serviços que socializam os funcionários adequadamente devem enfatizar a importância da construção de relacionamentos de longo prazo. Empresas de serviços cujos funcionários são orientados para um relacionamento de longo prazo com o cliente devem ser capazes de minimizar a frequência da tomada de decisão de antiética.

Resumo

É geralmente aceito que a economia de serviços é composta por nove setores: serviços educacionais e de saúde, atividades financeiras, governo, informações, lazer e hospitalidade, serviços profissionais e corporativos, transporte e serviços públicos, comércios atacadista e varejista, e outros serviços. *Serviços* constituem um dos três setores de uma economia desenvolvida – os demais são *indústria* e *agropecuária*. Tradicionalmente, as economias mundiais tendem a fazer a transição de uma *economia agrícola* para uma *industrial* (por exemplo, produção, mineração etc.) e, em seguida, para uma *economia de serviços*.

Esses nove setores ilustram a diversidade de atividades dentro da economia de serviços. Muitos setores têm desafios em comum no fornecimento de serviços e, portanto, se beneficiariam se partilhassem o conhecimento entre si. Apesar do crescimento contínuo e da dominância do setor de serviços, algumas pessoas se apressam em criticar a economia de serviços. Indivíduos *materialistas* acreditam que, sem manufatura, haverá poucos serviços a ser feitos.

Este capítulo também apresentou uma visão geral da ética aplicada ao setor de serviços.

Os consumidores de serviços são particularmente vulneráveis à má conduta ética por uma variedade de razões. Por exemplo, os serviços têm poucos atributos de pesquisa e, portanto, são difíceis de avaliar antes da decisão de compra; os serviços muitas vezes são técnicos e/ou especializados, o que torna a avaliação pelo consumidor comum ainda mais difícil; muitos serviços são vendidos sem garantias e frequentemente fornecidos fora da empresa e sem supervisão. Além disso, sistemas de recompensa para o pessoal de serviços são frequentemente baseados em resultados, e não em comportamentos utilizados para alcançá-los. Outros fatores que contribuem para a vulnerabilidade dos consumidores incluem o lapso de tempo que ocorre para alguns serviços entre o desempenho do serviço e a avaliação do cliente (por exemplo, planejamento financeiro, seguro de vida etc.), a variação inerente no desempenho do serviço e a disposição do consumidor de aceitar a culpa por não ter comunicado claramente seus desejos ao prestador de serviços.

As questões éticas mais comuns envolvem conflito de interesses, confidencialidade nas relações organizacionais, honestidade, justiça e integridade das comunicações da empresa. Funcionários continuamente forçados a lidar com questões éticas vivenciam, com frequência, problemas relacionados ao trabalho, como tensão, frustração, ansiedade, desempenho ineficaz, rotatividade e baixa satisfação. Os efeitos pessoais de má conduta ética também atingem a organização. Em geral, as improbidades éticas têm sido associadas à insatisfação do cliente, à publicidade boca a boca desfavorável e a uma imagem pública negativa para o setor como um todo.

As organizações utilizam uma série de estratégias na tentativa de controlar o comportamento ético dos funcionários, o que inclui socialização do funcionário, desenvolvimento e aplicação de códigos de ética, treinamento em liderança, capacitação no conhecimento do serviço/produto, acompanhamento do desempenho dos funcionários e sensibilização destes quanto aos benefícios de relacionamentos de longo prazo com os clientes.

Palavras-chave

economia de serviços
esnobação do materialismo
concentração da riqueza
vigilância ética

ética
ética nos negócios
pessoal de serviços externos
conflito de interesses

relações organizacionais
socialização do funcionário
código de ética
controle corretivo

Questões de revisão

1. Classifique e discuta as taxas de crescimento projetadas para os nove setores de serviços. O que pode estar impulsionando o crescimento dos três setores com maiores taxas?
2. Explique como um setor de serviços pode ter pequeno crescimento projetado, mas ainda assim obter muitas oportunidades de trabalho disponíveis.
3. Acesse http://www.bls.gov/iag/leisurehosp.htm e clique no *link* Hotel and Other Accomodations Career Guide (Guia de Carreira para Hotel e Outros Alojamentos) encontrado na parte inferior do *site*. Discuta as condições de trabalho, as taxas de emprego atual e projetada, as ocupações e os salários na indústria hoteleira.
4. Compare a mudança de uma economia agrícola para uma industrial e desta para uma de serviços.
5. Analise a diferença entre ética e responsabilidade social.
6. Como o público se sente em relação ao comportamento ético de pessoas de negócios?
7. Que tipo de empresa – centralizada ou descentralizada – tem maiores dificuldades em controlar o comportamento ético dos funcionários? Justifique sua resposta.
8. Explique como os sistemas de recompensa influenciam o comportamento ético.
9. Explique a relação entre "código de ética" e "controle corretivo".
10. Descreva a relevância de um "atributo de pesquisa" em relação à ética no marketing de serviços.

Notas

1. K. Douglas Hoffman et al. *Marketing Principles & Best Practices*, 3. ed. Mason, OH: Thomson* Southwestern, 2006, p. 68.
2. Mary L. Nicastro. Infuse Business Ethics into Marketing Curriculum. *Marketing Educator*, 11, 1, 1992, p. 1.
3. O material para esta seção está disponível em: <www.bls.gov>. Acesso em: 17 dez. 2009.
4. Disponível em: <http://money.cnn.com/magazines/fortune/bestcompanies/2009/full_list/>. Acesso em: 14 dez. 2009.
5. Os dados de 2006 a 2016 não estão disponíveis para "outros serviços".
6. Michael E. Raynor, After Materialismo... *Across the Board*, jul.-ago. 1992, p. 38-41.
7. Disponível em: <https://www.cia.gov/library/publications/theworldfactbook/geos/us.html>. Acesso em: 17 dez. 2009.
8. Wealth in Services, *The Economist*, 20 fev. 1993, p. 16.
9. Raynor, After Materialismo..., p. 41.
10. The Manufacturing Myth. *The Economist*, 19 mar. 1994, p. 92.
11. The Final Frontier. *The Economist*. 20 fev. 1993, p. 63.
12. Robert W. Van Giezen. Occupational Pay in Private Goods and Service Producing Industrie. *Compensation and Working Conditions Online*, 1, 1º jun. 1996.
13. Raynor, After Materialismo..., p. 41.
14. *Webster's New Ideal Dictionary*. Springfield, MA: G. & C. Merriam Co., 1973, p. 171.
15. O. C. Ferrell; John Fraedrich. *Business Ethics*. Boston, MA: Houghton Mifflin, 1991, p. 5.
16. Gene R. Laczniak; Patrick E. Murphy. *Ethical Marketing Decisions*. Needham Heights, MA: Allyn and Bacon, 1993, p. 3.
17. Valerie A. Zeithaml; A. Parasuraman; Leonard L. Berry. Problems and Strategies in Services Marketing. *Journal of Marketing*, 49, 2, 1985, p. 33-46.
18. K. Douglas Hoffman; Judy A. Siguaw, Incorporating Ethics into the Services Marketing Course: The Case of the Sears Auto Centers. *Marketing Education Review* 3, 3, 1993, p. 26-32.
19. Ferrell; Fraedrich. *Business Ethics*, p. 22-29.
20. Orville C. Walker; Gilbert A. Churchill; Neil M. Ford. Where Do We Go from Here: Selected Conceptual and Empirical Issues Concerning the Motivation and Performance of the Industrial Sales Force. *Critical Issues in Sales Management*: State-of-the-Art and Future Research Needs, G. Albaum e G. A. Churchill. Eds. Eugene, OR: College of Business Administration, University of Oregon, 1979.
21. Ronald W. Vinson. Industry Image Stuck in Downcycle. *National Underwriter Property & Casualty-Risk & Benefits Management*. 7 jan., 1991, p. 25-29.
22. Ferrell; Fraedrich. *Business Ethics*, p. 137-150.
23. Sandra Pelfrey; Eileen Peacock. Ethical Codes of Conduct are Improving. *Business Horizons*, primavera de 1991, p. 14-17.
24. C. King. Prof. Challenges Industry to Face Ethical Issues, *National Underwriter Life & Health-Financial Services*, 16 ago. 1990, p. 15-16.
25. Lawrence A. Crosby; Kenneth R. Evans; Deborah Cowles. Relationship Quality in Services Selling: An Interpersonal Influence Perspective. *Journal of Marketing*, jul. 1990, p. 68-81.

CASO 2
Sears Auto Centers: o dilema

O campo da ética empresarial é particularmente intrigante. Por um lado, as empresas precisam ter lucro para sobreviver. A sobrevivência da empresa garante aos funcionários os salários para alimentar as famílias e educar os filhos, levando a uma melhoria da sociedade. Além disso, os lucros das empresas e os salários dos funcionários são tributados, gerando as verbas que fornecem a base para vários programas governamentais. Por outro lado, os lucros das empresas não devem ser obtidos a qualquer custo. Deve existir um equilíbrio entre o desejo da empresa de ter lucros e o que é bom para os indivíduos e a sociedade.

Os Sears Auto Centers (Centros Automotivos/Oficinas da Sears) viram-se em uma posição controversa ao avaliar tal equilíbrio. Com base no conceito de marketing, os objetivos da maioria das organizações com fins lucrativos são reconhecer e satisfazer as necessidades do cliente, e, ao mesmo tempo, obter lucro. Edward Brennan, presidente da Sears, Roebuck and Company, pretendia alcançar este objetivo. Sob sua liderança, estudos de mercado sobre as necessidades de clientes de consertos automotivos foram realizados. Posteriormente, a Sears estabeleceu um programa de manutenção preventiva que instruía os centros automotivos a recomendar o conserto ou a substituição de peças com base na quilometragem indicada no hodômetro. Ao mesmo tempo, estabeleceram-se quotas de vendas para os 850 centros automotivos da Sears. Alcançar ou superar tais quotas garantiria bônus em dinheiro para o pessoal de manutenção e daria à gerência um meio objetivo de avaliar o desempenho dos funcionários.

O novo programa de incentivos de vendas exigia a venda de determinado número de serviços, incluindo os de alinhamento, amortecedores e freios, a cada oito horas. Os funcionários também podiam obter bônus em dinheiro com a venda de peças (amortecedores e molas) para cada hora de trabalho. O objetivo deste programa era atender às necessidades do cliente e, ao mesmo tempo, aumentar os lucros dos centros automotivos.

Depois que o programa foi posto em prática, a unidade automotiva tornou-se a mais rentável e com o mais rápido crescimento da história recente da Sears. No entanto, um número crescente de reclamações de clientes foi apresentada contra a Sears, que instaurou uma auditoria com o propósito de averiguar as práticas dos centros automotivos localizados na Califórnia, Nova Jersey e Flórida. No Estado da Califórnia, havia alegações de que a empresa consistentemente cobrava dos clientes uma média de US$ 223 para reparos desnecessários ou trabalhos que nunca foram realizados. Segundo a Sears, os centros automotivos estavam apenas fazendo serviços nos veículos com base nos procedimentos de manutenção recomendados pelos fabricantes. Além disso, a Sears sustentou que, se não seguisse as recomendações, estaria negligenciando a segurança do consumidor. Por conseguinte, foi criado um dilema para os empregados da empresa sobre o que é bom para os clientes e o que é bom para a empresa.

Fonte: Lawrence M. Fisher. Sears Auto Centers Halt Commissions After Flap. *The New York Times*, 1992, p. D1-D2; Gregory A. Patterson. Sears' Brennan Accepts Blame for Auto Flap. *The Wall Street Journal*, 1992, p. B1; Systematic Looting. *Time*, 22 jun. 1992, p. 27, 30; Tung Yin. Sears Is Accused of Billing Fraud at Auto Centers. *The Wall Street Journal*, 12 jun. 1992, p. B1, B5.

Questões para discussão

1. Que propriedades inerentes aos centros automotivos contribuem para a vulnerabilidade do consumidor?
2. Que questões éticas estão envolvidas neste caso?
3. Descreva as consequências do comportamento dos centros automotivos da Sears.
4. Que estratégias você sugeriria para ajudar a controlar problemas futuros?

capítulo 3
Diferenças fundamentais entre bens e serviços

"É errado supor que serviços são exatamente como bens, 'exceto' por sua intangibilidade. Por esta lógica, maçãs são como laranjas, com exceção do gosto de maçã."
G. Lynn Shostack

Objetivos do capítulo

Após a leitura deste capítulo, você deve ser capaz de:

- Compreender as características de intangibilidade, inseparabilidade, heterogeneidade e perecibilidade.
- Discutir os desafios de marketing associados à intangibilidade e apontar as possíveis soluções.
- Descrever os desafios de marketing criados pela inseparabilidade e apontar as possíveis soluções.
- Explicar os desafios de marketing associados à heterogeneidade e apontar as possíveis soluções.
- Identificar os desafios de marketing criados pela perecibilidade e apontar as possíveis soluções.
- Avaliar o impacto da intangibilidade, inseparabilidade, heterogeneidade e perecibilidade no relacionamento de marketing com outras funções em empresas de serviços.
- Entender a organização do restante deste livro.

Este capítulo trata das diferenças básicas entre bens e serviços, dos problemas de marketing que surgem por causa dessas diferenças e das possíveis soluções para esses problemas.

GUERRAS DE CAMA E CONFLITOS DE TRAVESSEIRO

A intangibilidade do benefício principal do serviço muitas vezes dificulta aos clientes a avaliação objetiva da qualidade e/ou a comparação de alternativas de serviços. Como resultado, eles se baseiam na evidência física que envolve o benefício principal para ajudá-los na avaliação de serviços. Assim, a gestão eficaz das evidências físicas por empresas de serviços é fundamental para estabelecer a diferenciação de serviços.

A diferenciação de serviços por meio do uso intencional de evidências físicas tem sido exemplificada pelo setor hoteleiro, com a gestão eficaz do exterior e do interior das instalações e outros bens tangíveis associados com a experiência de hotel. Curiosamente, o mais recente campo de batalha em diferenciação por evidência física foi a própria cama. Com a introdução da Heavenly Bed ("cama celestial"), em 1999, o Westin Hotels inaugurou um novo movimento na indústria hoteleira para "afastar-se da sensação comum de alguns quartos e proporcionar aos hóspedes acomodações mais luxuosas". O Westin buscava criar a melhor cama na indústria. O resultado final foi um colchão Simmons feito por encomenda, decorado com cobertores, lençóis com alta contagem de fios, diferentes tipos de edredom e cinco travesseiros, "o suficiente para fazer outras camas de hotel se sentirem como paredes de tijolo". No começo, os rivais zombaram da nova estratégia de roupa de cama do Westin. Em primeiro lugar, o preço – US$ 30 milhões – parecia um pouco extravagante. Em segundo lugar, os lençóis eram brancos: "O que o Westin tem na cabeça?". No entanto, as opiniões mudaram rapidamente quando o Westin e a Heavenly Bed acumularam várias recompensas, incluindo "maior satisfação do hóspede, tarifas mais elevadas, melhor receita por quarto disponível e uma avalanche de publicidade". Além disso, as pontuações de limpeza aumentaram, embora o Westin admita que tudo o que fez foi "adicionar a cama". Desde a introdução da Heavenly Bed, o Westin já vendeu mais de sete mil camas para seus clientes apaixonados. Seu passo seguinte foi a introdução dos Heavenly Cribs. Foram colocados dois mil novos berços em 300 hotéis, um investimento (o Westin não usa o termo "custos", mas investimentos) de US$ 1 milhão.

Dado o sucesso do Westin, outros hotéis também têm adotado estratégia semelhante, em resposta à Heavenly Bed, com seus próprios pacotes de luxo. Os Hotéis Radisson, incluindo o Hampton Inn, estão investindo milhares de dólares em novas camas e roupas de cama para os hóspedes. O Marriott International empreendeu provavelmente o mais ambicioso investimento na "batalha das camas" com a substituição de 628 mil delas em 2005. As camas serão alteradas em oito diferentes marcas Marriott, incluindo os hotéis Fairfield Inn, Courtyard by Marriott, Renaissance Hotels, Marriott Hotels e JW Hotels and Resorts. O projeto custará aproximadamente US$ 190 milhões e exigirá mais de 27 mil quilômetros de tecido. De acordo com seu CEO, J. W. Marriott Jr., "Essa iniciativa inspira-se nos melhores projetos e tradições de serviços em nossos melhores hotéis em todo o mundo, para posicionar cada uma de nossas marcas como a mais luxuosa em seu segmento".

A intenção do Marriott não é mudar a atual posição de mercado dominado por suas oito marcas de hotéis. No entanto, deseja ser conhecido como "o melhor na categoria" em cada um dos vários segmentos. Este movimento é consistente com a mensagem rotineiramente enviada aos associados do Marriott: "Marcas Marriott significam a venda de uma experiência gratificante, não apenas de um quarto de hotel. Nossos clientes dizem que o quarto é o seu oásis, por isso temos que garantir que esses oásis ofereçam uma experiência superior em todos os sentidos!".

Mais recentemente, os hotéis têm reforçado as iniciativas de proporcionar um bom sono baseadas na qualidade da cama e oferecido aos clientes uma seleção variada de travesseiros. Um típico menu de almofadas pode incluir travesseiros de trigo sarraceno, travesseiros de água "Mediflow", travesseiros "Isotonic" com quatro posições, almofadas de apoio cervical "Tri-core", travesseiros do tipo "borboleta", travesseiros de corpo "Conforel" e almofadas de apoio para o pescoço, só para citar alguns. Com todas essas melhorias no conforto, os hóspedes podem nunca sair dos quartos!

Fontes: <www.comforthouse.com/hotelpillows.html> e <http://www.travelandleisure.com/articles/battle-of-the-beds/1. Acesso em: 4 dez. 2009. Marriott to Replace 628,000 Hotel Beds. Disponível em: <www.usatoday.com>. Acesso em: 2 maio 2005. Waking Up to the Marketing Potential of a Good Night's Sleep. *Advertising Age*, 18 abr. 2005, 76, 16 ed., p. 16. Heavenly Bed for Babies. *Lodging Hospitality*, 15 set. 2001, 57, 12 ed., p. 9.

Introdução

No início, o trabalho para acumular conhecimento de marketing e serviços e estabelecer o marketing de serviços como uma legítima subárea de marketing foi lento. Na verdade, até 1970, o marketing de serviços não era considerado como um campo acadêmico. Foram necessários mais de 12 anos até que a primeira conferência internacional sobre marketing de serviços fosse realizada nos Estados Unidos, em 1982.[1] Muitos especialistas consideravam que o marketing de serviços não era significativamente diferente do de bens. Os mercados ainda precisavam ser segmentados, era necessário também definir os mercados-alvo e os *compostos* de marketing adaptados às necessidades do mercado-alvo pretendido pela empresa, que precisavam ser desenvolvidos. Contudo, desde o início, muito tem sido escrito sobre as diferenças específicas entre bens e serviços e suas correspondentes implicações para o marketing. A maioria dessas diferenças é atribuída principalmente a quatro características específicas de serviços: *intangibilidade, inseparabilidade, heterogeneidade* e *perecibilidade*.[2]

Os serviços são referidos como *intangíveis*, pois, neste segmento, consideram-se os desempenhos, e não os objetos. Os serviços não podem ser tocados nem vistos, como ocorre com os bens. Em vez disso, são experiências, e os julgamentos dos consumidores sobre eles tendem a ser mais subjetivos do que objetivos. *Inseparabilidade* entre a produção e o consumo refere-se ao fato de que, enquanto os bens são primeiro produzidos e, em seguida, vendidos, para depois ser consumidos, os serviços são vendidos primeiro e, em seguida, produzidos e consumidos simultaneamente. Por exemplo, um passageiro de uma companhia aérea primeiro compra um bilhete e, em seguida, embarca em um avião, consumindo o serviço de bordo à medida que é produzido.

Heterogeneidade refere-se à possibilidade de o desempenho de um serviço variar entre uma transação de serviço e outra. Os serviços são produzidos por pessoas; consequentemente, a variabilidade é inerente ao processo de produção. Esta falta de consistência não pode ser eliminada, como muitas vezes acontece com os bens. Finalmente, *perecibilidade* significa que os serviços não podem ser armazenados; capacidade não utilizada em serviços não pode ser acumulada e os serviços não podem ser estocados.[3] Consequentemente, a perecibilidade leva a enormes desafios relativos ao equilíbrio entre oferta e demanda.

Este capítulo concentra-se em cada uma das quatro características específicas que diferenciam o marketing de serviços do de bens. Como os serviços podem estar em muitos pontos ao longo do contínuo que varia de predominância tangível a intangível, conforme descrito pela escala de entidades de mercado apresentada no Capítulo 1, a magnitude e o subsequente impacto que cada uma dessas quatro características tem sobre o marketing de serviços variarão.

Atualmente, a área de marketing de serviços está prosperando tanto em termos de pesquisa acadêmica como em número de cursos de marketing de serviços em todo o mundo. O marketing de serviços, que já foi entendido como subordinado ao marketing de bens, é agora considerado por importantes estudiosos como "A" força dominante no marketing.[4] Os profissionais de marketing que adotam esta **lógica de predominância de serviços** acreditam que seu principal papel é oferecer serviços. Como consequência disso, os produtos são simplesmente um meio de prestar um serviço ao cliente. Por exemplo, os automóveis fabricados pela BMW fornecem o transporte, um iPod da Apple proporciona entretenimento, e as esteiras dos clubes de saúde *24-Hour Fitnes* oferecem um meio de prática de exercícios. Claramente, o lugar do marketing de serviços na área de marketing foi substancialmente promovido em comparação com os primeiros anos, e com razão!

> **lógica de predominância de serviços**
> Ponto de vista filosófico de que o principal papel dos profissionais de marketing é oferecer serviços. Por isso, os produtos são simplesmente um meio de prestar um serviço ao cliente.

Intangibilidade: a mãe de todas as diferenças

Dentre as quatro características específicas que tendem a distinguir bens de serviços, a intangibilidade é a principal, da qual surgem as outras três. Como vimos no Capítulo 1, os serviços são definidos como desempenhos, ações e esforços, ao passo que os bens o são como objetos, dispositivos e coisas. Como resultado de sua **intangibilidade**, os serviços não podem ser vistos, sentidos, provados ou tocados do mesmo modo que os bens tangíveis. Por exemplo, compare as diferenças entre a compra de um bilhete de cinema e a de um par de sapatos. Como os sapatos são bens tangíveis, eles podem ser avaliados objetivamente antes da compra real. Você pode pegá-los, sentir a qualidade dos materiais de que são feitos, ver o estilo e a cor específicos, e, de fato, calçá-los e prová-los. Após a compra, você pode levar o sapato para casa, ou seja, este objeto tangível passa a ser sua propriedade.

> **intangibilidade** Característica que impossibilita que os serviços sejam tocados ou sentidos, como é o caso dos bens físicos.

Em comparação, considere a compra de um serviço como um filme para ser visto no cinema. Neste caso, o cliente compra um bilhete de cinema que lhe dá o direito de ter uma experiência. Como essa experiência é intangível, sua avaliação é subjetiva. Por exemplo, os consumidores de serviços devem se basear em julgamentos de outras pessoas que tenham experimentado o serviço anteriormente a fim de obter uma informação pré-compra. Como a informação fornecida por terceiros é baseada em seus próprios conjuntos de expectativas e percepções, as opiniões diferem quanto ao valor da experiência. Por exemplo, se você perguntar a cinco espectadores o que acharam do filme *Avatar*, poderá ouvir opiniões amplamente divergentes que vão desde "Adorei!" até "Detestei!". Depois do filme, o cliente retorna para casa com uma memória da experiência e retém a posse física somente de um bilhete de entrada.

CARACTERÍSTICA	DESAFIOS DE MARKETING	POSSÍVEIS SOLUÇÕES
Intangibilidade	Os serviços não podem ser estocados.	Uso de elementos tangíveis ajuda a "tangibilizar" o serviço.
	Os serviços não têm proteção de patentes e podem ser facilmente copiados.	Uso de fontes pessoais de informação para comercializar os serviços.
	Os serviços são difíceis de visualizar e/ou explicar aos clientes.	Criar uma imagem organizacional forte.
	A precificação dos serviços é difícil.	Utilizar o método de custeio baseado em atividades.

FIGURA 3.1 Desafios e soluções de marketing relativos à intangibilidade

Desafios de marketing criados pela intangibilidade

Como resultado da intangibilidade dos serviços, surge uma série de desafios de marketing que normalmente não se encontra no marketing de bens tangíveis. Mais especificamente, tais desafios incluem a impossibilidade de estoques de serviços, a falta de proteção de patentes, as dificuldades envolvidas na exibição da comunicação do serviço e de seus atributos ao mercado-alvo, e os desafios especiais envolvidos na sua precificação. Os parágrafos a seguir abordam esses desafios e oferecem possíveis soluções para minimizar seus efeitos. Um resumo das questões relativas à intangibilidade é apresentado na Figura 3.1.

Impossibilidade de estoques de serviços Por causa da intangibilidade, os serviços não podem ser estocados. Como resultado, as prestações de serviços não podem ser armazenadas para servir como reservas em períodos de alta demanda. Por exemplo, médicos não podem produzir e armazenar exames para que possam ser usados em uma data posterior; assentos de cinema que não são vendidos para a matinê não podem ser adicionados ao cinema para as sessões noturnas; e o Clube do Automóvel não pode estocar serviços de emergência em estradas a serem distribuídos durante os períodos de pico de circulação. Consequentemente, os clientes são normalmente obrigados a esperar pelos serviços desejados, e os prestadores de serviços são limitados na quantidade que podem vender pela quantidade que podem produzir. O resultado é que a incapacidade de manter um estoque se traduz em constantes problemas de oferta e demanda para os serviços. Na verdade, esta impossibilidade de estoques apresenta tantos desafios para os profissionais de marketing que ganhou uma designação específica: *perecibilidade*.

Falta de proteção de patentes em serviços Devido à natureza intangível, os serviços não podem ser patenteados. O que há para patentear? Trabalho humano e esforço não podem ser protegidos. As empresas, às vezes, anunciam que seus processos são patenteados. Contudo, a realidade é que as máquinas tangíveis envolvidas no processo são patenteadas, mas não o processo em si. Portanto, um importante desafio enfrentado pela falta de proteção de patentes é que os serviços, novos ou existentes, podem ser facilmente copiados. Consequentemente, é difícil manter por muito tempo uma vantagem diferencial de serviço em relação aos concorrentes atentos.

Os serviços são difíceis de exibir e/ou comunicar A promoção de serviços apresenta ainda um outro conjunto de desafios especiais para o profissional de marketing de serviços, abordado em detalhes no Capítulo 7. A raiz do desafio é: "Como você consegue fazer seus clientes conhecerem seu produto se não podem vê-lo?". Considere, por exemplo, a compra de um seguro, um produto complicado para muitas pessoas. Como clientes, não podemos ver o seguro nem testá-lo antes da compra. Além disso, muitas pessoas não entendem nada sobre seguro. Os seguros parecem custar uma enorme quantia de dinheiro, e os benefícios da compra não são entendidos até algum momento no futuro, ou nunca o são. Na verdade, se não usarmos o seguro, devemos nos considerar pessoas sortudas. Então, por que gastar milhares de dólares por ano em algo que faz o cliente que nunca usa sentir-se sortudo? Para dizer o mínimo, devido à intangibilidade, a tarefa de explicar os benefícios do seu produto aos consumidores é um desafio e tanto.

Os serviços são difíceis de precificar Em geral, o preço de um produto tangível é muitas vezes baseado em custo mais margem. Isto significa que a empresa que vende o produto calcula o custo de produção do produto e adiciona a este número uma margem predeterminada. O desafio envolvido na precificação de serviços é que, por causa da intangibilidade, é muito mais difícil calcular o custo dos produtos vendidos! Em última análise, o principal custo de produção de um serviço é a mão de obra.

Como exemplo, consideremos que você domina os princípios de marketing. Considerando o seu conhecimento na área, um estudante que está tendo dificuldades com os trabalhos de marketing quer contratá-lo para aulas particulares. Quanto você cobrará por hora? Quais serão os custos envolvidos?

Em cursos de marketing de serviços, nas quais foi apresentado este exemplo, em geral os alunos começaram a rir e disseram que iriam se aproveitar da situação e cobrar US$ 100 por hora de seus colegas. Quando a excitação diminuiu, os alunos rapidamente perceberam como é difícil colocar um valor no seu tempo. Em geral, surgem considerações específicas, como quanto dinheiro o aluno poderia ganhar se fizesse outra coisa nesse tempo e os custos de oportunidade de não poder fazer outra coisa enquanto dá a aula particular. Normalmente, o consenso é que o aluno deve cobrar algo comparável às taxas cobradas por outros alunos. O problema com esta resposta é que ela ainda não responde à pergunta original, que é: "Como o preço baseado na concorrência foi originalmente calculado?".

Possíveis soluções para os desafios causados pela intangibilidade

Ao longo dos anos, os profissionais de marketing têm implementado uma série de estratégias na tentativa de compensar ou minimizar os desafios de marketing provocados pela intangibilidade. Tais estratégias incluem o uso de elementos físicos para ajudar a "tangibilizar" o serviço, a utilização de fontes pessoais de informação para ajudar a espalhar comunicações boca a boca sobre alternativas de serviços, e a criação de imagens organizacionais fortes para reduzir o risco percebido associado a compras de serviços. Embora os profissionais de marketing possam não ser capazes de eliminar totalmente os desafios gerados pela intangibilidade, estratégias como estas têm fornecido soluções inovadoras para muitas indústrias de serviços

Organizações de serviços, como seguradoras ou empresas de investimentos, frequentemente, usam símbolos tangíveis, tais como mascotes da empresa para "tangibilizar" sua oferta de serviços.

Uso de elementos tangíveis Dada a ausência de propriedades tangíveis, os serviços são avaliados de forma diferente quando comparados com bens. Em muitos casos, na ausência de um produto físico, os consumidores procuram por **evidência física** ou elementos tangíveis que cercam o serviço para ajudá-los a fazer avaliações de serviços. **Elementos tangíveis** podem incluir aspectos como a qualidade dos móveis no escritório de um advogado, a aparência pessoal dos funcionários em um banco e a qualidade do papel usado para uma apólice de seguro. Tais elementos também são frequentemente utilizados na propaganda de serviços. Voltando ao exemplo do seguro, o grande desafio de uma seguradora é comunicar-se com os consumidores em um comercial de televisão de 30 segundos, no qual a empresa especifica o que tem para oferecer e como ela se difere das demais na perspectiva do cliente. Uma estratégia adotada por muitas empresas de serviços é usar elementos tangíveis na propaganda. A empresa de seguros Prudential utiliza "a rocha" e promete "proteção sólida". Por meio da imagem de "mãos", a seguradora Allstate promete que "você está em boas mãos". A lista continua: a Merrill Lynch tem o "touro"; a Nationwide promove "proteção como um cobertor"; a Kemper usa a "cavalaria"; a Travelers utiliza o "guarda-chuva"; a Geico é representada pela figura de uma "lagartixa"; a Aflac usa o "pato" como símbolo; e a Transamerica promove a forma de seu prédio de escritórios como "o poder da pirâmide". A lição que todas essas empresas aprenderam ao longo do tempo é que os serviços que vendem são abstratos e, portanto, difíceis de entender para o consumidor comum. A resposta a este desafio foi fornecer elementos tangíveis de fácil entendimento pelo público e diretamente relacionados com o pacote de benefícios dos serviços prestados. Por exemplo, com o *slogan* "Como um bom vizinho, você pode contar com a State Farm, a empresa reforça seu compromisso em cuidar dos clientes quando eles mais necessitam.

> **evidência física/elementos tangíveis**
> Referem-se às características físicas em torno de um serviço que ajudam os consumidores a avaliá-lo, como qualidade do mobiliário, apresentação do pessoal ou qualidade do papel usado para imprimir os panfletos da empresa.

Utilização de fontes pessoais de informação Como os consumidores de serviços carecem de qualquer meio objetivo para avaliar os serviços, muitas vezes contam com avaliações subjetivas transmitidas por amigos, familiares e uma variedade de outros formadores de opinião. Por exemplo, quando se mudam para uma nova cidade e procuram um médico de família, os consumidores muitas vezes conversam com colegas de trabalho e vizinhos para obter referências. Assim, na compra de serviços, as *fontes pessoais* de informação tornam-se mais importante para os consumidores do que as *não pessoais*, como os meios de comunicação (por exemplo, televisão, rádio, internet etc.).

Fontes pessoais de informação, como amigos, familiares e outros formadores de opinião, são fontes de comunicações boca a boca (ou seja, *buzzmarketing* ou *marketing viral*) que os consumidores usam para coletar informações sobre os serviços. Uma estratégia frequentemente usada para *estimular* a propaganda boca a boca é oferecer incentivos aos clientes existentes para que falem a seus amigos sobre as ofertas de uma empresa. Condomínios de apartamentos muitas vezes usam o incentivo

> **fontes pessoais de informação** Fontes como amigos, familiares e outros formadores de opinião que os consumidores usam para coletar informações sobre um serviço.

SERVIÇOS ELETRÔNICOS *EM AÇÃO*

Redes sociais: a nova face das fontes pessoais de informação

Talvez os serviços mais utilizados na internet sejam as redes sociais. Nos últimos anos, eles ganharam uma popularidade incrível entre os consumidores e as empresas, e tornaram-se um fórum para as empresas identificar seus mercados-alvo, realizar pesquisas de mercado e investigar o comportamento do consumidor. Alguns dos mais utilizados e que mais crescem são Facebook.com, Twitter.com e LinkedIn.com.

Facebook.com

O Facebook subiu para o topo da hierarquia de redes sociais e, de acordo com as estatísticas postadas pelo *site*, tem mais de um bilhão de usuários ativos. Estima-se que mais de oito bilhões de minutos sejam gastos no Facebook diariamente em todo o mundo. O *site* é traduzido em mais de 70 línguas, e aproximadamente 70% dos usuários vivem fora dos Estados Unidos. Mais de um milhão de empresas de 180 países criaram e hospedam aplicativos da plataforma, utilizados por mais de 70% dos usuários do Facebook. A plataforma Facebook é um serviço exclusivo que permite às empresas integrar-se por meio de anúncios e aplicações interativas, em um esforço para atingir o mercado-alvo.

Twitter.com

Consumidores e empresas também passaram a divulgar seus negócios por meio de curtas atualizações de *status* no Twitter.com, uma vez que todas as celebridades, estrelas de *reality show* e grandes marcas têm uma conta no Twitter. Algumas empresas até passaram a usá-lo como uma oportunidade para criar conexões com potenciais parceiros e concorrentes. O Twitter atribui o sucesso estrondoso à simplicidade do seu uso e construção. Os usuários respondem a uma simples pergunta: "O que está acontecendo?" e enviam atualizações por meio de uma variedade de meios, incluindo internet em celulares, mensagens instantâneas, terceiros ou via *on-line*. O Twitter tem milhões de usuários cotidianos e uma base de usuários que aumenta rapidamente.

LinkedIn.com

Para as empresas e futuros funcionários que procuram criar relações de rede entre si, não há melhor fórum do que o LinkedIn. Com mais de 350 milhões de usuários em mais de 200 países, as possibilidades da rede são quase ilimitadas. Os últimos dados publicados indicam que os executivos de todas as empresas da *Fortune 500* são membros do LinkedIn. A adesão permite que os indivíduos façam uma vasta gama de contatos, tanto do ponto de vista individual como da empresa. Funcionários iniciantes podem identificar e receber orientação de profissionais experientes, gerentes seniores podem se conectar com seus pares da indústria e as empresas podem recrutar novos talentos.

Fontes: 1. <www.facebook.com>; 2. <www.twitter.com>; 3. <www.linkedin.com>.

do aluguel com um mês gratuito para encorajar amigos dos inquilinos a alugar unidades vagas. As empresas de serviços, por vezes, estimulam a comunicação pessoal ao usar a mídia de massa. A propaganda em mídia de massa que apresenta depoimentos de clientes *simula* a propaganda boca a boca e pode ser muito eficaz, como os anúncios de hospitais que apresentam ex-pacientes que se recuperaram com sucesso depois de uma cirurgia e que agora estão vivendo uma vida normal e feliz. Outros exemplos incluem companhias de seguros que apresentam as vítimas de furacões, incêndios e terremotos que são felizes, pois usaram o seguro quando mais precisavam. Recentemente, as redes sociais surgiram como uma das principais fontes de informação, com os clientes compartilhando suas experiências pessoais com diversas empresas de serviços (ver "Serviços eletrônicos *em ação*").

Criação de uma forte imagem organizacional Outra estratégia utilizada para minimizar os efeitos da intangibilidade é criar uma forte imagem organizacional. Devido à intangibilidade e à falta de fontes objetivas de informação para avaliar os serviços, o risco associado às compras de serviços é geralmente maior do que de bens. Na tentativa de diminuir os níveis mais elevados de risco percebido, algumas empresas de serviços têm investido esforço, tempo e dinheiro no desenvolvimento de uma imagem organizacional reconhecida. A imagem corporativa bem conhecida e respeitada reduz o nível de risco percebido pelos clientes em potencial, e, em alguns casos, a dependência de fontes pessoais de informação ao fazer escolhas de prestadores de serviços. Por exemplo, o consumidor que está se mudando para uma nova cidade pode ignorar referências pessoais e automaticamente procurar a agência mais próxima da State Farm, com base na imagem organizacional da empresa, para obter seguros habitacional e de automóvel. Neste caso, a empresa nacional, por meio do desenvolvimento da imagem e subsequente notoriedade da marca, desenvolveu uma vantagem competitiva sobre as empresas pequenas e locais, as quais o consumidor pode não ter sequer conhecimento da sua existência.

A imagem organizacional é geralmente o resultado da própria estratégia de posicionamento da empresa no mercado. Estratégias de posicionamento típicas incluem liderança em áreas como preço, inovação, serviço, pessoal e conveniência. Nos últimos anos, sustentabilidade tornou-se o novo campo de batalha para as empresas que desejam se diferenciar da concorrência. Por exemplo, empresas aéreas, que muitas vezes encontram dificuldade em se diferenciar perante os clientes, passaram a adotar práticas de negócios sustentáveis por acreditar que isto pode ser visto como um diferencial que faça sejam escolhidas pelos clientes (ver "Sustentabilidade e serviços *em ação*).

Uso de custeio baseado em atividades Práticas de contabilidade de custos tradicionais, projetadas para monitorar o consumo de matéria-prima, depreciação e mão de obra, oferecem pouca ajuda aos gerentes de serviço para que possam compreender as próprias estruturas de custos. Uma abordagem mais útil, o **custeio baseado em atividades** (*activity-based costing* – **ABC**), concentra-se em recursos consumidos no desenvolvimento do produto final.[5] Tradicionalmente, na maioria das empresas de serviços, as despesas totais de mão de obra são atribuídas aos projetos com base na quantidade de mão de obra direta utilizada para fazer o que foi requisitado pelo cliente. No entanto, tal método de custeio vem frustrando os gestores de projetos específicos.

custeio baseado em atividades (*activity-based costing* **– ABC)** Método que divide a organização em um conjunto de atividades, e estas em tarefas, convertendo materiais, mão de obra e tecnologia em números.

O custeio baseado em atividades centra-se no custo das atividades realizadas ao dividir a organização em um conjunto de atividades, e estas em tarefas, que, em seguida, são convertidas em materiais, trabalho e tecnologia em números. Essas tarefas são consideradas como "usuários" de despesas totais e identificadas como *fatores de custo*. Os últimos registros contábeis da empresa são usados para se chegar a valores de custo por tarefa, que depois serão alocados a cada projeto

SUSTENTABILIDADE E SERVIÇOS *EM AÇÃO*

Práticas da indústria aérea

Incorporar práticas sustentáveis a serviços é uma tarefa desafiadora para qualquer prestador de serviços, mas talvez especialmente para a indústria aérea. Alguns consumidores optam por usar modos alternativos de transporte com o intuito de reduzir os níveis já elevados de uso de combustível na indústria. Contudo, para muitos consumidores, evitar o transporte aéreo está simplesmente fora de questão. Assim, várias operadoras fizeram tentativas para reduzir as taxas de emissão de gases de efeito estufa e aumentar o apelo da marca. A seguir, listam-se alguns dos esforços das companhias aéreas em relação à sustentabilidade.

Virgin America

1. Instalou *winglets* (aerofólios nas pontas das asas) em todos os aviões para aumentar a eficiência de combustível.
2. Realiza testes com biocombustíveis a fim de aumentar o número de voos exclusivamente com este combustível.
3. Promove programas de reciclagem para eliminar resíduos da empresa.
4. A bordo é servido somente café originado do comércio justo.
5. Oferece aos consumidores opções para compensarem as próprias emissões de gases de efeito estufa.

Continental

1. Na última década, investiu US$ 16 bilhões para substituir a frota por aviões mais eficientes.
2. Instalou *winglets* para reduzir as emissões em até 5%.
3. Utiliza apenas um motor durante o deslocamento em solo, lavagem do motor, e veículos terrestres elétricos (em oposição aos motores de combustão).
4. Tem 13 funcionários ambientalistas em tempo integral na equipe para "trabalhar com fabricantes de motores, fazer projetos de terminais ecológicos e controlar as emissões de gases de efeito estufa e a reciclagem química diária".

JetBlue

1. Na compra de bilhetes, disponibiliza opções de alimentos orgânicos e compensações de gases de efeito estufa.
2. Utiliza processos de recaptura de metano.
3. Adota recursos sustentáveis, como iluminação supereficiente e técnicas de construção ecológica na sede, óleo de cozinha reciclado, emissão de bilhetes sem papel e filtros de óleo reciclados.

Fonte: Tevault, Ashley. Serving it up Green: Examination of Sustainability in the Service Sector. Tese Honors Program Senior na Colorado State University. 12 nov. 2009.

com base nas atividades necessárias para concluir o projeto. Além disso, ao dividir o valor total das despesas de mão de obra por um conjunto de atividades orientadas por fatores de custo, a empresa pode concentrar seus esforços na redução de custos e no aumento da rentabilidade.

Inseparabilidade: a interligação dos participantes do serviço

Uma das características mais intrigantes da experiência em serviços envolve o conceito de **inseparabilidade**, que reflete a interligação entre o prestador de serviços, o cliente que recebe o serviço e outros clientes que partilham a mesma experiência de serviço. Ao contrário do fabricante de bens, que raramente verá um cliente ao produzir o bem em uma fábrica isolada, os prestadores de serviços muitas

inseparabilidade Característica que reflete as interligações entre o prestador de serviços, o cliente que recebe o serviço e outros clientes que partilham a experiência de serviço.

incidente crítico Interação específica entre um cliente e um prestador de serviços.

vezes estão em contato constante com os clientes e devem realizar as operações de serviços com a presença física do cliente. Esta interação entre cliente e prestador de serviços define um **incidente crítico** e representa a maior oportunidade tanto para ganhos como para perdas em relação à satisfação e retenção de clientes.

Desafios de marketing criados pela inseparabilidade

A natureza inseparável de serviços traz uma série de desafios únicos para os profissionais de marketing. Em primeiro lugar, em muitos casos, a execução do serviço requer a presença física do prestador de serviços. Como resultado, os prestadores de serviços devem ter certas habilidades interpessoais, enquanto um trabalhador de manufatura pode nunca interagir com um cliente. Em segundo lugar, o envolvimento do cliente no processo de prestação de serviços apresenta uma série de outros desafios. Os clientes, com frequência, determinam o tipo de serviço a ser entregue, a duração do processo de prestação do serviço e o ciclo de demanda de serviço. Como resultado, o envolvimento do cliente muitas vezes põe em risco a eficiência global da operação de serviços. Em terceiro lugar, os serviços são, frequentemente, uma experiência compartilhada por vários clientes. Como consequência, surgem problemas com clientes que influenciam negativamente a experiência de serviço de outro. Por fim, a inseparabilidade apresenta outros desafios relativos à produção em massa de serviços. Um prestador de serviços só consegue produzir uma quantidade finita de serviços. Além disso, apenas um número determinado de clientes pode se deslocar para um local físico a fim de consumir um serviço específico fornecido por um prestador. Um resumo dos desafios e das potenciais soluções referentes à inseparabilidade é fornecido na Figura 3.2.

O prestador de serviços está fisicamente conectado ao serviço Para a produção de muitos serviços ocorrer, o prestador deve estar fisicamente presente para produzi-los e entregá-los. Por exemplo, serviços odontológicos exigem a presença física de um dentista, cirurgia médica requer um cirurgião, e serviços realizados no domicílio, como limpeza de tapete, exigem um prestador para realizar o trabalho.

Devido à intangibilidade dos serviços, o prestador se torna um elemento tangível no qual o cliente baseará parte da avaliação da experiência do serviço. Como elementos tangíveis, prestadores de serviços são particularmente avaliados com base na linguagem, vestuário, higiene pessoal e habilidades de comunicação interpessoal. Muitas empresas de serviços já reconheceram o impacto que o pessoal de contato com o público tem sobre sua avaliação global. Por exemplo, o uso de uniformes ou de códigos de vestimenta é necessário para os funcionários de serviços refletirem profissionalismo. Outras empresas de serviços, como restaurantes, com frequência colocam os profissionais mais articulados e atraentes em posições de contato com o público, como recepcionistas e *barmen*. O pessoal sem essas habilidades e traços em geral fica em espaços invisíveis para o consumidor, como as áreas de cozinha e lavagem dos pratos.

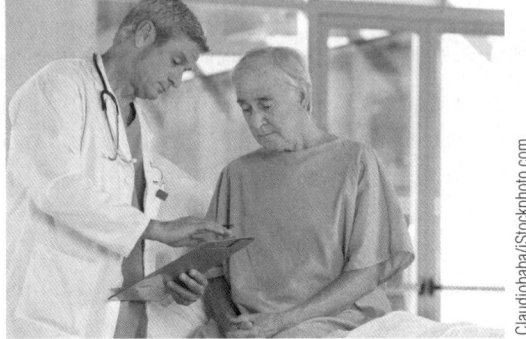

Ao contrário do fabricante de bens, que raramente vê um cliente, prestadores de serviços produzem seus serviços muito próximos fisicamente de seus clientes. Como resultado, os serviços são caracterizados pela inseparabilidade.

CARACTERÍSTICA	DESAFIOS DE MARKETING	POSSÍVEIS SOLUÇÕES
Inseparabilidade	O prestador de serviços está fisicamente conectado ao serviço.	Seleção e treinamento de pessoal de contato com o público
	O cliente está envolvido no processo de produção.	Gestão eficaz dos consumidores
	"Outros clientes" estão envolvidos no processo de produção.	Uso de diversas localizações
	A produção em massa de serviços é desafiadora.	

FIGURA 3.2 Desafios e soluções de marketing relativos à inseparabilidade

Para complicar ainda mais o encontro de serviço, as interações presenciais com os clientes tornam a satisfação do funcionário crucial. Sem dúvida, a satisfação do funcionário e a do cliente estão diretamente relacionadas. Funcionários insatisfeitos vão se traduzir em percepções de pior desempenho da empresa por parte dos clientes. A importância da satisfação do funcionário nas empresas de serviços não pode ser subestimada. Os clientes nunca serão a prioridade em uma empresa onde os funcionários estão sendo mal tratados. Os funcionários devem ser considerados e tratados como clientes internos da empresa. Essa questão é abordada com mais detalhes no Capítulo 9.

Os clientes estão envolvidos no processo de produção A segunda característica da definição de inseparabilidade refere-se ao envolvimento do cliente no processo de produção. Nesse caso, o processo de prestação do serviço pode variar se o cliente tiver que estar presente: (1) fisicamente para receber o serviço, como consultórios odontológicos, corte de cabelo ou cirurgia; (2) apenas para iniciar e parar o serviço, como limpeza a seco e conserto de automóveis; e (3) apenas virtualmente, como é o caso da participação em cursos universitários transmitidos pela internet. Cada cenário reflete um nível diferente de contato com o cliente, e, como resultado, cada prestação de serviço deve ser concebida de forma diferente.

Em geral, à medida que o contato com o cliente aumenta, a eficiência da operação diminui. Mais especificamente, o cliente tem um impacto direto sobre o tipo de serviço desejado, a duração do processo de prestação do serviço e o ciclo de demanda do serviço. A tentativa de equilibrar as necessidades dos clientes com procedimentos operacionais eficientes é uma tarefa delicada.

Com relação ao ciclo de demanda, os restaurantes seriam mais eficientes se os clientes distribuíssem suas demandas por alimentação ao longo de todo o dia, em vez de comerem durante períodos de tempo específicos correspondentes às horas do café da manhã, almoço e jantar. Um frustrado e experiente funcionário do McDonald's disse o seguinte a um dos autores deste livro: "Essas pessoas [os clientes] teriam um serviço melhor se não aparecessem todas ao mesmo tempo!". Outras complicações surgem à medida que os clientes também determinam a natureza ou o tipo de serviço necessário. Isto é particularmente frustrante para os trabalhadores da área de saúde que prestam serviços a pacientes em espera nos prontos-socorros. Cada paciente tem uma necessidade diferente, algumas mais imediatas do que outras, e é impossível prever do que precisará o próximo paciente que entrar pela porta da emergência caminhando ou sobre uma cadeira de rodas ou maca. Obviamente, esse cenário é frustrante para os pacientes em espera, e a atenção para aqueles "menos urgentes" é novamente adiada. Por fim, mesmo quando as necessidades dos clientes são as mesmas, alguns fazem mais perguntas e/ou precisam de mais atenção do que outros, o que afeta a duração da demanda. Como resultado, é difícil respeitar rigorosamente os horários prefixados. Esse cenário explica por que as consultas médicas raramente começam no horário.

Por meio da interação na prestação de serviços, o cliente muitas vezes contribui no processo de produção de serviços. Como tal, o cliente frequentemente desempenha um papel-chave no resultado do encontro de serviço. Por exemplo, um paciente que se sente doente deve ser capaz de descrever seus sintomas com precisão a um médico a fim de receber o tratamento adequado. Não só os sintomas devem ser descritos com precisão, mas o paciente também deve tomar a dose recomendada de medicamentos prescritos. Neste caso, o cliente (o doente) assume papel principal no processo de produção de serviço e pode influenciar diretamente o resultado do próprio processo. Se o paciente não seguir as instruções recomendadas, provavelmente terá uma experiência de serviço insatisfatória.

Uma última questão diretamente relacionada à presença do consumidor na produção do serviço diz respeito à aparência da própria instalação de serviços, seja de restaurantes, hospitais, museus ou universidades, que deve ser construída tendo como base a perspectiva dos consumidores. Consequentemente, as instalações não apenas fornecem o serviço, mas também se tornam um elemento tangível importante na formação da percepção dos consumidores em relação à qualidade do serviço. A concepção e a gestão das instalações são abordadas com mais detalhes no Capítulo 8.

"Outros clientes" estão envolvidos no processo de produção A presença de **"outros clientes"** durante o encontro de serviço é a terceira característica que define a inseparabilidade. Como produção e consumo ocorrem simultaneamente, vários clientes têm uma experiência de serviço em comum. Essa "experiência compartilhada" pode ser negativa ou positiva. Os desafios de marketing decorrentes da participação de outros clientes envolvidos no processo de produção geralmente refletem os aspectos negativos deste envolvimento. Os restaurantes, mais uma vez, proporcionam um ambiente ideal para exemplos de experiências negativas, como fumantes que violam o espaço dos não fumantes, e vice-versa, famílias com crianças pequenas que compartilham o mesmo espaço com casais adultos que buscam um jantar tranquilo, clientes bêbados que interagem com as pessoas que estão sóbrias, e ocasionais discussões de casais que se tornam públicas. Em geral, o principal desafio refere-se à gestão eficaz de diferentes segmentos de mercado com necessidades diferentes dentro de um ambiente único de serviço. Por exemplo, quando o uso do telefone celular é aprovado em companhias aéreas. Alguns passageiros verão a adição deste serviço como extremamente positiva, enquanto outros podem considerar como extremamente irritante em função da poluição sonora.

> **"outros clientes"** Expressão usada para descrever os clientes que compartilham uma experiência de serviço.

O impacto de "outros clientes" nem sempre é negativo. Do lado positivo, a reação do público, na forma de riso ou gritos de terror, muitas vezes aumenta o nível de emoção em um cinema. Da mesma forma, um bar lotado pode facilitar a oportunidade para a interação social, e uma multidão feliz torna um concerto ainda mais agradável. Como criaturas sociais, os seres humanos tendem a frequentar lugares de negócios e se sentir mais confortáveis em locais com outros clientes. De fato, a falta de outros clientes pode atuar como um elemento tangível de que a experiência iminente poderá não ser tão boa. Por exemplo, se lhe fosse dada a opção de jantar em um de dois novos restaurantes, qual você selecionaria: aquele com o estacionamento vazio ou o que está com o estacionamento cheio?

A produção em massa de serviços apresenta desafios especiais Um obstáculo final apresentado pela inseparabilidade é como produzir serviços em massa. Há dois problemas relacionados à produção em massa. Primeiro, como o prestador de serviços está diretamente vinculado ao serviço que está sendo produzido, se ele for individual pode produzir apenas uma oferta limitada. Consequentemente, surge a pergunta: "Como um prestador de serviços produz uma quantidade de produto suficiente para atender à demanda do mercado de massa?". O segundo problema relaciona-se diretamente com o envolvimento do consumidor no processo de produção. Os consumidores interessados em serviços de um fornecedor em particular teriam que ir até sua localização específica. Por exemplo, se um entusiasta dos esportes quiser experimentar esqui na neve em pleno deserto, terá que ir pessoalmente ao Oriente Médio para experimentar as maravilhas do Ski Dubai (ver "Serviços globais *em ação*").

Possíveis soluções para os desafios criados pela inseparabilidade

Semelhante às soluções propostas para a intangibilidade, os profissionais de marketing desenvolveram uma série de estratégias na tentativa de compensar ou minimizar os desafios de marketing decorrentes da inseparabilidade: (1) maior ênfase na seleção e no treinamento de pessoal de contato com o público, para assegurar que os funcionários refletem a imagem da empresa adequadamente; (2) implementação de estratégias de gestão de consumidores para promover um encontro de serviço que seja positivo para todos os consumidores que partilham a mesma experiência; e (3) localização múltipla, para compensar os desafios de produção em massa acarretados pela inseparabilidade.

SERVIÇOS GLOBAIS *EM AÇÃO*

Ski Dubai

Imagine as atividades de que você desfrutaria se estivesse de férias em Dubai. Talvez tomar sol em uma das praias mais conhecidas no mundo, fazer um safári ou visitar as impressionantes dunas da região. Das coisas que você poderia fazer, esquiar na neve seria provavelmente a última em que pensaria. Mas a Ski Dubai fornece este serviço no país em pleno deserto: um *resort* de esqui *indoor*.

No Ski Dubai, os visitantes podem, durante todo o ano, esquiar, fazer *snowboard* e até mesmo deslizar em um tobogã nas pistas internas decoradas com neve real. O *resort* dispõe de 22.500 m^2 de terreno coberto de neve, incluindo cinco pistas de diferentes graus de dificuldade e uma "Zona Livre", criada exclusivamente para os praticantes de *snowboard* fazer suas acrobacias. O *resort* também dispõe de vários restaurantes temáticos, uma loja, instrutores da Escola de Neve e um teleférico.

Visitantes compram *Slope Passes* na chegada, que incluem uma jaqueta, calças, esquis com as botas ou uma prancha de *snowboard* com as botas, bastões de esqui, meias descartáveis e capacetes para crianças. A entrada para o parque custa o equivalente a US$ 28, embora o tempo nas pistas deva ser pago à parte. Os preços para o tempo de esqui variam de US$ 50 a US$ 82, com descontos para crianças, grupos ou eventos corporativos. Aulas em grupo ou particulares, consulta com especialistas de esqui, refeições em restaurantes temáticos ou os itens da loja são vendidos à parte.

Como único *resort* na região com tais atrações, o Ski Dubai oferece uma experiência exclusiva aos visitantes. Ele é o principal exemplo de um serviço único com a entrega de uma experiência intangível e inesquecível. Em nenhum outro lugar no Oriente Médio os consumidores podem esquiar por uma encosta de alta dificuldade (*black level slope*), fazer bonecos de neve ou aprender *snowboard*. O Ski Dubai foi o primeiro *resort* a oferecer esses serviços, e continua a ser o único local onde os consumidores podem participar dessas atividades de inverno no Oriente Médio.

Fonte: Ski Dubai, http://www.skidxb.com/English/Default.aspx.

Seleção e formação de pessoal de contato com o público As pessoas que trabalham com o público não são objetos inanimados, mas seres humanos que apresentam variações de comportamento que não podem ser controladas pelo processo de serviço. Além disso, as atitudes e as emoções do pessoal de contato são visíveis para o cliente, e podem afetar a experiência de serviço de forma positiva ou negativa. Funcionários grosseiros ou infelizes podem afetar tanto os clientes como outros funcionários. Entretanto, um funcionário contente e altamente motivado é capaz de criar uma experiência de serviço mais agradável para todos que entram em contato com ele.[6]

Como resultado da quantidade e da importância das interações entre prestadores de serviços e consumidores, a *seleção* do pessoal de contato com o público com melhor capacidade de comunicação e habilidades interpessoais é fundamental. Além disso, o treinamento desse pessoal também é muito importante. Por exemplo, considere as necessidades da UPS (United Parcel Service), que lida anualmente com mais de três bilhões de pacotes/encomendas e 5,5% do Produto Interno Bruto (PIB) dos Estados Unidos. As atividades de contratação, treinamento e recompensa de funcionários estão diretamente relacionadas à forma como os clientes são atendidos. A UPS acredita na construção de confiança e no trabalho em equipe, e em tornar os funcionários engajados com missão da empresa. A empresa gasta mais de US$ 300 milhões por ano em treinamento, paga aos motoristas (em média) mais de US$ 50 mil por ano e realiza levantamentos junto a seus funcionários para obter sugestões de melhorias no serviço.[7]

No entanto, com frequência, funcionários recém-contratados são deixados à própria sorte e colocados perante os clientes com pouco ou nenhum treinamento. Consequentemente, não deve ser nenhuma surpresa saber que uma grande porcentagem das queixas dos consumidores sobre o serviço concentra-se na ação ou omissão de funcionários mal preparados. Mesmo quando o treinamento foi dado, seu conteúdo frequentemente não é adequado. Críticos de qualidade de serviço têm focado nas respostas "robotizadas" e no pessoal que foi treinado apenas no uso da tecnologia associada com o negócio, mas não em lidar com diferentes tipos de cliente. Especialistas em qualidade de serviço acreditam que os funcionários também devam ser treinados em habilidades de gestão, como confiabilidade, capacidade de resposta, empatia, assertividade e gestão dos elementos tangíveis que cercam o serviço.

Segundo a pesquisa, a retenção é ajudada por treinamento e dinheiro... não há nenhuma menção a acorrentar o pessoal em suas mesas.

A retenção de funcionários está diretamente relacionada à satisfação do cliente. No entanto, existem maneiras corretas e incorretas de reter bons funcionários.

Gerenciar os consumidores com eficácia Os problemas criados pela inseparabilidade também podem ser minimizados por meio de uma eficaz **gestão do consumidor**. O objetivo de gerir de modo eficaz os consumidores que compartilham uma experiência de serviço é minimizar os aspectos negativos e maximizar os aspectos positivos da presença de "outros clientes". Separar fumantes de não fumantes é um exemplo de uma forma de minimizar o impacto de outros clientes. Enviar formulários de seguro-saúde e informações sobre procedimentos administrativos antes da chegada dos pacientes pode ajudar a controlar a duração do encontro de ser-

> **gestão do consumidor** Refere-se a uma estratégia que o pessoal de serviço pode implementar para minimizar o impacto de "outros clientes" em experiências de serviço de cada cliente individual (por exemplo, separar fumantes de não fumantes em um restaurante).

viço. Sistemas de reservas de restaurante podem ajudar a suavizar a demanda criada pelo excesso de clientes em determinado momento. Finalmente, a prestação de serviços de entrega pode eliminar a necessidade de que muitos consumidores estejam fisicamente presentes em uma instalação de serviço, aumentando assim a eficiência operacional da empresa e melhorando a velocidade de entrega. Também é possível incentivar os aspectos positivos da presença de "outros clientes". Encorajar a participação em sala de aula torna as aulas mais agradáveis para todos. Além disso, incentivar esperas em grupos em que os clientes conversam e ocupam o tempo entre si pode tornar esse tempo de espera muito mais agradável do que ficar esperando sozinho. A gestão dos consumidores de serviços é abordada com mais detalhes no Capítulo 10.

Desenvolver localizações múltiplas A fim de compensar os efeitos da inseparabilidade, as empresas de serviços que produzem em massa podem criar várias localizações. Exemplos típicos incluem serviços contábeis da H&R Block, serviços legais da Hyatt Legal Services, hotéis Marriott e uma grande quantidade de instituições bancárias e de seguros. **Localizações múltiplas** têm, pelo menos, duas finalidades. Em primeiro lugar, como o consumidor está envolvido no processo de produção, elas limitam a distância que o consumidor tem de percorrer para comprar o serviço. Em segundo lugar, cada localização é composta por diferentes prestadores de serviços e pode produzir a própria oferta de serviços para atender ao mercado local. Em última análise, localizações múltiplas atuam como **instalações no campo**. Sem elas, o consumidor que desejar serviços jurídicos terá que se deslocar até um único local que abriga todos os advogados do país, além de todos os clientes do dia. Obviamente, isto não é prático nem realista.

localizações múltiplas Trata-se de uma forma para combater a inseparabilidade por parte de empresas que produzem em massa. Esse processo envolve a existência de várias localizações cujos propósitos são limitar a distância de deslocamento dos consumidores e disponibilizar pessoal em cada localização diferente para atender ao mercado local.

instalações no campo Outra designação para localizações múltiplas.

O uso de localizações múltiplas não deixa de ter seus próprios desafios. Cada localização é composta por diferentes prestadores de serviços que têm suas próprias personalidades e seus próprios conjuntos de habilidades. Por exemplo, cada representante fiscal da H&R Block não tem a mesma personalidade nem o mesmo conjunto de habilidades do fundador, Henry Block. As diferenças em termos de pessoal são particularmente problemáticas para as empresas de serviços que tentam estabelecer uma imagem consistente e fornecer um produto padronizado. A variabilidade no desempenho de uma localização para outra e até mesmo de um prestador para outro dentro de uma única localização nos leva à próxima característica diferenciadora de serviços: heterogeneidade.

Heterogeneidade: a variabilidade da prestação de serviços

Uma das diferenças mais enfatizadas entre bens e serviços é a **heterogeneidade**, ou seja, a variação na consistência de transações de serviços entre si. Os encontros de serviço ocorrem em tempo real, e, muitas vezes, os consumidores estão fisicamente presentes no local de prestação de serviços. Por isso, se algo der errado durante o processo de serviço, será tarde demais para instituir medidas de controle de qualidade antes que o serviço seja prestado ao cliente. Assim, o cliente (ou outros clientes que compartilham a experiência

heterogeneidade Característica que reflete a variação na consistência de transações de serviços entre si.

do serviço com o cliente principal) pode ser parte do problema da qualidade. Se, em um hotel, algo der errado durante uma estadia, essa experiência de hospedagem será afetada, pois, logicamente, o gerente não pode pedir ao cliente para sair do hotel, voltar a entrar e começar a experiência desde o início.

A heterogeneidade, quase por definição, impossibilita que uma operação de serviço atinja continuamente 100% de qualidade perfeita. As operações de fabricação também podem ter problemas para conseguir este objetivo, mas podem isolar erros e corrigi-los ao longo do tempo, já que os erros tendem a reaparecer nos mesmos pontos do processo. Em contrapartida, muitos erros em operações de serviço são eventos únicos; o garçom que deixa cair um prato de comida no colo de um cliente cria uma falha de serviço que não pode ser nem prevista nem corrigida antes do ocorrido.[8]

Outro desafio que a heterogeneidade apresenta é que não só a consistência de serviço varia de empresa para empresa e entre o pessoal dentro de uma única empresa, mas também a interação cotidiana com o mesmo prestador de serviços. Por exemplo, algumas franquias do McDonald's têm empregados prestativos e sorridentes, enquanto outras empregam indivíduos menos prestativos. Isto pode ocorrer não apenas em franquias diferentes, mas também em uma única franquia por causa das mudanças de humor dos indivíduos.

Desafios de marketing criados pela heterogeneidade

Os principais desafios apresentados pela heterogeneidade se traduzem no fato de que a padronização de serviços e o controle de qualidade são difíceis de alcançar. Por que isto acontece? Com base nas características da inseparabilidade já apresentadas, em muitos casos, o prestador de serviços deve estar presente para realizar o serviço. As instituições financeiras, por exemplo, empregam um grande número de prestadores de serviços que atendem clientes. Cada funcionário tem uma personalidade diferente e interage com os clientes de forma diferente. Além disso, cada um pode atuar de forma diferente de um dia para o outro, como resultado de alterações de humor e de outros fatores. Por exemplo, muitos estudantes que trabalham como garçons em restaurantes frequentemente reconhecem que a qualidade da interação entre eles e os clientes variará até mesmo de uma mesa para outra. Funcionários de recepção de hotel, de reservas de passagens aéreas e pessoal de serviços corporativos apresentarão o mesmo problema.

Os problemas de marketing criados pela heterogeneidade são particularmente frustrantes. A empresa pode produzir o melhor produto do mundo, mas, se um funcionário está num "dia ruim", as percepções de um cliente podem ser afetadas de forma adversa. A empresa pode nunca ter outra oportunidade de atender esse cliente. Voltando ao nosso exemplo do McDonald's, o franqueado pode pagar um milhão de dólares pela franquia e pelo direito de vender um "produto de qualidade comprovada". No entanto, o verdadeiro segredo para o sucesso de cada franquia é o atendente de 16 anos que está do outro lado do balcão interagindo com os clientes e operando a caixa registradora. Você pode imaginar o franqueado que acabou de gastar um milhão de dólares pela franquia tentando dormir à noite enquanto pensa que seu sucesso depende do "garoto" que trabalha atrás do balcão? É isto!

Possíveis soluções para os desafios causados pela heterogeneidade

As soluções propostas para compensar os desafios decorrentes da heterogeneidade podem ser consideradas como completamente opostas entre si. Uma delas está relacionada ao fato de algumas empresas de serviços utilizarem a própria heterogeneidade dos serviços para a prestação de serviços personalizados. Neste caso, a oferta de serviço é adaptada às necessidades individuais do consumidor. Outra solução possível é desenvolver um sistema de entrega de serviço que padroniza a oferta de todos os serviços: o consumidor recebe, essencialmente, o mesmo tipo e nível de serviço. Cada uma dessas estratégias opostas engloba um conjunto diferente de vantagens e desvantagens. Um resumo das questões relativas à heterogeneidade é apresentado na Figura 3.3.

Buscar uma estratégia de personalização Uma possível solução para os problemas criados pela heterogeneidade é tirar proveito da variação inerente a cada encontro de serviço e personalizar o serviço. Por meio da **personalização**, é possível desenvolver serviços que atendam às necessidades específicas de cada cliente. Os produtores de bens tipicamente fabricam o bem em um ambiente separado do cliente. Desta forma, os bens produzidos em massa não atendem às necessidades individuais do cliente.

> **personalização** Tirar proveito da variação inerente a cada encontro de serviço por meio do desenvolvimento de serviços que atendam às necessidades específicas de cada cliente.

No entanto, como o cliente e o prestador estão envolvidos no processo de prestação de serviços, é mais fácil personalizar o serviço com base nas instruções específicas do cliente no momento da prestação do serviço.

CARACTERÍSTICA	DESAFIOS DE MARKETING	POSSÍVEIS SOLUÇÕES
Heterogeneidade	A padronização do serviço e o controle de qualidade são difíceis de alcançar.	Buscar uma estratégia de personalização.
		Buscar uma estratégia de padronização.

FIGURA 3.3 Heterogeneidade: desafios de marketing e possíveis soluções

Observe que há vantagens e desvantagens associadas a um serviço personalizado. Se tudo é fornecido exatamente conforme as especificações do cliente, ele tem um serviço que atende às suas necessidades específicas. No entanto, o serviço demorará mais tempo para ser produzido e será mais caro. Assim, adotar uma estratégia de personalização permite que o prestador cobre preços mais elevados no varejo, o que pode potencialmente elevar as margens de lucro. Os fornecedores que adotam uma estratégia de personalização geralmente se concentram em margens de lucro por transação, em vez de procurar obter lucros com base no volume de negócios.

A desvantagem de fornecer serviços personalizados apresenta três aspectos principais. Em primeiro lugar, os clientes podem não estar dispostos a pagar preços mais altos em função de os serviços serem personalizados. Em segundo lugar, a velocidade de entrega dos serviços pode ser um problema. Serviços personalizados exigem mais tempo, e o cliente pode não querer esperar. Finalmente, os clientes podem não estar dispostos a enfrentar a incerteza associada a serviços personalizados. Cada serviço personalizado é diferente, de modo que o cliente nunca tem certeza de qual será o produto final até que seja entregue. Afinal, os clientes preferem serviços personalizados ou padronizados? Intuitivamente, a maioria pensa que os clientes preferem produtos personalizados. Contudo, a resposta é: "Depende". Se preço, velocidade de entrega e consistência de desempenho forem aspectos importantes, o cliente provavelmente ficará mais contente com um serviço padronizado.

Buscar uma estratégia de padronização Padronização do serviço é uma segunda solução possível para os desafios de marketing criados pela heterogeneidade. O objetivo da **padronização** é produzir um serviço consistente de uma transação para outra. As empresas de serviços podem tentar padronizar o serviço por meio de treinamento intensivo dos funcionários. A capacitação certamente ajuda a reduzir variações extremas no desempenho.

> **padronização** seu objetivo é produzir um produto consistente entre diferentes transações de serviço.

No entanto, mesmo com todo treinamento do mundo, os funcionários, em última instância, continuarão a apresentar variações a cada operação. Uma forma de eliminar essa variação é substituir o trabalho humano por máquinas.

A máquina de autoatendimento bancário, lavagem de carro automática e serviços prestados na internet, como compra de bilhetes aéreos, reservas de hotéis ou venda de arquivos de música digital são exemplos de serviços padronizados que apelam à necessidade de conveniência dos consumidores. Ao usar um caixa eletrônico para serviços bancários, os consumidores digitam sua solicitação de serviço respondendo a uma série de mensagens automáticas predeterminadas, e, em seguida, o serviço é fornecido. Este tipo de sistema minimiza a quantidade de contatos com o cliente e as variações na qualidade durante os processos de prestação de serviço.

A padronização resulta em menores preços para o consumidor, consistência de desempenho e agilidade na prestação de serviços. No entanto, alguns grupos de consumidores acreditam que a padronização passa a mensagem de que a empresa não se preocupa com as suas reais necessidades e está tentando distanciar-se deles. A percepção de distanciamento é particularmente problemática quando se constata que as organizações estão cada vez mais substituindo o trabalho humano por máquinas, como é o caso dos serviços telefônicos automatizados programados para responder: "Sua chamada é muito importante para nós". Alguém realmente ainda acredita nisso? Em muitos casos, os clientes se frustram cada vez mais quando são forçados a escolher as opções em um menu por telefone e interagir com o *software* de reconhecimento de voz, que está longe de ser perfeito. Obviamente, padronização e personalização não têm que ser apresentadas como mutuamente excludentes ou proposições do tipo "ou tudo ou nada". Inúmeras empresas, particularmente de turismo e viagens, fornecem um produto padronizado e permitem que os consumidores selecionem opções para personalizar seu resultado final. Por exemplo, os clientes que reservam um voo de uma companhia aérea no Travelocity selecionam o destino, dia da viagem, tempo de viagem e localização do assento, e podem providenciar um hotel e aluguel de carro que atendam às suas necessidades individuais.

Perecibilidade: equilíbrio entre oferta e demanda

A quarta e última característica que distingue bens de serviços é a **perecibilidade**, que reflete o desafio de que os serviços não podem ser guardados, armazenados e estocados. Ao contrário de produtos, que podem ser armazenados e vendidos em uma data posterior, os serviços que não são vendidos quando estão disponíveis deixam de existir. Por exemplo, os quartos de hotel que ficaram desocupados por uma noite não podem ser armazenados e utilizados em uma data posterior; os assentos de avião que não foram vendidos não podem ser estocados e adicionados à aeronave durante o período de férias, quando lugares no avião são escassos; e prestadores de serviços, como dentistas, advogados e cabeleireiros, não podem recuperar o tempo que for perdido no momento em que a agenda estava vazia.

perecibilidade Característica distintiva que determina que serviços não podem ser guardados, armazenados nem estocados.

A incapacidade de constituir um estoque implica dificuldades profundas para o marketing de serviços. Quando se trata de bens tangíveis, a capacidade de ter um estoque significa que a produção e o consumo dos bens podem ser separados no tempo e no espaço. Em outras palavras, um bem pode ser produzido em uma localidade da Ásia e transportado para ser vendido em outro país do mundo. Do mesmo modo, um bem pode ser produzido em janeiro e não ser liberado para os canais de distribuição até junho. Em contrapartida, a maioria dos serviços é consumida no mesmo momento da produção. A educação é consumida no momento em que é produzida, o que é também verdadeiro para serviços psiquiátricos, religiosos etc.

A existência de estoques também facilita muito o controle de qualidade nas organizações que produzem bens. Técnicas de amostragem estatística podem ser usadas nos estoques do depósito para selecionar itens individuais para testes (por exemplo, testes de colisão de automóvel). O processo de amostragem pode ser configurado para assegurar a variabilidade mínima na qualidade do produto antes da sua liberação para distribuição. Mais uma vez, isto não vale para serviços, já que a amostragem estatística para fins de controle de qualidade antes de o serviço atingir o cliente não é possível. Os sistemas de controle de qualidade também fornecem metas numéricas que os gestores podem usar. Assim, é possível para a Procter & Gamble produzir dezenas de milhões de embalagens idênticas de detergente Tide. Em contraste, ao comprar um quarto em um hotel, você talvez experimente uma grande variedade de fatores que podem influenciar sua noite. Questões como ar-condicionado, encanamento e vizinhos barulhentos contribuem para a experiência do hóspede no hotel.

Finalmente, em empresas que produzem bens, o estoque serve para separar os departamentos de marketing e de produção. Em muitas organizações, os produtos tangíveis são vendidos a um preço de transferência de um departamento para outro, dentro da mesma empresa. As duas partes da empresa têm o que equivale a um contrato para qualidade e volumes. Uma vez que este contrato tenha sido negociado, cada departamento é capaz de trabalhar de forma relativamente independente. Em empresas de serviços, no entanto, marketing e operações devem interagir constantemente entre si por causa da impossibilidade de estocagem do serviço.[9]

Desafios de marketing causados pela perecibilidade

Sem a possibilidade de estocar, a correspondência entre oferta e demanda é um grande desafio na maioria das empresas de serviço. Na verdade, por causa da natureza imprevisível da demanda dos consumidores por serviços, a única maneira provável de equilibrar perfeitamente o fornecimento com a demanda é o acaso! Por exemplo, como um gerente, tente imaginar caixas em um supermercado com hora marcada. Embora possamos estimar os momentos do dia em que a loja terá aumento da demanda, esta poderá flutuar amplamente em um intervalo de 15 minutos. Agora, tente imaginar a previsão de demanda de uma ala de emergência em um hospital, um parque temático de entretenimento ou uma estação de esqui. A demanda pode ser um "palpite", mas raramente será exata. Em determinado momento, a demanda do consumidor por muitos serviços é imprevisível. A impossibilidade de se constituir estoques e a obrigatoriedade da presença de um funcionário para a prestação de serviço acarretam vários cenários de demanda e oferta possíveis. Em contrapartida, os fabricantes de bens podem se adaptar mais facilmente a esses cenários por meio da venda ou criação de estoques. Um resumo das questões relativas à perecibilidade é fornecido na Figura 3.4.

A demanda excede a oferta de serviço disponível Neste cenário, a demanda do consumidor supera o que a empresa pode fornecer, o que resultará em longos períodos de espera e, em muitos casos, clientes insatisfeitos. Negócios podem ser perdidos para os concorrentes quando o tempo de espera se tornar excessivo para os consumidores. Ironicamente, em caso de contínuo excesso de demanda, os consumidores podem continuar tentando comprar da empresa por curiosidade e/ou *status* social, apenas para dizer aos outros: "Finalmente conseguimos ver o show".

A demanda excede a otimização de oferta de serviço disponível Em muitos casos, as consequências quando a demanda é superior à oferta ideal podem ser piores do que quando a demanda excede a capacidade máxima disponível. Isto ocorre quando, ao aceitar o negócio do cliente e iniciar o serviço (por exemplo, ser acomodado em uma mesa de um restaurante lotado), a empresa promete, de forma implícita, fornecer o mesmo nível de serviço de sempre, independente do número de clientes a ser atendido. Por exemplo, em geral, as companhias aéreas colocam a mesma quantidade de comissários de bordo, independente do número de bilhetes vendidos. No entanto, quando a demanda excede níveis ótimos, o serviço geralmente é prestado em níveis inferiores. Como resultado, as expectativas dos clientes não são cumpridas, o que resultará em insatisfação e propaganda boca a boca negativa.

CARACTERÍSTICA	DESAFIOS DE MARKETING	POSSÍVEIS SOLUÇÕES PARA GERENCIAR A DEMANDA	POSSÍVEIS SOLUÇÕES PARA GERENCIAR A OFERTA
Perecibilidade	A demanda excede a oferta de serviço disponível.	Utilizar estratégias de preços criativas para tentar transferir a demanda.	Contar com funcionários em tempo parcial para aumentar a oferta de serviço.
	A demanda excede os níveis ideais de oferta.	Implementar um sistema de reservas.	Compartilhamento com outros prestadores.
	Há menor demanda do que os níveis ideais de oferta.	Transferir a demanda para serviços de cortesia.	Antecipar a realização de uma expansão.
		Utilizar períodos de menor demanda a fim de se preparar para períodos de pico.	Terceirizar para aumentar a oferta.
			Aumentar a participação do cliente.

FIGURA 3.4 Perecibilidade: desafios de marketing e possíveis soluções

Quando a demanda excede os níveis ideais de oferta, a empresa sente-se tentada a aceitar novos negócios. No entanto, em muitos casos, a empresa não está à altura da tarefa de oferecer um serviço eficaz em situações além dos níveis de demanda ótimos. Por exemplo, suponha que um paisagista tenha se tornado, em pouco tempo, muito bem-sucedido fornecendo serviços de excelente qualidade a clientes de alta classe social. Como a propaganda se espalhou para outros clientes potenciais, a procura pelo paisagista aumenta drasticamente. À medida que a empresa do paisagista se expande para atender aos novos clientes com compra de novos equipamentos e contratação de funcionários, ele rapidamente descobre que está perdendo o controle sobre a qualidade do serviço prestado por seu próprio negócio. Os novos funcionários simplesmente não oferecem o mesmo nível de serviço que sua base original de clientes estava acostumada a receber. Com o tempo, o paisagista pode perder os novos clientes, bem como os antigos, como resultado do declínio da sua reputação. Neste cenário específico, as características de perecibilidade, inseparabilidade e heterogeneidade de serviços se combinam e se tornam um grande desafio ao prestador de serviços.

Demanda menor que os níveis ideais de oferta Como visto, fornecer o número exato de caixas de supermercado necessários em determinado momento é um desafio para a maioria dos gerentes de loja. Uma solução seria colocar um funcionário em cada fila, em tempo integral. No entanto, esta estratégia pode resultar no uso ineficiente dos recursos da empresa. Quando a demanda está abaixo da capacidade, os recursos são subutilizados (por exemplo, os caixas ficam parados), e os custos operacionais desnecessariamente desperdiçados.

Demanda e oferta em níveis ideais O cenário ideal é adequar a demanda à oferta. Este cenário descreve a situação em que os clientes não esperam em longas filas e os funcionários são utilizados em sua capacidade ideal. Como os serviços não podem ser armazenados, não é possível ter um estoque regulador para aliviar o excesso de demanda. Além disso, os prestadores de serviços não são máquinas nem podem produzir um fornecimento ilimitado. Consequentemente, a demanda e a oferta de serviços raramente são equilibradas. Às vezes, os clientes têm longas esperas e prestadores de serviços, por vezes, ficam ociosos, sem ninguém para atender.

Possíveis soluções para os desafios criados pela perecibilidade

Como a demanda e a oferta de serviços somente estão equilibradas por acaso, as empresas de serviços desenvolveram estratégias que tentam ajustar a oferta e a demanda para alcançar um equilíbrio. As estratégias apresentadas a seguir são possíveis soluções para superar as dificuldades associadas com a perecibilidade dos serviços.[10] O primeiro grupo de estratégias diz respeito à gestão da demanda da empresa. O segundo trata sobre a gestão da oferta.

Abrir múltiplas filiais permite ao prestador de serviços superar os desafios de produção em massa causados pela perecibilidade dos serviços.

Estratégia de demanda: utilizar estratégias de preços criativas para nivelar a demanda **Precificação criativa** é muitas vezes utilizada por empresas de serviços na tentativa de nivelar a demanda. Por exemplo, ofertas de reduções de preços sob a forma de "antecipação de compra" e "matinês" têm funcionado bem para restaurantes e cinemas, respectivamente. Geralmente, os mercados-alvo compostos por clientes sensíveis a preço, como famílias com crianças, estão dispostos a alterar seus padrões de demanda para reduzir custos. Ao mesmo tempo, as empresas de serviços estão dispostas a oferecer reduções de preços para atrair clientes durante os horários de menor atividade, tornando suas operações mais eficientes. Ao deslocar a demanda para outros períodos, a empresa pode acomodar mais clientes e prestar um serviço melhor durante os períodos em que a procura tenha sido previamente (1) afastada por causa da oferta limitada e (2) não atendida tão bem como o habitual porque a demanda superou os níveis ideais de oferta.

precificação criativa Refere-se às estratégias de precificação frequentemente utilizadas por empresas de serviços para ajudar a nivelar as flutuações da demanda, como preços especiais para "matinê" ou "antecipação de compra", a fim de transferir a demanda de pico para períodos com menor demanda.

Precificação criativa também tem sido usada para atingir grupos específicos, como idosos, crianças e seus pais (famílias) e estudantes universitários. Este tipo de estratégia de preços não só ajuda a nivelar a demanda, mas também evita que mercados-alvo distintos compartilhem a mesma experiência de consumo. Por exemplo, ao fornecer ofertas especiais para famílias durante a tarde e início da noite, um restaurante reduz significativamente o potencial de conflito entre seus clientes "famílias" e "apenas adultos", que geralmente jantam mais tarde. Incentivos de preços também foram recentemente usados para persuadir os clientes a usar o *site* da empresa. Os clientes dispostos a fazer as encomendas pela internet podem fazê-lo 24 horas por dia, sete dias por semana. Aumentar o uso do *site* reduz a demanda para o serviço pessoal durante o horário comercial.

Estratégia de demanda: implementar um sistema de reservas Outra estratégia comumente utilizada para reduzir as flutuações na demanda é a implementação de um **sistema de reservas**, no qual os consumidores fazem uma reserva dos serviços da empresa para um horário específico. Eis alguns exemplos de empresas de serviços que usam sistemas de reserva: restaurantes, hotéis, companhias aéreas, locadoras de automóveis, salões de beleza, médicos de todas as especialidades, campos de golfe e *day spas*. As reservas reduzem o risco de o cliente não receber o serviço e minimizam o tempo de espera na fila para que o serviço esteja disponível.

sistema de reservas Estratégia para ajudar a nivelar a demanda na qual os consumidores fazem uma reserva dos serviços da empresa para um horário específico.

Esses sistemas também permitem que as empresas de serviços se preparem com antecedência para uma quantidade de demanda determinada. Assim, tanto o cliente como a empresa se beneficiam com um melhor serviço.

Apesar das vantagens de um sistema de reservas, uma série de desvantagens acompanha esta estratégia. Primeiro, alguém tem de fazer a manutenção do sistema de reserva, o que aumenta o custo adicional para a operação. Além disso, os clientes nem sempre aparecem na hora certa ou, às vezes, simplesmente não aparecem. Como resultado, a operação termina com serviços não utilizados e receitas perdidas. Por exemplo, uma estratégia comum para alguns jogadores de golfe (especialmente jovens e solteiros) é reservar dois ou três campos distintos em dois ou três horários diferentes no mesmo dia. Dependendo das características dos jogadores e do campo de golfe em um dia específico, os golfistas selecionam qual usar, o que significa que os outros dois ficarão à espera de um grupo que não vai aparecer. Considerando que uma partida de 18 buracos para quatro pessoas – incluindo os carrinhos – custa em média US$ 50 por pessoa, o proprietário do campo de golfe deixa de ganhar US$ 200, que receberia se pudesse atender outro quarteto.

Outra desvantagem dos sistemas de reserva é que oferecem ao cliente uma garantia implícita de que o serviço estará disponível em determinado momento, aumentando assim a expectativa do cliente. Muitas vezes, essa garantia implícita não é cumprida. Por exemplo, os clientes dos primeiros horários podem se atrasar, causando uma reação em cadeia de horários atrasados para o resto do dia. Da mesma forma, a taxa de rotatividade das mesas de restaurante é difícil de se determinar, o que piora com a necessidade de combinar o tamanho do grupo sentado com o do que está esperando por uma mesa. Além disso, os médicos agendam até quatro pacientes no mesmo horário, numa tentativa de atender à demanda. Apesar do uso de sistemas de reserva, é bem provável que os clientes ainda sejam obrigados a esperar, o que os deixará mais infelizes (em comparação com um sistema de que "o primeiro a chegar é o primeiro a ser atendido"). Tudo isso é resultado da promessa implícita que decorre da utilização do sistema de reserva.

Estratégia de demanda: transferência da demanda para serviços de cortesia As empresas também podem tentar atenuar os desafios associados à perecibilidade por meio do desenvolvimento de **serviços de cortesia** que se relacionem diretamente com a oferta do serviço principal. Uma sala de estar em um restaurante é exemplo típico de um serviço de cortesia, que não apenas cria o espaço para receber os clientes enquanto esperam, mas também proporciona ao restaurante uma fonte adicional de receita. Da mesma forma, os campos de golfe muitas vezes fornecem minicampos de treinamento aos clientes como uma forma de serviço de cortesia. Embora seja gratuito, o minicampo ocupa o tempo do cliente, minimizando o tempo de espera percebido.

serviços de cortesia Serviços prestados aos consumidores para minimizar o tempo de espera percebido, como salões de jogos eletrônicos em salas de cinema ou materiais de leitura em consultórios médicos.

O resultado final é que os clientes ficam mais satisfeitos. Outros serviços gratuitos foram desenvolvidos para ajudar a gerenciar a demanda: salões de jogos eletrônicos em salas de cinema, materiais de leitura em consultórios médicos e televisores nas áreas de espera de emergências de hospitais.

criação de demanda para períodos de menor atividade Estratégia na qual os prestadores de serviços utilizam o tempo de inatividade para se preparar antecipadamente para períodos de pico ou vender a outros mercados, que têm um padrão de demanda diferente do que a empresa costuma atender.

Estratégia de demanda: utilização eficaz dos períodos de menor demanda Desenvolver a demanda em períodos de menor atividade também pode alterar os efeitos da perecibilidade. Na **criação de demanda para períodos de menor atividade**, os prestadores de serviços utilizam o tempo de inatividade para se preparar antecipadamente para períodos de pico e/ou vender a outros mercados que têm um padrão de demanda diferente.

Assim, a criação de demanda para períodos de menor atividade pode reduzir os efeitos de perecibilidade de duas maneiras. Em primeiro lugar, os funcionários podem ser treinados durante os períodos de menor demanda para executar outras funções, a fim de ajudar os colegas (por exemplo, funcionários que lavam a louça podem ser treinados para arrumar e limpar as mesas) durante os períodos de pico de demanda. Além disso, embora os serviços não possam ser armazenados, elementos tangíveis associados ao serviço (por exemplo, saladas em um restaurante) podem ser preparados previamente. Atividades deste tipo liberam o pessoal para realizar outros tipos de serviço quando necessário.

Em segundo lugar, demanda fora do horário de pico também pode ser criada para gerar receitas adicionais de venda para outro segmento de mercado com um padrão de demanda diferente daquele que a empresa costuma atender. Por exemplo, os campos de golfe têm preenchido horários de menor demanda com donas de casa, idosos e trabalhadores por turnos (por exemplo, trabalhadores de fábrica, enfermeiros, estudantes e professores) que usam o campo durante a semana pela manhã ou à tarde, períodos tradicionalmente menos cheios. Esses grupos apresentam padrões de demanda diferentes dos golfistas tradicionais, que trabalham o dia todo durante a semana e procuram os campos de golfe no final da tarde, início da noite e nos finais de semana.

Estratégia de oferta: utilização de funcionários em tempo parcial Além do gerenciamento da demanda dos consumidores, os efeitos da perecibilidade também podem ser minimizados com estratégias que disponibilizam oferta adicional em momentos de necessidade. Uma dessas estratégias é a utilização de funcionários em tempo parcial para ajudar durante períodos de pico da demanda. Há anos os varejistas têm usado funcionários em tempo parcial para aumentar a oferta de serviço durante as festas de final de ano.

Eis algumas vantagens de escalar funcionários em tempo parcial, em oposição à adição de funcionários em tempo integral: custos trabalhistas mais baixos e uma força de trabalho flexível que pode ser utilizada apenas quando necessário. Entretanto, empregar trabalhadores em tempo parcial, por vezes, pode levar os consumidores a associar a empresa a falta de motivação e pouco comprometimento organizacional, o que, posteriormente, pode gerar clientes insatisfeitos. No entanto, essas desvantagens aparecem com mais frequência nas organizações que sistematicamente empregam funcionários em tempo parcial, em oposição àquelas que os empregam apenas durante os períodos de pico de demanda.

Estratégia de oferta: compartilhamento de capacidade Outro método para aumentar a oferta de serviço é o **compartilhamento de capacidade**, em que se forma uma parceria com outros prestadores para expandir a oferta de serviços como um todo. Por exemplo, muitos médicos têm dividido o custo de equipamentos de diagnóstico caros. Ao dividir o custo, cada empresa pode oferecer formas de serviço que não poderia de outra maneira por causa dos altos custos associados à compra desses equipamentos. Além disso, o dinheiro economizado com a divisão dos custos pode ser usado em recursos adicionais, como equipamentos, suprimentos e pessoal adicional, ampliando a oferta de serviço aos consumidores ainda mais. Centros de cirurgia e outras práticas médicas são exemplos típicos do compartilhamento de capacidade.

compartilhamento de capacidade Estratégia que consiste em aumentar a oferta de serviço por meio da formação de uma parceria entre prestadores de serviços, o que lhes permite expandir a oferta ou o serviço como um todo.

Estratégia de oferta: antecipação de expansão Embora a estratégia de **antecipação de expansão** não seja uma "solução rápida" para os problemas de oferta associados à perecibilidade, reagir às pressões de demanda pode economizar tempo e

antecipação de expansão Planejamento antecipado para futura expansão com orientação de longo prazo para instalações físicas e crescimento.

dinheiro em custos de expansão. Com o propósito de se preparar para a expansão, muitas empresas de serviços têm uma orientação de longo prazo no que diz respeito à construção de suas instalações físicas.

Por exemplo, um terminal de aeroporto foi construído já com a expansão futura em mente. Ele foi edificado em uma parte isolada do terreno, onde nenhuma estrutura adjacente iria interferir no crescimento futuro. Todo o encanamento e as fiações elétricas foram estendidas nas extremidades de ambos os lados do edifício, criando pontos de conexão mais fáceis para quando chegar o momento da expansão.

Estratégia de oferta: terceirização Empresas de serviços também podem expandir a oferta de um serviço por meio da **terceirização**. Empresas de serviços frequentemente utilizam a terceirização para atender aos clientes e, assim, economizar em custos, pessoal etc. Agências de viagens são um exemplo típico, uma vez que os agentes de viagens fornecem as mesmas informações para os clientes que os próprios representantes de uma companhia aérea. Essa terceirização, no entanto, permite que a companhia aérea reduza o pessoal que emprega para fazer reservas de voos e redirecione os esforços do pessoal existente para outras áreas de serviço. As economias de custo associadas à terceirização são evidenciadas pela disposição das companhias aéreas em pagar comissões às agências de viagens para reservar voos.

> **terceirização** Estratégia de oferta em que uma empresa de serviços utiliza um fornecedor externo para atender aos clientes e, assim, economizar em custos, pessoal etc.

Observe que, embora o uso de terceiros aumente a oferta de serviço, esta prática também pode expor os clientes a ofertas da concorrência. Como resultado, há vantagens e desvantagens. Muitos terceiros, como agências de viagens, representam vários fornecedores. Um cliente que pretendia reservar um voo na British Airways pode acabar optando pela Lufthansa por causa de um horário mais conveniente e/ou uma tarifa mais barata. Este tipo de informação sobre a concorrência não teria sido possível se o cliente tivesse contatado a British Airways diretamente para fazer sua reserva.

Estratégia de oferta: aumento da participação do cliente Outro método para aumentar a oferta de serviço disponível é fazer o cliente realizar parte do serviço. Por exemplo, em muitos restaurantes *fast-food*, a **participação do cliente** significa lhe dar um copo para que ele mesmo se sirva da bebida. Em outros restaurantes, os clientes preparam as próprias saladas em um "bufê de saladas", os próprios sanduíches no "bufê de recheios", os pratos de comida no "bufê de alimentos" e os próprios *sundaes* de chocolate no "bufê de sobremesas".

> **participação do cliente** Nessa estratégia para aumentar a oferta de serviço, o cliente realiza parte do trabalho. Por exemplo, em um restaurante que oferece um bufê de saladas ou sobremesas no qual o próprio cliente se serve.

Sem dúvida, estamos fazendo cada vez mais nossos próprios serviços. Enchemos nossos tanques de combustível, completamos nossas operações bancárias em caixas automáticos e ensacamos nossas compras nos supermercados. Na verdade, uma das principais vantagens do uso da internet é que ela permite que os próprios clientes realizem os serviços pretendidos ou, pelo menos, estejam mais bem informados ao solicitar ajuda. No entanto, embora o autoatendimento libere os funcionários para prestar outros serviços, uma série de vantagens e desvantagens está associada à participação do cliente. A disposição dos clientes em fazer seu próprio serviço geralmente depende da conveniência, preço e customização. Por exemplo, os caixas automáticos oferecem ao cliente a conveniência de serviços bancários 24 horas; ensacar as compras é geralmente acompanhado por processos mais rápidos de pagamento; e a Dell dá aos clientes a oportunidade de configurarem o computador pessoal com suas especificações individuais.

Em contrapartida, a participação do cliente também pode ter algumas desvantagens que predominantemente se resumem na perda de controle. Em muitos casos, quanto maior for a atuação do cliente na produção do serviço, menos a empresa de serviço será capaz de manter o controle sobre a qualidade do serviço prestado. Por exemplo, o médico que instrui um paciente a administrar o próprio medicamento abandona o controle sobre o resultado do tratamento prescrito. O controle de qualidade também pode ser prejudicado em função de clientes confusos que diminuem a eficácia do sistema operacional. A dificuldade do cliente em um ambiente de autoatendimento tende a afetar não só o resultado do serviço para ele, mas também o processo de atendimento de "outros clientes" que estão compartilhando a experiência. Por exemplo, os clientes em pé na fila atrás de um cliente que está usando um caixa eletrônico pela primeira vez sofrem os efeitos da curva de aprendizado deste novo cliente.

A perda de controle de qualidade também pode ser acompanhada pela de controle sobre os custos operacionais. O autoatendimento, particularmente na indústria de alimentos, está associado a desperdícios decorrentes do abuso do sistema. Os clientes podem pegar mais alimentos do que normalmente pediriam e, em seguida, consumir ou compartilhar comida com os amigos que comem sem pagar. Por último, o aumento da participação do cliente pode ser interpretado por alguns como uma tentativa de a empresa distanciar-se fisicamente do cliente. Como resultado, pode-se desenvolver a imagem de uma empresa indiferente, insensível e inacessível, levando muitos clientes a buscar os concorrentes com serviço completo, sem a participação dos clientes. Ou seja, embora o aumento da participação do cliente libere prestadores de serviços para oferecer serviços adicionais e possa fornecer ao cliente maior comodidade, oportunidades de customização e preços reduzidos, esta estratégia também pode criar clientes insatisfeitos por serem forçados a cuidar de si mesmos.

A estrutura deste livro

Este capítulo delineou os principais fatores que distinguem o marketing de serviços do marketing de bens, além de destacar os desafios exclusivos dos profissionais desta área. Devido às características de intangibilidade, inseparabilidade, heterogeneidade e perecibilidade, o marketing desempenha um papel muito diferente em empresas prestadoras de serviços em relação àquelas que produzem bens puros. Como resultado dessas quatro características de serviços, este capítulo mostrou que os diferentes componentes do modelo *servuction* apresentados no Capítulo 1 estão intimamente entrelaçados. As *partes visíveis e invisíveis da organização*, o *pessoal de contato* e o *ambiente físico*, a organização e seus clientes, e os próprios clientes estão todos ligados por uma complexa rede de relacionamentos. Assim, o pessoal de marketing deve manter uma relação muito mais próxima com o resto da empresa de serviços do que é habitual naquelas produtoras de bens. A filosofia tradicional de estabelecer departamentos exclusivos para atender às necessidades de uma empresa – departamento de operações responsável pela produção, de recursos humanos para os funcionários e de marketing para o cliente – não funciona bem dentro de uma prestadora de serviços. As empresas de serviços que se destacam são aquelas que compreendem as inter-relações entre essas áreas funcionais e trabalham em conjunto para criar uma impecável experiência de serviço para o cliente.

Visão geral de marketing de serviços

Até agora, os Capítulos 1, 2 e 3 introduziram os fundamentos da experiência de serviço, forneceram uma visão geral das indústrias de serviços e de considerações éticas, e detalharam os desafios específicos associados do marketing de serviços. O restante deste livro está organizado em torno da estrutura apresentada na Figura 3.5. Como o consumidor deve estar no coração do marketing de serviços, a proposta do Capítulo 4 é compreender o comportamento dos consumidores, desde a seleção dos prestadores de serviços até o nível de satisfação com o serviço recebido, fornecendo conceitos e estruturas que permeiam o resto do livro, à medida que as empresas de serviços adaptam seus *compostos* de marketing para acompanhar as mudanças nas necessidades dos clientes.

Aspectos táticos do composto de marketing de serviços

Uma das ideias mais básicas de marketing é o composto de marketing, que representa os mecanismos que a organização controla. Tais mecanismos podem ser usados para influenciar os processos de escolha dos consumidores, bem como a avaliação destes acerca da satisfação com o serviço. O *composto* de marketing tradicional é muitas vezes expresso como os quatro Ps: produto, praça, preço e promoção. Como a Figura 3.5 ilustra, por causa das diferenças fundamentais entre bens e serviços apresentadas neste capítulo, o *composto* de marketing de serviços pode ser ampliado por meio do acréscimo de três variáveis: *processo, ambiente físico* e *pessoas*.

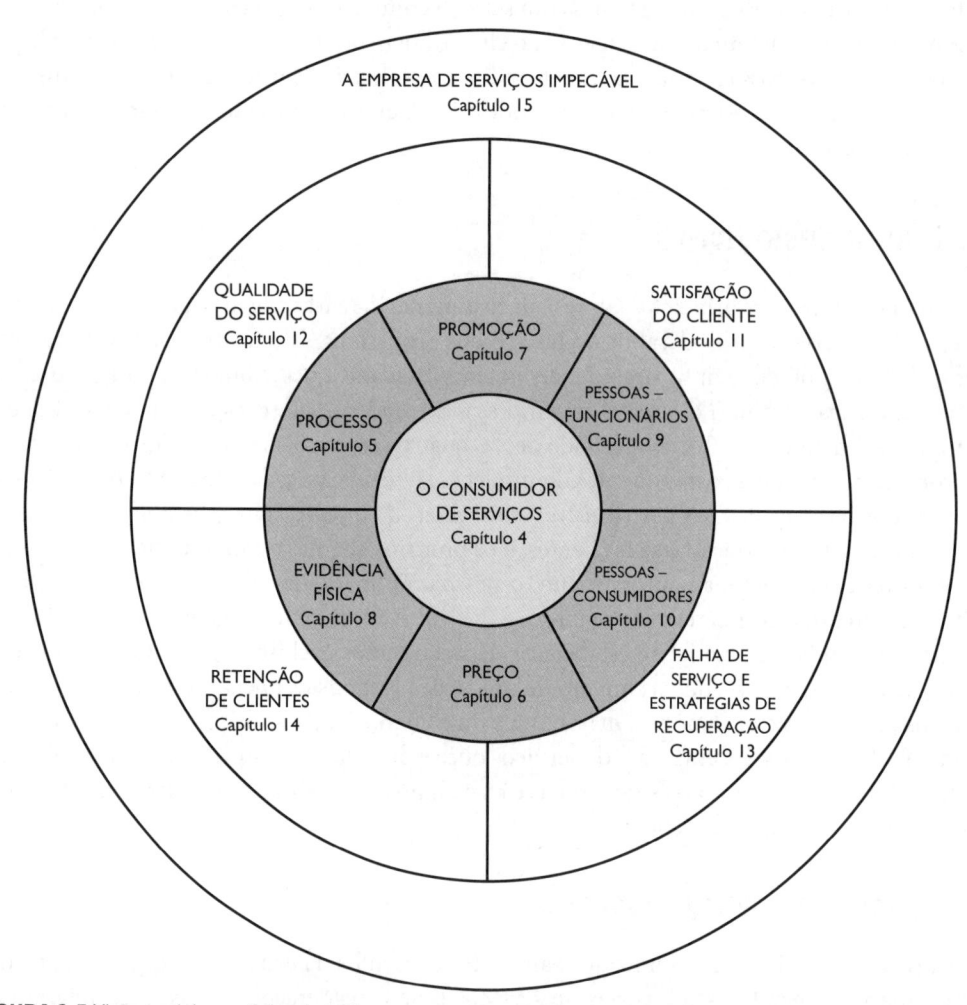

FIGURA 3.5 Visão geral dos capítulos deste livro

Dada a importância do *composto* de marketing de serviços, a Parte II deste livro – "Táticas do *composto* de *marketing* de serviços" – destaca as variáveis que precisam ser mais modificadas quando uma empresa se propõe a competir em serviços. Mais especificamente, o Capítulo 5 trata do processo de entrega de serviços; o 6 examina aspectos relacionados à determinação do preço em serviços; o 7 investiga os elementos da estratégia de promoção de serviços; o 8 aborda o gerenciamento da evidência física das empresas de serviços; e os 9 e 10 exploram as "questões relativas a pessoas" em torno do marketing de serviços.

Implementação de estratégias bem-sucedidas de serviços

O papel do marketing em relação ao restante da organização é o tema da Parte III deste livro, focada na avaliação e implementação de estratégias bem-sucedidas em serviços. O marketing está no centro de cada uma dessas estratégias, mas sua execução depende da mobilização de todas as áreas: operações, recursos humanos e marketing. O Capítulo 11 aprofunda o que foi discutido no 4 sobre o comportamento do consumidor para explorar como é possível satisfazer um cliente em uma experiência de serviço específica e como medir e gerenciar sua satisfação. O Capítulo 12 aprofunda o conteúdo do 11 e amplia a compreensão de como os consumidores avaliam os serviços e do conceito de qualidade do serviço de longo prazo. Por causa da complexidade das várias relações envolvidas em um encontro de serviço, falhas são inevitáveis. Contudo, devido à inseparabilidade, muitas vezes é possível recuperar uma situação de falha durante um encontro de serviço. O Capítulo 13 aborda aspectos relacionados à arte de gerenciar reclamações e recuperar clientes.

Dada a atual situação de grande concorrência entre as empresas de serviços, o Capítulo 14 trata da fidelização e retenção do cliente como uma estratégia fundamental para as empresas de serviços. Por fim, o Capítulo 15 analisa o papel do marketing na empresa de serviços, sobrepondo os modelos industrial de gestão e o focado no mercado, e mostra a importância deste último para uma empresa de serviços, além de apresentar os aspectos principais da criação de uma cultura de serviço global.

Resumo

As principais diferenças entre o marketing de bens e o marketing de serviços são comumente atribuídas às quatro características distintivas de serviços: intangibilidade, inseparabilidade, heterogeneidade e perecibilidade. Este capítulo abordou os desafios de marketing decorrentes dessas quatro características e descreveu possíveis soluções que minimizam seu impacto sobre as empresas de serviços.

Intangibilidade está relacionada ao fato de os serviços não terem evidência física e, portanto, não poderem ser tocados ou avaliados como os bens. Entre os desafios de marketing associados à intangibilidade destacam-se as dificuldades em comunicar os aspectos de serviços para os consumidores, as decisões de preços, a proteção de patentes e o estoque de serviços. Contudo, há estratégias que visam compensar os desafios ocasionados pela intangibilidade: uso de elementos tangíveis, criação de imagem organizacional, desenvolvimento de fontes pessoais de informação que os consumidores acessam ao selecionar os fornecedores de serviços e adoção de procedimentos de custeio baseado em atividades.

Inseparabilidade reflete a interligação entre prestadores de serviços e clientes. Diferente dos produtores de bens, os prestadores de serviços envolvem-se em interações presenciais com seus clientes, que estão diretamente envolvidos no processo de produção de serviços. Há diversas estratégias desenvolvidas que minimizam os desafios da inseparabilidade: seleção cuidadosa e treinamento constante de pessoal de atendimento ao cliente, implementação de estratégias que buscam gerenciar os clientes em toda a experiência de serviço e utilização de instalações em localizações múltiplas para superar as dificuldades da inseparabilidade associadas à produção em massa.

Heterogeneidade refere-se à variabilidade inerente ao processo de prestação de serviços. O principal problema de marketing associado à heterogeneidade é que uma empresa de serviços terá dificuldades para manter a padronização e o controle da qualidade. Em geral, as empresas reagem à heterogeneidade de duas formas. Algumas tentam padronizar o desempenho por meio de treinamento intensivo ou pela substituição do trabalho humano por máquinas. Em contrapartida, outras tiram proveito da variabilidade oferecendo serviços personalizados que atendam às necessidades individuais de cada cliente. Nenhuma das duas estratégias é comprovadamente superior, porque a preferência do cliente por personalização ou padronização depende de preço, velocidade de entrega e consistência de desempenho.

Perecibilidade refere-se à incapacidade do prestador de serviços de armazenar ou estocar serviços. Os serviços que não são utilizados no seu tempo determinado deixam de existir. Além disso, como não podem ser estocados, as poucas vezes em que a oferta corresponde à demanda é fruto de mero acaso. Uma variedade de estratégias foi desenvolvida para tentar compensar os problemas potenciais criados pela perecibilidade. Algumas estratégias atacam o problema tentando gerenciar a demanda, enquanto outras buscam gerenciar a oferta. No caso de gestão da demanda, há estratégias de precificação criativas, sistemas de reservas, transferência de demanda para serviços de cortesia e criação de demanda para períodos de menor atividade. As estratégias de gestão da oferta incluem uso de funcionários em tempo parcial, compartilhamento de capacidade, terceirização, aumento da participação do cliente no processo de produção e antecipação de futura expansão para reduzir o tempo de resposta ao aumento da demanda.

Devido aos desafios provocados por intangibilidade, inseparabilidade, heterogeneidade e perecibilidade, o marketing desempenha um papel muito diferente em organizações orientadas a serviços do que naquelas que produzem bens puros. A filosofia de estabelecer departamentos exclusivos para atender às necessidades de uma empresa – departamento de operações responsável pela produção, de recursos humanos para os funcionários e de marketing para o cliente – não funciona bem dentro de uma empresa prestadora de serviços. As quatro características apresentadas neste capítulo que distinguem o marketing de bens do marketing de serviços fornecem ampla evidência de que as partes visíveis e invisíveis da organização, o pessoal de contato, o ambiente físico e a organização e seus clientes estão unidos por um conjunto complexo de relações. Como resultado, o marketing deve manter com o resto da organização de serviços uma relação muito mais próxima do que é habitual em uma organização tradicional de produção de bens.

Palavras-chave

lógica de predominância de serviços
intangibilidade
evidência física/elementos tangíveis
fontes pessoais de informação
custeio baseado em atividades
inseparabilidade
incidente crítico
"outros clientes"
gestão do consumidor
localizações múltiplas
instalações no campo
heterogeneidade
personalização
padronização
perecibilidade
precificação criativa
sistema de reservas
serviços de cortesia
criação de demanda para períodos de menor atividade
compartilhamento de capacidade
antecipação de expansão
terceirização
participação do cliente

Questões de revisão

1. Descreva de forma sucinta como as características diferenciadoras de serviços (intangibilidade, inseparabilidade, heterogeneidade e perecibilidade) se aplicam à sua experiência educacional na aula de marketing de serviços.

2. Discuta por que a precificação dos serviços é particularmente difícil em comparação com a de bens.

3. Que estratégias o setor de seguros tem utilizado na tentativa de minimizar os efeitos da intangibilidade? Das empresas que tentaram ativamente minimizar esses efeitos, algumas foram mais bem-sucedidas que outras? Justifique sua resposta.
4. Discuta os prós e os contras de envolver o cliente no processo de produção.
5. Discuta por que a produção de serviços em massa é um desafio.
6. O que significa a expressão "outros clientes"? Por que sua influência é muito maior para os serviços em relação aos bens?
7. Por que a padronização e o controle de qualidade são difíceis de manter durante todo o processo de prestação de serviços?
8. O que é melhor para os consumidores: (1) um serviço personalizado ou (2) um serviço padronizado? Justifique sua resposta.
9. Quais são as limitações associadas à incapacidade de uma empresa de serviços em constituir estoques?
10. Uma série de estratégias de oferta e demanda foi apresentada como possíveis soluções para compensar os desafios criados pela perecibilidade dos serviços. (1) Qual é o principal objetivo de estratégias de demanda em comparação às de oferta. (2) A que grupo de estratégias pertence "aumentar a participação dos consumidores"? (3) Como "o aumento da participação do consumidor" resolve problemas potenciais causados pela perecibilidade dos serviços?

Notas

1. Leonard L. Berry; A. Parasuraman. Building a New Academic Field – The Case of Services Marketing. *Journal of Retailing*, 69, primavera de 1993, 1, p. 13.
2. A estrutura deste capítulo foi adaptada das Figuras 2 e 3 contidas em Valerie A. Zeithaml; A. Parasuraman; Leonard L. Berry. Problems and Strategies in Services Marketing. *Journal of Marketing* 49, primavera de 1985, p. 33-46. Para uma discussão mais aprofundada de cada um dos problemas e estratégias associados ao marketing de serviços, ver Figuras 2 e 3 deste artigo para obter a lista apropriada de referências.
3. Adaptado de John E. G. Bateson. *Managing Services Marketing*, 3. ed. Fort Worth, TX: The Dryden Press, 1995, p. 9.
4. David Ballyntyne; Richard J. Varey. The Service-Dominant Logic and the Future of Marketing. *Journal of the Academy of Marketing Science*, 36, n. 1, mar. 2008, p. 11-14.
5. Beth M. Chaffman; John Talbott. Activity based Costing in a Service Organization. *CMA Magazine*, dez. 1990/jan. 1991), p. 15-18.
6. Bateson. *Managing Services Marketing*, p. 9.
7. Jim Kelley. From Lip Service to Real Service: Reversing America's Downward Service Spiral. *Vital Speeches of the Day*, 64, n. 10, 1998, p. 301-04.
8. Bateson. *Managing Services Marketing*, p. 18.
9. Idem, p. 11-13.
10. A estrutura e os materiais desta seção foram adaptados de W. Earl Sasser. Match Supply and Demand in Service Industries. *Harvard Business Review*, nov./dez. 1976, p. 133-40.

CASO 3

Passagens aéreas *on-line*: Expedia, Orbitz e Travelocity na liderança

No tempo em que não existia a internet, a reserva de uma passagem aérea envolvia uma das seguintes opções: 1. Falar com um representante de vendas da companhia aérea; 2. Falar com um agente de viagens por telefone ou ir à agência mais próxima; 3. Ir até o aeroporto mais próximo

Fontes: <www.kayak.com>, <www.travelocity.com>, <www.expedia.com> e <www.orbitz.com>. Acesso em: 4 dez. 2009.

para comprar a passagem. Todas existem ainda hoje, mas muitos clientes têm optado por comprar os bilhetes pela internet, como na Expedia, na Orbitz ou na Travelocity. Além disso, *sites* próprios das companhias aéreas, como united.com, singaporeair.com e lufthansa.com, tornaram-se métodos ainda mais populares para a compra de passagens aéreas.

Há muitos benefícios para a compra de bilhetes pela internet. Do ponto de vista da empresa, ela oferece um canal de distribuição adicional que não só torna os bilhetes mais acessíveis para o público, mas também fornece um meio adicional para comunicar mensagens promocionais da empresa. Dada a natureza de autoatendimento da internet, as vendas adicionais de bilhetes são obtidas sem a ajuda de representantes de vendas, o que reduz o custo total de mão de obra da empresa. Para os clientes que usam a internet para fins meramente informativos, mas ainda preferem fazer negócios com um representante de vendas "ao vivo", a internet facilita a eficiência da compra. Depois de analisar as opções possíveis na internet e conversar com os membros da família e/ou parceiros de negócios, os clientes são mais específicos a respeito de seus pedidos de emissão de bilhetes, o que aumenta a velocidade em que a transação pode ser concluída.

Os clientes também desfrutam de uma série de benefícios ao usar a internet para comprar passagens aéreas. Em primeiro lugar, esses serviços estão, em geral, prontamente disponíveis. Não há sinais de ocupado, nem há o risco de o cliente ser colocado em espera na linha ou ficar na fila. Em segundo lugar, os serviços na internet, como Expedia, Orbitz e Travelocity, exibem uma série de opções que competem entre si em termos de preço, horário e número de escalas para o mesmo destino. Na verdade, novos *sites* de viagem, como o Kayak.com, exibem os resultados da pesquisa de até cinco mecanismos de busca de viagens ao mesmo tempo. Consequentemente, as possibilidades de pesquisa do cliente aumentam bastante. Se desejarem, os clientes também podem facilmente obter informações sobre o tipo de aeronave, selecionar assentos e resgatar milhas de programas de fidelidade. Além disso, muitos desses serviços fornecem opções complementares, como compra do seguro de viagem, reserva de hotel, aluguel de automóveis e, até mesmo, compra de bilhetes para atrações nos locais de destino.

Questões para discussão

1. A característica da intangibilidade de um serviço muda quando ele é disponibilizado na internet? Justifique sua resposta. Como um prestador de serviços pode "tangibilizar" o serviço na internet?
2. A característica da inseparabilidade de um serviço muda quando ele é disponibilizado na internet? Justifique sua resposta.
3. A característica da heterogeneidade de um serviço muda quando ele é disponibilizado na internet? Justifique sua resposta.
4. A característica da perecibilidade de um serviço muda quando ele é disponibilizado na internet? Justifique sua resposta.
5. Por que uma companhia aérea, como a Southwest Airlines, não participaria de mecanismos de busca de viagens *on-line* como Expedia, Orbitz e Travelocity?

capítulo 4
Comportamento do consumidor de serviços

> *"Um cliente é o visitante mais importante de nossas instalações. Ele não depende de nós, mas nós dependemos dele. O cliente não é uma interrupção em nosso trabalho, mas a quem dirigimos os nossos serviços. Ele não é um estranho no nosso negócio, mas é parte imprescindível dele. Não estamos fazendo um favor em atendê-lo. Ele, sim, nos proporciona a oportunidade de atendê-lo."*
> Mahatma Gandhi

Objetivos do capítulo

Após a leitura deste capítulo, você deve ser capaz de:
- Reconhecer o valor de modelos que buscam explicar como os consumidores processam as informações.
- Explicar as seis etapas que compõem o modelo do processo de decisão do consumidor.
- Entender as considerações especiais de compras de serviços referentes aos estágios de *pré-compra*, *consumo* e *pós-compra* do modelo do processo de decisão do consumidor.
- Descrever as três teorias que buscam explicar a avaliação pós-compra do consumidor com relação à satisfação do cliente.

Neste capítulo, tratamos de questões relacionadas ao processo de decisão do consumidor no que se refere à aquisição de serviços.

FRONTIER AIRLINES: UM BICHO TOTALMENTE DIFERENTE

Com sede em Denver, a Frontier Airlines entende muito bem seus clientes e a situação da concorrência. A empresa admite que não pode competir de igual para igual com a United Airlines para viajantes de negócios que voam para Denver, no Colorado. A United é simplesmente grande demais, tem muito mais aviões e voa para muitos destinos várias vezes ao dia. Então, quem são os principais clientes da Frontier? São os viajantes que não estão a trabalho, sensíveis ao preço, que compram as passagens para gozar as férias ou visitar amigos e familiares. Quem compra as passagens para estes tipos de viagem? Em uma palavra, mulheres, que muitas vezes têm filhos pequenos e que influenciam nas decisões de compra de passagens aéreas. Nunca subestime o poder de influência das crianças. Estima-se que, nos Estados Unidos, crianças de 4 a 12 anos de idade sejam responsáveis indiretas por um gasto anual de quase US$ 700 bilhões.

Com base no entendimento que a Frontier tem sobre os processos de tomada de decisão do consumidor, a empresa se concentra no que chama de "uma classe confortável de serviço" – classe econômica. Para começar, a maioria dos jatos da Frontier é muito mais nova – em média, uma década a menos – do que os aviões dos concorrentes. Como resultado, o interior da aeronave está em excelentes condições, o que influencia positivamente a percepção de segurança dos passageiros. Além disso, a empresa oferece de 2,5 a 5 centímetros a mais de espaço para as pernas do que a maioria das outras companhias aéreas. Pode não parecer muito, mas realmente faz diferença, especialmente quando se viaja com crianças. E não é só isso: o sistema de entretenimento em voo oferece 24 canais Directv® ao vivo em cada poltrona, uma ajuda e tanto quando se trata de manter as crianças ocupadas. Por fim, a campanha publicitária da Frontier, premiada com o Emmy Award, traz imagens exclusivas de animais – como o urso Grizwald, o coelho Jack, e o lince Larry, para decorar as caudas de suas 60 aeronaves diferentes que foram intencionalmente projetadas para ser muito simpáticas.

Na realidade, a companhia aérea possui vídeos que mostram mães e crianças olhando pelas janelas dos terminais para identificar qual será o bicho da empresa que aparece na cauda do avião que pegarão. Outra evidência do sucesso do uso de mascotes pela empresa foi fornecida durante uma campanha promocional de cinco semanas que permitiu aos clientes votar no nome para um novo mascote. O *site* da empresa recebeu mais de um milhão de votos *on-line*, o que rendeu um aumento de 50% no tráfego do *site* da companhia aérea em comparação com o ano anterior.

Para atender ainda melhor aos clientes, a Frontier agora oferece três classes de assentos diferentes: Economy, Classic e Classic Plus. Os da classe *Economy* têm o menor preço, mas o cliente deve estar disposto a fazer algumas concessões. Por exemplo, os passageiros que voam nesta classe têm os assentos designados no *check-in*, são cobrados US$ 20 pela primeira mala despachada e US$ 30 pela segunda, e a Directv® está disponível para compra a bordo. Em contrapartida, os assentos da *Classic* podem ser escolhidos com antecedência, duas malas podem ser despachadas gratuitamente e a Directv® é livre. Além disso, os passageiros mais frequentes ganham 125% de pontos no programa de milhagem EarlyReturns e um bilhete "dois pelo preço de um" para os teleféricos dos *resorts* de esqui Winter Park ou Copper Mountain. Por fim, aos passageiros que optam pela *Classic Plus,* a empresa oferece um bilhete totalmente reembolsável, marcação de assento antecipada, alongamento do assento (quando disponível), prioridade de embarque, primeira e segunda malas despachadas gratuitamente, Directv® livre, lanches e bebidas, 150% no programa EarlyReturns Mileage e bilhetes para o teleférico em Winter Park ou Copper Mountain. Em última análise, as três classes permitem aos clientes personalizar as próprias decisões sobre as opções de preço e de serviço, o que não seria possível em um serviço padronizado.

Por seus esforços, a Frontier Airlines foi eleita a "Melhor Companhia Aérea de Baixo Custo" pelos leitores da revista *Business Traveler*, além de ser mencionada como uma entre as Top Five Domestic Airlines (As Melhores Empresas Aéreas Domésticas) pelos leitores da revista *Travel & Leisure*. Por compreender os clientes e pelas adaptações que fez em seu serviço para atender às necessidades do seu mercado-alvo, a Frontier realmente faz jus a seu *slogan* de marketing: "Um bicho totalmente diferente".

Fonte: http://www.usatoday.com/travel/columnist/grossman/2007-02-25-frontier-airlines_x.htm. Acesso em: 13 nov. 2009.

Introdução

Orientação ao consumidor está no coração do conceito de marketing.[1] Como profissionais de marketing, temos que entender nossos consumidores e construir nossas organizações em torno deles. Segundo Jeff Bezos, da Amazon.com: "Vemos nossos clientes como convidados para uma festa, na qual somos os anfitriões. É nosso trabalho tornar cada aspecto importante da experiência do cliente um pouco melhor".[2] Compreender os consumidores e aprimorar a experiência deles é particularmente importante para os serviços que, em muitos casos, ainda tendem a ser voltados aos aspectos das operações e não orientados para o cliente. Richard Branson, fundador da marca Virgin, que engloba mais de 360 empresas, explica: "Nunca deixo os contadores entrar antes de eu começar um negócio. Uso a intuição, especialmente se eu perceber que eles [os contadores que só pensam nas operações] estão fazendo pouco-caso dos consumidores".[3] Dado o atual ambiente econômico e competitivo, é mais importante do que nunca entender as escolhas dos consumidores entre as opções de serviços que lhes são oferecidas e como avaliam esses serviços quando os recebem.

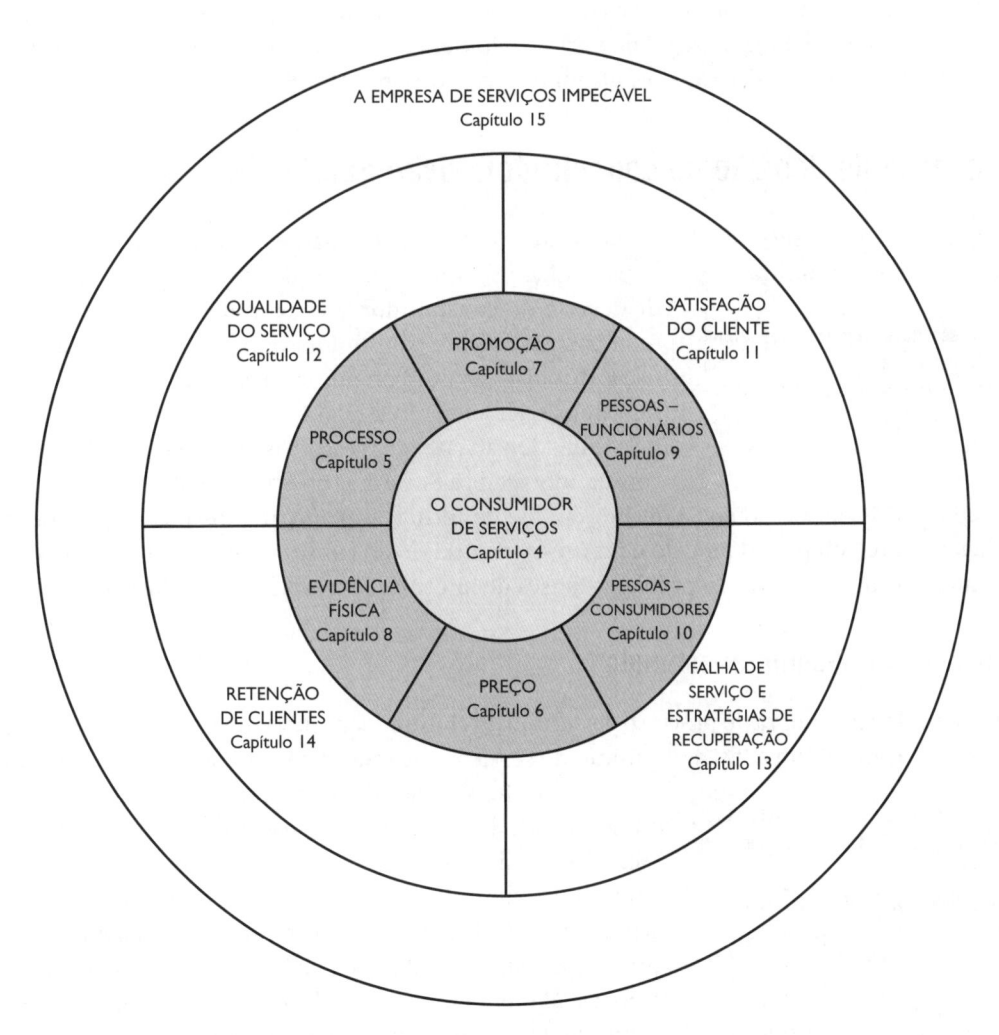

A EMPRESA DE SERVIÇOS IMPECÁVEL
Capítulo 15

QUALIDADE DO SERVIÇO
Capítulo 12

SATISFAÇÃO DO CLIENTE
Capítulo 11

PROMOÇÃO
Capítulo 7

PESSOAS – FUNCIONÁRIOS
Capítulo 9

PROCESSO
Capítulo 5

O CONSUMIDOR DE SERVIÇOS
Capítulo 4

EVIDÊNCIA FÍSICA
Capítulo 8

PESSOAS – CONSUMIDORES
Capítulo 10

RETENÇÃO DE CLIENTES
Capítulo 14

PREÇO
Capítulo 6

FALHA DE SERVIÇO E ESTRATÉGIAS DE RECUPERAÇÃO
Capítulo 13

Durante os três principais estágios da tomada de decisão – *pré-compra*, *consumo* e *avaliação pós-compra* –, o consumidor certamente utiliza algum processo ou modelo para fazer a escolha.

Embora diversos modelos tenham sido desenvolvidos e sejam abordados neste capítulo, é importante salientar que nenhum é completamente preciso. O funcionamento da mente do consumidor ainda não está claro para nós; trata-se de uma "caixa-preta" que permanece fechada. Podemos observar as entradas e as decisões tomadas como resultado, mas nunca saberemos como o ato de processamento das entradas (informação) realmente acontece.

Então, por que se preocupar com modelos? Gostem ou não, cada vez que os gerentes de marketing tomam decisões, eles se baseiam em algum modelo de como o consumidor vai se comportar. Frequentemente, tais modelos estão implícitos e raramente são compartilhados com outras pessoas, representando, de fato, a própria experiência do gerente de marketing. No entanto, toda vez que um preço é alterado, um novo produto é lançado ou uma propaganda é veiculada, alguma suposição foi feita sobre a forma como o consumidor vai reagir.

O propósito deste capítulo é abordar os elementos relacionados ao processo de decisão do consumidor no que se refere à compra de serviços. Devido às suas características únicas, existem diferenças entre a forma como os consumidores tomam decisões sobre serviços em relação aos bens. Este capítulo foi dividido em duas seções. A primeira fornece uma visão ampla do processo de tomada de decisão do consumidor, apresentando um resumo do processo e de suas aplicações às decisões de marketing. A segunda seção é dedicada a considerações específicas relativas ao processo de tomada de decisão do consumidor no que se refere a serviços.

Processo de decisão do consumidor: visão geral

Para comercializar serviços de forma eficaz, os gerentes de marketing precisam entender os processos mentais utilizados pelos consumidores durante cada um dos três estágios do **processo de decisão do consumidor**: a escolha entre as opções na pré-compra, a reação do consumidor durante o consumo e a avaliação de satisfação pós-compra (ver Figura 4.1). Embora nunca possamos realmente saber qual é o processo mental utilizado pelo indivíduo ao fazer suas escolhas, o processo de decisão do consumidor ajuda a estruturar nosso pensamento e guiar nossa compreensão sobre o comportamento do cliente. Primeiramente, iremos nos concentrar no estágio de pré-compra do modelo de processo de decisão do consumidor, que inclui as fases de estímulo, reconhecimento do problema, busca de informações e avaliação de alternativas.

processo de decisão do consumidor Trata-se de um processo em três etapas que os consumidores usam para tomar decisões de compra: pré-compra, consumo e avaliação pós-compra.

Estágio de pré-compra: estímulo

O estágio de pré-compra do processo de decisão do consumidor refere-se a todas as atividades de consumo que ocorrem antes da aquisição do serviço. Este estágio começa quando um indivíduo recebe um **estímulo** que o incita a considerar uma compra.[4] O estímulo pode ser um incentivo comercial, social ou físico. Os **incentivos comerciais** são o resultado de esforços promocionais. Por exemplo, um consumidor pode ser exposto a uma propaganda de uma faculdade. Como resultado, o indivíduo pode começar a avaliar sua situação atual na vida e a possibilidade de se matricular em uma universidade para buscar um grau universitário. Da mesma forma, os **incentivos sociais** são obtidos a partir do grupo a que pertence o indivíduo ou de outras pessoas importantes para ele. Por exemplo, saber que os amigos

estímulo Pensamento, ação ou motivação que incita uma pessoa a considerar uma compra.

incentivo comercial Evento ou motivação que proporciona um estímulo para o consumidor; é um esforço promocional da empresa.

incentivo social Evento ou motivação que fornece um estímulo para o consumidor obtido a partir do grupo a que pertence ou de outras pessoas importantes para ele.

estão matriculados em uma faculdade ou que seus colegas de trabalho que concluíram um curso superior foram promovidos por causa disso pode incentivar um indivíduo a aprimorar a própria formação. Finalmente, o estímulo também pode ser o resultado de um **incentivo físico**, como sede, fome ou outros

> **incentivo físico** Trata-se de uma motivação física, como sede, fome ou outro impulso biológico, que proporciona um estímulo para o consumidor.

sinais biológicos. Hipoteticamente, um indivíduo pode se inscrever em uma universidade como resposta a uma necessidade biológica de encontrar um parceiro para casar e constituir uma família, ou pode cogitar mais seriamente sobre a busca de um diploma universitário à medida que fica mais velho. Após receber o estímulo, o consumidor começa a pensar sobre a categoria do produto (neste caso, uma educação universitária) e avalia sua situação atual, fazendo a transição para a fase de reconhecimento do problema, segunda etapa do estágio de pré-compra de tomada de decisão do consumidor. Para estimular a tomada de decisão do cliente, os gerentes de empresas de serviços podem utilizar incentivos relativos às suas respectivas categorias de produtos. Por exemplo, na esperança de promover um ambiente ecologicamente correto, um anúncio de serviço público, como "Cada um de nós utiliza anualmente quase 35 metros de árvores em papel e produtos de madeira", pode fornecer o incentivo comercial necessário para influenciar mudanças no comportamento do consumidor (ver "Sustentabilidade e serviços *em ação*").

Estágio de pré-compra: reconhecimento do problema

O **reconhecimento do problema** ocorre quando os consumidores percebem que precisam fazer algo para retornar a um estado normal de conforto. Durante essa fase da tomada de decisão, o consumidor examina se realmente existe uma necessidade ou um desejo por um produto. Em última análise, necessidades são condições insatisfatórias do consumidor que o incentivam a agir para encontrar uma melhor condição. Em contrapartida, vontades são desejos de obter mais satisfação do que o necessário para melhorar uma condição insatisfatória. Assim, o reconhecimento do problema pode ser baseado em uma **escassez** (de uma necessidade) ou em um **desejo não satisfeito** (de uma vontade). Por exemplo, se o consumidor é motivado por um incentivo comercial para obter um diploma universitário e não está atualmente matriculado em uma universidade, existe uma deficiência (ou escassez). Em contrapartida, se o consumidor está atualmente matriculado em uma universidade e já não valoriza essa instituição em par-

> **reconhecimento do problema** Refere-se à segunda fase do estágio de pré-compra, na qual o consumidor determina se existe uma necessidade para o produto.
>
> **escassez** Ausência de um produto ou serviço em particular de que o consumidor necessita.
>
> **desejo não satisfeito** Insatisfação por um produto ou serviço desejado pelo consumidor.

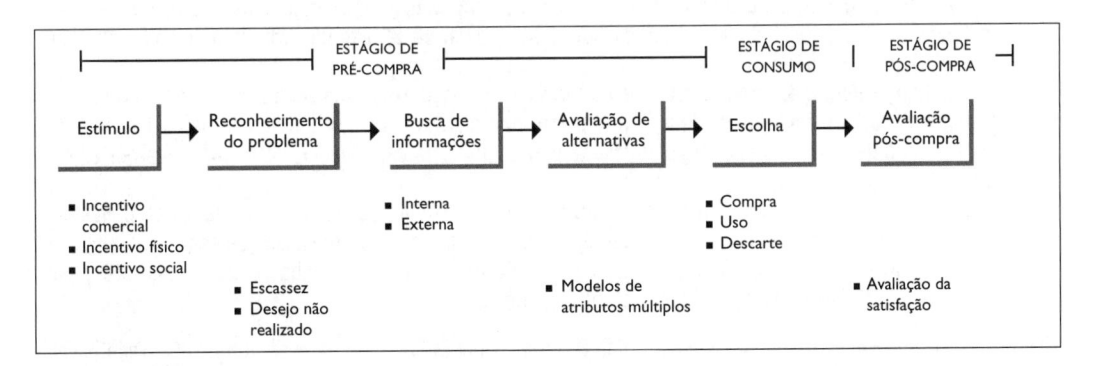

FIGURA 4.1 Modelo do processo de decisão do consumidor

ticular, mas ainda gostaria de concluir o curso em outra universidade, existe então um desejo não satisfeito. Finalmente, se o consumidor não reconhece a escassez ou o desejo não satisfeito, ele interrompe o processo de decisão nesse momento. Caso contrário, o processo de decisão continua à medida que o consumidor procura resolver o problema atual e passa para a fase de busca de informação. Os gestores que entendem melhor as necessidades e os desejos dos consumidores avaliam mais plenamente as motivações para a prioridade de procura de sua categoria de produto. Mensagens de comunicação que reforçam essas motivações, como "Cansado do seu emprego?" – exposta num quadro de avisos de uma faculdade –, estimulam ainda mais os consumidores a tomar medidas concretas para retornar a um estado normal de conforto.

SUSTENTABILIDADE E SERVIÇOS *EM AÇÃO*

Os dez maiores motivadores para reciclagem

À medida que o movimento ecológico avança, como você, no papel de consumidor, pode contribuir para a saúde ambiental? A resposta lógica, como sabemos, é reciclar. No entanto, antes que estejam dispostos a gastar tempo, esforço e dinheiro para começar um plano de reciclagem, os consumidores precisam ser motivados a fazê-lo. Uma coisa é falar sobre o movimento ecológico e o que nós, como consumidores, podemos fazer para estimulá-lo; outra coisa, completamente diferente, é demonstrar o impacto de um indivíduo no uso de energia.

Dos muitos dados listados pelo Programa de Reciclagem da Oberlin College, aqui estão os dez maiores motivadores para que os consumidores passem a reciclar:

1. **Impacto do papel.** Em 2007, mais de 56% do papel consumido nos Estados Unidos foi recuperado para reciclagem, o percentual mais alto de todos os tempos. Esse número impressionante representa 163 kg de papel para cada homem, mulher e criança no país.
2. **Derramamento de óleo no ambiente pode afetar milhões de pessoas.** Um litro de óleo de motor usado pode contaminar um milhão de litros de água.
3. **Água corrente = lâmpadas.** Uma torneira aberta por cinco minutos utiliza aproximadamente a mesma energia de uma lâmpada de 60 watts acesa por 14 horas.
4. **Você tem 35 m de altura.** Por ano, cada um de nós utiliza aproximadamente 35 m de árvores em papel e produtos de madeira.
5. **Uma lata de alumínio poderia fornecer energia para sua casa por um dia.** A reciclagem de uma lata de alumínio economiza energia suficiente para acender uma lâmpada de 100 watts durante 20 horas, um computador por três horas ou uma TV por duas horas.
6. **Isopor: não dá para reciclar.** Isopor não é reciclável; você não pode produzir isopor novo com isopor usado. A indústria quer que você assuma isso. A única maneira de combatê-lo é não comprá-lo.
7. **Vidro nunca se gasta.** O vidro pode ser reciclado para sempre. Economizamos mais de uma tonelada de recursos para cada tonelada de vidro reciclado: 600 kg de areia, 200 kg de carbonato de sódio, 200 kg de calcário e 70 kg de feldspato.
8. **A reciclagem poupa árvores, espaço e energia.** A reciclagem de uma tonelada de papel poupa 17 árvores adultas, 25 mil litros de água, 2 m^3 de espaço em aterros, dois barris de petróleo e 4,1 mil quilowatts-hora de eletricidade, energia suficiente para suprir uma casa média norte-americana por cinco meses.
9. **Reciclar para fazer roupas.** Vinte e seis garrafas PET recicladas equivalem a um terno de poliéster. Cinco garrafas PET recicladas fornecem fibras suficientes para encher um casaco de esqui.
10. **Borracha se reutiliza facilmente.** Produzir um quilo de borracha reciclada requer apenas 29% da energia necessária para fazer um quilo de borracha nova.

Fonte: *Recycling Facts*. Oberlin College Recycling Program. Oberlin College & Conservatory. 2008. Disponível em: <http://www.oberlin.edu/recycle/facts.html>.

Estágio de pré-compra: busca de informação

O reconhecimento de um problema exige uma solução por parte do indivíduo e, geralmente, implica uma compra que poderá acontecer. O indivíduo procura alternativas durante a fase de **busca de informação** do estágio de pré-compra. Como o nome indica, durante esta fase o consumidor coleta informações sobre possíveis alternativas que poderão resolver seu problema. É claro que, em todas as tomadas de decisão, os consumidores raramente consideram todas as alternativas viáveis. Em vez disso, eles têm uma lista limitada de opções escolhidas com base em experiência passada, conveniência e conhecimento. Essa lista é muitas vezes referida por teóricos como o **conjunto conhecido**, que se refere ao conjunto de alternativas de que um consumidor está ciente da existência. Esta lista é ainda mais reduzida no momento da tomada de decisão real. Alternativas das quais o consumidor de fato se lembra no momento da tomada de decisão são chamadas **conjunto evocado**. Dentre as marcas presentes no conjunto evocado, aquelas consideradas inadequadas (por exemplo, muito caras, muito distantes etc.) são eliminadas de imediato. As alternativas que permanecem são chamadas **conjunto de consideração**.

> **busca de informação** Refere-se à fase do estágio de pré-compra na qual o consumidor coleta informação referente a possíveis alternativas.
>
> **conjunto conhecido** Refere-se ao conjunto de alternativas de que um consumidor está ciente da existência.
>
> **conjunto evocado** Trata-se das alternativas das quais o consumidor se lembra no momento da tomada de decisão.
>
> **conjunto de consideração** Dentre as marcas presentes no conjunto evocado, aquelas consideradas inadequadas (por exemplo, muito caras, muito distantes etc.) são eliminadas de imediato. As alternativas que permanecem são chamadas conjunto de consideração.

Voltando ao nosso exemplo de seleção da faculdade, ao considerar alternativas, o consumidor pode primeiramente se envolver em uma **busca interna**, ou seja, acessar sua própria memória para obter possíveis alternativas de faculdade. Neste exemplo, o conhecimento prévio pode basear-se na proximidade geográfica de uma faculdade, em informações obtidas enquanto o indivíduo assiste a eventos esportivos locais ou nos relatos de familiares mais velhos sobre as experiências da faculdade. Pesquisa interna é uma abordagem passiva para coleta de informações e pode ser seguida por uma **busca externa**, o que implicaria a coleta de novas informações obtidas por meio de visitas ao *campus*, conversas com amigos e/ou leitura de revistas específicas que classificam as universidades anualmente. Com base nos processos de buscas interna e externa, o consumidor trilha o próprio caminho ao longo de uma ampla gama possível de opções e refina a busca passando do conjunto conhecido ao evocado e, em seguida, ao conjunto de consideração final de alternativas. Gestores que entendem os processos de busca de informação dos consumidores têm uma chance muito maior de inserir, de forma estratégica, informações a fim de torná-las facilmente acessíveis aos clientes. Desta forma, aumentam consideravelmente as chances de o prestador de serviços ser incluído no conjunto de alternativas sob a consideração do consumidor.

> **busca interna** Uma abordagem passiva para a coleta de informações na qual a memória do próprio consumidor é a principal fonte de informações sobre um produto.
>
> **busca externa** Abordagem proativa para a coleta de informações na qual o consumidor recebe novas informações de fontes além de sua própria experiência

Estágio de pré-compra: avaliação de alternativas

Uma vez que a informação relevante tenha sido coletada a partir de fontes internas e externas, o consumidor chega a um conjunto de consideração de alternativas de soluções para resolver o problema reconhecido. Possíveis soluções são consideradas na fase de **avaliação de alternativas** do processo de

> **avaliação de alternativas** Fase do estágio de pré-compra na qual o consumidor confere um valor ou "ordem de preferência" a cada alternativa.

> **avaliação não sistemática** A escolha entre as alternativas de uma forma aleatória ou por uma abordagem "intuitiva".
>
> **avaliação sistemática** A escolha entre as alternativas usando um conjunto de passos formais para se chegar a uma decisão.

decisão do consumidor. Essa fase pode consistir em uma **avaliação não sistemática** de alternativas, como o uso de intuição, simplesmente escolhendo uma alternativa com base em um "sentimento", ou envolver uma técnica de **avaliação sistemática**, como um modelo multiatributos de escolha. Tais modelos sistemáticos utilizam um conjunto de passos formais para se chegar a uma decisão.

Teóricos de marketing fizeram uso extensivo de modelos multiatributos para simular o processo de avaliação de produtos.[5] De acordo com esses modelos, os consumidores utilizam uma série de atributos ou critérios como referências básicas ao avaliarem um serviço. Por exemplo, os consumidores podem comparar possibilidades de universidades com base em localização, taxa de mensalidade, requisitos de admissão, reputação acadêmica, cursos de graduação e programas esportivos. Os consumidores calculam a preferência pelo serviço com base na soma das pontuações do serviço em cada atributo individual.

Na fase de avaliação das alternativas do processo de decisão, acredita-se que os consumidores criem uma matriz semelhante à mostrada na Figura 4.2 para comparar as opções. O exemplo na figura é a escolha de uma universidade para um curso de graduação. Na parte superior da figura estão dois tipos de variável. A primeira é um conjunto de consideração de alternativas a serem avaliadas. Como mencionado anteriormente, esse conjunto de consideração vai, por várias razões, ser reduzido em relação a uma lista exaustiva de todas as possíveis opções. Neste exemplo, constam as seguintes instituições: California State University (CSU), Ohio State University (OSU), University of Kentucky (UK) e Michigan State University (MSU). O segundo tipo de variável é o peso da importância com o qual o consumidor classifica os vários atributos que compõem o eixo vertical da figura. Por exemplo, na Figura 4.2, o consumidor confere maior peso à localização e mensalidade como sendo os atributos mais importantes, seguidos por reputação e cursos de graduação, e, por fim, aparecem os requisitos de admissão e programas esportivos. Ao final, o consumidor confere notas a cada alternativa em cada atributo com base em suas expectativas. Por exemplo, esse consumidor dá à CSU uma nota maior para localização; uma nota menor à mensalidade e reputação acadêmica; uma nota ainda menor aos requisitos de admissão e cursos de graduação; e notais ainda mais inferiores a programas esportivos.

De acordo com a figura, o consumidor pode utilizar esta abordagem para tomar uma decisão em vários processos de escolha. Segundo a **abordagem compensatória linear**, o consumidor cria uma pontuação global para cada marca: em cada atributo, ele multiplica a nota dada a cada alternativa pelo peso da importância conferido ao atributo, e, por fim, soma todas as notas. A CSU pontuaria 10 × 10 (em localização) mais 9 x 10 (em mensalidade) mais 8 × 8 (em requisitos de admissão), e assim por diante. A universidade com a maior pontuação, neste exemplo a OSU, será a escolhida.

> **abordagem compensatória linear** De acordo com este modelo sistemático, o consumidor cria uma pontuação global para cada marca: em cada atributo, ele multiplica a classificação da marca pela importância dada ao atributo, e, por fim, soma todas as pontuações.

Outro tipo de abordagem multiatributos sugerida é a **abordagem lexicográfica**, que descreve os assim chamados "tomadores de decisão preguiçosos", que tentam minimizar o esforço envolvido. Eles examinam atributo por atributo, começando pelo mais importante, e tentam tomar uma decisão. O indivíduo cujas preferências são mostradas na Figura 4.2 analisa primeiro a localização e descarta OSU, UK e MSU. Assim, diferentes regras de decisão resultam em uma escolha diferente: a CSU sob o modelo lexicográfico e a OSU sob o modelo de compensação linear.

> **abordagem lexicográfica** De acordo com este modelo sistemático, o consumidor toma uma decisão após examinar cada atributo, começando pelo mais importante, a fim de descartar alternativas.

ATRIBUTOS	CONJUNTO DE CONSIDERAÇÃO DE ALTERNATIVAS DE UNIVERSIDADES				PESOS DA IMPORTÂNCIA
	CSU	OSU	UK	MSU	
Localização	10*(10)**	8(10)	8(10)	7(10)	10
Mensalidade	9(10)	7(10)	7(10)	8(10)	10
Requisitos de admissão	8(8)	8(8)	8(8)	8(8)	8
Reputação acadêmica	9(9)	10(9)	8(9)	8(9)	9
Cursos de graduação	8(9)	9(9)	9(9)	8(9)	9
Programas esportivos	7(8)	10(8)	10(8)	8(8)	8
Totais	463	465	447	442	

*As notas variam de 1 (mais baixa) a 10 (mais alta).
**Os números entre parênteses referem-se aos pesos para cada critério.

FIGURA 4.2 Modelo multiatributo de escolha para avaliação de alternativas de universidades

Dada a popularidade de modelos multiatributos, não é nenhuma surpresa que tenham sido usados para descrever e explicar os processos de decisão de serviços do consumidor. O mérito desses modelos reside na simplicidade e clareza. Os atributos identificados cobrem uma vasta gama de preocupações relacionadas com a experiência de serviço e são facilmente compreendidos pelos gestores. Por exemplo, analisar os modelos multiatributos do consumidor fornece, pelo menos, cinco valiosas informações:

1. A inclusão de uma lista de alternativas no conjunto de consideração.
2. As listas de atributos que os consumidores consideram ao decidir comprar.
3. Os pesos da importância atribuída a cada atributo.
4. As crenças de desempenho refletidas pelas notas atribuídas a cada empresa.
5. As crenças de desempenho refletidas pelas notas atribuídas à concorrência.

Ao utilizarem esses modelos, as tarefas dos gestores são relativamente simples. Por exemplo, a propaganda pode ser usada para enfatizar um atributo específico no qual o serviço da empresa parece ser fraco segundo a percepção dos consumidores. A faculdade pode ter tido uma reputação acadêmica ruim no passado, mas a propaganda pode mudar a percepção dos consumidores ao apresentar as realizações da instituição. Se necessário, a propaganda comparativa também pode ser usada para tentar reduzir as notas de atributos obtidos por concorrentes.

Estágio de consumo: escolha

Até agora, tratamos do estágio de pré-compra no processo de decisão do consumidor, que descreveu as fases de estímulo, reconhecimento do problema, busca de informação e avaliação de alternativas. Um resultado importante da fase de pré-compra refere-se à decisão de comprar uma das opções consideradas. Durante a fase de consumo, o consumidor pode fazer uma *escolha de loja* – decidir comprar em um estabelecimento em particular – ou uma *escolha sem loja* –, optar pela compra em um catálogo, na internet ou em uma venda por correspondência. Esta decisão é acompanhada por um conjunto de expectativas sobre o desempenho do produto a ser adquirido. No caso dos bens, o consumidor, depois da compra, utiliza o produto e descarta quaisquer resíduos restantes. As atividades de comprar, usar e descartar são agrupadas e classificadas no **processo de consumo**.[6] Entender as possibilidades

processo de consumo Refere-se às atividades de compra, uso e descarte de um produto.

de escolha ou compra dos consumidores é importante para a tomada de decisões gerenciais. Por exemplo, os serviços bancários costumavam estar disponíveis apenas em agências físicas. Ao longo dos anos, os consumidores se acostumaram à realização de atividades bancárias eletrônicas por meio de caixas eletrônicos, pela internet, ou em caixas automáticos convenientemente localizados dentro de supermercados.

Estágio de pós-compra: avaliação

Uma vez que a compra foi feita e que o produto – serviço ou bem – está sendo consumido, ocorre a avaliação pós-compra. Durante este estágio, os consumidores podem sentir diferentes níveis de **dissonância cognitiva** – a dúvida de que a decisão de compra foi correta. Os profissionais de marketing muitas vezes tentam minimizar a dissonância cognitiva assegurando ao cliente que ele tomou a decisão correta. Para minimizarem a dissonância cognitiva, muitas empresas promovem um contato pós-venda com o cliente. Neste caso, elas afixam uma carta tranquilizadora na embalagem do produto, oferecem garantias e reforçam a decisão do consumidor por meio de propaganda. Por exemplo, saber pela propaganda da universidade que um curso escolhido foi reconhecido nacionalmente pela *U. S. News & World Report* reforçaria positivamente a decisão de inscrição do consumidor neste curso. De forma simples, a avaliação pós-compra refere-se à satisfação do cliente, e esta é o resultado-chave do processo de marketing. Em última análise, a satisfação é alcançada quando o consumidor percebe que suas expectativas foram atendidas ou mesmo superadas. A satisfação do cliente é o principal objetivo de toda empresa, e é o que geralmente leva à sua fidelização e retenção, o que gera boca a boca positivo, que, por sua vez, leva ao aumento de vendas e rentabilidade.

> **dissonância cognitiva** Refere-se à dúvida do consumidor quanto à decisão de compra correta.

Durante o processo de avaliação do estágio de pós-compra, novamente podem ser utilizados modelos multiatributos. Para este processo, as escolhas das universidades são substituídas em duas colunas denominadas pontuação de percepção e de expectativa. A pontuação de percepção para cada atributo é obtida pelo consumidor após a inscrição na universidade. Assim, ela reflete o que o consumidor acredita que realmente aconteceu com base em sua própria experiência pessoal. A pontuação de expectativa para cada atributo foi obtida a partir da Figura 4.2, que reflete as expectativas do consumidor antes de realmente frequentar a universidade selecionada.

A pontuação de satisfação é então derivada pela criação de uma nota global das comparações entre as percepções e as expectativas ponderadas pela importância de cada atributo. Isto é mostrado na Figura 4.3.

No exemplo, o cliente escolhe a OSU usando a matriz de escolha multiatributos mostrada na Figura 4.2 e com base na abordagem de compensação linear. Os níveis esperados em cada atributo, portanto, são tomados a partir desta matriz. Na realidade, a mensalidade aumentou e a escola não fez jus à sua reputação acadêmica. O consumidor, portanto, rebaixou sua avaliação nesses atributos. Percepções maiores do que as expectativas resultam em uma pontuação de satisfação positiva, e os clientes ficam *encantados*. Percepções iguais às expectativas resultam em uma pontuação de satisfação igual a zero, e os clientes ficam *satisfeitos*. Percepções menores do que as expectativas resultam em uma pontuação de satisfação negativa, e os clientes ficam *insatisfeitos*, como foi o caso dos que escolheram a OSU.

ATRIBUTOS	PONTUAÇÃO DE PERCEPÇÃO[1]	PONTUAÇÃO DE EXPECTATIVA[2]	PONTUAÇÃO DE SATISFAÇÃO[3]	AVALIAÇÃO DO CLIENTE	PESOS DE IMPORTÂNCIA
Localização	8(10)	8(10)	0	Satisfeito	10
Mensalidade	5(10)	7(10)	−20	Insatisfeito	10
Requisitos de admissão	8(8)	8(8)	0	Satisfeito	8
Reputação acadêmica	8(9)	10(9)	−18	Insatisfeito	9
Cursos de graduação	10(9)	9(9)	+9	Encantado	9
Programas esportivos	10(8)	10(8)	0	Satisfeito	8
Totais	436	465	−29	Insatisfeito	

[1] Pontuação de percepção baseada na experiência real do consumidor.
[2] Pontuação de expectativa em relação à OSU obtida a partir do modelo multiatributos original da Figura 4.2.
[3] Pontuação de Satisfação = Percepção − Expectativa.
FIGURA 4.3 Seleção de universidade: avaliação pós-compra da OSU

Considerações especiais relativas a serviços

Embora o modelo do processo de decisão do consumidor se aplique tanto a bens quanto a serviços, existem considerações especiais em relação a compras de serviços. Muitas delas podem ser diretamente atribuídas às características únicas de serviços: intangibilidade, inseparabilidade, heterogeneidade e perecibilidade. As considerações abordadas nesta parte do capítulo ajudam a compreender de forma mais profunda o comportamento do consumidor no que se refere à compra de serviços.

Considerações no estágio de pré-compra: risco percebido

Em contraste com a compra de bens, os consumidores de serviços tendem a perceber um maior nível de risco durante o estágio de pré-compra. O conceito de risco percebido como uma explicação para o comportamento de compra do cliente foi sugerido pela primeira vez nos anos 1960.[7] O comportamento do consumidor envolve risco, uma vez que qualquer ação sua produzirá consequências que não poderão ser antecipadas com alguma certeza. Além disso, algumas dessas consequências poderão ser muito desagradáveis. Assim, propõe-se que o risco percebido seja constituído de duas dimensões:

- *Consequência: o grau de importância e/ou perigo dos resultados decorrentes de uma decisão do consumidor.*
- *Incerteza: a possibilidade subjetiva da ocorrência desses resultados.*

Uma cirurgia médica consiste em um excelente exemplo de como consequência e incerteza desempenham um papel importante nas compras de serviços. No que diz respeito à incerteza, o consumidor pode nunca ter passado por uma cirurgia antes, e, portanto, não tem ideia do que esperar. Além disso, embora o cirurgião tenha realizado a cirurgia com sucesso centenas de vezes no passado, o paciente não tem garantias de que à que será submetido terá o mesmo resultado. Além disso, a incerteza poderá aumentar se o paciente não tiver conhecimento suficiente, antes do procedimento, sobre os detalhes específicos da cirurgia e dos efeitos posteriores. Quanto às consequências, uma má decisão a respeito de uma cirurgia poderá colocar sua vida em risco.

Tipos de risco À medida que o conceito de risco percebido pelo consumidor se desenvolveu, foram identificados cinco tipos de risco percebido, comuns em muitas situações de compra, baseados em cinco diferentes tipos de resultado: financeiro, de desempenho, físico, social e psicológico.[8] No caso do **risco financeiro**, uma perda financeira poderá ocorrer se a compra der errado ou não funcionar corretamente. O **risco de desempenho** relaciona-se à ideia de que o item ou serviço adquirido não desempenhará a tarefa para a qual foi comprado. O **risco físico** de uma compra poderá surgir se algo der errado e machucar o comprador. O **risco social** sugere que pode haver uma perda de *status* associada a uma compra em particular (por exemplo, medo de que um grupo ao qual o indivíduo pertence reagirá negativamente: "Quem comprou isso?"). Como um possível exemplo deste risco, estudos têm constatado que os usuários de caixas de autoatendimento, como as encontradas em supermercados, sentem muita pressão para ser rápidos à medida outros esperam pacientemente atrás deles para fazer as transações (ver "Serviços eletrônicos *em ação*"). O **risco psicológico** refere-se à influência da compra na autoestima do indivíduo. Por exemplo, uma pessoa pode não ir a determinados eventos de teatro ou esportivos porque não são consistentes com sua autoimagem.

> **risco financeiro** A possibilidade de uma perda financeira se a compra der errado ou não funcionar corretamente.
>
> **risco de desempenho** A possibilidade de que o item ou serviço adquirido não desempenhará a tarefa para a qual foi comprado.
>
> **risco físico** A possibilidade de que, se algo der errado, o comprador poderá se machucar fisicamente.
>
> **risco social** A possibilidade de uma perda de *status* social associada a uma determinada compra.
>
> **risco psicológico** A possibilidade de que uma compra afetará a autoestima do indivíduo.

Riscos e padronização Muito do risco percebido pode ser atribuído à dificuldade em produzir uma oferta de serviço padronizada. No Capítulo 3, introduzimos o conceito de heterogeneidade. Como um serviço é uma experiência que envolve interações de alta complexidade, é muito difícil replicar a experiência de um cliente para outro ou de um dia para outro.[9] Como resultado, o cliente pode considerar difícil prever com precisão a qualidade do serviço que vai comprar. O fato de um agente da State Farm Insurance ser recomendado pelo seu vizinho não garante que este agente de seguros terá exatamente o mesmo relacionamento com você. Assim, o risco percebido tende a ser mais elevado para a aquisição de serviços em comparação com a compra de bens.

Risco de coprodutor O envolvimento do consumidor no "processo de produção de serviços" é outra fonte de aumento do risco percebido. O risco de coprodutor está diretamente relacionado com o conceito de inseparabilidade. Os serviços odontológicos fornecem um ótimo exemplo de participação do consumidor no processo de produção. Ao contrário de produtos, que podem ser comprados e retirados, os serviços não podem ser levados para casa e utilizados na privacidade do consumidor, onde os erros do comprador não serão visíveis. Em vez disso, o

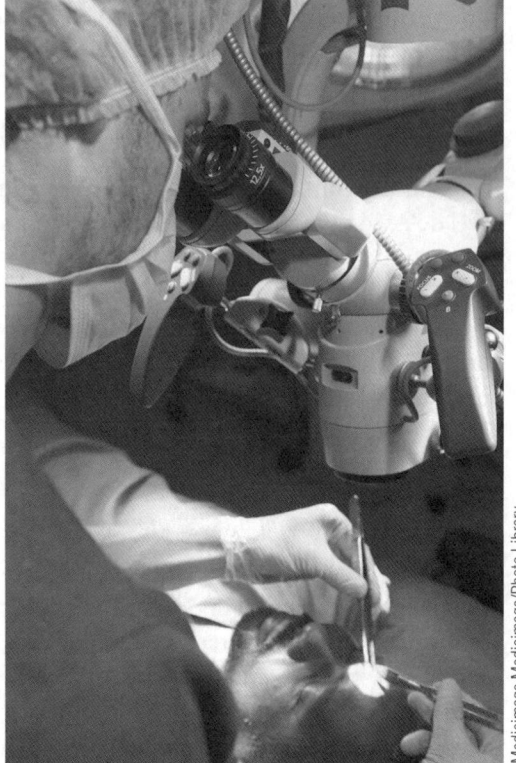

A cirurgia eletiva apresenta muitos riscos para os clientes, incluindo financeiros, de desempenho, físicos, sociais e psicológicos.

consumidor deve participar parte do processo do próprio serviço. O fato de o cliente fazer parte deste processo claramente aumenta a incerteza sobre as consequências, sobretudo em relação às consequências físicas, como um atendimento odontológico, ou nas sociais, quando a pessoa faz algo "errado", como vestir-se de forma inadequada para um jantar importante com outros convidados em um restaurante sofisticado.

Risco e informação De acordo com especialistas, os níveis mais elevados de risco associados com compras de serviços são decorrentes da falta de informação disponível antes de o consumidor tomar a decisão de compra. Por exemplo, a literatura sugere que bens e serviços têm três tipos diferentes de atributo:[10]

- ***Atributos de pesquisa*** – que podem ser determinados antes da compra.
- ***Atributos de experiência*** – que podem ser avaliados somente durante e após o processo de produção.
- ***Atributos de crença*** – que não podem ser avaliados com clareza mesmo imediatamente após a recepção do bem ou serviço.

atributos de pesquisa Atributos do produto que podem ser determinados antes da compra.

atributos de experiência Atributos do produto que podem ser avaliados somente durante e após o processo de produção.

atributos de crença Atributos do produto que não podem ser avaliados com clareza mesmo imediatamente após a recepção do bem ou serviço.

SERVIÇOS ELETRÔNICOS *EM AÇÃO*

Caixas de autoatendimento: por que os consumidores podem querer evitá-los

Considere por que você iria querer usar um caixa de autoatendimento em um supermercado. Para reduzir o tempo de espera ou acelerar a transação? Você prefere evitar a possibilidade de uma interação negativa com os funcionários? Ou você gostaria de evitar os produtos de "compra de impulso" que revestem as filas dos caixas tradicionais? Não importa o motivo, as pessoas costumam escolher as opções de autoatendimento para melhorar sua experiência global. Contudo, pesquisadores constataram que, em muitos casos, ela tem um efeito oposto.

Os supermercados têm usado caixas de autoatendimento desde 1992, e as reações dos consumidores variam. É fácil ver por que as lojas têm implementado tais caixas: reduzir os custos de mão de obra e minimizar potenciais conflitos, limitando a interação entre consumidores e funcionários. As reações dos clientes, no entanto, têm levantado dúvidas sobre a melhor maneira de implementar esta tecnologia.

Um artigo publicado pela America Online (AOL) descreve o comportamento dos consumidores para opções de autoatendimento como "medo do palco". Em outras palavras, as pessoas preferem evitar esse recurso quando existem muitos outros clientes. As pessoas simplesmente não gostam de parecer idiotas ou burras, de modo que os níveis de confiança caem quando a pressão da multidão esperando aumenta. Isso leva os consumidores a optar por não usar o autoatendimento, mesmo que as filas dos caixas tradicionais demorem muito mais tempo. Níveis de desconforto também sobem quando itens como preservativos estão próximos aos caixas. Além disso, a interação perturbadora pode aumentar por causa de emoções como impaciência, frustração e raiva em relação a outros consumidores. Todos esses fatores se combinam para ter um impacto negativo sobre a experiência de autoatendimento do consumidor.

Assim, permanece a pergunta a respeito de como os gerentes e as empresas podem melhorar a experiência de autoatendimento no que se refere ao comportamento dos consumidores. Pesquisadores notaram que é melhor ter a área de autoatendimento em algum lugar com menor tráfego e produtos neutros, uma vez que a falta de pressão de outros consumidores acalma os usuários, enquanto os produtos neutros criam um ambiente acolhedor. A esperança é que esses elementos aumentarão a confiança dos consumidores e os incentivará a utilizar mais os caixas de autoatendimento.

Fonte: Cardona, Mercedes. Self-checkout machines cause stage fright in shoppers. *DailyFinance*, 30 out. 2009. <http://www.dailyfinance.com/2009/10/30/self-checkout-machinescause-stage-fright-in-shoppers/>.

Atributos de pesquisa consistem em aspectos tangíveis que podem ser avaliados antes da compra. Por exemplo, na compra de um automóvel, o consumidor pode ver o carro, sentar-se nele, testar todos os itens oferecidos em veículos novos e fazer um *test-drive*. O mesmo não acontece com a maioria dos serviços. Devido à natureza intangível de serviços, muitas vezes é extremamente difícil para os consumidores avaliá-los objetivamente antes de sua compra. Portanto, serviços têm muito poucos atributos de pesquisa.

Uma grande parte das características dos serviços (por exemplo, a simpatia dos comissários de bordo de determinada companhia aérea ou o nível de habilidade de um cabeleireiro) pode ser descoberta pelos consumidores apenas durante e após o consumo do serviço; trata-se dos atributos de experiência, como são comumente referidos. Além disso, algumas das características de vários serviços não podem ser avaliadas mesmo após o serviço ser realizado; trata-se dos chamados atributos de crença. Por exemplo, como você sabe se o seu psicólogo ou contador é realmente bom? Em casos como esses, o cliente muitas vezes não tem o conhecimento especializado ou técnico para fazer uma avaliação informada. Devido à intangibilidade (que limita os atributos de pesquisa), à inseparabilidade (que aumenta os atributos de crença) e à variação na qualidade fornecida pelo pessoal de serviço, os serviços tendem a caracterizar-se por atributos de experiência e crença, o que, por sua vez, reduz a quantidade de informação disponível aos consumidores na pré-compra e aumenta o risco percebido.

Risco e fidelidade à marca Se começarmos pela premissa de que os consumidores não gostam de correr riscos, parece óbvio que eles tentarão, sempre que possível, reduzir o risco durante o processo de compra. Uma estratégia é ser fiel a uma marca ou loja.[11] Fidelidade à marca está baseada no grau de satisfação obtida pelo consumidor no passado. Se o cliente ficou satisfeito com o fornecedor de serviço no passado, há pouco incentivo para arriscar algo novo. Por exemplo, os clientes satisfeitos do Citigroup podem ter poucos motivos para mudar sua fidelidade para outro prestador de serviços financeiros.

"Estou dividida entre a lealdade à marca e novas tendências na experiência do consumidor."

Em geral, consumidores de serviços tendem a ser mais fiéis à marca do que consumidores de bens. Fidelidade à marca reduz os níveis de risco percebido pelos consumidores de serviços.

Tendo ficado satisfeito em uma compra de alto risco efetuada anteriormente, o consumidor é menos propenso a experimentar um prestador diferente. Assim, a manutenção de um relacionamento de longo prazo com o mesmo fornecedor de serviços, por si só, ajuda a reduzir o risco associado com a compra. Por isso, os consumidores adquirem serviços do mesmo médico, dentista e cabeleireiro durante longos períodos de tempo.

Fidelidade à marca também pode ser maior na compra de serviços devido ao número mais restrito de opções disponíveis. Isto é particularmente verdadeiro no caso de serviços profissionais em que os substitutos aceitáveis podem não estar disponíveis. Finalmente, fidelidade à marca também pode ser maior em razão dos **custos de mudança**, ou seja, custos que surgem quando há a troca de um prestador de serviço. Uma vasta gama de custos de mudança pode ser acumulada, o que dependerá do serviço envolvido. Considere, por exemplo, os custos de mudança quando o consumidor substitui uma marca de legumes

custos de mudança Referem-se aos custos que podem surgir quando há uma troca de prestador de serviços.

em lata por outra em comparação à mudança de banco. Os custos de mudança típicos incluem os seguintes fatores:

- *Custos de pesquisa* – custos do tempo associados à busca de novas alternativas.
- *Custos de transação* – custos monetários associados à primeira visita, como novas radiografias quando o cliente muda de dentista.
- *Custos de aprendizagem* – custos com o tempo e o dinheiro associados com a aprendizagem de novos sistemas, como novas versões de *software*.
- *Descontos para clientes fiéis* – descontos concedidos para manter o mesmo serviço ao longo do tempo, como bônus de seguro de automóvel pela não ocorrência de sinistros. Tais descontos são perdidos quando há substituição de fornecedor.
- *Custos de hábito* – custos associados com a mudança de padrões de comportamento.
- *Custos emocionais* – a perturbação emocional que uma pessoa pode sentir quando desfaz um relacionamento de longo prazo com um prestador de serviços. Os custos emocionais são particularmente altos quando uma relação pessoal se desenvolveu entre o cliente e o fornecedor.
- *Custos cognitivos* – custos relacionados ao tempo despendido simplesmente por pensar em fazer uma mudança de prestadores de serviços.

Considerações no estágio de pré-compra: a importância das fontes pessoais de informação

Outra consideração especial durante o estágio de pré-compra é a importância de fontes pessoais de informação. Pesquisas mostram que, na área de comunicações, formas pessoais, como referências boca a boca e informação de formadores de opinião, muitas vezes recebem mais importância do que as comunicações feitas pela empresa, como propaganda em massa. Assim, uma referência de um amigo se torna mais importante quando a compra a ser feita tem um risco maior. Por exemplo, a ida a um novo cabeleireiro pode ser angustiante porque o resultado do serviço será algo visível. Tal angústia pode ser reduzida por uma recomendação de alguém em quem o consumidor confia. O consumidor, então, se sentirá mais confiante sobre o possível resultado futuro.

Da mesma forma, evidências sugerem que formadores de opinião desempenham um papel importante na compra de serviços. Na classificação de risco percebido, um formador de opinião pode ser visto como uma fonte de redução do risco social. Uma mulher que visita um cabeleireiro pela primeira vez pode se sentir insegura sobre a qualidade do resultado. No entanto, pode sentir-se mais segura ao saber que a amiga que recomendou o serviço é tida como conhecedora do assunto em questão. Desta forma, o julgamento do formador de opinião substitui em parte o do próprio consumidor.

Além de reduzir o risco percebido, as fontes pessoais de informação são relevantes aos consumidores de serviços por uma série de outras razões. Devido à intangibilidade de serviços, os meios de comunicação não são tão eficazes em comunicar suas qualidades, em comparação com as fontes pessoais de informação. Por exemplo, você se sentiria confortável comprando serviços de um médico a partir de um anúncio de televisão? Além disso, seria viável para o médico descrever adequadamente os procedimentos médicos durante uma chamada de televisão de 30 segundos? Em geral, as fontes pessoais de informação se tornam mais importantes à medida que os padrões de avaliação são mais escassos e a complexidade de serviço aumenta.

Em muitos casos, os consumidores dependem de fontes pessoais de informação porque as fontes não pessoais não estão disponíveis. Restrições profissionais ou atitudes negativas quanto ao uso de propaganda de massa em determinados setores de serviço também reduzem seu uso como forma de comunicação. Há casos ainda em que as empresas prestadoras de serviços são pequenas e não têm os recursos ou conhecimento necessários para anunciar de forma eficaz. Quantas aulas de marketing ou de comunicações você acha que seu dentista ou médico teve na faculdade? A maioria não tem ideia do que realmente quer dizer mercado-alvo, estratégia de posicionamento ou composto de marketing. Independente da formação, os prestadores de serviços profissionais são empresas que devem competir de maneira eficaz para manter a subsistência. O resultado é que muitos prestadores de serviços profissionais não têm o conhecimento necessário ou se sentem desconfortáveis ao realizar a parte comercial de suas atividades.

Considerações no estágio de pré-compra: menos alternativas a considerar

Em comparação com os bens, outra diferença a ser considerada no caso dos prestadores de serviços é que os consumidores tendem a avaliar um número menor de alternativas de oferta durante o estágio de pré-compra. Esta situação ocorre por uma série de razões. Primeiro, cada prestador de serviços tende a oferecer apenas uma marca. Por exemplo, a Geico Insurance vende apenas uma marca de seguro, Geico, da mesma forma como um dentista fornece apenas uma marca. Em contrapartida, os consumidores que compram um liquidificador geralmente têm muitas marcas a considerar em cada loja.

A segunda razão pela qual o conjunto de consideração tende a ser menor deve-se ao número de estabelecimentos que prestam o mesmo serviço. As empresas de serviços tendem a ter um menor número de estabelecimentos oferecendo o mesmo serviço. Por exemplo, um segmento de mercado pode suportar apenas certo número de psicólogos, dentistas e médicos. Em comparação, bens semelhantes tendem a estar disponíveis em muitos locais. A diferença entre a distribuição de bens e de serviços está diretamente relacionada com a diversificação do composto de produtos. Os varejistas vendem muitos produtos de muitas marcas, tendo diversas fontes de faturamento. Devido ao número diversificado de produtos, os mesmos bens estão disponíveis em muitos locais. Em contrapartida, a sobrevivência da empresa de serviços muitas vezes depende da venda de apenas uma marca de serviço.

Uma terceira razão pela qual os consumidores consideram menos alternativas de serviços deve-se à falta de informação pré-compra. Os consumidores de serviços simplesmente não conhecem muitas alternativas de serviços e/ou preferem não se arriscar na demorada tarefa de obter informações de prestadores de serviços concorrentes. Em contrapartida, os consumidores de bens muitas vezes simplesmente olham o que há nas prateleiras do supermercado e podem comparar preços e uma série de outros fatores, como ingredientes, qualidade de estrutura, toque e tamanho.

Considerações no estágio de pré-compra: autofornecimento como uma alternativa viável

A última, mas importante, diferença entre bens e serviços no estágio de escolha pré-compra é que o fornecimento com frequência se torna uma alternativa viável para serviços como jardinagem, montagem de cercas, limpeza, pintura e outros serviços. Em comparação, os consumidores raramente consideram a construção de um frigorífico antes de comprar de um varejista local. Assim, muitos prestadores de serviços devem considerar o autofornecimento do próprio cliente como concorrência.

Considerações no estágio de consumo

O consumo de bens pode ser dividido em três atividades: compra, uso e descarte. As três atividades ocorrem em uma ordem definida: comprar, usar e descartar, com limites claros entre si. O cliente compra uma caixa de detergente em um supermercado, usa-a em casa e descarta a caixa vazia.

Contudo, esse cenário não se aplica ao consumo de serviços. Em primeiro lugar, não existe uma fronteira clara ou sequência definida entre a aquisição e a utilização de serviços, pois não há transferência de propriedade. Por causa das interações prolongadas entre o cliente e o prestador de serviços, produção, aquisição e utilização de serviços se emaranham e parecem ser um processo único.[12] Além disso, o conceito de descarte não se aplica em razão da intangibilidade e da natureza da experiência dos serviços.

Sem dúvida, a fase de consumo é mais complexa para os serviços em comparação com bens. Como vimos no primeiro capítulo, os benefícios adquiridos por um cliente de serviço consistem na experiência que é entregue por meio das quatro dimensões do modelo *servuction*. Mesmo quando um serviço é prestado em relação a um bem físico que o consumidor possui, tal como um carro, o processo de produção/consumo do serviço muitas vezes envolve uma sequência de interações pessoais (presenciais ou por telefone) entre o cliente e o prestador de serviços.[13]

As interações entre o cliente, as instalações e o pessoal da empresa são inevitáveis. É a partir dessas interações interpessoais que a experiência de serviço é adquirida.[14] Talvez a consequência mais importante dessas interações seja a contradição de que a avaliação pós-escolha ocorre apenas após o uso.[15] A diferença na maneira como bens e serviços são avaliados pode ser explicada da seguinte maneira: a utilização de bens é essencialmente livre de qualquer tipo de influência direta do profissional de marketing. Por exemplo, o fabricante do cereal do seu café da manhã não tem qualquer interação com você. Assim, os consumidores de bens podem escolher quando, onde e como vão usar o bem. Por sua vez, as empresas de serviços desempenham um papel ativo nas atividades de consumo dos clientes, pois os serviços são produzidos e consumidos simultaneamente.

Nenhum serviço pode ser produzido ou utilizado com o consumidor ou a empresa que está prestando o serviço ausentes. Devido ao aspecto inerente do processo em serviços, muitos acreditam que a avaliação pós-escolha do consumidor não ocorre apenas *após*, mas sim *durante* a prestação do serviço. Em outras palavras, os consumidores avaliam o serviço tanto na fase de consumo quanto na pós-compra.

Do ponto de vista do profissional de marketing, isto abre a possibilidade de influenciar diretamente essa avaliação. Por isso, o gerente do restaurante que passa de mesa em mesa e pergunta "Como está o seu jantar esta noite?" pode identificar problemas durante a fase de consumo e mudar avaliações dos consumidores de uma forma que o fabricante de um bem não consegue. O resultado para os gestores é reconhecer que a avaliação do consumidor de serviço ocorre tanto durante o processo de prestação de serviços como após o consumo. Esta percepção, por sua vez, aumenta a importância de desenvolver e gerenciar de maneira eficaz a experiência geral do serviço destinada ao consumidor.

Considerações pós-escolha

A avaliação pós-compra de serviços é um processo complexo, que se inicia logo após o cliente fazer a escolha da empresa de serviço que vai usar e continua ao longo dos estágios de consumo e pós-consumo. A avaliação é influenciada pela interação inevitável de um número substancial de variáveis sociais, psicológicas e situacionais. Satisfação do serviço depende não só das propriedades dos quatro elementos do sistema *servuction* – pessoal de contato, ambiente inanimado, outros clientes e sistemas internos da organização –, mas também da sincronização deles no processo de produção/consumo de serviço.

O sucesso ou fracasso de uma operação de serviço pode ser, pelo menos em parte, atribuído à capacidade ou incapacidade de influenciar a experiência do cliente, que é resultado de um conjunto de interações interpessoais (entre clientes ou entre cliente e funcionário) e interações de pessoas com o *servicescape* (entre funcionário e ambiente de trabalho e instalações de apoio, ou entre cliente e ambiente de serviços e instalações de apoio). Em última análise, os gerentes gostariam de entender melhor as considerações pós-escolha para obter ideias adicionais sobre como são formadas as avaliações de satisfação/insatisfação dos consumidores. Diversos modelos tentam descrever como os consumidores avaliam as decisões de compra.

Modelos pós-escolha: teoria de desconfirmação de expectativa Como surge a satisfação durante os estágios de consumo e pós-compra? Várias abordagens têm sido sugeridas, mas a mais simples e poderosa é a **teoria de desconfirmação de expectativa**. O conceito básico desta teoria é simples: os consumidores avaliam os serviços comparando expectativas com percepções. Se o serviço percebido é igual ou melhor do que o esperado, os consumidores ficam satisfeitos. Assim, em última análise, a satisfação do cliente é conseguida por meio de uma gestão eficaz das percepções e expectativas dos clientes.

> **teoria de desconfirmação de expectativa** De acordo com esta teoria, os consumidores avaliam os serviços comparando expectativas com percepções.

É fundamental ressaltar que todo esse processo de comparar expectativas com percepções ocorre na mente do cliente. Assim, é o serviço percebido que importa, não o serviço real. Um dos melhores exemplos que apontam a questão da gestão de percepções envolve um hotel de alto padrão. O hotel recebia muitas queixas relativas ao tempo que os hóspedes tinham de esperar pelo elevador no *lobby* principal. Ao perceber que, de um ponto de vista operacional, a velocidade dos elevadores não podia ser aumentada e que era inútil tentar agendar o uso do elevador pelos clientes, a direção instalou espelhos no átrio ao lado dos elevadores. As reclamações dos clientes diminuíram imediatamente, pois os espelhos forneciam um meio de ocupar o tempo de espera dos hóspedes, que aproveitavam para checar a própria aparência e a das outras ao redor. Na realidade, a velocidade dos elevadores não havia mudado, mas a percepção era de que o tempo de espera tenha passado a ser aceitável.

Também é possível gerenciar as expectativas para gerar satisfação sem alterar a qualidade do serviço entregue. Por exemplo, o Motel Six, ao minimizar sua oferta de serviços em uma propaganda, aumentou a satisfação do consumidor, pois reduziu as expectativas dele antes da compra. A propaganda da empresa informa o que os consumidores devem ou não esperar: "Um bom quarto limpo por US$ 49,99... um pouco mais em alguns lugares ... um pouco menos em outros ... e lembre-se ... vamos deixar a luz acesa para você".[16] Muitos clientes simplesmente não usam serviços como piscinas, *health clubs* e restaurantes de serviço completo presentes em hotéis mais caros. Fornecendo o básico, hotéis econômicos, como o Motel Six, atuam em um nicho do mercado. O resultado é que os clientes sabem exatamente o que os aguarda e ficam contentes não apenas com a qualidade do serviço recebido, mas também com a redução de custos.

Modelos pós-escolha: perspectiva de controle percebido Outra explicação que auxilia na descrição do estágio de pós-compra é a **perspectiva de controle percebido**. Ao longo dos anos, o conceito de controle chamou muita atenção de psicólogos. Eles argumentam que, na sociedade moderna, em que as pessoas já não precisam se preocupar com a satisfação das necessidades biológicas primárias, a necessidade de controle é uma importante

> **perspectiva de controle percebido** Modelo no qual os consumidores avaliam os serviços pela quantidade de controle que têm sobre a situação percebida.

A satisfação dos clientes aumenta quando percebem que estão no controle ou, pelo menos, que o que está acontecendo é previsível.

força determinante do comportamento humano.[17] Em vez de ser tratado como um atributo do serviço, como sugerido por modelos multiatributos, o controle percebido pode ser conceituado como um "superfator", um índice global que resume a experiência de um indivíduo com um serviço. A premissa básica desta abordagem é que, durante a experiência de serviço, *quanto maior for o nível de controle sobre a situação percebida pelos consumidores, maior será sua satisfação com o serviço*. Uma relação semelhante é proposta entre a experiência de controle dos prestadores de serviços e sua satisfação no trabalho.

De uma forma um pouco diferente, é igualmente importante para a própria empresa de serviços manter o controle da experiência do serviço. Se o consumidor tem muito controle, a empresa pode ser afetada, já que os consumidores podem pender a equação de valor a seu favor, até mesmo a um ponto em que a empresa talvez comece a perder financeiramente. Todavia, se os funcionários do serviço assumem o controle total, os consumidores podem ficar descontentes e desistir. Mesmo se isto não acontecer, a eficiência operacional da empresa poderá ser prejudicada.

Para melhor entender a perspectiva de controle, os serviços podem ser entendidos como uma relação em que o consumidor abre mão de dinheiro e controle para o prestador de serviços em troca de benefícios, com cada parte buscando ganhar o máximo de vantagem possível. O conceito de controle é composto por dois tipos: comportamental e cognitivo. O *controle comportamental*, a capacidade de controlar o que está realmente acontecendo, é apenas uma parte do conceito. Pesquisas mostram que o *controle cognitivo* também é importante. Assim, quando o consumidor percebe que está no controle ou pelo menos que o que está acontecendo é previsível, o efeito pode ser semelhante ao obtido por meio do controle comportamental. Em outras palavras, o mais importante é a percepção de controle e não o controle, propriamente dito.

Em termos gerenciais, este conceito suscita uma série de ideias interessantes. Uma delas é o valor da informação dada aos consumidores durante a experiência de serviço, a fim de aumentar o sentimento de que eles estão no controle e sabem o que vai acontecer a seguir. Isto é particularmente importante para empresas de serviços profissionais, que muitas vezes assumem erroneamente que apenas ter um "bom resultado" vai fazer os clientes felizes. Essas empresas se esquecem de que os clientes podem não ter ouvido falar delas por mais de um mês e estão nervosos devido à falta de contatos e de informação. É como uma companhia aérea que atrasa um voo depois que os passageiros já embarcaram, mas os deixa sem saber o que está acontecendo ou de quanto tempo será o atraso. Em ambas as situações, os clientes terão a sensação de que perderam o controle sobre a situação, o que eventualmente resultará em insatisfação.

Além disso, de acordo com a abordagem de controle percebido, se uma empresa precisa fazer mudanças em seu procedimento operacional que gerarão impacto sobre os consumidores, é importante que eles sejam avisados. Se não forem, poderão se sentir "fora do controle" e ficar insatisfeitos com o atendimento recebido ao ponto de mudar de prestador.

A perspectiva de controle levanta questões interessantes sobre o equilíbrio entre previsibilidade e escolha. Operacionalmente, um dos problemas estratégicos mais importantes em relação à abordagem de controle percebido é a quantidade de escolhas (personalização) a oferecer ao consumidor. Como a escolha (personalização) e a previsibilidade (padronização) podem contribuir para uma sensação de controle, é importante determinar qual é a fonte mais poderosa de controle para o consumidor em cada situação de serviço.

Modelos pós-escolha: a perspectiva de roteiro – o mundo é um palco em que todos nós somos atores Várias teorias de psicologia e sociologia podem ser reunidas no conceito de *roteiro*. De acordo com a **perspectiva de roteiro**, as regras, principalmente aquelas determinadas por variáveis sociais e culturais, existem para facilitar a interação em eventos cotidianos repetitivos, incluindo uma variedade de experiências de serviço.[18] Essas regras ajudam a moldar as expectativas dos participantes nesses tipos de interação. Além disso, as regras devem ser reconhecidas e respeitadas por todos os participantes para que possam gerar resultados satisfatórios. Por exemplo, os clientes de um restaurante terão expectativas consistentes do comportamento dos garçons com base na definição do serviço. Da mesma forma, o garçom também terá expectativas do comportamento dos clientes. Se um participante se desvia das regras, os outros coparticipantes na prestação do serviço se sentirão desconfortáveis.

perspectiva de roteiro Segundo esta perspectiva, as regras, principalmente as determinadas por variáveis sociais e culturais, existem para facilitar a interação em eventos cotidianos repetitivos, incluindo uma variedade de experiências de serviço.

congruência de roteiro Ocorre quando os roteiros reais executados pelos clientes e funcionários são consistentes com os esperados.

Portanto, é improvável um cliente satisfeito se o prestador de serviços estiver insatisfeito, e é improvável um cliente insatisfeito se o prestador de serviços estiver satisfeito. Assim, o princípio proposto pela teoria do roteiro é que, em um encontro de serviço, os clientes seguem os roteiros e sua satisfação é função da **congruência de roteiro**, ou seja, se os roteiros reais executados por clientes e funcionários são consistentes com o esperado.

As implicações gerenciais fundamentais da teoria do roteiro são: (1) criar roteiros para o encontro de serviço que sejam viáveis e capazes de satisfazer às necessidades tanto de clientes como dos prestadores de serviços; e (2) comunicar esses roteiros a clientes e funcionários, de modo que ambos tenham percepções e expectativas de seus papéis, bem como os de seus

SERVIÇOS GLOBAIS *EM AÇÃO*

Comportamento do consumidor em relação à gorjeta: dar ou não dar – eis a questão

Suponha que você esteja na China e tenha acabado de fazer o pedido do jantar em um restaurante chique. A comida é excelente, e o serviço brilhante. Naturalmente, você deixa uma boa gorjeta para demonstrar seu prazer com a experiência. Como você reagiria se o garçom o abordasse, irritado e ofendido, e tentasse devolver o dinheiro?

Trata-se de uma situação improvável, mas você ficaria surpreso. Muitos países asiáticos atualmente menosprezam as gorjetas, e as regras europeias para gorjetas têm uma porcentagem muito menor do que é praticado nos Estados Unidos. Enquanto você pode dar 20% para um serviço excepcional no Colorado, daria de 5% a 10% em um *pub* em Dublin, na Irlanda. Mas o fato é que as práticas de gorjeta norte-americanas exercidas em países estrangeiros estão mudando opiniões globais sobre gorjetas. Embora a China não tivesse completamente aceito a prática durante os Jogos Olímpicos de 2008, a gorjeta foi se tornando mais comum em ambientes de negócios.

Porém, o mais importante a ser lembrado pelos viajantes norte-americanos é que muitos países incluem as taxas de serviço em suas contas. Assim, é preciso verificar a conta antes de pagar; não há necessidade de gorjeta se uma taxa de serviço já foi incluída. Além disso, a recepção do hotel é o melhor lugar para obter informações sobre as políticas de gorjetas locais, embora uma opção seja sempre perguntar aos garçons. É importante lembrar que manter a mente aberta e ser gentil incentivará os prestadores de serviços em todo o mundo a ajudá-lo de bom grado.

Fonte: http://www.azcentral.com/arizonarepublic/business/articles/0914biz-tipping0914.html?&wired. Acesso em: 19 nov. 2009.

parceiros no momento das interações. Não comunicar bem os roteiros pode levar a momentos difíceis e frustrantes tanto para clientes quanto para prestadores. Por exemplo, em muitas culturas, dar gorjeta a um prestador por um bom serviço é esperado e habitual. Contudo, em outras, este ato pode ser visto como um insulto. Sem o roteiro apropriado, os clientes que viajam pelo mundo enfrentam, muitas vezes, o seguinte dilema: "Dar ou não dar gorjeta?" (ver "Serviços globais *em ação*").

Para encerrar, o modelo de desconfirmação de expectativa, a perspectiva de controle percebido e a perspectiva de roteiro podem não refletir totalmente a realidade, mas, por serem o resultado de pesquisa em marketing e psicologia, permitem-nos, pelo menos, fazer deduções lógicas sobre o comportamento do consumidor na tomada de decisões de marketing. Além disso, uma vez que todos os modelos descritos têm pontos fortes e fracos, eles devem ser considerados complementares e não excludentes. Por exemplo, os três modelos lidam com aspectos diferentes mas complementares de expectativas e percepções do consumidor. O discernimento gerencial pode ser desenvolvido de forma mais eficaz por meio de uma combinação dessas várias perspectivas à medida que continuamos a aprender sobre o processamento de decisão do consumidor.

Resumo

Este capítulo apresentou questões do processo de decisão no que se refere a consumidores de serviços. O modelo de processo de decisão do consumidor consiste em três estágios principais: pré-compra, consumo e pós-compra. O estágio de pré-compra é composto pelos eventos que ocorrem antes de o consumidor adquirir o serviço e inclui recepção de estímulos, reconhecimento do problema, busca de informação e avaliação de alternativas. O resultado deste estágio é uma escolha que ocorre durante o estágio de consumo. O estágio de consumo inclui as etapas de compra, uso e descarte do produto. A fase de pós-compra refere-se ao processo pelo qual o consumidor avalia o grau de satisfação com a compra.

Embora o modelo de processo de decisão do consumidor se aplique a bens e serviços, considerações únicas em relação a serviços surgem em cada um dos três estágios. Quanto ao estágio de pré-compra, o consumidor de serviços: (1) percebe níveis mais elevados de risco associado com a compra; (2) tende a ser mais fiel à marca; (3) confia mais em fontes pessoais de informação; (4) tende a considerar menos alternativas; e (5) frequentemente inclui autofornecimento como uma alternativa viável.

O estágio de consumo é o que apresenta mais complexidade no que se refere à comparação entre bens e serviços, já que produção, aquisição e utilização de serviços se emaranham em um único processo. Além disso, devido ao processo de fornecimento de serviço, muitos acreditam que a avaliação pós-compra do consumidor ocorre tanto durante como após a utilização do serviço, e não apenas depois, como em bens. Do ponto de vista do profissional de marketing, isto possibilita a oportunidade de influenciar diretamente a avaliação do consumidor durante o processo de prestação de serviços. Por causa da interação entre cliente e empresa, o prestador de serviços é capaz de detectar os problemas e influenciar positivamente as avaliações de uma forma que o fabricante de um bem não consegue.

Do mesmo modo, a avaliação pós-compra de serviços também é um processo complexo. O processo de avaliação começa logo após o cliente fazer a escolha da empresa de serviço e continua ao longo dos estágios de consumo e pós-consumo. A avaliação é influenciada pela interação inevitável de um número substancial de variáveis sociais, psicológicas e situacionais. A satisfação do serviço depende não apenas da qualidade técnica e dos quatro elementos do sistema *servuction* (pessoal de contato, ambiente inanimado, outros clientes e sistemas organizacionais internos), mas também da sincronização desses elementos no processo de produção/consumo do serviço.

Modelos que auxiliam nossa compreensão do processo de avaliação pós-compra do consumidor incluem o de desconfirmação de expectativa e as perspectivas de controle percebido e de roteiro. Em resumo, o modelo de desconfirmação de expectativa define satisfação como atender às expectativas dos clientes ou excedê-las. A perspectiva de controle percebido propõe que, durante a experiência de serviço, quanto maior for o nível de controle sobre a situação percebido pelos consumidores, maior será sua satisfação com o serviço. Finalmente, a perspectiva de roteiro propõe que, em um encontro de serviço, os clientes executam roteiros e sua satisfação é função da "congruência de roteiros", ou seja, se os roteiros executados por clientes e funcionários são consistentes com o esperado. Esses modelos nos ajudam a compreender como as avaliações de consumidores são processadas e indicam as áreas em que os prestadores de serviços podem concentrar esforços em busca do objetivo final de proporcionar a satisfação do cliente.

Palavras-chave

processo de decisão do consumidor
estímulo
incentivo comercial
incentivo social
incentivo físico
reconhecimento do problema
escassez
desejo não satisfeito
busca de informação
conjunto conhecido
conjunto evocado
conjunto de consideração

busca interna
busca externa
avaliação de alternativas
avaliação não sistemática
avaliação sistemática
abordagem compensatória linear
abordagem lexicográfica
processo de consumo
dissonância cognitiva
risco financeiro
risco de desempenho
risco físico

risco social
risco psicológico
atributos de pesquisa
atributos de experiência
atributos de crença
custos de mudança
teoria de desconfirmação de expectativa
perspectiva de controle percebido
perspectiva de roteiro
congruência de roteiro

Questões de revisão

1. Em termos gerais, discuta o objetivo dos modelos de comportamento do consumidor, como o do processo de decisão do consumidor representado na Figura 4.1.
2. Por que os consumidores de serviços percebem níveis mais elevados de risco associados com suas compras em relação às compras de bens?
3. Discuta os diferentes tipos de risco. Explique cada um deles.
4. Defina as seguintes expressões: atributos de pesquisa, de experiência e de crença. Que tipo(s) de atributo(s) se aplica(m) mais precisamente aos serviços? Explique.
5. Em relação aos modelos multiatributos, qual é a diferença entre a abordagem compensatória linear e a lexicográfica?
6. Quem é tipicamente mais fiel à marca: o consumidor de bens ou o de serviços? Justifique sua resposta.
7. Por que as fontes de informação pessoal tendem a ser mais importantes para os consumidores de serviços?
8. Discuta as implicações gerenciais da interação entre cliente e empresa durante a fase de consumo? Explique cada uma delas.
9. O que é um roteiro e como ele se relaciona com a maneira como as avaliações de satisfação dos clientes são formadas?
10. Explique a relevância do modelo de controle percebido no que se refere ao estágio de pós-consumo.

Notas

1. John E. G. Bateson. *Managing Services Marketing*: Text and Readings, 2. ed. Fort Worth, TX: The Dryden Press, 1992, p. 93.
2. Disponível em: <http://www.woopidoo.com/business_quotes/customer-quotes.htm>. Acesso em: 20 nov. 2009.
3. Idem.
4. Adaptado de Michael Levy e Barton A. Weitz. *Retailing Management*. Homewood, IL: Irwin, 1992, p. 117-54.
5. Adaptado de John E. G. Bateson. *Managing Services Marketing*.
6. F. Nicosia; R. N. Mayer. Toward a Sociology of Consumption. *Journal of Consumer Research*, 3, 2, 1976, p. 65-75.
7. D. Guseman, Risk Perception and Risk Reduction in Consumer Services. *Marketing of Services*. J. Donnelly e William R. George (eds.). Chicago: American Marketing Association, 1981, p. 200-04; e R. A. Bauer, Consumer Behavior as Risk Taking. In: *Dynamic Marketing for a Changing World*. R. S. Hancock (ed.). Chicago: American Marketing Association, 1960, p. 389-98.
8. L. Kaplan; G. J. Szybilo; J. Jacoby. Components of Perceived Risk in Product Purchase: A Cross-Validation. *Journal of Applied Psychology* 59, 1974, p. 287-91.
9. D. Guseman. Risk Perception, p. 200-204.
10. Adaptado de John E. G. Bateson. *Managing Services*.
11. Zeithaml, Valerie A. How Consumer Evaluation Processes Differ between Goods and Services. In: *Marketing of Services*, J. Donnelly e William R. George (eds.). Chicago: American Marketing Association, 1981, p. 191-99.
12. Bernard Booms; Jody Nyquist. Analyzing the Customer/Firm Communication Component of the Services Marketing Mix. *Marketing of Services*, J. Donnelly e W. George (eds.). Chicago: American Marketing Association, 1981, p. 172; e Raymond Fisk. Toward a Consumption/Evaluation Process Model for Services. *Marketing of Services*, p. 191.
13. Christopher H. Lovelock. Classifying Services to Gain Strategic Marketing Insights. *Journal of Marketing*, 47, verão de 1983, p. 9-20.
14. Alan Andrasen. Consumer Research in the Service Sector. In: *Emerging Perspectives on Services Marketing*, L. Berry, G. L. Shostack e G. Upah (eds.). Chicago: American Marketing Association, 1982, p. 63-64.
15. Raymond Fisk. Toward a Consumption/Evaluation Process Model for Services. *Marketing of Services*. In: J. Donnelly e W. George (eds.). Chicago: American Marketing Association, 1981, p. 191.
16. Disponível em: <http://www.motel6.com>. Acesso em: 20 nov. 2009.
17. John E. G. Bateson. Perceived Control and the Service Encounter. *The Service Encounter*. A. Czepiel, Michael R. Solomon e Carol F. Suprenant (eds.). Lexington, MA: Lexington Books, 1984, p. 67-82.
18. Ruth A. Smith, Michael Houston. Script-based Evaluations of Satisfaction with Services. *Emerging Perspectives in Services Marketing*. L. Berry, G. L. Shostack e G. Upah (eds.). Chicago: American Marketing Association, 1982, p. 59-62.

CASO 4
As escolhas de Mariano Ferreyra

Al Marshall, ACU National

Para o viajante típico, viagens de avião envolvem tempo gasto em um pequeno assento dentro de um espaço confinado a fim de chegar ao destino final. Além disso, há outros fatores relacionados a viagens aéreas: chegar ao aeroporto em horário determinado, fazer os procedimentos de embarque com bilhetes e bagagens, passar pela segurança, esperar pelo embarque do voo, embarcar no avião e ter o serviço de bordo. No destino final, há mais procedimentos: desembarcar do avião, passar pela imigração e alfândega (se for um voo internacional), esperar para pegar as bagagens, retirar as malas da esteira e, então, sair do aeroporto. Nessas atividades, cliente, aeroporto, companhia aérea e pessoal do governo se envolvem executando uma série de serviços.

Essas atividades e os desempenhos de "serviço" podem variar se o voo for doméstico ou internacional, dependem da duração do voo e da classe de viagem escolhida pelo viajante. As opiniões dos consumidores sobre companhias aéreas e toda a experiência de viajar de avião servirão de fonte de informações para tomada de decisão.

Mariano Ferreyra trabalha para uma empresa internacional de *software*, com escritórios em várias capitais australianas. Parte do seu trabalho envolve inúmeras viagens dentro da Austrália, especialmente entre a sede da empresa em Sydney e Melbourne, Brisbane e Adelaide. Ele também é parte de uma equipe de desenvolvimento de novos produtos, composta por funcionários em vários escritórios localizados no mundo todo. Assim, duas vezes por ano, Ferreyra precisa participar de reuniões em vários dos centros de *design* que a empresa tem na Europa. Para suas viagens domésticas e internacionais, pode escolher com quais companhias aéreas quer voar, desde que os preços dos bilhetes sejam "justos e razoáveis". Em geral, ele mesmo realiza a pesquisa e faz as reservas, em vez de passar por uma agência de viagens corporativas. Antes, costumava buscar os serviços de viagem de uma agência. Entretanto, como eles passaram a ser *on-line*, Ferreyra descobriu que é bem fácil fazer tudo por si mesmo (e fazer as próprias escolhas).

Nas viagens para os escritórios dentro da Austrália, ele prefere viajar em companhias aéreas *low-cost*, como Virgin Blue e Jetstar, em vez da Qantas. O mesmo ocorre quando viaja pela Europa, preferindo easyJet e Ryanair em relação a operadoras nacionais europeias, como British Airways, Air France e Lufthansa. No entanto, quando se trata de viagens internacionais de longa distância, prefere voar em companhias aéreas com serviço completo, como Qantas ou Air New Zealand.

Tomada de decisão para voos curtos

Como Ferreyra não sabe muito sobre a Tiger Airways, ele não consulta o *site* da companhia aérea quando procura um voo interestadual (ele precisa conhecer um pouco mais sobre a companhia aérea antes de voar com ela). Em geral, ele acha que a Jetstar e a Virgin Blue são bem mais baratas do que a Qantas nos destinos para os quais precisa viajar. Tanto, que recentemente parou de verificar o *site* da Qantas, restringindo sua escolha à duas operadoras *low-cost*. Ele "apenas sabe" que a Qantas vai ser mais cara, e não pode justificar a diferença para si mesmo (ou para a empresa) quando a duração do voo é de, no máximo, uma ou duas horas (entre Sydney e Melbourne, Melbourne e Brisbane ou Sydney e Adelaide). É verdade que é um pouco inconveniente ter que pagar pela comida nos voos com as operadoras *low-cost*, além de algumas outras restrições, mas o preço mais alto na operadora que oferece serviço completo não vale a pena, na opinião de Ferreyra.

A Qantas perdeu participação de mercado em voos domésticos desde o lançamento da Virgin Blue, há alguns anos, e reagiu lançando a Jetstar. Com o lançamento (e crescimento) mais recente da Tiger Airways, a Qantas espera perder ainda mais participação. O lançamento da Jetstar como sua operadora *low-cost* tem funcionado bem, apesar de que, idealmente, a Qantas gostaria de atender ao segmento de consumidores, como Ferreyra, nos trechos Sydney, Melbourne, Brisbane e Adelaide (que são as principais rotas de negócios domésticos para Qantas). Conseguir atingir este objetivo com muitos passageiros potenciais como Ferreyra, sensíveis ao preço, é um grande desafio.

Das duas operadoras no conjunto de consideração de Ferreyra, a Jetstar é atualmente sua preferida, pois os assentos são um pouco maiores do que os da Virgin Blue. Além disso, Ferreyra é membro do Qantas Club, o que lhe permite usar o Qantas Club Lounge antes do voo (quando ele pode ter um lanche e pegar uma bebida). Há outro detalhe importante: como os aviões da Jetstar são da Qantas, eles são muito seguros.

Se não fosse membro do Qantas Club, ele poderia até considerar a Virgin Blue. A percepção de maiores assentos e maior segurança na Jetstar são importantes para ele como atributos racionais percebidos, mas sua filiação ao Qantas Club é importante tanto pelo que oferece de forma racional como por seu valor emocional. Ser membro e poder utilizar os *lounges* o faz sentir-se bem e diferenciado dos demais passageiros que utilizam a Jetstar. Como realmente tem que voar em uma companhia aérea *low-cost* em viagens interestaduais, poder utilizar os *lounges* do Qantas Club é uma espécie de compensação!

Mariano Ferreyra sabe que não ter a Tiger Airways em seu conjunto de consideração é algo que ele tem que mudar. A empresa é conhecida pelos voos de baixo preço e por uma crescente rede de rotas, e Ferreyra acredita que o serviço ao cliente (reservas, *check-in*, manuseio de bagagens, serviço de voo etc.) é, provavelmente, comparável aos da Jetstar e Virgin Blue. No entanto, até o momento, não viu qualquer comunicação de marketing da Tiger e não conhece ninguém que tenha voado nessa companhia aérea. Ferreyra pretende, no futuro, consultar o *site* da empresa, mas, por enquanto, precisa saber muito mais sobre ela do que o *site* pode ser capaz de fornecer!

A Virgin Blue, que ainda está presente no conjunto de consideração de Mariano, é a segunda escolha. Isto ocorre apesar de a companhia fazer diversos anúncios para manter a marca e as ofertas de produtos no *top of mind* (mais populares na mente) dos consumidores, de os preços terem alguma vantagem em relação aos da Jetstar e de oferecer voos regulares para as cidades onde a empresa de Ferreyra tem os escritórios. Além disso, a empresa também passou a oferecer *lounges* em aeroportos, na tentativa de acompanhar as propostas de seu principal concorrente e ter mais apelo para viajantes a negócios, como Ferreyra.

Quando Ferreyra vai à Europa, geralmente também é a trabalho. Os voos, como os da costa leste da Austrália, não duram mais de duas horas. Inicialmente, ele viajava apenas com as operadoras nacionais europeias que o agente de viagens de Sydney reservava para ele. Preferia viajar pela British Airways, uma vez que essa empresa tem uma extensa rede de rotas dentro da Europa e uma reputação de qualidade. Além disso, é uma operadora de serviço completo com uma franquia de bagagem padrão, bebidas e serviço de alimentação durante o voo e outras ofertas de serviços padrão. Em seus voos pela British Airways, Ferreyra se sentia seguro, e ainda podia usar o cartão de membro do Qantas Club para acesso a *lounges* do British Airways Club. Isto despertou nele um sentimento especial, apesar de sempre voar em classe econômica. Deve-se ressaltar que todos esses benefícios o ajudam a se sentir melhor, sobretudo quando está muito longe de casa.

No entanto, depois da recomendação de um amigo sobre a easyJet, além de ter visitado o *site* da empresa e de ouvir coisas boas sobre ela, Ferreyra decidiu reservar um voo. Os preços da easyJet eram tão mais baixos do que a British Airways ou outras operadoras de serviços completos, como a Air France, que parecia uma "burrice" não experimentar. A experiência foi boa, com reserva fácil pela internet, partida no horário, avião moderno, anúncios de cabine em inglês e na língua do destino, preços razoáveis pela comida e bebidas no voo, decolagem e pouso suaves, e sem problemas com a bagagem (exceto pelo fato de ter que pagar). Ferreyra tem usado a easyJet desde então, o que tem sido conveniente em função de poder fazer todas as reservas de casa, pelo *site* da companhia. Parece que isto também pode ser possível com as operadoras nacionais europeias, mas Ferreyra não tem certeza.

Como mencionado, a outra marca europeia no conjunto de consideração de Ferreyra é a Ryanair. Embora nunca tenha viajado com essa companhia aérea, ele percebe com clareza que a Ryanair é uma concorrente direta da easyJet, com preços muito razoáveis e uma extensa rede de rotas dentro da Europa. Ele tinha boas referências da empresa: o executivo-chefe (Michel O'Leary) é um bom empreendedor e (como a easyJet) a frota é muito nova (um dos "testes" de Ferreyra para avaliar a segurança das companhias aéreas). No lado negativo, leu uma notícia que apareceu nas manchetes internacionais, alegando que Michel O'Leary estava considerando cobrar dos passageiros da Ryanair pela utilização dos banheiros a bordo. Embora Ferreyra esteja preparado para pagar por itens como bagagem, alimentos e bebidas, não concorda com esta cobrança. O que viria em seguida? Cobrar pelo uso dos cintos de segurança? Mais recentemente, soube que os passageiros dessa companhia aérea têm que pagar para imprimir os cartões de embarque, e que esta era uma condição necessária para fazer o *check-in*, além da possibilidade de ter que pagar para fazer os procedimentos de embarque, o que também parecia ser abusivo. Então, Ferreyra resolveu só considerar a easyJet para seus próximos voos dentro da Europa e usar a Ryanair como um *back-up*.

Tomada de decisão para voos longos

Quando precisa ir à Europa por causa das reuniões de desenvolvimento de novos produtos, Mariano Ferreyra normalmente escolhe a Qantas ou a Air New Zealand. Os preços de ambas são razoáveis, pode-se acumular milhas com as duas empresas (desde que o passageiro tenha os cartões One World e Star Alliance), as companhias são seguras (não obstante algumas histórias recentes sobre incidentes com a Qantas), e o serviço de bordo (tripulantes, alimentos, bebidas e entretenimento) é razoável. É importante ressaltar que Ferreyra sente-se psicológica e socialmente confortável. Ele reconhece os interiores da aeronave, a tripulação de cabine e os pilotos "falam a mesma língua", em geral há algumas opções "locais" no sistema de entretenimento, as escolhas de alimentos são normalmente conhecidas, e as duas companhias aéreas existem há bastante tempo, com equipes experientes. É importante ressaltar também que, como membro do Qantas Club, Ferreyra pode utilizar as instalações do *lounge* antes dos longos voos para a Europa. Embora viaje na classe econômica, poder usar os *lounges* o faz se sentir um pouco especial!

Ferreyra poderia experimentar várias outras companhias (ele já viajou em algumas delas) para viajar ao exterior, como Singapore Airlines, Japan Airlines (JAL) e Emirates. Inclusive, ele já voou pela Singapore Airlines algumas vezes. Além de gostar do fato de a empresa afirmar que tem a frota de aviões mais nova do mundo (isto lhe dá uma enorme sensação de segurança), gosta também do sistema de entretenimento KRIS World, que lhe oferece muitas opções de entretenimento nos voos longos entre Austrália e Europa, do gentil serviço de cabine, e da elegante propaganda da "Singapore Girl"! Embora nunca tenha viajado pela JAL, Ferreyra imagina que os aviões têm bom serviço, o pessoal de cabine é altamente atencioso e a comida é boa. No entanto, é na Emirates que ele pretende voar na próxima vez que for à Europa (partindo do princípio de que o preço da passagem seja competitivo em relação ao da Qantas e da Air New Zealand). Ferreyra entende que essa companhia aérea está criando um alto padrão em todos os sentidos e acredita que até mesmo os passageiros da classe econômica sejam tratados bem na Emirates. Além disso, Dubai seria uma parada interessante nos longos percursos para a Europa.

No entanto, Ferreyra também tem uma "lista mental" das companhias aéreas pelas quais definitivamente não gostaria de voar, seja para viagens de curta (domésticas ou internacionais) ou de longa distância. Nesta lista estão Aeroflot, Garuda e Air Comoros (depois de ver uma recente notícia sobre a manutenção dos aviões dessa empresa e um acidente ocorrido!), embora seja improvável que alguma vez ele precise voar com uma delas. É muito difícil para essas companhias atrair clientes como Ferreyra, uma vez que elas simplesmente não estão em seu conjunto de consideração, mesmo que estejam em seu conjunto evocado (conhecido). A fim de passar do primeiro para o segundo conjunto, as companhias aéreas precisam melhorar suas reputações, e só conseguirão fazê-lo trabalhando tanto nas imagens de marca como nas ofertas de serviços. Para que possam alcançar esses objetivos, as empresas terão fazer um investimento substancial de recursos financeiros, técnicos e humanos.

Mariano Ferreyra também precisaria de algum tempo para se convencer de que está preparado para utilizar os serviços de empresas que não conhece. Além disso, seria necessário fazer alguma pesquisa antes de reservar e viajar nessas companhias aéreas – por exemplo, Philippine Airlines, Hawaiian Airlines e Eva Air –, ainda que os preços sejam muitas vezes mais baratos do que os da Qantas ou Air New Zealand. É difícil avaliar essas companhias aéreas quando você não experimentou pessoalmente seus serviços e não conhece ninguém que já tenha experimentado. Os agentes de viagens são uma fonte de informação, e Ferreyra confia neles. No entanto, ele tem constatado que serviços de viagens, como companhias aéreas, hotéis e locadoras de automóveis, adotaram negócios *on-line*, o que o fez usar cada vez menos os serviços dos agentes e fazer a pesquisa e as reservas sozinho. Por isso, Ferreyra acaba ficando com o que conhece e já experimentou.

Questões para discussão

1. O marketing de serviços é diferente do de bens tangíveis em vários aspectos. Usando o exemplo da indústria da aviação (tanto em âmbito nacional como internacional), ilustre algumas das dificuldades envolvidas no marketing de serviços para um passageiro como Mariano Ferreyra.
2. Cite alguns dos desafios enfrentados pela Virgin Blue e Tiger Airways para convencer Ferreyra a utilizar seus serviços. Recomende duas ou três iniciativas de marketing de serviços (ou de comunicações de marketing).
3. Ferreyra viaja pela Qantas em voos internacionais de longa duração para a Europa e é membro do Qantas Club, mas, ainda assim, não utiliza os serviços desta empresa quando se trata de voos domésticos. O que a Qantas poderia fazer para conquistá-lo como cliente nas principais rotas domésticas?
4. Mariano Ferreyra parece estar à procura de diferentes experiências de serviço em seus voos domésticos de curta duração em relação aos internacionais de longa duração. Por que você acha que isto acontece e que implicações isto tem para o composto de marketing de serviços? Forneça exemplos para três dos sete Ps.

5. Qual é o impacto do uso da tecnologia *on-line* no conhecimento do consumidor a respeito dos serviços das companhias aéreas e de sua qualidade? Quais são os desafios e as oportunidades que isto representa para companhias *low-cost* e para as de serviço completo que buscam conquistar novos clientes?
6. Faça uma lista dos critérios que Mariano Ferreyra usa para avaliar o desempenho do serviço, caso tenha viajado pela companhia ou não, e, em seguida, coloque-os em ordem da importância conferida por ele. Explicite os critérios que Ferreyra não está usando e que poderiam ser importantes para outros consumidores.

PARTE II
Táticas do composto de marketing de serviços

Ski Dubai oferece o maior parque de neve do mundo, com 3 mil metros quadrados de neve. O local de entretenimento oferece um exemplo clássico de como o composto de marketing de serviços pode ser gerenciado de forma eficaz para criar uma experiência de serviço de nível internacional.

Capítulo 5
Foco nos processos de serviço

Capítulo 6
Considerações para precificação em serviços

Capítulo 7
Promoções eficazes em serviços

Capítulo 8
Gerenciamento do *servicescape* e outras evidências físicas

Capítulo 9
Pessoas como estratégia: como gerenciar os prestadores de serviços

Capítulo 10
Pessoas como estratégia: como gerenciar os consumidores de serviços

A Parte II deste livro é dedicada a temas que dizem respeito ao gerenciamento da experiência do serviço. Devido ao envolvimento do consumidor na produção de serviços, o gerenciamento desta experiência deve levar em consideração muitos desafios que raramente ocorrem na produção de bens. Nesta parte, abordaremos as questões estratégicas que afetam o composto de marketing e os componentes do modelo *servuction*, como processo, precificação, promoção, evidência física e pessoas (funcionários e clientes).

capítulo 5
Foco nos processos de serviço

"Só quando alguém termina de construir uma casa, percebe que aprendeu algo que realmente precisava saber sobre o processo de construção da pior maneira possível: antes de começar a construir."
Friedrich Nietzsche

Objetivos do capítulo

Após a leitura deste capítulo, você deve ser capaz de:
- Comparar e contrastar os quatro estágios da competitividade operacional.
- Analisar a relação entre operações e marketing no que se refere ao desenvolvimento de sistemas de prestação de serviços.
- Descrever os tipos de modelo operacional que facilitam a eficiência operacional.
- Considerar os desafios associados à aplicação de modelos de eficiência operacional para organizações de serviços e recomendar estratégias que superem algumas dessas dificuldades.
- Explicar a arte da elaboração de modelos de serviços no que se refere à concepção de operações de prestação de serviços.
- Discutir a complexidade e divergência relacionadas ao desenvolvimento de novos serviços.

Este capítulo tem dois objetivos específicos: familiarizar os estudantes de marketing de serviços com os conceitos de operações e explicar a importância estratégica de equilibrar as funções de operações e de marketing em operações de serviços.

PROCESSO NETFLIX: EXTRAIR, CLASSIFICAR E REPETIR

Relembremos por um momento como as pessoas tradicionalmente faziam para alugar filmes. O consumidor tinha que passar por várias etapas: encontrar uma locadora, dirigir-se a ela, procurar títulos de filmes interessantes e disponíveis, pagar pelo filme, voltar para casa para assistir ao filme, voltar à locadora para devolvê-lo e, por fim, retornar para casa. No caso de um produto defeituoso, o consumidor tinha que repetir o processo mais uma vez. Agora, porém, temos os processos incríveis da pioneira Netflix, uma empresa que transformou o negócio de aluguel de filmes.

O aspecto mais importante do processo original da Netflix nos Estados Unidos, de 2011, é que o pedido, transporte e retorno eram feitos pela internet. Os consumidores simplesmente acessavam suas contas *on-line*, escolhiam os filmes e esperavam a entrega. Depois de assistir ao DVD, recolocavam o disco em sua embalagem e o depositavam na caixa de correio, sem necessidade de postagem adicional. Os consumidores não tinham que se dirigir até um determinado local para selecionar ou devolver um filme; eles precisavam apenas ir até as caixas de correio, e o resto era feito pela empresa.

Todos os procedimentos envolvidos nesse processo, como inspeção, classificação e reenvio, foram desenhados para oferecer um serviço de alta qualidade ao consumidor. Uma vez que o DVD era escaneado, no momento da chegada em um dos 58 centros de distribuição da empresa, um *e-mail* automático era enviado ao cliente. Em seguida, funcionários inspecionavam manualmente os discos: verificavam títulos, procuravam danos físicos e removiam discos com problemas. Os discos eram, então, manualmente limpos e ordenados em caixas, que eram levadas a uma máquina especial que a própria Netflix projetou para aumentar a velocidade, a eficiência e a qualidade do processo. O "Stuffer" reembalava, registrava os discos e os enviava imediatamente para o classificador de correio para serem enviados ao próximo destino ou colocados no estoque. Em geral, a Netflix envia 2,2 milhões de discos por dia a seus mais de dez milhões de clientes!

A Netflix criou um processo que era verdadeiramente uma arte. Os consumidores viam somente o produto final e eram poupados do incômodo das etapas intermediárias de todo o processo. Além disso, com base nas práticas de garantia da qualidade, a empresa se esforçava para proporcionar o produto de maior valor para cada consumidor. Talvez o segredo do sucesso fosse o desconhecimento do cliente em relação ao enorme processo necessário para executar o serviço. Claramente, se o cliente não tinha ideia do que estava acontecendo nos bastidores, nunca se deparava com um problema que o fizesse começar a pensar nisso! Em suma, a Netflix fez um bom trabalho, e sua principal vantagem competitiva era seu processo como um todo.

Fonte: Horowitz, Etan. Rip, Sort, Repeat: Netflix Process Is Speedy, Efficient, Impressive, *Orlando Sentinel*, 19 ago. 2009. Com permissão de Orlando Sentinel, copyright 2009.

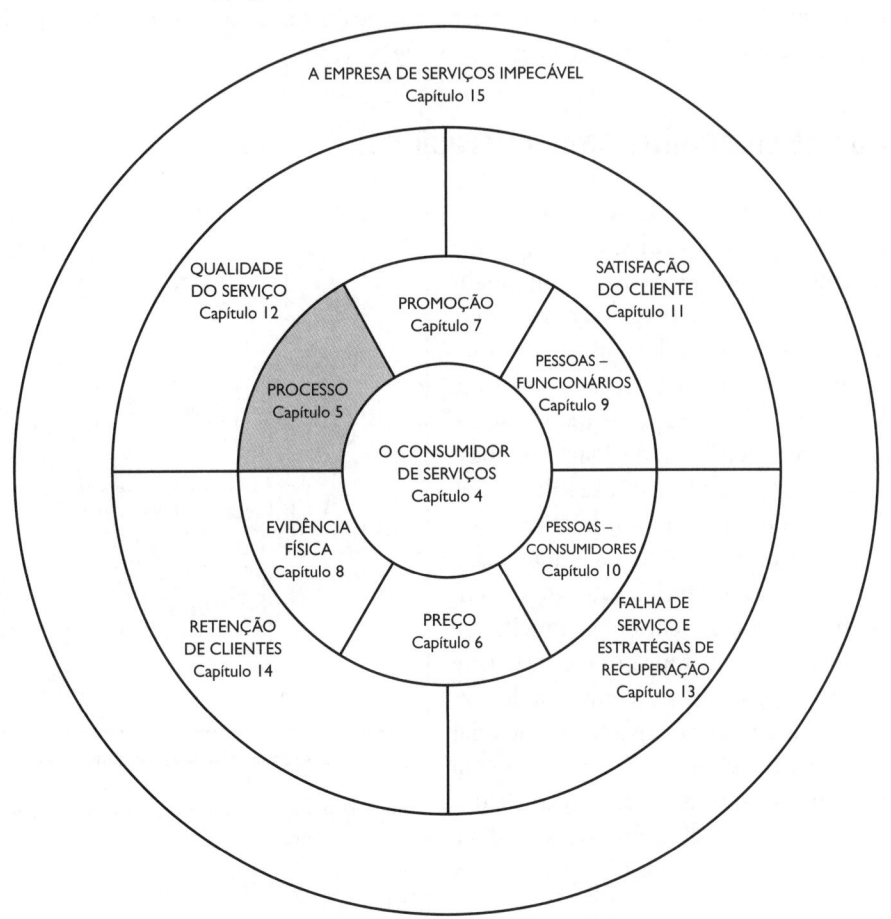

Introdução

Diferente do processo de "extrair, classificar e repetir" que permite à Netflix manter seus clientes próximos, mas sem envolvê-los nas operações, muitos clientes de serviços acabam sendo componentes integrantes da maioria dos processos de produção de serviços. A participação dos clientes no processo pode ser ativa (por exemplo, exercícios na academia para melhorar sua forma física) ou passiva (por exemplo, clientes assistindo a uma produção teatral), mas eles têm que estar fisicamente presentes durante o processo de produção de serviços. Dada a presença física do cliente durante o encontro de serviço, é evidente que, se o processo dentro da instalação de serviço (o lugar onde o serviço é produzido) mudar, os roteiros de consumo também terão que mudar. Para entender esse ponto plenamente, basta pensar sobre o processo para se compensar um cheque dentro de um banco em comparação a usar caixas eletrônicos, dois processos diferentes do banco que atingem o mesmo objetivo final, mas exigem que os clientes sigam dois roteiros completamente diferentes. Por fim, e talvez mais importante, os alunos devem reconhecer a importância da estratégia do processo na experiência geral do serviço ao cliente. Em razão do envolvimento do consumidor no encontro de serviço, a avaliação desse momento por ele é muitas vezes baseada tanto no processo em si como no resultado final.

Este capítulo destaca a busca pelo equilíbrio entre a eficiência operacional e a necessidade de criar eficácia em marketing. Com relação às operações de serviços, muitos dos métodos tradicionais normalmente recomendados para aumentar a eficácia operacional não podem ser implementados sem causar impacto ao cliente ou aos funcionários. Assim, as alterações feitas para aumentar a eficiência operacional muitas vezes podem prejudicar a qualidade do produto final do serviço. Este capítulo se concentra nos aspectos positivos do que o marketing pode fazer para ajudar a melhorar a eficiência das operações de serviços.

Estágios de competitividade operacional

Sem um processo de prestação de serviços bem-sucedido, a empresa irá sucumbir à medida que os clientes se frustrarem com a má qualidade do nível de serviço entregue. Por exemplo, um hotel pode ter a melhor localização e os melhores quartos, mas os hóspedes levam uma eternidade para fazer o registro de entrada e saída, os restaurantes não são devidamente abastecidos e os serviços de limpeza são decepcionantes. Depois de um tempo, o hotel acabará perdendo todos os clientes atuais e potenciais.

Para as empresas de serviços que pretendem elaborar um processo de serviço para melhorar a eficácia operacional, há uma grande variedade de opções. Estrategicamente, a empresa de serviços pode optar por usar o aspecto operacional como o componente-chave de sua estratégia competitiva ou encarar as operações como um mal necessário para concluir as tarefas do dia a

"Ainda pegando o jeito da cirurgia a laser?"

A importância de ter bons processos de serviços antes de atender os clientes.

dia. A maneira como "a competitividade operacional" é vista por várias empresas de serviços pode ser descrita em quatro estágios:[1]

1. Disponível para serviços
2. Artesanal
3. Competências diferenciadoras alcançadas
4. Prestação de serviços de nível internacional

Estágio 1: Disponível para serviços

Nesse nível de competitividade, a empresa considera as operações um "mal necessário". As operações são, na melhor das hipóteses, reativas às necessidades do resto da organização e à prestação do serviço tal como especificado. Como missão, o departamento de operações tenta, essencialmente, evitar erros. A área operacional é minimizada para manter os custos baixos. O investimento tecnológico é mínimo, assim como o na formação e capacitação de pessoas. O resultado do trabalho é limitado pelas capacidades do pessoal, deixando pouco espaço para aprimoramentos, e com o pagamento de salário-mínimo sempre que possível.

Um exemplo básico de uma atividade no estágio de "disponível para serviços" seria um indivíduo que vende bilhetes para concertos *on-line* em *site* próprio. Os clientes fazem os pedidos, e a empresa simplesmente os atende à medida que são recebidos. Neste caso, as operações são reativas às solicitações dos clientes, o principal objetivo é enviar o bilhete correto para o indivíduo certo, e a complexidade da operação é mantida a um nível mínimo.

Estágio 2: Artesanal

A motivação para se alcançar o estágio 2 da competitividade operacional muitas vezes decorre da chegada da concorrência. A empresa de serviços pode achar que já não é suficiente apenas ter uma operação básica que funciona. Agora, ela deve procurar obter um retorno de seus clientes sobre os custos relativos e as qualidades percebidas do serviço para buscar melhorias no processo de prestação de serviços. Nesse ponto, o departamento de operações torna-se muito mais voltado para fora da empresa e, com frequência, interessado em copiar operações da concorrência. Considere, por exemplo, as mudanças que a Blockbuster Inc. começou a considerar quando a Netflix entrou no mercado.

Nessa fase, a introdução de sistemas tecnológicos tende a ser justificada com base em uma possível economia de custo. Por exemplo, a introdução de sistemas de caixas de autoatendimento em supermercados ajuda a reduzir os custos de mão de obra. No estágio "artesanal" de competitividade operacional, a ênfase se desloca do controle dos trabalhadores para a gestão dos processos. Assim, muitas vezes são fornecidos aos funcionários procedimentos a serem seguidos, e a gestão se esforça para garantir que assim seja. Isto pode ser exemplificado com o manual de um restaurante, como Olive Garden ou Outback Steakhouse, que descreve processos específicos para a aparência do funcionário e passos cronometrados para ele interagir com os clientes. A orientação para que os funcionários sigam o manual é reforçada pelos gerentes que avaliam seu desempenho, definem horários de trabalho e determinam os níveis de remuneração.

Estágio 3: Competências diferenciadoras alcançadas

Nesse estágio, as operações já chegaram a um ponto em que estão continuamente se superando, apoiadas pela função de gestão de pessoal e por sistemas que dão o suporte ao cliente. A essa altura, a empresa já dominou o serviço principal e compreende a complexidade de alterar as operações atuais. Nesse estágio, a tecnologia não é mais vista apenas como uma fonte de ganhos de eficiência em si, mas também como uma forma de reforçar a eficácia do serviço aos clientes. Consequentemente, a transição do estágio 2 para o 3 envolve uma mudança filosófica de equilibrar eficiência com eficácia.

Além dessa mudança de filosofia, a segunda maior alteração refere-se à força de trabalho e à natureza do gerenciamento da linha da frente. No estágio 3, os trabalhadores da linha de frente estão autorizados a fazer escolhas a partir de procedimentos alternativos, e não são obrigados a tratar todos os clientes de maneira única, independente da solicitação feita. Esse estágio de competitividade operacional incentiva a gestão a ouvir os clientes e se tornar treinadores e facilitadores para os funcionários da linha de frente.

Estágio 4: Prestação de serviços de nível internacional

Esse estágio oferece "uma prestação de serviços de nível internacional". Para sustentar esse nível de desempenho, as operações não só têm que continuamente se superar, mas também devem aprender rapidamente e se adaptar às ofertas da concorrência e às necessidades em constante evolução dos clientes. Nesse estágio, a tecnologia é vista como uma maneira de "quebrar paradigmas" – para fazer coisas que os concorrentes não podem fazer. Por exemplo, a DHL Global Mail instituiu um processo que a tornou líder em serviços de correio internacional (ver "Serviços globais *em ação*").

Ao "oferecer serviços de nível internacional", a própria força de trabalho deve ser uma fonte de inovações, não apenas agir mecanicamente em um processo padronizado. Para que possam conseguir isso, os supervisores da linha de frente devem ir além do treinamento e assumir o papel de mentores. Eles precisam ser responsáveis pelo desenvolvimento pessoal da força de trabalho para que os funcionários possam desenvolver as habilidades necessárias para a empresa de serviços evoluir.

Em geral, à medida que as empresas de serviços fazem a transição ao longo dos quatro estágios de competitividade operacional, a passagem de "disponível para serviços" para "prestação de serviços de nível internacional" evidencia o fato de que os problemas do gerenciamento de operações em serviços não podem ser resolvidos somente pelo pessoal de operações. Como apontado nos quatro estágios mencionados, a busca por eficiência operacional pode ser crucial para a competitividade no longo prazo. No entanto, esta eficiência deve ser equilibrada com a eficácia do sistema a partir do ponto de vista do cliente. A Figura 5.1 fornece uma visão geral dos principais ganhos e perdas entre eficiência e eficácia no desenvolvimento de operações de baixo contato com o cliente em comparação com serviços de alto contato com o cliente.

Varejistas *on-line*, como a Amazon.com, distinguem-se de seus concorrentes utilizando processos que resultam em um sistema de prestação de serviço de nível internacional.

DECISÃO	SISTEMA DE ALTO CONTATO	SISTEMA DE BAIXO CONTATO
Localização da instalação	As operações devem estar próximas do cliente.	As operações podem ser instaladas perto do suprimento, do transporte ou da mão de obra.
Disposição das instalações	As instalações devem atender às necessidades físicas e psicológicas do cliente, além de atingir suas expectativas.	As instalações devem aumentar a produção.
Design de produto	O ambiente e o aspecto físico do produto definem a natureza do serviço.	Como o cliente não está no ambiente de serviço, o produto pode ser definido por menos atributos.
Desenho de processos	Os estágios do processo de produção têm um efeito direto e imediato sobre o cliente.	O cliente não está envolvido na maior parte dos passos do processamento.
Cronograma	O cliente está no cronograma de produção e deve ser acomodado.	O cliente está interessado principalmente nas datas de conclusão/entrega.
Planejamento de produção	Como os pedidos não podem ser armazenados, a redução no fluxo de produção resultará em perda de negócios.	Tanto as reservas como a redução de produção são possíveis.
Qualificação dos trabalhadores	A força de trabalho direta torna-se uma parte importante do serviço, e, por isso, deve ter boas habilidades interpessoais para interagir com o público.	A mão de obra direta precisa ter apenas habilidades técnicas.
Controle de qualidade	Os padrões de qualidade estão muitas vezes nos olhos de quem os vê, e, portanto, são variáveis.	Os padrões de qualidade são geralmente mensuráveis, e, portanto, fixos.
Padrões de tempo	Como o tempo de serviço depende das necessidades dos clientes, os padrões de tempo são flexíveis.	O trabalho é executado por ferramentas alternativas aos clientes (por exemplo, formulários), e padrões de tempo podem ser apertados.
Pagamentos de salários	Resultado variável requer remuneração baseada no tempo trabalhado.	Resultados "fixáveis" permitem remuneração com base em resultados.
Planejamento da capacidade	Para evitar perda de vendas, a capacidade deve ser definida para corresponder à demanda de pico.	Produção armazenável permite estabelecer a capacidade em um nível de demanda média.
Previsão	As previsões são de curto prazo, orientadas pelo tempo.	As previsões são de longo prazo, orientadas para resultados.

Fonte: Richard C. Chase. Where Does the Customer Fit in a Service Operation?. *Harvard Business Review,* nov.-dez. 1978, p. 137-142. Reimpresso com permissão da *Harvard Business Review.* Copyright ©1978 de President and Fellows of Harvard College.

FIGURA 5.1 Principais ganhos e perdas no projeto de sistemas de alto e baixo contato

Com frequência, de um ponto de vista puramente operacional, é fácil ver o cliente como um constrangimento: "Se todos esses clientes não aparecessem sempre ao mesmo tempo, poderíamos fornecer um serviço muito melhor!". Tal perspectiva negativa ignora uma grande oportunidade. A presença física dos clientes do serviço dentro da operação pode ser usada para ajudar as operações, e não para atrapalhá-las. Essa perspectiva positiva, contudo, exige que o pessoal de operações reconheça a importância dos objetivos de suas contrapartes de marketing a fim de aumentar a eficácia da experiência de serviço do cliente. Igualmente importante, esse ponto de vista também exige que o pessoal de marketing tenha um conhecimento íntimo do sistema de operações e de seus desafios. Não basta propor novas ofertas de serviço a ser entregues pelos sistemas operacionais existentes. Os profissionais de marketing que se destacam na prestação de serviço de nível internacional reconhecem que o impacto da oferta de novos serviços pelos sistemas operacionais existentes deve ser considerado antes do lançamento de novos serviços para o cliente.[2]

SERVIÇOS GLOBAIS *EM AÇÃO*

DHL GlobalMail: postagem internacional facilitada

Há não muito tempo, uma postagem eficiente e rápida era uma das maiores barreiras ao comércio internacional. Atualmente, no entanto, com o desenvolvimento de um processo de entrega exclusivamente adaptado, basta se conectar e dar alguns cliques. A DHL GlobalMail desenhou um processo que começa na porta do cliente e termina no destino especificado. Basta uma encomenda *on-line* simples ou um rápido telefonema para rapidamente conectar mais de 220 países.

Em parceria com os clientes, a DHL consegue criar relacionamentos duradouros por oferecer serviços da mais alta qualidade possível. Para começar, a empresa recolhe cartas, revistas, embalagens e qualquer outro item a ser enviado diretamente da empresa. Em seguida, são imediatamente levados para uma instalação de triagem, que utiliza um processo eletrônico de triagem e rastreamento para redirecionar os pacotes para a instalação de distribuição adequada. Quando o pacote chega a um dos mais de 40 centros de distribuição, é recolhido por operadoras locais e entregue pelo correio comum. Todo esse processo é claramente ilustrado na página GlobalMail do *site* da empresa, que apresenta um vídeo detalhado especificamente criado para a compreensão do cliente.

A DHL não utiliza apenas esse processo único, que efetivamente cria relações positivas com os próprios clientes e com os países com os quais a empresa faz negócios, mas também define um padrão de excelência para o atendimento ao cliente. O sistema de rastreamento usado para identificar pacotes em todo o mundo é facilmente acessível pelos consumidores *on-line*. A qualquer momento o cliente pode verificar o *status* de sua entrega. Além disso, a DHL verifica os endereços de correspondência nos envios no centro de triagem; quando o endereço está incorreto, uma etiqueta é afixada para corrigi-lo e uma notificação por *e-mail* da alteração é enviada para o cliente.

Como as tendências de globalização eliminam muitas das barreiras comerciais, as empresas consideram os processos avançados que a DHL utiliza altamente benéficos. Quando combinados com padrões excelentes de serviço ao cliente, não é de surpreender que a empresa tenha estabelecido um empreendimento global altamente bem-sucedido.

Fonte: DHL GlobalMail. Disponível em: <http://us.dhlglobalmail.com/expedited-mail-process-details.aspx>.

Marketing e operações: o equilíbrio é fundamental

Uma maneira de ver a relação entre marketing e operações em uma empresa de serviços é pensar nela como um casamento entre as necessidades dos consumidores e os recursos de tecnologia e de produção da empresa. Como ocorre na maioria dos casamentos, uma união bem-sucedida entre operações e marketing envolve compromissos, uma vez que as necessidades dos consumidores raramente podem ser completamente atendidas.

Em uma empresa de serviços, estabelecer um equilíbrio entre marketing e operações é fundamental! Aspectos significativos da operação de serviços referem-se ao produto que cria a experiência e que entrega o pacote de benefícios para o consumidor. Por exemplo, uma experiência de um restaurante não se baseia unicamente na qualidade dos alimentos. O ambiente físico e as interações com as pessoas ao longo da experiência também influenciam muito a percepção dos consumidores sobre a qualidade do serviço prestado. Um compromisso bem-sucedido entre a eficiência das operações e a eficácia do marketing é, portanto, muito mais difícil de alcançar. Assim, o sucesso no marketing de serviços exige uma compreensão muito maior das restrições e das oportunidades apresentadas pelas operações da empresa.

Como introdução neste capítulo, primeiro adotaremos a perspectiva de um gerente de operações e perguntaremos: "Qual seria a maneira ideal de executar o serviço a partir de uma perspectiva de operações?". O impacto sobre o marketing e as oportunidades de marketing para ajudar na criação desse processo ideal serão então desenvolvidos.

Como apontado no Capítulo 1, a característica distintiva dos serviços é que eles consistem em uma experiência. A experiência de serviço é criada pelo sistema operacional de interação da empresa com o cliente. Assim, o sistema operacional da empresa, em toda sua complexidade, é o serviço. Para um gerente de marketing, isto impõe restrições sobre as estratégias que podem ser empregadas, mas também apresenta oportunidades novas e desafiadoras para melhorar a rentabilidade da empresa.

O Capítulo 4 forneceu a base conceitual sobre a qual se pode construir um entendimento do problema de projeto de serviços. A compreensão do comportamento do consumidor sempre foi uma condição necessária para o marketing bem-sucedido. Uma maneira de ver o processo de produto é pensar nele como o processo de combinar tal entendimento com as competências tecnológicas e de produção da organização. Assim, para ser um prestador de serviços eficaz, conhecimento do comportamento do consumidor não é suficiente para se produzir produtos economicamente bem-sucedidos. Para ser um gerente bem-sucedido, também é preciso ter um profundo conhecimento de operações, conceitos de recursos humanos e estratégias.

Como vimos no Capítulo 3, os produtores de bens podem separar os problemas de fabricação e marketing com a utilização de estoques. Mesmo assim, há muitas áreas de conflito potencial, como pode ser visto na Figura 5.2. Embora os problemas sejam caracterizados como conflitos,

ÁREA DE PROBLEMAS	COMENTÁRIO TÍPICO DE MARKETING	COMENTÁRIO TÍPICO DE PRODUÇÃO
1. Planejamento de capacidade e previsão de vendas de longo prazo	"Por que não temos capacidade suficiente?"	"Por que não temos previsões de vendas precisas?"
2. Planejamento de produção e previsão de vendas de curto prazo	"Precisamos de uma resposta mais rápida. Nossos prazos de entrega são ridículos."	"Precisamos de compromissos realistas com os clientes e previsões de vendas que não mudem como o vento."
3. Entrega e distribuição física	"Por que não temos sempre a mercadoria certa no estoque?"	"Não podemos manter tudo no estoque."
4. Garantia de qualidade	"Por que não podemos ter uma qualidade razoável a custos também razoáveis?"	"Por que devemos sempre oferecer opções muito difíceis de fabricar e que oferecem pouca utilidade ao cliente?"
5. Extensão da linha de produtos	"Nossos clientes exigem variedade."	"A linha de produtos é muito ampla, só temos lotes antieconômicos e pequenos."
6. Controle de custos	"Nossos custos são tão altos que não são competitivos no mercado."	"Não podemos ter entrega rápida, ampla variedade, resposta rápida à mudança e alta qualidade a baixo custo."
7. Introdução de novos produtos	"Novos produtos são nossa força vital."	"Alterações desnecessárias de projeto são extremamente caras."
8. Serviços complementares como peças de reposição, suporte de estoque, instalação e conserto	"Os custos de serviços de campo são muito altos."	"Os produtos não estão sendo usados conforme foram planejados."

Fonte: Reproduzido com permissão de *Harvard Business Review*. Trata-se de uma figura de Can Marketing and Manufacturing Coexist?, de Benson P. Shapiro. set.-out. 1977, p. 105. Copyright © 1977 de President and Fellows of Harvard College; todos os direitos reservados.

FIGURA 5.2 Fontes de cooperação/conflito entre marketing e operações

eles podem ser revistos como oportunidades. Em cada área, é evidente que uma melhor integração de marketing e operações poderia render uma organização mais eficiente e rentável. Por exemplo, a decisão de uma empresa de expandir a linha de produtos ou se concentrar unicamente em um produto pode ser vista como um compromisso entre as exigências heterogêneas dos consumidores e a demanda de homogeneidade de operações. Se os gerentes de marketing fizerem do seu modo, muitos produtos serão desenvolvidos e a operação se tornará ineficiente. Enquanto isso puder ser compensado por preços mais elevados, esta estratégia poderá ser bem-sucedida. Em contrapartida, se o pessoal de operações fizer do seu modo, o cliente terá apenas um produto para escolher, o que é uma opção muito menos atraente. No entanto, desde que isto possa ser compensado por menores custos e preços mais baixos, esta estratégia também pode ser bem-sucedida.

Em última análise, marketing e operações estão em um cabo de guerra que deve ser resolvido com um acordo. No setor de serviços, as possíveis áreas de conflito ou de acordo são muito mais amplas porque a operação em si é o serviço. Mais uma vez, não existe uma solução única, já que a eficiência operacional e a eficácia do marketing podem frequentemente puxar em direções opostas.

Por sua própria natureza, este capítulo é propositadamente orientado para operações, e não para marketing. Para polarizar ainda mais as questões que envolvem o marketing e as operações, a perspectiva adotada neste capítulo é a do gerente de operações. Consequentemente, o foco restante deste capítulo está relacionado aos requisitos para a eficiência operacional e aos mecanismos que o marketing pode dispor para alcançar tais requisitos. Finalmente, salientamos que, na busca pela vantagem competitiva no mercado, metas e objetivos de marketing podem, no final, significar menor eficiência operacional, o que é particularmente verdadeiro no caso de empresas de serviços de alto contato. À medida que a quantidade de contato com o cliente aumenta, diminui a probabilidade de a empresa de serviços operar de forma eficiente. No final, os clientes do serviço determinam:

- o tipo de demanda,
- o ciclo de demanda, e
- a duração da experiência de serviço.

Enquanto isso, a empresa de serviços perde cada vez mais controle sobre as próprias operações diárias. Isto faz parte da natureza do negócio de serviços.

Em um mundo perfeito, as empresas de serviços seriam eficientes

Da perspectiva de um gerente de operações, a situação ideal seria estabelecer processos capazes de operar uma empresa de serviços com a máxima eficiência. O *modelo de mundo perfeito*, de J. D. Thompson nos dá a direção necessária para atingir este objetivo final. No entanto, na realidade, o máximo de eficiência é muitas vezes inatingível. Os conceitos de *fábrica focalizada* e *planta dentro da planta* fornecem aos gestores estratégias alternativas que melhoram a eficiência da empresa, considerando a eficácia do marketing.

Modelo de mundo perfeito de Thompson

O ponto de partida para essa abordagem é a obra de J. D. Thompson.[3] Há muito tempo, Thompson introduziu o conceito de **núcleo técnico** – o lugar dentro da organização onde as principais funções de operações são realizadas. No setor de serviços, o núcleo técnico consiste em cozinhas em restaurantes, baias de serviço em concessionárias de automóveis, áreas de

núcleo técnico Lugar dentro de uma organização onde as principais operações são realizadas.

trabalho nos fundos para limpeza a seco, e salas cirúrgicas em um hospital. Segundo o **modelo de mundo perfeito**, para operar de forma eficiente, uma empresa deve ser capaz de operar *"como se o mercado fosse absorver o único tipo de produto a uma taxa contínua e como se as entradas fluíssem continuamente a uma taxa constante e com qualidade especificada"*. No centro do argumento de Thompson está a ideia de que incerteza gera ineficiência. Na situação ideal, o núcleo técnico é capaz de operar sem incerteza tanto no lado da entrada como no da saída, criando assim muitas vantagens para a gestão.

> **modelo de mundo perfeito** Modelo de organizações de J. D. Thompson que propõe que a eficiência "perfeita" das operações só é possível se entradas, saídas e a qualidade ocorrem a uma taxa constante e se mantêm conhecidas e definidas.

A ausência de incerteza significa que as decisões no interior do núcleo podem ser programadas e que a tomada de decisão do funcionário individual pode ser substituída por regras. A remoção do critério individual representa empregos menos "qualificados" e significa que uma menor qualidade de mão de obra pode ser usada, resultando em menores custos trabalhistas. Alternativamente, as regras podem ser programadas em máquinas, e a mão de obra substituída por automação. Como as oscilações de saída e entrada podem ser corrigidas com a utilização de estoques, é simples planejar e executar a produção nos níveis de utilização necessários para gerar o desempenho mais eficiente das operações.

Em suma, um sistema sem incerteza é fácil de controlar e gerir. O desempenho pode ser medido por meio de padrões objetivos. Como o sistema não está sujeito a influências externas, as causas de eventuais problemas relacionados a operações também são fáceis de diagnosticar.

Conceito de fábrica focalizada

Obviamente, um mundo tão ideal como o proposto por Thompson é praticamente impossível de existir, e, até mesmo em empresas de bens, as exigências de compra dos insumos e gestão das saídas têm de ser balanceadas com o ideal de demandas de operações. Na fabricação de bens, essa compensação é obtida por meio da **fábrica focalizada**,[4] que se concentra em um trabalho particular. Uma vez que esse foco é alcançado, a fábrica faz um trabalho melhor, porque repetição e concentração em uma área permitem que a força de trabalho e os gerentes sejam eficazes e experientes na tarefa específica. A fábrica focalizada amplia o modelo de mundo perfeito de Thompson, para quem o foco gera eficácia e eficiência. Em outras palavras, a fábrica focalizada poderá satisfazer melhor às exigências do mercado se a demanda for de baixo custo com eficiência, de alta qualidade ou baseada em qualquer outro critério.

> **fábrica focalizada** Trata-se de uma operação que se concentra em executar determinada tarefa em uma parte específica da fábrica; usada para promover a experiência e a eficácia por meio da repetição e da concentração em determinada tarefa.

Conceito de planta dentro da planta

A ideia de uma fábrica focalizada pode ser expandida em outra direção pela introdução do conceito de **planta dentro da planta** (*plant-whitin-a-plant* – PWP). Como há vantagens em ter a capacidade de produção em um único local, a estratégia PWP introduz o conceito de quebra de grandes fábricas sem foco em unidades menores separadas entre si, para que cada uma possa ser focalizada separadamente.

Na fabricação de produtos, o conceito de **amortecimento** é poderoso. De acordo com Thompson, "As organizações procuram amortecer influências ambientais em torno de seu núcleo

> **Planta dentro da planta (*plant-within--a-plant* – PWP)** Estratégia de dividir grandes fábricas não concentradas em unidades menores separadas entre si, de modo que cada uma possa ser focalizada separadamente.
>
> **amortecimento** Trata-se de conceito relacionado ao núcleo técnico que apresenta componentes de entrada e saída para amortecer influências ambientais.

técnico com componentes de entrada e de saída".[5] Assim, uma PWP pode ser operada de modo similar ao modelo de mundo perfeito de Thompson quando os estoques de amortecimento são criados na entrada e na saída. Na entrada, os componentes necessários podem ser estocados e a qualidade controlada antes que sejam necessários. Dessa forma, para a PWP, parece que a qualidade e o fluxo das entradas do sistema são constantes. De modo semelhante, a PWP pode ser separada de outras ou do mercado por meio da criação de estoques de produtos acabados. Os fabricantes de automóveis são bons exemplos dessa prática. Os produtos acabados são absorvidos por um sistema de distribuição de varejo estabelecido, que compra e mantém o estoque do fabricante nos mercados regionais até a venda ao consumidor final.

> **suavização** Refere-se ao gerenciamento do ambiente com o propósito de reduzir flutuações de oferta e/ou demanda.
>
> **antecipação** Trata-se de mitigar os piores efeitos das flutuações de oferta e demanda por meio de planejamento.
>
> **racionamento** Alocações diretas de entradas e saídas quando as demandas introduzidas no sistema pelo ambiente excedem a capacidade do sistema.

As alternativas propostas por Thompson para o amortecimento são: suavização, antecipação e racionamento. Suavização e antecipação concentram-se na incerteza introduzida no sistema pelo fluxo de trabalho; **suavização** envolve o gerenciamento do ambiente com o propósito de reduzir flutuações de oferta e/ou demanda; e **antecipação** envolve a mitigação dos piores efeitos dessas flutuações por meio de planejamento. Por fim, **racionamento** envolve recorrer à triagem quando as demandas introduzidas no sistema pelo ambiente excedem sua capacidade. Empresas bem-sucedidas planejam estratégias de suavização, antecipação e racionamento para que possam ser mais eficazmente aplicadas em momentos de necessidade.

Como aplicar modelos de eficiência em empresas de serviços

A aplicação de conceitos de operações em serviços assemelha-se a uma estrada acidentada. O problema pode ser facilmente compreendido quando retomamos o modelo *servuction* apresentado no Capítulo 1. Do ponto de vista operacional, as principais características do modelo são as seguintes: o cliente é uma parte integrante do processo e o sistema opera em tempo real. Como os clientes são muitas vezes inseparáveis da operação, o sistema pode ser (e geralmente é) utilizado para personalizar o serviço para cada indivíduo. Consequentemente, à medida que a intensidade de contato com o cliente aumenta em uma operação de serviço, a eficiência da operação em si diminui.

Na verdade, o sistema *servuction* em si é um pesadelo para operações. Na maioria dos casos, é impossível utilizar estoques nos lados de entrada e saída das operações e separar o processo de produção do cliente. Em vez de receber uma demanda constante, o sistema está ligado diretamente a um mercado que varia frequentemente de um dia para outro, a cada hora e até mesmo a cada minuto (ver "Serviços eletrônicos *em ação*"). Essa oscilação cria grandes problemas de planejamento e utilização da capacidade – as peças fundamentais para gestão da oferta e da demanda. De fato, em muitos casos, os únicos momentos em que oferta e demanda se igualam em empresas de serviços acontecem por acaso. Por exemplo, quando há o número exato e suficiente de garçons para servir os clientes de um restaurante, quando a quantidade de médicos e

O sistema *servuction* é um pesadelo para operações! Os clientes não chegam um de cada vez para ser atendidos imediatamente. Com frequência, muitos clientes chegam juntos, resultando em filas de espera que não são características de um modelo eficiente.

enfermeiros é suficiente para atender os pacientes de um hospital, e quando há a quantidade exatamente suficiente de auditores fiscais para atender os clientes? Há momentos em que a oferta e a demanda estão equilibradas, mas, devido ao fluxo imprevisível de clientes, o equilíbrio é alcançado apenas por acaso.

É evidente que, em função de sua própria natureza, os serviços não atendem aos requisitos do *modelo de mundo perfeito* de Thompson. O mais próximo que o modelo *servuction* chega deste estado ideal é a parte do sistema que é invisível para o cliente. Mas, mesmo assim, a ocorrência de alguma customização pode introduzir incerteza no sistema. Considerando que toda a customização pode ter lugar dentro do próprio sistema *servuction*, então a parte invisível para o cliente pode ser executada separadamente. Muitas vezes, ela pode estar em um local diferente da parte de contato com o cliente no modelo.[6] No entanto, quando a customização não pode ser feita dentro do sistema *servuction*, a incerteza pode ser introduzida nos bastidores.

Em vez do "produto exclusivo" desejado pelo modelo de mundo perfeito, o sistema de serviço pode ser solicitado a fazer um "produto" diferente e personalizado para cada cliente. Na verdade, pode-se argumentar que, uma vez que cada cliente é diferente e parte integrante do processo, e que cada experiência – ou produto – é única, a incerteza em relação à próxima tarefa a ser realizada é enorme.

O modelo de Thompson requer insumos que fluem continuamente, a uma taxa constante e com a qualidade especificada. Considere as entradas para o sistema *servuction*: ambiente físico, pessoal de contato, outros clientes e cliente individual. O ambiente físico (*servicescape*) pode permanecer constante em muitos encontros de serviço, mas as outras três entradas são totalmente variáveis não só na qualidade, mas também em seu fluxo de chegada ao processo.

Além disso, o pessoal de contato são indivíduos, e não objetos inanimados. Eles têm emoções e sentimentos, e, por isso, são afetados por coisas que acontecem fora do ambiente de trabalho. Se chegam de mau humor, isto pode influenciar seu desempenho ao longo do dia. E esse mau humor influencia diretamente o cliente, uma vez que o trabalhador de serviço é uma parte visível da experiência que está sendo adquirida.

Os clientes também podem estar sujeitos a variações de humor, que podem influenciar o comportamento deles tanto em relação à empresa de serviços quanto entre clientes. Alguns estados de espírito são previsíveis, como quando um time da casa vence um jogo e as multidões de torcedores entopem os bares. Outros são individuais, específicos e totalmente imprevisíveis, até que o consumidor já seja parte do sistema *servuction*.

Finalmente, os clientes chegam à empresa prestadora de serviços em ritmos imprevisíveis, dificultando a suavização e antecipação da demanda recebida. Em um momento, um restaurante pode estar vazio e, poucos minutos depois, totalmente lotado. Basta considerar a variabilidade de demanda por caixas em um supermercado para entender os conceitos básicos deste problema. A análise da demanda, muitas vezes, pode mostrar picos previsíveis que podem ser planejados com antecedência, mas mesmo esta precaução introduz ineficiência, uma vez que a empresa idealmente preferiria que os clientes chegassem em um fluxo constante. Os picos imprevisíveis também não são fáceis de administrar. O planejamento desses picos geralmente produz grandes quantidades de excesso de capacidade, como uma grande quantidade de caixas à espera de o pico começar. O excesso de capacidade afeta todo o sistema e compromete a experiência do cliente e do pessoal de contato.

Soluções de operações para empresas de serviços

Na última década, a literatura sobre gestão de operações e marketing tem apresentado uma lista crescente de estratégias para superar alguns dos problemas de operações de serviços. Essas estratégias podem ser classificadas em cinco grandes áreas:

1. isolamento do núcleo técnico,
2. linha da produção em todo o sistema,
3. criação de capacidade flexível,
4. aumento da participação do cliente,
5. mudança do período de demanda.

Isolamento do núcleo técnico Esse tipo de isolamento propõe a separação do sistema *servuction* (a parte da operação de serviços em que o cliente está presente), caracterizado por um elevado grau de contato com o cliente, do núcleo técnico. Uma vez que a separação é alcançada, diferentes filosofias de gestão podem ser adotadas para cada unidade separada de operação. Em outras palavras, vamos dividir a empresa de serviço em duas áreas distintas – uma de alto contato com o cliente e outra com baixo ou nenhum contato com o cliente – e operar cada área de forma diferente. Por exemplo, considere um restaurante onde o alto contato com o cliente ocorre nas áreas do salão e do bar, e o baixo contato na área de cozinha, ou seja, separada do cliente.

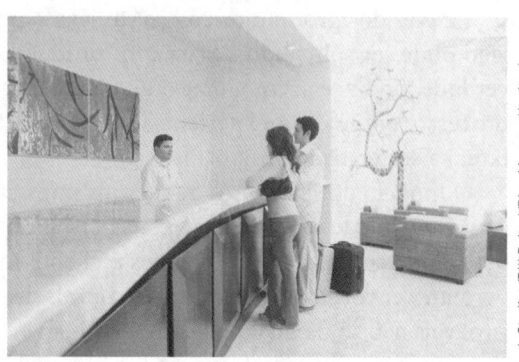

O uso de barreiras físicas, como um balcão em um estabelecimento de serviços, permite aos prestadores de serviços separar áreas de grande contato, onde a eficácia é maximizada por questões técnicas e nas quais a eficiência operacional é o principal objetivo.

Em áreas de alto contato com o cliente, a gerência deve se concentrar em otimizar a experiência para o consumidor. Entretanto, se o núcleo técnico (área com baixo ou nenhum contato) foi isolado, deve ser submetido a abordagens tradicionais de linha de produção.[7] Em suma, os sistemas de alto contato devem sacrificar a eficiência no interesse do cliente, mas os de baixo contato não precisam fazê-lo.[8]

Isolar o núcleo técnico contribui para minimizar a intensidade de contato do cliente com o sistema. De acordo com Danet, "Os clientes [...] causam problemas para as organizações [...] quando interrompem a rotina da empresa, ignoram as ofertas de serviço, não cumprem os procedimentos estabelecidos, fazem exigências exageradas, e assim por diante".[9] Assim, a eficiência operacional é reduzida pela incerteza introduzida no sistema pelo cliente.[10]

Exemplos de **desacoplamento** do núcleo técnico de áreas de alto contato com o cliente incluem sugestões de especialistas em operações, como o processamento presencial em apenas casos excepcionais, dando preferência para que as transações de rotina sejam processadas por telefone ou, melhor ainda, por correio ou *e-mail*, com a grande vantagem de poderem ser estocadas.[11] Além disso, o grau de contato com o cliente deve ser correspondente aos seus requisitos e a quantidade de serviço de alto contato oferecido deve estar no mínimo aceitável para ele.[12] Em geral, a eficiência operacional sempre favorece sistemas de baixo contato, mas a eficácia na perspectiva do cliente pode ser algo completamente distinto.

> **desacoplamento** Refere-se a dissociar o núcleo técnico do sistema *servuction*.

Nesse ponto, a necessidade do envolvimento do marketing na abordagem torna-se evidente, à medida que uma decisão sobre a extensão de contato desejada pelo cliente é claramente uma questão de marketing. Em alguns casos, um elevado grau de contato com o cliente pode ser usado para diferenciar o serviço dos seus concorrentes. Em tais casos, os custos operacionais devem ser comparados com as vantagens competitivas. Considere as vantagens competitivas que um restaurante cinco estrelas tem sobre uma franquia de *fast-food*.

No entanto, em algumas situações, o segmento da empresa que o grupo de operações vê como área operacional não é realmente invisível para o cliente. Por exemplo, em alguns serviços financeiros, a operação de caixa ocorre nos escritórios administrativos. Operacionalmente, isto significa que os funcionários podem deixar a papelada para atender os clientes apenas quando necessário. Infelizmente, os clientes encaram esse sistema operacionalmente eficiente de forma negativa. Um cliente que espera pacientemente para ser atendido pode ver um guichê de caixa fechado e constatar que os funcionários não parecem se importar com isso, pois permanecem nas mesas sem lhe oferecer qualquer ajuda. No entanto, a realidade é que esses caixas podem estar muito ocupados, mas a natureza do trabalho administrativo é tal que eles podem não transmitir essa impressão aos clientes.

Mesmo se for decidido que parte do sistema pode ser desacoplada, o marketing tem um papel importante na avaliação e implantação de abordagens alternativas. Qualquer alteração na forma como o sistema *servuction* funciona implica uma mudança no comportamento do cliente. Por exemplo, uma mudança de um serviço customizado para serviços bancários *on-line* claramente exige uma grande mudança na forma como o cliente se comporta no sistema.

Às vezes, desacoplar o sistema para ser mais eficiente pode não funcionar muito bem com os clientes. Por exemplo, em seu esforço para fazer os caixas usarem o tempo de forma mais eficiente, o First National Bank de Chicago foi notícia quando começou a cobrar dos clientes uma taxa de US$ 3,00 para falar com um caixa de banco. A concorrência do banco rapidamente criou mensagens promocionais que mostravam "caixas de verdade" que "distribuíam" dinheiro de seus guichês. Até Jay Leno, no *The tonight show* da NBC, tocou neste assunto: "Bom dia, não é? [...] São US$ 3,00, por favor. Hã? O quê? Quem? [...] Mais US$ 9,00, por favor".[13]

Linha de produção em todo o sistema Uma segunda solução possível para resolver os problemas de operações de empresas de serviços envolve a implantação de uma linha de produção para todo o sistema. **Abordagem de linha de produção** refere-se à aplicação de tecnologias materiais e imateriais tanto para a "linha de frente" como para a "área de suporte operacional" de serviço.[14] As **tecnologias materiais** envolvem equipamentos para facilitar a produção de um produto padronizado. Por sua vez, as **tecnologias imateriais** referem-se a regras, regulamentos e procedimentos que devem ser seguidos para produzir o mesmo resultado. Este tipo de abordagem para aumentar a eficiência operacional é relativamente rara e pode ser verificada em empresas de *fast-food*, que fornecem um exemplo clássico no qual a personalização é mínima, o volume é grande e a participação do cliente no processo é elevada.

> **abordagem de linha de produção** Refere-se à aplicação de tecnologias materiais e imateriais para uma operação de serviço a fim de produzir um serviço padronizado.
>
> **tecnologias materiais** (*hard*) Trata-se de equipamento que facilita a produção de um produto padronizado.
>
> **tecnologias imateriais** (*soft*) Referem-se a regras, regulamentos e procedimentos que facilitam a produção de um produto padronizado.

Em um sistema de alto contato com o cliente, gerar qualquer tipo de eficiência operacional implica uma linha de produtos limitada. No caso de *fast-food*, a linha de produtos é o cardápio. Além disso, a personalização deve ser mantida em um nível mínimo, porque todo o sistema de operação está ligado diretamente ao consumidor. O principal problema consiste em como fornecer um serviço eficiente e padronizado em um nível aceitável de qualidade e, ao mesmo tempo, tratar cada cliente como único.[15] Tentativas anteriores para resolver esse problema ilustram a complexidade desse processo. Tentativas na forma de customização de rotinas, como a síndrome do "tenha um bom dia", tiveram efeitos positivos sobre a simpatia percebida do prestador de serviços, mas efeitos adversos sobre a percepção de competência. Assim, uma decisão de operações aparentemente simples pode ter efeitos complexos sobre as percepções dos clientes.

Para ser bem-sucedida, a linha de produção aplicada ao sistema *fast-food* como um todo também depende de um grande volume de clientes disponíveis para consumir a comida padronizada que é produzida. Uma vez que o componente invisível não está desacoplado e alimentos não podem ser preparados na hora, o sistema operacional tem de funcionar independente da demanda individual e assumir que, no final, a demanda agregada vai absorver os alimentos produzidos. É por isso que sanduíches preparados são empilhados em caixas enquanto esperam para ser absorvidos pela demanda futura no mercado.

Esse sistema operacional exige muito dos clientes, que devem pré-selecionar o que querem comer. Há a expectativa de que eles estejam preparados para fazer o pedido quando chegar a sua vez. Os consumidores devem deixar o local onde fazem o pedido rapidamente e levar a comida para a mesa. Além disso, em muitos casos, esses mesmos clientes devem procurar as próprias mesas.

Criação de capacidade flexível O terceiro método para gerenciar eficazmente as operações de serviço é usado para minimizar os efeitos da demanda variável por meio da criação de capacidade (oferta) flexível.[16] Por exemplo, a Verizon aumentou a capacidade para o sistema UMass Memorial Healthcare com a implantação dos serviços Sonet, que propiciam ao hospital a capacidade de se comunicar com médicos e profissionais de saúde sem que estes estejam, ao mesmo tempo, no mesmo lugar (ver "Serviços eletrônicos *em ação*").

No entanto, mesmo nessa área, as estratégias que começam como soluções operacionais de "bom-senso" apresentam grandes implicações para o marketing, uma vez que essas novas iniciativas requerem uma atuação cara a cara com a base de clientes da empresa de serviço. Por exemplo, algumas das estratégias para criar capacidade flexível mencionadas no Capítulo 3 incluíam (1) usar trabalhadores em tempo parcial; (2) treinar funcionários para que a maior parte dos esforços se concentre em tarefas de contato com o cliente nos horários de pico; e (3) compartilhamento de capacidade com outras empresas.

Embora essas estratégias sejam bastante simples do ponto de vista operacional, é preciso considerar as implicações de marketing. Usar trabalhadores em tempo parcial parece ser uma estratégia útil, uma vez que eles podem ser utilizados para fornecer capacidade extra em horários de pico sem aumentar os custos em horários com menor demanda. Contudo, existem algumas implicações de marketing. Por exemplo, os empregados em tempo parcial podem oferecer um serviço de qualidade mais baixa do que os de tempo integral; o comprometimento com a qualidade pode ser menor, assim como provavelmente será o treinamento que eles recebem. Eles são usados em momentos em que a operação é mais movimentada, tais como períodos de férias ou durante as temporadas de turismo, por exemplo, quando a demanda é maior, e isso pode ser refletido em suas atitudes de frustração, que podem ser visíveis para os clientes, influenciando negativamente as percepções destes sobre a qualidade do serviço prestado.[17]

De modo semelhante, as outras duas possíveis soluções para a criação de capacidade flexível também têm grandes implicações de marketing. Em primeiro lugar, concentrar-se em tarefas de contato com o cliente durante picos de demanda pressupõe que é possível identificar a parte fundamental do serviço do ponto de vista do cliente. Em segundo lugar, os perigos do compartilhamento da capacidade são diversos. Por exemplo, o clássico de televisão *Cheers* fornecia vários exemplos dos problemas associados com os clientes de luxo e clientes do andar de cima do restaurante de Melville, com eles misturando-se com a clientela cotidiana do Cheers, como

> ## SERVIÇOS ELETRÔNICOS *EM AÇÃO*
>
> ### Verizon Entreprise Solutions Group: um parceiro da saúde
>
> A Verizon Entreprise Solutions Group fornece soluções de rede para grandes empresas, clientes governamentais e educacionais nos Estados Unidos. Como uma entidade corporativa, o grupo de soluções emprega mais de 7.800 funcionários, e a unidade de negócios gerou receitas de aproximadamente US$ 6 bilhões em 2004. Produtos e serviços do Verizon Entreprise Solutions Group incluem serviços de voz, equipamentos de voz e dados do cliente, serviços de rede gerenciados e uma vasta gama de serviços de dados. Além do governo, os mercados-alvo principais são as áreas de finanças, educação e saúde.
>
> Um dos mais intrigantes projetos de soluções foi a interação da Verizon com o UMass Memorial Healthcare, o maior sistema de saúde de Massachusetts. Graças a um recente acordo de US$ 9,6 milhões entre o sistema de saúde e a Verizon, médicos especialistas agora vão colaborar no diagnóstico e tratamento de pacientes por meio de serviços de banda larga de alta velocidade. Gerenciar serviços Sonet permite que históricos e dados de diagnóstico de pacientes sejam vistos simultaneamente nos três *campi* do sistema de saúde, em quatro hospitais comunitários e em outras unidades. Os serviços Sonet fornecem ao hospital a capacidade de se comunicar com médicos e profissionais de saúde sem que estes estejam, ao mesmo tempo, no mesmo lugar. A privacidade do paciente também é assegurada.
>
> A Verizon Entreprise Solutions Group também oferece soluções de telemedicina para o setor de saúde que podem literalmente colocar médicos e outros profissionais de saúde nas casas dos pacientes e em outros lugares críticos. Os médicos agora podem se comunicar com paramédicos enquanto estão a caminho do hospital e supervisionar os procedimentos em uma sala de cirurgia sem que precisem estar fisicamente presentes. As soluções de telemedicina utilizam arquivamento de imagens e sistemas de comunicação que fornecem informações para vários usuários ao mesmo tempo, independente da localização.
>
> Os principais objetivos de todas as soluções de saúde da Verizon são: aumentar o acesso dos pacientes aos serviços de saúde, agilizar a prestação de serviços, melhorar os resultados dos pacientes e reduzir os custos de saúde. Enquanto isso, a Verizon Entreprise Solutions Group gera uma quantidade cada vez mais significativa de receita para a empresa.
>
> Fonte: Disponível em: <http://www22.verizon.com/enterprisesolutions/Default/Index.jsp>. Acesso em: 9 abr. 2009.

Norm e Cliff. O cliente pode acabar confuso sobre exatamente o que a empresa prestadora de serviços está fazendo (por exemplo, quem é o seu mercado-alvo?), e isso pode ser particularmente crítico durante os momentos de compartilhamento, quando clientes de duas empresas diferentes partilham a mesma instalação, cada grupo com diferentes prioridades e roteiros de comportamento. Por exemplo, recentemente, uma estudante de MBA descreveu a confusão de sua avó com sua sorveteria favorita, que vendia sorvete durante o dia e, à noite, se transformava em uma boate *gay*.

Aumento da participação do cliente Uma quarta abordagem para gerenciar operações de serviços envolve aumentar o envolvimento do cliente na própria operação de serviço. Por exemplo, as empresas de serviços que pretendem obter a certificação do programa LEED para práticas de negócios sustentáveis são incentivadas a trabalhar com voluntários LEED antes de iniciarem as atividades (ver "Sustentabilidade e serviços *em ação*"). A essência de aumentar a participação do cliente é substituir o trabalho realizado pelos funcionários da empresa por trabalho feito pelo consumidor.[18] Diferente das outras estratégias, que incidem sobre a melhoria da eficiência da operação, essa abordagem concentra-se principalmente na redução dos custos associados à prestação do serviço ao cliente. Esta estratégia também tem suas vantagens e desvantagens.

Consideremos por um momento nossas abordagens anteriores sobre os roteiros de comportamento do consumidor. Aumentar a participação dos consumidores no encontro de serviço requer uma modificação substancial nesses roteiros. Além disso, como é necessária uma maior participação dos clientes, eles são solicitados a assumir maior responsabilidade pessoal pelo serviço que recebem. Por exemplo, o caixa automático é visto por muitos funcionários de bancos como uma forma de economizar mão de obra. Na verdade, a substituição do trabalho humano por máquinas é uma abordagem clássica de operações, e os caixas automáticos podem definitivamente ser vistos sob este prisma. Do ponto de vista do cliente, tais caixas proporcionam maior comodidade em termos de horários durante os quais o banco está acessível. No entanto, verifica-se que, para alguns consumidores, um caixa automático representa aumento de risco, menos controle da situação e perda de contato humano.[19]

Tal transferência de atividades para o cliente tem claras implicações no mercado, uma vez que altera a natureza do produto recebido. Portanto, tais mudanças no roteiro do cliente exigem muita pesquisa junto aos consumidores e planejamento detalhado antes de introduzir quaisquer esquemas que requeira maior envolvimento e participação do cliente no processo de prestação de serviços.

Como mudar o período de demanda para se ajustar à capacidade

Finalmente, outra estratégia utilizada para otimizar a eficiência de operações de serviços é a tentativa de mudar o período de demanda para suavizar as oscilações associadas a muitos serviços. Talvez o exemplo clássico deste problema seja o sistema de transporte público, que precisa criar capacidade para lidar com as horas de pico e, como consequência, tem grande parte da sua frota e do trabalho em situação ociosa fora do horário de pico. No que concerne ao transporte público, muitas autoridades têm tentado reduzir a extensão do problema ao incentivarem os clientes, por meio de descontos e brindes, a se deslocar nos períodos em que a demanda é menor. Mais uma vez, operações e marketing tornam-se interligados. A suavização da demanda é uma estratégia útil do ponto de vista das operações. No entanto, esta estratégia não reconhece a mudança necessária no comportamento dos consumidores para torná-la eficaz. Infelizmente, como grande parte dos trajetos no sistema de transporte público deriva da demanda com base em horários de trabalho do consumidor, a expectativa é de pouco sucesso no esforço para redistribuir a demanda.[20]

A arte de preparar um *blueprint*

Uma das técnicas mais comumente utilizadas para analisar e gerenciar processos complexos de produção na busca de eficiência operacional é um fluxograma. Os fluxogramas identificam:

- *as direções em que os processos fluem,*
- *o tempo necessário para passar de um processo a outro,*
- *os custos envolvidos em cada etapa do processo,*
- *a quantidade de estoques em cada etapa,*
- *os gargalos no sistema.*

blueprint Trata-se do fluxograma de uma operação de serviço.

O fluxograma de uma operação de serviço, comumente referido como ***blueprint***, é uma ferramenta útil não só para o gerente de operações, mas também para o de marketing.[21]

SUSTENTABILIDADE E SERVIÇOS *EM AÇÃO*

Classificações LEED: padrões de processos em tecnologia ecológica

A iniciativa ecológica realmente pegou, mas muitos estão se perguntando o que significa ser uma instituição ecológica. Os sistemas de avaliação do programa Liderança em Energia e Projeto Ambiental (Leadership in Energy and Environmental Design – LEED), do U. S. Green Building Council (USGBC), estabeleceu um meio para testar verdadeiramente o impacto ambiental dos projetos de construção. As classificações LEED concentram-se em seis componentes principais:

1. Desenvolvimento de local sustentável,
2. Economia de água,
3. Eficiência energética,
4. Seleção de materiais,
5. Qualidade do ambiente interno,
6. Processos de inovação e *design*.

O sistema de classificação é desenvolvido pelas comissões LEED, que são compostas por voluntários de diversas áreas dentro da indústria da construção. O real processo de classificação é realizado pelo Green Building Certification Institute (GBCI), e começa com o planejamento do processo de construção. Uma equipe estratégica composta por representantes do GBCI e pelos principais participantes do projeto de construção se reúne para revisar os planos e definir as metas e a classificação LEED desejadas. Durante todo o processo de construção, recursos necessários para atender aos padrões LEED são oferecidos aos gestores do projeto. Treinamento adicional também pode ser obtido do GBCI para garantir o sucesso continuado do projeto, ao mesmo tempo que é fornecido suporte *on-line* para ajudar nos extensos processos de documentação. O sistema de classificação LEED baseia-se em 69 pontos possíveis, cujos níveis de designação são:

Nível	Pontos
Platinum	52-69
Ouro	39-51
Prata	33-38
Certificado	26-32

O serviço oferecido pelo GBCI permite que as empresas obtenham um grande número de benefícios somente se seguirem processos estritamente delineados. Da fase de candidatura inicial até a certificação final, o GBCI trabalha em colaboração com cada equipe de gestão para encontrar a melhor classificação LEED possível para o projeto. Embora um processo básico padronizado seja utilizado para todas as empresas, a customização é necessária para entregar o melhor serviço de suporte e obter a classificação de cada projeto. De certa forma, as classificações LEED são normas de aprovação de processo que de fato demonstram a dedicação da empresa ao bem-estar ambiental.

Fonte: LEED Rating Systems. Disponível em: <http://www.usgbc.org/DisplayPage.aspx?CMSPageID=222>.

Como os serviços são entregues por um processo interativo que envolve o consumidor, o gerente de marketing, em uma empresa de serviços, precisa ter conhecimento detalhado da operação. O *blueprint* fornece um método sistemático e útil para adquirir este conhecimento. Blueprints permitem que o gerente de marketing compreenda quais partes do sistema operacional são visíveis para o consumidor e, portanto, parte do sistema *servuction* – as partes fundamentais para percepção do consumidor.

Identificar os componentes do sistema *servuction* de uma empresa acaba sendo mais difícil do que parece à primeira vista. Por exemplo, muitas empresas subestimam o número de pontos de contato entre elas e seus clientes. Muitas esquecem ou subestimam a importância de telefonistas, secretárias, zeladoria ou contabilidade. A seguir, descrevemos o processo de preparação de um fluxograma para esses inúmeros pontos de contato. Fluxogramas de serviços, além de ser úteis para os gerentes de operações, permitem que os gerentes de marketing entendam melhor o processo *servuction*.

O coração do serviço é a experiência que entrega o pacote de benefícios para o cliente. Esta "experiência" pode ocorrer em um edifício ou em um ambiente criado pela empresa de serviço, como os complexos ambientes criados nos parques temáticos Disney World, Epcot Center e Universal Studios. Em outros casos, como serviços de jardinagem, a interação de serviço ocorre em um cenário natural. No final, é o próprio processo que cria a experiência que proporciona os benefícios pretendidos pelo consumidor. Portanto, projetar este processo é fundamental para o *design* de produto de uma empresa de serviços.

O processo interativo visível para os consumidores desenvolve suas percepções da realidade e define o produto final do serviço. No entanto, como o modelo *servuction* abordado no Capítulo 1 demonstrou, a parte visível do processo de operação, com a qual interage o consumidor, deve ter o suporte de um processo invisível.

A busca por eficiência operacional não é exclusiva de empresas de serviços, mas apresenta alguns problemas interessantes. Uma alteração no funcionamento de serviços pode ser mais eficiente, mas também alterar a qualidade da interação com o consumidor. Por exemplo, há vários anos, para se inscrever em cursos de muitas universidades, os estudantes utilizam serviços automatizados por telefone ou *on-line*. Esse tipo de operação oferece maior eficiência, mas, às vezes, minimiza a qualidade da interação aluno/orientador. No final, um *blueprint* detalhado fornece um meio de comunicação entre operações e marketing, e pode enfatizar problemas potenciais no papel antes que ocorram em tempo real.

Exemplo de um *blueprint* simples[22]

A Figura 5.3 mostra um processo simples no qual, por enquanto, assume-se que toda a operação é visível para o cliente. Ele representa o projeto de um restaurante *self-service* e especifica as etapas envolvidas na obtenção de uma refeição. Neste exemplo, cada uma das atividades do processo é representada por um box. Em contraste com um fabricante de bens, as "matérias-primas" que fluem ao longo do processo são os clientes. Devido à intangibilidade dos serviços, não há estoques no processo, mas "estoques" de clientes se formam em cada etapa do processo, enquanto se espera a vez de avançar para o próximo balcão. Um restaurante administrado desta maneira, como o Western Sizzlin' ou Golden Corral, seria uma única longa cadeia de balcões com clientes avançando ao longo dela e saindo depois de pagar. Na Figura 5.3, o valor do custo para cada estágio representa o custo de fornecimento de pessoal para abastecer cada balcão.

custo do serviço por refeição Refere-se aos custos de mão de obra associados ao fornecimento de uma unidade de refeição (custos totais de mão de obra/volume máximo por hora).

Para que possamos obter o **custo do serviço por refeição** ou os custos de mão de obra associados ao fornecimento de uma unidade de refeição, devemos fazer os cálculos descritos a seguir.

	Balcão de aperitivos	Balcão de saladas	Balcão de pratos quentes	Balcão de sobremesas	Balcão de bebidas	Caixa
	US$ 8/h	US$ 8/h	US$ 8/h	US$ 8/h	US$ 8/h	US$ 10/h
Número de estações	1	1	1	1	1	1
Tempo de atividade	15 s	30 s	60 s	40 s	20 s	30 s
Tempo de processamento	15 s	30 s	60 s	40 s	20 s	30 s
Volume máximo/h	240	120	60*	90	180	120

*Gargalo   Custo do serviço por refeição = $\frac{50}{60}$ = US$ 0,83

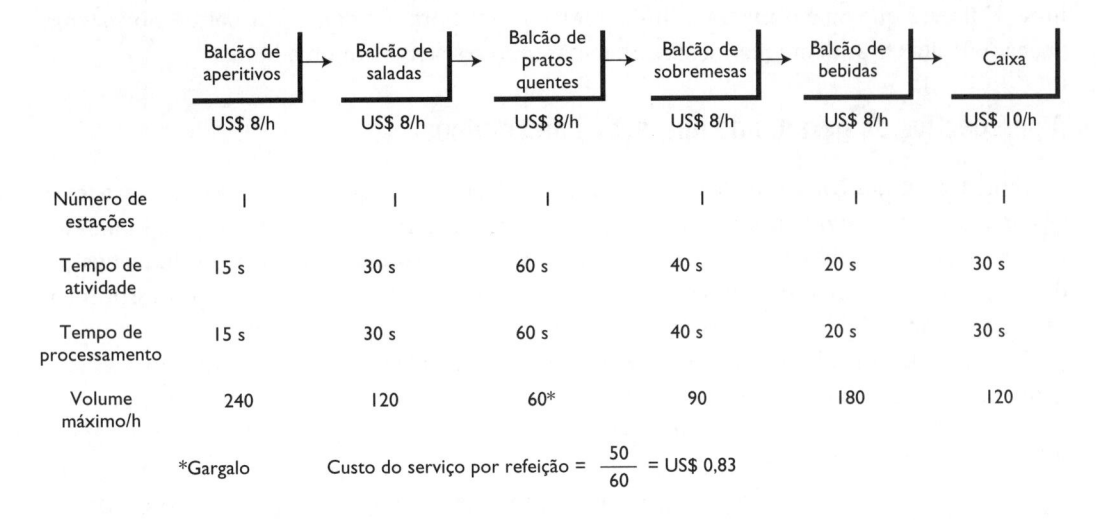

FIGURA 5.3 *Blueprint* para um restaurante *self-service*.

Em primeiro lugar, para calcular o **tempo de processo**, divide-se o **tempo de atividade** (o tempo necessário para realizar a atividade) pelo número de **estações**, ou locais nos quais a atividade é realizada. Em nosso exemplo, os tempos de processo e de atividade são os mesmos porque apenas uma estação está disponível para cada atividade.

Em segundo lugar, o **volume máximo por hora** para cada local é calculado com base no tempo de processo. Em termos simples, o volume máximo por hora é o número de pessoas que podem ser servidas em cada estação no tempo de uma hora. Por exemplo, o tempo de processo no balcão de saladas é de 30 segundos. Isto significa que duas pessoas podem ser processadas em um minuto ou 120 pessoas em uma hora (duas pessoas × 60 minutos). Pode-se ainda calcular o volume máximo por hora com base na seguinte fórmula: 60 (60/tempo de processo). No nosso exemplo, o cálculo do balcão de saladas seria 60 (60/30) = 120.

tempo de processo É calculado dividindo-se o tempo de atividade pelo número de locais (ou estações) em que ela é realizada.

tempo de atividade Refere-se ao tempo necessário para realizar uma atividade em uma estação.

estações Trata-se do local em que uma atividade é realizada em um *blueprint* de serviço.

volume máximo por hora Refere-se ao número de pessoas que podem ser processadas em cada estação em uma hora.

Finalmente, para o cálculo do custo do serviço por refeição, os custos totais de mão de obra por hora de todo o sistema são divididos pelo volume máximo por hora do sistema (custo do serviço por refeição = custos totais de mão de obra/volume máximo por hora). Para calcular os custos totais de mão de obra por hora, adicionam-se os salários por hora do pessoal alocado em cada balcão. No nosso exemplo, o custo total de mão de obra por hora equivale a US$ 50,00 (US$ 8 + US$ 8 + US$ 8 + US$ 8 + US$ 8 + US$ 10). Para determinar o volume máximo por hora, seleciona-se o menor volume máximo calculado no segundo passo. Assim, o custo do serviço por refeição no nosso exemplo é de US$ 50,00/60 clientes, ou US$ 0,83 por refeição.

Por que você usaria o menor volume máximo por hora? Esta etapa é particularmente confusa para alguns alunos. O menor volume máximo no sistema é o número máximo de pessoas que podem ser processadas por todo o sistema em uma hora. No nosso exemplo, 240 clientes podem ser processados no balcão de aperitivos em uma hora, mas apenas 120 podem ser processados no balcão de saladas na mesma quantidade de tempo. Isso significa que, após a primeira hora, 120 clientes (240 − 120) ainda estarão à espera para ser processados no balcão de saladas. Do mesmo modo, apenas 60 clientes podem ser processados no balcão de pratos quentes em uma hora. Uma vez que 60 é o menor volume máximo por hora para qualquer balcão no sistema, apenas 60 clientes poderão realmente completar todo o sistema em uma hora.

A perspectiva do gerente de operações de serviços

A primeira coisa que o *blueprint* faz é fornecer um controle sobre o fluxo lógico de todo o processo. Claramente, um *blueprint* de serviço torna evidente se uma tarefa está sendo realizada fora da sequência. Nesse ponto, vale fazer uma consideração no nosso exemplo de sistema, que fixa a posição da estação do caixa, uma vez que ela não pode ser transferida para outro ponto do processo. Todas as demais estações podem ser movidas e ter alteradas suas posições na sequência.

Uma vez identificados os diferentes passos, é relativamente fácil identificar os possíveis **gargalos** no sistema, que representam pontos do sistema nos quais os consumidores esperam o maior período de tempo. Na Figura 5.3, o balcão de pratos quentes é um gargalo óbvio, uma vez que representa o tempo mais longo do processo, ou seja, o tempo para processar um indivíduo nesta etapa. Uma linha de produção equilibrada é aquela em que os tempos de processo de todos os passos são os mesmos, e os estoques ou, no nosso caso, consumidores, fluem de forma regular ao longo do sistema sem esperar pelo processo seguinte.

gargalos Pontos do sistema nos quais os consumidores esperam o maior período de tempo.

Para resolver este problema particular de gargalo, poderíamos considerar a adição de uma estação extra, neste caso, um balcão extra para a fase de pratos quentes. O tempo do processo cairia para 30 segundos (60 segundos dividido por 2). O gargalo, então, passaria a ser o balcão de sobremesas, que tem um tempo de processamento de 40 segundos e uma taxa de rotação máxima de 90 pessoas por hora. Os custos subiriam para US$ 8,00 por hora, uma vez que adicionamos mais um balcão de pratos quentes, mas o custo do serviço por refeição cairia para US$ 0,64. Essas alterações são ilustradas na Figura 5.4.

	Balcão de aperitivos	Balcão de saladas	Balcão de pratos quentes	Balcão de sobremesas	Balcão de bebidas	Caixa
	US$ 8/h	US$ 8/h	US$ 8/h	US$ 8/h	US$ 8/h	US$ 10/h
			Balcão de pratos quentes $ 8/hr			
Número de estações	1	1	2	1	1	1
Tempo de atividade	15 s	30 s	60 s	40 s	20 s	30 s
Tempo de processamento	15 s	30 s	30 s	40 s	20 s	30 s
Volume máximo/h	240	120	120	90*	180	120

*Gargalo   Custo do serviço por refeição = $\frac{58}{90}$ = US$ 0,64

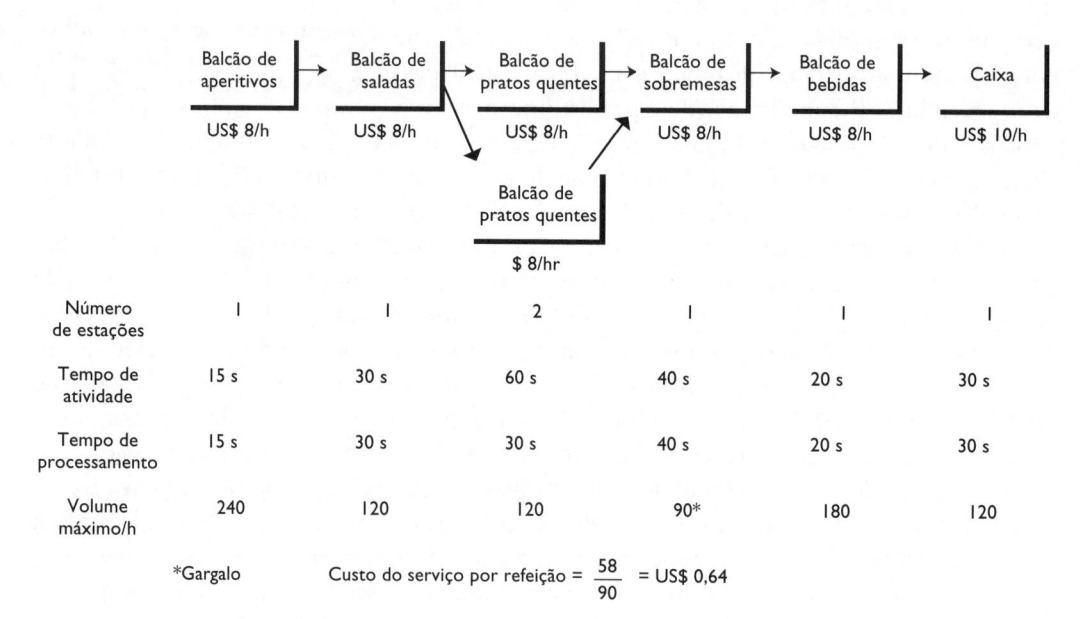

FIGURA 5.4 *Blueprint* modificado para um restaurante *self-service*

O uso criativo de balcões e funcionários adicionais pode produzir um modelo como o mostrado na Figura 5.5, que combina certas atividades e usa múltiplas estações. Essa configuração especial é capaz de lidar com 120 clientes por hora, em comparação com a original apresentada na Figura 5.3. Embora os custos de mão de obra subam, o custo do serviço por refeição cai devido ao aumento do número de consumidores que são processados pelo sistema em um período de tempo mais curto. Alterações adicionais a essa configuração em particular seriam em vão. Adicionar balcões nos gargalos criados pelos balcões de sobremesas/bebidas e nos caixas representaria um aumento real do custo de serviço por refeição de US$ 0,48 (US$ 58,00/120 refeições) para US$ 0,50 (US$ 68,00/137,14 refeições).

	Balcão de aperitivos, saladas e pratos quentes	Balcão de sobremesas e bebidas	Caixa
Número de estações	4	2	1
Tempo de atividade	105 s	60 s	30 s
Tempo de processamento	26,25 s	30 s	30 s
Volume máximo/h	137,14	120*	120*

*Gargalo   Custo do serviço por refeição = $\frac{58}{120}$ = US$ 0,48

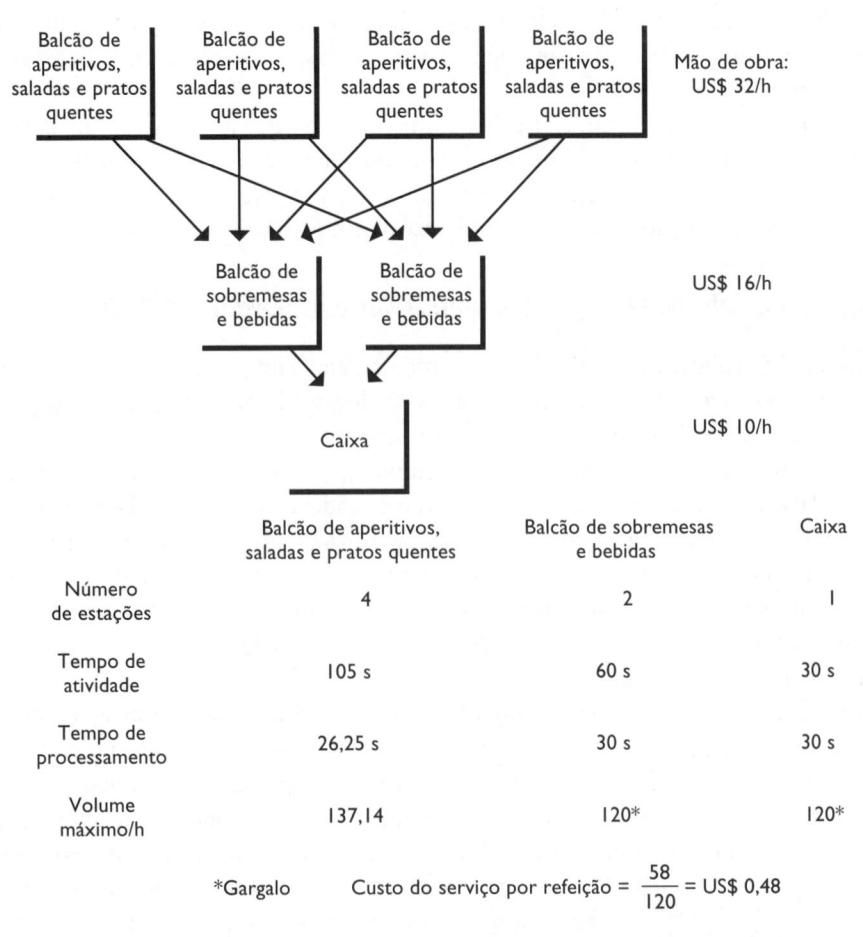

FIGURA 5.5 Alternativa de *blueprint* para um restaurante self-service

A perspectiva do gerente de marketing de serviços

Ao lidar com o processo ilustrado na Figura 5.3, um gerente de marketing tem alguns dos mesmos problemas por que passa o gerente de operações. O processo, tal como definido, é projetado para operar em determinados níveis de produção, e estes são os padrões de serviço que os clientes devem perceber. No entanto, se o processo é capaz de atender apenas 60 clientes por hora, pode haver um problema. Por exemplo, os clientes que precisam almoçar e voltar para o trabalho rapidamente podem ir a um restaurante concorrente que atenda os clientes de forma mais eficiente. Além disso, é claro que o gargalo no balcão de pratos quentes produzirá longas, e possivelmente frustrantes, esperas na fila.

O gerente de marketing deve reconhecer imediatamente os benefícios de mudar o sistema para processar os clientes de forma mais eficaz. Porém, o *blueprint* também mostra a mudança no comportamento do consumidor que seria necessária para o novo sistema operar. Na Figura 5.3, o consumidor vai de balcão em balcão, com apenas uma opção em cada. Logo, é bem provável que ele permanecerá algum tempo na fila de cada um deles e ficará muito mais tempo no balcão de pratos quentes. Além disso, o tempo de espera em cada etapa será certamente superior ao tempo gasto em cada atividade. No processo proposto na Figura 5.5, o consumidor visita menos estações, mas é frequentemente confrontado com uma escolha entre diferentes estações. É evidente que, dependendo do formato escolhido, o roteiro de comportamento a ser seguido pelos consumidores será diferente. Além disso, a disposição do restaurante ficará completamente diferente.

A utilização da abordagem *blueprint* permite que tanto o pessoal de marketing como o de operações analisem em pormenores o processo que estão tentando criar e gerenciar em conjunto. O *blueprint* pode facilmente enfatizar os tipos de conflito entre gerentes de operações e de marketing e estruturar a discussão fornecendo uma base para a resolução dos problemas.

Como usar *blueprints* de serviço para identificar o processo *servuction*

Os *blueprints* também podem ser utilizados com uma finalidade diferente. Considere a Figura 5.6 que mostra um modelo muito mais detalhado para a produção de um serviço de corretagem. Essa figura foi concebida para identificar os pontos de contato entre a empresa de serviços e o cliente. Os pontos acima da linha são visíveis para o consumidor, e os que estão abaixo, invisíveis. Ao avaliar a qualidade do serviço recebido, de acordo com o modelo *servuction*, o cliente refere-se aos pontos de contato ao desenvolver percepções em relação ao valor da qualidade do serviço recebido.

Para ilustrar, considere que os clientes são proativos e não reativos. Considere-os como indivíduos procurando indícios que confirmem que tomaram a decisão certa, em vez de matérias-primas inanimadas para as quais as coisas são feitas. Os pontos de contato são os indícios que desenvolvem o processo *servuction*.

Além de ilustrar um processo mais complicado, a Figura 5.6 tem algumas características adicionais. Em primeiro lugar, cada um dos elementos principais está relacionado a um objetivo de tempo. No canto superior direito, por exemplo, o objetivo de tempo para enviar um demonstrativo é de cinco dias após o fim do mês. Na concepção de um serviço, este objetivo de tempo deve ser fixado inicialmente pelo marketing e basear-se no que é esperado pelos consumidores do serviço.

pontos de falhas Referem-se aos pontos do sistema em que o potencial de mau funcionamento é elevado e nos quais uma falha seria visível para o consumidor e considerada significativa.

Se o serviço for oferecido em um mercado competitivo, pode ser necessário definir padrões mais elevados do que os dos serviços atualmente disponíveis. No entanto, uma vez que as normas tenham sido definidas, a probabilidade de alcançá-las deve ser avaliada. Se a empresa está disposta a investir, pode ser viável atender a todas as normas elaboradas pelo marketing; fazê-lo, no entanto, afeta os custos e, portanto, o preço do serviço *subsequente*. Assim, o processo deve ser interativo.

A Figura 5.6 também destaca os potenciais **pontos de falhas**, "F", que têm três características:

1. O potencial de mau funcionamento de operações é elevado.
2. O resultado do mau funcionamento é visível para os consumidores.
3. Um mau funcionamento do sistema é considerado pelos consumidores como particularmente significativo.

Blueprint de marketing ou de operações?

Embora a ideia de um *blueprint* seja atraente tanto para o marketing como para operações, pode acontecer que um *blueprint* de marketing seja preparado de maneira diferente. Os *blueprints* abordados até aqui têm um foco interno, pois, embora identifiquem claramente os pontos concretos de contato com o cliente, são feitos com base na perspectiva da organização, que olha para fora.

Uma forma alternativa de desenvolver um *blueprint* seria partir da perspectiva de roteiros do próprio consumidor. Individualmente ou em grupos, os consumidores seriam solicitados a descrever o processo ou etapas que seguem na utilização de um serviço. Obviamente, tal abordagem não pode cobrir a parte invisível da empresa prestadora de serviços, mas pode fornecer uma melhor compreensão dos pontos de contato. O processo tal como descrito pelo consumidor pode ser muito diferente do que é percebido pela firma.

Os consumidores solicitados a descrever um voo na USAir, por exemplo, podem começar com a sua experiência com o agente de viagens. Eles poderiam então descrever o processo de chegar ao aeroporto, estacionar e entrar no terminal. Se as indicações para a USAir e a entrada para o terminal específico forem confusas, isto se refletirá na percepção dos consumidores em relação à companhia aérea. Um parque de estacionamento lotado, pouco iluminado e frequentado por mendigos também dissuadirá os clientes. Embora a companhia possa não ter controle direto sobre esses pontos de contato, poderia lhe ser um investimento sábio utilizar seu próprio pessoal para melhorar a área de estacionamento. O McDonald's, há muito tempo, aprendeu o valor da remoção do lixo não só de sua própria propriedade, mas também das ruas adjacentes. A empresa reconheceu que as experiências de seus clientes começam muito antes de eles entrarem no restaurante.

Como construir o *blueprint* de serviços[23]

Na elaboração de um *blueprint* de serviços, o primeiro passo é evidenciar os roteiros tanto de funcionários como de consumidores. O principal objetivo desta tarefa é dividir o sistema de serviço em uma sequência de eventos a ser seguida por ambas as partes. Com frequência, a gerência comete o erro de desenvolver um **blueprint unilateral** com base em sua própria percepção de como a sequência de eventos deve ocorrer. Esta abordagem unilateral não reconhece que é a percepção dos consumidores, não a da gerência, que define as realidades do encontro. Da mesma forma, os roteiros dos funcionários são igualmente importantes para identificar os componentes do sistema de serviço invisíveis para o consumidor. Assim, os dois roteiros são necessários para desenvolver um *blueprint* bem-sucedido.

blueprint unilateral Modelo não equilibrado com base na percepção da gestão de como a sequência de eventos deve ocorrer.

De acordo com a teoria de roteiros, os consumidores têm roteiros de compra que norteiam seu pensamento e comportamento durante os encontros de serviços. Tais roteiros contêm a sequência de ações que os consumidores adotam ao entrar em uma interação de serviço. Os especialistas acreditam que "essas sequências de ação ou roteiros cognitivos orientam a interpretação da informação, o desenvolvimento de expectativas e o estabelecimento rotinas de comportamento adequadas".[24]

Da mesma forma, os funcionários de serviços também têm seu roteiros que ditam seu comportamento durante as interações com o cliente. Os **roteiros convergentes** que são mutuamente aceitáveis aumentam a probabilidade de satisfação do

roteiros convergentes Trata-se de roteiros funcionário/consumidor mutuamente aceitáveis que aumentam a probabilidade de satisfação do cliente.

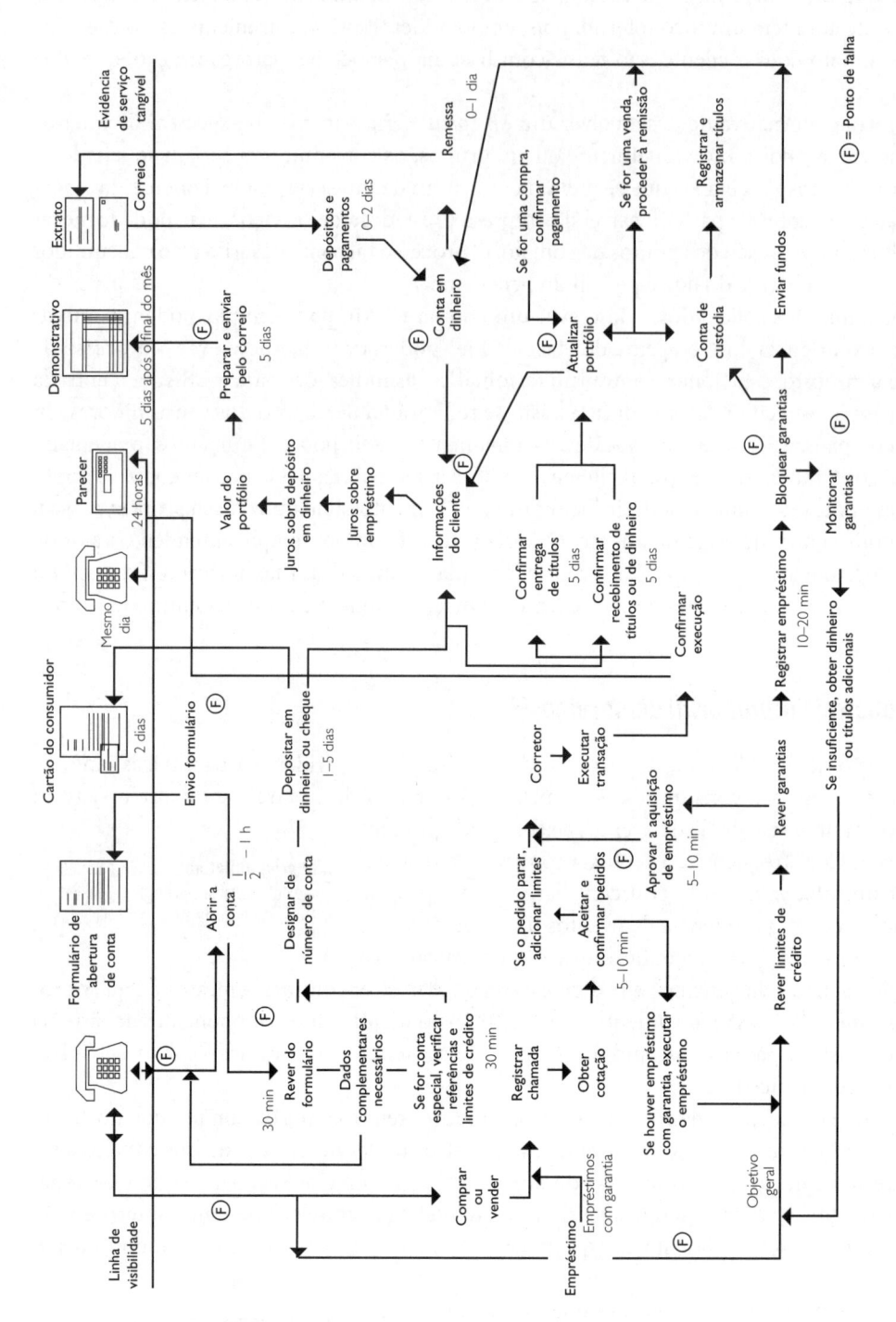

Fonte: G. Lynn Shostack. Service Design in the Operating Environment, p. 27-43, 1984. Reimpresso com permissão de *Developing New Services*, William R. George e Claudia Marshall, eds., publicado pela American Marketing Association, Chicago, IL 60606.

FIGURA 5.6 Fluxograma de um serviço de corretagem

cliente e a qualidade do relacionamento entre o cliente e a operação de serviço. Quando as expectativas dos clientes não estão sendo atendidas e as avaliações da qualidade do serviço pioram, os **roteiros divergentes** apontam as áreas que precisam ser analisadas e corrigidas.

> **roteiros divergentes** Trata-se de roteiros funcionário/consumidor "incompatíveis" que apontam as áreas em que as expectativas dos consumidores não estão sendo atingidas.

Conseguir os roteiros do consumidor e do funcionário é uma técnica potencialmente poderosa para a análise do encontro de serviço. Os roteiros fornecem o diálogo a partir do qual podem ser analisadas as percepções de consumidores e funcionários em relação ao encontro de serviço. Além disso, podem-se identificar problemas existentes ou potenciais. No geral, os roteiros fornecem a base para:

- *planejamento de encontros de serviço,*
- *estabelecimento de metas e objetivos,*
- *desenvolvimento de rotinas comportamentais que maximizem as oportunidades para um encontro bem-sucedido,*
- *avaliação da eficácia dos sistemas de prestação de serviços atuais.*

O procedimento utilizado para desenvolver *blueprints* **bilaterais** é apresentar a funcionários e clientes uma situação que justifique um roteiro, tal como os passos necessários para realizar uma experiência de embarque em uma companhia aérea. Os entrevistados são solicitados a observar eventos ou atividades específicos e previstos na situação em questão. Em particular, funcionários e consumidores são requisitados a prestar atenção especial às atividades de contato que provocam fortes reações positivas ou negativas durante o encontro de serviço. As **normas de roteiros** são então elaboradas pelo agrupamento de eventos mutuamente mencionados, ordenados conforme a sequência de ocorrência.

> ***blueprint* bilateral** Modelo que leva em conta as percepções de funcionários e clientes de como a sequência de eventos de fato ocorre.
>
> **normas de roteiros** Trata-se de roteiros propostos e desenvolvidos a partir do agrupamento de eventos citados por funcionários e clientes. Em seguida, esses eventos são ordenados conforme a sequência de ocorrência.

Para facilitar o processo de identificação de normas de roteiro, o elaborador do *blueprint* pode comparar a frequência de eventos específicos mencionados por cada um dos grupos. O valor desse processo é o reconhecimento potencial de lacunas ou discrepâncias existentes entre as percepções de funcionários e consumidores. Por exemplo, os consumidores podem mencionar dificuldades com o estacionamento, o que não ocorre com os funcionários, pois eles chegam ao trabalho antes de a operação estar aberta para os clientes.

O segundo passo do processo de desenvolvimento do *blueprint* é identificar as etapas do processo em que o sistema pode apresentar problemas. Quando se pede a funcionários e clientes para que se concentrem em eventos que são importantes por gerar (in)satisfação com o serviço, pontos de falhas podem ser identificados. Dois procedimentos são eficientes na redução das consequências de falhas de serviço: analisar os pontos de falhas e instruir os funcionários sobre a resposta ou ação apropriada quando a falha inevitável ocorre.

Após a identificação da sequência de eventos/atividades e dos pontos de falhas, o terceiro passo envolve a especificação do prazo de execução do serviço. O componente de maior custo da maioria dos sistemas de serviços refere-se ao tempo necessário para completar o serviço; assim, padrões de normas de tempo de execução devem ser estabelecidos.

Uma vez que os padrões de tempos de execução dos eventos que compõem o encontro de serviço foram especificados, o gerente pode analisar a rentabilidade do sistema, tendo em conta os custos dos insumos necessários para que o sistema funcione. O *blueprint* resultante permite que o responsável pelo planejamento determine a rentabilidade do sistema de prestação de serviços existente, bem como especule em relação aos efeitos sobre a rentabilidade quando se muda um ou mais componentes do sistema. Consequentemente, o *blueprint* de serviço permite que uma empresa teste suas hipóteses na teoria e minimize falhas do sistema antes de implementá-lo. O gerente de serviços pode testar um protótipo do sistema de entrega com clientes potenciais e usar o *feedback* obtido para modificar o *blueprint* antes de testar o procedimento novamente.

Blueprint e desenvolvimento de novos produtos: complexidade e divergência

Os *blueprints* também podem ser utilizados no desenvolvimento de novos produtos. Após a documentação do processo e da elaboração de um *blueprint*, podem ser feitas escolhas que produzirão "novos" produtos. Embora os processos mostrados nas Figuras 5.3, 5.4 e 5.5 sejam para a mesma tarefa, são muito diferentes do ponto de vista do consumidor. Os três *blueprints* definem alternativas viáveis em termos operacionais, e a escolha entre qual dos três implementar é uma decisão de marketing.

Estrategicamente, a decisão pode ser mover a linha que separa visibilidade e invisibilidade. Quanto à operacionalidade, a proposta é minimizar o componente visível, de modo a isolar o núcleo técnico do processo. Do ponto de vista de marketing, no entanto, mais visibilidade pode criar mais diferenciação na mente do consumidor. Por exemplo, um restaurante pode transformar a cozinha em um elemento diferenciador e torná-la visível para os clientes. Essa mudança impõe restrições ao pessoal operacional, mas pode agregar valor à percepção do consumidor.

Nas empresas de serviços, o desenvolvimento de novos produtos pode ser implementado com a introdução de complexidade e divergência.[25] **Complexidade** é uma medida da quantidade e complexidade dos passos e sequências que constituem o processo; quanto mais passos, mais complexo o processo. **Divergência** é definida como os graus de liberdade permitida ao pessoal de serviço na prestação de um serviço. Por exemplo, as Figuras 5.7 e 5.8 ilustram os *blueprints* para dois floristas que diferem bastante entre si em termos de complexidade e divergência. Embora realizem funções equivalentes do ponto de vista operacional, eles podem ser muito diferentes do ponto de vista de marketing, e, portanto, na produção de novos produtos.

> **complexidade** Refere-se a uma medida da quantidade e complexidade dos passos e sequências que constituem um processo.
>
> **divergência** Trata-se de uma medida dos graus de liberdade permitida ao pessoal de serviço na prestação de um serviço.

A Figura 5.7 apresenta um florista tradicional. O processo, tal como no nosso exemplo de restaurante da Figura 5.3, é linear e envolve um número limitado de passos, sendo considerado de baixa complexidade. No entanto, a geração de arranjos florais nesse sistema exige consideráveis graus de liberdade para o florista em cada fase – escolha do vaso e das flores e exibição – e produz um produto final heterogêneo. O sistema apresenta, portanto, alta divergência.

A Figura 5.8 fornece o *blueprint* para um segundo florista, que tentou padronizar o produto final. Como o objetivo desse sistema é sequenciar o trabalho, o sistema foi concebido para gerar um número limitado de procedimentos padronizados. A divergência do sistema é, portanto, reduzida, mas, para conseguir isso, a complexidade do processo é significativamente aumentada.

No desenvolvimento de produtos no setor de serviços, os níveis de complexidade e de divergência da operação são as duas principais decisões a serem tomadas. Reduzir divergência cria a uniformidade que pode reduzir os custos, mas isto ocorre à custa da criatividade e de flexibilidade no sistema. As empresas que desejam adotar uma **estratégia de posicionamento orientado para volume** muitas vezes o fazem em função da redução da divergência. Por exemplo, um construtor de piscinas que se

> **estratégia de posicionamento orientado para volume** Trata-se de uma estratégia de posicionamento que reduz a divergência para criar uniformidade do produto e reduzir os custos.

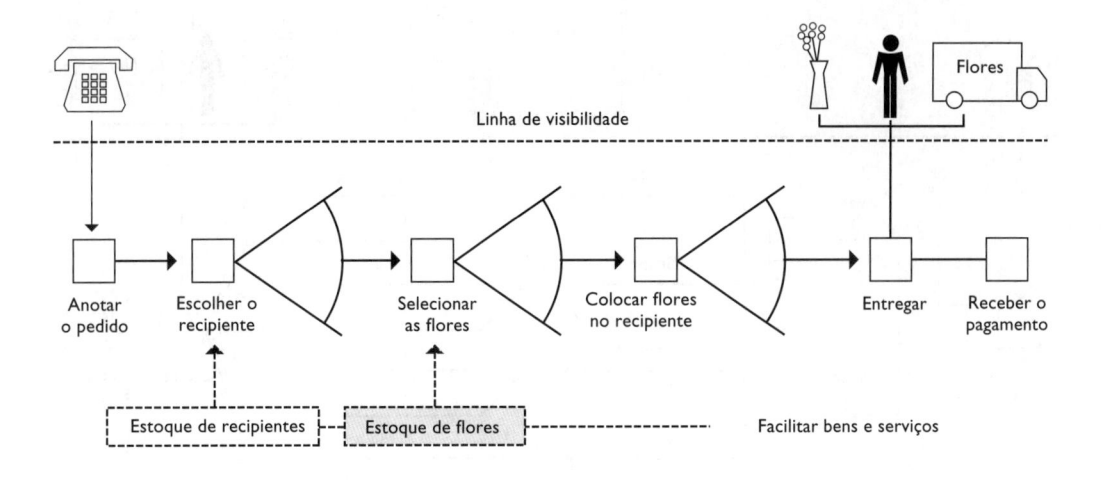

Fonte: G. Lynn Shostack. Service Positioning through Structural Change. *Journal of Marketing*, 51, jan. 1987, p. 34-43. Reimpresso com permissão da American Marketing Association.
FIGURA 5.7 Florista na Park Avenue

concentra na instalação de piscinas de vinil pré-fabricadas pode reduzir muito a divergência de suas operações. Além de diminuir os custos de produção, reduzir a divergência aumenta a produtividade e facilita a distribuição do serviço padronizado. Da perspectiva do cliente, reduzir a divergência está associado com maior confiabilidade, disponibilidade e qualidade de serviço. No entanto, a desvantagem da redução da divergência é a falta de customização que pode ser proporcionada a clientes individuais.

Por sua vez, o aumento da divergência cria flexibilidade na customização da experiência para cada cliente, mas com custos maiores, de forma que os preços ao consumidor serão superiores. As empresas que pretendem usar uma **estratégia de posicionamento de nicho** o fazem em função do aumento da divergência em suas operações. Por exemplo, para que o nosso construtor de piscinas possa aumentar a divergência de sua operação, ele deve se especializar na concepção e construção de piscinas e *spas* personalizados, que podem ser construídos com a forma de qualquer coisa – de uma guitarra clássica a um ponto de exclamação! Os lucros, nesse cenário, dependem menos de volume e mais das margens em cada compra individual. A desvantagem de aumentar a divergência é que a operação de serviço se torna mais difícil de gerenciar, controlar e distribuir. Além disso, os clientes podem não estar dispostos a pagar preços mais altos associados com um serviço personalizado.

> **estratégia de posicionamento de nicho** Trata-se de uma estratégia de posicionamento que aumenta a divergência de uma operação para personalizar a experiência de serviço para cada cliente.

Reduzir a complexidade é uma **estratégia de posicionamento de especialização**, o que muitas vezes envolve a **desverticalização** de diferentes serviços oferecidos. Assim, o nosso construtor de piscinas hipotético pode restringir-se à instalação de um único tipo de piscina pré-fabricada e eliminar as operações que estavam focadas em serviços complementares, como manutenção e conserto de piscinas. Ele pode ainda se concentrar na concepção de piscinas e *spas*.

> **estratégia de posicionamento de especialização** Trata-se de uma estratégia de posicionamento que reduz a complexidade pela eliminação de diferentes serviços oferecidos.
>
> **desverticalização** Refere-se a eliminar diferentes serviços de uma operação e concentrar-se no fornecimento de apenas um ou alguns serviços a fim de implementar uma estratégia de posicionamento de especialização.

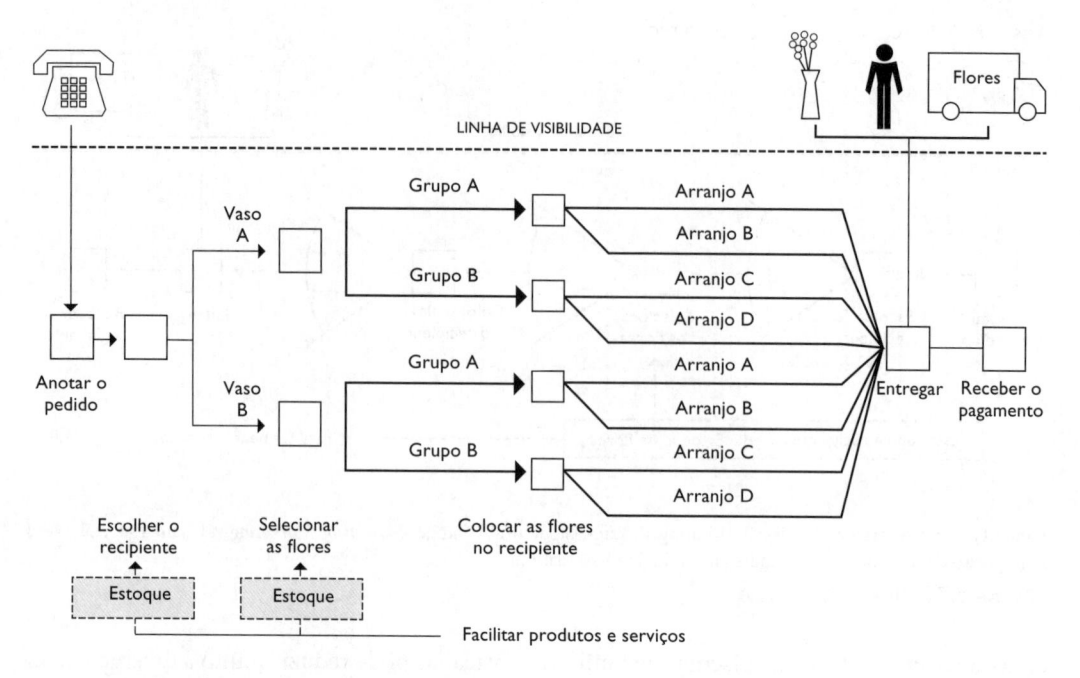

Fonte: G. Lynn Shostack. Service Positioning through Structural Change. *Journal of Marketing*, 51, jan. 1987, p. 34-43. Reimpresso com permissão da American Marketing Association.
FIGURA 5.8 Serviços de florista: design alternativo

As vantagens associadas à complexidade reduzida incluem melhor controle sobre o produto final e distribuição eficiente. No entanto, pode haver riscos se os concorrentes de serviço completo que oferecem a conveniência de uma ampla gama de serviços continuam a operar. O concorrente com serviço completo apela para os consumidores que desejam trabalhar com um prestador que oferece mais opções.

estratégia de penetração Trata-se de uma estratégia de posicionamento que aumenta a complexidade adicionando mais serviços e/ou melhorando os serviços atuais para captar mais mercados.

O aumento da complexidade é utilizado por empresas que visam a um mercado de massa ou à **estratégia de penetração**, e consiste na adição de mais serviços à oferta da empresa, bem como o reforço dos já existentes. Nessa abordagem, o nosso construtor de piscina ofereceria piscinas e *spas* personalizados e uma ampla variedade de piscinas pré-fabricadas. Além da instalação, seriam oferecidos outros serviços, como manutenção e consertos de piscinas. As empresas que escolhem uma estratégia de penetração muitas vezes tentam fazer de tudo para todos os clientes, e frequentemente ignoram as necessidades dos consumidores individuais. Além disso, ao fornecerem uma ampla gama de serviços, a qualidade das competências do prestador pode variar de acordo com a tarefa executada, deixando alguns clientes insatisfeitos. Assim, as empresas que aumentam a complexidade das operações oferecendo uma maior quantidade de serviços correm o risco de se tornar vulneráveis a empresas que buscam se especializar em algum tipo de operação.

Resumo

O objetivo principal deste capítulo foi enfatizar a ideia de que, para uma empresa de serviços ser bem-sucedida, os departamentos de marketing e operações devem trabalhar juntos. Em um sentido amplo, devem-se considerar as funções de marketing e de operações como a combinação das necessidades dos consumidores com os recursos de tecnologia e produção da empresa. Essa combinação acarreta muitos compromissos que tentam equilibrar a eficiência operacional com a eficácia do sistema na perspectiva do consumidor. Para ser eficaz, o pessoal de operações deve reconhecer a importância dos profissionais de marketing e vice-versa.

As empresas que operam com a máxima eficiência são livres de influências externas e operam como se o mercado fosse consumir sua produção a uma taxa contínua. Incerteza gera ineficiência. Assim, em uma situação ideal, o núcleo técnico da empresa deve ser capaz de operar sem incerteza tanto no lado da entrada quanto da saída. Embora a tentativa de operar com a máxima eficiência seja um objetivo válido, representa um objetivo pouco realista para a maioria das empresas de serviços. A produção da maioria dos serviços é um pesadelo para operações. Em vez de ter a demanda a uma taxa constante, as empresas de serviços com frequência estão ligadas diretamente a um mercado no qual a demanda varia de um dia para outro, a cada hora, e mesmo a cada minuto. Os clientes de serviços frequentemente afetam o período, o ciclo e o tipo de demanda e a duração de muitas transações de serviços.

Os planos para operar com eficiência máxima devem ser alterados para lidar com as incertezas inerentes das operações de serviços. Com o objetivo de promover o equilíbrio de oferta e demanda, algumas estratégias tentam aumentar a eficiência da operação de serviços: minimização do sistema *servuction* ao tentar isolar o núcleo técnico; criação de uma linha da produção em todo o sistema, por meio tecnologias materiais e imateriais; criação de capacidade flexível; aumento da participação do cliente; e mudança do período de demanda para que a empresa possa se ajustar à capacidade.

Os *blueprints* de serviços podem ser desenvolvidos para identificar as direções em que os processos fluem e partes de um processo que podem aumentar a eficiência operacional e/ou melhorar a experiência de serviço do cliente. As mudanças operacionais introduzidas no *blueprint* de serviços muitas vezes exigem mudanças no comportamento do consumidor e, em alguns casos, levam a novos produtos e serviços. O desenvolvimento de novos serviços é conseguido por meio da introdução de complexidade e divergência. Reduzir divergência padroniza o serviço e reduz os custos de produção, enquanto o aumento de divergência permite que os prestadores de serviços customizem seus produtos a clientes individuais. Da mesma forma, reduzir a complexidade é consistente com uma estratégia de posicionamento de especialização, ao mesmo tempo que aumentar a complexidade é apropriado para empresas que buscam uma estratégia de penetração.

Palavras-chave

núcleo técnico
modelo de mundo perfeito
fábrica focalizada
planta dentro da planta (*plant-within-a-plant* – PWP)
amortecimento
suavização
antecipação
racionamento
desacoplamento
abordagem de linha de produção
tecnologias materiais

tecnologias imateriais
blueprint
custo do serviço por refeição
tempo de processo
tempo de atividade
estações
volume máximo por hora
gargalos
pontos de falhas
blueprint unilateral
roteiros convergentes
roteiros divergentes

blueprint bilateral
normas de roteiros
complexidade
divergência
estratégia de posicionamento orientado para volume
estratégia de posicionamento de nicho
estratégia de posicionamento de especialização
desverticalização
estratégia de penetração

Questões de revisão

1. Por que desenvolver uma estratégia de processo eficaz é particularmente importante para as empresas de serviços?
2. Discuta o papel da tecnologia à medida que uma empresa de serviços transita entre os quatro estágios de competitividade operacional?
3. Explique como a incapacidade de estocar serviços na entrada e na saída do núcleo técnico afeta a eficiência operacional da maior parte das empresas de serviços.
4. Compare o modelo de mundo perfeito de Thompson com os conceitos de fábrica focalizada e PWP.
5. O que é amortecimento? Como as estratégias de antecipação, suavização e racionamento se relacionam com amortecimento?
6. Apresente exemplos específicos de como o envolvimento do cliente no encontro de serviço influencia a eficiência operacional de uma empresa de serviço comum.
7. O que significa isolar o núcleo técnico de uma empresa?
8. Forneça exemplos de tecnologias materiais e imateriais. Explique sua relevância para o tema abordado neste capítulo.
9. Quais são os passos para o desenvolvimento de um *blueprint* produtivo?
10. Quais são as vantagens e desvantagens associadas com aumento/diminuição da divergência e aumento/diminuição da complexidade?

Notas

1. Richard B. Chase e Robert H. Hayes. Beefing Up Operations in Service Firms. *Sloan Management Review*, outono 1991, p. 15-26.
2. Uma boa parte deste capítulo foi adaptada dos Capítulos 3 e 4 de John E. G. Bateson. *Managing Services Marketing*, 2. ed. Fort Worth, TX: The Dryden Press, 1992, p. 156-69, 200-07.
3. J. D. Thompson. *Organizations in Action*. Nova York: McGraw-Hill, 1967.
4. W. Skinner. The Focused Factory *Harvard Business Review*, 52, 3, maio-jun. 1974, p. 113-21.
5. Thompson. *Organizations in Action*, p. 69.
6. R. J. Matteis. The New Back Office Focuses on Customer Service. *Harvard Business Review* 57, 1979, p. 146-59.
7. Matteis. The New Back Office.
8. Essas extensões do modelo de contatos com o cliente foram desenvolvidas em Richard B. Chase. The Customer Contact Approach to Services: Theoretical Base and Practical Extensions. *Operations Research*, 29, 4, jul.-ago. 1981, p. 698-706; e Richard B. Chase, David A. Tansik. The Customer Contact Model for Organization Design. *Management Service* 29, 9, 1983, p. 1037-050.
9. B. Danet. Client-Organization Interfaces. *Handbook of Organization Design*, 2. ed., P. C. Nystrom, W. N. Starbuck (eds.). Nova York: Oxford University Press, 1984, p. 384.
10. Esses estudos empregam a técnica do incidente crítico para analisar encontros de serviços que falham. Ver Mary J. Bitner; Jody D. Nyquist; Bernard H. Booms. The Critical Incident Technique for Analyzing the Service Encounter. *Service Marketing in a Changing Environment*. Thomas M. Block; Gregory D. Upah; Valerie A. Zeithaml (eds.). Chicago: American Marketing Association, 1985, p. 48-51.
11. Chase. The Customer Contact Approach.
12. Para uma descrição detalhada, ver Richard B. Chase, Gerrit Wolf. Designing High Contact Systems: Applications to Branches of Savings and Loans. Working Paper, Department of Management, College of Business and Public Administration, University of Arizona.
13. Chad Rubel. Banks Should Show that They Care for Customers. *Marketing News*, 3 jul. 1995, p. 4.
14. T. Levitt. Production-line Approach to Services. *Harvard Business Review* 50, 5, set.-out. 1972, p. 41-52.
15. Carol F. Suprenant, Michael Solomon. Predictability and Personalization in the Service Encounter. *Journal of Marketing*, 51, abr. 1987, p. 86-96.

16. W. Earl Sasser. Match Supply and Demand in Service Industries. *Harvard Business Review*, 54, 5, nov.-dez. 1976, p. 61-65.
17. Benjamin Schneider. The Service Organization: Climate is Crucial. *Organizational Dynamics*, outono 1980, p. 52-65.
18. Ver também J. E. G. Bateson. Self-Service Consumer: An Exploratory Study. *Journal of Retailing*, 61, 3, outono 1986, p. 49-79.
19. Idem.
20. Christopher H. Lovelock, Robert F. Young. Look to Consumers to Increase Productivity. *Harvard Business Review*, maio-jun. 1979, p. 168-78.
21. G. Lynn Shostack. Service Positioning through Structural Change. *Journal of Marketing*, 51, jan. 1987, p. 34-43.
22. Bateson. *Managing Services*, p. 200-07.
23. K. Douglas Hoffman; Vince Howe. Developing the Micro Service Audit via Script Theoretic and Blueprinting Procedures. *Marketing Toward the Twenty-First Century*, Robert L. King (ed.). University of Richmond: Southern Marketing Association, 1991, p. 379-83.
24. Thomas W. Leigh; Arno J. Rethans. Experience with Script Elicitation within Consumer Making Contexts. *Advances in Consumer Research*, v. 10, Alice Tybout, Richard Bagozzi (eds.). Ann Arbor, MI: Association for Consumer Research, 1983, p. 667-72.
25. Shostack. Service Positioning, p. 34-43.

CASO 5

Build-A-Bear Workshops: como calcular o custo do serviço por urso

As empresas de serviços podem visualizar estrategicamente as próprias operações ao longo de um contínuo que vai desde um mal necessário até o outro extremo, em que as operações são vistas como uma das principais fontes de vantagem competitiva. Claramente, os Build-A-Bear Workshops têm usado os próprios sistemas de prestação de serviços de nível internacional para criar uma experiência de serviço atraente para seus clientes. Eles oferecem um modelo de negócio baseado na experiência que clientes e seus filhos, netos, sobrinhas ou amigos têm ao fazer e adicionar acessórios nos próprios ursos de pelúcia. Dadas as opções de comprar um urso em uma loja de brinquedos ou acompanhar uma criança a um Build-A-Bear Workshop, em que podem ser pessoalmente envolvidos na criação do urso como uma família, muitos clientes têm optado com entusiasmo pela segunda escolha.

Build-A-Bear Workshop é a única empresa que oferece uma experiência de varejo de entretenimento interativo de criação de seu próprio bicho de pelúcia. A empresa abriu a primeira loja em St. Louis em 1997 e, em outubro de 2009, operava 400 unidades, incluindo lojas de propriedade da empresa em vários países, como Estados Unidos, Porto Rico, Canadá, Reino Unido, Irlanda e França, e franquias na Europa, Ásia, Austrália e África. Além dos Build-A-Bear Workshops, a empresa também introduziu lojas em que é possível fazer seu próprio mascote da Major League Baseball em estádios e lojas Build-A-Dino. A empresa também fez uma parceria com zoológicos e o Rainforest Café, e oferece aos clientes a oportunidade de fazer bichos de pelúcia exclusivos para esses lugares específicos. Desde 1997, a empresa vendeu dezenas de milhões de animais de pelúcia que fazem do Build-A-Bear Workshop a empresa líder no negócio internacional de ursos de pelúcia.

Fontes:
1. www.buildabear.com. Acesso em: 28 out. 2009.
2. http://media.corporate-ir.net/media_files/irol/18/182478/FactSheet_010709.pdf. Acesso em: 28 out. 2009.

A vantagem competitiva da empresa Build-A-Bear tem sido seu sistema de prestação de serviços, que consiste no processo inteligente de *Escolha-me, Ouça-me, Encha-me, Costure-me, Afofe-me, Batize-me, Vista-me e Leve-me para casa*. Como consta no *site* da empresa (www.buildabear.com), o processo de fazer um ursinho de pelúcia se dá desta forma:

Escolha-me – os visitantes escolhem entre uma variedade de ursos, cães, gatos, coelhos, macacos e uma série de ofertas de edição limitada.

Ouça-me – os visitantes, em seguida, escolhem entre várias opções de sons que são colocados dentro de seu novo amigo de pelúcia, como risos, grunhidos, rosnados, miados e mensagens gravadas, como "Eu te amo" e músicas como "Let me call you sweetheart".

Encha-me – os visitantes, com a ajuda de mestres associados "Construtores de Ursos", enchem seus novos amigos de pelúcia com a quantidade de enchimento certa para que o abraço do novo amigo seja personalizado. Cada visitante, em seguida, seleciona um coração de cetim, faz um desejo e o coloca dentro do novo amigo fofo.

Costure-me – os novos amigos enchidos são costurados, mas não sem que, antes, um associado da loja coloque um código de barras no interior do bicho de pelúcia para que, se perdido, o amigo peludo possa ser encontrado pelo dono. A empresa acredita que milhares de ursos foram devolvidos aos proprietários por meio do exclusivo programa de rastreamento Find-A-Bear ID.

Afofe-me – os visitantes agora podem afofar os novos amigos com perfeição, com o uso de secadores de cabelo de ar frio e escovas no *spa* do urso especialmente concebido.

Batize-me – os visitantes vão até o computador e digitam seus nomes e datas de nascimento e escolhem o nome do novo amigo. Eles podem escolher entre certidões de nascimento personalizadas ou uma história que incorpora o nome do proprietário e o do bicho de pelúcia, em inglês ou espanhol.

Vista-me – os visitantes agora são direcionados para a butique de roupas de urso onde Pawsonal Shoppers (equipe da loja) ajudam os visitantes a escolher, entre centenas de opções, a roupa perfeita e os acessórios para o novo amigo.

Leve-me para casa – os visitantes terminam suas experiências na estação "Leve-me para casa" e recebem a certidão de nascimento ou história personalizadas e um cartão do Buy Stuff Club para usar em compras futuras. Finalmente, cada novo amigo peludo é colocado dentro de uma caixa de transporte Condo Club especialmente projetada como um transportador de viagem e uma nova casa.

Como prova da eficácia do sistema de entrega do Build-A-Bear Workshop, a empresa recebeu inúmeros prêmios, como ICSC *"2004 Hot Retailer Award"*, e foi nomeada *Inovador Internacional do Ano – Vencedor Global em 2001 pela National Retail Federation*. Em 2008, a fundadora da empresa e CEO Maxine Clark foi nomeada uma das *25 Pessoas Mais Influentes no Varejo* pela Chain Store Age. Em 2006, Clark entrou para o Junior Achievement National Business Hall of Fame.

Como gerente de uma loja Build-A-Bear Workshop, Laura Gray estava se questionando sobre os custos do serviço associados à elaboração de cada urso (ou outro tipo de amigo animal). Os funcionários da loja, conhecidos como Mestres Associados Construtores de Urso, compartilham a experiência com os clientes em cada fase do processo de elaboração do urso e recebem US$ 10 por hora. Gray ainda estimou o tempo médio de atividade para cada fase do processo de elaboração de um urso:

ETAPAS DO PROCESSO PARA CONSTRUIR UM URSO (BUILD-A-BEAR)	TEMPOS DE ATIVIDADE (SEGUNDOS) *
Escolha-me	180
Ouça-me	60
Encha-me	90
Costure-me	60
Afofe-me	120
Batize-me	120
Vista-me	240
Leve-me para casa	60

* Os tempos, neste caso, são hipotéticos.

Questões para discussão

1. Construa um *blueprint* de serviço para o processo de elaboração de um urso. Indique (1) os estágios do processo, (2) o fluxo direcional do processo, (3) os custos de mão de obra para cada estágio do processo, (4) o número de estações por estágio, e (5) o tempo de atividade para cada estágio do processo.
2. Com base nas informações fornecidas na questão 1, calcule (1) o número de clientes que podem concluir o processo de elaboração de um urso em uma hora, (2) o custo médio de serviço por urso, e (3) identifique o gargalo no processo atual.
3. Desenvolva uma solução que minimize o impacto negativo do gargalo e melhore o número de clientes que podem fazer um urso em uma hora. (1) Qual é a sua sugestão para melhorar a situação de gargalo? (2) Após a implementação da sua solução, quantos clientes podem fazer um urso em uma hora? (3) Qual é o novo custo de serviço por urso?
4. Discuta qual seria o próximo passo no aumento da eficiência do processo de elaboração de um urso. Quais são as implicações (práticas) gerenciais de adicionar etapas para reduzir o custo de serviço por urso?

capítulo 6
Considerações para precificação em serviços

"O amargor da má qualidade é lembrado por muito tempo depois de a doçura do preço baixo ter sumido da memória."
Aldo Gucci

Objetivos do capítulo

Após a leitura deste capítulo, você deve ser capaz de:
- Explicar o conceito de valor percebido no que se refere à comparação de custo total do cliente com o valor total do cliente.
- Entender as considerações especiais de preços em serviços relacionadas a custo, demanda, cliente, concorrente, lucro, produto e aspectos legais.
- Discutir os prós e contras da precificação baseada em custos nas decisões de preços de serviços.
- Discutir as circunstâncias em que a segmentação de preço é mais eficaz.
- Explicar as abordagens de precificação baseadas em satisfação, relacionamento e eficiência, além de fornecer exemplos de empresas de serviços que utilizam cada uma dessas estratégias.

O propósito deste capítulo é discutir a precificação como uma decisão estratégica dentro da estratégia global de serviços. Mais especificamente, os principais objetivos deste capítulo são familiarizar os estudantes com as considerações especiais referentes a decisões de preços de serviços e introduzir práticas de precificação atuais no setor dos serviços.

BRUCE SPRINGSTEEN, PEARL JAM E OUTROS ARTISTAS DESCONTENTES COM AS POLÍTICAS DE PREÇOS DA TICKETMASTER

A Ticketmaster, maior vendedor e distribuidor de ingressos do mundo, comercializa ingressos para estabelecimentos de entretenimento ao vivo, como arenas, estádios e teatros. A Ticketmaster funciona como um agente que vende ingressos em nome de promotores de vendas, equipes, bandas e estabelecimentos. Vale ressaltar que não é a empresa que define os preços dos ingressos nem determina os lugares, a empresa ganha dinheiro adicionando taxas de serviço aos ingressos adquiridos pelos clientes e as pagas pelos promotores de vendas pela venda e distribuição de ingressos. De acordo com o *site* da empresa, seu objetivo é "tornar sua experiência de compra mais fácil, eficiente e justa, de modo que você consiga ir a eventos o mais rápido possível".

Embora muitos clientes concordem que o uso dos serviços da Ticketmaster é fácil e eficiente, outros consideram que sua política de preços não é muito justa. Em primeiro lugar, podem existir "custos extras", como taxas de serviço, do estabelecimento de processamento, e despesas de envio (como taxas de conveniência *e-ticket* ou de retirada do ingresso). Com base em um exemplo postado na Wikipédia, um ingresso para ver Britney Spears que originalmente custava

US$ 56 acabou saindo por US$ 72,60 depois que a Ticketmaster adicionou suas "taxas de serviço": de processamento de US$ 4,10, do estabelecimento de US$ 3,50 (que, na verdade, não é determinada pela Ticketmaster, mas os clientes também culpam a empresa por essa taxa) e de conveniência de US$ 9, ou seja, um total de US$ 16,60 em taxas de serviço, o que representa quase 30% do preço original do ingresso. Consequentemente, ingressos para uma família de quatro pessoas custariam cerca de US$ 67 em taxas adicionais.

Além das taxas de serviço, o que deixa os clientes descontentes é a falta de concorrência da Ticketmaster, que é vista em situação de monopólio – característica de mercado em que os clientes têm poucas alternativas a não ser aceitar os preços cobrados por uma única empresa prestadora do serviço. A política de preços da Ticketmaster despertou a ira de fãs e artistas. Por exemplo, a banda de *rock* Pearl Jam moveu uma ação contra a empresa, alegando que ela era monopolista e que se recusava a reduzir os custos de serviços para fornecer ingressos a preços mais acessíveis. A Ticketmaster, eventualmente, ganhou a ação judicial e a banda respondeu cancelando a turnê. Recentemente, a Ticketmaster propôs uma fusão com a Live Nation (um dos poucos concorrentes), deixando muitas pessoas apreensivas sobre questões antitruste. Na época, o cantor Bruce Springsteen afirmou que estava "furioso" com a possível fusão, e acrescentou: "a única coisa que poderia piorar ainda mais a situação atual para o fã seria ter Ticketmaster e Live Nation com um único sistema, voltando a uma situação de quase monopólio para ingressos de *shows*".

No início de 2009, as práticas de venda e preços da Ticketmaster foram avaliados pelos fãs da banda Grateful Dead, o que resultou em uma ação judicial. Além da Ticketmaster, a empresa também é proprietária do TicketsNow, que oferece serviços de revenda. De acordo com a ação judicial, um morador de Nova Jersey, Michael Kelly, "comprou pela Ticketmaster quatro ingressos para assistir a um *show* de Grateful Dead, por um valor nominal de US$ 398 e foi redirecionado para o *site* do TicketsNow, que cobrou US$ 829,15" pelos ingressos. A denúncia continua: "Em determinados períodos, sempre curtos, os ingressos estão à venda pela Ticketmaster e, em menos de um minuto depois, no caso de eventos de grande demanda, esses mesmos ingressos são oferecidos para revenda no mercado secundário pelo TicketsNow com preços muito inflacionados". Dada a relação da Ticketmaster com o TicketsNow, o Departamento de Justiça dos Estados Unidos e a Comissão de Comércio Federal, bem como a Agência de Concorrência do Canadá, estão investigando os preços praticados pela empresa.

Fontes:
1. http://www.denverpost.com/business/ci_12373583?source=rss. Acesso em: 23 out. 2009.
2. http://en.wikipedia.org/wiki/Ticketmaster. Acesso em: 23 out. 2009.
3. http://www.ticketmaster.com/h/purchase.html. Acesso em: 23 out. 2009.
4. http://www.wired.com/epicenter/2009/02/would-a-ticketm. Acesso em: 23 out. 2009.

Introdução

Das variáveis tradicionais do *composto* de marketing, o preço é a que apresenta o efeito mais direto sobre a rentabilidade e também é o elemento mais fácil de controlar.[1] No entanto, apesar da importância e facilidade de controle, o desenvolvimento de estratégias eficazes de precificação ainda é um dos conceitos mais difíceis no mundo dos negócios. O preço é muitas vezes uma questão desafiadora, tanto para profissionais como para pesquisadores. Considere os exemplos a seguir de opiniões expressas sobre práticas de preços ao longo dos últimos 50 anos, que refletem a confusão e a frustração relacionadas com decisões de preços:

> [...] *a política de precificação é o último reduto do medievalismo na gestão moderna* [...] *ainda é, em grande parte, intuitiva e até mesmo mística no sentido de que a intuição muitas vezes cabe ao chefão.*[2]

[...] *talvez poucas ideias sejam mais frequentes do que a impressão equivocada de que os preços são ou devem ser determinadas pelos custos de produção.*[3]

[...] *para os profissionais de marketing de bens industriais e empresas de construção o preço é o único julgamento que transforma o potencial das empresas em realidade. No entanto, o preço é a menos racional de todas as decisões tomadas nessas áreas.*[4]

[...] *muitos diretores não se preocupam com detalhes de preços; alguns nem sequer sabem como seus produtos são precificados.*[5]

[...] *a precificação é vista na Grã-Bretanha como uma roleta-russa, principalmente para aqueles que pensam em se suicidar.*[6]

Talvez seja possível que os profissionais de marketing só recentemente tenham começado a se concentrar seriamente na precificação eficaz. Só depois de os gestores terem dominado as técnicas de criação de valor elas se tornaram importantes.[7]

Hoje, o preço continua a ser uma das áreas menos pesquisadas e dominadas do marketing. A pesquisa e a capacitação referentes à precificação de serviços são áreas particularmente carentes. Como resultado, este capítulo concentra-se em considerações especiais com relação a decisões de preços de serviços, além de abordar práticas de preços de serviços usadas atualmente.

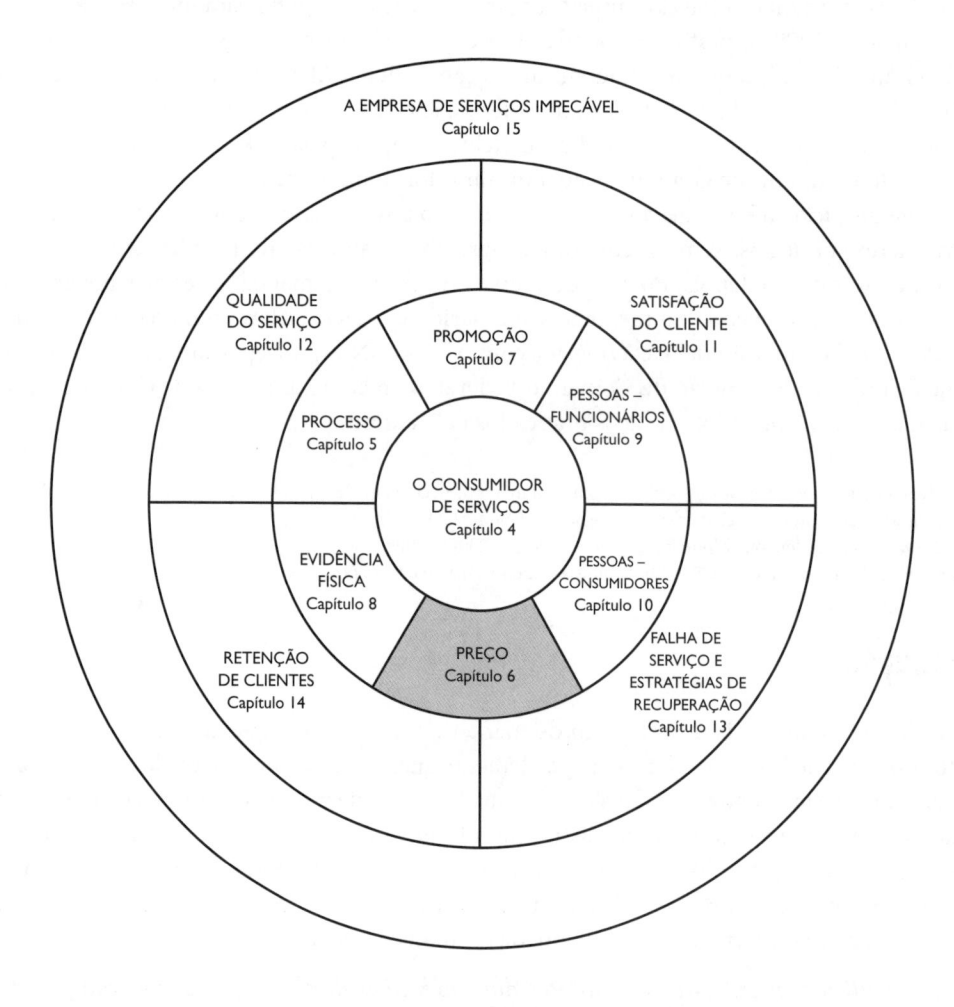

O que significa fornecer valor?

O valor de um serviço vai além de simplesmente comparar o serviço a seu preço monetário. Valor também inclui aspectos de serviço, pessoal e imagem, que, quando maximizados, aumentam o valor total da experiência de serviço.

Ao iniciar nossa discussão sobre precificação de serviços, é importante, antes de tudo, entendermos os fundamentos do ideal de fornecer valor a clientes, fregueses, pacientes etc. Muitas vezes, tanto os prestadores quanto os clientes de serviços supõem, de forma equivocada, que o valor pode ser calculado simplesmente comparando o valor do serviço básico fornecido (por exemplo, assistência médica, transporte, evento esportivo) com o dinheiro gasto para obtê-lo. Em última análise, as percepções de valor dos compradores representam uma troca entre os benefícios percebidos do serviço a ser comprado e o sacrifício percebido em termos de custos totais a serem pagos (ver Figura 6.1). Os custos totais do cliente incluem mais do que apenas o que foi pago pelo serviço. Há outros custos, como **de tempo**, **de esforço** e **psicológicos**, que refletem o tempo e a dificuldade que o cliente tem para adquirir o serviço. Da mesma forma, o valor total do cliente estende-se para além do **valor do produto**, incluindo **valor do serviço**, **do pessoal** e **de imagem**.[8]

Por exemplo, um cliente que deseja comprar um bilhete aéreo deve pagar o *custo monetário* pelo direito de embarcar no avião e viajar para o seu destino. Esse cliente selecionou um voo direto para o seu destino, o que reduziu o tempo total de viagem (*custo de tempo*) e lhe permitiu passar mais tempo na praia. Além disso, ele escolheu uma companhia aérea que oferecia despacho de bagagens facilitado na entrada do aeroporto, o que reduziu a quantidade de trabalho físico (*custo de esforço*) necessário para transportar a bagagem. Finalmente, o cliente comprou o bilhete de uma companhia aérea bem estabelecida, o que minimizou as preocupações de segurança (*custo psicológico*).

Em troca do preço monetário da passagem, o cliente embarcou em uma aeronave moderna, equipada com bancos muito confortáveis e uma variedade de conveniências modernas (*valor do produto*). Os comissários de bordo foram muito simpáticos e prestativos (*valor do pessoal*). Além disso, a companhia ofereceu várias opções de alimentos e bebidas, além de uma política muito flexível em caso de cancelamento ou adiamento da viagem (*valor do serviço*). Finalmente, os amigos do cliente ficaram impressionados com a escolha da companhia aérea, dada sua reputação como prestadora de primeira linha de serviços de transportes aéreos (*valor de imagem*).

custo monetário Refere-se ao preço real pago pelo consumidor por um produto.

custos de tempo Refere-se ao tempo despendido pelo cliente para adquirir o serviço.

custos de esforço (ou custo de energia física) Refere-se ao esforço físico despendido pelo cliente para adquirir o serviço.

custos psicológicos Refere-se à energia mental despendida pelo cliente para adquirir o serviço.

valor do produto Trata-se do valor atribuído pelo cliente ao produto.

valor do serviço Refere-se ao valor atribuído pelo cliente ao serviço.

valor do pessoal Refere-se ao valor atribuído pelo cliente ao pessoal que presta o serviço.

valor de imagem Refere-se ao valor atribuído pelo cliente à imagem do serviço ou de um prestador de serviços.

No geral, se a mensagem enviada pelo custo total do cliente for um indicador de sacrifício em relação ao valor, então o preço terá um efeito negativo e poderá reduzir a demanda. Se a mensagem enviada pelo preço for um indicador de benefício ou valor, então o preço será atrativo e poderá aumentar a demanda. Em função da conexão percebida entre custo e benefício, os compradores têm limites máximos e mínimos de preços. Por exemplo, eles podem ser desenco-

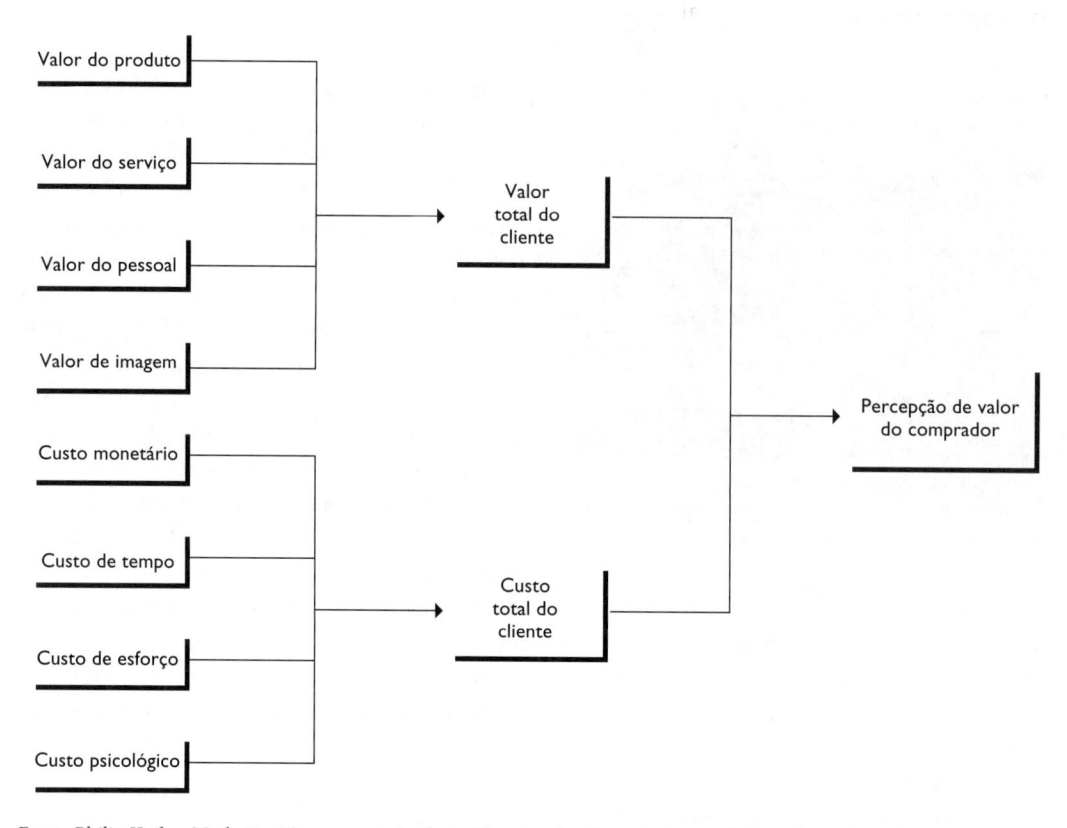

```
┌─────────────────┐
│ Valor do produto │──┐
└─────────────────┘  │
┌─────────────────┐  │
│ Valor do serviço │──┤   ┌──────────┐
└─────────────────┘  │   │  Valor   │
┌─────────────────┐  ├──▶│ total do │──┐
│ Valor do pessoal │──┤   │ cliente  │  │
└─────────────────┘  │   └──────────┘  │   ┌──────────────┐
┌─────────────────┐  │                 ├──▶│ Percepção de │
│ Valor de imagem │──┘                 │   │   valor do   │
└─────────────────┘                    │   │   comprador  │
┌─────────────────┐                    │   └──────────────┘
│ Custo monetário │──┐                 │
└─────────────────┘  │                 │
┌─────────────────┐  │   ┌──────────┐  │
│ Custo de tempo  │──┤   │  Custo   │  │
└─────────────────┘  ├──▶│ total do │──┘
┌─────────────────┐  │   │ cliente  │
│ Custo de esforço│──┤   └──────────┘
└─────────────────┘  │
┌─────────────────┐  │
│Custo psicológico│──┘
└─────────────────┘
```

Fonte: Philip Kotler. *Marketing Management:* Analysis, Planning, Implementation, and Control. 9. ed. Englewood Cliffs, NJ: Prentice-Hall, 1997, p. 37. Impresso e reproduzido eletronicamente com permissão de Pearson Education, Upper Saddle River, Nova Jersey.

FIGURA 6.1 Percepção de valor do comprador

rajados a comprar quando o preço é percebido como muito baixo simplesmente porque veem um preço baixo como um indicador de qualidade inferior.

Os consumidores trocam dinheiro, tempo e esforço pelo pacote de benefícios que o prestador de serviços oferece. A teoria econômica sugere que os consumidores terão um preço de reserva que captura o valor que atribuem a tais benefícios. Se o custo total para o consumidor for inferior ao preço de reserva, ele estará propenso a comprar. Por exemplo, se o custo de ser "ecológico" for menor do que os benefícios percebidos obtidos, os compradores estarão dispostos a pagar pelos custos adicionais referentes a melhorias ao meio ambiente (ver "Sustentabilidade e serviços *em ação*"). Assim, se o consumidor puder comprar o serviço por menos do que o preço de reserva, restará um excedente para ele. As oito dimensões de valor descritas anteriormente fornecem uma orientação de como as empresas de serviços podem se diferenciar de seus concorrentes.

Considerações especiais para a precificação de serviços

A decisão final de precificação enfrentada pela maioria das empresas envolve determinar um preço que venda o serviço e, ao mesmo tempo, proporcione rentabilidade. Apesar de as empresas poderem gastar bilhões de dólares desenvolvendo suas imagens, criando a preferência pela marca e uma vantagem diferencial na mente dos consumidores, essas mesmas empresas muitas vezes "pestanejam" (reduzem seus próprios preços) ou ficam paralisadas (não fazem nada) quando confrontadas com concorrentes que oferecem preços mais baixos.[9] O resultado final é que a empresa acaba ficando obcecada pela "fixação de preços", em oposição ao compromisso com a "precificação estratégica". De acordo com Nagle e Holden, "A diferença entre a fixação dos preços e a precificação estratégica está exatamente na maneira proativa de reagir às condições de mercado".[10] A literatura sugere que as decisões estratégicas de precificação devem basear-se em considerações de custo, demanda, cliente, concorrência, lucro, produtos e aspectos legais.[11] Embora tais condições de mercado sejam as mesmas para produtos e serviços, o teor é diferente. A abordagem apresentada a seguir destaca essas diferenças fundamentais. A Figura 6.2 fornece um resumo das principais considerações.

SUSTENTABILIDADE E SERVIÇOS *EM AÇÃO*

O custo de ser ecológico

Tornar-se "ecológico" parece ser um objetivo de valor. Mas ser ecologicamente correto vale o custo? Para aqueles que oferecem serviços de projeto ecológico para construção de casas a resposta parece ser "depende". No lado do consumidor, 90% dos potenciais compradores de casas afirmaram que pagariam um adicional de US$ 5.000 para uma casa que usa menos energia ou que incorpore materiais ecologicamente corretos que ajudem a proteger o planeta. Na realidade, o custo de ser ecológico geralmente representa um acréscimo de 10% a 30% aos preços de construção de casas, que não necessariamente podem ser recuperados na hora da revenda. No entanto, recuperar os custos ecológicos pode vir de outras maneiras além de valores de revenda. Por exemplo, as razões mais comuns alegadas por proprietários e compradores ecológicos são as seguintes:

Você pode economizar energia e dinheiro. Uma casa típica perde de 15% a 20% do seu aquecimento ou ar-condicionado com dutos de ar mal concebidos. Dado o alto custo da energia, adotar medidas para reduzir sua perda não é apenas bom do ponto de vista ecológico, mas também faz sentido economicamente. No entanto, embora conservar a energia que atualmente escapa seja uma atitude que envolve bom-senso, produzir a própria energia por meio de painéis solares é bem diferente. A instalação de painéis é cara, e a recuperação dos gastos pode demorar anos.

Você pode salvar os pulmões. Você sabia que o ar interior é duas a cinco vezes mais poluído do que o ar exterior? Quem sabia? Parece que tintas, manchas e colas usadas para construir casas contêm compostos orgânicos voláteis (COVs) que liberam substâncias químicas não apenas quando secam, mas por um longo período. Consequentemente, incorporar materiais ecológicos com baixos níveis de COVs pode economizar o dinheiro dos clientes com a redução dos custos de saúde. Os COVs agravam doenças como alergias e asma, e podem causar náuseas e dores de cabeça. Ironicamente, quanto mais a casa está vedada, pior o problema. O custo para a instalação de um sistema de ventilação mecânica que circula o ar fresco dentro da casa varia de US$ 500 a US$ 2.000.

Você pode salvar o planeta. Nem todo mundo pode ser um super-herói e salvar o planeta de alguma forma espetacular, mas todos nós podemos diminuir a emissão de carbono. Compradores de casas ecológicas que desejam fazer sua parte para salvar o planeta geralmente usam materiais de construção reciclados, reduzem o consumo de água com sanitários, torneiras e chuveiros de baixo fluxo e sistemas de filtragem de água da chuva, e utilizam produtos naturais sustentáveis, como revestimento de bambu, carpetes de lã e isolamento de algodão. Embora tais práticas possam reduzir o custo psicológico de um comprador de imóvel residencial, os custos monetários efetivamente aumentam a cada iniciativa ecológica.

Fonte: Disponível em: <http://money.cnn.com/magazines/moneymag/moneymag_archive/2007/01/01/8397399/index.htm>. Acesso em: 23 out. 2009.

Considerações de custos

Em comparação com a produção de bens, as empresas de serviços enfrentam uma série de considerações exclusivas de custos que precisam ser abordadas ao formularem a estratégia de precificação. Em primeiro lugar, os preços de serviços muitas vezes não são totalmente conhecidos antes do final da prestação do serviço. Consequentemente, o consumidor sente uma maior incerteza em relação aos preços. Em segundo lugar, uma vez que os serviços não têm o cálculo do custo de produtos vendidos (nada tangível foi produzido), o preço baseado em custos é mais difícil. Em terceiro lugar, muitas indústrias de serviços são frequentemente caracterizadas por um custo fixo elevado em relação ao custo variável, o que leva a novos desafios de preços. Finalmente, a produção em massa de serviços produz economias de escala limitadas.

Os consumidores podem não saber o preço real que vão pagar por um serviço até depois de ele ser concluído Embora os consumidores geralmente possam ter uma base de preço para usar como comparação durante a avaliação pré-compra, muitos serviços são personalizados durante a entrega. Os consumidores podem não saber a quantidade exata que será cobrada até depois que o serviço seja executado. Por exemplo, um paciente pode saber quanto custa uma consulta médica, mas não pode saber o que ela acarreta com exames de laboratório, raios X e outros serviços auxiliares. Da mesma forma, um cliente pode saber o valor dos honorários advocatícios por hora, mas não pode saber quantas horas serão necessárias para finalizar um processo de um testamento. Em contraste com os bens que são produzidos, comprados e consumidos (nesta

Considerações de custos	
D1:	Precificação baseada em custos é mais difícil para os serviços.
D2:	Em muitos serviços profissionais (e alguns outros), os consumidores podem não saber o preço real que vão pagar pelo o serviço até que ele seja concluído.
D3:	Os serviços tendem a ser caracterizados por um custo fixo elevado em relação ao custo variável.
Considerações de demanda	
D4:	A demanda por serviços tende a ser mais inelástica do que a demanda por bens.
D5:	Devido ao agrupamento implícito de serviços por parte dos consumidores, as considerações de elasticidade cruzada de preços precisam ser consideradas.
D6:	A discriminação de preços é uma prática viável para gerenciar os desafios de demanda e oferta.
D7:	As economias de escala tendem a ser limitadas.
Considerações de clientes	
D8:	O preço tende a ser um dos poucos indícios disponíveis para os consumidores durante a pré-compra.
D9:	Os consumidores de serviços são mais propensos a usar o preço como um indicador de qualidade.
D10:	Os consumidores de serviços tendem a ser menos seguros em relação aos preços de reserva.
Considerações de concorrência	
D11:	Comparar preços dos concorrentes é mais difícil para consumidores de serviços.
D12:	O autosserviço é uma alternativa viável.
Considerações de lucro	
D13:	O preço por pacote torna a determinação dos preços individuais mais complicada.
D14:	O preço por pacote é mais eficaz no contexto de serviços.
Considerações de produto	
D15:	Em relação ao setor de bens, há muitos nomes diferentes para preços no setor de serviços.
D16:	Os consumidores são menos capazes de estocar serviços aproveitando preços com descontos.
D17:	O preço de uma linha de produtos tende a ser mais complicado.
Considerações legais	
D18:	A possibilidade de práticas ilegais passarem despercebidas é maior em serviços do que em bens.

FIGURA 6.2 Diferenças associadas a preços em serviços

ordem específica), os serviços muitas vezes são comprados primeiro, produzidos em seguida e consumidos simultaneamente. A fatura final não é apresentada ao cliente até que o serviço já tenha sido fornecido. Consequentemente, o preço final é, por vezes, a última informação revelada ao cliente. As empresas de serviços que desejam reduzir o risco associado com o consumo de serviços devem considerar empreender esforços adicionais para aumentar a transparência dos custos para os clientes.

Precificação baseada em custos é frequentemente mais difícil no caso de serviços Muitos gerentes de serviços têm dificuldades em estimar com precisão os custos de seus negócios. Esta dificuldade surge por várias razões. Em primeiro lugar, quando se produz um produto intangível, o custo dos bens vendidos é uma parcela pequena ou mesmo inexistente do custo total. Por exemplo, qual é o custo dos bens vendidos para um professor de marketing ministrar um seminário de uma hora sobre precificação dos serviços? Uma vez que nada tangível é produzido, há pouco ou nenhum custo de bens vendidos! Em segundo lugar, o preço baseado em custos para os serviços é muitas vezes mais complicado porque é difícil prever a necessidade de mão de obra em muitas configurações de serviços, em parte por causa das flutuações da demanda. Em terceiro lugar, a rotatividade da força de trabalho é geralmente alta em muitas indústrias de serviços. Isto tudo, além do fato de que encontrar bons funcionários é um desafio constante, leva a uma maior dificuldade em estimar os custos associados a um serviço em particular. Esses fatores tornam a abordagem orientada para custos, muitas vezes considerada como a mais comum para precificação, muito difícil para as empresas de serviços, para se dizer o mínimo. Assim, as dificuldades associadas ao controle e previsão de custos são uma diferença fundamental entre as precificações de bens e serviços.

Muitos serviços são tipicamente caracterizados por uma alta proporção de custos fixos sobre custos variáveis A United Parcel Service (UPS) é um excelente exemplo. No varejo, a empresa mantém 3.400 lojas UPS, 1.100 caixas de correio, 1.000 centros de clientes UPS, 17.000 pontos de venda autorizados e 45.000 UPS Drop Boxes. Pacotes e documentos recolhidos nesses locais são levados para 1.748 instalações operacionais, onde são distribuídos para uma frota de entrega que consiste em 88.000 automóveis, *vans*, tratores e motos de entrega, 270 aviões da UPS (Jet Aircraft) e 304 aviões fretados. Como resultado desta infraestrutura, a empresa lida anualmente com mais de três bilhões de pacotes e 5,5% do PIB norte-americano.[12] Em comparação com os enormes **custos fixos** da UPS, os **custos variáveis** associados à manipulação de mais um pacote são praticamente nulos.

custos fixos Referem-se aos custos planejados e acumulados durante o período de funcionamento, independentemente do nível de produção e vendas.

custos variáveis Referem-se aos custos que variam proporcionalmente de acordo com o nível de produção e vendas.

A indústria aérea é outro exemplo típico de um serviço com custo fixo elevado em relação ao custo variável. Os três grandes custos para uma companhia aérea são: de frota (aeronaves), mão de obra e combustível para aviões. Custos de frota e de mão de obra são essencialmente fixos, ao passo que os de combustível são variáveis. O aspecto mais importante talvez seja o fato de os custos de combustível estarem fora do controle de uma companhia aérea, mas ela sempre terá alguma influência sobre os outros dois custos. Com o intuito de aumentar os lucros, as companhias aéreas podem vender mais passagens, reduzir custos, ou ambos. Na tentativa de vender mais passagens, as companhias aéreas dão descontos no preço, o que, em geral, é copiado pela concorrência. O resultado líquido é que a estrutura de custos da companhia aérea continua a mesma, enquanto as receitas da indústria diminuem de forma constante. Em outras palavras, o resultado líquido é uma perda maior para a companhia aérea. No final, os vencedores de qualquer guerra de preços no setor da aviação serão os fornecedores com as estruturas de custos mais baixas. Por exemplo, o ponto de equilíbrio da taxa de ocupação da Frontier Airlines é de aproximadamente 55%, ou seja, em média, 55% dos lugares disponíveis de todos os voos precisam ser preenchidos para a companhia aérea atingir seu ponto de equilíbrio (pagar os custos). Em contraste, o ponto de equilíbrio da taxa de ocupação da United Airlines é de aproximadamente 91%. Claramente, a Frontier e outras companhias aéreas de baixo custo (*low-cost*) estão mais bem posicionadas para enfrentar as pressões competitivas de uma guerra de preços.[13]

Os desafios enfrentados pelas empresas que têm custo fixo elevado em relação ao custo variável são numerosos. Primeiro, surge a dúvida de que preços devem ser cobrados dos clientes individuais. Por exemplo, a indústria aérea normalmente muda 75.000 preços por dia (veja "Serviços eletrônicos *em ação*"). Como a empresa deve vender a capacidade não utilizada? Por exemplo, uma companhia aérea deveria vender 20 lugares disponíveis a uma taxa reduzida para os clientes que estejam dispostos a aceitar o risco de não reservar um lugar no avião antes do dia da partida? Será que a venda de capacidade não utilizada com taxas de desconto afastará clientes que pagam a tarifa cheia? Como as empresas podem oferecer tarifas reduzidas para vender capacidade não utilizada sem que esses clientes mudem os padrões de compra?

Economias de escala em serviços tendem a ser limitadas Devido às características de inseparabilidade e perecibilidade, o consumo de serviços não pode ser separado por tempo e espaço físico. Por exemplo, considere as operações diárias de um consultório odontológico. Os estoques não podem ser utilizados para armazenar temporariamente a demanda, e a presença física dos pacientes e prestadores é necessária para que a transação ocorra. Assim, os prestadores de serviços muitas vezes produzem serviços sob demanda, e não com antecedência. Portanto, os prestadores de serviços têm dificuldades para atingir as vantagens de custo tradicionalmente associadas com **economias de escala**, que se baseiam na ideia de que quanto mais se produz, mais barato é para produzir... mais barato é para produzir, mais barato pode ser vendido... mais barato for vendido, mais vende... mais vende, mais pode ser produzido, e assim por diante. Além disso, uma vez que muitos serviços também são customizados com as especificações de cada cliente, tal customização limita a quantidade de trabalho que pode ser feita com antecedência ao pedido e limita ainda mais potenciais vantagens de custos obtidas com economias de escala tradicionais.

economias de escala Baseiam-se na ideia de que quanto mais se produz, mais barato é para produzir... mais barato é para produzir, mais barato pode ser vendido... mais barato for vendido, mais vende... mais vende, mais pode ser produzido, e assim por diante.

Por último, também deve ser mencionado que, embora os custos sejam uma consideração importante no estabelecimento da estratégia de precificação, os especialistas de preços concordariam que a importância dos custos na definição do preço final é muitas vezes exagerado.[14] Sem dúvida, os custos são fundamentais para determinar a rentabilidade da empresa, mas as empresas de serviços que dão muita ênfase ao papel dos custos na fixação dos preços finais são limitadas pelo aspecto interno e tendem a subvalorizar os preços de seus serviços no mercado. As empresas que recorrem apenas a custos para fixar os preços deixam de olhar externamente o mercado e extrair o valor total que os clientes atribuem aos serviços oferecidos. Por exemplo, ingressos para eventos esportivos e espetáculos da Broadway com frequência são comprados por cambistas que revendem esses mesmos bilhetes por cinco a dez vezes o preço de venda original. Em casos como esse, os lucros adicionais vão para os revendedores, não para as empresas que criaram o valor e estabeleceram os preços dos ingressos com a finalidade de cobrir os custos.

SERVIÇOS ELETRÔNICOS *EM AÇÃO*

Softwares turbinados definem os preços de companhias aéreas 75.000 vezes por dia!

Alguma vez você já verificou os preços de uma companhia aérea *on-line* e encontrou uma grande oferta, voltou para reservar a passagem uma hora mais tarde e acabou descobrindo que o preço não estava mais disponível? É como se a empresa tivesse rastreado seu comportamento *on-line* e, em seguida, configurado para você pagar um preço mais elevado, o que é muito frustrante. "Na realidade, as companhias aéreas utilizam computadores e *softwares* sofisticados que preveem a demanda de passagens da mesma forma como 'modelos' preveem o tempo." Quando a demanda de passagens aumenta, os preços também aumentam, e isto pode ocorrer várias vezes ao dia.

É assim que o sistema funciona. Por exemplo, suponhamos que a Continental Airlines lance cerca de dois mil voos por dia. Cada voo tem de 10 a 20 preços diferentes, o que dependerá de alguns fatores: antecedência da compra, dia da semana, política de reembolso, taxas de terceiros e classe da cabine (apenas para citar alguns que, em última análise, têm algum impacto na estratégia de preços). Diante desse cenário, essa companhia aérea pode ter cerca de sete milhões de preços lançados no mercado que podem mudar várias vezes ao dia com base nos preços de outras companhias aéreas.

A empresa que publica tarifas conjuntas chamada Atpco é responsável por coletar preços de todas as principais companhias aéreas (exceto a Southwest) e, em seguida, publicar todas essas tarifas para as companhias aéreas e outros sistemas de serviços de reservas. A Atpco costumava coletar essa informação uma vez por dia e reportar os resultados no dia seguinte, não funcionando nos finais de semana. Como resultado, uma companhia aérea poderia mudar o preço uma vez por dia, e os concorrentes poderiam descobrir, no dia seguinte, que as mudanças tinham sido feitas. Hoje, a Atpco aceita mudanças de preços três vezes ao dia durante a semana e uma vez aos sábados e domingos. Consequentemente, as alterações de tarifas que costumavam ser apresentadas cinco vezes por semana agora são apresentadas 17 vezes por semana. Entre as variações de preços proativas e concorrentes reagindo a essas mudanças de preços, as companhias aéreas em conjunto mudam os preços, em média, 75 mil vezes por dia. Em um dia muito ativo, os preços podem mudar até 400 mil vezes. A fim de manterem o controle de todas as mudanças e fazer decisões de preço pontuais, as companhias aéreas utilizam o que chamam de "*software* turbinado", que facilita a gestão de sua estratégia de preços.

Fonte: Disponível em: <http://www.fastcompany.com/magazine/68/ pricing.html>. Acesso em: 23 out. 2009

Considerações de demanda

As empresas de serviços que conseguem extrair o valor pleno de mercado levam em conta os fatores do mercado, como considerações de demanda. Há uma série de considerações de demanda que diferenciam a precificação de serviços em comparação com a de bens. Em primeiro lugar, a demanda por serviços tende a ser mais inelástica. Assim, os aumentos de custos muitas vezes são simplesmente repassados aos consumidores. Em segundo lugar, os consumidores de serviços tendem a agrupar preços de maneira implícita para formar um preço pelo pacote. Por exemplo, em um parque temático, a demanda por serviços de alimentação pode ser afetada pelos preços do hotel do parque e do ingresso. É por isso que a elasticidade cruzada dos preços dos serviços deve ser considerada. Finalmente, devido às flutuações de oferta e demanda inerentes a serviços, as estratégias de discriminação de preços também devem ser analisadas.

A demanda por serviços tende a ser mais inelástica Em geral, os consumidores de serviços estão mais dispostos a pagar preços mais altos se isso reduzir o nível de risco percebido, uma função da consequência (o grau de importância e/ou perigo associados com a compra) e da incerteza (a variabilidade no desempenho do serviço de um cliente para outro ou de um dia para outro). As características de intangibilidade, inseparabilidade, heterogeneidade e perecibilidade dos serviços contribuem significativamente para elevados níveis de risco percebido.

De acordo com os especialistas, dez fatores podem influenciar de forma significativa a sensibilidade do cliente ao preço:

- Efeito de substituto percebido
- Efeito de valor único
- Efeito de custo de troca
- Efeito de dificuldade de comparação
- Efeito de qualidade-preço
- Efeito de magnitude de gastos
- Efeito de benefício final
- Efeito de custos compartilhados
- Efeito de paridade
- Efeito de estoque

A Figura 6.3 fornece uma visão geral de cada um dos dez fatores de sensibilidade ao preço. Uma precificação estratégica bem-sucedida considera o impacto de cada um desses dez fatores nas decisões finais de preços. Claramente, as sensibilidades ao preço irão variar entre diferentes tipos de serviços, mas, em geral, a demanda por serviços tende a ser **inelástica**. Diferentes grupos de consumidores provavelmente atribuirão maior ou menor importância a cada fator de sensibilidade ao preço, e as empresas de serviços devem avaliar quais fatores são mais importantes para as decisões de compra do seu mercado-alvo.

demanda inelástica Tipo de demanda de mercado em que uma mudança no preço do serviço não gera grande mudança na quantidade demandada.

As considerações de elasticidade cruzada de preços precisam ser analisadas Muitas vezes, os consumidores de serviços tendem a agrupar preços de maneira implícita para formar um preço pelo pacote. Em outras palavras, os consumidores percebem que o custo total de ir ao cinema inclui ingressos e refrigerantes. Portanto, as receitas totais podem ser maximizadas quando se consideram cuidadosamente as elasticidades cruzadas dos preços da oferta total do produto. Isso é particularmente verdade nos casos em que o preço da oferta do núcleo do serviço influencia a demanda por serviços complementares. A **elasticidade cruzada de preços** mede a resposta da demanda de um serviço em função de uma alteração no preço de outro serviço. Se esta relação é negativa (por exemplo, à medida que o preço do produto A aumenta, a demanda pelo produto B diminui), então os dois serviços são **complementares**. Por exemplo, se o preço dos ingressos de cinema continua a aumentar, os clientes poderão compensar o aumento dos preços comprando menos pipoca e refrigerante. Se a relação é positiva (por exemplo, à medida que o preço do produto A aumenta, a demanda pelo produto B aumenta), então os dois serviços podem ser **substitutos**, e o consumo de um substitui o consumo do outro. Por exemplo, conforme o preço dos ingressos de cinema aumenta, a demanda por serviços substitutos, como locação de filmes na Blockbuster e Netflix, aumenta.

elasticidade cruzada de preços Uma medida da alteração na demanda de um serviço em função de uma alteração no preço de outro serviço.

complementos O efeito da elasticidade cruzada de preços em que um aumento no preço do serviço "A" diminui a demanda pelo serviço "B".

substitutos Quando o efeito da elasticidade cruzada de preços é positivo (um aumento no preço do serviço A aumenta a demanda pelo serviço B), os serviços são considerados substitutos.

FATORES DE SENSIBILIDADE AO PREÇO:	RELAÇÃO PROPOSTA
Efeito de substituto percebido	A sensibilidade ao preço aumenta quando o preço do serviço "A" é maior do que o preço de substitutos percebidos.
Efeito de valor único	A sensibilidade ao preço aumenta à medida que o valor único do serviço "A" é percebido como igual ou menor ao valor único de substitutos percebidos.
Efeito de custo de troca	A sensibilidade ao preço aumenta à medida que os custos de troca de fornecedor diminuem.
Efeito de dificuldade de comparação	A sensibilidade ao preço aumenta à medida que a dificuldade de comparar substitutos diminui.
Efeito de qualidade-preço	A sensibilidade ao preço aumenta à medida que o preço não é utilizado como um indicador de qualidade.
Efeito de magnitude de gastos	A sensibilidade ao preço aumenta quando a despesa é relevante (em montante ou percentualmente) em relação à renda do consumidor.
Efeito de benefício	Quanto mais sensíveis aos preços forem os consumidores em relação ao benefício, mais serão aos serviços que contribuem para o benefício final.
Efeito de custos compartilhados	A sensibilidade ao preço aumenta à medida que a possibilidade de compartilhamento de custos com terceiros diminuem.
Efeito de paridade	A sensibilidade ao preço aumenta quando o preço pago por serviços semelhantes em circunstâncias semelhantes é menor.
Efeito de estoque	A sensibilidade ao preço aumenta à medida que a possibilidade de constituir estoque aumenta.

FIGURA 6.3 Fatores que influenciam a sensibilidade do cliente ao preço

Considerações multiprodutos dominam muitas indústrias de serviços, tais como serviços corporativos, pessoais, profissionais e a indústria de saúde. A indústria do golfe fornece um excelente exemplo dos efeitos de elasticidade cruzada de preços. Os consumidores têm diferentes sensibilidades aos preços para taxas pelo uso do campo, dos carrinhos e despesas com alimentos e bebidas. Se os consumidores percebem o preço do ingresso (taxas pelo uso do campo) como bom, são propensos a comprar produtos adicionais, como carrinhos, bolas especiais e alimentos e bebidas, que, por sua vez, produzem mais receita para a empresa. Em contrapartida, se o preço do ingresso é percebido como ruim, a sensibilidade ao preço do consumidor para serviços complementares tende a aumentar. Os consumidores muitas vezes renunciam a alguns ou a todos esses serviços adicionais a fim de manter as despesas totais dentro do orçamento. De fato, o preço mais elevado de admissão reduz os gastos de consumo em geral e, consequentemente, o fluxo de receita da empresa. Neste caso, a empresa de serviços tem mais a ganhar mantendo os preços de admissão baixos e ganhando margens adicionais com produtos complementares.

A discriminação de preços é uma prática viável na indústria cinematográfica devido a diferenças nas elasticidades da demanda dos clientes e à necessidade de os cinemas equilibrarem a oferta e a demanda de seus filmes.

Discriminação de preço é uma prática viável para gerenciar demanda e oferta Discriminação de preços envolve cobrar preços diferentes para essencialmente o mesmo serviço de acordo com o cliente. Por exemplo, algumas companhias aéreas internacionais cobram preços diferentes para os mesmos voos com base na etnia dos passageiros. Este aspecto singular de preços de serviços está relacionado com a perecibilidade e simultaneidade de produção e consumo em serviços. A discriminação de preços é uma prática viável no setor em função de diferenças nas elasticidades da demanda pelos clientes e na necessidade de a organização equilibrar a oferta e a demanda por seus serviços.

discriminação de preços Refere-se à prática de cobrar preços diferentes para essencialmente o mesmo serviço de acordo com o cliente.

A viabilidade da discriminação de preços é reforçada pelo fato de que, em alguns serviços, os clientes aceitam que os preços se alterem significativamente antes que a possibilidade de vender o serviço passe completamente (por exemplo, bilhetes de última hora para concertos). Em outros tipos de serviço, os consumidores já estão acostumados a diferentes clientes pagando valores diferentes para o mesmo serviço (por exemplo, tarifas aéreas). Além disso, serviços *on-line*, como o priceline.com, surgiram recentemente e permitem aos consumidores estabelecer o próprio preço para passagens aéreas e aluguel de carros. Os prestadores de serviços aceitam essas propostas para que possam cobrar pelo menos uma parte dos custos fixos. Em determinadas situações, alguma receita é melhor do que nenhuma.

A segmentação de preços eficaz beneficia igualmente consumidores e prestadores. Os consumidores podem se beneficiar de opções que oferecem preços mais baixos, e os prestadores são capazes de gerenciar a demanda e aumentar a utilização da capacidade. Como resultado, o preço é usado para tentar suavizar a demanda de duas maneiras:

- *Criação de demanda fora dos períodos de pico e baixa utilização de capacidade.*
- *Achatamento dos picos movendo os clientes existentes para períodos menos ocupados.*

Para que uma estratégia de segmentação de preços seja eficaz, devem-se adotar seis critérios:[15]

1. ***Diferentes grupos de consumidores devem ter respostas diferentes ao preço***. Se diferentes grupos de consumidores têm a mesma resposta a mudanças de preços, então a estratégia de segmentação de preços torna-se inócua. Como exemplo, os cinemas oferecem matinês a uma taxa reduzida há bastante tempo. Esta estratégia os ajudou a criar demanda para capacidade não utilizada durante o dia e também contribuiu para suavizar a demanda das sessões noturnas. Além disso, essa abordagem atraiu segmentos de mercado adicionais, como famílias com crianças e indivíduos com menos poder aquisitivo, que não podiam frequentar sessões noturnas mais caras. Essa estratégia tem sido eficaz porque a mudança de preço não cria a mesma resposta para todos. Se a maioria dos consumidores tivesse mudado a demanda por sessões da tarde a preços mais baixos, o cinema teria excedido a capacidade na parte da tarde e estaria gerando menos receita no total.

2. ***Diferentes segmentos devem ser identificáveis e é importante que haja um mecanismo para a cobrança de um preço diferente***. A segmentação de preços eficaz exige que os consumidores com diferentes padrões de demanda sejam identificáveis com base em algumas características comuns, como idade, estágio do ciclo de vida da família, gênero e/ou nível educacional. Discriminar com base em critérios de segmentação complicados confunde os clientes e os prestadores de serviços que devem implantar a estratégia. Formas comuns de identificação na segmentação de uma estratégia de discriminação de preços baseada na idade incluem carteiras de estudante, de motorista ou cartão de idoso.

3. *Não deve haver nenhuma possibilidade para que os indivíduos de um segmento que pagaram um preço inferior vendam seus bilhetes para outros segmentos.* Por exemplo, o cinema não ganhará nada ao vender ingressos a preços reduzidos durante a tarde se os compradores venderem os bilhetes para as sessões noturnas. Nem sempre você poderá ganhar! Um campo de golfe tentou fazer "a coisa certa" oferecendo aos clientes seniores cupons para rodadas de golfe a preços reduzidos. Logo depois que a promoção começou, alguns desses clientes foram vistos no estacionamento vendendo os cupons com lucro para outros clientes pelo preço integral do campo de golfe.
4. *O segmento deve ser grande o suficiente para valer a pena.* O tempo e do esforço envolvidos em oferecer um arranjo de segmentação de preços devem ser justificados com base no retorno que geram para a empresa. Pouco ou nenhum resultado do esforço da empresa sinaliza que os consumidores não estão interessados, o grupo de clientes é pequeno ou a oferta de discriminação preço da empresa não faz sentido.
5. *O custo de operacionalização da estratégia de segmentação de preços não deve exceder as receitas incrementais obtidas.* Os objetivos de adotar uma segmentação de preços podem ser os seguintes: reduzir a demanda de pico, preencher períodos de capacidade subutilizada, aumentar as receitas totais ou aspectos não financeiros, como tornar um serviço disponível para pessoas que de outra forma não poderiam utilizar os serviços que a empresa oferece. Se o custo de operacionalização da estratégia de segmentação de preços excede os retornos produzidos, a gestão precisa reconsiderar a oferta.
6. *O uso de preços diferentes não deve confundir os clientes.* Muitas vezes, as empresas de telefonia e energia elétrica oferecem aos clientes taxas reduzidas com base no tempo de utilização. Contudo, esses descontos relacionados com o tempo de utilização mudam à medida que surgem novas promoções. Os clientes surpreendidos com a mudança muitas vezes acabam pagando taxas superiores às esperadas, o que afeta negativamente sua satisfação. No passado, as empresas de telefonia celular ofereciam "taxas de horário de pico" com preços mais elevados e "taxas para horários de menor atividade" com preço menor que variavam de acordo com o dia e horário. Os clientes tinham que estar cientes, em todos os momentos, das taxas que iriam pagar para que pudessem tirar vantagem deste tipo particular de estratégia de preços. No final, esses tipos de estratégia de preço muitas vezes confundiam e frustravam os clientes.

Considerações de clientes

As considerações de clientes levam em conta o preço que eles estão dispostos a pagar pelo serviço. Em comparação com os bens, o preço dos serviços tende a ser um dos poucos atributos de pesquisa disponível aos consumidores para avaliação de alternativas. Como resultado, o preço do serviço é frequentemente usado como um indicador de qualidade – quanto mais alto for o preço, maior será a qualidade percebida dos serviços. Os serviços com preços muito baixos podem ser percebidos como de qualidade inferior e preteridos em favor de opções mais caras. Por fim, os clientes de serviços tendem a ser menos seguros em relação aos preços de reserva.

O preço tende a ser um dos poucos indícios disponíveis para os consumidores durante a pré--compra Em função de sua natureza intangível, os serviços são caracterizadas por poucos atributos de pesquisa, ou seja, indícios que fornecem informações antes da compra. Em contraste, a tangibilidade dos bens aumenta muito o número de atributos de pesquisa disponíveis para a consideração dos consumidores. Por exemplo, estilo e ajuste de um terno podem ser determinados antes da compra. Em contraste, o prazer de um jantar não é conhecido até depois da experiência finalizada.

Uma pesquisa de preços observou que o valor informativo do preço diminui à medida que o número de outros indícios informativos aumenta. Outras pesquisas mostraram que a confiança do consumidor no preço pode ser representada em uma curva em forma de U. O preço é muito utilizado quando poucos indícios informativos estão disponíveis, e perde significância à medida que surgem mais indícios, mas retoma importância se os consumidores estão sobrecarregados com informações.[16]

Outras pesquisas sugerem o uso de **itens sinalizadores** para formar uma impressão geral do preço dos serviços de uma empresa. Esses itens são comprados com frequência pelos clientes que conhecem bem seus preços típicos. Empresas com estratégias inteligentes dão preços competitivos a itens sinalizadores, pois os clientes os usam para aferir o valor de outros serviços que a empresa oferece. Por exemplo, uma academia pode oferecer serviços de *personal trainer* por uma taxa adicional. Se a academia passa a vender garrafas de água e refrigerantes em uma máquina de vendas a preços competitivos, o refrigerante e a água tornam-se itens sinalizadores que transmitem aos clientes da academia que as taxas de *personal trainer* também devem ser competitivas.[17]

itens sinalizadores Referem-se a itens comprados com frequência pelos clientes que conhecem bem os preços típicos desses produtos.

Os consumidores de serviços são mais propensos a usar o preço como um indicador da qualidade
Os prestadores de serviços também devem considerar a mensagem que o preço do serviço passa aos clientes. Muito trabalho tem sido dedicado a compreender se o preço pode ser um indicador de qualidade. Enquanto alguns estudos parecem indicar que os consumidores podem usar o preço para inferir a qualidade do produto, outros indicam que não. Por exemplo, estudos de campo tradicionais apresentaram aos clientes produtos idênticos, como pedaços de carpete, com diferentes níveis de preço. O julgamento da qualidade pelos respondentes pareceu indicar que a qualidade seguia os preços. No entanto, em outro momento, estudos muito semelhantes encontraram pouca relação entre preço e qualidade percebida.[18]

O preço desempenha um papel informativo chave nos processos de decisão dos consumidores de serviços. A teoria da decisão sugere que os consumidores utilizarão os elementos mais facilmente disponíveis no processo de avaliação de alternativas para analisar a qualidade do produto. Devido à importância do preço, ele deve ser um indício dominante para os consumidores que tentam avaliar a qualidade do serviço antes da compra. Estudos sugerem que o preço é mais suscetível de ser utilizado como um indicador de qualidade nas seguintes condições:

- *quando ele é a principal informação disponível;*
- *quando as alternativas são heterogêneas;*
- *quando as diferenças de preços são relativamente grandes.*

Claramente, tais condições existem em muitos cenários de compra de serviços.

Os consumidores de serviços tendem a ser menos seguros sobre os preços de reserva O **preço de reserva** de um consumidor é o montante máximo que ele está disposto a pagar por um produto. Em última análise, o preço de reserva de um consumidor de serviço determina se ele deve ou não adquiri-lo. Se o preço de reserva excede o preço cobrado pelo serviço, o consumidor está mais inclinado a comprá-lo. No entanto, se o preço de reserva for inferior ao preço cobrado, dificilmente o consumidor irá adquiri-lo.

preço de reserva Refere-se ao preço que um consumidor considera para obter o valor que ele atribui aos benefícios.

Pesquisas têm mostrado a falta de certeza do consumidor de serviços em relação aos preços de reserva, que são determinados, em parte, pelo conhecimento que o consumidor tem acerca dos preços de mercado. A falta de informações disponíveis sobre preços e a baixa frequência de compra de alguns serviços pode levar a dificuldades em se determinar o preço de reserva do serviço em questão.[19]

Considerações da concorrência

A estratégia de precificação de serviços é afetada por dois aspectos competitivos principais. Em primeiro lugar, comparar preços de alternativas de serviços muitas vezes é difícil, o que pode fazer da precificação com base na concorrência um aspecto menos importante para os serviços que para os bens. Além disso, um concorrente especial deve ser considerado quando se precificam os serviços – o autosserviço. Os consumidores frequentemente estão dispostos a fazer os serviços por si mesmos, a fim de economizar dinheiro e customizar o resultado final, entre outras vantagens percebidas.

Ao contrário do que ocorre com bens, o autosserviço é uma alternativa competitiva viável em serviços. Os clientes podem escolher executar seus próprios serviços e economizar a despesa de contratação de um prestador de serviços.

Comparar os preços dos concorrentes é mais difícil para os consumidores de serviços Em geral, os consumidores têm mais dificuldades de obter informações de preços quando pretendem contratar serviços, o que não ocorre com os bens. Além disso, quando informações de preços de serviços estão disponíveis para os consumidores, nem sempre é fácil fazer comparações relevantes entre os serviços. Por exemplo, embora os preços do serviço básico possam ser determinados com antecedência, os serviços concorrentes não são vendidos em lojas varejistas da mesma forma que muitos bens concorrentes em supermercados, lojas de desconto ou de departamentos. Os consumidores têm que visitar pessoalmente as empresas de serviços ou contatá-las para comparar os preços. Com relação aos serviços, cotejar preços requer mais tempo e esforço.

O autosserviço é uma alternativa concorrente viável Um dos resultados da inseparabilidade entre a produção e o consumo de serviços é a possibilidade de o cliente participar ativamente no processo de prestação de serviços, normalmente chamado opções de autosserviço. A disponibilidade de opções de autosserviço tem um efeito sobre as percepções dos clientes sobre o serviço. Há algum tempo, essas opções invariavelmente proporcionavam ao cliente alguma forma de redução de preço (por exemplo, postos de gasolina com autosserviço). Hoje, a literatura sugere que os clientes de serviços muitas vezes estão procurando outros benefícios além de preços mais baixos na compra de opções de autosserviço. Esses benefícios podem incluir: maior comodidade, mais controle, menos contato humano, menor tempo de serviço, maior eficiência e maior independência. Assim, as opções de autosserviço devem ser consideradas na formação da estratégia de preços.

Considerações de lucro

Muitas vezes, o preço de pacote aumenta as oportunidades de lucro para as empresas de serviços. Em relação aos bens, os serviços são mais passíveis de ter preços de pacote, mas a de-

preço de pacote Refere-se à prática de comercialização de dois ou mais produtos e/ou serviços em um pacote a um preço único.

terminação dos preços individuais dos serviços no pacote não é fácil. O **preço de pacote** envolve precificar um grupo de serviços a um preço que está abaixo de seus custos se comprados separadamente. Por exemplo, uma estação de esqui pode montar um pacote contendo quarto, refeições, ingressos e aulas de esqui. Em geral, os pacotes de preços são percebidos como um melhor valor para o cliente, e, normalmente, geram receitas adicionais para a empresa que os vende.

O preço de pacote pode ser um complicador na determinação dos preços individuais dos serviços que o compõem A oferta de um pacote, ou seja, comercializar dois ou mais bens e/ou serviços por um preço único, é uma ferramenta útil de precificação estratégica que pode ajudar os profissionais de marketing de serviços a alcançar objetivos estratégicos diferentes. No entanto, também pode ser um elemento complicador no processo de avaliação de alternativas para os consumidores que têm dificuldades de calcular quanto cada componente do pacote contribui para o custo total. Por exemplo, um consumidor, ao tentar avaliar as alternativas disponíveis para uma viagem à Jamaica, pode ter dificuldades de comparar os custos associados a um pacote de hotel com todas as refeições incluídas, além de passagens aéreas e traslados, com uma alternativa tradicional de férias em que ele paga à medida que consome.

O preço de pacote é mais eficaz em um contexto de serviços Uma grande variedade de serviços utiliza os preços de pacote como uma abordagem estratégica de precificação. Muitas empresas agrupam as ofertas de serviços, como é o caso de um médico que combina testes de diagnóstico com exames físicos. Algumas empresas optam por formar alianças estratégicas com outras e fazer um pacote com os serviços que cada uma oferece. Por exemplo, a indústria de turismo monta um pacote com hotel, passagens aéreas e serviços de traslados com preço único. Independentemente da forma ou do tipo de pacote, essa estratégia cria um novo serviço que pode ser usado para atrair novos clientes, fazer vendas cruzadas ou reter os clientes atuais. Os preços de pacote têm proliferado no setor de serviços, principalmente por causa da alta proporção de custos fixos em relação às variáveis, ao grau de repartição aos custos e aos altos níveis de demanda interdependentes. Por exemplo, em um hotel, a demanda pelo restaurante está diretamente relacionada com a demanda por quartos.

"Tudo bem, mas olha quanto economizamos por você ter sido seu próprio advogado."

A desvantagem do autosserviço.

Considerações de produto

A estratégia de precificação de serviços apresenta três principais considerações de produto. Em primeiro lugar, o preço tem diferentes denominações no setor de serviços, por isso pode ser percebido de maneira diferente em alguns setores em relação a outros. Em segundo lugar, uma vez que os serviços não podem ser estocados, os consumidores tendem a ser menos sensíveis aos preços e menos propensos a adiar as compras até que um preço melhor seja oferecido em outro momento no futuro. Finalmente, a prática comum de preços para uma linha de produtos utilizada para produtos tangíveis faz menos sentido para os consumidores de serviços.

Em comparação com o setor de bens, há muitas e diferentes denominações para preços no setor de serviços Em se tratando de serviços, um dos aspectos interessantes de preços envolve as diferentes denominações usadas para expressar o preço em diferentes indústrias de serviços. Por exemplo, na indústria de serviços financeiros, o termo "preço" raramente é utilizado. Em vez disso, os clientes pagam taxas de serviço e comissões. Da mesma forma, os viajantes pagam tarifas aéreas ou rodoviárias, os moradores de apartamentos pagam aluguel, os ocupantes de um hotel pagam as diárias de quarto, e assim por diante.

Ao examinarmos mais atentamente, muitos dos termos usados para preços no setor de serviços incorporam o(s) benefícios(s) que os clientes recebem. Por exemplo, os clientes pagam tarifas para o benefício de transporte, aluguéis e diárias para ocupação, além de taxas de serviço de processamento de pedidos. O preço com outro nome continua sendo "apenas" o preço, ou o fato de incorporar o benefício no termo usado altera a percepção dos consumidores e influencia a sensibilidade deles ao preço?

Os consumidores são menos capazes de estocar serviços e aproveitar descontos De acordo com os pesquisadores de preços de varejo, as políticas e estratégias de preços podem ter um impacto direto sobre decisões e planejamento de estoque.[20] Muitas vezes, os descontos atribuídos aos bens são uma forma de reduzir o excesso de estoque. Os consumidores aproveitam os descontos e, às vezes, fazem **compras antecipadas**, o que lhes permite compor os próprios estoques de bens e reduzir a chance de trocas para marcas concorrentes. Em contraste, os serviços não podem ser armazenados. Consequentemente, os consumidores de serviços não podem estocar ofertas de serviços. Quando os consumidores precisam ou querem um serviço, devem pagar o preço corrente.

> **compra antecipada** Isso ocorre quando os varejistas compram em promoção e estocam produto suficiente até que ele esteja novamente em promoção.

O preço de linha de produtos tende a ser mais complicado O **preço de linha de produtos**, a prática de precificar as diferentes versões do mesmo produto principal ou agrupar produtos semelhantes, é amplamente utilizado no marketing de bens. Por exemplo, raquetes de tênis de níveis iniciante, intermediário e avançado geralmente têm preços em diferentes níveis para refletir as diferenças de qualidade de fabricação. Os consumidores de bens podem avaliar mais facilmente as diferenças entre as várias versões oferecidas, já que a tangibilidade fornece atributos de pesquisa que ajudam as pessoas a fazer avaliações objetivas. Em contrapartida, considere a dificuldade dos consumidores imobiliários quando confrontados com as opções oferecidas pela imobiliária Century 21. A empresa oferece aos vendedores de imóveis três níveis de serviço pagos em taxas crescentes de comissão de 6%, 7% e 8%. Os clientes, particularmente aqueles que vendem seus imóveis com pouca frequência, carecem de conhecimento técnico para tomar uma decisão informada. Os níveis de desempenho associados com os três níveis de serviço oferecidos não podem ser avaliados até que o contrato com o agente imobiliário tenha sido assinado e o cliente tenha se comprometido com a taxa de comissão.

> **preço de linha de produtos** Refere-se à prática de precificar as diferentes versões do mesmo produto ou agrupar produtos semelhantes.

Tradicionalmente, os preços da linha de produtos oferecem escolhas aos clientes e dão aos gerentes a oportunidade de maximizar as receitas totais. No entanto, também podem gerar confusão e afugentar os consumidores. Muitos setores têm sérias dificuldades em administrar o preço de linha de seus serviços, como: telecomunicações (por exemplo, AT&T, MCI e Sprint com planos de ligações e mensagens de texto), planos de saúde (por exemplo, várias versões de planos de saúde Blue Cross/Blue Shield) e serviços financeiros (por exemplo, vários tipos de contas, opções de investimento etc.).

Considerações legais

Finalmente, ao desenvolverem a estratégia de preços, os profissionais de marketing não devem apenas considerar o que é rentável, mas também o que é legal. Em geral, a oportunidade de se beneficiar de práticas tarifárias ilegais no setor de serviços é predominantemente atribuída aos aspectos de intangibilidade, inseparabilidade e heterogeneidade. Como foi visto no Capítulo 3, a intangibilidade diminui a capacidade do consumidor de avaliar objetivamente as compras, enquanto a inseparabilidade reflete o elemento humano do encontro de serviço, que pode expor o cliente a técnicas de influência coercitivas.

A possibilidade de práticas de preços ilegais passarem despercebidas é maior em serviços do que em bens É legal um médico cobrar preços excessivos para a vacinação durante uma epidemia de gripe ou os serviços de consertos triplicarem as taxas para consertar as casas em bairros danificados por eventos climáticos? Em alguns Estados norte-americanos, existem leis para proteger os consumidores de tais práticas em circunstâncias especiais, apesar de essas circunstâncias (por exemplo, epidemias e eventos climáticos) atraírem tais práticas. Em contrapartida, identificar práticas de preços excessivos em serviços não é tão fácil se comparadas com ocasiões de compra "cotidianas".

Os consumidores de serviço são mais vulneráveis a práticas tarifárias ilegais. Existem duas implicações da vulnerabilidade do consumidor de serviços à precificação. Em primeiro lugar, a vulnerabilidade do consumidor e a percepção de risco estão diretamente relacionadas. Os consumidores que se sentem vulneráveis estão dispostos a pagar preços mais altos para um serviço se este reduz o risco percebido. Em segundo lugar, os prestadores de serviços que abusam da confiança do cliente, tirando proveito de consumidores vulneráveis com preços excessivos, podem se beneficiar em curto prazo, mas, uma vez descobertos, não terão sucesso no longo prazo. Para os consumidores, a questão é de justiça e **direito dual**. As alterações de preços provocadas por incremento nos custos são percebidas como justas porque permitem que os vendedores mantenham o direito ao lucro. Em contrapartida, os preços impulsionados pela demanda são muitas vezes vistos como injustos, pois permitem que o vendedor aumente as margens de lucro à custa do aumento da demanda do consumidor.[21]

direito dual Os aumentos no preço provocados por aumentos nos custos são percebidos como justos, enquanto os aumentos de preço impulsionados pela demanda são vistos como injustos.

Estratégias de precificação emergentes em serviços

Devido às muitas considerações especiais em torno da precificação de serviços, as estratégias tradicionais, como preços de penetração, competitivos e *premium*, geralmente oferecem pouco benefício a clientes ou prestadores de serviços. Por exemplo, os preços competitivos levaram ao desaparecimento das margens de lucro em indústrias como locação de automóveis, companhias aéreas e seguros de saúde. Além disso, essa estratégia de preço provocou muita confusão e fez os clientes desconfiarem, por exemplo, de empresas prestadoras de serviços de telefonia. No cerne do problema de precificação está a falta de compreensão das considerações especiais dos preços de serviços e no entendimento de como os consumidores se beneficiam dos serviços que estão adquirindo. Os profissionais de marketing de serviços devem criar estratégias de preços que possibilitem um meio-termo entre excessivamente complexo e demasiado simplista, já que os dois extremos negligenciam as variações das necessidades dos consumidores.[22]

Para precificar de forma eficaz, a empresa de serviços deve primeiro entender o que o mercado-alvo verdadeiramente valoriza. Existem três opções de estratégias de preços que transmitem valor para o cliente, as quais se baseiam em satisfação, relacionamento e eficiência (ver Figura 6.4).[23]

Preço baseado em satisfação

O **preço baseado em satisfação** tem dois objetivos: reduzir a quantidade de risco associado com a compra de serviços e atingir mercados que valorizam a certeza. Esse tipo de preço pode ser alcançado com ofertas de garantias, preços baseados nos benefícios e tarifas fixas.

preço baseado em satisfação Estratégia de preços projetada para reduzir o risco associado a uma compra.

As garantias de serviço têm se tornado uma maneira popular de atrair clientes e são abordadas como um meio de retenção de clientes no Capítulo 14.[24] A garantia assegura aos clientes que, se não estiverem satisfeitos com sua compra, podem solicitar a garantia e obter um reembolso parcial ou total para compensar a insatisfação com a empresa prestadora de serviços. Oferecer garantias de serviços sinaliza aos clientes que a empresa está comprometida em oferecer serviços de qualidade e confiante em sua capacidade de fazê-lo. Muitas vezes, os clientes acreditam que uma empresa que oferece garantias de serviços assim não faria a menos que esteja confiante em sua capacidade de entregar o serviço. Quando os serviços concorrentes têm preços semelhantes e há poucas formas de diferenciar um prestador de serviços de outros, a garantia de serviços pode representar uma vantagem diferencial.

ESTRATÉGIA DE PREÇOS	PROPORCIONA VALOR POR ...	IMPLEMENTADA COMO ...
Preço baseado em satisfação	Reconhecer e reduzir a percepção de incerteza dos clientes ampliada pela natureza intangível dos serviços.	Garantias de serviço Preços baseados nos benefícios Tarifas fixas
Preço de relacionamento	Incentivar relacionamentos de longo prazo com a empresa que os clientes veem como benéfico.	Contratos de longo prazo Preço de pacote
Preço de eficiência	Compartilhar com os clientes a redução de custos da empresa obtida com a compreensão, o gerenciamento e a redução de custos da prestação do serviço.	Preço de liderança em custos

Fonte: Leonard L. Berry. Manjit S. Yadav. Capture and Communicate Value in the Pricing of Services. *Sloan Management Review*, verão 1996, p. 41-51.

FIGURA 6.4 Estratégias de preços baseadas em satisfação, relacionamento e eficiência

O **preço baseado nos benefícios** enfoca os aspectos do serviço que os clientes realmente usam. O objetivo desta abordagem é desenvolver uma associação direta entre o preço do serviço e os componentes do serviço que os clientes valorizam. Por exemplo, os serviços de conexão *on-line* normalmente não utilizam estratégias de preço baseado nos benefícios. Isto é evidente por sua prática de cobrar dos clientes uma taxa mensal, em vez de cobrar o tempo que os clientes realmente ficam *on-line*. Os serviços *on-line* inovadores, como ESA-IRS e seu programa de "preços por informações", introduziram os preços baseados nos benefícios e mudaram o foco de marketing, o que é benéfico para os clientes.

preço baseado nos benefícios Estratégia de preços que cobra dos clientes os serviços efetivamente utilizados, em oposição a taxas de "adesão" que contemplam diversos serviços incluídos.

O conceito de **tarifas fixas** é bastante simples. O objetivo principal é diminuir a incerteza dos consumidores sobre o preço final do serviço ao concordarem com um preço fixo antes de ocorrer a transação de serviço. Com a utilização de tarifas fixas, o fornecedor assume o risco de aumentos de preços e excesso de custos. Tarifas fixas fazem mais sentido quando:

> **tarifas fixas** Estratégia de preços em que o cliente paga um preço fixo e o prestador assume o risco de aumentos de preços e excesso de custos.

- *o preço é competitivo;*
- *a empresa que cobra a tarifa fixa tem os custos sob controle e executa uma operação eficiente;*
- *existem possibilidades de criar um relacionamento de longo prazo e gerar receitas adicionais com o cliente.*

O Serviço Postal dos Estados Unidos introduziu a estratégia de tarifas fixas para os clientes interessados em envios de encomendas para todo o país. De acordo com esse serviço , "os envios não podem demorar nem se basear em suposições. Com o Priority Mail Flat-Rate Boxes, se couber na caixa, a encomenda é despachada para qualquer lugar dos Estados Unidos por uma tarifa fixa e barata, sem a utilização de mapas.[25]

Preço de relacionamento

O principal objetivo do **preço de relacionamento** é melhorar o relacionamento da empresa com os consumidores. Por exemplo, no setor bancário, as estratégias de preços de relacionamento podem ser utilizadas para estreitar ainda mais a relação entre o banco e os atuais clientes de conta-corrente, oferecendo contas especiais de poupança, promoções em seguros e tarifas especiais para investimentos. Há dois tipos de técnica de precificação de relacionamento: contratos de longo prazo e preço de pacote.

> **preço de relacionamento** Estratégias de preço que incentivam o cliente a expandir suas relações com o fornecedor de serviços.

Os contratos de longo prazo oferecem a clientes potenciais incentivos (ligados ou não a preço) para que fiquem com o mesmo fornecedor ao longo de vários anos. A UPS recentemente firmou contratos de longo prazo de transporte com as empresas Land's End e Ford Motor Company. Em função dos compromissos de longo prazo dos clientes, a UPS tem sido capaz de converter as relações pontuais dos negócios com esses clientes em operações contínuas. A UPS agora tem operações e pessoal dedicados exclusivamente à prestação de serviços a esses clientes específicos. Como as transações agora são contínuas, as economias de escala têm se desenvolvido, e a economia de custos pode ser repassada para o cliente, além do surgimento de oportunidades para melhorar o lucro da empresa.

Como a maioria das empresas de serviço oferecem mais de um serviço, a prática de pacotes tornou-se mais comum.[26] O *preço de pacote*, no sentido *amplo*, é a prática de comercialização de dois ou mais serviços em apenas um pacote a um preço único. Por exemplo, a oferta Triple Play da Comcast Cable, que agrupa TV a cabo HD (de alta definição), serviços de telefonia e de internet de alta velocidade por um preço único é um exemplo clássico.[27] Há outros exemplos comuns, como hotéis que oferecem pacotes de final de semana que incluem quartos, refeições e opções de entretenimento a uma única tarifa, e *sites* de viagens *on-line*, como a Travelocity, que oferecem pacotes de férias que incluem passagens aéreas, aluguel de automóveis e acomodações de hotel por um preço único.[28]

> **pacote misto** Técnica de preço de pacote que permite aos consumidores comprar os serviços A e B em um pacote ou cada serviço separadamente.

Em geral, os serviços estão relacionados com **pacotes mistos**, que permitem que os consumidores comprem os serviços de A e B juntos ou cada serviço separadamente. O argumento mais simples para o pacote baseia-se na ideia de saldo para o consumidor: o pacote possibilita mudar o saldo de um serviço para outro que de outra forma teria um saldo negativo (ou seja, não seria comprado). Além disso, o pacote misto oferece aos clientes um valor melhor do que comprar os serviços separadamente.

Três razões têm sido sugeridas para justificar o maior valor do pacote que a soma das partes individuais. Primeiro, o consumidor valoriza a facilidade de acesso à informação. Por exemplo, os hóspedes internacionais de um *resort* no México têm um custo menor em relação às informações quando compram uma excursão no hotel, o que não correria se tivessem comprado essa mesma excursão diretamente do prestador do serviço. O recepcionista do hotel simplesmente informa o hóspede sobre os passeios disponíveis, o que reduz consideravelmente os custos de busca de informações por parte dos hóspedes. Há também o argumento de que o pacote de serviço B com serviço A pode aumentar a satisfação do consumidor com o serviço A. Por exemplo, a experiência dos hóspedes do *resort* mexicano Moon Palace pode ser melhorada em função dos numerosos pacotes de excursões de um dia que o resort oferece aos hóspedes. Consequentemente, os hóspedes podem ter um grande dia visitando as ruínas da cidade maia de Tulum, o que, por sua vez, melhora sua experiência geral com o hotel. O último argumento é que a adição do serviço B ao serviço A pode melhorar a imagem total da empresa. Assim, a reputação do Moon Palace como um destino de praia em Playa del Carmen, conhecida por ser um local de descontração, tranquilidade e isolamento, é reforçada pelas opções de viagens disponíveis para os hóspedes que procuram uma abordagem mais ativa para as férias em função das excursões de um dia que o resort oferece. Atividades como tirolesa em uma floresta tropical, mergulho em XelHa ou um percurso de barco para Isla Mujeres (Ilha das Mulheres) reforçam a reputação do *resort* como destino que oferece algo para todos.

Preços de eficiência

O principal objetivo do **preço de eficiência** é apelar para os consumidores economicamente conscientes que estão procurando o melhor preço. De acordo com Berry e Yadav, "As empresas que precificam com base na eficiência quase sempre são hereges da indústria, afastando-se de práticas operacionais tradicionais em busca de vantagens de custo sustentáveis".[29] Um exemplo é a Southwest Airlines, com seus incansáveis esforços para reduzir os custos. A companhia aérea reduz os custos ao voar em percursos mais curtos, com rotas mais diretas para aeroportos menos congestionados e menos caros. Não são servidas refeições, os passageiros são acomodados nos assentos por ordem de chegada, e a companhia aérea foi a primeira a oferecer viagens "sem passagens" em todos os voos.

preço de eficiência Estratégias de preço que apelam para consumidores economicamente conscientes ao entregarem o melhor serviço e com o melhor custo possível pelo preço estipulado.

O preço de eficiência concentra-se em fornecer o melhor serviço com o menor custo disponível pelo preço pago. As operações são racionais e as inovações que permitem uma maior redução de custos tornam-se parte da cultura da operação. Quanto mais enxuta for a estrutura de custos, mais difícil será para os novos concorrentes imitarem o sucesso da Southwest. Entender e gerenciar os custos são as peças fundamentais do preço de eficiência.

Atualmente, a Southwest Airlines continua a liderar os preços no setor aéreo, com sua promoção Bags Fly Free™.[30] Enquanto muitas outras companhias aéreas cobram de seus clientes taxas para a primeira (até US$ 20) e a segunda (até US$ 30) bagagem, além dos preços das passagens, a Southwest afirma orgulhosamente: "Na Southwest, os Clientes não têm surpresas desagradáveis... Rebele-se contra as taxas de bagagens de outras companhias aéreas. Reserve um voo da Southwest hoje e economize até US$ 100 com Bags Fly Free™". Os leitores também podem notar que, quando a Southwest fala dos "Clientes", a primeira letra é maiúscula. Simbolicamente, o "C" maiúsculo reflete a importância que a Southwest atribui aos clientes ao fornecer serviços atenciosos e baseados em valor.

Algumas considerações finais sobre precificação de serviços

A precificação de serviços é uma tarefa complexa. Os consumidores estão comprando uma experiência, e muitas vezes se sentem desconfortáveis ou não entendem o que estão pagando. Da mesma forma, os prestadores de serviços não têm um valor de custo de produtos vendidos no qual possam basear seus preços. Muitos prestadores confusos e desorientados simplesmente olham para o que a concorrência está cobrando, independentemente da própria estrutura de custos e vantagem competitiva. Em contrapartida, os prestadores de serviços bem-sucedidos tendem a respeitar as seguintes diretrizes de preços:[31]

- *Os clientes devem entender facilmente o preço.*
- *O preço deve representar valor para o cliente.*
- *O preço deve incentivar a retenção de clientes e facilitar o relacionamento do cliente com a empresa fornecedora.*
- *O preço deve reforçar a confiança do cliente.*
- *O preço deve reduzir a incerteza do cliente.*

Resumo

A precificação de serviços bem-sucedida depende de reconhecer o valor que um cliente atribui a um serviço e precificar o serviço de acordo com o valor percebido. As percepções de valor dos clientes representam uma troca entre os benefícios percebidos obtidos com a compra do produto e do sacrifício percebido em termos de custo a ser pago. Os custos totais dos clientes vão além dos custos monetários, e incluem custos de tempo, de esforço e psicológicos. Da mesma forma, o valor total do cliente vai além do valor do produto e inclui valor do serviço, do pessoal e da imagem.

Ao desenvolverem estratégias de preços de serviços, os gestores devem levar em conta uma série de aspectos, como custo, demanda, cliente, concorrência, lucro, produto e questões legais. A Figura 6.2 forneceu um resumo de cada um desses aspectos.

Em geral, as estratégias de preços e as abordagens tradicionais de contabilidade de custos oferecem pouco benefício tanto para consumidores como para prestadores de serviços. Há três opções de estratégias de preços que transmitem valor para o cliente, que se baseiam em satisfação, relacionamento e eficiência. O principal objetivo do preço baseado em satisfação é reduzir o risco associado com a compra de serviços e atrair os mercados-alvo que valorizam a certeza. As estratégias de preços com base em satisfação incluem ofertas de garantias, preço baseado nos benefícios e tarifas fixas. O objetivo do preço de relacionamento é melhorar o relacionamento da empresa com seus consumidores. As técnicas de precificação de relacionamento incluem contratos de longo prazo e preço de pacote. Em comparação, o preço de eficiência é voltado para os consumidores economicamente conscientes, e se concentra em fornecer o melhor serviço com o menor custo possível pelo preço pago. Entender e gerenciar os custos são as peças fundamentais do preço de eficiência.

Palavras-chave

custo monetário
custos de tempo
custos de esforço
custos psicológicos
valor do produto
valor do serviço
valor do pessoal
valor de imagem
custos fixos

custos variáveis
economias de escala
demanda inelástica
elasticidade cruzada de preços
complementos
substitutos
discriminação de preços
itens sinalizadores
preço de reserva

preço de pacote
compra antecipada
preço de linha de produtos
direito dual
preço baseado em satisfação
preço baseado nos benefícios
tarifas fixas
preço de relacionamento
pacote misto
preço de eficiência

Questões de revisão

1. Sugere-se frequentemente que as empresas de serviços devem fixar os preços com base no valor percebido do serviço pelos clientes. Neste contexto, o que é valor?
2. Explique o papel dos custos na fixação dos preços finais.
3. Explique o papel do preço como um indicador de qualidade para os consumidores.
4. Descreva as vantagens e desvantagens para o hotel com clientes que fazem reservas com antecedência e pagam tarifas mais baixas que os clientes de última hora.
5. O autosserviço sempre deve ser recompensado com preços mais baixos? Justifique sua resposta.
6. Em que condições a segmentação de preços é mais eficaz?
7. Explique os conceitos básicos subjacentes às precificações com base em satisfação, relacionamento e eficiência.
8. Forneça três exemplos de precificação baseada em relacionamento não abordados neste capítulo.
9. Defina preço de pacote e forneça três razões que justifiquem esta prática para as empresas de serviços.
10. Defina tarifas fixas e explique por que uma empresa de serviços pode querer adotar tal estratégia.

Notas

1. David M. Feldman. Making Cents of Pricing, *Marketing Management*, maio-jun. 2005, p. 21-25.
2. J. Dean. Research Approach to Pricing. *Planning the Price Structure*, Marketing Series n. 67, American Marketing Association (1947).
3. J. Backman. *Price Practices and Price Policies*. Nova York: Ronald Press, 1953.
4. Walker A. W. How to Price Industrial Products, *Harvard Business Review*, 45, 1967, p. 38-45.
5. A. Marshall. *More Profitable Pricing*. Londres: McGraw-Hill, 1979.
6. Chief Executive. Finding the Right Price Is No Easy Game to Play. *Chief Executive*, set. 1981, p. 16-18.
7. Thomas T. Nagle; Reed K. Holden. *The Strategy and Tactics of Pricing*. Englewood Cliffs, NJ: Prentice Hall, 1995.
8. Philip Kotler. *Marketing Management*. 8. ed. Englewood Cliffs, NJ: Prentice-Hall, 1994, p. 38.
9. Robert G. Gross, Ashutosh Dixit. Customer-Centric Pricing: The Surprising Secret for Profitability. *Business Horizons*, 48, 2005, p. 483-91.
10. Thomas T. Nagle, Reed K. Holden. *The Strategy and Tactics of Pricing*. 3. ed. Upper Saddle River: Prentice Hall, 2002, p. 1.
11. K. Douglas Hoffman, L. W. Turley. Toward an Understanding of Consumer Price Sensitivity for Professional Services. *Developments in Marketing Science*. Charles H. Noble (ed.). Miami,

FL: Academy of Marketing Science, 1999, p. 169-73.
12. UPS website. Disponível em: <http://www.ups.com>. Acesso em: 30 jan. 2005; Only Santa Delivers More in One Day than UPS, Press Release 13 dez. 2004. <http://pressroom.ups.com/ups. com/us/press_releases/>. Acesso em: 30 jan. 2005; John Alden. What in the World Drives UPS?. *International Business*, 11 (2), 1998, p. 6-7+; Jim Kelley. From Lip Service to Real Service: Reversing America's Downward Service Spiral. *Vital Speeches of the Day*, 64 (10), 1998, p. 301-04.
13. Wendy Zellner, Brain Grow. Waiting for the First Bird to Die. *Business Week*, 3917, 24 jan. 2005, p. 38; Lori Calabro. Making Fares Fairer, *CFO*, 18, n. 9, set. 2002, p. 105-07.
14. Robert G. Gross, Ashutosh Dixit. Customer-Centric Pricing: The Surprising Secret for Profitability. *Business Horizons*, 48, 2005, p. 483-91.
15. Adaptado de John E. G. Bateson. *Managing Services Marketing*. 2. ed. Fort Worth, TX: The Dryden Press, 1992, p. 357-65.
16. Kent B. Monroe. Buyers Subjective Perceptions of Price. *Journal of Marketing Research*, 10, fev. 1973, p. 70-80.
17. Eric Anderson, Duncan Simester. Minding Your Pricing Cues. *Harvard Business Review*, set. 2003, p. 97-103.
18. Bateson. *Managing Services Marketing*, p. 338-39.
19. Joseph P. Guiltinan. The Price Bundling of Services: A Normative Framework. *Journal of Marketing*, 51 (2), 1987, p. 74-85.
20. Saroja Subrahmanyan, Robert Shoemaker. Developing Optimal pricing and Inventory Policies for Retailers Who Face Uncertain Demand. *Journal of Retailing*, 72 (1), 1996, p. 7-30.
21. Czinkota et al. *Marketing*: Best Practices. Fort Worth, TX: The Dryden Press, 2000.
22. Leonard L. Berry, Manjit S. Yadav. Capture and Communicate Value in the Pricing of Services. *Sloan Management Review*, verão 1996, p. 41–51.
23. Idem.
24. Christopher W. L. Hart; Leonard A. Schlesinger; Dan Maher. Guarantees Come to Professional Service Firms. *Sloan Management Review*, primavera 1992, p. 19-29.
25. Disponível em: <https://www.prioritymail.com/flatrates.asp>. Acesso em: 25 out. 2009.
26. Joseph P. Guiltinan.The Price Bundling of Services: A Normative Framework. *Journal of Marketing*, abr. 1987, p. 51, 74-85.
27. Disponível em: <http://www.comcastspecial.com/>. Acesso em: 26 out. 2009.
28. Disponível em: <http://www.travelocity.com/>. Acesso em: 26 out. 2009.
29. Berry, Yadav. Capture and Communicate Value, p. 49.
30. Disponível em: <http://www.swabiz.com/bagsflyfree/>. Acesso em: 26 out. 2009.
31. Berry, Yadav. Capture and Communicate Value, p. 49.

CASO 6

MDVIP: torne-se uma prioridade, não apenas um paciente

Confrontado com a crescente pressão da prática de medicina familiar, Dr. Charles Ray sabia que algo tinha de mudar em sua prática médica, que consistia em ver cerca de três mil pacientes apenas quando já estavam doentes. Treinado nas áreas de medicina preventiva, Ray sentia que nunca tivera realmente a oportunidade de usar a própria formação de forma eficaz para prevenir

Fonte: www.mdvip.com. Acesso em: 23 out. 2009.

doenças e promover um estilo de vida saudável a seus pacientes antes que adoecessem. Além disso, devido ao número crescente de pacientes, o tempo médio de cada visita era de aproximadamente oito minutos e a agenda estava frequentemente lotada com quase uma semana de antecedência. Como resultado, os pacientes doentes muitas vezes esperavam de sete a dez dias para conseguir uma consulta. Para complicar ainda mais, as companhias de seguros muitas vezes ditavam os preços finais para muitos serviços e pagavam aos médicos uma fração do que era efetivamente cobrado dos pacientes. Ao longo dos anos, o estresse tomou conta de Ray por causa da carga de pacientes. O médico já não tinha mais vida familiar, pois passava muitas noites nos plantões. Além de todos esses problemas, ele sentia que os pacientes não estavam sendo cuidados com a qualidade que ele realmente era capaz de fornecer.

Após participar de uma conferência médica, Ray soube de um novo modelo de negócios para médicos, promovido por uma empresa chamada **MD**VIP. Trata-se de uma rede com cerca de 300 médicos em 26 estados norte-americanos que enfatiza cuidados de saúde preventivos e customizados. A **MD**VIP oferece o que muitos chamam de "cuidados médicos *concierge*", em que os médicos oferecem cuidados de saúde individualizados mediante o pagamento de uma taxa anual. Essa taxa proporciona aos pacientes um maior nível de cuidado, atenção mais personalizada, acesso mais fácil aos médicos, e é paga em complemento aos honorários médicos regulares. O modelo de negócios permite que os médicos diminuam bastante o número de pacientes e se concentrem no atendimento de prevenção e casos graves.

Mais especificamente, os médicos que adotam o modelo de negócios da **MD**VIP se comprometem a manter os pacientes o mais saudáveis possível, por preços e e serviços abaixo do que se encontra no mercado:

- *Número reduzido de pacientes. Desta forma, os médicos têm mais tempo para se concentrar no bem-estar, na prevenção e no melhor tratamento disponível. No caso do Dr. Ray, o tamanho de sua clientela seria reduzido de 3.000 para 600 pacientes.*
- *Plano executivo anual físico e plano personalizado de bem-estar. O preço do plano executivo anual físico é de US$ 2.000, coberto pela taxa anual do paciente. O plano personalizado de bem-estar se concentra em atividades preventivas de saúde, na esperança de evitar problemas de saúde antes que ocorram.*
- *Cuidados especializados em hospitais e centros de pesquisa de primeira linha no país, como Cleveland Clinic, Memorial Sloan-Kettering Cancer Center e Ucla Medical Center, como parte dos centros médicos de excelência da* **MD**VIP. *Esses centros oferecem aos pacientes um cuidado adicional para situações que estão além das capacidades de cuidados do médico local.*
- *Médicos disponíveis 24 horas para consultas no mesmo dia ou para o dia seguinte. Devido ao menor número de pacientes, as consultas podem ser marcadas para o mesmo dia ou, na pior das hipóteses, para o dia seguinte. Além disso, os pacientes recebem os números de telefone celular dos médicos para acesso 24 horas por dia/sete dias por semana. Cada paciente membro da* **MD**VIP *também tem acesso a um site personalizado que oferece um recurso de mensagens seguras, para que possa contatar o médico diretamente por e-mail. Além disso, os filhos adultos com menos de 25 anos de idade e os visitantes de fora da cidade também têm acesso ao médico sem nenhum custo adicional.*
- *Tecnologia de ponta, incluindo um arquivo pessoal de registros médicos. Trata-se de um arquivo com todas as informações pessoais da saúde do indivíduo. Na verdade, a* **MD**VIP *recomenda que os pacientes sempre tenham o arquivo consigo para o caso de uma emergência médica.*
- *Acesso a outros médicos da* **MD**VIP *em todo o país para atendimentos de emergência, a fim de tranquilizar os pacientes nas viagens que fazem. À medida que a rede de médicos* **MD**VIP *con-*

tinua a crescer, os pacientes membros podem acessar outros prestadores de serviço, se necessário, durante viagens por todo o país.

Os médicos convidados a aderir à rede **MD**VIP são cuidadosamente selecionados para garantir que os pacientes recebam "alto padrão" em termos de qualidade de atendimento. A rede seleciona médicos com base na sua perícia médica e nas relações com os pacientes. A **MD**VIP seleciona médicos que acreditam em cuidados preventivos e que queiram enfatizar esses cuidados em suas práticas.

O custo anual para os pacientes da **MD**VIP é de US$ 1.500. Esse valor é dedutível e pode ser reembolsado pelas contas de despesas flexíveis (*flexible spending accounts* – FSAs) ou contas poupança de saúde (*health savings accounts* – HSAs – o equivalente às deduções do imposto de renda). Ao considerar a adoção do modelo de negócio da **MD**VIP, Dr. Ray se perguntava como seus pacientes responderiam.

Questões para discussão

1. Com base na percepção de valor do comprador apresentada na Figura 6.1, qual é o valor fornecido pelo modelo de negócio da **MD**VIP? A empresa oferece um bom valor para os pacientes?
2. Dos dez fatores estudados neste capítulo que influenciam a sensibilidade do consumidor ao preço, selecione cinco e verifique se a demanda de pacientes para os cuidados de saúde é elástica (pacientes são sensíveis ao preço) ou inelástica (pacientes são menos sensíveis ao preço).
3. Caso o Dr. Ray reduza o atendimento a 600 pacientes, aponte os prós e os contras de três estratégias possíveis para realocar os demais 2.400 pacientes que não estarão mais sob sua responsabilidade.
4. Discuta quais questões éticas ou de responsabilidade social Dr. Ray enfrentará ao se associar à **MD**VIP?

capítulo 7
Promoções eficazes em serviços

"A empresa que se considera imune à necessidade de propaganda, cedo ou tarde se verá imune aos negócios."
Derby Brown

> **Objetivos do capítulo**
>
> Após a leitura deste capítulo, você deve ser capaz de:
> - Discutir as medidas necessárias para gerenciar de maneira eficaz a estratégia de comunicação de serviços da empresa.
> - Compreender os desafios especiais associados ao desenvolvimento de comunicações de serviços.
> - Descrever as diretrizes específicas para o desenvolvimento de comunicações de serviço.
> - Apreciar as considerações especiais enfrentadas pelos prestadores de serviços profissionais e recomendar soluções para superar esses desafios.

O objetivo deste capítulo é fornecer uma visão geral da estratégia de comunicação aplicada ao marketing de serviços.

EM MOMENTOS DIFÍCEIS, A LAGARTIXA DA GEICO TRANQUILIZA E CONFORTA OS CONSUMIDORES: UMA ESTRATÉGIA DE COMUNICAÇÃO

Embora pareça para muitos que a companhia norte-americana de seguros Geico é uma concorrente relativamente recente dos principais atores no setor, como State Farm, Prudential e Allstate, a empresa existe desde a década de 1930. Fundada em 1936 por Leo e Lillian Goodwin, originalmente comercializava seguros de automóveis para seu mercado-alvo principal composto por funcionários federais e pelos três primeiros escalões de oficiais militares graduados (daí o nome Geico – Government Employees Insurance Company – Empresa de Seguros dos Funcionários do Governo). Os fundadores da empresa se basearam na ideia de que se fosse possível reduzir custo focando em mercados-alvo específicos, a Geico poderia cobrar prêmios menores e ainda ser rentável. A ideia deu certo, e, até o final de 1936, a empresa já havia vendido 3.700 apólices e contava com 12 funcionários. Em 1964, a Geico ultrapassou a marca de um milhão de segurados.

Hoje, a Geico é uma subsidiária de uma das organizações mais rentáveis dos Estados Unidos, a empresa de investimentos Berkshire Hathaway, de Warren Buffet. Ao fornecer, em 1996, o apoio financeiro necessário, Buffet tornou-se o principal responsável pelo crescimento explosivo da Geico ao longo da última década e meia. Campanhas com propagandas nacionais e iniciativas, como mala direta, foram lançadas em larga escala, e os consumidores responderam em massa. A Geico é atualmente a terceira maior seguradora de automóveis nos Estados Unidos (atrás de State Farm e Allstate, respectivamente), com 9 milhões de clientes e mais de 16 milhões de veículos segurados. A empresa emprega hoje 24 mil associados.

A "lagartixa" Geico contribuiu para o sucesso da empresa, tornando-se um fenômeno instantâneo de propaganda quando introduzida durante a temporada televisiva de 1999 a 2000. Criada pela Agência Martin de Richmond, na Virgínia, a lagartixa foi o resultado da confusão na pronúncia do nome Geico, já que lagartixa em inglês é *gecko*. A lagartixa com sotaque britânico tornou-se um símbolo tangível reconhecível e um ícone de publicidade para a empresa. Ela faz participações especiais em eventos da comunidade em todo o país. Diversos produtos com a imagem da lagartixa podem ser comprados na loja *on-line*, além de bonecos com cabeças balançantes, tatuagens, canetas, viseiras, carros de corrida em miniatura, camisas polo e uma infinidade de outros artigos para os seus fãs. Ao longo dos anos, a Geico também reforçou a imagem organizacional por meio do desenvolvimento de campanhas complementares de comunicação. Em uma série de comerciais intitulada *Cavemen*, homens das cavernas se envolvem em situações contemporâneas. Ao som do remix "Somebody's watching me", de Mysto & Pizzi, uma das propagandas mostra esses homens com os olhos arregalados diante do *slogan* da empresa: "É tão fácil que até um homem das cavernas pode fazer!".

Mais recentemente, em resposta à turbulência das ações da empresa no mercado financeiro e da queda dos níveis de confiança do consumidor, a lagartixa apareceu em anúncios impressos que mostravam mensagens com o objetivo de confortar e tranquilizar os consumidores. Numa delas, a lagartixa usa óculos de aros de chifre e descreve a Geico como uma "empresa financeiramente estável que visa ao longo prazo" e "uma subsidiária da Berkshire Hathaway de Warren Buffet". Em outra mensagem, havia a seguinte informação: "Warren Buffet e a lagartixa combinam como torta e fritas.* Desde que a Berkshire Hathaway de Buffet adquiriu a Geico em 1996 [...] ele e a lagartixa viram a empresa crescer e se tornar a terceira maior seguradora de automóveis do país". As mensagens são destinadas a tranquilizar e confortar os clientes preocupados com a estabilidade da Geico. Especificamente, a mensagem tira proveito da solidez financeira do investidor Buffet e da boa classificação de risco (triplo A) da Berkshire Hathaway pela agência de risco Standard and Poors. De acordo com o vice-presidente de marketing da Geico, "A estratégia para isso [tranquilizar e confortar os clientes] é impulsionada pela necessidade de enfatizar para as pessoas que existe uma maneira de economizar dinheiro sem arriscar nada [...] abordando estabilidade, confiança, as coisas certas para se falar nesse meio". A Geico oferece um exemplo clássico: quando as condições ambientais mudam o curso da estratégia global de marketing de uma empresa, a estratégia de comunicação deve se adaptar para atender às mudanças nas condições de negócios.

Fontes:
1. http://www.geico.com/. Acesso em: 15 out. 2009.
2. http://www.nytimes.com/2009/02/19/business/media/19adco.html. Acesso em: 15 out. 2009.

Introdução

estratégia de comunicação Refere-se à estratégia de comunicação do posicionamento da empresa para seus mercados-alvo, como consumidores, funcionários, acionistas e fornecedores, com o intuito de alcançar os objetivos organizacionais.

composto de comunicação Trata-se do conjunto de ferramentas de comunicação disponíveis para os profissionais de marketing, como propaganda, venda pessoal, publicidade, promoções de venda e patrocínios.

O papel da **estratégia de comunicação** é informar, persuadir, e lembrar os mercados-alvo, como consumidores, funcionários e acionistas, sobre os bens e serviços de uma empresa com a finalidade de alcançar os objetivos organizacionais. A expressão **composto de comunicação** descreve o conjunto de ferramentas de comunicação disponíveis para os profissionais de marketing que implementam a estratégia de comunicação da empresa. Assim como precisam combinar os elementos do composto de marketing (os 4Ps: produto, preço, praça e promoção) para

---

* Embora não faça sentido na cultura gastronômica do Brasil, a combinação torta e batatas fritas (*pie and chips*) é muito popular na Inglaterra (N. T.).

produzir um plano de marketing, os gerentes de empresas de serviços também devem selecionar as ferramentas de comunicação mais adequadas para transmitir sua mensagem.

As ferramentas do composto de comunicação são classificadas em cinco grandes categorias: venda pessoal, propaganda, publicidade, promoções de venda e patrocínios. Semelhante a um time de basquete, cada um dos cinco instrumentos de comunicação se destaca em sua finalidade única. Por exemplo, *venda pessoal* é a única ferramenta de comunicação que permite comunicação de mão dupla entre o prestador de serviços e o cliente. Como resultado, o prestador de serviços pode adaptar sua mensagem de comunicação a cada cliente. Quanto à *propaganda*, nenhuma outra ferramenta de comunicação é mais rápida na alavancagem de conhecimento global. Por sua vez, a *publicidade* é gratuita e geralmente expressa por um terceiro, tornando-se a fonte de informação com mais credibilidade. A vantagem estratégica fundamental de utilizar as *promoções de vendas* é a tendência de aumentar vendas no curto prazo. Finalmente, os *patrocínios* permitem à empresa de serviço atingir um público-alvo específico e atraente. Além disso, fornecem uma opção para as empresas de serviços se adaptarem às mudanças de hábitos de mídia dos consumidores – é importante lembrar que os consumidores do século XXI não assistem à televisão como antes, e, em geral, acionam rapidamente o controle remoto ou outro dispositivo tecnológico para evitar a propaganda veiculada nos intervalos.

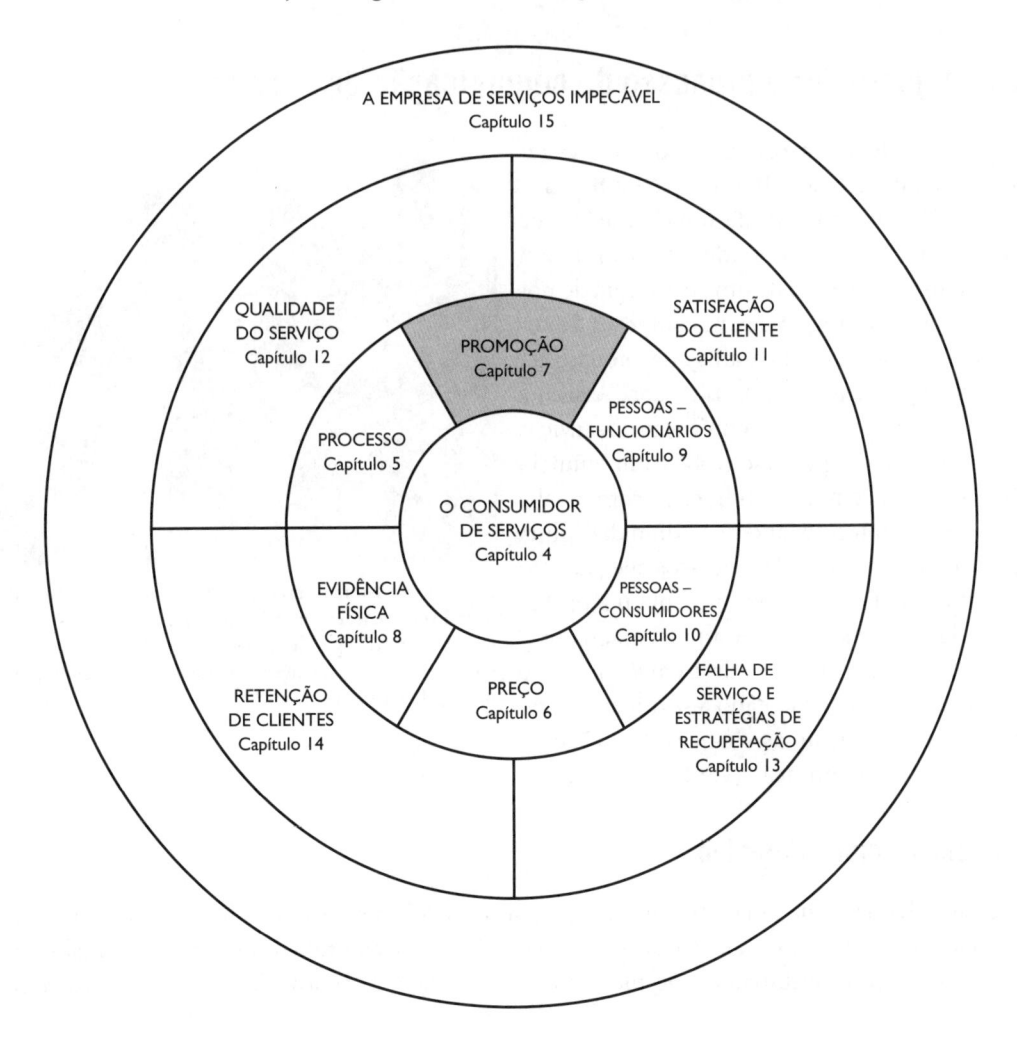

Usar mais de uma ferramenta de comunicação para comunicar a mesma mensagem (estratégia conhecida como *comunicações integradas de marketing*) ou utilizar qualquer ferramenta repetidamente aumenta as chances de os clientes existentes e potenciais serem expostos à mensagem da empresa, associá-la com a empresa e lembrar-se dela. Ao reforçar a mensagem, a empresa pode garantir que os clientes existentes e potenciais se tornem mais conscientes do "que" a empresa é e daquilo que tem a oferecer. Muitas vezes, o composto de comunicação da empresa estabelece as bases para contato posterior com potenciais consumidores, tornando o diálogo mais fácil para o prestador de serviços e mais confortável para os consumidores.

```
Selecionar mercados-alvo
         ||
Estabelecer os objetivos de comunicação
         ||
Definir o orçamento da comunicação
         ||
Formular a estratégia de posicionamento
         ||
Estabelecer as estratégias de mensagem e mídia
         ||
Monitorar, avaliar e controlar a estratégia de comunicação
```

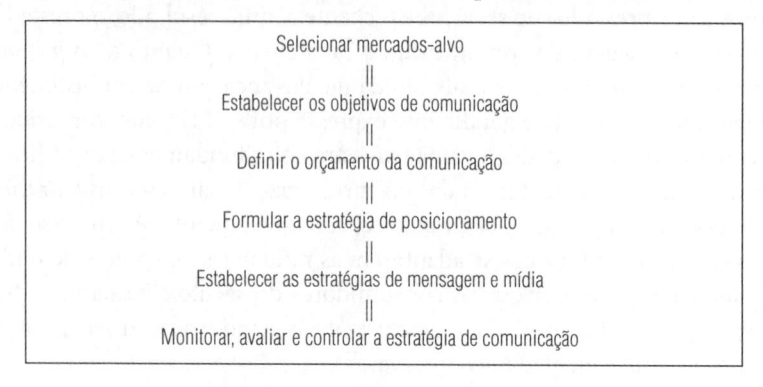

FIGURA 7.1 Como gerenciar a estratégia de comunicação de serviços

Como gerenciar o processo de comunicação de serviços

O processo de desenvolvimento de uma estratégia de comunicação robusta se parece bastante com o desenvolvimento de uma estratégia de marketing eficaz, ou seja, identificação de um mercado-alvo, seleção de uma estratégia de posicionamento e criação de um composto de comunicação para o público-alvo que reforça a estratégia de posicionamento desejada. Assim, a gestão do composto de comunicação de serviços é muito mais do que desenvolver um anúncio promocional, comprar um horário comercial e ver o que acontece. Marketing como disciplina consiste em uma série de processos que, quando utilizados de forma eficaz, aumentam a probabilidade de sucesso. Da mesma forma, os profissionais de serviços que aderirem ao processo de comunicação apresentado a seguir aumentarão substancialmente as chances de atingir os objetivos de comunicação (ver Figura 7.1).

As mulheres são mais propensas a ligar para um advogado quando ocorrem acidentes de automóvel com vítimas. Como resultado, a propaganda jurídica referente a danos pessoais resultantes de um acidente de automóvel devem ser dirigidas principalmente a elas.

Selecionar mercados-alvo

O desenvolvimento de uma estratégia de comunicação deve seguir um padrão comum com base naquilo que a empresa produz: bens ou serviços. Primeiro, a empresa de serviços deve analisar as necessidades dos consumidores no mercado e, em seguida, categorizá-los com necessidades semelhantes em segmentos de mercado. Cada segmento de mercado deve, então, ser considerado com base no lucro e potencial de crescimento e na compatibilidade do segmento com recursos e objetivos organizacionais da empresa. Segmentos que se tornam o foco dos esforços de marketing da empresa compõem o **mercado-alvo**.

> **mercado-alvo** Refere-se ao segmento de mercado que se torna o foco dos esforços de marketing de uma empresa.

Se você não gosta particularmente da forma como os advogados aparecem em anúncios de televisão nos Estados Unidos, onde a propaganda de serviços jurídicos é permitida, provavelmente há uma boa razão: você não faz parte do mercado-alvo. De acordo com Greg Norton, vice-presidente da Rainmaker Marketing, localizada em Wilmington, na Carolina do Norte, "mais da metade dos advogados que anunciam na televisão em todo o país estão enviando a mensagem errada para a audiência errada.[1] Em todo o país, os advogados que anunciam estão se afastando das pessoas que desejam atingir". A Rainmaker Marketing oferece serviços a clientes jurídicos, a fim de evitar que eles cometam os mesmos erros.

A pergunta que surge é: Quem responde aos anúncios de advogados veiculados na televisão nos Estados Unidos? Os resultados são surpreendentes. Por exemplo, uma pesquisa constatou que, em 60% a 70% das vezes, as mulheres fazem as chamadas iniciais aos advogados para acidentes de automóveis envolvendo vítimas (independente de se tratar de homem ou mulher). Claramente, os anúncios de advogados devem ser criados para falar com este público feminino, e a mensagem deve ser "confiança". As mulheres estão à procura de um relacionamento baseado na confiança ao selecionarem um advogado.

Em geral, quem responde à propaganda de um advogado são trabalhadores com idade entre 21 e 54 anos, cuja escolaridade varia do ensino fundamental ao médio. Os mais jovens tendem a ser assalariados com famílias e crianças pequenas. Esse público-alvo assiste bastante à televisão e obtém 90% da informação por este meio. As mulheres tendem a responder de imediato à propaganda de advogados na parte da manhã; entretanto, só ligarão no período da tarde, depois de seus programas de televisão favoritos terminarem.

Estabelecer os objetivos de comunicação

Em uma perspectiva mais ampla, os objetivos de comunicação da empresa de serviços buscam *informar*, *persuadir* e *lembrar* os clientes atuais e potenciais sobre ofertas de serviços da empresa. Além disso, os objetivos do composto de comunicação de uma empresa muitas vezes se relacionam diretamente ao estágio da oferta de serviços no seu ciclo de vida do produto (CVP) (ver Figura 7.2). Em geral, os principais objetivos de comunicação, nas fases de introdução e crescimento do CVP, devem informar o cliente. Comunicações informativas introduzem a oferta de serviços e criam conscientização de marca, também incentivam a experimentação e, muitas vezes, preparam o caminho para esforços de vendas pessoais a serem realizados posteriormente.

À medida que os prestadores de serviços profissionais lentamente começam a se comunicar com o mercado, os objetivos de comunicação informativos tendem a ser o primeiro passo. As comunicações informativas tendem a ser menos intrusivas do que outras formas de comunicação, e, em muitos aspectos, a informação transmitida fornece um tipo de serviço público aos consumidores, que de outra forma poderiam não ter conhecimento da gama de serviços disponíveis. Serviços jurídicos e médicos que fazem campanhas de comunicação são exemplos típicos. Embora muitas pessoas debochem dos anúncios que os advogados norte-americanos colocam nas linhas aéreas, essa propaganda cumpre o objetivo. Em geral, as pessoas que contatam esses serviços são de baixa renda, têm pouca escolaridade e admitem que, não fosse pelos anúncios, não saberiam a quem apelar.[2]

ESTÁGIO DO CICLO DE VIDA DO PRODUTO	OBJETIVO DE COMUNICAÇÃO	TÁTICAS DE COMUNICAÇÃO
Introdução	Informativo	Introduzir a oferta de serviços. Criar consciência de marca. Preparar o caminho para esforços de vendas pessoais. Incentivar a experimentação.
Crescimento e maturidade	Informativo e persuasivo	Criar uma atitude positiva em relação às ofertas dos concorrentes. Provocar uma ação de compra imediata. Melhorar a imagem da empresa.
Maturidade e declínio	Persuasivo e de lembrança	Incentivar compras repetidas. Fornecer contato permanente. Expressar gratidão à base de clientes existente. Confirmar as decisões de compra do passado.

FIGURA 7.2 Estágios do ciclo de vida do produto e objetivos de comunicação

Durante os estágios de crescimento e maturidade do CVP, os objetivos de comunicação tendem a ser orientados ao conteúdo informativo e persuasivo. Os objetivos, durante esse estágio, incluem: *criar uma atitude positiva* em relação à oferta de serviços comparada com as opções dos concorrentes, *provocar uma ação de compra imediata* e *reforçar a imagem da empresa*. As empresas de serviços profissionais muitas vezes desencorajam o uso de propaganda persuasiva, uma vez que este recurso frequentemente coloca um profissional da organização contra outro. Por exemplo, é difícil imaginar que um médico se compararia a outro reivindicando que um é melhor que outro. Em geral, as empresas de serviços profissionais acreditam que os profissionais que fazem comunicação persuasiva, em última análise, banalizam a imagem de toda a indústria. Como resultado, as mensagens promocionais, principalmente aquelas vistas como um método de promoção mais aceitável e de bom gosto, são as baseadas em informações. Quando abordagens persuasivas são realizadas em serviços, geralmente são menos pessoais e de natureza mais genérica. Por exemplo, uma empresa de serviços pode afirmar ter mais experiência ou que está no negócio há mais tempo que os concorrentes (sem mencionar seus nomes).

"Estou te dando 10 mil bolas de golfe com o logotipo da minha empresa nelas. Como você vai perder todas, isso vai ser uma boa propaganda."

Uma vez que muitos prestadores de serviços possuem pequenas empresas com recursos limitados, explorar abordagens alternativas para tornar sua marca conhecida é muito importante.

Durante os estágios de maturidade e declínio do CVP, os objetivos de comunicação tendem a utilizar comunicações persuasivas e de lembrança. Nesses estágios, a comunicação tem os seguintes objetivos: influenciar os clientes existentes a comprar novamente; proporcionar contato permanente com os clientes existentes, a fim de lembrá-los de que a empresa valoriza o relacionamento estabelecido; e confirmar as decisões de compra passadas dos clientes, de modo a minimizar os níveis de dissonância cognitiva. Como acontece nas comunicações informativas, as comunicações de lembrança tendem a ser menos intrusivas e mais aceitáveis para serviços profissionais do que as persuasivas.

Por último, as categorias de objetivos informativos, persuasivos e de lembrança são utilizadas para atingir objetivos estratégicos adicionais, como *aumento nas vendas, mudanças positivas nas atitudes dos consumidores* e *aumento da consciência do consumidor* da empresa e de suas ofertas. Além disso, cada objetivo deve ser expresso em termos da sigla **SMART**:

> **SMART** A definição dos objetivos deve obedecer à sigla SMART, ou seja, os objetivos devem ser eSpecíficos, Mensuráveis, Alcançáveis, Relevantes e com limite de Tempo.

- **E**Specíficos – devem ser estabelecidos de forma específica (por exemplo, vendas, reconhecimento etc.), em oposição a expressões vagas (vamos fazer um bom trabalho este ano).
- **M**ensuráveis – devem ser expressos em termos quantitativos, para que possam ser medidos (por exemplo, o objetivo é aumentar as vendas em 10%).
- **A**lcançáveis – devem ser realistas e possíveis. Objetivos irrealistas nunca serão alcançados e poderão desencorajar, em vez de incentivar os funcionários.
- **R**elevantes –devem ser relevantes para as pessoas envolvidas. O pessoal de supervisão deve realizar os objetivos de nível gerencial, enquanto o pessoal do departamento deve realizar os objetivos de nível operacional.
- Com limite de **T**empo – devem ter um prazo específico para que possam ser atingidos (por exemplo, seis meses, um ano etc.).

Definir o orçamento da comunicação

Depois da seleção do mercado-alvo e do estabelecimento dos objetivos de comunicação, o orçamento de comunicação precisa ser definido. Em geral, as técnicas de definição de orçamento são estudadas na maioria dos cursos introdutórios de marketing e incluem as seguintes abordagens: *top-down, bottom-up, bottom-up/top-down* e *top-down/bottom-up*. Existem outras técnicas de definição de orçamento que se aplicam mais a pequenas empresas de serviços, como *porcentagem de vendas, incremental, o que se pode pagar, paridade competitiva* e o *método de objetivo-tarefa*.[3] Para uma revisão, a Figura 7.3 fornece uma breve descrição de cada técnica.

TÉCNICA DE DEFINIÇÃO DE ORÇAMENTO	DESCRIÇÃO
Top-down	O orçamento é definido pela alta gerência.
Bottom-up	O orçamento é definido pelo nível de produto ou pelo gerente de marca.
Bottom-up/top-down	O orçamento é definido pelo nível de produto ou gerente de marca, e, em seguida, revisto pela alta gerência.
Top-down/bottom-up	O orçamento é definido pela alta gerência, e, posteriormente, revisto pelo nível de produto ou pelo gerente de marca.
Porcentagem de vendas	O orçamento é definido com base em uma porcentagem de vendas do ano anterior.
Incremental	O orçamento é aumentado por uma porcentagem fixa a cada ano.
O que se pode pagar	O orçamento é definido com base no que sobra depois que a empresa paga as despesas operacionais e aufere os lucros planejados.
Paridade competitiva	O orçamento é definido com base nos gastos promocionais da concorrência.
Método de objetivo-tarefa	O orçamento é definido com base na quantidade necessária para atingir os objetivos de comunicação estabelecidos.

FIGURA 7.3 Visão geral das técnicas de definição de orçamentos para a estratégia de comunicação

Idealmente, o orçamento de comunicação deve fornecer os recursos necessários para a empresa de serviços atingir os objetivos de comunicação estabelecidos. Em outras palavras, os objetivos de comunicação da empresa devem guiar o orçamento. No entanto, uma revisão rápida da maioria dessas técnicas demonstra que, muitas vezes, o orçamento é responsável por determinar quais objetivos podem ser alcançados, e não o contrário, ou seja, limitar o orçamento pode impedir a empresa de atingir objetivos de comunicação. De acordo com a citação de abertura deste capítulo, "A empresa que se considera imune à necessidade de propaganda [de comunicações], cedo ou tarde se verá imune aos negócios".

Formular a estratégia de posicionamento da empresa de serviços

Na gestão do processo de comunicação de serviços, o passo seguinte é formular a estratégia de posicionamento da empresa. Uma **estratégia de posicionamento** de sucesso comunica aos clientes como a empresa de serviços distingue-se de alternativas concorrentes. A Starbucks, por exemplo, se posiciona como um fornecedor socialmente responsável de café (ver "Sustentabilidade e serviços *em ação*").

> **estratégia de posicionamento** Refere-se à visão que os consumidores têm da empresa em relação aos concorrentes. O foco dessa estratégia está na vantagem diferencial da empresa.

Outro exemplo típico de estratégias de posicionamento utilizadas por empresas de bens e serviços está relacionado às diferenciações de produto, imagem, pessoal e serviço (ver Figura 7.4 para detalhes adicionais). Apesar dos melhores esforços de uma empresa para comunicar o posicionamento desejado, em última análise, é o cliente quem define a estratégia mais adequada. Um posicionamento eficiente é mais importante para as empresas de serviços, em que a intangibilidade ofusca a capacidade do consumidor de diferenciar as ofertas de serviços. Por exemplo, um dos desafios enfrentados pelos profissionais de marketing de serviços internacionais é desenvolver campanhas promocionais que atendam às necessidades dos clientes locais. A fim de personalizar o plano promocional para o mercado internacional, o profissional de marketing internacional deve considerar questões relacionadas ao posicionamento e ao texto da propaganda. As adaptações de posicionamento mais importantes geralmente são baseadas em com-

DIFERENCIAÇÃO DE PRODUTO	DIFERENCIAÇÃO DE PESSOAL
Características	Competência
Desempenho	Cortesia
Conformidade	Credibilidade
Durabilidade	Confiabilidade
Confiabilidade	Presteza
Reparabilidade	Estilo de comunicação
Design (integra todos acima)	
DIFERENCIAÇÃO DE IMAGEM	**DIFERENCIAÇÃO DE SERVIÇOS**
Símbolos	Entrega (rapidez, precisão)
Mídia impressa e audiovisual	Instalação
Atmosfera	Treinamento de clientes
Eventos	Serviços de consultoria
	Serviços de reparos
	Serviços diversos

Fonte: Adaptada de Philip Kotler. *Marketing Management:* Analysis, Planning, Implementation, and Control. 9. ed. Englewood Cliffs, NJ: Prentice-Hall, 1997, p. 283. Impressa e eletronicamente reproduzida com permissão de Pearson Education, Inc., Upper Saddle River, Nova Jersey.

FIGURA 7.4 Abordagens de diferenciação para um posicionamento eficaz

SUSTENTABILIDADE E SERVIÇOS *EM AÇÃO*

Promoção sutil da Starbucks sobre a missão ambiental da empresa

A maioria da população mundial está bem ciente da posição dominante no varejo da Starbucks como fornecedora de café, mas uma parcela muito menor do mercado tem conhecimento sobre as práticas de negócios ecologicamente corretas da empresa. Embora a Starbucks não esconda de forma deliberada os esforços ambientais, não se vangloria abertamente tanto quanto poderia sobre as inúmeras iniciativas realizadas. Quanto menos a empresa usar abertamente as práticas ecoeficientes em comunicações de marketing para atrair novos clientes, maior será a credibilidade dos seus esforços de responsabilidade social e sustentabilidade.

Para entender melhor os esforços notáveis da Starbucks, os clientes devem buscar informações no item "Sobre nós" do *site* da empresa, que não possui um atalho na página de abertura. Por exemplo, além da declaração de missão corporativa, o compromisso da Starbucks com práticas de negócios sustentáveis é demonstrado em uma declaração de missão ambiental separada.

Missão ambiental da Starbucks

A Starbucks está empenhada em um papel de liderança ambiental em todas as vertentes do nosso negócio. Cumprimos esta missão por meio de um compromisso baseado nos seguintes fatores:

Compreensão das questões ambientais e compartilhamento de informações com nossos parceiros.
Desenvolvimento de soluções inovadoras e flexíveis para incentivar a mudança.
Esforço para comprar, vender e utilizar produtos ecológicos.
Reconhecimento de que a responsabilidade fiscal é essencial para nosso futuro ambiental.
Incorporação da responsabilidade ambiental como um valor corporativo.
Mensuração e monitoramento de nosso progresso em cada projeto.
Criação de mecanismos para incentivar todos os parceiros a partilhar nossa missão.

Assim, a Starbucks tenta, de forma ativa, minimizar seu impacto ambiental e criar oportunidades de negócios sustentáveis em uma variedade de formas. A empresa adotou diretrizes para comprar produtos ecológicos de empresas que compartilham da mesma preocupação com o meio ambiente. Nas compras de papel, a empresa adquire materiais que contenham tinta sem chumbo, implanta, sempre que possível, sistemas de administração sem papel, usa o mínimo possível de embalagens, recicla os materiais pós-consumo, recicla as borras de café e as transforma em adubo, incorpora práticas de conservação de energia nas lojas e fábricas, voluntariamente controla e reduz as emissões de gases de efeito estufa e treina os funcionários sobre o compromisso da Starbucks com a preservação do meio ambiente frequentemente. Além disso, por meio da iniciativa "compromisso com as origens", a empresa contribui ativamente para que "os produtores, suas famílias, as comunidades e o meio natural possam promover um modelo social, ecológico e econômico sustentável para a produção e comércio de café".

Fontes:
1. http://www.starbucks.com/mission/. Acesso em: 15 out. 2009.
2. http://www.starbucks.com/aboutus/gr.asp. Acesso em: 15 out. 2009.

portamentos, gostos, atitudes e tradições locais, aspectos que refletem a necessidade do profissional de marketing de buscar a aprovação dos clientes. O serviço em si pode não mudar muito, apenas seu posicionamento precisar ser ajustado. Um hotel da empresa Marriott, por exemplo, pode ser posicionado como um refúgio de final de semana para adultos em determinado país, entretanto, pode enfatizar valores familiares em sua estratégia de comunicação quando instalado em um país mais conservador.

Frequentemente, em apoio à estratégia de posicionamento da empresa de serviços, o **texto** do composto de comunicação precisa ser ajustado para atrair o cliente internacional. Embora algumas comunicações possam compartilhar elementos gráficos, o texto do anúncio deve ser

texto Refere-se ao conteúdo da mensagem de comunicação da empresa

adaptado para a cultura local. A empresa Marriott utilizava anúncios semelhantes para alcançar o viajante a negócios nos Estados Unidos, na Arábia Saudita, na América Latina e na Europa. No entanto, o texto foi modificado com base nas necessidades do consumidor local. Embora o tema comum – "Quando você está confortável, pode fazer qualquer coisa" – seja utilizado em todo o mundo, as adaptações locais variam. Por exemplo, a versão latina destaca o conforto, enquanto a alemã está focada em resultados.

Da mesma forma, os anúncios de hotéis em países como a Arábia Saudita precisam ser sensíveis aos padrões morais locais. Embora uma abordagem global possa ser usada, o texto e as imagens utilizados na comunicação podem exigir alguns ajustes. Por exemplo, se um anúncio ocidental da Marriott mostra um homem e uma mulher abraçando-se com os braços despidos visíveis, esta versão deve ser ajustada para a Arábia Saudita. Neste caso, o homem deve vestir um terno escuro que cubra todo o braço, e a mão da mulher deve estar levemente encostada na mão dele. As comunicações de serviços internacionais devem ser cuidadosamente posicionadas para atender às necessidades e expectativas dos mercados locais.

Com o uso eficaz de sua campanha "Damas e Cavalheiros atendendo Damas e Cavalheiros", o Ritz Carlton posicionou-se com sucesso como o hotel preferido de clientes afluentes e prestadores de serviços profissionais.

Estabelecer as estratégias de mensagem e mídia

Após o desenvolvimento da estratégia de posicionamento da empresa de serviços, o conteúdo da mensagem deve ser criado para transmiti-la aos clientes atuais e potenciais. Por exemplo, o Ritz Carlton posiciona-se de forma eficaz como um fornecedor de hospitalidade de alto nível por meio do lema "Somos damas e cavalheiros atendendo damas e cavalheiros".[4] Este é um exemplo clássico do uso de diferenciação pessoal como uma estratégia de posicionamento. Além da criação do conteúdo, a mensagem também precisa ser transmitida aos clientes por meio de estratégias de mídia eficazes. A eficácia das estratégias de mídia varia se a mensagem é direcionada a usuários ou não usuários.

Estratégias de mídia direcionadas a não usuários Se o objetivo é atingir os consumidores não usuários do serviço, então a escolha do canal de comunicação é limitada a propaganda de mídia, vendas realizadas por uma força de vendas, e não por um prestador de serviços, relações públicas e patrocínios.

Uma forma de distribuir as tarefas entre os canais de comunicações é considerar o grau em que a mensagem pode ser dirigida a públicos específicos. A própria propaganda de mídia varia ao longo dessa dimensão. Na transmissão, a propaganda televisiva pode chegar a um público muito vasto, mas não é seletiva, exceto na consideração de audiências dos canais por horário. Por exemplo, com base em estatísticas de acidentes automobilísticos, de 50% a 60% de todos os acidentes causadores de lesões ocorrem entre sexta-feira de manhã e domingo à meia-noite. Dois terços das lesões começam a mostrar sintomas de 24 a 72 horas após o acidente. Consequentemente, o horário nobre para a propaganda de advogados começa na segunda-feira e se estende até a tarde de quarta-feira.[5]

Em comparação, jornais e revistas oferecem um foco mais seletivo, já que tendem a ser orientados para segmentos mais específicos de consumidores. As revistas comerciais são ainda mais específicas em termos de leitores. A mala direta é o mais focado dos meios de comunicação impessoal. Finalmente, a escolha entre esses meios deve basear-se no custo por mil componentes do público-alvo e no risco e custo de alcançar os segmentos errados.

Quando o prestador de serviços tem um público definido de forma ampla, e pouco a perder se atingir os segmentos errados, a propaganda televisiva pode funcionar como o veículo mais barato em termos de custo por indivíduo. No entanto, a televisão e outros meios de comunicação de massa nem sempre são eficientes para um serviço especializado, como um restaurante sofisticado com um público-alvo bem definido, e um alto custo associado à atração do segmento errado.

As iniciativas de relações públicas e a publicidade podem ser amplas ou altamente focadas, dependendo de como são usadas. Comentários editoriais podem ser solicitados em mídia ampla ou restrita. Relações públicas trazem consigo as vantagens e desvantagens de não serem anúncios pagos. Do lado positivo, recebem mais crédito do consumidor, e, do lado negativo, são muito mais difíceis de controlar. A cobertura pode ser limitada e o conteúdo não pode ser projetado.

Tanto a propaganda de mídia como relações públicas e publicidade são formas unidirecionais de comunicação. Elas não podem responder aos pedidos de informação dos consumidores nem adaptar a mensagem às características específicas do receptor. O telemarketing ou a comunicação pessoal é muito mais cara por indivíduo do público-alvo, mas oferece a flexibilidade de alterar a mensagem durante a apresentação. Se a mensagem é difícil de comunicar ou há necessidade de uma grande dose de persuasão, a comunicação pessoal pode ser mais apropriada. A força de vendas pode ser direcionada e treinada para apresentar argumentos complexos de forma interativa, respondendo às contribuições dos consumidores durante o processo.

Estratégias de mídias direcionadas a usuários Os usuários podem ser alcançados por todos os canais já mencionados, e, ainda, por comunicações dos próprios prestadores de serviços. Claramente, o papel do fornecedor de serviços apresenta varias facetas. Diferentes prestadores são solicitados a desempenhar diferentes funções de comunicação. Assim, os fornecedores e as funções podem ser classificados nos seguintes tipos de pessoal de serviço:[6]

O **pessoal de serviço do tipo 1** é necessário para lidar com os clientes de forma rápida e eficaz em encontros de serviços baseados em transações "únicas", em que um grande número de clientes está presente. As interações consistem em informações simples e respostas limitadas às solicitações dos clientes. Uma comunicação eficaz requer a capacidade de estabelecer relacionamentos com clientes muito rapidamente, lidar de modo eficiente com os problemas deles e transmitir mensagens curtas e rápidas, que os clientes possam facilmente compreender. Exemplos típicos incluem o pessoal da linha de frente em restaurantes *fast-food* ou lavanderias e representantes de pacientes, cujo trabalho é a obtenção e o processamento de informações do seguro-saúde.

> **pessoal de serviço do tipo 1** Pessoal de serviço necessário para lidar com os clientes de forma rápida e eficaz em situações "únicas", em que um grande número de clientes está presente.

O **pessoal de serviço do tipo 2** lida com numerosos clientes, e, com frequência, repetidas vezes, em interações restritas de duração relativamente mais longa. As informações fornecidas são mistas, em parte simples, em parte mais complexas, e requerem alguma tomada de decisão independente por parte do funcionário da empresa. Nesta categoria, a comunicação exige habilidades para escutar, estabelecer a confiança, interpretar as informações do cliente e tomar decisões em relação aos clientes.

> **pessoal de serviço do tipo 2** Pessoal de serviço que lida com numerosos clientes e, com frequência, repetidas vezes, em interações restritas de duração relativamente mais longa.

As comunicações são, em geral, mais intensas do que em situações do tipo 1. Exemplos típicos incluem relacionamentos com fornecedores ou clientes, como um cliente que regularmente solicita arranjos florais de um florista, o cliente fiel de uma costureira/alfaiate ou um garçom efetivo em um bom restaurante.

O **pessoal de serviço do tipo 3** precisa de habilidades de comunicação mais complexas. As interações com os consumidores são repetidas ao longo do tempo, sendo que um extenso fluxo de comunicação é necessário, e as tarefas de comunicação são complicadas e muitas vezes não repetidas. Uma comunicação eficaz requer as capacidades de ouvir e processar informações complexas, pensar criativamente em interações pessoais com os consumidores e fornecer informações de forma clara e compreensível. Exemplos típicos incluem os funcionários que podem ser qualificados como profissionais.

> **pessoal de serviço do tipo 3** Pessoal de serviço que precisa ter habilidades de comunicação mais desenvolvidas por causa das interações mais longas e complexas com os clientes.

Qualquer empresa de serviços pode ter funcionários em uma, duas ou todas as três categorias mencionadas. Assim, um banco pode ter contadores realizando comunicações do tipo 1, um agente de empréstimos praticando o tipo 2 e outro agente de empréstimos comercial no tipo 3. Uma empresa de viagens pode ter um agente envolvido em comunicações do tipo 2 (ao emitir passagens e organizar reservas) e do tipo 3 (ao planejar viagens), e uma recepcionista lidando com comunicações do tipo 1.

Cada tipo de comunicação requer um conjunto diferente de habilidades dos prestadores e acarreta diferentes níveis de estresse sobre eles. É importante que o papel de comunicações correto seja atribuído à pessoa certa dentro da organização. O tipo 1 é predominantemente uma função de operações, enquanto o tipo 3 é um papel misto de vendas e operações.

Quando um composto de comunicação que inclui o prestador de serviços é desenvolvido, os objetivos finais para a equipe devem estar de acordo com uma das categorias mencionadas. No entanto, é importante lembrar a posição do funcionário que presta o serviço. O prestador de serviços não é simplesmente um vendedor, é uma parte integrante do processo de operações e da experiência adquirida pelo cliente. Uma decisão aparentemente simples, como ter um caixa de banco vendendo serviços, pode ter consequências muito negativas. Tal decisão pode produzir um conflito de papéis para o caixa. Neste caso, o conflito pode ocorrer pelo fato de os caixas não quererem se ver como vendedores, mas como bancários. O conflito direto entre os dois papéis pode surgir quando a função de operações exige um serviço rápido e a minimização do tempo gasto com cada cliente, mas o papel de vendas exige o oposto. Além disso, o roteiro pode não funcionar tanto para o prestador de serviços como para o cliente quando o caixa tenta fazer algo novo. O cliente pode estar esperando uma transação rápida e eficiente quando, de repente, o caixa quer construir um relacionamento falando sobre o tempo e eventos esportivos locais (antes de iniciar a venda).

Potencialmente, essa decisão também pode diminuir a eficiência operacional à medida que o tempo de transação por cliente aumenta. Este problema é ilustrado pelas experiências da FedEx antes de centralizar seu sistema de contato telefônico com o cliente. Em momentos de pico de demanda, especialmente quando isso ocorria de forma imprevisível, todos, nos depósitos FedEx, atendiam os telefones, incluindo os vendedores de campo responsáveis pelos depósitos. Como resultado, muitos funcionários do depósito tiveram que mudar a comunicação de serviço do tipo 1 para o 3. Além disso, era necessário muito mais tempo para que os funcionários pudessem concluir as chamadas, o que acarretou na piora do gargalo do telefone.

Monitorar, avaliar e controlar a estratégia de comunicação

Uma vez que a estratégia de comunicação da empresa tenha sido lançada, os gestores devem monitorar as reações a ela, avaliar a eficácia e fazer ajustes quando necessário. Em geral, a avaliação da estratégia de comunicação é conduzida por meio da comparação dos resultados de comunicação com os objetivos previamente estabelecidos. Por exemplo, se o objetivo declarado da estratégia de comunicação é aumentar a conscientização do cliente em 20% nas primeiras quatro semanas da campanha, pesquisas de pré e pós-teste relativas a níveis de consciência podem auxiliar na verificação do sucesso da estratégia. Note-se que as estratégias de comunicação eficazes nem sempre levam a aumentos imediatos em vendas. Muitas comunicações de serviço são caracterizadas por um **efeito de defasagem**, em que a procura por muitos tipos de serviços é pouco frequente, e, por conseguinte, o sucesso da campanha pode demorar para ser notado. Por exemplo, muitos pacientes só veem o dentista uma ou duas vezes ao ano ou vão ao médico uma vez por ano para um exame físico. Os clientes podem procurar o agente de seguros ou um consultor financeiro com ainda menos frequência. No entanto, mesmo que as vendas não aumentem imediatamente como resultado da estratégia de comunicação, as comunicações com frequência aumentam a conscientização do cliente e facilitam a formação de atitudes positivas em relação ao prestador de serviços. Assim, se o cliente buscar um novo prestador de serviços ou mesmo novos serviços no futuro, a eficácia em vendas da estratégia de comunicação torna-se realidade.

> **efeito de defasagem** Ocorre quando a demanda para o serviço é pouco frequente e, por isso, o sucesso da estratégia de comunicação pode demorar para ser notado.

Desafios especiais associados à estratégia de comunicação de serviços[7]

Conforme mencionado, o marketing de serviços é único. Portanto, o desenvolvimento de uma estratégia de comunicação de serviços eficaz deve considerar uma série de desafios especiais geralmente não enfrentados por empresas produtoras de bens. Mais especificamente, as características de intangibilidade e a inseparabilidade apresentam desafios especiais que devem ser considerados quando se desenvolve uma estratégia de comunicação. Em primeiro lugar, já que os serviços são muitas vezes consumidos como uma experiência compartilhada com "outros clientes", as *comunicações com erro de mercado-alvo* podem resultar em consequências imprevistas, como haver dois mercados-alvo diferentes que responderam à mesma comunicação e ao mesmo tempo. Em segundo lugar, os gerentes de serviços também devem estar cientes de que as comunicações da empresa são muitas vezes interpretadas como *promessas explícitas de serviços* que os consumidores usam para embasar suas expectativas iniciais. Como resultado, as empresas de serviços devem estar prontas para entregar o que é comunicado nas mensagens promocionais. Em terceiro lugar, como os funcionários muitas vezes produzem o serviço em proximidade com os clientes, eles devem ser considerados *clientes internos*, ou seja, um público-alvo como os clientes externos tradicionais. Finalmente, em muitos casos, como os prestadores de serviços que produzem o serviço também devem vendê-lo, surgem questões sobre as implicações estratégicas de *transformar prestadores em vendedores*. Por um lado, quando o prestador de serviços está envolvido em atividades de venda, a produção do próprio serviço pode se tornar um impasse. Por outro lado, quando o prestador de serviços está ocupado produzindo serviços, os futuros clientes não serão atingidos, o que poderá ameaçar o sucesso de longo prazo da operação de serviço executado sem interrupção. Isto, em última análise, leva à seguinte pergunta: "Como os prestadores de serviços devem equilibrar as atividades de vendas e operações?".

Comunicações com erro de alvo

Segmentação é um dos conceitos básicos de marketing. Em essência, ela sugere que a eficiência do marketing de uma empresa pode ser melhorada por meio de atividades de marketing focadas em grupos específicos de consumidores que se comportam de forma diferente em relação à empresa. Embora a segmentação seja aplicada tanto às empresas de bens como àquelas que prestam serviços, as consequências de atingir um segmento inadequado a uma parte do composto de comunicação são muito mais graves em serviços. Por exemplo, se um grupo errado de consumidores compra uma determinada marca de detergente, isto não afeta a empresa produtora de detergente. Ou, ainda, quando um produto foi desenvolvido para o mercado jovem, mas, por alguma peculiaridade da execução da propaganda, tem atraído alguns idosos. Como exemplo prático: em um dos anúncios da Pepsi, a empresa retratou os efeitos juvenis do refrigerante quando foi entregue, por engano, na casa de um senhor, e não em uma entidade estudantil. Os cidadãos idosos podem interpretar o anúncio da seguinte maneira: ao consumirem o refrigerante, eles se sentirão jovens de novo. Claramente, esta não era a intenção original da Pepsi, cujo alvo é uma geração mais jovem. O grupo que interpretou de forma equivocada a mensagem vai ao supermercado, compra o produto e o consome em casa, e, assim, as consequências negativas associadas ao uso do produto pelo segmento dos idosos são pequenas.

Suponha, no entanto, que alguns dos segmentos errados decidam comprar os serviços de um restaurante. Um conceito de luxo foi desenvolvido, mas, para lançar o restaurante, a gestão decide que haverá uma promoção de preço. Entretanto, a agência de propaganda cria um anúncio inadequado. Suponha ainda que, por causa de erros na gestão, a propaganda produza artigos de destaque nas revistas erradas. Como resultado desses equívocos, o restaurante recebe dois tipos de cliente: sofisticados casais de meia-idade e grupos de estudantes sensíveis ao preço. Os primeiros eram o alvo original, e os últimos foram atraídos pelas decisões de marketing inadequadas. Infelizmente, para o restaurante e muitos outros serviços, os "outros clientes" são uma parte do produto. Neste caso, nenhum dos segmentos desfruta da experiência por causa da presença do outro, e nenhum tipo de cliente retorna. Assim, por causa da experiência compartilhada de consumo, as consequências de **comunicações com erro de alvo** para empresas de serviços são claramente mais importantes do que as vivenciadas pelas empresas produtoras de bens tradicionais.

comunicações com erro de alvo Ocorrem quando a mesma mensagem de comunicação apela para dois segmentos de mercado distintos.

Como gerenciar expectativas e percepções[8]

A estratégia de comunicação da empresa de serviços pode desempenhar um papel fundamental na formulação de expectativas dos clientes sobre seus serviços. A comunicação da empresa pode tanto reforçar ideias preexistentes ou substituí-las por um novo conjunto de expectativas. Expectativas podem ser definidas como uma promessa explícita (por exemplo, "Sua comida estará pronta em cinco minutos") ou estar implícitas como um padrão de comportamento (por exemplo, uma saudação ao entrar no local de trabalho). Muitas vezes, essas expectativas são criadas involuntariamente, como quando um servidor promete "voltar logo". Tal afirmação pode ser vista por um cliente como um contrato ou como despedida pelo prestador do serviço.

Em adição às expectativas, a percepção também tem muitas fontes. A *qualidade do serviço técnico* é um objetivo de desempenho produzido pelo sistema operacional da empresa. É mensurável com um cronômetro, termômetro ou outro instrumento de medição. Infelizmente, este não é o nível de desempenho percebido pelo cliente. A percepção atua como um filtro que move o nível de serviço percebido para cima ou para baixo.

A percepção também é influenciada pelos mesmos fatores que determinam as expectativas. Por exemplo, as comunicações podem criar sentimentos positivos para com a organização que aumenta os níveis de serviços percebidos. Em comparação, funcionários vestidos inadequadamente e com mau comportamento podem entregar altos níveis de qualidade de serviço técnico, mas serão mal percebidos pelo consumidor, o que vai rebaixar o nível de serviço percebido.

Muitas fontes de expectativas estão sob o controle direto da empresa. Só a experiência passada e as atividades dos concorrentes não podem ser diretamente influenciadas. Com base neste controle, a empresa pode determinar os objetivos do composto de comunicação. Na ausência de competição, um possível objetivo de comunicação seria reduzir as expectativas dos clientes antes que estas se manifestem. As expectativas reduzidas resultariam em níveis de satisfação mais elevados, desde que os níveis de serviço percebido sejam mantidos. Na prática, as comunicações também devem desempenhar o papel mais tradicional de estimular a demanda. É incoerente pensar em alcançar este objetivo prometendo um serviço mediano, mesmo que isto possa minimizar as expectativas dos clientes (os poucos que usam o serviço!).

Em termos competitivos, as empresas fazem promessas e se esforçam para construir expectativas que irão diferenciá-las no mercado e estimular os clientes a procurá-las, e não os concorrentes. A tentação é, portanto, prometer demais e aumentar as expectativas para um nível inatingível. Por sorte, a variabilidade em serviços é conhecida pela maioria dos consumidores e, portanto, muitas das promessas feitas por empresas de serviços não são consideradas. No entanto, quando as promessas são levadas a sério, o resultado é, muitas vezes, a insatisfação dos clientes.

Propaganda para funcionários

O pessoal de empresas de serviços frequentemente compõe um público secundário em qualquer campanha de propaganda. Claramente, as comunicações do ponto de vista da equipe, caso simpatize com ela, podem ser altamente motivadoras. No entanto, se as comunicações são desenvolvidas sem uma compreensão clara da realidade do papel do fornecedor de serviços em sua prestação, isto pode implicar níveis de desempenho de serviços técnica ou burocraticamente impossíveis, ou seja, pode definir níveis de expectativas fora da realidade. Isto tem um efeito duplamente negativo sobre a equipe, pois (1) mostra que as pessoas que desenvolveram as comunicações (o departamento de marketing) não entendem o negócio, e (2) aumenta a perspectiva de que os clientes vão realmente esperar que o serviço opere desta forma e a equipe terá que informar que a realidade difere do nível de serviço retratado nas comunicações da empresa. Em ambos os casos haverá um impacto negativo sobre a motivação, o que irá, por sua vez, influenciar negativamente a satisfação do cliente.

Um exemplo clássico envolveu a American Airlines. A empresa desenvolveu um anúncio que mostrava uma aeromoça lendo uma história para uma criança durante o voo. Como resultado, havia a expectativa de que os comissários de bordo cuidassem dos filhos dos passageiros, e os comissários ficaram chateados com a implicação de que deveriam desempenhar a função de babás, além de todas as outras funções.

Para que as empresas de serviços possam ser bem-sucedidas, devem primeiro vender o serviço aos funcionários antes de vendê-lo ao cliente.[9] Durante anos, as comunicações da Southwest Airlines mostraram funcionários sorridentes, o que representou um grande passo no sentido de agradar ao cliente. Embora as comunicações fossem claramente orientadas para os clientes, também enviaram uma mensagem aos funcionários em relação ao comportamento apropriado. As comunicações de serviços não fornecem apenas um meio de comunicação com os clientes, mas também servem como um veículo para comunicar, motivar e educar os funcionários.[10]

Conflitos entre vendas e operações

Outra consideração exclusiva para o setor de serviços refere-se ao fato de que as pessoas que vendem o serviço são muitas vezes as mesmas que o prestam. Em muitos casos, o prestador de serviços está muito mais confortável prestando o serviço do que vendendo suas próprias habilidades. No entanto, em outros casos, os prestadores se tornam tão envolvidos nos aspectos de comunicação da empresa que não participam mais ativamente até o fim das operações do negócio (ver "Serviços globais *em ação*").

Há pelo menos dois conflitos associados com vendas e operações. Um deles está relacionado a aspectos econômicos. Em geral, os prestadores de serviços são remunerados pelo trabalho realizado, e não pelo tempo gasto em atividades de comunicação. É evidente que o prestador deve se envolver em atividades de marketing, a fim de gerar futuros clientes, mas o tempo gasto nelas não gera receitas para o fornecedor. Para complicar ainda mais, o tempo gasto em atividades de comunicação com novos clientes potenciais ocorre, muitas vezes, quando outra atividade ainda está em andamento. Isto significa que o tempo dedicado a atividades de comunicação deve ser considerado quando se estimam as datas de conclusão das atividades em andamento. Em geral, os esforços de comunicação da empresa devem ocorrer enquanto os serviços vendidos estão sendo processados, a fim de evitar períodos de paralisação entre os pedidos dos clientes.

Outro conflito refere-se à exata função dos prestadores de serviço. Muitos desses profissionais acreditam que as atividades de comunicação, como a venda pessoal, não se enquadram nas habilidades e atividades em que se especializaram. Consequentemente, eles se sentem desconfortáveis com atividades de comunicação. O campo da saúde, por exemplo, tem sido afetado por este problema. No entanto, o aumento da concorrência na área levou ao reconhecimento da necessidade de treinamento de marketing dirigido a especialistas técnicos. Muitas instituições de saúde, particularmente as boas, agora abraçam a importância dos esforços de comunicação da empresa.

Orientações específicas para o desenvolvimento de comunicações de serviços

Com base em uma revisão da literatura que examinou diretamente as especificidades de marketing de serviços, vários temas comuns emergiram para criar algumas diretrizes relativas ao desenvolvimento das comunicações de serviços. Ao longo dos anos, muitas dessas diretrizes foram desenvolvidas por empresas de serviços como soluções para os desafios criados pela intangibilidade, inseparabilidade, heterogeneidade e perecibilidade inerentes aos serviços.

Como desenvolver uma rede de comunicação boca a boca

Para reduzir o risco associado a uma compra, os consumidores de serviços muitas vezes dependem de fontes pessoais de informação (por exemplo, amigos, família, colegas de trabalho) mais do que de fontes não pessoais (por exemplo, mídia de massa). Dada a importância das fontes pessoais, as comunicações devem ser elaboradas para facilitar o desenvolvimento de uma rede de comunicação boca a boca. As comunicações que apresentam clientes satisfeitos e estratégias promocionais que incentivam os clientes atuais a recrutar os amigos são comuns. Outras estratégias de comunicação, como apresentações para comunidade e grupos profissionais e patrocínio de atividades profissionais e comunitárias também têm sido eficazes no estímulo da comunicação boca a boca. De muitas maneiras, os clientes e as empresas de serviços de hoje podem acessar e gerar mais fontes pessoais de informações pela internet, com *blogs*, redes sociais e *sites* de avaliação e opinião, como epinions.com e TripAdvisor.com. Os consumidores espertos usam essas fontes de informação para tomar decisões de compra mais bem informadas, e os prestadores de serviços, "tão espertos quanto os consumidores", estão aprendendo a usar os *sites* para direcionar o tráfego para suas empresas (ver "Serviços eletrônicos *em ação*").[11]

SERVIÇOS GLOBAIS *EM AÇÃO*

Abordagens de venda pessoal em todo o mundo

Em muitos casos, os prestadores de serviços, além de produzirem o serviço, devem também vendê-lo. Como se pode imaginar, alguns prestadores estão muito mais confortáveis no processo de vendas do que outros. Para complicar, à medida que a empresa passa a prestar serviços em mercados estrangeiros, diferenças sutis devem ser consideradas. Felizmente, a revista *Sales and Marketing Management* publica regularmente dicas de venda pessoais para quem realiza negócios no exterior. O quadro apresentado a seguir apresenta algumas das ideias mais interessantes.

PAÍS	IDEIA
Bélgica	Na região de língua flamenca da Bélgica, a tomada de decisão em grupo é mais comum. Por outro lado, na região de língua francesa, os executivos de alto nível tomam as decisões finais.
China	Os contratos são pensados para ser o ponto inicial de um relacionamento; portanto, há a expectativa de continuar as negociações após o contrato ter sido assinado.
Colômbia	Desenvolver um forte relacionamento pessoal e mantê-lo ao longo das negociações é a chave. Mudar o pessoal durante o processo de vendas provavelmente encerrará a negociação.
Alemanha	As apresentações de produtos devem ir direto ao ponto, mantendo as informações claras e simples (sem imagens chamativas). Como os tomadores de decisão alemães gostam de fatos e números, a apresentação de dados pertinentes é fundamental.
Índia	Por um lado, como o tempo tem pouco significado, quem agenda uma reunião precisa ser flexível. Por outro, por causa da hierarquia rígida, apenas os altos executivos tomam decisões importantes.
México	Desenvolver relações pessoais em reuniões que incluem café da manhã ou almoço é o procedimento típico. As decisões são muitas vezes baseadas no relacionamento pessoal, em oposição à experiência profissional do prestador de serviços.
Peru	Assim como seus colegas mexicanos e colombianos, a construção de um relacionamento pessoal forte antes da realização de negócios é crucial. Os peruanos também não gostam de mudanças no pessoal durante o processo de vendas.
Rússia	Os primeiros encontros são apenas uma formalidade, em que o cliente avalia a credibilidade global do prestador de serviços. O prestador deve ser especialmente simpático e amigável durante esta primeira reunião.
Escócia	Como os escoceses são reservados e falam de forma serena, muitas vezes leva-se tempo para construir um relacionamento com eles. As relações pessoais tornam-se mais amigáveis depois que se formam alguns laços.
Coreia do Sul	*Status* é tudo! Verifique se seu título aparece no cartão de visita e se o título de um representante da empresa é pelo menos tão alto quanto o do cliente. Fazer o contrário seria um insulto ao cliente sul-coreano.
Tailândia	Como os tailandeses não gostam de confrontos, os esforços de vendas pessoais não devem pressionar para o fechamento da negociação. Na cultura tailandesa, mostrar raiva é sinal de fraqueza.

Fontes:
1. www.salesandmarketing.com. Acesso em: 16 out. 2009.
2. Philip R. Cateora; Mary C. Gilly; John L. Graham. *International Marketing*. 14. ed. Boston: McGraw-Hill Irwin, 2009.

Prometa o que é possível

Basicamente, os clientes desenvolvem o próprio critério de satisfação quando comparam as expectativas que têm com as percepções obtidas do processo de prestação de serviço. Em tempos de crescentes pressões competitivas, as empresas podem ser tentadas a exagerar nas promessas quando elaboram as comunicações de marketing. Fazer promessas que a empresa não pode manter aumenta as expectativas dos clientes, e, depois, diminui sua satisfação quando as promessas não são cumpridas.

Dois problemas estão associados com o exagero nas promessas. Primeiro, como os clientes ficam desapontados, há uma perda significativa de confiança na empresa. Além disso, clientes desapontados certamente dividirão a experiência com outras pessoas, o que aumentará as consequências da experiência. O segundo problema afeta diretamente os funcionários da empresa de serviços. Trabalhar para empresas que rotineiramente fazem falsas promessas coloca os funcionários em posições comprometedoras, e, muitas vezes, em confronto com o cliente. O pessoal da linha de frente é obrigado a explicar várias vezes aos clientes que a empresa não pode cumprir as promessas feitas. Dada a ligação entre a satisfação do funcionário e a do cliente, criar expectativas que não podem ser cumpridas pode ter efeitos devastadores no longo prazo.

Torne tangível o intangível[12]

Dada a natureza intangível, os serviços são muitas vezes abstratos nas mentes dos clientes potenciais. Em razão disso, uma das principais orientações para a propaganda de um serviço é torná-lo mais concreto. Tornar tangível o intangível é o desafio diário das companhias de seguros, por exemplo. Uma possível solução para muitas delas tem sido utilizar símbolos tangíveis para representar as empresas. A Prudential utiliza a imagem de uma "rocha"; a Merrill Lynch, um "touro"; e a Geico tem uma "lagartixa" como garota-propaganda. No entanto, nenhum ícone de seguros nunca foi tão bem-sucedido como o pato Aflac![13]

A campanha do pato Aflac foi criada por Linda Kaplan Thaler, CEO e diretora de criação do Grupo Kaplan Thaler (KTG), e Robin Koval, diretor de marketing e gerente geral da mesma agência. A solicitação era aumentar a conscientização do público sobre a marca Aflac. Sua presidente e CEO foi bem objetiva com Linda Thaler: "Não me importa o que será feito, contanto que você faça as pessoas saberem o nome desta empresa". O ímpeto por trás da campanha do pato foi baseado na teoria do *big bang*: "se nos permitirmos um pouco de falta de lógica em nossos pensamentos [...] poderemos escapar da prisão das convenções atuais". Quando pronunciada em voz alta, a palavra Aflac lembra o som emitido pelos patos. Então, por que não criar

A campanha do pato da Aflac ajudou a "tangibilizar" o que parecia intangível, e foi uma das campanhas de propaganda de maior sucesso na história do marketing de serviços.

SERVIÇOS ELETRÔNICOS *EM AÇÃO*

O crescimento das comunicações pessoais via mídias sociais

Uma característica bem estabelecida do marketing de serviços refere-se ao fato de os consumidores de serviços perceberem níveis mais elevados de risco antes da compra do que em bens. Como resultado, os consumidores de serviços muitas vezes procuram fontes de informação pessoais (em oposição a impessoais) antes de tomarem decisões de compra. Fontes de informações pessoais reduzem o risco percebido do comprador, e incluem comunicações boca a boca e recomendações de pares, o que agora é muito mais fácil graças à internet. Atualmente, as mídias sociais (redes sociais, *blogs*, mundos virtuais e compartilhamento de vídeo) são uma poderosa ferramenta de comunicação que deve ser considerada pelas empresas de serviços. As ferramentas de mídia social são particularmente úteis para os profissionais de marketing de serviços em função da natureza pessoal da comunicação. No quadro apresentado a seguir há vários exemplos dos tipos de ferramenta disponíveis nas redes sociais.

FERRAMENTAS DE MÍDIA SOCIAL	EXEMPLOS
Comunicação:	
Rede social	Bebo, Facebook, LinkedIn, MySpace, Skyrock, Ning e Elgg
Agregação de rede social	NutShellMail e FriendFeed
Eventos	Upcoming, Eventful e Meetup.com
Colaboração:	
Wikis	Wikipedia, PBwiki e Wetpaint
Social Tagging	Delicious, StumbleUpon, Google Reader e CiteULike
Social News	Digg, Mixx, Reddit e NowPublic
Sites de opinião	Epinions e Yelp
Multimídia:	
Compartilhamento de fotos	Flickr, Zoomr, Photobucket, SmugMug e Picasa
Compartilhamento de vídeos	YouTube, Vimeo e Sevenload
Livecasting	Ustream.tv, Justin tv, Stickam e Skype
Compartilhamento de áudio e músicas	Imeem, The Hype Machine, Last.fm e ccMixter
Comentários e opiniões:	
Comentários sobre produtos	Epinions.com e MouthShut.com
Comentários sobre empresas	Yelp.com
Comunidade de perguntas e respostas	Yahoo! Answers, WikiAnswers, Askville e Google Answers
Entretenimento:	
Plataformas de mídia e entretenimento	Cisco Eos
Mundos virtuais	Second Life, The Sims Online, Forterra
Compartilhamento de jogos	Miniclip, Kongregate

Fonte: http://en.wikipedia.org/wiki/Social_media. Acesso em: 16 out. 2009.

uma ave aquática ligeiramente irritante (que odeia ser ignorada) para representar uma empresa que está tentando mergulhar no mercado?

A campanha do pato Aflac foi um sucesso sem precedentes. Para começar, o reconhecimento do nome da Aflac cresceu de 12% em janeiro de 2000 para mais de 90% em 2005. A empresa atingiu o posto de líder em seguros renováveis garantidos nos Estados Unidos e no Japão, presente em todos os estados e territórios norte-americanos. A empresa está ativamente envolvida em uma série de esforços filantrópicos e foi reconhecida nacionalmente em "As 100 melhores empresas para trabalhar nos Estados Unidos", "100 melhores empresas para trabalhar em TI", "50 melhores empresas para latinas", "Empresas mais admiradas dos Estados Unidos" e "100 melhores empresas para mães trabalhadoras". Além do sucesso nos Estados Unidos, a Aflac assegura um em cada quatro lares japoneses e é a quarta empresa estrangeira mais rentável operando em qualquer indústria no Japão.

Ao tangibilizar o intangível, a escala de entidades de mercado (apresentada no Capítulo 1) deve se voltar para o final (ver Figura 7.5). As entidades tangíveis dominantes no mercado, descritas como concretas por natureza, como perfumes, utilizam o desenvolvimento de imagem em suas propagandas. Do ponto de vista simplista, perfume é apenas o líquido em um frasco. O cliente pode pegá-lo, aplicá-lo e sentir a fragrância. Assim, o perfume é predominantemente tangível. Tal como acontece com muitos produtos deste tipo, a propaganda tende a torná-lo mais abstrato, a fim de diferenciar um produto do outro. Em contrapartida, a propaganda de produtos predominantemente intangíveis, descritos como abstratos por natureza, deve concentrar-se em torná-los mais concretos por meio de indícios físicos e provas tangíveis.

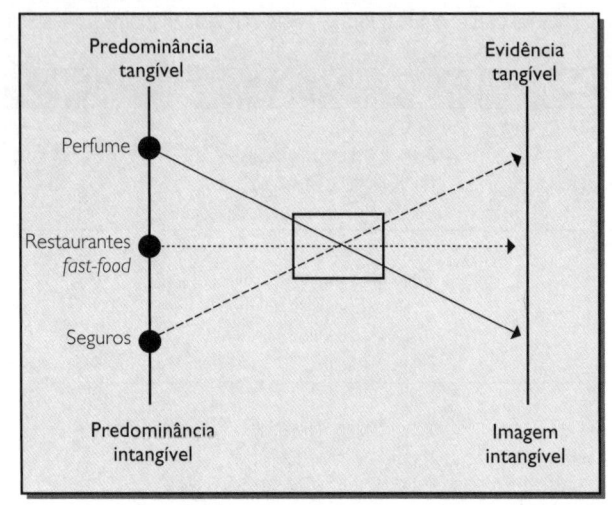

Fonte: Adaptada de G. Lynn Shostack. Breaking Free from Product Marketing. *The Journal of Marketing*, abr. 1977.
FIGURA 7.5 O impacto da intangibilidade: diferentes estratégias de comunicação para diferentes tipos de produto

Como os seguros já são abstratos, o objetivo da comunicação é explicar o serviço em termos simples e concretos. Além de símbolos tangíveis, algumas empresas de serviços têm tangibilizado as ofertas de serviços ao utilizar números nos anúncios: "Estamos no negócio desde 1925" ou "Nove em cada dez clientes nos recomendariam a um amigo". Finalmente, os objetivos de comunicação de produtos, que se localiza no meio da escala de entidades do mercado, muitas vezes utilizam ambas as abordagens, ou seja, elementos abstratos e concretos. O McDonald's, por exemplo, promove "comida, amigos e diversão" em sua propaganda. Alimentos e pessoas são concretos, diversão é abstrato.

Apresente a relação de trabalho entre cliente e prestador

Como já foi explicitado, prestação de serviços é um processo interativo entre o prestador de serviços e o cliente. Devido à inseparabilidade, é adequado apresentar, nas comunicações da empresa, um representante e um cliente trabalhando em conjunto para alcançar um resultado desejado. A propaganda da empresa de contabilidade H&R Block normalmente mostra um representante e um cliente interagindo de forma amigável e reconfortante. Muitas instituições financeiras, escritórios de advocacia e companhias de seguros também seguem este mesmo modelo. A propaganda de serviços deve concentrar-se não apenas em estimular os clientes a comprar, mas também em incentivar o desempenho dos funcionários. Claramente, a propaganda que ilustra a inseparabilidade do processo de prestação de serviços deve orientar o cliente e o pessoal de serviço da empresa.

Reduza os temores dos consumidores sobre variações no desempenho

As comunicações de marketing da empresa também podem minimizar as armadilhas da heterogeneidade na mente do cliente. Para melhorar a percepção de qualidade consistente, as comunicações da empresa devem fornecer algum tipo de formalização que tranquilize o cliente. Exemplos típicos incluem a descrição dos registros de desempenho da empresa com o uso de números, em vez de depoimentos qualitativos. A utilização de números em anúncios reduz o medo da variabilidade por parte do consumidor, além de tangibilizar o serviço, como já mencionado. Por exemplo, afirmações como nove em cada dez médicos concordam que o serviço "X" é o melhor, ou nossa empresa mantém um nível de 98% de satisfação do cliente, ajudam a tranquilizar os clientes sobre a consistência do desempenho da empresa.

Determine e foque dimensões relevantes de qualidade de serviço

As razões pelas quais os clientes escolhem entre serviços concorrentes estão muitas vezes relacionadas às cinco dimensões de qualidade de serviço – confiabilidade, presteza, segurança, empatia e qualidade dos bens tangíveis associados ao serviço –, que serão abordadas com mais detalhes mais adiante, neste livro. No entanto, é comum que algumas características sejam mais importantes para os clientes do que outras. Por exemplo, 30% dos clientes de companhias aéreas atualmente apontam a "segurança" como uma de suas cinco principais considerações ao escolher uma empresa.[14] Assim, seria apropriado para as companhias aéreas enfatizar a dimensão de garantia da qualidade do serviço, apresentando seus históricos de segurança, manutenção e programas de treinamento, bem como evidenciar as certificações de suas operações. Citando um exemplo, uma campanha de comunicação de marketing malsucedida promovia um hotel como um dos mais altos do mundo. Embora isto reforce a dimensão tangível da qualidade do serviço, este componente tangível em particular não era muito importante para os clientes na escolha de hotéis. Na verdade, muitos clientes que tinham até mesmo o mínimo medo de altura o evitaram, pois temiam que fossem colocados em um andar superior. A lição a ser aprendida é a seguinte: no desenvolvimento de comunicações de marketing, o conteúdo deve abordar as características e os benefícios que realmente importam para os clientes.

Diferencie o serviço por meio do processo da sua entrega

Existe uma enorme diferença entre o que o serviço oferece e como ele é fornecido. Identificar os componentes de entrada do processo, que contribuem para uma vantagem competitiva ou de qualidade, e enfatizar esses elementos na propaganda da empresa provavelmente será uma abordagem bem-sucedida. Por exemplo, é um pouco difícil diferenciar o serviço de um contador de outro. No entanto, se considerarmos o processo de obtenção de uma consulta, que consiste em ligar solicitando uma reunião e interagir com a equipe da recepção, a área da recepção do escritório onde o cliente está esperando, a aparência do escritório do contador, a interação entre o cliente e o profissional, e os procedimentos de pagamento, encontraremos vários aspectos potenciais para a diferenciação. Delinear as várias entradas no processo de prestação de serviços pode indicar vantagens competitivas e/ou de qualidade que normalmente têm sido negligenciadas. Como resultado, essas diferenças competitivas podem ser enfatizadas em comunicações de marketing da empresa e estabelecer uma estratégia de posicionamento-chave no mercado.

Torne o serviço mais fácil de se compreender

Os serviços também podem ser mais bem explicados a clientes potenciais por meio do composto de comunicação, com a apresentação do serviço como uma série de eventos sequenciais. Quando questionados, os consumidores muitas vezes dividem a experiência de serviço em uma série de eventos sequenciais. Compreender a sequência permite que o prestador de serviços encare o serviço na perspectiva do cliente. Por exemplo, clientes de um banco podem visualizar primeiro o edifício externo, o estacionamento, o paisagismo e a limpeza dos jardins. Ao entrar no banco, observam o mobiliário interior, os odores, a música, a temperatura e o pessoal de serviço. Durante a realização de transações bancárias, a aparência e o comportamento do pessoal de contato tornam-se sinais de qualidade suplementares. Assim, as percepções de qualidade são avaliadas em cada fase do encontro de serviço. As estratégias de comunicação desenvolvidas a partir da perspectiva de sequência de eventos consideram o cliente durante todo o processo e destacam os pontos fortes da empresa em cada área.

Desenvolvimento de estratégias de comunicação para prestadores de serviços profissionais

Considerações especiais para prestadores de serviços profissionais

Os diversos desafios enfrentados pelos prestadores de serviços profissionais podem ser atenuados por meio do desenvolvimento de um programa de comunicação eficaz.[15] A seguir, listamos os dez problemas mais frequentes:

1. *Quando a responsabilidade é de terceiros.* Investidores e funcionários de companhias de seguros, bancos e agências governamentais, e até mesmo profissionais autônomos, consideram os prestadores de serviços profissionais como responsáveis por suas ações. Gerar credibilidade e projetar a imagem de uma empresa de qualidade a terceiros pode ser feito por meio do composto de comunicação da empresa, de modo a minimizar o controle excessivo por terceiros. As estratégias de comunicação mais comuns são: realizar seminários de negócios, ministrar palestras e publicar artigos comerciais. Os seminários de negócios na área de especialização do profissional demonstram os conhecimentos do fornecedor não só para os clientes existentes e potenciais, mas também para os terceiros interessados, particularmente outros membros da indústria. Discursos para organizações locais e convenções nacionais destacam os talentos da empresa e melhoram ainda mais sua imagem. Cópias de artigos devem ser incluídas nos boletins informativos da empresa e enviadas para o público adequado.

2. *Como lidar com a incerteza do cliente.* Muitos serviços profissionais são caros, estão associados a perigo ou muita importância e, em alguns casos, mostram-se técnicos e especializados, o que dificulta a compreensão por parte do cliente. A comunicação eficaz pode servir para informar os procedimentos envolvidos, mostrar os resultados prováveis (gestão de expectativas do consumidor), responder a perguntas comuns dos consumidores e/ou minimizar as preocupações dos consumidores. Por exemplo, atualmente, muitos centros cirúrgicos enviam folhetos informativos para pacientes ou os direcionam para *sites* com vídeos que descrevem e/ou ilustram procedimentos cirúrgicos antes mesmo de a consulta ser agendada pelo paciente.

3. *Experiência é essencial.* As comunicações de marketing eficazes são bem-sucedidas em atrair e manter clientes. No entanto, a abertura de um novo consultório médico não é recebida

com o mesmo entusiasmo como a de um novo restaurante. Quanto mais profissional o serviço, mais importante é para os potenciais clientes o tempo ou a qualidade de experiência do prestador de serviços. Mais uma vez, procedimentos como ministrar palestras, participar de organizações locais, falar em eventos sociais ou em programas de rádio e publicar artigos em veículos locais são fundamentais.

4. **Quando a diferenciação é limitada.** À medida que o nível de competição entre os prestadores de serviços profissionais aumenta a diferenciação entre eles diminui, já que as ofertas se assemelham entre si como alternativas comparáveis. Comunicações de marketing que diferenciam o prestador em fatores além do próprio serviço, como pessoal, atendimento ao cliente e imagem, devem ser transmitidas ao mercado para destacar o fornecedor (ver Figura 7.4).

5. **Manter o controle de qualidade.** Uma vez que o consumidor é parte do processo de produção do serviço, ele detém, em última análise, uma grande parte do controle sobre a qualidade do resultado final. A comunicação que reforça a importância de seguir as orientações do profissional e a relação do cliente com a obtenção de resultados positivos educam o consumidor sobre a importância de seu próprio papel no processo de prestação de serviços. Os médicos que precisam que os pacientes sigam dietas específicas ou programas de exercícios para melhorar a saúde são exemplos clássicos.

6. **Como transformar prestadores em vendedores.** Em muitos casos, utilizar representantes de vendas externos para comercializar serviços profissionais é inadequado e ineficaz. A incerteza do cliente determina que o fornecedor profissional deve estar ativamente envolvido no processo de vendas para tranquilizar os clientes e minimizar seus possíveis receios. Ninguém deve ser capaz de vender o serviço disponível melhor que o próprio prestador. No entanto, como já vimos, enquanto alguns prestadores prosperam com as vendas, muitos outros sentem-se desconfortáveis quando precisam vender.

7. **O desafio de dividir o tempo do profissional entre o marketing e a prestação de serviços.** Um problema que está diretamente relacionado ao ponto anterior refere-se ao fato de o prestador profissional envolver-se demais no processo de venda pessoal. Os profissionais geram suas receitas ao cobrar pelo tempo que disponibilizam para atender aos clientes. As atividades de marketing consomem uma parte das horas trabalhadas, mas o profissional não é pago diretamente pelo tempo gasto com a realização de esforços de marketing. Como resultado, ele deve decidir quanto tempo deve ser alocado para atividades de marketing e como dividir esse tempo entre investir em novas perspectivas, manter relacionamentos com os clientes existentes e se envolver em trabalho de relações públicas em geral.

8. **Tendência a ser reativo em vez de proativo.** A pressão dos negócios cotidianos reduz a quantidade de tempo que o profissional pode dedicar a atividades de marketing. Os clientes exigem a atenção do prestador no curto prazo e esperam que os serviços sejam entregues rapidamente. Como resultado, muitos profissionais encontram-se em um modo reativo, em busca de novas transações, quando os negócios existentes terminam. Isto cria a situação invejável de tentar gerir o negócio enquanto passa de um cliente para outro. Muitas vezes, o tempo ocioso pode ser criado entre um cliente e outro, afetando negativamente o fluxo de caixa da operação, sem mencionar que coloca maior pressão sobre o prestador e os funcionários ansiosos à procura de novos clientes.

O composto de comunicação não deve ser baseado exclusivamente em esforços de vendas pessoais. A comunicação deve ser contínua e funcionar de forma proativa para o prestador enquanto executa atividades cotidianas com clientes atuais. Para otimizar o tempo dedicado a esforços de marketing, o profissional deve concentrar-se na concretização da venda, e não começar do zero como se fosse o único responsável por dar início ao processo de vendas.

9. **Os efeitos da propaganda são desconhecidos.** Em um passado não tão distante, muitas organizações profissionais, como a dos advogados norte-americanos, proibiam que seus membros se envolvessem em atividades de comunicação de marketing. No entanto, em 1978, os tribunais decidiram que a proibição de comunicações de marketing era inconstitucional. Apesar da decisão, alguns membros de sociedades profissionais ainda desaprovam o uso de certos métodos de comunicação, como a propaganda tradicional.

    Grupos de consumidores são particularmente favoráveis a que prestadores de serviços profissionais façam comunicações de marketing ativamente. De acordo com os defensores dos consumidores, um aumento nos esforços de comunicação fornecerá mais informação útil e aumentará o nível de concorrência entre os fornecedores. Para eles, como resultado do aumento da concorrência, os preços cairão e a qualidade do serviço melhorará. No entanto, os prestadores de serviços da área da saúde não concordam com esses argumentos. Os profissionais de saúde discordam, em especial em relação à profissão de advogado, e afirmam que as comunicações crescentes provavelmente terão um impacto negativo sobre a imagem, a credibilidade e a dignidade da profissão. Além disso, questionam o fato de os esforços de comunicação serem capazes de criar benefícios efetivos para o cliente. Segundo esses profissionais, os consumidores acreditam que os cuidados de saúde já são caros agora, e ficarão ainda mais caros quando as empresas de saúde começarem a cobrar pelos esforços de comunicação. O debate ainda está aberto. No entanto, com o passar do tempo e por causa do aumento das pressões competitivas entre os prestadores de serviços profissionais, o uso de comunicações de marketing tem se tornando mais aceitável.

10. **Os fornecedores profissionais têm conhecimentos de marketing limitados.** Como estudante de Administração, muitas das expressões podem lhe parecer familiares, como segmentos de mercado, mercados-alvo, variáveis do composto de marketing e estratégias de diferenciação e posicionamento; no entanto, são totalmente estranhas para muitos prestadores de serviços profissionais. Os prestadores de serviços profissionais são treinados para exercer as funções técnicas de forma eficaz. Por exemplo, os advogados frequentam escolas de direito, os médicos, escolas de medicina, dentistas, cursos de odontologia e os veterinários fazem veterinária. O que todos esses prestadores têm em comum quando exercem as profissões de forma autônoma? Todos abrem empresas ainda que não disponham de nenhuma formação em negócios.

    Devido ao fato de terem conhecimentos de marketing limitados, os prestadores de serviços profissionais são forçados a desenvolver, sozinhos, o composto de comunicação da empresa, sem levar em conta a estratégia de marketing de forma geral. O composto de comunicação da empresa deve ser coerente com as expectativas dos consumidores-alvo e gerar sinergia com outros elementos do composto de marketing.

Dicas de comunicações para prestadores de serviços profissionais[16]

Transformar clientes atuais em porta-vozes da empresa Muitas vezes, as empresas de serviços afastam-se dos clientes existentes à medida que desenvolvem um composto de comunicação com o único propósito de atrair novos negócios. A base de clientes existentes de uma empresa é a parte principal do negócio e representa um vasto potencial de receita adicional. Os clientes existentes são uma rica fonte de novas receitas e oferecem oportunidades de negócios que podem ser gerados sem gastos promocionais substanciais, sobrecarga adicional e geralmente sem a contratação de pessoal adicional. Por estarem atentos a sugestões e ideias e para que possam identificar as reais necessidades dos consumidores e atender a elas de maneira profissional e oportuna, os prestadores de serviços profissionais acabam se aproximando e ganhando a fidelidade dos clientes, que, por sua vez, se tornam uma propaganda contínua para a empresa. Dada a importância das fontes pessoais de informação na escolha entre alternativas de serviços, o fato de os clientes atuais elogiarem a empresa para outras pessoas é um recurso inestimável.

A primeira impressão é tudo Devido ao **efeito de halo**, os estágios iniciais do encontro de serviço, muitas vezes, dão o tom para avaliações dos consumidores feitas ao longo da experiência de serviço. Como resultado, os prestadores devem estar atentos às interações iniciais do encontro, porque, geralmente, são as mais importantes. Acredita-se que as primeiras impressões estabelecem ou impedem relacionamentos nos quatro primeiros minutos de contato.[17] Por exemplo, as chamadas telefônicas precisam ser respondidas pronta e educadamente. Durante um discurso sobre a excelência do serviço, Tom Peters, autor de *Vencendo a crise: como o bom senso empresarial pode superá-la*[1], relatou sua experiência com o pessoal de contato telefônico da Federal Express. Segundo ele, em 27 de 28 dos casos, os operadores da FedEx atenderam o telefone no primeiro toque ou mesmo antes dele. Na verdade, Peters admitiu que poderia ter sido em 28 dos 28, porque ele assume ter discado errado e desligado o telefone na 28ª ligação. O autor, então, discou novamente, e o telefone foi atendido antes do primeiro toque.

> **efeito de halo** Trata-se de uma impressão favorável ou desfavorável baseada em estágios iniciais do encontro de serviço.

Itens de comunicação nos quais os consumidores baseiam as impressões iniciais incluem *sites*, anúncios de "páginas amarelas", sinalização e um local de negócios facilmente acessível. Quando o cliente chega à empresa, a área de recepção deve ser como uma vitrine, com sinais concretos que reforcem sua imagem de qualidade. Na área de recepção devem existir os seguintes indícios tangíveis: os nomes bem visíveis da empresa e dos prestadores de serviços, mobiliário que reflita a personalidade do negócio, flores frescas, um "livro de registro de comentários e sugestões" com comentários de clientes satisfeitos, últimos boletins informativos da empresa, perfis de fornecedor e indicadores do envolvimento da empresa na comunidade. Finalmente, a área de recepção deve ser composta por pessoal de atendimento ao cliente profissional. Apesar da importância das primeiras impressões, muitas empresas veem suas áreas de recepção simplesmente como salas de espera, fazendo pouco esforço para melhorar a estética. Em muitos casos, elas são equipadas com mobiliário desconfortável e pouco atraente, e com pessoal com baixos salários e mal treinado – um grande erro quando se considera a importância das primeiras impressões.

Criar percursos visuais que reflitam a qualidade da empresa A imagem impressa da empresa inclui toda comunicação destinada aos clientes, como correspondência, relatórios anuais, boletins informativos e faturas. Também inclui material impresso de uso geral, como folhetos, papel timbrado, envelopes e cartões de visita, bem como as comunicações internas – de agendas a listas de verificação, de memorandos a manuais. Materiais gráficos criam um **percurso visual** ao longo do qual a imagem profissional da empresa pode ser transmitida de forma consistente.

> **percurso visual** Refere-se a materiais impressos por meio dos quais a imagem profissional da empresa pode ser transmitida de forma consistente: folhetos, papel timbrado, envelopes e cartões de visita.

Na primeira vez que um cartão de visita da empresa é colocado na mão de um cliente em potencial, na primeira carta que o cliente recebe e em relatórios e faturas entregues a ele, a apresentação do material gráfico cria uma impressão. De posse de cada item recebido, o cliente reage subconscientemente à qualidade do papel e da reprodução. Acima de tudo, ele responde às imagens visuais que o prestador de serviços escolheu para representar a empresa, começando com o logotipo.

---

[1] PETERS, Thomas J.; WATERMAN JR., Robert H. *Vencendo a crise*: como o bom senso empresarial pode superá-la. 14. ed. São Paulo: Harbra, 1986. (N. E.)

Uma comunicação eficaz do logotipo da empresa auxilia na criação de familiaridade na região do mercado em que atua. Além de identificar a empresa, outros objetivos principais no desenvolvimento do logotipo são simplificar e explicar o propósito da organização. Em essência, o desenvolvimento do logotipo pode ser visto como a criação de um símbolo que permite que outros rapidamente identifiquem a empresa profissional.

Dada a falta de conhecimento de marketing, os prestadores de serviços profissionais devem considerar seriamente buscar o aconselhamento de um profissional de comunicação. Artistas gráficos, agências de propaganda e empresas de relações públicas são exemplos típicos de especialistas em comunicação que trabalham com o cliente para produzir o tipo de imagem que dará à empresa uma identidade individual e profissional para posicioná-la com sucesso no mercado. Quando um logotipo é concebido, pode ser impresso em vários tamanhos e em sentido inverso. Os vários formatos do logo podem facilmente ser aplicados a todo tipo e tamanho de material impresso. Finalmente, a escolha pela empresa do papel, da tipografia e do tipo de impressão (gravura, *offset* ou termográfica) completará a imagem profissional do material impresso e criará um percurso visual capaz de comunicar a qualidade de forma consistente ao cliente.

Como estabelecer comunicações regulares com os clientes

Cada carta enviada a um cliente ou um colega é uma potencial oportunidade de promoção. Os especialistas sugerem que este potencial deve ser aproveitado desde o início da relação com o cliente. Cada novo cliente deve receber uma carta especial de boas-vindas e um informativo que transmita o conceito de serviço da empresa. Também é eficaz o uso de cartas padronizadas com o logotipo da empresa, que podem ser adaptadas a diferentes circunstâncias, como cartas de boas-vindas, de agradecimentos por recomendações e lembretes de compromissos futuros. Melhor ainda, mensagens personalizadas e escritas à mão em cartões de anotações da empresa fornecem um toque pessoal.

A parte mais importante de uma comunicação regular com os clientes deve ser o boletim informativo da empresa, sendo que este tipo de comunicação pode enviado por *e-mail* ou pelo correio. Pode ser reproduzido em uma folha comum ou ser um pequeno livreto colorido tipografado e impresso em papel de qualidade. Algumas empresas optam por produzir os próprios boletins informativos, outras preferem publicações mais elegantes. Independente da técnica, o boletim deve ter sempre uma aparência limpa e profissional, e conter informações valiosas para a clientela.

Desenvolva um folheto da empresa

O folheto da empresa é um menu de sua oferta de serviços e deve ter uma redação perfeita. Além de fornecer uma visão geral dos serviços disponíveis, os folhetos tipicamente incluem a história, a filosofia e os perfis do pessoal da empresa. Para aumentar a flexibilidade, o folheto pode ser desenvolvido com abas na parte interna frontal e/ou capas para incluir materiais complementares ou outras informações que mudam ao longo do tempo. Os perfis do pessoal que mostram fotografias e biografias são alvos de constantes alterações à medida que os funcionários da empresa mudam. As abas para materiais complementares também fornecem a opção de personalizar cada folheto para clientes particulares que desejam serviços específicos. Os folhetos são uma excelente oportunidade para a empresa de serviços profissionais projetar sua singularidade. Em última análise, o folheto deve ser o tipo de produto que a empresa pode orgulhosamente apresentar a clientes existentes e potenciais.

Uma equipe de escritório bem informada é vital

Por último, mas não menos importante, gerar respeito e orgulho da empresa é um processo que se inicia internamente, e não para com a promoção externa. Na verdade, gerar uma imagem profissional para o benefício da equipe pode ser tão importante como a promoção dessa imagem para os clientes. É preciso lembrar que a equipe está em constante contato direto com os clientes. A falta de comunicação de forma eficaz com o pessoal da empresa é facilmente perceptível e rapidamente apaga todos os outros esforços de comunicação para projetar um programa de qualidade.

Resumo

A estratégia de comunicação da empresa informa, persuade e lembra os integrantes dos mercados-alvo, incluindo consumidores, funcionários e acionistas, sobre seus bens e serviços, com a finalidade de atingir os objetivos organizacionais. O desenvolvimento de uma estratégia de comunicação robusta se parece bastante com o desenvolvimento de uma estratégia de marketing eficaz: identificação de um mercado-alvo, seleção de uma estratégia de posicionamento desejado e desenvolvimento de comunicações que reforcem a estratégia de posicionamento da empresa. Mais especificamente, as empresas de serviços que gerenciam sua estratégia de comunicação de maneira eficaz engajam-se em um processo de comunicação que envolve a seleção de mercados-alvo, o estabelecimento de objetivos de comunicação, a definição do orçamento de comunicação, a formulação da estratégia de posicionamento, o estabelecimento de estratégias de mensagem e mídia, além do monitoramento, avaliação e controle da estratégia de comunicação.

O desenvolvimento de uma estratégia de comunicação de serviços eficaz deve considerar uma série de desafios especiais, que, em geral, não se aplicam a empresas de produção de bens. Mais especificamente, intangibilidade e inseparabilidade apresentam desafios especiais que devem ser considerados quando se desenvolve uma estratégia de comunicação. Em primeiro lugar, como os serviços são consumidos como uma experiência compartilhada com "outros clientes", as comunicações com erro de alvo podem resultar na consequência imprevista de haver dois mercados-alvo diferentes que respondem à mesma comunicação ao mesmo tempo. Em segundo lugar, os gerentes de serviços também devem estar cientes de que as comunicações da empresa podem ser interpretadas como promessas explícitas que os consumidores usam para embasar suas expectativas iniciais. Como resultado, as empresas de serviços devem estar preparadas para entregar o que é declarado nas mensagens promocionais. Em terceiro lugar, uma vez que o serviço geralmente é produzido em estreita proximidade com os clientes, os funcionários de serviços devem ser considerados como clientes internos, ou seja, fazem parte do público-alvo, como os clientes externos tradicionais. Finalmente, como os prestadores de serviços que produzem o serviço também podem ter que vendê-lo, surgem questões sobre as implicações estratégicas de transformar "prestadores em vendedores".

Em comparação com os prestadores de serviços em geral, os prestadores de serviços profissionais muitas vezes têm desafios distintos que podem ser atenuados pelo desenvolvimento de um programa de comunicação eficaz. Especificamente, os dez problemas mais comuns são: responsabilização de terceiros, incerteza do cliente, experiência, diferenciação limitada, manutenção do controle de qualidade, transformação de prestadores em vendedores, divisão do tempo entre o marketing e os serviços fornecidos, tendência de os prestadores serem reativos em vez de proativos, efeitos desconhecidos da propaganda e prestadores de serviços profissionais que possuem conhecimento de marketing limitado.

Palavras-chave

estratégia de comunicação
composto de comunicação
mercado-alvo
SMART
estratégia de posicionamento
texto
pessoal de serviço do tipo 1
pessoal de serviço do tipo 2
pessoal de serviço do tipo 3
efeito de defasagem
comunicações com erro de alvo
efeito de halo
percurso visual

Questões de revisão

1. Discuta o processo associado ao gerenciamento de uma estratégia de comunicação eficaz.
2. Descreva as diferenças estratégicas entre os cinco elementos do composto de comunicação.
3. Defina o que significa desenvolver objetivos de comunicação em termos SMART. Apresente três objetivos que respeitem as orientações SMART.
4. Compare as habilidades de comunicação necessárias para conduzir transações dos tipos 1, 2 e 3. Que tipo de pessoal de serviço uma empresa deve recrutar?
5. Por que o desenvolvimento de uma estratégia de posicionamento eficaz é particularmente importante para as empresas de serviços?
6. Que problemas estão associados a comunicações com erro de alvo? Por que eles ocorrem?
7. Por que os funcionários de serviços devem ser considerados no desenvolvimento de materiais de comunicação?
8. Como as companhias de seguros Aflac e Geico tornaram os serviços prestados mais compreensíveis?
9. Que problemas surgem quando se transformam prestadores de serviços profissionais em pessoal de marketing proativo?
10. Discuta o conceito de "percursos visuais" e seu uso potencial na prática médica.

Notas

1. Gregory Norton. Marketing Your Practice with Television. FindLaw. Disponível em: <http://marketing.lp.findlaw.com/articles/oherron2.html>. Acesso em: 26 abril 2005.
2. Com base em um estudo de satisfação do cliente realizado por K. Douglas Hoffman para a Rainmaker Marketing's North Carolina Lawyer Referral Service.
3. Ver, por exemplo, Louis E. Boone e David L. Kurtz. *Contemporary Marketing*. 8. ed. Fort Worth, TX: The Dryden Press, 1995.
4. Disponível em: <http://corporate.ritzcarlton.com/en/Careers/ WorkingAt.htm>. Acesso em: 14 out. 2009.
5. Gregory Norton. Marketing Your Practice with Television. FindLaw. Disponível em: <http://marketing.lp.findlaw.com/articles/oherron2.html>. Acesso em: 26 abr. 2005.
6. Bernard H. Booms, Jody L. Nyquist. Analyzing the Customer/Firm Communication Component of the Services Marketing Mix. *Marketing of Services*, James H. Donnelly, William R. George (eds.). Chicago: American Marketing Association, 1981, p. 172-77.
7. Esta seção foi modificada a partir de William R. George e Leonard L. Berry. Guidelines for the Advertising of Services. *Business Horizons*, 24, 4, jul.-ago. 1981, p. 52-56.
8. Esta seção foi adaptada a partir de John E. G. Bateson. *Managing Services Marketing*. 3. ed. Fort Worth, TX: The Dryden Press, 2006, p. 207.
9. W. Earl Sasser, Stephen P. Albeit. Selling Jobs in the Service Sector. *Business Horizons*, jun. 1976, p. 64.
10. George e Berry. Guidelines for the Advertising of Services.
11. Para mais informações, ver Rick E. Bruner. The Decade in Online Advertising: 1994-2204. DoubleClick website. Disponível em: <www.doubleclick.com>. Acesso em: 27 abr. 2005.

12. Donna H. Hill, Nimish Gandhi. Service Advertising: A Framework to Its Effectiveness. *The Journal of Services Marketing*, 6, 4, outono 1992, p. 63-77.
13. Fontes: Disponível em: <www.aflac.com>. Acesso em: 26 abr. 2005; Jerry Fisher. Duck Season. *Entrepreneur*, 33, 1, jan. 2005, p. 67; Fran Matso Lysiak. Aflac's Quacking Duck Selected One of America's Favorite Ad Icons. *Best's Review*, 105, 6, out. 2004, p. 119.
14. Cyndee Miller. Airline Safety Seen as New Marketing Issue. *Marketing News*, 8 jul. 1991, p. 1, 11.
15. Esta seção foi adaptada a partir de Philip Kotler e Paul N. Bloom. *Marketing Professional Services*. Englewood Cliffs, NJ: Prentice-Hall, 1984, p. 9-13.
16. Esta seção foi adaptada a partir de Jack Fox. *Starting and Building Your Own Accounting Business*. Nova York: John Wiley & Sons, 1994.
17. Leonard Zunin, Natalie Zunan. *Contact:* The First Four Minutes. Los Angeles: Nash Publishing, 1972.

CASO 7

Escoteiros da Austrália: uma história de orgulho e um caminho a percorrer

Greg Elliott, Macquarie University

À medida que o centenário da fundação mundial do Movimento de Escoteiros se aproximava, os escoteiros australianos começaram a se preparar para um ano emocionante de celebrações. A organização podia orgulhar-se da longa e distinta história, das realizações como um movimento, dos membros e da posição como a maior organização juvenil do mundo. Entretanto, qualquer organização que ostenta o lema "Sempre alerta" é extremamente consciente das incertezas do futuro e do perigo da complacência. Independente disso, a organização Escoteiros da Austrália continua a desfrutar de uma posição de destaque na comunidade e não encara sua posição como garantida. Além disso, como todas as organizações bem-sucedidas, reconhece a necessidade de planejar continuamente sua condição e seu crescimento. No entanto, nos últimos anos, o interesse por esta organização tem diminuído em face da mudança de atitudes da comunidade, do aparecimento de novas tecnologias, em particular a internet, e do aumento da concorrência pelo "*share of mind*" (participação na mente) tanto das crianças como dos pais.

A história do escotismo

O movimento do escotismo foi fundado pelo lorde Robert Baden-Powell. Em agosto de 1907, ele realizou o primeiro acampamento para um grupo de meninos na Ilha de Brownsea, no Reino Unido. Baden-Powell tornou-se herói nacional após sua vitória no cerco de Mafeking, na Guerra dos Bôeres. Ao voltar para o Reino Unido após a guerra, B-P, como era conhecido, foi incentivado a aplicar seus métodos de treinamento militar na formação de meninos, o que levou ao acampamento na Ilha de Brownsea. Após o sucesso desse acampamento, B-P foi encorajado a começar uma publicação quinzenal chamada *Scouting for boys* (*Escotismo para meninos*), que rapidamente atraiu a atenção da juventude masculina do Reino Unido. No início de 1908, o movimento Escoteiro na Austrália recebeu a atenção da comunidade após a publicação de um artigo de B-P em um jornal local. Em 1922, o Conselho Federal de Grupos de Escoteiros tinha sido estabelecido, e, em 1967, a Associação dos Escoteiros da Austrália foi incorporada sob a Royal Charter e uma lei do Parlamento. Hoje, a associação tem quase 65 mil membros: crianças, adultos, meninos e homens, mulheres e meninas (o sexo feminino foi admitido pela primeira vez na década de 1970).

O produto escotismo

O escotismo visa preparar jovens de 6 a 26 anos de idade para que possam desempenhar um papel ativo e de liderança na comunidade. Com o objetivo de desenvolver habilidades para a vida, o trabalho em equipe e a liderança, foi criado um programa baseado em valores conhecido como o Método do Escotismo. Embora esse método se fundamente no treinamento militar e no desenvolvimento da autoconfiança, sobretudo em ambientes externos, mais recentemente a organização Escoteiros da Austrália reconheceu que está em concorrência com muitas formas alternativas pelo tempo livre pelos jovens, como Boys' Brigade, Girls' Brigade e Girl Guides. Além disso, há também esportes, como futebol, tênis e salva-vidas de surfe, que disputam a atenção e o tempo de final de semana da juventude australiana. Além desses concorrentes imediatos, o escotismo, sem dúvida, também concorre com a internet e outras atividades no tempo livre das crianças. Para continuar sua longa e bem-sucedida história, a organização Escoteiros da Austrália precisa constantemente avaliar a oferta, refinar e melhorar o produto e a entrega, e comunicar a mensagem e linguagem de maneira relevante e atraente.

Mercados-alvo

O escotismo é a maior organização para o desenvolvimento juvenil na Austrália, com mais de 1.600 grupos em todo o país. Portanto, o mercado-alvo para a Escoteiros da Austrália pode ser visto como "todos os jovens e pais". Neste sentido, o escotismo é universal e inclusivo, pois está aberto a meninos e meninas de todas as regiões da Austrália – até mesmo às comunidades remotas –, jovens com necessidades especiais e diversas origens culturais, como grupos religiosos e indígenas. O objetivo universal do escotismo é incentivar o desenvolvimento físico, social, intelectual, emocional e espiritual dos jovens, de modo que possam desempenhar um papel construtivo na sociedade como membros das comunidades locais, nacionais e internacionais.

Os componentes-chave para atingir esses objetivos são:

- *os membros de um grupo local cada vez mais autogerido;*
- *o compromisso com o código de vida dos escoteiros (a Promessa e Lei do Escotismo);*
- *uma variada gama de atividades atrativas, construtivas, desafiadoras e divertidas, incluindo aventura e exploração interior e exterior;*
- *oportunidades para liderança;*
- *um regime de premiação que reconheça a participação e a realização individuais.*

As crianças são elegíveis para participar da organização Escoteiros da Austrália a partir de 6 anos de idade, quando se tornam Escoteiros Joeys. Ao longo dos anos, progridem para Escoteiros Cub aos 8 anos, Escoteiros Venture aos 15 e, finalmente, Rovers aos 17.** Todos os níveis de escoteiro empregam os métodos-chave do escotismo com o aumento da autodeterminação, até que, nas últimas duas fases, os adultos líderes apenas dão conselhos.

** A União dos Escoteiros do Brasil tem um programa ligeiramente diferente: lobinhos entre 6,5 e 10 anos, escoteiros entre 11 e 14, seniores de 15 a 17 e pioneiros de 17 a 21 (N. T.).

Atividades diversas

Além das atividades tradicionais ao ar livre e de *camping*, o Movimento dos Escoteiros está atualmente envolvido em uma gama cada vez mais diversificada de atividades, como rapel, escalada, vela, *rafting*, artes performáticas e viagens ao exterior. Os escoteiros que se destacam nas atividades de suas divisões podem assumir funções "executivas" na hierarquia do escotismo, incluindo os órgãos estaduais e nacionais, e realizar viagens internacionais para participar de eventos na região Ásia-Pacífico e no resto do mundo. Nos últimos anos, a organização Escoteiros da Austrália assumiu um papel ativo no desenvolvimento do escotismo internacional, particularmente na região Ásia-Pacífico. O conhecimento que a organização desenvolveu na educação, na formação e no desenvolvimento de seus membros resultou em uma série de programas de treinamento formalmente reconhecidos pelo governo e pelas autoridades educacionais e de formação profissional. Desta forma, todos os cursos realizados na organização podem constar nos boletins escolares dos jovens membros. Além disso, os adultos que participam desses cursos podem obter credenciais de formação profissional. A Escoteiros da Austrália continua a desenvolver sua gama de cursos certificados, especialmente nas áreas de atividades de liderança e aventura.

O gerenciamento da Escoteiros da Austrália

Como uma organização grande e bem-sucedida, existem dois aspectos que influenciam o escopo, a intensidade e o "estilo" das atividades de negócios e gestão. Em particular, trata-se de uma organização sem fins lucrativos e de voluntários, o que limita o alcance e a intensidade das atividades comerciais. Por ser uma organização sem fins lucrativos, não tem acesso ao financiamento comercial necessário para quaisquer programas de propaganda, recrutamento ou expansão em larga escala. Em particular, as campanhas promocionais da organização são modestas para os padrões comerciais e dependem de doações e anúncios de serviços à comunidade. Entretanto, apesar dos escassos recursos financeiros, a Escoteiros da Austrália conseguiu se mostrar na mídia comercial como uma organização contemporânea, emocionante e dinâmica. Nos últimos anos, tem usado televisão, imprensa local, *outdoors* e cinema para promover seus programas. Além disso, por meio do número nacional 1-800-ESCOTEIROS e do *site* (www.scouts.com.au), a organização amplia a capacidade de comunicar sua mensagem para o público. Como muitas organizações comunitárias e esportivas similares, a Escoteiros da Austrália tem procurado complementar suas fontes de renda tradicionais com patrocínios e parcerias comerciais, o que inclui *co-branding* com empresas de marketing nacionais. Com orçamento de marketing modesto, a organização conseguiu alcançar níveis muito altos de reconhecimento da comunidade e notoriedade da marca.

A Escoteiros também é uma organização voluntária com equipe mínima de gestores profissionais espalhados por todos os Estados e territórios da Austrália e um escritório executivo nacional. Como a maior parte da administração é feita por voluntários locais, a organização deixaria de funcionar sem as contribuições destes. A falta de uma grande equipe de gestão profissional é uma restrição significativa sobre suas atividades comerciais e gerenciais. Para superar esta restrição, gestão e estratégias nacionais são complementadas por comitês de gestão, integrados por profissionais de negócios voluntários, em áreas como marketing, finanças e operações. Além do regime de voluntariado, a Escoteiros da Austrália também é organizada em torno do modelo de "federação", no qual a maior parte da administração e gestão é transferida para o nível estadual, em que a autonomia é protegida. Sob tais circunstâncias, o bairrismo é uma ameaça constante. Assim, a coordenação das atividades entre os Estados e o desenvolvimento e a implementação de programas nacionais são de responsabilidade da organização nacional. No entanto, essas atividades contam com a participação voluntária dos órgãos estaduais para seu financiamento e execução. Cabe ressaltar que esta participação não pode ser dada como garantida.

A dependência do envolvimento de voluntários também cria uma ética própria e um estilo de gestão único, sobretudo porque eles estão, em geral, profundamente comprometidos com a visão tradicional da organização. Sob tais circunstâncias, a mudança não vem rápida nem facilmente. Como exemplo, a recente mudança no uniforme tradicional da Escoteiros – do cáqui militarista familiar para uma camisa azul mais contemporânea e elegante com colarinhos coloridos – criou amplo debate e inquietação considerável entre escotismo de tropas, muitos dos quais não aceitariam a necessidade de mudança no que consideravam ser a imagem ícone da organização. Essa mudança aparentemente pequena evidenciou os desafios na gestão de uma organização voluntária sem fins lucrativos num mundo em constante transformação. Nesse processo, deve-se ressaltar que o compromisso dos membros com a organização, cuja história é longa, é profundo. Essas pessoas valorizam muito mais história, valores e tradições, mas é importante que sejam convencidas da necessidade de renovação da organização e, possivelmente, de mudanças.

Resultados recentes

Entre 2005 e 2006, os resultados obtidos pela organização foram considerados uma "mistura". Nesse período, a Escoteiros tinha aproximadamente 60 mil escoteiros (jovens e adultos) e, por isso, ganhou o *status* de a maior organização juvenil na Austrália. No entanto, quando comparado com o total de 63 mil membros em 2002, esse número representou uma queda substancial. Entre os líderes adultos, a situação era ainda mais preocupante, com uma queda acumulada de quase 16 mil em 2002 para cerca de 11 mil em 2006. O declínio no número de líderes adultos era, talvez, a preocupação mais séria, já que, sem eles, muitos grupos não podiam continuar, e,

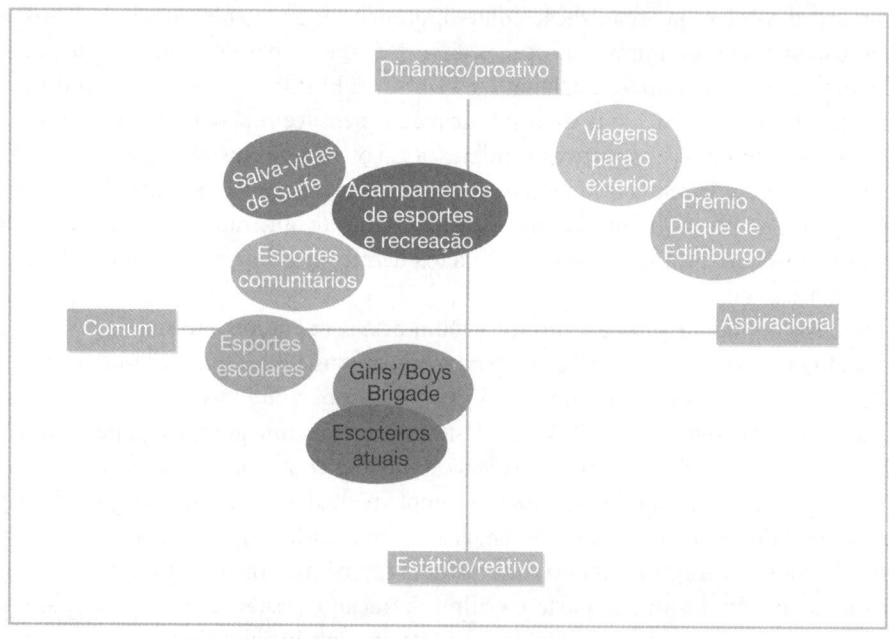

CASO 7.1 Posicionamento da organização Escoteiros da Austrália no ambiente competitivo

portanto, o número de grupos de escoteiros tenderia a diminuir, embora a demanda entre os novos membros continuasse forte. Assim, o aumento de sócios entre os membros jovens e líderes adultos foi identificado como a prioridade organizacional e de marketing para a Escoteiros no futuro próximo.

Por meio de uma pesquisa de mercado, identificou-se que o reconhecimento na comunidade em geral se manteve elevado e que a imagem da Escoteiros era positiva de maneira global, além de proporcionar uma valiosa e agradável experiência de aprendizagem ao ar livre, relevante para todos os jovens. Ao mesmo tempo, havia também alguma evidência de que a organização era percebida como um tanto conservadora e nem sempre adequada para adultos jovens. Essas atitudes são refletidas no mapa perceptual apresentado na página ao lado.

Além disso, de acordo com os membros e a gestão da Escoteiros, atrair novos membros para os níveis Joeys e Cub não era difícil, já que a imagem da organização e de seu programa ainda tinha apelo para essas faixas etárias. Mais difícil do que atrair novos escoteiros juniores era a tarefa de reter e atrair líderes adultos, embora isto também tenha sido considerado um problema comum entre as organizações comunitárias e esportivas. Nesse contexto, as demandas de trabalho habituais e a crescente preocupação da comunidade sobre o "perigo do desconhecido" se combinaram para fazer tais atividades voluntárias menos atraentes para os pais.

O desafio para a gestão da Escoteiros

Assim, apesar de a história e as conquistas da Escoteiros e de seus membros serem motivo de orgulho e satisfação, não pode haver complacência. Em particular, o declínio constante no número de membros ao longo dos cinco últimos anos precisa ser contido. Ao mesmo tempo, novos membros precisam ser recrutados, especialmente líderes adultos.

Na tentativa de deter o declínio, algumas questões ainda sem respostas estão relacionadas com a relevância e pertinência do "produto principal". O produto da Escoteiros ainda é relevante? O declínio na popularidade pode ser atribuído a uma falta de conhecimento e compreensão do escotismo entre o público em geral? Se assim for, poderia haver uma reviravolta com uma campanha de conscientização e educação do público?

Além da prioridade de curto prazo de interromper o declínio, é necessário explorar as oportunidades de crescimento de longo prazo, como o desenvolvimento de novos "produtos" e a entrada em novos "mercados". Ao mesmo tempo, quaisquer alterações no "produto" Escoteiros devem focar em atrair novos membros, mas não afastar os atuais, leais e envolvidos.

Uma coisa é certa: a gestão de negócios mudou.

Questões para discussão

1. Discuta quais características da Escoteiros têm impacto (positivo e negativo) sobre as capacidades de marketing da organização?
2. Com base no mapa perceptual, em que aspectos a Escoteiros deve se concentrar para se reposicionar? Quais são as implicações para a organização nesse reposicionamento?
3. Com base nos fatos do caso e em seu conhecimento da Escoteiros, identifique "oportunidades" e "ameaças" para a organização – tanto imediatas como de longo prazo.
4. Como você priorizaria essas oportunidades e ameaças?
5. Com base nas prioridades e no novo posicionamento sugerido, esboce um breve "plano de ação" para responder a essas oportunidades e ameaças.

capítulo 8

Gerenciamento do *servicescape* e outras evidências físicas

"Recentemente, fui a um novo médico e notei que o consultório ficava em um prédio chamado Edifício Profissional. Melhorei na hora."
George Carlin, comediante

> **Objetivos do capítulo**
>
> Após a leitura deste capítulo, você deve ser capaz de:
> - Analisar o papel estratégico das evidências físicas no que se refere ao marketing de empresas de serviços.
> - Esboçar o modelo estímulo-organismo-resposta (EOR).
> - Apontar os principais componentes do modelo *servicescape*.
> - Descrever o uso gerencial dos indícios sensoriais no desenvolvimento de estratégias de *design* tático.
> - Comparar as considerações do *design* de empresas de serviços de baixo contato com as de alto contato com clientes.

O propósito deste capítulo é fornecer uma compreensão da importância das evidências físicas das empresas de serviços sobre as percepções dos clientes em relação à qualidade dos serviços prestados.

JANTAR NO CÉU: VISTAS DESLUMBRANTES MUNDO AFORA

Em 2007, um organizador de eventos belga e um especialista em guindastes holandês reuniram recursos para criar o Dinner in the Sky (Jantar no Céu), empresa que oferece uma experiência única para os consumidores. Originalmente lançado para os clientes como uma oportunidade de literalmente flutuar acima da concorrência, em poucos anos o Dinner in the Sky se tornou um fenômeno mundial. A globalização era seu plano desde o início. O projeto da empresa girava em torno da ideia de vender para parceiros em todo o mundo seus direitos de *design* de mesa içada por um guindaste com logotipos exclusivos. Em 2009, a empresa tinha parceiros em cerca de 30 países, como Estados Unidos, Letônia, Inglaterra, Alemanha e muitos outros. De fato, em janeiro de 2009, a matriz registrou receitas de quase US$ 1,34 milhão apenas em direitos e taxas.

Mas o que faz o Dinner in the Sky valer a pena para clientes especiais pagarem por esta experiência única? A comida poderia ser encontrada em qualquer restaurante, e o nível de serviço dos garçons não é melhor do que se pode encontrar em restaurantes de luxo. Então, por que as pessoas pagam milhares de dólares para jantar? O *servicescape*, naturalmente, faz toda a diferença. Além da oportunidade de jantarem literalmente entre as nuvens, os clientes, que permanecem suspensos no ar a 40 metros, também podem içar os logotipos de suas empresas sobre as cabeças de todo mundo abaixo. Como o Dinner in the Sky ainda é uma novidade que tem recebido considerável atenção da mídia internacional, o interesse que cada experiência de jantar atrai da imprensa local é incrível.

Quanto você pagaria para comer ao lado da Torre Eiffel, no pôr do sol de Paris, elevado acima da multidão caótica de turistas que circula lá embaixo? Ou, se a próxima inovação da empresa tornar-se realidade, e você ficar suspenso sobre o Grand Canyon em alturas vertiginosas?

O Dinner in the Sky continua a expandir sua base de serviços e parceiros, incluindo opções de entretenimento. Quer um cantor de ópera ou uma banda tocando em uma plataforma separada que circula lentamente ao redor da sua mesa? Você pode ter. Quer um casamento no céu? Você também pode ter. Se o sucesso financeiro atual da empresa servir de indicativo, o Dinner in the Sky continuará a ver sua expansão global graças a um *servicescape* tão único e quase inestimável.

Fonte: Hettie Judah. A highflying marketing concept goes global. *The New York Times*, 9 jan. 2009. Disponível em: <http://www.nytimes.com/2009/01/09/business/worldbusiness/09iht-wbspot10.1.19137553.html?_r=1>. Copyright © 2009 The New York Times. Todos os direitos reservados. Usado com permissão e protegido pelas leis de *copyright* dos Estados Unidos. É proibida a impressão, cópia, redistribuição ou retransmissão do material sem autorização expressa por escrito. Acesso: em 14 set. 2009. As fotos estão no *site* da empresa: Disponível em: <http://www.dinnerinthesky.com/>.

Introdução

Gerenciar as evidências físicas de uma empresa inclui gerenciar tudo o que for tangível, de instalações físicas a folhetos e cartões de visita, além do seu pessoal. As evidências físicas de uma empresa influenciam a experiência do consumidor durante todo o período de duração do encontro de serviço. Considere a experiência comum de um consumidor ao jantar em um restaurante.[1]

Antes de entrar no restaurante, os clientes começam a avaliá-lo com base na propaganda que podem ter visto na televisão ou na internet. No percurso até o restaurante, a localização, a facilidade de encontrá-lo, o letreiro e o prédio em si, tudo entra no processo de avaliação do consumidor. Da mesma forma, a disponibilidade de vagas no estacionamento, sua limpeza e os cheiros no ar quando o cliente sai do carro afetam suas expectativas e suas percepções.

Dentro do restaurante, o mobiliário, a limpeza e o ambiente fornecem mais evidências sobre a qualidade da experiência subsequente. A aparência e a simpatia do pessoal e a facilidade de os clientes poderem se movimentar e encontrar banheiros sem que precisem perguntar também entram na mente do consumidor.

Ao ser conduzido a uma mesa, o cliente percebe a estabilidade e a qualidade da mesa e das cadeiras, a limpeza de guardanapos, talheres e da própria mesa. Avaliações adicionais também ocorrem: O menu é interessante? É legível ou está desalinhado e cheio de manchas de comida dos clientes anteriores? Como os garçons interagem com os demais clientes? Qual é a aparência dos outros clientes?

Uma vez que a comida é servida, a apresentação é outro indicador da qualidade do restaurante. Os consumidores farão comparações da aparência real da comida com a forma como é retratada em propagandas e menus. Obviamente, o sabor da comida também entra na avaliação do cliente.

Ao completar a refeição, a própria conta se torna um indício tangível. Está correta? Taxas são claramente descritas? Está limpa ou encharcada com molho de espaguete? Os banheiros são limpos? Os garçons agradeceram de forma sincera?

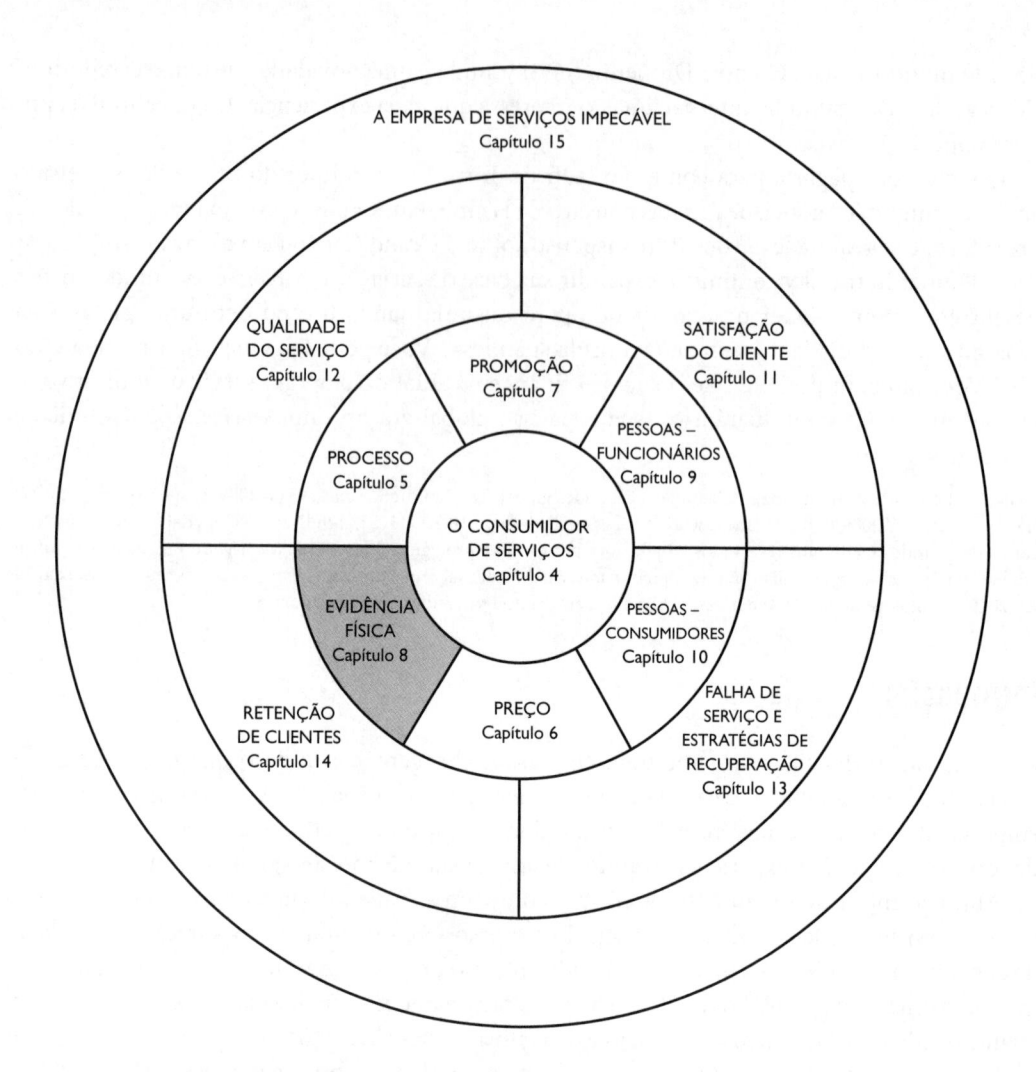

Papel estratégico da evidência física

Devido à intangibilidade, os consumidores terão dificuldade de avaliar objetivamente a qualidade dos serviços. Muitas vezes, eles usam evidências tangíveis em torno do serviço para formar avaliações. O papel de evidências físicas no marketing de intangíveis possui muitas facetas. Quando se desenvolvem *servicescapes*, a evidência física é composta por três grandes categorias: (1) área externa, (2) área interna e (3) outros tangíveis. A **área externa** inclui *design* exterior, sinalização, estacionamento, paisagismo e ambiente em volta. Por exemplo, a instalação pode ser construída em uma montanha, com vista para um lago. A **área interna** inclui elementos como *design* interior, equipamentos utilizados para atender o cliente diretamente ou para administrar o negócio, sinalização, *layout*, qualidade do ar e temperatura. **Outros tangíveis** que fazem parte das evidências físicas da empresa incluem itens como cartões de visita, material de escritório, faturas, relatórios, aparência dos funcionários, uniformes e folhetos.[2]

área externa Refere-se ao exterior físico da instalação de serviços, como *design* exterior, sinalização, estacionamento, paisagismo e ambiente em volta.

área interna Refere-se ao interior físico da instalação de serviços, como *design* interior, equipamentos utilizados para atender os clientes, sinalização, *layout*, qualidade do ar e temperatura.

outros tangíveis Trata-se dos itens que fazem parte das evidências físicas da empresa, como cartões de visita, material de escritório, faturas, relatórios, aparência dos funcionários, uniformes e folhetos.

O grau de utilização de evidências físicas varia de acordo com o tipo de empresa prestadora de serviços (ver Figura 8.1). Empresas de serviços, como hospitais, *resorts* e creches, muitas vezes fazem amplo uso de evidências físicas na concepção da instalação e outros tangíveis associados ao serviço. Em contrapartida, empresas de serviços, como corretoras de seguros e locais de depósito de correio expresso (por exemplo, a Federal Express), usam evidências físicas de forma limitada. Independentemente da variação no uso, todas as empresas de serviço precisam reconhecer a importância da gestão de suas evidências físicas em seus papéis de:

- Embalagem *do serviço*;
- Facilitação *do fluxo do processo de prestação do serviço*;
- Socialização *de clientes e funcionários em termos de seus respectivos papéis, comportamentos e relacionamentos*; e
- Diferenciação *da empresa de seus concorrentes*.[3]

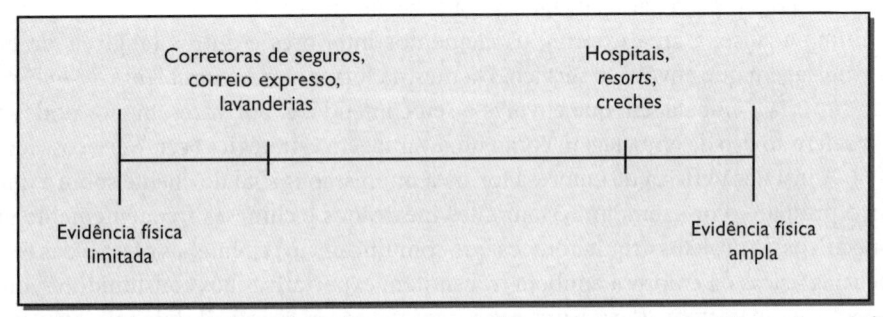

Fonte: Mary J. Bitner. Servicescapes: The Impact of Physical Surroundings on Customers and Employees. *Journal of Marketing* 56, 2, abr. 1992, p. 60. Reimpressa com permissão da American Marketing Association.

FIGURA 8.1 Variações no uso das evidências físicas

Por exemplo, Rainforest Café, Chili's, T. G. I. Friday's, Cracker Barrel e uma série de outros restaurantes, por vezes descritos como "museus com comida", oferecem alimentos como uma experiência interativa com as evidências físicas cuidadosamente gerenciadas, incluindo o ambiente da refeição. Com uma superfície média de 2.000 m², os restaurantes do Rainforest Café têm aquários, papagaios vivos, uma cachoeira, um crocodilo mecânico, macacos de fibra de vidro, uma tela de vídeo, uma árvore falante e um temporal regularmente cronometrado, incluindo raios. O tema do ambiente é fortemente enfatizado na decoração e nos produtos da cadeia. Os restaurantes fazem questão de não servir carne de terras desmatadas nem peixes capturados em redes. As árvores falantes emitem mensagens sobre o meio ambiente para os clientes que esperam na fila. No entanto, os restaurantes enfatizam bastante seu negócio principal, a comida, e trabalham para garantir a qualidade neste aspecto.[4]

Em última análise, o exterior da empresa, elementos do seu interior e outros aspectos tangíveis criam o pacote que envolve o serviço. Promovido como o hotel mais luxuoso do mundo, o Burj Al Hotel, localizado em Dubai, usa sua própria arquitetura única para compor seu pacote de serviços.

Embalagem

As evidências físicas da empresa desempenham um papel importante na embalagem do serviço. O próprio serviço é intangível e, portanto, não requer um pacote por razões puramente funcionais. No entanto, utilizar evidências físicas para embalar o serviço envia sinais de qualidade para os consumidores e agrega valor ao serviço em termos de imagem, o que melhora a percepção do serviço pelo consumidor, reduzindo tanto os níveis de percepção de risco associado à compra como os de dissonância cognitiva após a compra.

Um exemplo do uso de evidências físicas para embalar o serviço envolve o Airbus A380. Foram necessários 11 anos para que a Airbus pudesse construir esse novo jato jumbo que pesa 308 toneladas, a um custo de quase US$ 13 bilhões. O A380 tem 24 metros de altura (equivalente a um edifício de sete andares), 73 metros de comprimento e uma envergadura de 80 metros, e pode voar cerca de 15 mil quilômetros. Pode transportar até 840 passageiros em dois andares. Além disso, o espaço pode ser redesenhado para incluir lojas, um cassino e um restaurante no andar inferior, com espaço para passageiros na parte de cima.[5]

Em última análise, a área externa, os elementos interiores e outros tangíveis da empresa criam a embalagem que envolve o serviço. Da mesma forma, em um ambiente *on-line*, a página inicial do *site* cria a embalagem que envolve o seu conteúdo, e, por vezes, menos pode ser mais no que se refere ao uso da embalagem como uma vantagem estratégica (ver "Serviços eletrônicos em ação"). A instalação física da empresa forma a impressão inicial do cliente sobre a qualidade do serviço prestado. Por exemplo, restaurantes mexicanos e chineses frequentemente utilizam tipos específicos de projetos arquitetônicos que comunicam aos clientes as ofertas das empresas. As evidências físicas da empresa também transmitem expectativas aos consumidores, que terão um conjunto de expectativas para um restaurante com salas com iluminação suave, música agradável e toalhas de mesa e guardanapos de tecido, e outro, diferente, para um restaurante com piso de cimento, mesas de armar e cascas de amendoim espalhadas pelo chão.

Facilitação do processo de serviço

Outro uso de evidências físicas na empresa é a facilitação do fluxo de atividades que produzem o serviço. Evidências físicas podem fornecer aos clientes informações sobre a forma como funciona o processo de produção do serviço. Outros exemplos incluem a sinalização que instrui os clientes. Menus e folhetos explicam ofertas da empresa e facilitam o processo de pedido aos consumidores e fornecedores. Estruturas físicas direcionam o fluxo de consumidores que esperam, e barreiras, como balcões em uma lavanderia, separam o núcleo técnico do negócio (operações de bastidores) da parte na qual os clientes participam do processo de produção.

Socialização de funcionários e clientes

socialização Processo pelo qual um indivíduo se adapta a valores, normas e padrões de comportamento exigidos de uma organização.

Socialização organizacional é o processo pelo qual um indivíduo se adapta e passa a valorizar valores, normas e padrões de comportamento exigidos de uma organização.[6] As evidências físicas da empresa desempenham um papel importante no processo de socialização, pois transmitem papéis, comportamentos e relacionamentos esperados entre os funcionários e com os clientes. O objetivo deste processo é projetar ao público uma imagem positiva e consistente. No entanto, a imagem da empresa de serviços será tão boa quanto a imagem que cada funcionário transmitir ao interagir com o público.

SERVIÇOS ELETRÔNICOS *EM AÇÃO*

Servicescape do Google.com: "61, estamos ficando um pouco pesados, não?"

Um dos segredos por trás do sucesso do Google tem sido a gestão cuidadosa do seu próprio *servicescape*. Alguns componentes de um *servicescape* on-line são: *layout* da página de texto e imagens, cores, descrições de produtos, uso de mídia *flash*, *streaming* de vídeo e áudio, e propagandas. Nos primórdios da internet, parecia que quanto mais "chamativa" a página melhor. Os desenvolvedores de páginas da internet entraram literalmente em uma corrida para se superarem pelo direito de se gabar. No entanto, no final, tudo o que realmente importava era se o *site* atendia os clientes de forma eficaz.

A história de sucesso do Google é extraordinária! Ele entrou no mercado de buscas em 1998, muito tempo depois de seus homólogos, como Yahoo e Excite. No entanto, o Google tomou três grandes decisões que o levaram a ser nomeado Marca Global do Ano. Em primeiro lugar, encontrou a tecnologia certa pelo preço certo. Os dois jovens cofundadores da empresa, Sergey Brin e Larry Page, construíram o próprio sistema a partir de peças de *hardware* comuns, e foram capazes de compactar oito vezes mais poder de servidor no mesmo espaço que os concorrentes. Em segundo lugar, sua estratégia de busca é inovadora. Em vez de se basear unicamente na busca de palavras-chave, uma busca do Google baseia-se na popularidade do *site*. Como resultado, uma pesquisa no Google é dirigida mais por contribuições humanas do que pela tecnologia. O resultado final é que os usuários geralmente recebem informação que é mais relevante.

A terceira grande decisão do Google fornece a todos nós um exemplo de como às vezes "menos é mais". Motivado por um usuário anônimo que periodicamente enviava a um vice-presidente do Google um único número (por exemplo, 13, 33, 53, 61 [Estamos ficando um pouco pesados, não é?], 37, 28), o vice-presidente finalmente chegou à conclusão de que o usuário era uma versão humana de uma balança e estava ponderando ativamente o número de palavras usadas na página inicial do Google. Desde então, o Google dedicou-se a manter sua página inicial em um nível mínimo. Ele usa imagens simples, não permite nenhuma propaganda na página principal e, em outras, autoriza apenas propaganda como *banners* sem imagens. Consequentemente, os *downloads* do *servicescape* do Google são mais rápidos do que os da concorrência e mais fáceis de ler, uma vez que apresentam menos distrações. No momento em que este texto foi escrito, a contagem de palavras era de 29 (caso você esteja se perguntando).

Como testemunho da eficácia do Google, a empresa realiza por dia 250 milhões de buscas em seus quatro bilhões de páginas ainda em crescimento. Os clientes podem "googar" em 88 línguas e muitos estão fazendo exatamente isto! O Google é o *site* mais visitado no mundo. Hoje, estima-se que um terço dos usuários globais da internet visitou o Google.com ontem!

Fontes:
1. Disponível em: <http://googleblog.blogspot.com/2008/07/what-comes-nextin-esta-series-13-33-53.html>. Acesso em: 1º out. 2009.
2. Disponível em: <http://www.alexa.com/siteinfo/google.com>. Acesso em: 1º out. 2009.
3. Judy Strauss; Adel El-Ansary; Raymond Geada. *E-Marketing*. 4. ed. Upper Saddle River, NJ: Pearson Prentice Hall, 2006, p. 241.

Evidências físicas, como o uso de uniformes, facilitam a socialização de funcionários e a aceitação de metas organizacionais, além de afetar a percepção dos consumidores em relação ao serviço prestado. Estudos têm mostrado que a utilização de uniformes:

- *Auxilia na identificação do pessoal da empresa;*
- *Evidencia um símbolo físico que representa os ideais e os atributos do grupo;*
- *Sugere uma estrutura de grupo coerente;*
- *Facilita a consistência de desempenho percebida;*

- *Fornece um símbolo tangível da mudança de* status *de um funcionário (por exemplo, os uniformes militares são alterados à medida que as patentes se elevam); e*
- *Auxilia no controle do comportamento de funcionários ambulantes.*[7]

Um exemplo clássico de como as evidências tangíveis afetam o processo de socialização dos funcionários envolve mulheres nas Forças Armadas dos Estados Unidos. Militares grávidas foram originalmente autorizadas a usar roupas civis, em vez de uniformes militares tradicionais. No entanto, os militares logo notaram problemas de disciplina e moral à medida que essas funcionárias começaram a perder a identificação com seus papéis como soldados. De acordo com Michael R. Solomon, "Os uniformes para gestantes são agora padronizados na Força Aérea, no Exército e na Marinha, bem como nas empresas US Air, Hertz, Safeway, McDonald's e National Park Service".[8]

Um meio de diferenciação

A gestão eficaz das evidências físicas também pode ser uma fonte de diferenciação. A diferenciação de serviços por meio do uso intencional de evidências físicas tem sido exemplificada pelo setor hoteleiro, com a gestão eficaz das áreas externa e interna e de outros tangíveis associados à experiência em um hotel. Curiosamente, a última disputa em diferenciação física tornou-se a própria cama. Com a introdução da "cama dos céus", o Westin Hotels inaugurou um novo movimento na indústria hoteleira. Ao longo dos anos, a cama dos céus do Westin acumulou vários prêmios empresariais, incluindo "melhor satisfação do cliente, tarifas mais elevadas, melhor receita por quarto disponível e uma avalanche de publicidade". Além disso, a pontuação geral de limpeza aumentou, embora o Westin admita que tudo o que fez a mais foi "adicionar a cama". Desde a introdução das camas dos céus, o Westin já vendeu mais de sete mil camas para clientes que ficaram encantados.[9]

A aparência do pessoal e das instalações também pode servir como fator de diferenciação e ter um impacto direto sobre a forma como os consumidores percebem que a empresa lida com os aspectos de serviços de seus negócios. Numerosos estudos têm mostrado que indivíduos bem-vestidos são percebidos como mais inteligentes, melhores trabalhadores e mais agradáveis para interagir.[10] Do mesmo modo, instalações bem projetadas serão percebidas como tendo vantagem sobre as mal concebidas.

A diferenciação também pode ser conseguida com a utilização de evidências físicas para reposicionar a empresa de serviço perante os clientes. A modernização das instalações melhora a imagem da empresa na mente dos consumidores e também pode atrair segmentos de mercado mais desejáveis, o que ajuda ainda mais na diferenciação da empresa em relação a seus concorrentes. Entretanto, uma melhora demasiada da instalação pode afugentar alguns clientes que acreditam que a empresa pode lhes estar repassando os custos de modernização por meio de preços mais altos. É precisamente por isso que muitos escritórios, como de corretoras de seguros, e consultórios dentários e médicos são decorados profissionalmente, mas não de forma muito ostensiva.

Modelo EOR

psicologia ambiental Refere-se ao uso de evidências físicas para criar ambientes de serviço e à influência destes sobre percepções e comportamentos dos indivíduos.

A ciência da utilização de evidências físicas para criar ambientes de serviço e a influência destes sobre percepções e comportamentos dos indivíduos é referida como **psicologia ambiental**.

O **modelo estímulo-organismo-resposta (EOR)** apresentado na Figura 8.2 foi desenvolvido por psicólogos ambientais para ajudar a explicar os efeitos do ambiente de serviço no comportamento do consumidor.[11] O modelo EOR consiste em três componentes:

- *Um conjunto de estímulos (visão, audição, tato, paladar e olfato);*
- *Um componente do organismo (funcionários/clientes, que são receptores dos estímulos); e*
- *Um conjunto de respostas ou resultados (comportamentos de aproximação/afastamento por funcionários/clientes).*

modelo estímulo-organismo-resposta (EOR) Trata-se de um modelo desenvolvido por psicólogos ambientais para ajudar a explicar os efeitos do ambiente de serviço no comportamento do consumidor. Este modelo descreve estímulos ambientais, estados emocionais e respostas a esses estados e estímulos.

Estímulos no *servicescape*, tais como iluminação, temperatura e música, são interpretados por clientes que se comportam de maneira consistente com o *servicescape*.

Em um contexto de serviços, os diferentes elementos de evidência física da empresa, como os ambientes exterior e interior, a iluminação, e assim por diante, compõem o conjunto de estímulos. **Estímulos** são coletados pelos cinco sentidos – visão, audição, tato, paladar e olfato – e podem ser gerenciados de forma eficaz para criar atmosferas de serviços atraentes. Uma vez recebidos e interpretados por um indivíduo, os estímulos combinados criam expectativas e percepções sobre a empresa de serviços por meio do seu ambiente. Assim, mesmo que nunca tenha ido a um restaurante específico antes, o indivíduo percebe que as luzes são suaves e os guardanapos de mesa são de linho. Isto leva à percepção de que o restaurante é de qualidade e que a comida deve ser boa, embora cara.

estímulos Referem-se aos vários elementos das evidências físicas da empresa.

Fonte: Adaptada de Robert J. Donovan e John R. Rossiter. Store Atmosphere: An Environmental Psychology Approach. *Journal of Retailing*, 58, primavera 1982, p. 42.

FIGURA 8.2 Os três componentes do modelo EOR

O componente **organismo**, que descreve os receptores do conjunto de estímulos no encontro de serviço, inclui funcionários e clientes. As **respostas** de ambos ao conjunto de estímulos são influenciadas por três estados emocionais básicos: prazer-desprazer, estimulação-não estimulação e dominância-sub-

organismo Refere-se aos receptores do conjunto de estímulos no encontro de serviço e inclui funcionários e clientes.

respostas (resultados) Trata-se da reação ou do comportamento dos consumidores em resposta a estímulos.

> **prazer-desprazer** Estado emocional que reflete o grau em que consumidores e funcionários se sentem satisfeitos com a experiência de serviço.
>
> **estimulação-não estimulação** Estado emocional que reflete o grau em que consumidores e funcionários se sentem excitados e estimulados.
>
> **dominância-submissão** Estado emocional que reflete o grau em que consumidores e funcionários se sentem no controle e capazes de agir livremente no ambiente de serviço.
>
> **comportamentos de aproximação/afastamento** Respostas do consumidor ao conjunto de estímulos ambientais que se caracterizam por um desejo de ficar em um estabelecimento ou sair dele, explorar o ambiente de serviços e interagir com ele ou ignorá-lo, ou sentir satisfação ou decepção com a experiência de serviço.

missão. O estado emocional **prazer-desprazer** reflete o grau em que consumidores e funcionários se sentem satisfeitos com a experiência de serviço. O estado de **estimulação-não estimulação** reflete o grau em que eles se sentem excitados e estimulados. O terceiro estado emocional, **dominância-submissão**, reflete os sentimentos de controle e a capacidade de agir livremente no ambiente de serviço. Idealmente, as empresas de serviços devem utilizar evidências físicas para construir ambientes que apelem ao prazer e aos estados de estimulação, e evitar a criação de ambientes que estimulem a submissão.

Finalmente, as respostas de consumidores e funcionários ao conjunto de estímulos ambientais são caracterizadas como **comportamentos de aproximação** ou **de afastamento**. Estes e seus resultados podem ser demonstrados em qualquer combinação das quatro maneiras apresentadas a seguir (funcionários exibem comportamentos similares aos consumidores):[12]

1. O desejo de permanecer no estabelecimento de serviços (aproximação) ou sair dele (afastamento).
2. O desejo de explorar o ambiente de serviços e interagir com ele (aproximação) ou tendência a ignorá-lo (afastamento).
3. O desejo de se comunicar com outras pessoas (aproximação) ou ignorar as tentativas de prestadores de serviços de se comunicar com os clientes (afastamento).
4. Sentimentos de satisfação (aproximação) ou decepção (afastamento) com a experiência de serviço.

Desenvolvimento de *servicescape*[13]

> ***servicescape*** Refere-se ao uso de evidências físicas para projetar ambientes de serviço.

O termo ***servicescape*** refere-se ao uso de evidências físicas para projetar ambientes de serviço. O quadro de *servicescape* apresentado na Figura 8.3 é uma aplicação completa do modelo EOR, que pode ser aplicado na influência de evidências físicas da empresa de serviços sobre os comportamentos de consumidores e funcionários. Devido à inseparabilidade, o modelo reconhece que o ambiente da empresa provavelmente terá um impacto sobre consumidores e funcionários. Por exemplo, muitas faculdades e universidades são precursoras na construção de prédios ecológicos em seus *campi* (*eduscapes*), de modo a beneficiar alunos e funcionários (ver "Sustentabilidade e serviços *em ação*"). No entanto, o *servicescape* deve ser concebido para satisfazer às necessidades dos indivíduos que ficam mais tempo dentro da empresa prestadora de serviços.

Serviços remotos, autosserviços e serviços interpessoais

O projeto do *servicescape* varia conforme o envolvimento do cliente na coprodução de serviços. Assim, as empresas de serviços podem ser caracterizadas como remotas, de autosserviço e interpessoal. A Figura 8.4 apresenta um gráfico contínuo do uso de instalações por tipo de serviço.

FIGURA 8.3 Modelo servicescape

DIMENSÕES FÍSICAS AMBIENTAIS

Condições ambientais
- Temperatura
- Qualidade do ar
- Ruído
- Música
- Odor
- etc.

Espaço/função
- *Layout*
- Equipamentos
- Móveis
- etc.

Sinais, símbolos e artefatos
- Sinalização
- Artefatos pessoais
- Estilo de decoração
- etc.

AMBIENTE HOLÍSTICO

Servicescape percebido

MODERADORES DE RESPOSTAS INTERNAS

Moderadores de resposta do funcionário

Moderadores de resposta do cliente

RESPOSTAS INTERNAS

Respostas do funcionário:
- Cognitivas: Crenças, Categorização, Significado simbólico
- Emocionais: Humor, Atitude
- Fisiológicas: Dor, Conforto, Aptidão física

Respostas do cliente:
- Cognitivas: Crenças, Categorização, Significado simbólico
- Emocionais: Humor, Atitude
- Fisiológicas: Dor, Conforto, Movimento, Aptidão física

COMPORTAMENTO

Comportamentos individuais de aproximação (funcionário)
- Afiliação
- Exploração
- Maior permanência
- Compromisso
- Realização do plano

Afastamento (Oposto de aproximação)

Interações sociais (Entre clientes, entre funcionários e entre clientes e funcionários)

Comportamentos individuais de aproximação (cliente)
- Afiliação
- Permanência/exploração
- Dispêndio de dinheiro
- Retorno
- Realização do plano

Afastamento (Oposto de aproximação)

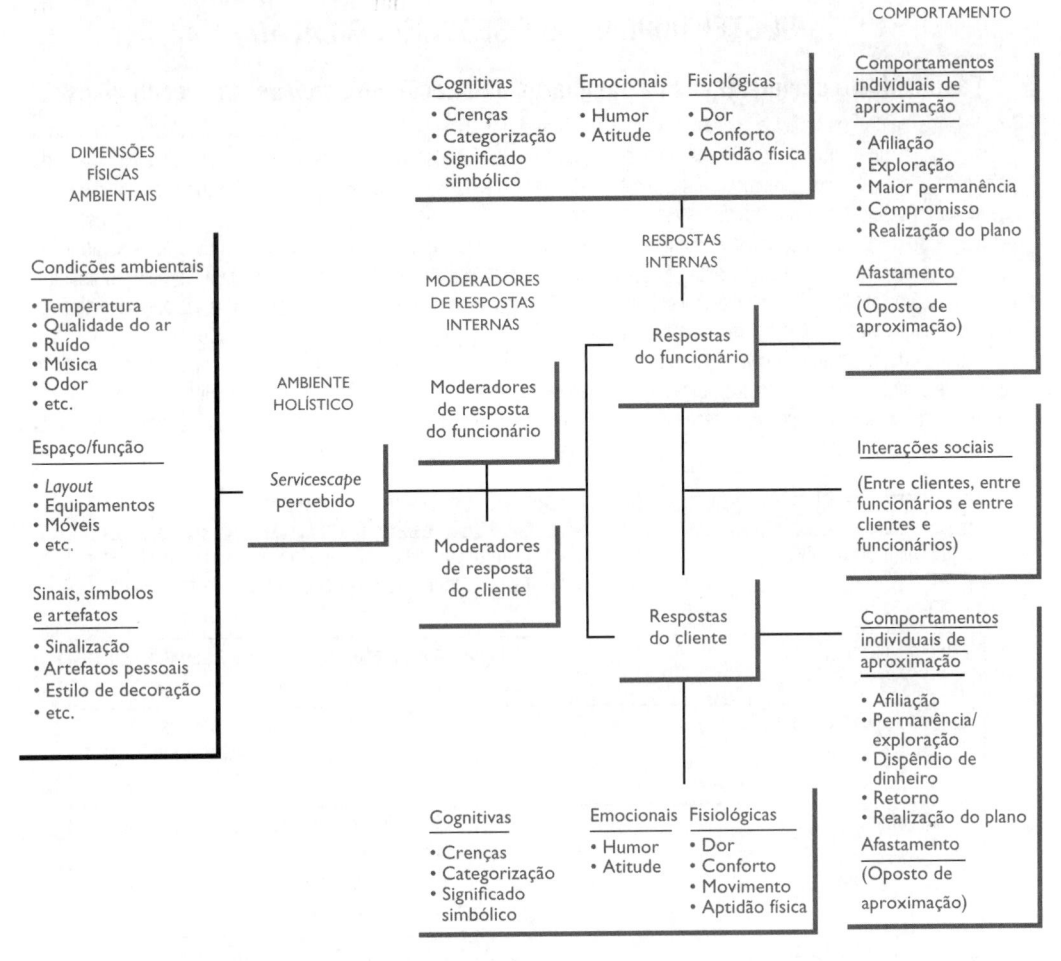

Fonte: Mary J. Bitner. Servicescapes: The Impact of Physical Surroundings on Customers and Employees. *Journal of Marketing*, 60, n. 2, abr. 1992, p. 60. Reimpressa com permissão da American Marketing Association.

Alguns serviços, como encomendas pelo correio, serviços de telefonia e serviços públicos, são descritos como **serviços remotos**. Nesses casos, os funcionários estão fisicamente presentes na operação do serviço, enquanto o envolvimento do cliente no processo de produção de serviço é independente. Em outras palavras, para que possam ser completados, esses serviços requerem pouca presença física do cliente. Consequentemente, as instalações da empresa deverão facilitar os esforços globais dos funcionários e aumentar sua motivação, produtividade e satisfação.

> **serviços remotos** Trata-se de serviços em que os funcionários estão fisicamente presentes, enquanto o envolvimento do cliente no processo de produção de serviço é independente.

Na outra extremidade do espectro estão os serviços que os consumidores podem adquirir por si mesmos, denominados **autosserviços**. Os ambientes de autosserviço são dominados pela presença física do cliente e incluem caixas eletrônicos, campos de golfe em miniatura, quiosques postais e lavagem de automóveis. O ambiente dos estabelecimentos de autosserviço deve estar em locais convenientemente acessíveis e ser construído para atrair clientes e aumentar sua satisfação.

> **autosserviços** Referem-se a ambientes de serviços dominados pela presença física do cliente, como caixas eletrônicos ou quiosques postais.

SUSTENTABILIDADE E SERVIÇOS *EM AÇÃO*

Faculdades e universidades na vanguarda da criação de *servicescapes* ecológicos

Nos Estados Unidos, os edifícios construídos por meio de métodos convencionais são responsáveis por 36% das emissões totais de gases do efeito estufa, 39% das emissões totais de dióxido de carbono e 71% do consumo de eletricidade do país. Além disso, eles consomem 40% das matérias-primas do mundo. Como resultado, os edifícios sustentáveis estão "na moda", e faculdades e universidades têm mostrado o caminho no fornecimento do *triple bottom line* do planeta, das pessoas e do lucro. As instalações sustentáveis beneficiam o planeta em função do uso de produtos mais ecológicos. As pessoas sentem os resultados desse processo quando trabalham em ambientes que aumentam a assiduidade e melhoram a produtividade. Finalmente, embora sejam mais caros para construir, os edifícios ecológicos são operacionalmente mais baratos e contribuem para o recrutamento de estudantes, o que também melhora a lucratividade.

Muitos administradores universitários acreditam que o ambiente educacional tem uma responsabilidade social no sentido de promover alternativas ecológicas. Assim, fazem declarações públicas e dão um bom exemplo para estudantes e outros grupos. O quadro a seguir apresenta alguns exemplos de estratégias de *servicescapes* ecológicos em faculdades e universidades.

INSTITUIÇÃO	ESTRATÉGIA DE *SERVICESCAPE* ECOLÓGICO
Santa Clara University	Utiliza carpete de fios de algodão em um piso elevado em 35 cm para ajudar na circulação de ar quente e frio.
Stanford University	Integra madeira recuperada de velhos barris de vinho nos edifícios.
East Los Angeles College	Exibe orgulhosamente 5.952 painéis solares que produzem quase metade das necessidades energéticas da faculdade.
Yale University	Utiliza uma cortina translúcida feita com um material conhecido como "fumaça congelada". Além de permitir a entrada da luz solar, essa cortina mantém a temperatura do ambiente.
University of Michigan	Os pisos são construídos com borracha de pneu, e os balcões são feitos de farinha de soja, jornais, trigo e sementes de girassol. Em alguns banheiros, utilizam-se ladrilhos de vidro de para-brisas de avião.
Northen Arizona University	As paredes são isoladas com milhares de calças *jeans* recicladas.
Warren Wilson College	Um carro-tanque ferroviário transformado canaliza as águas pluviais através de um dos edifícios.

O sistema ecológico mais importante do país, a certificação do Green Building Council em Liderança em Energia e Projetos Ambientais (programa também conhecido como LEED), registrou um aumento acentuado nas instituições de ensino superior que buscam este tipo de certificação. Em 2001, havia 42 projetos LEED no ensino superior. Em contraste, em junho de 2008, 1.497 edifícios de ensino superior buscavam a certificação. Os *servicescapes* de ensino superior não têm apenas incorporado melhorias ecológicas de bastidores, mas também apresentam seus esforços ecológicos de forma muito deliberada e visível.

Fonte: http://www.latimes.com/news/local/la-me-ecocollege7-2008jul07,0,2908946.story. Acesso em: 1º out. 2009.

Em contraste com ambientes remotos e de autosserviço, muitos serviços, como restaurantes, hospitais, hotéis, bancos e companhias aéreas, podem ser descritos como **serviços interpessoais**, em que o espaço físico é compartilhado conjuntamente por consumidores e funcionários (e em alguns casos, como hospitais, a família do paciente também está envolvida e fisicamente presente). Os ambientes de serviços interpessoais devem ser desenvolvidos com base nas necessidades dos funcionários e dos clientes. Além disso, deve-se facilitar a interação social entre eles. Para ilustrar a importância de compreender o papel de coprodução do usuário final em relação ao projeto de *servicescape*, considere as seguintes decisões em relação às empresas de serviços de alto contato quando comparadas com as de baixo contato com clientes.[14]

> **serviços interpessoais** Referem-se a ambientes de serviços em que os clientes e prestadores têm que interagir.

Localização da instalação O local escolhido para a operação de serviços da empresa depende da intensidade de contato com o cliente durante o processo de produção do serviço. Se os clientes são parte integrante do processo, localizações convenientemente situadas perto das suas casas ou dos locais de trabalho podem proporcionar à empresa uma vantagem competitiva em relação aos concorrentes. Por exemplo, se os demais aspectos forem semelhantes, lavagem de automóveis, lavanderias e cabeleireiros em localizações mais convenientes provavelmente conquistarão a maioria dos negócios.

Em contrapartida, as empresas de serviços de baixo contato com o cliente devem considerar os locais que podem ser mais convenientes para funcionários e fornecedores, e mais perto das principais rotas de transporte. Por exemplo, instalações de venda por correspondência têm pouco ou nenhum contato com o cliente, e podem aumentar a eficiência das operações em localizações próximas de fornecedores e das principais alternativas de transporte, como perto de rodovias interestaduais para transporte rodoviário ou aeroportos para despachos de encomendas durante a noite. Em muitos casos, é menos oneroso comprar ou alugar nesses tipos de local, uma vez que geralmente estão situados em áreas remotas nas quais o custo do terreno e construção não é tão alto como nos limites da cidade, onde outras empresas se instalam para que possam ficar perto dos clientes.

Ao contrário de serviços remotos e autosserviços, serviços interpessoais devem construir *servicescape* tendo em mente as necessidades físicas e psicológicas dos prestadores de serviços e dos clientes.

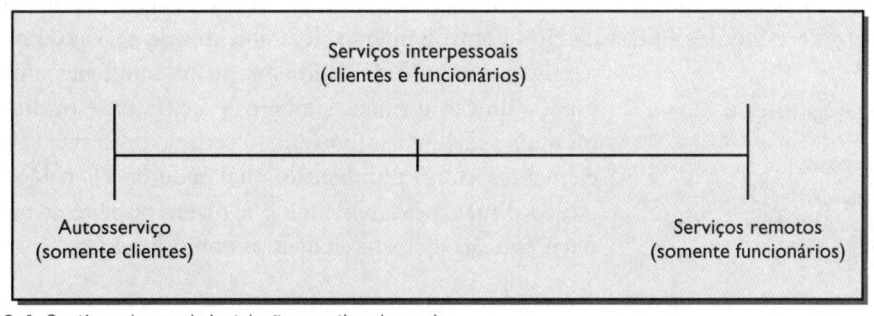

FIGURA 8.4 Contínuo de uso de instalações por tipo de serviço

Autosserviço (somente clientes) — Serviços interpessoais (clientes e funcionários) — Serviços remotos (somente funcionários)

Layout da instalação Em relação a este aspecto, as empresas de serviços de alto contato com clientes devem considerar as necessidades físicas e psicológicas, além das expectativas dos clientes. Ao entrar em uma operação de serviços de alto contato, o cliente espera que a instalação se pareça com algo diferente de um armazém empoeirado, mofado e velho. Entre as expectativas do consumidor, estão pessoal profissional, indicações claras que expliquem o processo, espaço suficiente para mover-se confortavelmente pela instalação e um espaço adequado para trazer amigos e familiares. Em contrapartida, as instalações de baixo de contato devem ser projetadas para maximizar as expectativas dos funcionários e os requisitos de produção. Obviamente, projetar instalações para serviços de alto contato é muitas vezes mais caro do que para de baixo de contato.

Design de produto Uma vez que o cliente está envolvido no processo de produção de serviços de alto contato, ele definirá o produto de uma forma diferente do que se fosse produzido por um serviço de baixo contato. Em serviços como restaurantes, que têm um produto concreto associado à oferta de serviço, o cliente definirá o produto pelo próprio produto físico, bem como pelas evidências físicas em torno do produto no ambiente de serviço. Serviços de alto contato com clientes que produzem produtos puramente intangíveis, como educação e seguros, são definidos quase exclusivamente pelas evidências físicas que envolvem o serviço e por pensamentos e opiniões de outros.

Em serviços de baixo contato, o cliente não está diretamente envolvido no processo de produção. Neste caso, o produto é definido por menos atributos. Considere uma operação de vendas por correspondência, em que o cliente nunca entra fisicamente nas instalações. O cliente definirá o produto final com base no próprio produto físico (um par de botas), na conversa que teve com o pessoal quando fez a encomenda, na qualidade do catálogo de vendas por correspondência que mostrava as botas, na caixa em que a botas foram embaladas e na nota fiscal que solicita o pagamento.

Design de processo Nas operações de alto contato, a presença física do cliente no próprio processo também deve ser considerada. Cada fase do processo terá um efeito direto e imediato sobre o cliente. Assim, o conjunto de pequenos encontros de serviço e as evidências físicas presentes em cada encontro contribuirão para a avaliação global do processo por parte do cliente. Por exemplo, um hóspede de hotel está diretamente envolvido nos processos de reserva, *check-in* e consumo associados ao uso do quarto, além dos processos de consumo associados ao uso das amenidades do hotel, como o restaurante, piscina e *health club*, e no processo de *check-out*. Em contrapartida, uma vez que o cliente não está envolvido com muitas das etapas de produção em serviços de baixo contato, sua avaliação baseia-se principalmente no próprio resultado.

Fase 1: Dimensões ambientais físicas

O modelo *servicescape* representado na Figura 8.3 consiste de cinco fases, e começa por reconhecer o conjunto de estímulos utilizados no desenvolvimento de ambientes de serviço. Em termos gerais, o conjunto de estímulos inclui condições ambientais, espaço/função e sinais, símbolos e artefatos. **Condições ambientais** refletem a atmosfera do cenário do serviço e incluem elementos como iluminação, qualidade do ar, ruído, música etc. As dimensões ambientais que dizem respeito ao uso do **espaço/função** incluem elementos como *layout* das instalações,

> **condições ambientais** Trata-se da atmosfera do cenário do serviço, que inclui iluminação, qualidade do ar, ruído, música etc.
>
> **espaço/função** Dimensões ambientais que incluem *layout* da instalação, equipamento e mobiliário da empresa.

equipamentos e móveis da empresa. **Sinais, símbolos e artefatos** incluem a sinalização que dirige o fluxo do processo de serviço, artefatos pessoais que fornecem aspectos da personalidade e individualidade que personalizam a instalação, e o estilo de decoração, como clássico, contemporâneo ou tradicional.

> **sinais, símbolos, artefatos** Evidência física ambiental que inclui sinalização para direcionar o fluxo do processo de serviço, artefatos pessoais para personalizar a instalação e o estilo de decoração.

Fase 2: Ambiente holístico

Após a instalação das dimensões ambientais físicas, são formadas percepções do ambiente holístico da empresa. Assim, a parte de **ambiente holístico** do modelo *servicescape* refere-se às percepções formadas por funcionários e clientes com base nas dimensões físicas ambientais. Em outras palavras, o ambiente holístico é uma visão geral percebida ou uma imagem da empresa com base nas evidências físicas, o que é referido no modelo como *servicescape* **percebido**, difícil de definir com precisão. Além disso, as percepções do mesmo estabelecimento variarão entre os indivíduos. Essencialmente, o *servicescape* percebido é uma composição de imagens mentais de instalações físicas da empresa de serviços.

> **ambiente holístico** Refere-se às percepções globais do *servicescape* formadas por funcionários e clientes com base nas dimensões físicas ambientais.
> ***servicescape* percebido** Trata-se de um composto de imagens mentais das instalações físicas da empresa de serviços.

A gestão estratégica do *servicescape* percebido contribui para o estabelecimento de uma estratégia de posicionamento que diferencia a empresa dos concorrentes e, em última análise, influencia o processo de decisão do cliente. A empresa deve desenvolver o *servicescape* com base no mercado-alvo. Os **clientes econômicos**, cujas decisões de compra baseiam-se no preço, evitam estabelecimentos de serviços que pareçam muito extravagantes ou elaborados, pois partem da premissa que esses estabelecimentos prestam serviços muito caros. Em geral, este tipo de cliente é atraído por ambientes simples, mas que reflitam qualidade, limpeza e modernidade. Especialistas em troca de óleo, como a franquia "Jiffy Lube", e o Walmart, a superpotência moderna de varejo, usam este tipo de ambiente. Em contrapartida, os **clientes personalizados** desejam ser mimados e bem atendidos, e são muito menos sensíveis ao preço ao escolher

> **clientes econômicos** Consumidores que tomam decisões de compra com base principalmente no preço.
> **clientes personalizados** Consumidores que desejam ser mimados e bem atendidos e que são muito menos sensíveis ao preço.
> **clientes apáticos** Consumidores que buscam conveniência sobre preço e atenção pessoal.
> **clientes éticos** Consumidores que apoiam as empresas pequenas ou locais, em oposição aos prestadores de serviços maiores ou nacionais.

entre concorrentes. As empresas de *catering* para clientes personalizados criam ambientes que refletem o *status* que eles procuram ao investirem mais em itens como saguões em mármore, acessórios em vidro e bronze e mobiliário que incentivam os clientes a fazer compras em um ritmo calmo. Da mesma forma, as empresas que atendem **clientes apáticos** – que buscam conveniência – e **éticos** – que apoiam empresas menores ou locais em oposição aos prestadores de serviços maiores ou nacionais – devem criar seus *servicescapes* em conformidade com esses tipos de consumidor.

Fase 3: Moderadores de resposta interna

As respostas de clientes e funcionários ao *servicescape* da empresa são influenciadas (moderadas) por uma série de fatores. O componente **moderadores de resposta interna** do modelo *servicescape* refere-se aos três estados emocionais básicos do modelo EOR estudados: prazer-desprazer, estimulação-não estimulação e dominância-submissão. Os três moderadores de

> **moderadores de resposta interna** Referem-se aos três estados emocionais básicos do modelo EOR que fazem a mediação da reação entre o *servicescape* percebido e as respostas de clientes e funcionários em relação ao ambiente de serviço.

resposta fazem a mediação da reação entre o *servicescape* percebido e as respostas de clientes e funcionários em relação ao ambiente de serviço. Por exemplo, se um cliente deseja permanecer em um estado de não estimulação e passar uma noite agradável e tranquila com alguém especial, evitará estabelecimentos de serviços com luzes fortes, barulhentos e cheios, e será atraído por ambientes mais calmos e propícios para conversas. Da mesma forma, as respostas dos funcionários ao ambiente da empresa também serão afetadas por seus próprios estados emocionais. Às vezes, os funcionários estão ansiosos por desenvolver conversas com os clientes. Em outros dias, querem minimizar conversas e processar os clientes como matérias-primas em uma linha de produção. Os moderadores de resposta ajudam a explicar por que os serviços são caracterizados pela heterogeneidade à medida que variam de prestador para prestador e até mesmo de dia para dia no mesmo fornecedor.

Fase 4: Respostas internas

Até o momento, o modelo *servicescape* é composto de uma variedade de dimensões físicas ambientais que formam a percepção holística (global) do indivíduo em relação ao *servicescape*. Além disso, a reação do indivíduo ao *servicescape* será moderada por seu estado emocional atual. O próximo passo deste modelo busca descrever a forma como os indivíduos respondem ao *servicescape* da empresa, o que pode ser descrito em três níveis diferentes: cognitivo, emocional e fisiológico.

Respostas cognitivas Referem-se aos processos de raciocínio dos indivíduos e, de acordo com o modelo, incluem crenças, categorização e significado simbólico. Na formação de **crenças**, o ambiente da empresa funciona como um meio de comunicação não verbal e influencia as crenças de um consumidor sobre a capacidade do fornecedor de realizar o serviço. Por exemplo, se as aulas de um professor são difíceis de acompanhar, um aluno pode atribuir esta dificuldade à incapacidade do professor de ensinar ou culpar a si mesmo por uma incapacidade de aprender o assunto. Estudos têm demonstrado que, quando confrontados com este tipo de cenário, o ambiente físico influencia os consumidores na atribuição de culpa.[15] Em particular, se a sala do professor está em desordem, os alunos são mais propensos a lhe atribuir um mau serviço. Assim, a evidência física pode ajudar os clientes com crenças relativas ao sucesso do prestador, aos preços dos serviços e à competência. Da mesma forma, funcionários formam tipos semelhantes de crenças sobre sua própria empresa com base no *servicescape* percebido global.

crenças Referem-se às opiniões dos consumidores sobre a capacidade do prestador de executar o serviço.

Categorização é o segundo tipo de resposta cognitiva. Restaurantes e boates operam em uma série de ambientes. Alguns são excelentes restaurantes, enquanto outros servem estritamente a clientela local ou segmentos específicos de mercado. O processo de categorização facilita a compreensão do consumidor em um ritmo mais rápido. Os consumidores avaliam as evidências físicas por meio de seus cinco sentidos, rapidamente classificam os estabelecimentos de serviços com os tipos existentes de operação e, em seguida, acessam o roteiro de comportamento apropriado para o tipo de operação e agem em conformidade. Por exemplo, um restaurante com luzes fracas normalmente simboliza um ambiente mais requintado e sugere que os clientes falem em voz baixa enquanto desfrutam de suas refeições.

categorização É o processo de categorizar *servicescapes* com base em experiências anteriores.

Indivíduos também inferem **significado simbólico** a partir do uso de evidências físicas pela empresa. Por exemplo, se uma casa noturna apresenta retratos de James Dean, Jimi Hendrix, Janis Joplin, Kurt Cobain e outros que seguiram caminhos se-

significado simbólico Significado inferido pelo uso de evidências físicas pela empresa.

melhantes, ela evoca um significado simbólico para os funcionários e clientes. Neste caso, as evidências físicas podem se traduzir em uma série de símbolos, como individualidade, sucesso jovem, sonhos desfeitos ou outros significados, dependendo da interpretação individual. Significado simbólico por meio da utilização de evidências físicas ajuda na diferenciação e no posicionamento.

Respostas emocionais Além de formarem crenças, os indivíduos também responderão ao ambiente físico da empresa em um nível emocional. **Respostas emocionais** não envolvem raciocínio, apenas acontecem, muitas vezes inexplicavelmente e de repente. Músicas específicas, por exemplo, podem fazer os indivíduos se sentir felizes ou tristes ou recriar outros sentimentos do passado associados a determinada canção. Aromas têm efeitos semelhantes sobre os indivíduos. Obviamente, o objetivo da gestão eficaz das evidências físicas é estimular emoções positivas que criem atmosferas nas quais funcionários gostem de trabalhar e clientes queiram gastar seu tempo e dinheiro.

> **respostas emocionais** Sentimentos que resultam do *servicescape*.

Respostas fisiológicas Em contraste com respostas cognitivas e emocionais, as fisiológicas são frequentemente descritas em termos de prazer físico ou desconforto, ou seja, as respostas fisiológicas típicas envolvem dor e conforto. Ambientes em que a música está muito alta podem levar ao desconforto e provocar o afastamento de funcionários e clientes da fonte do ruído. Por exemplo, as operações de varejo da Hollister são conhecidas pela criação de ambientes que os adolescentes adoram e os adultos mais velhos desprezam. Em outro exemplo, a falta de uma área de proibição de fumar em um aeroporto pode causar dificuldade em respirar e desconforto em alguns clientes. Em vez de ser excitantes, ambientes demasiadamente iluminados podem causar desconforto ocular. Em contraste, um restaurante mal iluminado pode causar fadiga ocular à medida que os clientes se esforçam para ler o menu. Todas essas respostas determinam se um cliente vai se aproximar e explorar as ofertas da empresa ou se afastar e deixar o local para minimizar a quantidade de desconforto fisiológico. Devido ao tempo que se passa na instalação da empresa, os funcionários podem achar o ambiente físico perigoso se for mal administrado. Espaço de trabalho adequado, equipamento apropriado para fazer o trabalho e condições ambientais propícias, como temperatura e qualidade do ar, estão diretamente relacionados à disposição dos funcionários de continuar a trabalhar, à produtividade, à satisfação com o trabalho e às interações positivas com colegas de trabalho.

> **respostas fisiológicas** Referem-se às respostas ao ambiente físico da empresa com base em dor ou conforto.

Fase 5: Respostas comportamentais ao ambiente

Comportamentos individuais O modelo *servicescape* se encerra com uma resposta comportamental do indivíduo em relação ao ambiente físico. Comportamentos individuais de resposta aos estímulos ambientais são caracterizados como de aproximação e afastamento. Em ambientes de varejo, o ambiente da loja influencia os seguintes comportamentos de aproximação:

> **comportamentos individuais** Trata-se das respostas ao *servicescape* normalmente descritas como comportamentos de aproximação e afastamento.

- *prazer nas compras,*
- *visitas repetidas,*
- *impressões favoráveis da loja,*
- *dinheiro gasto,*

- *tempo gasto em compras, e*
- *vontade de ficar e explorar a loja.*

Em outros casos, estímulos ambientais têm sido propositadamente gerenciados para desencorajar segmentos de mercado indesejáveis. Por exemplo, algumas lojas de conveniência dos Estados Unidos têm utilizado "música de elevador" (por exemplo, Muzak, música entediante) fora de suas lojas para repelir gangues de bairro indesejáveis que "circulam" pelo estacionamento da loja e dissuadem a clientela que deseja entrar. Em um caso mais recente, lojistas da Nova Zelândia têm tocado Barry Manilow para tentar afastar os "ratos de *shopping*" – mais vulgarmente conhecidos como "adolescentes rebeldes".[16]

Interações sociais Em última análise, o *servicescape* de uma empresa de serviço interpessoal deve encorajar interações entre funcionários e clientes, entre clientes e entre funcionários. Na criação de um ambiente como este, o principal desafio é evitar que os funcionários também sejam influenciados e abram mão do cliente para que possam concluir as tarefas que lhes cabem com um mínimo de envolvimento do cliente. Variáveis ambientais, como proximidade física, disposição dos assentos, tamanho da instalação e flexibilidade na alteração da configuração do *servicescape* definem as possibilidades e impõem limites na quantidade de interação social possível.[17]

Considere os arranjos de assentos de um restaurante japonês do tipo *teppan* (carnes grelhadas, cozidas ou fritas), que combina diferentes grupos de clientes em uma mesa, ao contrário da disposição de assentos tradicionais em que cada grupo tem sua própria mesa. Obviamente, mal ou bem, "sentar-se em comunidade" em um restaurante como este incentiva a interação entre os clientes. Além disso, a cada mesa é atribuído o seu próprio cozinheiro, que interage com os clientes durante o processo de produção. Passos semelhantes têm sido dados no aumento da interação do consumidor nos restaurantes Max and Erma's. As mesas são visivelmente numeradas e equipadas com telefones que permitem que os clientes chamem uns aos outros. Acomodações de grandes dimensões no Outback Steakhouse permitem que os garçons realmente se sentem à mesa do cliente enquanto explicam o menu e anotam os pedidos. Este tipo de abordagem, embora inicialmente um pouco estranha para alguns clientes não familiarizados com a prática (uma modificação no roteiro do restaurante tradicional), facilita a quantidade de interação entre garçons e clientes, mas lhes permite permanecer dentro dos limites tradicionais de simplesmente tirar e entregar os pedidos.

Como gerenciar os sentidos quando se criam *servicescapes*

Ao desenvolver seu *servicescape*, a empresa de serviços deve considerar os impactos físico e psicológico da atmosfera sobre clientes, funcionários e suas operações. Como a empresa não pode ser tudo para todas as pessoas, o *servicescape* deve fazer compensações para atender às necessidades de seus recursos humanos, de marketing e de operações. Os especialistas sugerem que as seguintes perguntas sejam respondidas antes da implementação de um plano de desenvolvimento do *servicescape*:[18]

1. Quem é o mercado-alvo da empresa?
2. O que o mercado-alvo procura na experiência de serviço?
3. Que elementos da atmosfera podem reforçar crenças e reações emocionais que os compradores procuram?
4. Como esses mesmos elementos da atmosfera afetam a satisfação dos funcionários e as operações da empresa?

5. Será que o plano de desenvolvimento da atmosfera sugerida consegue competir com as dos concorrentes?

Em última análise, as pessoas baseiam suas próprias percepções das instalações de uma empresa na interpretação de sinais sensoriais. Na seção seguinte, veremos como as empresas podem gerenciar de forma eficaz os sentidos de visão, audição, olfato, tato e paladar na criação de apelos sensoriais que melhoram as respostas de aproximação de clientes e funcionários.[19]

Apelos visuais

O sentido da visão traz mais informações aos consumidores do que qualquer outro e, portanto, deve ser considerado o meio mais importante disponível para as empresas de serviços no desenvolvimento de seu *servicescape*. Apelos visuais podem ser definidos como o processo de interpretação de estímulos, resultando em relações visuais perceptíveis.[20] Em um nível básico, os três estímulos visuais primários de apelo aos consumidores são **tamanho, forma** e **cores**. Os consumidores interpretam estímulos visuais em termos de relações visuais, que consistem em percepções de harmonia, contraste e choque. **Harmonia** refere-se a uma concordância visual relacionada a ambientes de negócios mais silenciosos, luxuosos e formais. Em comparação, **contraste** e **choque** estão associados a ambientes de negócios empolgantes, alegres e informais. Assim, com base no tamanho, na forma e nas cores dos estímulos visuais utilizados e no modo como os consumidores interpretam as várias relações visuais, surgem percepções extremamente diferentes da empresa. Por exemplo, considere como mercados-alvo diferentes podem responder ao entrar em um restaurante "Chuck E. Cheese's" pela primeira vez. Alguns segmentos poderão considerar o ambiente convidativo, enquanto outros ficarão completamente transtornados pelo excesso de estímulos.

> **tamanho/forma/cores** Trata-se dos três estímulos visuais primários que apelam para os consumidores em um nível básico.
>
> **harmonia** Refere-se à concordância visual relacionada com ambientes de negócios mais silenciosos, luxuosos e formais.
>
> **contraste/choque** Refere-se aos efeitos visuais associados a ambientes de negócios empolgantes, alegres e informais.

Tamanho O tamanho real da instalação, dos letreiros e dos departamentos da empresa transmite significados diferentes para o mercado. Em geral, quanto maior for o tamanho da empresa e das evidências físicas correspondentes, mais os consumidores a associarão com importância, poder, sucesso, segurança e estabilidade. Para muitos consumidores, quanto maior for a empresa, menor será o risco associado à compra do serviço. Tais consumidores acreditam que as empresas maiores são mais competentes e bem-sucedidas, e mais propensas a fazer esforços de recuperação de serviços caso surjam problemas. Outros clientes gostam do prestígio frequentemente associado à realização de negócios com uma empresa maior e mais conhecida.

Entretanto, alguns clientes podem visualizar as grandes empresas como impessoais e indiferentes, e procurar as pequenas empresas de nicho que eles veem como mais pessoais, próximas e amigáveis. Mas, quando ser maior não é melhor? A resposta é: quando menor representar um serviço mais pessoal! Em um momento em que fusões e aquisições criam megabancos que

Clientes de serviços baseiam muito de suas expectativas em aspectos visuais. Quais seriam suas expectativas em relação à organização e ao nível de profissionalismo deste prestador de serviços?

têm dificuldade para prestar serviços pessoais aos clientes, bancos privados menores, tais como PrivateBank & Trust, PrivateBancorp, Boston Private Financial Holdings e Bryn Mawr Trust, ocupam o espaço. Um exemplo claro envolve o desenvolvedor de Chicago, Patrick F. Daly, que precisava de um empréstimo para comprar um centro comercial. Contudo, um grande banco nacional com o qual ele geralmente trabalha não conseguiu reunir as informações necessárias com rapidez suficiente, o que prejudicava o negócio de Daly. Ele rapidamente chamou o banco que gerencia suas finanças pessoais, o PrivateBank & Trust, um banco minúsculo com sede em Chicago, e, em 48 horas, recebeu um contrato de empréstimo de curto prazo para "dezenas de milhares de dólares". A ação rápida do banco salvou o negócio do centro comercial de Daly e ganhou seu respeito. De acordo com Daly, "Como o objetivo do PrivateBank é conhecer o negócio do cliente, o banco consegue responder muito rápido".[21] Por isso, dependendo das necessidades do mercado-alvo da empresa, o tamanho tem apelo diferente para diferentes segmentos.

Forma As percepções de forma de uma empresa prestadora de serviços são criadas a partir de uma variedade de fontes, como o uso e a colocação de prateleiras, espelhos e janelas, e até mesmo o *design* do papel de parede, se for o caso. Estudos mostram que diferentes formas despertam diferentes emoções nos consumidores. Formas ou linhas verticais são percebidas como "rígidas, severas e conferem uma qualidade masculina a uma área. Elas expressam força e estabilidade [...] proporcionam um movimento de cima para baixo com o movimento dos olhos [...] tendem a aumentar uma área, dão a impressão de maior espaço nessa direção".[22] Por outro lado, formas ou linhas horizontais evocam percepções de relaxamento e serenidade. Formas e linhas diagonais evocam percepções de progressividade, proatividade e movimento. Formas e linhas curvas são percebidas como femininas e fluidas. Utilizar formas similares e/ou desiguais na concepção da instalação criará a relação visual desejada de harmonia, contraste ou choque. Por exemplo, a utilização de várias formas diferentes em determinada área pode chamar a atenção para uma parte em especial.[23]

Cor A cor das evidências físicas da empresa muitas vezes cria a primeira impressão, seja no folheto da empresa, nos cartões de visita ou no próprio exterior ou interior estabelecimento. O impacto psicológico da cor sobre os indivíduos é o resultado de três propriedades: matiz, valor tonal e intensidade. **Matiz** refere-se à família real da cor, como vermelho, azul, amarelo ou verde. **Valor tonal** define o quanto as cores são claras ou escuras. Valores tonais mais escuros são chamados **sombras**, e os mais claros **nuances**. **Intensidade** define o quanto as cores são brilhantes ou opacas.

matiz Refere-se à cor real, como vermelho, azul, amarelo ou verde.

valor tonal Refere-se à tonalidade das cores: claras ou escuras.

sombras Relacionam-se aos tons mais escuros.

nuances Relacionam-se aos tons mais claros.

intensidade Indica se as cores são brilhantes ou opacas.

Os matizes são classificados em cores quentes e frias. Cores quentes incluem tons de vermelho, amarelo e laranja, enquanto as frias incluem tons de azul, verde e violeta. As cores quentes e frias simbolizam coisas diferentes para diferentes grupos de consumidores, conforme apresentado na Figura 8.5. Em geral, cores quentes tendem a evocar sentimentos de conforto e informalidade. Por exemplo, o vermelho normalmente evoca sentimentos de amor e romance; o amarelo, de sol e calor; e o laranja, de abertura e simpatia. Estudos têm demonstrado que as cores quentes, principalmente vermelho e amarelo, são uma escolha melhor do que cores frias para atrair clientes em ambientes de varejo. Diz-se que as cores quentes também servem para encorajar decisões rápidas e funcionam melhor para as empresas onde são tomadas decisões de compra de baixo envolvimento.

Em contrapartida, as cores frias são percebidas como distantes, geladas e formais. Por exemplo, o uso excessivo de violeta pode frear espíritos de consumo e deprimir os funcionários que trabalham continuamente no ambiente. Embora as cores frias, inicialmente, não atraiam clientes tanto quanto como as cores quentes, elas são favoráveis quando o cliente precisa ter tempo para tomar decisões, como o tempo necessário para a compra de alto envolvimento. Apesar dos diferentes efeitos psicológicos, quando usadas corretamente em conjunto, combinações de cores quentes e frias podem criar atmosferas relaxantes mas, ao mesmo tempo, estimulantes.

CORES QUENTES			CORES FRIAS		
VERMELHO	AMARELO	LARANJA	AZUL	VERDE	VIOLETA
Amor	Luz solar	Luz solar	Frieza	Frieza	Frieza
Romance	Calor	Calor	Indiferença	Tranquilidade	Timidez
Sexo	Covardia	Abertura	Fidelidade	Paz	Dignidade
Coragem	Abertura	Amizade	Calma	Frescor	Riqueza
Perigo	Amizade	Alegria	Piedade	Crescimento	
Fogo	Alegria	Glória	Masculinidade	Suavidade	
Pecado	Glória		Confiança	Riqueza	
Calor	Brilho		Tristeza	Avanço	
Excitação	Atenção				
Vigor					
Animação					
Entusiasmo					
Parada					

Fonte: Dale M. Lewison. *Retailing*. 4. ed. Nova York: Macmillan, 1991, p. 277.
FIGURA 8.5 Percepções de cores

O valor dos matizes também afeta psicologicamente os clientes da empresa. Escritórios pintados em cores mais claras tendem a parecer maiores, enquanto as cores mais escuras podem fazer grandes espaços vazios parecer menores. Os matizes mais leves também são populares para equipamentos como coberturas de placas elétricas, saídas de ar-condicionado e sistemas de alto-falante suspensos. As cores mais claras ajudam a disfarçar tais equipamentos no ambiente da empresa. Por sua vez, as cores mais escuras podem atrair a atenção dos consumidores. Varejistas são frequentemente confrontados com o problema de que apenas 25% de seus clientes vão além da metade da loja. Com o propósito de atrair mais consumidores para o interior da loja, alguns varejistas têm pintado as paredes do fundo da loja com uma cor mais escura, o que atrai a atenção do cliente.

A intensidade da cor também afeta a percepção do ambiente da empresa de serviços. Por exemplo, as cores brilhantes fazem os objetos parece maiores do que as cores mais opacas. No entanto, as cores brilhantes são percebidas como mais agressivas e "severas", enquanto cores mais opacas são percebidas como "mais suaves". Em geral, as crianças gostam de cores mais brilhantes, e os adultos tendem a preferir tons mais suaves. As empresas que atendem aos mercados internacionais devem considerar as percepções culturais das cores (ver Figura 8.6).

Localização A localização da empresa depende da quantidade necessária de envolvimento dos clientes para produzir o serviço. Embora os serviços de baixo contato devam estar situados em locais remotos, mais baratos e mais próximos de fontes de abastecimento, transporte e mão de obra, os serviços de alto contato têm outras preocupações. Normalmente, quando se avaliam os locais para a empresa, três questões precisam ser abordadas.

A primeira refere-se à *visibilidade* da empresa. Os clientes tendem a fazer compras em lugares que já conhecem. A visibilidade da empresa é essencial na criação de consciência. Idealmente, as empresas devem ser visíveis a partir de áreas de grande tráfego. Para que possam se tornar mais visíveis, devem se colocar de frente para o sentido da circulação do tráfego que maximiza a visibilidade. Se possível, os locais preferidos estão um pouco afastados da rua, o que permite aos clientes obter uma visão ampla, embora ainda perto o suficiente para permitir que leiam os letreiros da empresa.

A segunda questão diz respeito à *compatibilidade* com o ambiente ao redor. O tamanho do local é adequado para o prédio em planejamento? Mais importante, que outros tipos de empresas estão na área? Por exemplo, faz sentido para um escritório de advocacia especializado em questões de saúde estar localizado perto de um grande hospital, que geralmente também é cercado por uma série de estabelecimentos médicos privados.

A terceira questão relaciona-se à *conveniência* do cliente. O local é acessível? Tem estacionamento amplo ou alternativas de estacionamento nas proximidades? Os clientes que utilizam sistemas de transporte de massa têm fácil acesso à empresa?

Arquitetura A arquitetura da instalação física da empresa é muitas vezes uma escolha entre três aspectos, ou seja, entre o tipo de projeto que vai atrair o mercado-alvo desejado da empresa, o que maximiza a eficiência do processo de produção de serviços e o que é viável. A arquitetura da empresa transmite uma série de impressões, bem como comunica informações a seus clientes, como natureza do negócio da empresa, força, estabilidade e preço dos serviços. Por exemplo, o Katitche Point Greathouse, localizado na ilha de Virgin Gorda, utiliza a própria arquitetura para se distinguir de outros estabelecimentos turísticos do Caribe (ver "Serviços globais *em ação*").

Sinalização O letreiro tem duas finalidades principais: identificar a empresa e atrair a atenção. Frequentemente, ele é a primeira "marca" da empresa que o cliente nota. Todos os logotipos indicados nas demais evidências físicas da empresa, como papel timbrado, cartões de visita e cartões de anotação, devem ser coerentes com o letreiro da empresa, de modo a reforçar sua imagem. Idealmente, os letreiros devem indicar aos consumidores "quem", "o que", "onde" e "quando" em relação à oferta de serviços. O tamanho, a forma, a cor e a iluminação do letreiro contribuem para a imagem projetada da empresa.

Entrada As áreas de entrada e o saguão podem influenciar de maneira significativa as percepções dos clientes sobre as atividades da empresa. Carpetes gastos, paredes riscadas, peças de arte amadoras, materiais de leitura rasgados e desatualizados e pessoal não qualificado e mal-arrumado formam a impressão do consumidor. Em contrapartida, áreas de recepção perfeitamente equipadas, o uso criativo de cores, mobiliário moderno e pessoal amigável e profissional criam uma impressão muito diferente e mais positiva. Outras considerações táticas incluem: iluminação que identifique claramente a entrada, portas fáceis de abrir, entradas planas que minimizem o número de clientes que podem tropeçar, materiais de piso antiderrapante para dias chuvosos e portas grandes o suficiente para acomodar clientes com deficiência e material que possa ser transportado para dentro e para fora da empresa.

Iluminação Os efeitos psicológicos da iluminação no comportamento do consumidor são particularmente intrigantes. A maioria das reações dos clientes em relação à luz pode ter começado quando os pais os colocaram na cama, apagaram as luzes e disseram que era hora de ficar quieto e dormir. Como resultado do condicionamento repetitivo, as reações da maioria dos indivíduos para salas pouco iluminadas têm conexão com o relaxamento. A iluminação define o humor, o

	CHINA	CHEROKEES	ORIENTE	EGITO	ÍNDIA	IRÃ	IRLANDA	JAPÃO	RÚSSIA	OCIDENTE
Vermelho	Boa sorte, celebração e convocação	Sucesso e triunfo	Usado por noivas		Pureza				Bolcheviques e comunismo	Excitação, perigo, amor, paixão e parada
Laranja							Religiosos (protestantes)			Dia das Bruxas (com preto), criatividade e outono
Amarelo	Nutritivo			Cor do luto	Comerciantes			Coragem		Esperança, perigos e covardia
Verde	Chapéus verdes indicam que um homem está sendo traído pela esposa; exorcismo				Islã		Símbolo de todo o país			Primavera, novo nascimento, avanço, Dia de São Patrício e Natal (com vermelho)
Azul		Derrota e problemas				Cor do Paraíso e da espiritualidade				Depressão, tristeza, comportamento conservador, aspecto corporativo e tradição nupcial de ter "algo azul"
Roxo										Realeza
Branco			Funerais					Cravo branco simboliza a morte		Noivas, anjos, mocinhos, hospitais, médicos e paz (pomba branca)
Preto	Cor para meninos									Funerais, morte, Dia das Bruxas (com laranja), vilões e rebelião

Fonte: Disponível em: < http://webdesign.about.com/od/color/a/bl_colorculture.htm>. Acesso em: 5 out. 2009.

FIGURA 8.6 Percepções de cores de acordo com a cultura

SERVIÇOS GLOBAIS *EM AÇÃO*

Um extraordinário *servicescape* no Caribe: Katitche Point Greathouse

Cansado das mesmas férias de sempre nos mesmos hotéis de sempre? O Katitche Point Greathouse, estrategicamente localizado na ilha de Virgin Gorda nas Ilhas Virgens Britânicas, vai colocar um fim definitivo em seu tédio de férias. De fato, quando se olha o *deck* panorâmico da piscina de borda infinita, a palavra "azul" assume um novo significado. Acesse www.katitchepoint.com e você verá o que queremos dizer com os tons de azul da água da piscina, do mar do Caribe e do céu propiciando um *servicescape* incomparável.

O Katitche Point Greathouse é um composto de modalidades, ou mais positivamente descrito como uma "pequena aldeia de férias". A "aldeia" acomoda confortavelmente de oito a dez pessoas e é composta por uma casa principal de três andares em forma de pirâmide, quatro suítes, cada uma com banheiro e varandas privativas, e uma grande suíte *master* separada e completa com sala de estar e uma banheira construída no rochedo ao lado de um lago de carpas. Ao todo, o Katitche Point Greathouse é composto por espaçosos 2.000 m² de área de estar com vista livre para o Caribe em todos os lados.

Construído em 2000, o Katitche Point recebeu muitos elogios. A revista *Elle* o classificou como o oitavo melhor "lar de férias luxuosas no mundo". A *Vogue* refere-se ao Katitche Point como "um paraíso privado". A versão britânica do *The Travel Channel* destacou o Katitche Point em um longo segmento de dez minutos em sua série "Cool Caribe" e chamou a Greathouse de "a casa de luxo mais impressionante que já tinham visto". A *Barefoot Traveler* mostrou a cozinha *viking* e chamou o Katitche Point de "o melhor que a vida tem para oferecer". Estes e muitos outros comentários são a principal estratégia promocional do Katitche Point, junto com seu *site* e reforçada pelo boca a boca positivo de clientes afortunados.

Então, qual é o preço desse nível de luxo? Por causa da capacidade limitada das casas e das enormes acomodações, uma semana de estada no Katitche Ponto Greathouse não é barata: diárias a partir de US$ 17,6 mil por semana por toda a instalação durante a baixa temporada e US$ 26 mil por semana no pico entre o Natal e o Ano-Novo. Para aqueles que querem apenas a Greathouse mais a suíte principal separada, os preços são reduzidos em cerca de US$ 10 mil por semana. Um pacote especial de lua de mel também é oferecido por US$ 8.500 por semana, dependente de disponibilidade. Todas as tarifas incluem serviço completo de camareira das 8h às 16h, manutenção da piscina, serviço de lavanderia e um jardineiro! Serviços de *chef gourmet* e massagista também estão disponíveis mediante solicitação com taxas adicionais. Embora caro para a maioria, o Katitche Point Greathouse oferece uma experiência única para muitos de seus hóspedes que nunca vão se esquecer desse destino de férias inimaginável.

Fontes: www.katitchepoint.com e www.bvi.com/baths.htm. Acesso em: 1º out. 2009.

tom e o ritmo do encontro de serviço. Os consumidores falam mais suavemente quando as luzes são fracas; o ambiente de serviço é percebido como mais formal e o ritmo do encontro é reduzido. Em contrapartida, ambientes de serviços bem iluminados são tipicamente mais barulhentos, a comunicação entre clientes e entre clientes e funcionários é mais frequente, e o ambiente é percebido como mais informal, excitante e alegre.

Apelos sonoros

Os apelos sonoros têm três papéis principais: *estabelecer o humor, atrair a atenção* e *informar*. Métodos proativos para inserir som no encontro de serviço podem ser realizados com o uso estratégico de música e anúncios sonoros. A música ajuda a definir o humor da experiência dos clientes, enquanto os anúncios podem ser usados para atrair sua atenção ou informá-los de ofertas da empresa. Como o som também pode ser uma distração para a experiência do consumidor, as táticas para evitar sons também devem ser consideradas.

Música De acordo com estudos realizados, há, pelo menos, duas maneiras de a música de fundo afetar as vendas. Em primeiro lugar, ela aumenta a percepção do cliente em relação à atmosfera da loja, que, por sua vez, influencia o humor do consumidor. Em segundo lugar, a música influencia a quantidade de tempo gasto nas lojas.[24] Um estudo constatou que empresas que colocam música de fundo nas instalações são percebidas como mais preocupadas com os clientes.[25]

Estudos têm mostrado que, além de criar uma atitude positiva, a música influencia diretamente o comportamento de compra do consumidor. Acelerar o ritmo da música aumenta o ritmo de transações de consumo. Desacelerá-lo incentiva os clientes a ficar mais tempo. Outros estudos também indicaram que os consumidores acham que a música os distrai quando consideram compras de alto envolvimento, mas descobriram que ouvir música durante as compras de baixo envolvimento tornou o processo de escolha mais fácil. Além disso, os funcionários tendem a ficar mais alegres e produtivos quando ouvem música de fundo, o que, por sua vez, leva a uma experiência mais positiva para os clientes.

A Figura 8.7 mostra o impacto da música de fundo no comportamento do consumidor e do prestador de serviço em um restaurante. Como se pode concluir pelos números nela apresentados, o ritmo de serviço entregue e o de consumo do consumidor são afetados pelo ritmo da música. Embora a margem bruta estimada tenha sido maior quando o restaurante tocava música lenta, ele também deve considerar o aumento no giro das mesas quando a música com ritmo mais rápido é tocada durante todo o dia.

VARIÁVEIS	MÚSICA LENTA	MÚSICA RÁPIDA
Tempo do serviço	29 min	27 min
Tempo do cliente na mesa	56 min	45 min
Grupos de clientes que saíram antes de ser acomodados em uma mesa	10,5%	12,0%
Quantidade de alimentos comprados	US$ 55,81	US$55,12
Valor do faturamento no bar	US$30,47	US$ 21,62
Margem bruta estimada	US$ 55,82	US$ 48,62

Fonte: E. R. Milliman. The Influences of Background Music on the Behavior of Restaurant Patrons. *Journal of Consumer Research*, 13, set. 1986, p. 288; ver também R. E. Milliman. Using Background Music to Affect the Behavior of Supermarket Shoppers. *Journal of Marketing*, verão 1982, p. 86-91.

FIGURA 8.7 Impacto da música ambiente em frequentadores de restaurantes

Anúncios sonoros Outro som comum em estabelecimentos de serviços são os anúncios feitos em sistemas de intercomunicação, por exemplo, para alertar os frequentadores do restaurante quando as mesas estão prontas, informar os passageiros de companhias aéreas da localização atual e para chamar funcionários específicos dentro da empresa. O profissionalismo com que os anúncios são feitos influencia diretamente a percepção da empresa pelos consumidores. Um exemplo de um anúncio bizarro feito em um ambiente de mercearia envolveu um homem que solicitava pelo interfone: "Ruiva, qual é o preço de uma caixa de tal coisa?". A mulher então respondeu para todos na loja ouvirem: "Ruiva é sua bunda!". Se este tipo de anúncio tivesse sido feito em um consultório médico ou de um advogado, imagine como teria refletido sobre a competência da empresa. Com base nesses incidentes, abordaremos a seguir quando os sons devem ser evitados.

Evitar sons No planejamento das instalações da empresa, é imprescindível entender dois aspectos: quando evitar sons indesejáveis e como criar sons desejáveis. Sons desejáveis atraem clientes, e os indesejáveis desvirtuam a atmosfera global da empresa. Em um ambiente de restaurante, os sons que devem ser estrategicamente mascarados incluem os que vêm da cozinha, da área de pratos e dos sanitários. Obviamente, ouvir uma descarga durante o jantar adiciona pouco ao prazer da experiência do cliente. Outras táticas para evitar ruídos indesejáveis são: instalar tapetes de corredor para eliminar sons que distraem a atenção, como barulho de saltos; colocar unidades de ar-condicionado centrais no alto e em áreas longe daquelas em que a empresa efetua a maioria das suas atividades; rebaixar tetos e instalar divisórias com absorção de som para que ruídos indesejados possam ser abafados.

Apelos olfativos

O *servicescape* da empresa também pode ser bastante afetado por aromas. Ao considerar os apelos olfativos, os gestores de serviços devem prestar a mesma ou mais atenção à prevenção de odores do que com os apelos sonoros. Odores ruins, de mofo e desagradáveis afetam todas as pessoas e certamente criam impressões negativas. Sistemas de ventilação ruins que não conseguem remover os odores e recipientes de lixo mal localizados geralmente colaboram para potenciais problemas de odor.

Por sua vez, aromas agradáveis muitas vezes induzem os clientes a fazer compras e podem afetar a percepção dos produtos que naturalmente não têm cheiro próprio. Por exemplo, em um estudo realizado pela Nike, os clientes examinaram pares de tênis em dois cômodos diferentes. Um estava completamente livre de odores e o outro foi artificialmente perfumado com um aroma floral. Os resultados do estudo indicaram que o aroma floral teve um efeito positivo direto sobre o nível de desejo dos tênis para 84% dos participantes.[26] Embora este exemplo esteja relacionado com um produto tangível, parece indicar que os aromas influenciam as percepções dos consumidores quanto a produtos, assim como para serviços que naturalmente não têm cheiro próprio. Especialistas na criação de aromas observam que uma empresa deve ter o cheiro esperado, ou seja, de acordo com as expectativas do mercado-alvo. Os hospitais devem ter cheiro limpo e antisséptico; e, talvez, escritórios de advocacia mais antigos e bem estabelecidos devam mesmo ter um pouco de cheiro de mofo.

Apelos táteis

As possibilidades de venda do produto aumentam substancialmente quando o consumidor o manipula. Mas, como tocar um produto intangível? As empresas de serviços, como varejistas por correspondência, têm um componente tangível que pode ser enviado aos clientes. Uma das razões pelas quais o varejo sem loja já responde por 10% de todas as vendas de varejo e está crescendo são as políticas liberais de devolução, que foram implementadas para aumentar os apelos táteis. A Spiegel, por exemplo, envia a mercadoria ao cliente para inspeção, e, se ele não a quiser, simplesmente pega o telefone, notifica a Spiegel e coloca o produto devolvido do lado de fora de sua porta. A Spiegel notifica a UPS para pegar o pacote e paga por todos os custos associados com a devolução.

Para serviços mais puros, com um componente tangível menor, apelos táteis podem ser desenvolvidos por meio de "portas abertas", em que o público tem a oportunidade de conhecer as pessoas que prestam o serviço. Apertar as mãos e se comunicar cara a cara com clientes é definitivamente uma forma de apelo tátil. Claramente, as empresas envolvidas na criação de tais apelos são percebidas como mais atenciosas, próximas de seus clientes e realmente preocupadas e interessadas no bem-estar deles.

Apelos de degustação

Os apelos de degustação, o último indício sensorial, equivalem a fornecer amostras ao cliente. No setor dos serviços, a utilidade de apelos de degustação no desenvolvimento de ambientes depende da tangibilidade do serviço. Empresas como lavagem de carro, lavanderias e restaurantes podem usar tais apelos para atrair novos clientes. Ao receber uma amostra dos serviços da empresa, o cliente terá a oportunidade de observar as evidências físicas e formar percepções sobre a empresa e sua capacidade de desempenho. Consequentemente, as empresas que utilizam amostras devem ver este processo como uma oportunidade, e não como o fornecimento a um grupo de clientes que quer algo de graça. Na verdade, a amostragem tornou-se um dos métodos mais eficazes de promoção, especialmente para as pequenas empresas que detêm pouco conhecimento da marca e orçamentos promocionais mínimos.

Resumo

A gestão eficaz das evidências físicas é particularmente importante para as empresas de serviços. Devido à intangibilidade, os consumidores carecem de fontes objetivas de informações quando fazem avaliações. Como resultado, eles muitas vezes observam as evidências físicas que envolvem o serviço ao fazer tais avaliações.

As evidências físicas de uma empresa incluem, mas não estão limitadas a, elementos de *design* do exterior da instalação, como arquitetura do prédio, letreiro da empresa, estacionamento, paisagismo e o ambiente em torno do local da empresa; elementos de *design* interior, como tamanho, forma e cores, áreas de entrada e saguão, equipamento utilizado para operar o negócio, sinalização interior, *layout*, qualidade do ar e temperatura; e outras evidências físicas que formam as percepções dos clientes, incluindo cartões de visita, materiais de escritório, faturas, relatórios, aparência do pessoal e folhetos.

Do ponto de vista estratégico, a importância da gestão das evidências físicas da empresa decorre de sua capacidade de: (1) embalar o serviço; (2) facilitar o fluxo do processo de prestação do serviço; (3) socializar os clientes e funcionários em termos de seus respectivos papéis, comportamentos e relacionamentos; e (4) diferenciar a empresa dos concorrentes.

Do ponto de vista teórico, devido à inseparabilidade de muitos serviços, o ambiente da empresa influencia o comportamento tanto de consumidores como de funcionários. Quando se projetam as instalações da empresa, deve-se considerar se a empresa é um serviço remoto, um serviço interpessoal ou um autosserviço. O projeto das instalações deve refletir as necessidades das partes mais importantes no processo de produção de serviços. As decisões sobre localização de instalações, *layout*, *design* de produto e de processo podem ter diferentes resultados, dependendo se o cliente está envolvido ativamente no processo de produção ou não. A Figura 8.3 ilustra o modelo *servicescape*, que nos ajuda a entender melhor como os indivíduos são afetados por dimensões ambientais da empresa, o que leva a comportamentos de aproximação/afastamento.

Finalmente, numerosas decisões táticas devem ser tomadas quando se desenvolve o projeto do ambiente da empresa. Os indivíduos baseiam as percepções dos serviços em indícios sensoriais que existem nesse ambiente. Decisões táticas específicas devem ser tomadas para criar e, por vezes, evitar apelos olfativos, visuais, sonoros, táteis e de degustação. A concepção e a gestão dos indícios sensoriais da empresa são fundamentais para o sucesso de longo prazo.

Palavras-chave

área externa
área interna
outros tangíveis
socialização
psicologia ambiental
modelo estímulo-organismo-resposta (EOR)
estímulos

organismo
respostas (resultados)
prazer-desprazer
estimulação-não estimulação
dominância-submissão
comportamentos de aproximação/afastamento
servicescape
serviços remotos
autosserviços
serviços interpessoais
condições ambientais
espaço/função
sinais, símbolos, artefatos
ambiente holístico
servicescape percebido
clientes econômicos
clientes personalizados
clientes apáticos
clientes éticos
moderadores de resposta interna
crenças
categorização
significado simbólico
respostas emocionais
respostas fisiológicas
comportamentos individuais
tamanho/forma/cores
harmonia
contraste/choque
matiz
valor tonal
sombras
nuances
intensidade

Questões de revisão

1. Explique a relação entre as evidências físicas e a formação de percepções e expectativas pelos clientes.
2. Discuta as quatro funções estratégicas das evidências físicas.
3. Discuta a relevância de empresas de serviços de baixo contato *versus* de alto contato com clientes no que diz respeito a decisões de localização, *layout*, *design* de produto e de processo.
4. Como deve ser projetado o *servicescape* de uma empresa que tem como alvo consumidores éticos?
5. Como os moderadores de resposta interna influenciam a resposta do cliente ao *servicescape*?
6. Quais são os três tipos de resposta interna ao ambiente da empresa? Explique cada um deles.
7. Descreva o impacto da música no comportamento do cliente e do funcionário.
8. Desenvolva estratégias que melhorariam os apelos táteis e de degustação de uma empresa de serviços.
9. Por que os uniformes dos funcionários representam uma evidência física no que se refere à característica de heterogeneidade dos serviços?
10. Acesse www.colorquiz.com e complete o teste. Você concorda ou não com o perfil psicográfico que foi gerado com base em suas seleções de cor?

Notas

1. Kristen Anderson, Ron Zemke. *Delivering Knock Your Socks Off Service*. Nova York: Amacom, 1991, p. 27-30.
2. Mary Jo Bitner. Servicescapes: The Impact of Physical Surroundings on Customers and Employees. *Journal of Marketing*, 56, abr. 1992, p. 57-71.
3. Idem.
4. Disponível em: <www.rainforestcafe.com>. Acesso em: 7 out. 2009.
5. Laurence Frost. Biggest Bird Takes to the Sky: Airbus A380 Makes Aviation History with Maiden Flights. *The Coloradoan*, quinta-feira, 28 abr. 2005.
6. Edgar Schein. Organizational Socialization and the Profession of Management. *Industrial Management Review*, 9, inverno 1968, p. 1-16.
7. Michael R. Solomon. Packaging the Service Provider. Christopher H. Lovelock. *Managing Services Marketing, Operations, and Human Resources*. Englewood Cliffs, NJ: Prentice-Hall, 1988, p. 318-24.
8. Idem.
9. Disponível em: <http://www.travelandleisure.com/blogs/carry-on/2009/9/1/westins-heavenly-bed-on-sale>. Acesso em: 7 out. 2009; Matthew Creamer. Marriott to Replace 628,000 Hotel Beds. Disponível em: <www.usatoday.com>. Acesso em: 2 mai. 2005; Waking

Up to the Marketing Potential of a Good Night's Sleep. *Advertising Age*, 76, 16, 18 abr. 2005, p. 16.
10. Michael R. Solomon. Packaging the Service Provider. Christopher H. Lovelock. *Managing Services Marketing, Operations, and Human Resources*. Englewood Cliffs, NJ: Prentice-Hall, 1988, p. 318-24.
11. Avijit Ghosh. *Retail Management*. 2. ed. Fort Worth, TX: The Dryden Press, 1994, p. 522-23.
12. Idem.
13. Valerie A. Zeithaml, Mary Jo Bitner. *Services Marketing*. Nova York: McGraw Hill, 1996, p. 528.
14. Richard B. Chase. Where Does the Customer Fit in a Service Operation?. *Harvard Business Review*. (Novembro-Dezembro 1978), p. 137-142.
15. Valerie A. Zeithaml, Mary Jo Bitner. *Services Marketing*. Nova York: McGraw Hill, 1996, p. 531.
16. Disponível em: <http://www.msnbc.msn.com/id/29474213/>. Acesso em: 7 out. 2009.
17. Valerie A. Zeithaml, Mary Jo Bitner. *Services Marketing*. New York: McGraw Hill, 1996, p. 531.
18. Philip Kotler. Atmospherics as a Marketing Tool. *Journal of Retailing*, inverno 1973-1974, p. 48.
19. Dale M. Lewison. *Retailing*. 4. ed. Nova York: MacMillan, 1991, p. 273-83.
20. Idem.
21. Joseph Weber. Personal Banking for the Merely Rich *Business Week*, 3 maio 2004, ed. 3881, p. 121-23.
22. Kenneth H. Mills, Judith E. Paul. *Applied Visual Merchandising*. Englewood Cliffs, NJ: Prentice-Hall, 1982, p. 47.
23. Kenneth H. Mills, Judith E. Paul. *Create Distinctive Displays*. Englewood Cliffs, NJ: Prentice-Hall, 1974, p. 61.
24. J. Barry Mason. Morris L. Mayer, J. B. Wilkinson. *Modern Retailing: Theory and Practice*. 6. ed. Homewood, IL: Irwin, 1993, p. 642-43.
25. Ronald E. Milliman. Using Background Music to Affect the Behavior of Supermarket Shoppers. *Journal of Marketing*, 46, 3, verão 1982, p. 86-91; ver também Douglas K. Hawse, Hugh McGinley. Music for the Eyes, Color for the Ears: An Overview. In: *Proceedings of the Society for Consumer Psychology*, David W. Schumann (ed.). Washington, DC: Society for Consumer Psychology, 1988, p. 145-52.
26. J. Barry Mason; Morris L. Mayer; Hazel F. Ezell. *Retailing*. 5. ed. Homewood, IL: Irwin, 1994.

CASO 8

O serviço faz parte do CRAIC

Os consumidores conhecem bem as marcas, e por isso sabem o que esperar em bares temáticos, restaurantes, cafés e parques de aventura. Quando se deparam com alguma marca consagrada, lembram-se imediatamente das imagens e associações que ela implica. Da mesma forma, as evidências físicas da loja de varejo ou da sua fachada também podem fornecer indícios do tipo de experiência que o consumidor irá receber ao entrar. Os bares temáticos estão no mercado há muitos anos, e nome, logotipo e elementos tangíveis permitem aos clientes saber claramente o

Fontes:
1. Frow, P.; Payne, A. (2007) "Towards the 'perfect' customer experience", *Brand Management*, 15, 2, pp. 80-101.
2. Mitchell & Butlers (2008) "Business Navigator". Disponível em: <http://vvvvw.mbplc.com/managed_content/components/navigator/business_nonflash.cfm?section=pubs&pagetype=about&company=oneills>. Acesso em: 20 ago. 2008.
3. www.Guinness-storehouse.com.
4. http://kittyosheas.com/kitty_paris.asp.
5. http://en.misawairishpub.com/sb.cgi?cid=7.

que podem esperar. A cadeia de bares "Walkabout" dá a impressão de uma cultura australiana descontraída. Os móveis são despojados e "desbotados pelo sol", e há crocodilos pendurados no teto e cartazes alertando para as "travessias de cangurus" – toda a diversão despreocupada de um bar temático australiano.

Bares irlandeses são outro tema que pode ser visto em mais de 53 países em todo o mundo (Conceito Irish Pub 2008). O Kitty O'Shea's Paris é o mais antigo e apreciado bar irlandês da França. Ele tem uma boa localização na 10 rue des Capucines no 2º arrondissement, que fica no centro de Paris. Segundo os proprietários, o sucesso do bar é devido à sua autêntica decoração irlandesa e ao pessoal amigável típico de bar irlandês (http://kittyosheas.com/kitty_paris.asp). Se você estiver em Tenerife, poderá visitar o Irish Fiddler e desfrutar de música "ao vivo" todas as noites da semana. Ou ir ao Murphy's no Japão para comer um Guinness Beef Stew with Bread (somente no inverno!) (http://en.misawairishpub.com/sb.cgi?cid=7).

A razão pela qual eles são os mais populares bares temáticos de marca não é a decoração ou o ensopado irlandês, é por causa do Craic, um termo irlandês que significa divertimento, alegria, riso, bebida, canto, prazer ou uma combinação de todos esses itens. E os irlandeses sabem como dar uma boa festa. Assim, Craic é a experiência intangível que muitas pessoas querem de uma noite em um bar irlandês.

O'Neills é uma cadeia de bares temáticos irlandeses de propriedade de Mitchell e Butlers. Ela é descrita como a "maior marca de bar irlandês no mundo". Para Mitchell e Butlers (2008), a O'Neills é o "coração e a alma da rua". Sabe-se também que os irlandeses são amigáveis, calorosos e trabalham duro. Portanto, o serviço prestado em bares temáticos irlandeses deve coincidir com a de um "verdadeiro" *bartender* irlandês, que saberá seu nome e sua bebida preferida até o final de sua visita.

Muitos bares irlandeses também têm o apoio de duas das principais marcas fortes da Irlanda, Guinness e Murphy's, o que certamente ajuda a promover e sustentar esses estabelecimentos. Na verdade, o patrimônio Guinness começou com Arthur Guinness, que produzia cerveja inglesa escura, chamada *porter*, na década de 1770. O neto de Arthur Guinness, Benjamin, assumiu os negócios da família e introduziu o primeiro rótulo para a marca Guinness. Assim, a marca se fortaleceu em 1862 e, até o final do século XIX, estava sendo vendida em todo o mundo. Na verdade, no final do século XX a Guinness era *fabricada* em 40 países, como Nigéria (1962), Camarões (1970) e Gana (1971). Apesar de ser uma cerveja muito consumida em bares irlandeses, como o Kitty O'Sheas, ela é de fato vendida em mais de 150 países em todo o globo (www.Guinness-storehouse.com).

Naturalmente, a Guinness se orgulha de sua cerveja de malte, e por isso coloca coração e alma em cada um dos dez milhões de copos vendidos por dia em todo o mundo. Os proprietários da Guinness preocupam-se tanto com a reputação da marca, a qualidade de produção e a entrega ao cliente, que montaram uma equipe para garantir que cada caneca de Guinness seja sempre perfeitamente entregue. Em todos os países! Gerenciar a entrega de serviço da Guinness pode não parecer uma coisa tão difícil de fazer, mas, se você for incumbido de garantir que cada bar, restaurante ou hotel em todo o mundo sirva uma bebida perfeita de forma consistente, tenho certeza de que concordará que não é tarefa fácil.

A "Perfect Pint Team" (Equipe Caneca Perfeita) foi formada para tentar garantir que a Guinness alcance os lábios de seus consumidores perfeitamente a cada vez que a beberem, onde quer que estejam. A equipe era multifuncional, com pessoas que estudaram cuidadosamente os diversos "pontos de contato" da Guinness para garantir que cada intermediário que a serve entenda seu papel em servir a bebida perfeita. Um dos principais grupos de intermediários eram proprietários de *pubs* e bares, irlandeses, ingleses tradicionais ou luxuosos bares de conceito. Os proprietários de *pubs* e bares foram informados de que a qualidade do serviço fornecido era vital ao servirem a caneca perfeita com um método conhecido como "encher em duas partes". Assim, receberam reconhecimento por seu importante papel com formação e material promocional. Materiais de treinamento foram fornecidos, como livretos, folhetos e, em alguns casos, treinamento no local. Steve Kenyon e sua equipe no O'Neills Irish Bar em Huddersfield, em West Yorkshire, foram filmados para um vídeo de treinamento do método de "encher em duas partes", que ensina como colocar um trevo irlandês no topo da caneca de Guinness, explica por que leva 117 segundos para encher um litro de Guinness e como apresentar a "caneca perfeita" ao cliente. O vídeo de treinamento foi enviado para *pubs* e bares da Europa que serviam a Guinness. Este tipo de investimento na qualidade do serviço assegurou que os proprietários se sentissem orgulhosos da bebida que estavam servindo a seus clientes. Em razão disso, a Guinness passou a ser muito solicitada e tonou-se "famosa" graças ao investimento feito no método "encher em duas partes". No entanto, era importante que os clientes fossem avisados deste sistema. Para tanto, uma extensa campanha com propagandas *above* e *below the line* foi lançada para aconselhar os clientes a ser pacientes enquanto esperam a bebida perfeita. O *slogan* "Coisas boas vêm para quem espera" sugeria que o tempo de espera cria antecipação, o que, por sua vez, fará que o cliente desfrute o produto ainda mais ao recebê-lo. Situações de espera, antecipação e celebração ao receber a "caneca perfeita" eram e ainda são mostradas nas propagandas de TV. Por exemplo, no final da década de 1990, uma propaganda de TV mostrava um homem dançando loucamente enquanto esperava por sua caneca perfeita, o mesmo tema da paciência e antecipação até hoje ainda é usado. Outra propaganda mostra um espírito de comunidade fantástico onde uma cidade inteira recolheu itens domésticos para criar uma queda de dominó que culmina na "caneca perfeita", feita de dez mil livros. O anúncio sugere que os consumidores podem se tornar emocionalmente envolvidos na criação de sua bebida perfeita. Em uma pesquisa sobre a "perfeita experiência do cliente", Frow e Payne (2007) descobriram que o sucesso da Guinness deve tudo ao empenho de seus intermediários, isto é, proprietários de bares, que se comprometeram com o método de "encher em duas partes". Então, da próxima vez que você vir uma Guinness sendo servida, verifique a qualidade do serviço prestado pelos intermediários onde quer que esteja no mundo!

Questões para discussão

1. Como e por que os proprietários são intermediários importantes para o sucesso da Guinness?
2. Quais as técnicas de marketing usadas para garantir que os proprietários fossem consistentes na qualidade do serviço fornecida ao cliente?
3. Como o cliente foi envolvido na compreensão do novo processo de entrega de sua caneca de Guinness?
4. Considere que você é o gerente de marketing da Guinness e foi encarregado de assegurar que a qualidade do serviço seja mantida em um grande evento esportivo que a marca está patrocinando. Como você garantiria que o pessoal temporário mantivesse a qualidade da marca?
5. Escolha uma organização de serviço e discuta se as comunicações internas que a Guinness forneceu a seus intermediários seriam suficientes para propiciar iniciativas de marketing ao pessoal de serviço.

capítulo 9

Pessoas como estratégia: como gerenciar os prestadores de serviços

"Pessoal de serviços não é como uma política imposta. Tudo vem da cultura... a forma como você trata seus funcionários é como espera que eles tratem o cliente!"
Isodore Sharp, fundador e CEO do Four Seasons Hotels.

Objetivos do capítulo

Após a leitura deste capítulo, você deve ser capaz de:
- Compreender a importância dos funcionários de linha de frente na relação com o cliente.
- Perceber as tensões inerentes e a pressão enfrentadas pelo típico funcionário de serviços.
- Definir a função que um funcionário de serviços tem que exercer com base na estratégia de serviço.
- Compreender como essa definição de função pode ser usada para recrutar a equipe de serviço mais adequada.
- Entender como a definição de função é central e guia todos os sistemas de recursos humanos (RH) em uma empresa de serviços.
- Apreender o papel da gestão no suporte ao "clima para o serviço".

O objetivo deste capítulo é ajudar você a entender os muitos desafios associados ao gerenciamento de funcionários na experiência de serviços. As empresas de serviços, pela própria definição, são negócios com pessoas, com muito poucas exceções, e requerem gerentes talentosos que possam navegar na linha tênue entre as necessidades da organização, dos funcionários e dos clientes.

WEGMANS: A MELHOR EMPRESA PARA TRABALHAR NOS ESTADOS UNIDOS!

Todos os anos, a *Fortune Magazine* publica sua lista das "100 Melhores Empresas para se Trabalhar". O vencedor de 2005 pode surpreendê-lo. Não foi um fornecedor dominante da indústria de saúde, um gigante fabricante de automóveis nem o maior varejista do mundo, mas uma mercearia! Wegmans, a melhor empresa para se trabalhar nos Estados Unidos!

Quem ou o que é a Wegmans? Trata-se de uma cadeia de supermercados privada que emprega mais de 30 mil funcionários em suas 67 lojas localizadas nos estados de Nova York, Pensilvânia, Nova Jersey e Virgínia. As receitas reportadas em 2004 foram de US$ 3,4 bilhões. As lojas Wegmans mais recentes ostentam 12 mil metros quadrados, o que as torna três vezes maiores do que um supermercado típico. As margens operacionais são o dobro do que ganham os "quatro grandes" (Albertson, Kroger, Safeway e Ahold USA), e as vendas por metro quadrado são 50% maiores do que a média da indústria.

Um dos principais segredos para o sucesso da Wegmans tem sido o reconhecimento de que o supermercado do futuro deve ser mais do que apenas um supermercado, e não pode competir apenas no preço. O maior desafio atual para os supermercados é que já não há nenhuma razão convincente para fazer compras neles. As mercearias são vistas como *commodities* – 84% dos clientes acreditam que as mercearias tradicionais são todas praticamente iguais. Como resultado, mercados não tradicionais, como clube de compras (Sam's Clubs) e lojas de desconto (Walmart e Kmart), têm conseguido ganhar força no mercado. Em 2003, os mercados não tradicionais controlavam 31,3% do setor de supermercados. De acordo com especialistas do setor, existia uma expectativa de que esse número crescesse para quase 40% até 2008. As mercearias tradicionais têm respondido ao ataque com redução de preços, que diminuem ainda mais as margens já minúsculas. Entre 1999 e 2004, as quatro maiores cadeias de supermercados dos Estados Unidos citadas informaram retornos para os acionistas que variaram de –49% a –78%. O descontentamento da mão de obra com relação a várias dessas cadeias apresenta desafios futuros.

A Wegmans abraçou a ideia de que, a fim de competir eficazmente com os hipermercados do mundo, as compras de supermercado devem se tornar uma experiência convincente. Alguns comentários de funcionários refletem esta noção: "Estamos levando os clientes a um lugar onde eles nunca haviam ido antes" e "Ir lá não é apenas fazer compras, é um evento". Criar a experiência Wegman tem sido o resultado de uma combinação eficaz de bens e serviços, e contratação e manutenção de ótimos funcionários. Cada loja Wegman tem uma grande variedade de produtos alimentares, incluindo surpreendentes sortimentos de produtos muito bem exibidos, recém-preparados e outros itens especiais, como uma seleção de mais de 500 queijos. Outras ofertas na Wegmans incluem um centro de brincadeiras para as crianças, lavanderia, laboratório de fotografia, florista, loja de vinhos, farmácia e livraria.

Além da variedade atrativa de bens e serviços, grande parte da experiência Wegmans é derivada dos funcionários e clientes. Das sete mil cartas que a empresa recebeu em 2004, quase metade estava relacionada a pedidos dos clientes para a Wegmans abrir um novo local na sua cidade. Os clientes da Wegmans são apaixonados pela mercearia, o que é uma boa notícia para a empresa. Aqueles que estão emocionalmente ligados a suas mercearias gastam em média 46% mais do que os que estão satisfeitos, mas não possuem um vínculo emocional com seu supermercado local.

O relacionamento da Wegmans com os funcionários também é lendário. Ao longo dos últimos 20 anos, a empresa investiu quase US$ 54 milhões em bolsas de estudos para cursos superiores destinadas a mais de 17.500 funcionários que trabalham em tempo integral e parcial. A empresa privilegia a promoção interna, e as vagas em novas lojas são preenchidas pelos seus melhores e mais brilhantes funcionários. Além disso, a Wegmans escuta os funcionários. O chefe de operações da Wegmans comenta em tom de brincadeira: "Somos uma empresa de US$ 3 bilhões operada por caixas de 16 anos de idade". Os salários por hora e anuais estão entre os mais altos do mercado. Os custos de mão de obra da empresa representam aproximadamente 16% das vendas em comparação com a média da indústria, que é de 12%. No entanto, a taxa de rotatividade dos empregados em tempo integral da Wegmans é de 6%, em comparação com 19%, a média da indústria. Além disso, cerca de seis mil funcionários têm dez anos ou mais de serviço na empresa. De acordo com o presidente Robert Wegman: "Nunca dei mais do que obtive de volta". Claramente, a Wegmans fornece um tremendo exemplo de como uma empresa pode se destacar por meio de melhores operações, relações únicas com os funcionários e ótimo serviço ao cliente.

Fonte: Mathew Boyle. The Wegmans Way. *Fortune* 151, 2, 24 jan. 2005, p. 62-68. Copyright © 2005 Hora, Inc. Todos os direitos reservados. Usado com permissão e protegido pelas leis de *copyright* dos Estados Unidos. É proibida impressão, cópia, redistribuição ou retransmissão do material sem autorização expressa por escrito.

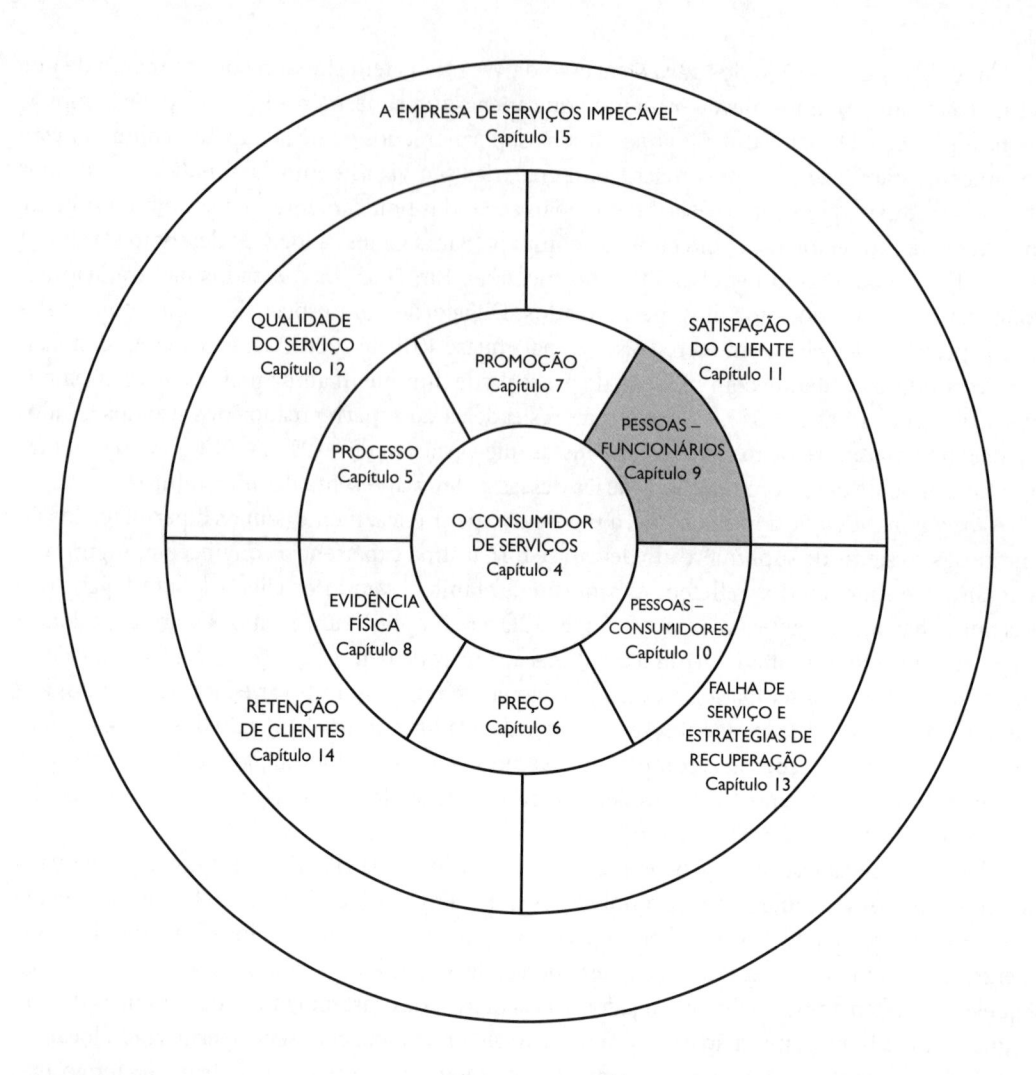

Introdução

A satisfação do funcionário e a do cliente estão claramente relacionadas. Vamos dizer isto novamente de outra maneira... se você quer satisfazer aos seus clientes, a satisfação dos funcionários é fundamental! A face pública de uma empresa de serviços é o pessoal de contato. Por tratar-se de uma mistura entre operários de fábrica, administradores e servidores, o pessoal de serviços muitas vezes realiza um trabalho complexo e difícil.[1] Apesar da importância e complexidade das atividades desses profissionais, eles frequentemente estão entre os funcionários mais mal pagos e menos respeitados na maioria das empresas, e, muitas vezes, na sociedade. Por exemplo, na indústria de saúde, os indivíduos mais responsáveis pela assistência ao paciente e pelas percepções deste em relação à qualidade do serviço recebido são... os enfermeiros. E quem são os indivíduos mais mal pagos e menos respeitados na saúde? Os enfermeiros. No sistema educacional, quem é o maior responsável pela educação cotidiana e pela interação com os alunos? Os professores em sala de aula. Quem, no sistema de ensino, são os indivíduos mais mal remunerados e menos respeitados? Os professores em sala de aula. E a lista continua. Considere qualquer indústria de serviços e procure pelos indivíduos responsáveis por interações com os clientes e pelas percepções destes em relação à qualidade entregue, e você provavelmente encontrará as pessoas mais mal pagas e menos respeitadas na empresa. Isto não faz sentido!

A citação de Isadore Sharp e o caso Wegmans são o contra-argumento para investir em pessoal de serviços. Tal abordagem pode ser expressa como *a cadeia de serviço-lucro* mostrada na Figura 9.1.[2]

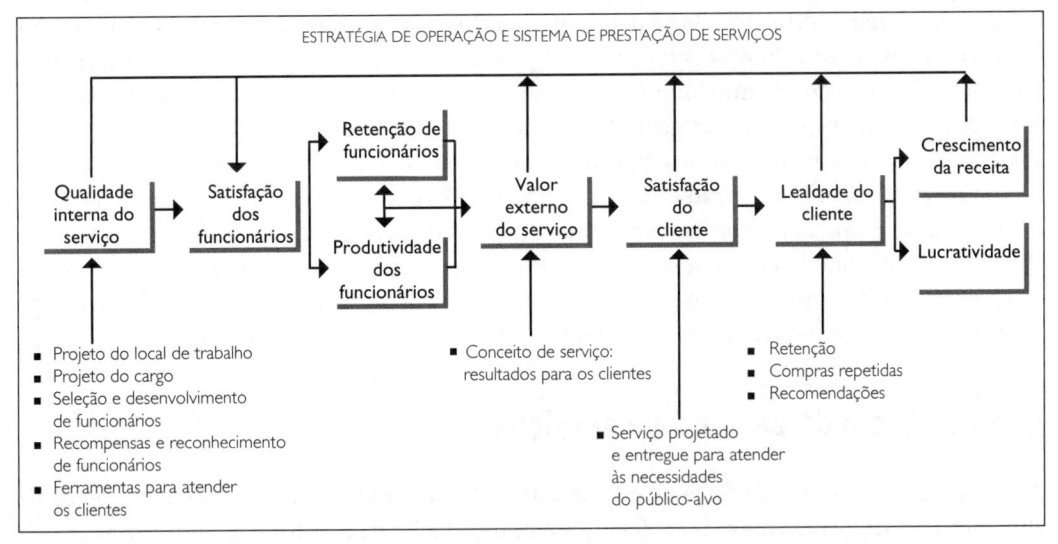

ESTRATÉGIA DE OPERAÇÃO E SISTEMA DE PRESTAÇÃO DE SERVIÇOS

Qualidade interna do serviço → Satisfação dos funcionários → Retenção de funcionários / Produtividade dos funcionários → Valor externo do serviço → Satisfação do cliente → Lealdade do cliente → Crescimento da receita / Lucratividade

- Projeto do local de trabalho
- Projeto do cargo
- Seleção e desenvolvimento de funcionários
- Recompensas e reconhecimento de funcionários
- Ferramentas para atender os clientes

- Conceito de serviço: resultados para os clientes
- Serviço projetado e entregue para atender às necessidades do público-alvo

- Retenção
- Compras repetidas
- Recomendações

Fonte: James L. Heskett; Thomas O. Jones; Gary W. Loveman; W. Earl Sasser Jr.; Leonard A. Schlesinger. Putting the Service-Profit Chain to Work. *Harvard Business Review*, mar.-abr. 1994, p. 164-74. Reproduzida com permissão de *Harvard Business Review*. Copyright © 1994 President e Fellows of Harvard College.

FIGURA 9.1 Cadeia de serviço-lucro

Os elos da cadeia de serviço-lucro revelam que a satisfação do funcionário e a do cliente são correlacionadas. Funcionários satisfeitos permanecem na empresa e melhoram a produtividade individual. Então, a satisfação dos funcionários está relacionada com o aumento da produtividade global da empresa e diminui os custos de recrutamento e treinamento, cuja dimensão pode ser enorme para muitas empresas de serviços. Por exemplo, em um ano, a rotatividade de postos de trabalho de vendas na rede de varejo do Grupo Sears foi de 119 mil. O custo de contratação e treinamento de cada novo assistente de vendas foi de US$ 900, ou mais de US$ 110 milhões no total, soma que representou 17% da receita da Sears naquele ano.[3]

As atitudes e as crenças dos funcionários sobre a organização são muitas vezes refletidas em comportamentos. Como as empresas de serviços, muitas vezes, envolvem o cliente como um coprodutor, os efeitos das práticas e políticas de recursos humanos (RH), bem como o clima da organização, são visíveis para os clientes. Um grande número de estudos mostra que a percepção dos funcionários do clima de serviço está diretamente relacionada com a dos clientes sobre a qualidade do serviço.[4]

A satisfação do cliente está diretamente relacionada a sua lealdade, o que é demonstrado pelas compras repetidas e referências positivas boca a boca a outros clientes. Os efeitos da retenção de clientes são aumentos das receitas e da rentabilidade da empresa. Por exemplo, vários estudos têm examinado o custo de aquisição de novos clientes *versus* o de manter um cliente existente. A proporção desta relação citada pelo U. S. Office of Consumer Affairs foi de cinco vezes, mas outros autores mencionam números tão elevados como oito vezes.[5]

Ao mesmo tempo, os funcionários também são recompensados por seus esforços. Os resultados associados à satisfação do funcionário, ou seja, valores externos ao serviço, satisfação do cliente, fidelização de clientes, crescimento de receita e aumento da rentabilidade reforçam o compromisso da empresa em melhorar continuamente a qualidade interna do serviço. Como beneficiários de melhorias internas de qualidade e respostas positivas de clientes, os funcionários sentem diretamente os frutos de seus esforços. E sua satisfação é posteriormente reforçada, o que mantém a integridade da cadeia de serviço-lucro.

O objetivo deste capítulo é concentrar-se na primeira metade da cadeia de serviço-lucro, relativa ao funcionário. Primeiro, abordaremos os aspectos relacionados à importância do prestador de serviço de linha de frente na geração de um produto diferenciado e à entrega deste a clientes satisfeitos. Em seguida, examinaremos o estresse e as tensões inerentes à função de prestador de serviços e por que esses fatores exigem uma gestão cuidadosa. Continuaremos nos concentrando em como criar um clima de serviço que reforçará o desejo natural dos funcionários de fornecer um bom serviço. Para tal, ferramentas de gestão de RH precisam ser integradas em torno de uma definição clara da função específica do prestador de serviços que a empresa escolheu. A Wegmans optou por diferenciar-se com excelente serviço ao cliente, por exemplo. Os concorrentes da empresa escolheram um modelo mais industrializado que, em seu extremo, substitui a equipe de loja por caixas de autoatendimento. Claramente, os processos de RH têm que ser diferentes.

A importância do pessoal de serviços

Atualmente, mais de 40% da força de trabalho dos Estados Unidos está empregada em venda de alimentos, venda de mercadorias em lojas de varejo, trabalho de escritório em indústrias de serviços, limpeza de hospitais, escolas e escritórios ou fornecimento de algum outro serviço pessoal. Nas últimas duas décadas, essas ocupações representaram a maior parte do crescimento do emprego no Estados Unidos. No entanto, na maioria dos casos, esses empregos são mal remunerados, não proporcionam evolução na carreira e fornecem pouco ou nada em termos de saúde, pensões e outros benefícios (ver Figura 9.2).[6] Não por acaso, em 2000, a *Business Week* publicou uma matéria assinada por Daine Brady cujo título suscita várias interpretações: "Por que os serviços não prestam?".[7]

Estrategicamente, o pessoal de serviços é uma importante fonte de diferenciação do produto. Muitas vezes, é difícil para uma organização de serviços se diferenciar de outras similares no pacote de benefícios que oferece ou em seu sistema de entrega. Por exemplo, de um ponto de vista extremo, muitas companhias aéreas oferecem pacotes similares de benefícios e voam com os mesmos tipos de aeronave dos mesmos aeroportos para os mesmos destinos. Portanto, sua única esperança de uma vantagem competitiva é a partir do nível do serviço, ou seja, da maneira como as coisas são feitas. Parte desta diferenciação pode vir de níveis de pessoal ou dos sistemas físicos destinados a apoiar a equipe. Contudo, muitas vezes o fator decisivo que distingue uma compa-

A satisfação dos funcionários é a chave para a satisfação do cliente. Nada vai afastar mais rápido os clientes do que funcionários descontentes com o próprio trabalho.

- Trabalhadores temporários ganham em média 40% menos por hora do que trabalhadores em tempo integral.
- 55% não têm seguro de saúde.
- 80% trabalham 35 horas por semana.
- 25% têm menos de 25 anos.
- 53% são mulheres; na força de trabalho total, 47% são mulheres.
- 60% das mulheres têm filhos menores de 18 anos.
- 22% da força de trabalho temporário é afro-americana; 11% da força de trabalho total é afro-americana.

Fonte: Temporary workers getting short shrift, *USA Today*, 11 abr. 1997, p. B1.
FIGURA 9.2 Dados sobre trabalhadores temporários

nhia aérea de outra é a atitude dos prestadores de serviços.[8] A Singapore Airlines, por exemplo, goza de uma excelente reputação por causa, em grande parte, da beleza, da simpatia e dos serviços de orientação de seus comissários de bordo. Outras empresas que detêm uma vantagem diferencial sobre os concorrentes com base no pessoal são Ritz Carlton, IBM e Disney.[9]

No entanto, frequentemente, parece que o pessoal da linha de frente, os clientes e a própria empresa de serviços estão em busca de objetivos diferentes, o que representa o clássico confronto entre marketing, RH e operações. Inevitavelmente, confrontos ocorrem, com profundos efeitos de longo prazo sobre como os clientes veem a organização e como os prestadores de serviços veem os clientes em operações subsequentes. É um pesadelo que se autoperpetua. Os prestadores de serviços cínicos transformam os clientes em "clientes infernais", e os clientes terríveis retribuem o favor, acabando por estragar até mesmo os melhores prestadores de serviços.[10]

No livro *Revolução nos serviços*,* de Karl Albrecht, os comportamentos do pessoal de serviços que mais irritam os clientes refletem temas semelhantes em diferentes setores e organizações. Esses comportamentos desagradáveis foram classificados em sete categorias:

1. Apatia: quando o funcionário faz "cara de paisagem".
2. Desdém: Tentativas de se livrar do cliente ao dispensá-lo completamente. Trata-se da síndrome do "cai fora daqui".
3. Frieza: os prestadores de serviços são indiferentes e não se importam com o que o cliente realmente quer.
4. Condescendência: refere-se à abordagem "Você é o cliente/paciente, então deve ser burro".
5. Automatismo: quando os clientes são tratados como "mais um na fila que tem que andar".
6. Leitura de regulamento: refere-se aos funcionários que se baseiam exclusivamente nas regras da organização, mesmo quando elas não fazem sentido.
7. Enrolação: quando o cliente é passado de um funcionário a outro.

A qualidade do serviço oferecido pela Wegmans e os comportamentos descritos aqui parecem totalmente incompatíveis. É evidente que cada situação está relacionada diretamente ao tipo de gestão adotado. A Wegmans criou um sistema de gestão e um clima que incentivam os funcionários a apoiar a posição de mercado diferenciada obtida pela empresa. Para entender como eles conseguiram isso, primeiro é importante entender que o papel de serviço de linha de frente não é fácil.

---

* Ed. Pioneira, 1992. (N. E.)

Pressões e tensões naturais do pessoal de contato de serviços

Antes de abordarmos a forma de gerenciar o pessoal de serviços, é importante compreendermos que, pela própria natureza do trabalho, não é fácil trabalhar como pessoal de contato de serviços. Esses profissionais são o que podemos chamar de **mediadores de fronteira**,[11] que se encontram no limite da organização, pois interagem, ao mesmo tempo, com o ambiente externo de uma empresa, em particular com os clientes, e a estrutura interna. Eles representam a organização e são obrigados a recolher as informações necessárias do cliente para realizar o serviço. Além de serem parte do processo de produção, representam o cliente.

> **funções de mediadores de fronteira** Referem-se às várias funções exercidas pelo pessoal de contato que realiza um duplo papel de interação com os ambientes externo e interno da empresa.

Os indivíduos que ocupam funções de mediadores de fronteira podem ser classificados em um contínuo que varia de **funções de serviços subordinados** a funções de serviços profissionais.[12] Os primeiros são geralmente subordinados tanto à empresa como ao cliente, e pertencem ao nível mais baixo da hierarquia organizacional. Eles também são tratados como subordinados pelos clientes, muitas vezes reforçados por placas bem visíveis com a seguinte informação: "O cliente tem sempre razão".[13]

> **funções de serviços subordinados** Nas empresas de serviços, trata-se dos postos de trabalho em que as decisões do cliente são totalmente discricionárias, como garçonetes, carregadores etc.

As funções de mediadores de fronteira causam diferentes tipos de estresse e tensão nos indivíduos. A função que devem desempenhar pode estar em conflito com sua autopercepção (**conflito entre pessoa e função**). Com frequência, o mediador de fronteira precisa suprimir os sentimentos pessoais, sorrir e ser prestativo, apesar de, às vezes, sentir-se miserável e agressivo. Este tipo de comportamento é denominado trabalho emocional, e certamente pode causar tensões em um indivíduo.

> **conflito entre pessoa e função** Trata-se de um descasamento entre a autopercepção do indivíduo e a função específica que deve desempenhar em uma organização.

Mais problemáticos ainda são os conflitos entre a **organização e o cliente**. Um cliente pede mais um pãozinho, mas a política da empresa é apenas um por hóspede. Isso é muitas vezes resolvido pela aplicação do bom-senso ("Como não há mais hóspedes, o pão vai para o lixo!"), e gera uma batalha entre a eficiência organizacional e a satisfação do cliente, com a pessoa de contato no meio. O problema do pãozinho parece simples, mas considere a seguinte situação: um passageiro de ônibus pede ao motorista que saia da rota estabelecida e o deixe em casa.[14]

> **conflitos entre organização e cliente** Referem-se aos desentendimentos que surgem quando um cliente solicita serviços que não estão de acordo com as regras da organização.

A reação a este tipo de conflito é muitas vezes relacionada ao nível de subordinação da função dentro da organização. Uma função de serviço subordinado de nível baixo e falta de compreensão do porquê as regras foram escritas, muitas vezes significam que a pessoa de contato fica do lado do cliente e contra a organização. Em contraste, o pessoal de serviço profissional com *status* mais elevado e compreensão mais clara do propósito de regras e regulamentos específicos está mais capacitado a controlar o que acontece.

Em funções de serviços, uma das principais fontes de conflito está na relação entre pessoa e função. Nem todo mundo pode fazer bem determinado trabalho e nem todo mundo desejará fazê-lo! A solução é encontrar o ajuste certo, ou seja, a pessoa certa para o trabalho certo.

Os **conflitos entre clientes** surgem porque muitos sistemas de prestação de serviços têm vários clientes que influenciam as experiências uns dos outros. Como diferentes clientes podem ter necessidades distintas, eles tendem a ter roteiros completamente diferentes para si mesmos, para o pessoal de contato e para outros clientes. Quando os clientes entram em conflito, geralmente o pessoal mediador de fronteira é chamado para resolvê-lo.

> **conflitos entre clientes** Referem-se aos desentendimentos entre clientes em função do número de clientes que podem influenciar cada experiência individual.

Por exemplo, o garçom é, em geral, solicitado a fazer outro cliente parar de fumar em uma área de não fumantes. As tentativas para satisfazer todos os clientes o tempo todo podem aumentar o conflito ou colocar o pessoal mediador de fronteiras na disputa. Por exemplo, um cliente de restaurante que solicita e recebe serviço rápido pode causar reclamações de outras mesas sobre os níveis desiguais de serviço.

A reação e a eficácia do funcionário na resolução de conflitos entre clientes parecem estar mais uma vez relacionadas com o nível da função do funcionário dentro da organização. Aqueles que exercem funções subordinadas estão na posição mais fraca, uma vez que possuem baixo *status* perante os clientes, que podem simplesmente ignorar as respostas dadas por prestadores de serviços subordinados. Os profissionais podem enfrentar os mesmos problemas. Por exemplo, considere um paciente na sala de espera do hospital que exige um tratamento preferencial. Em um caso como este, o profissional pode invocar o *status* obtido e a própria experiência para resolver a situação.

Estratégias para lidar com conflitos e implicações para clientes

Para as pessoas, as consequências do conflito de função e do estresse são insatisfação, frustração e intenção de rotatividade, e podem até resultar em sabotagem do serviço. Quando confrontados com potenciais conflitos e estresse nos postos de trabalho, os funcionários tentam uma variedade de estratégias para se proteger, que se manifestam como os sete comportamentos desagradáveis descritos no livro *Revolução nos serviços*. A maneira mais simples de impedir a ocorrência de conflito é evitar os clientes, o que é exemplificado pelo garçom que se recusa a olhar um cliente que deseja fazer um pedido. Esse comportamento permite que o funcionário aumente o sentido pessoal de controle sobre o encontro, mas seria percebido como "apático", "desligado", "frio" ou mesmo "completamente indiferente". Uma abordagem alternativa é passar para um modo de processamento de pessoas,[15] em que os clientes são tratados como objetos inanimados a serem processados, e não como indivíduos. Isso seria percebido como "automatismo" ou "leitura de regulamento", reduzindo a necessidade de o pessoal mediador de fronteira se associar ou simpatizar com um indivíduo e, portanto, entrar em conflito.

O pessoal mediador de fronteira também emprega outras estratégias para manter uma sensação de controle do encontro. Símbolos físicos e móveis são frequentemente usados para reforçar o *status* do funcionário e, consequentemente, sua sensação de controle.[16] Esconder-se atrás de uma mesa é uma maneira de lidar com o conflito.

No caso extremo, o conflito e a ambiguidade de função podem levar a atos de **sabotagem do serviço**,[17] que servem para o prestador de serviços recuperar o controle ou a sensação de tê-lo. Em alguns casos, a sabotagem é feita de forma privada; por exemplo, porções menores ou cerveja ruim para os clientes difíceis. Em outros casos, manifesta-se de maneira mais pública, com equipes inteiras de prestadores de serviços dando golpes e passando a perna um no outro, usando os clientes ou não. É evidente que isso representa uma degradação no clima do serviço, mas é muito mais comum

> **sabotagem do serviço** Refere-se a atos intencionais e mal-intencionados por parte de prestadores de serviços cujo objetivo é arruinar o serviço.

do que pensamos. Uma pesquisa com 182 funcionários de linha de frente de serviços constatou que 90% aceitavam um comportamento mal-intencionado para reduzir ou estragar o serviço.

Uma estratégia alternativa que os funcionários usam para reduzir o conflito entre organização e cliente é ficar completamente do lado do cliente. Quando os funcionários são forçados a obedecer a uma regra com a qual não concordam, o pessoal mediador de fronteira lista para o cliente todas as outras coisas sobre a organização com as quais eles também não concordam. Deste modo, com o propósito de reduzir estresse, os colaboradores buscam a simpatia do cliente.

O impacto direto do marketing no estresse e nas tensões de prestadores de serviços

O marketing pode tanto causar como reduzir o estresse dos prestadores de serviço. Sem fazer grandes mudanças estratégicas, pode ajudar a reduzir os níveis de estresse dos funcionários de serviço, e tem todo o interesse em fazê-lo. Claramente, pessoal de contato infeliz, frustrado e em desacordo é visível para o cliente e, em última análise, afeta sua percepção sobre a qualidade de serviço. Os clientes obviamente não gostam de ser ignorados pelos garçons ou tratados como se fossem objetos inanimados. Se o pessoal de contato tentar maximizar a sensação de controle sobre os encontros, provavelmente será em detrimento do nível de controle sentido pelos clientes. Além disso, embora os clientes possam simpatizar com a explicação de um prestador de serviços de que a organização o impede de oferecer um excelente serviço, ainda assim desenvolverão percepções negativas sobre a empresa.

Como reduzir os conflitos entre pessoa e função Para reduzir o conflito entre o indivíduo e a respectiva função desempenhada, o marketing deve se mostrar sensível aos funcionários e buscar ativamente a participação deles na discussão sobre o assunto. Uma atividade idealizada pela matriz pode parecer formidável na teoria. Por exemplo, um dia temático medieval em um hotel provavelmente terá grande valor de relações públicas. Entretanto, como o pessoal vai se sentir quando tiver que usar trajes estranhos e desajeitados (para não dizer desconfortáveis)? Como esses trajes afetarão as relações dos funcionários com os clientes durante o encontro de serviço?

O marketing pode recomendar uma mudança no processo de funcionamento, a fim de melhorar a qualidade do serviço. No entanto, é importante assegurar que os prestadores de serviços sejam bem treinados no novo roteiro. Se não forem, poderão ficar muito constrangidos na presença de clientes. Esta situação pode ser agravada se o novo serviço é anunciado de forma que os clientes estejam mais conscientes do novo roteiro do que a equipe.

Como reduzir os conflitos entre organização e cliente Da mesma forma, o marketing pode ajudar a reduzir conflitos entre a organização e os clientes. É fundamental, por exemplo, que as expectativas do cliente sejam coerentes com as capacidades do sistema do serviço. Os clientes não devem pedir serviços que o sistema não possa fornecer. A propaganda é uma das principais causas de expectativas exageradas, já que a tentação é exagerar nos apelos de propaganda para maximizar o impacto. Considere, por exemplo, o anúncio que mostrava um comissário de bordo lendo uma história para uma criança enquanto o avião estava em voo. Isto foi concebido para mostrar que a companhia aérea era realmente simpática e atenciosa. Alguns passageiros levaram o anúncio ao pé da letra, seja porque acreditaram ou por não resistir à tentação, e pediram aos comissários de bordo para ler histórias para seus filhos. O resultado foi um conflito para a tripulação de cabine, bem distante da imagem de atenção retratada pelo anúncio.

Como reduzir os conflitos entre clientes Os conflitos entre clientes poderão ser evitados se estes forem relativamente homogêneos em suas expectativas. Devido à inseparabilidade dos serviços, os clientes muitas vezes partilham as experiências de serviço com outros clientes. Assim, as empresas de serviços bem-sucedidas reconhecem a importância da segmentação eficaz, o que minimiza as chances de que dois ou mais grupos divergentes partilhem o encontro simultaneamente. Quando todos os clientes compartilham o mesmo roteiro e esperam o mesmo padrão de serviço, as chances de conflitos entre clientes são muito reduzidas.

Como desencadear o serviço com o clima certo

Os funcionários que optaram por trabalhar como prestadores de serviços de linha de frente não começam com a intenção de fazer um mau serviço. Em geral, as pessoas migram para postos de trabalho que possam motivá-las, e ninguém é motivado para prestar um mau serviço.

A função de prestador de serviços subordinado tem conflitos inerentes em si, mas não há nenhuma razão para que não possam ser resolvidos.

Contudo, o pessoal de serviços será influenciado pela percepção compartilhada de "práticas, procedimentos e tipos de comportamento que são recompensados". Esta percepção compartilhada é o "clima" da organização. O importante é criar um clima que dê suporte a um bom serviço. Muitas vezes, porém, os cargos de contato com o cliente da linha de frente são projetados de modo que sejam muito simples e limitados, para que possam ser preenchidos por qualquer pessoa. Em outras palavras, trata-se de trabalhos "que não requerem inteligência". Os empregadores fazem poucas exigências aos candidatos, quase não há critérios de seleção, e os salários são baixos.

O resultado é que menos pessoal de contato estará disponível e com menos conhecimento; assim, o cliente receberá menos ajuda e menor qualidade. Os clientes desabafam os sentimentos de impaciência e insatisfação com a equipe, e isto desmotiva os funcionários, especialmente os mais conscientes, uma vez que já estão cientes do mau serviço que estão sendo forçados a fornecer. O pessoal de melhor nível deixa a empresa e é substituído por novatos mal treinados – e o ciclo continua.

Entretanto, quando o compromisso com o serviço é alto, a empresa de serviços exibe uma paixão por fazer as coisas diretamente relacionadas com a prestação do serviço. Considere, por exemplo, os comentários de funcionários do The Container Store, recentemente escolhido como o "melhor lugar para trabalhar" pela revista *Fortune*.[18]

- *"Amo esta empresa porque o 'atendimento ao cliente é # 1'!!... Todos os clientes podem utilizar os nossos telefones a qualquer momento."*
- *"Crescemos com 'valores familiares', e é raro encontrar uma empresa com os mesmos valores, filosofia e princípios fundamentais. Ir trabalhar é como ir a uma reunião de família todos os dias."*
- *"Trabalhar para esta empresa fez de mim uma pessoa melhor e, certamente, fez do mundo um lugar melhor e mais organizado."*
- *"Sinto falta de todos quando saio de férias."*
- *"Nunca sairei daqui."*

Com frequência, os funcionários se referem, de forma positiva, ao processo de prestação de serviços, ao produto oferecido ao consumidor final, à preocupação da empresa em ouvir os clientes e à sua capacidade de atender às necessidades dos clientes.

Como criar o clima para o serviço

Há três elementos fundamentais para criar o clima para o serviço: **facilitação do trabalho**, **suporte interdepartamental** e práticas de RH, os quais devem minimizar o estresse e a ambiguidade de função.[19] Os dois primeiros são os fundamentos básicos de serviços que devem ser implementados.

> **facilitação do trabalho** Refere-se à infraestrutura básica e à tecnologia necessárias para que os prestadores possam fornecer o serviço desejado.
>
> **serviço de suporte interdepartamental** Refere-se ao apoio de outros departamentos da empresa a um prestador de serviços para que ele realize adequadamente o trabalho.

O pessoal de serviço deve ter a capacidade de fornecer um bom serviço sempre que quiser. Equipamentos, processos e, cada vez mais, a tecnologia da informação têm que estar disponíveis para o trabalho ser feito (facilitação de trabalho). Um agente de *check-in* de uma companhia aérea precisa que os sistemas de embarque e o leitor de cartões de embarque estejam funcionando. Se não estiverem, o serviço sofrerá de alguma forma, mas o efeito de segunda ordem é que o prestador ouve as queixas, fica desmotivado e o clima para o serviço acaba comprometido. Não existe um funcionário de serviços isolado, todos são dependentes do restante da organização de serviços. A equipe de *check-in* só poderá fornecer o serviço se o avião estiver disponível, preparado, abastecido e tripulado. Cada departamento, os pilotos, a manutenção e a tripulação de cabine são fundamentais para o serviço que a equipe de *check-in* pode oferecer.

Após o estabelecimento das bases para um funcionário executar o trabalho com êxito, o clima pode ser construído na forma de políticas de RH orientadas para serviços e práticas projetados para se ajustar à estratégia de serviço. Se a recompensa para os funcionários for inconsistente com o que os gerentes esperam, haverá ambiguidade e estresse. Se a estratégia declarada é "qualidade superior", mas as medidas de desempenho internas são baseadas na gestão de custos, é improvável que o clima correto seja criado.

As práticas de RH de serviços podem ser divididas em categorias amplas, conforme mostra o **círculo de RH de serviços** (ver Figura 9.3). No centro do círculo, estão os objetivos para a função. Primeiramente, é fundamental sabermos com clareza que função e clima pretendemos alcançar. Considere o caso da Wegmans. A estratégia da empresa é baseada na proposta de que a maioria dos clientes vê mercearias como *commodities* ("*As mercearias são vistas como commodities, pois 84% dos clientes acreditam que as mercearias tradicionais são todas praticamente iguais*"). As funções do prestador de serviços foram projetadas para criar uma vantagem diferencial em um universo banalizado.

> **círculo de RH de serviços** Refere-se às funções de RH que, juntas, fornecem suporte para a criação de um clima para o serviço.

No entanto, considere duas abordagens alternativas para definir a função do prestador de serviços no mesmo setor: FedEx e UPS. A FedEx foi a primeira empresa de serviços a ganhar o cobiçado Malcolm Baldrige National Quality Award. Por trás dos aviões e uniformes azuis, brancos e vermelhos, estão equipes de trabalho autogeridas e funcionários com poder discricionário aparentemente preocupados com a prestação de serviço flexível e criativo para os clientes com diferentes necessidades. Em contraste, na UPS, há pessoas ativas e lucros, mas não encontramos os mesmos níveis de poder discricionário. Em vez disso, deparamos com controles, regras, um detalhado contrato com o sindicato e métodos de trabalho cuidadosamente estudados. A UPS não faz promessas impossíveis para seus funcionários cumprirem a fim de atender às necessidades individuais do cliente. No entanto, o que encontramos são diretrizes operacionais rígidas, que ajudam a garantir ao consumidor um serviço confiável de baixo custo.[20] Em ambas as organizações existem funcionários motivados que se empenham para atender os clientes e criar um "**clima para o serviço**" percebido e apreciado pelo consumidor.

> **clima para o serviço** Refere-se à percepção compartilhada de práticas, procedimentos e tipos de comportamento de serviços que são recompensados.

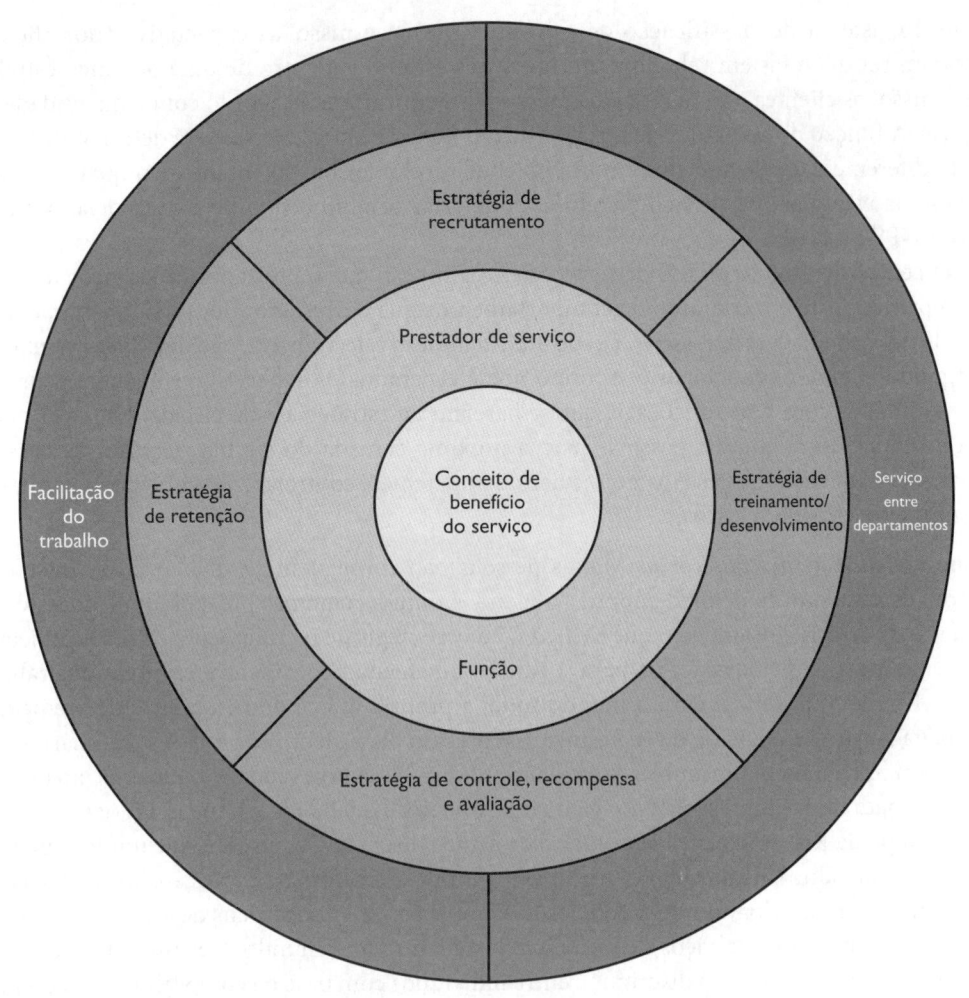

FIGURA 9.3 Círculo de RH de serviços

Portanto, ao estabelecer os objetivos referentes às práticas de RH, devemos definir a função dos prestadores de serviços em termos dos comportamentos que devem ser exibidos. A definição desta função se inicia com a estratégia do serviço. Tudo começa com a estratégia de marketing e o conceito de benefício que a organização escolheu como sua vantagem competitiva. Isto determina o sistema e a tecnologia criados para dar suporte ao benefício. A tecnologia e o conceito de benefício definem a função do prestador.

Uma empresa de serviços com marca reconhecida, que garante a consistência do produto e serviço em vários locais, construirá sistemas e estrutura em conformidade. Os processos e sistemas do McDonald's são construídos para padronizar a prestação de serviços. A política de preços e economia da empresa determina o tipo e o custo do prestador de serviços. Os comportamentos requeridos pela função são bastante restringidos. Funcionários excessivamente simpáticos que conversam com os clientes e personalizam os pedidos são incompatíveis com a consistência e a rapidez prometidas. A função do prestador de serviço é parte de uma fórmula bem estruturada.

Como a história da UPS e da FedEx mostra, inclusive dentro de uma mesma indústria, diferentes estratégias podem levar a soluções diferentes. Considere agora a indústria hoteleira e as potenciais definições de funções para prestadores de serviços. A indústria se segmentou ao longo do sistema de classificação de estrelas. Com base nisso, as expectativas dos clientes passaram ser distintas em relação a um hotel três estrelas e a outro de uma ou cinco estrelas. Além disso, os clientes esperam que os preços também variem de acordo com a quantidade de estrelas. A função do prestador de serviços de um hotel de cinco estrelas será definido de forma muito diferente daquele que atua em um hotel de nível inferior. No entanto, em qualquer nível de hotel, a estratégia de serviço escolhida pode criar o mesmo tipo de divergência existente entre a UPS e a FedEx.

No centro do círculo de RH de serviços está a função que o prestador de serviços tem que desempenhar. Este é o conjunto de comportamentos que o prestador deve demonstrar, com o suporte das habilidades necessárias. Desde que a definição esteja correta, não deve haver nenhuma ambiguidade para os funcionários sobre o que é esperado. Os supervisores e gerentes devem estar alinhados com suas funções, já que se baseiam na estratégia estabelecida. Uma vez que a função tenha sido definida, passa-se para a próxima camada do círculo: recrutar as pessoas certas; desenvolver funcionários de serviços competentes; controlar, recompensar e avaliar; e reter funcionários de serviços.

Como recrutar as pessoas certas Muitas pessoas não conseguem se adaptar ao estresse e às tensões de uma função de mediador de fronteira. Contudo, algumas prosperam no contato cotidiano e no retorno instantâneo que ele traz. Toda estratégia de recrutamento deve ser projetada para encontrar as pessoas certas para a função adequada. Considere a empresa australiana Krispy Kreme, que vende, para o mundo todo, a própria marca de rosquinhas de creme. No início, na Austrália, a equipe de RH estava sob pressão para identificar novos funcionários que pudessem trabalhar em um ambiente em constante crescimento e mudança, e manter, ao mesmo tempo, o padrão da empresa na entrega de um serviço de qualidade em todas as lojas.[21]

A equipe de RH usou testes psicométricos fornecidos pelo Grupo SHL, incluindo um questionário de atendimento ao cliente, acompanhado por um centro de avaliação, que envolveu os candidatos que participavam de exercícios de simulação. Tais abordagens de avaliação são utilizadas por empresas de serviços de primeira classe em todo o mundo. Deve-se tomar cuidado para assegurar que o teste só discrimine entre indivíduos com base na competência ou comportamentos exigidos pelo trabalho. Este procedimento não apenas melhora a qualidade de contratação, mas também serve para proteger recrutadores de queixas de discriminação por minorias. Após a parceria com a SHL, a Krispy Kreme mediu o sucesso do processo e foi capaz de mostrar que contratações malsucedidas foram reduzidas em 50%.

Considere um cenário diferente: o grupo de varejo Neiman Marcus. A empresa já utilizava testes psicométricos para selecionar e avaliar os candidatos para funções em lojas de grande volume de vendas. No entanto, com o lançamento do novo Sistema de Informação de Recursos Humanos (SIRH), a empresa pretendia padronizar os testes em todo o grupo, mudar para um teste remoto baseado na internet e ter os resultados integrados no SIRH.

Para criar o teste padrão, a SHL definiu competências, atitudes e comportamentos cruciais, considerando funcionários existentes que preenchiam os critérios de melhor desempenho de vendas e bastante tempo no cargo. Após a introdução de uma série de testes de seleção, os resultados foram avaliados com a comparação de lojas antes e depois da implantação do novo sistema. Com a utilização do novo processo, a rotatividade de pessoal foi reduzida em 18%, e as vendas por hora por funcionário aumentaram 15,4%. Em um mercado de trabalho acirrado, o novo processo também forneceu um ciclo de entrevista para contratação de 24 horas. (Para fazer você mesmo este tipo de testes, visite o *site* de prática em <SHL.com>.)

Ambas as organizações reconheceram que a seleção é uma parte fundamental do processo de recrutamento, e que é possível encontrar pessoas propensas a exibir comportamentos ou competências corretos e com a devida inclinação em relação aos clientes. Sempre que a função exige habilidades específicas, como a capacidade de trabalhar com números, como um caixa de banco, os testes de personalidade podem ser complementados com testes de habilidade. É importante perceber que a seleção da pessoa certa para a função tem vários benefícios. Para a organização, uma boa seleção melhora o desempenho da pessoa na função, e, consequentemente, a produtividade e o serviço. Ter a função certa também atenua o estresse de função sofrido por prestadores de serviços que podem não ser adequados para o trabalho. Isto aumenta o seu bem-estar e reduz as patologias causadas pelo estresse de função para o cliente.

Parte da estratégia de recrutamento deve ser também a criação de uma "**marca de empregador**" adequada. A empresa não está em concorrência apenas por clientes, mas também por pessoas talentosas. A proposta de valor aos futuros empregados tem de ser suficientemente atraente para criar um banco de candidatos grande o bastante para encontrar funcionários suficientes com as competências certas. Isto nada mais é do que a aplicação do marketing ao mercado de funcionários. As habilidades de comunicação, estratégia de marca e desenvolvimento de propostas são as mesmas.

marca de empregador Refere-se à marca criada no mercado para a equipe, análoga àquela para o consumidor.

Como desenvolver funcionários de serviços competentes Treinamento está no cerne da criação de funcionários e clientes satisfeitos. Como treinamento é cumulativo e caro, esta estratégia tem de ser combinada com um forte foco na retenção de funcionários. A estratégia de desenvolvimento deve cobrir tudo: recrutamento e contratação de novos funcionários, formação técnica sobre como utilizar infraestrutura e tecnologia, formação interpessoal sobre como lidar com os clientes e treinamento de desenvolvimento para preparar os funcionários para a próxima função.

Preparar um novo funcionário para operar na função de "produção", manutenção e atualização das competências dos trabalhadores existentes é o papel do **treinamento técnico** e a base sobre a qual tudo é construído.[22] Os funcionários precisam saber como utilizar a "tecnologia" que lhes é fornecida, seja um sofisticado sistema de gerenciamento de relacionamento com o cliente em um *call center*, uma caixa registradora complexa em um restaurante *fast-food* ou um bloco de papel para anotar pedidos em um restaurante requintado. Eles precisam saber onde se encaixam no processo de produção e o que lhes é exigido para garantir um processo eficiente. Usando uma analogia teatral, os prestadores de serviços precisam saber os papéis na peça e o roteiro para a produção. Eles também precisam entender o papel que o consumidor tem de desempenhar na produção.

Devido à natureza inseparável de encontros de serviço, um treinamento eficaz em serviço envolve treinamento técnico e interpessoal.

treinamento técnico Treinamento focado em ensinar aos prestadores de serviços a função operacional na prestação do serviço.

Treinamento de novos trabalhadores em torno de um roteiro bem desenvolvido é um procedimento amplamente praticado. Tomemos, por exemplo, a abordagem do McDonald's, que treina novos funcionários em um roteiro específico, incluindo:

- *Saudar os clientes.*
- *Solicitar o pedido (com sugestões de itens adicionais).*

- *Montar o pedido (bebidas frias primeiro, quentes em seguida etc.).*
- *Colocar vários itens na bandeja.*
- *Colocar a bandeja onde o cliente possa alcançá-la.*
- *Coletar o dinheiro e dar o troco.*
- *Dizer "obrigado" e "volte sempre".*

Na maioria dos casos, para o nível de entrada de pessoal subordinado, o roteiro abrange uma boa parte do treinamento interpessoal, bem como os aspectos técnicos do trabalho.

A falta de investimentos em treinamento técnico produz um ciclo de fracasso. Os funcionários ficam nervosos e mal preparados, e fazem um trabalho ruim, visível para os clientes. Estes reclamam e tornam as coisas piores para o funcionário, que fica insatisfeito e deixa a empresa, desperdiçando todo o investimento no treinamento. Altos custos de rotatividade fazem a direção reduzir o treinamento como forma de tentar manter a rentabilidade.

O treinamento mais difícil envolve o desenvolvimento de competências e habilidades para lidar com os clientes. O **treinamento interpessoal** tem de ser construído sobre uma base sólida de conhecimento técnico.[23] Os funcionários precisam ser capazes de operar a instalação instintivamente, poupando energia para lidar com os clientes. Vários métodos desenvolvidos para gestores são utilizados para o treinamento interpessoal do pessoal de serviço subordinado, como treinamento de sensibilidade, jogos de funções e modelagem comportamental.

treinamento interpessoal Treinamento focado em ensinar os prestadores de serviços a lidar com os clientes.

Exemplos de treinamento de sensibilidade incluem fazer novos motoristas de ônibus passar a primeira semana no *help-desck*, e não em um ônibus. No atendimento, eles poderão vivenciar os problemas e as reclamações dos passageiros, o que os sensibilizará antes de encarar a "realidade". Aberturas de lojas e hotéis são um exemplo clássico de jogo de funções. Alguns dias antes da abertura da loja ao público, outros funcionários desempenham o papel dos clientes. Isto serve como treinamento interpessoal para todos os envolvidos.

A **modelagem comportamental** fornece estereótipos com os quais um indivíduo pode categorizar os outros e dicas sobre como lidar com as diferentes categorias. Considere o seguinte exemplo de como lidar com clientes difíceis. Os clientes nem sempre são santos, e comportamentos indesejados têm impacto não apenas sobre outros clientes, mas também sobre o pessoal de serviço. (Para obter mais informações sobre a realidade de lidar com os clientes, acesse o *site* <customerssuck.com>, no qual constam várias histórias – bem-humoradas e algumas assustadoras – de prestadores sobre clientes – ver "Serviços eletrônicos *em ação*").

modelagem comportamental Categorizar os clientes para permitir aos prestadores processá-los mais facilmente e eliminar o estresse.

Cinco perfis de clientes foram desenvolvidos, representando as piores características dos clientes.[24] Ao categorizar os clientes em um dos cinco perfis, é mais fácil para o pessoal de contato despersonalizar o conflito e lidar com reclamações de clientes de forma mais objetiva. Na realidade, o pior cliente de todos é aquele que agrega um pouco de todos os cinco tipos. As características de cada um dos cinco "clientes infernais" e as sugestões de como lidar com eles são abordadas a seguir.

Edgar egocêntrico É o cara que Carly Simon tinha em mente quando escreveu a canção "You're so vain" ("Você é tão vaidoso"). Para Edgar, nenhuma justificativa é capaz de convencê-lo a ficar em uma fila. Ele vai passar à frente de todo mundo e exigir uma variedade de coisas sem grande importância. Se o lema da sua empresa é "estamos aqui para servi-lo", Edgar interpreta esta mensagem como: "Sua empresa existe para servir às minhas necessidades, e somente às minhas necessidades, e agora mesmo!".

SERVIÇOS ELETRÔNICOS *EM AÇÃO*

Onde os funcionários se conectam para reclamar!

Todos nós já ouvimos falar de *sites* de reclamações de clientes na internet. Por exemplo, os clientes insatisfeitos da United Airlines podem expressar as queixas em <www.untied.com>, estudantes infelizes podem registrar a insatisfação em <www.ratemyprofessor.com>, e muitos fazem exatamente isto! No momento da redação deste texto, 558.559 professores de 4.596 escolas receberam mais de 3,5 milhões de classificações, com aproximadamente 3.500 novas avaliações sendo adicionadas por dia. Com todo esse *feedback* dado pelos clientes, a revanche – um lugar em que os funcionários possam ter a chance de reclamar dos clientes problemáticos – parece ser justa.

Apesar da máxima de que o cliente nunca está errado, o *site* <www.customerssuck.com> fornece aos funcionários a oportunidade de expor as frustrações com os clientes. Até o momento, mais de 500 mil pessoas visitaram o *site*. Os visitantes podem se inscrever em "The Customers Suck! Newsletter" (algo como "Droga de Clientes! Newsletter"), conversar com outros representantes de serviço ao cliente em fóruns do *site* e contribuir com *sites* locais com moderadores, tais como:

- At the Movies (No Cinema)
- Histórias da indústria cinematográfica
- Customer Service Definitions (Definições de Serviço ao Cliente)
- Termos que devem ser usados para os clientes que fazem determinadas coisas

- Coffee Shop Blues (*Blues* da Lanchonete) Histórias sobre como lidar com os clientes antes que tomem a dose diária de cafeína
- The Real Cellular Craze (O Real Desvario do Celular)
- Histórias de quem está na indústria de telefonia celular ou fixa
- Loving the Library (Amando a Biblioteca)
- Histórias de bibliotecários
- Sick of Seniors (Impaciente com Idosos)
- A ideia de uma segunda infância é aparentemente verdadeira
- Dealing with Drunks (Lidando com Bêbados)
- Os clientes já são suficientemente ruins sóbrios, imagine adicionando um pouco de álcool...
- Customers Coming Clean (Clientes Limpando a Barra)
- Histórias de clientes que sabiam ter feito algo errado
- Customers Being Bad to Other Customers (Clientes Malvados com Outros Clientes)
- Quando os clientes decidiram que, por algum motivo, eram os únicos que mereciam respeito na loja
- Disgruntled Employees Union! (Sindicato dos Funcionários Descontentes) Outros *sites* que tratam de funcionários, atendimento ao cliente etc.

Fonte: <http://www.customerssuck.com>. Acesso em: 23 maio 2005.

Outra das características desagradáveis de Edgar é que ele vai espezinhar os funcionários da linha de frente para chegar a quem ele chama de "quem manda aqui". Edgar trata os funcionários da linha de frente como obstáculos conhecidos que não merecem muita consideração. Ao chegar ao topo, Edgar aproveita para depreciar a alta gerência e provar que ele sabe como as coisas devem ser feitas.

Lidar com Edgar é particularmente problemático para prestadores novatos, inseguros em relação às próprias habilidades e facilmente colocados de lado. A chave para lidar com Edgar é não deixar que o ego dele destrua o seu, e, ao mesmo tempo, massagear o dele. Como Edgar acredita que você é incapaz de executar qualquer função, tome medidas que demonstrem sua capacidade de resolver o problema dele. Isso vai surpreender Edgar. Além disso, nunca fale da política da empresa para ele. Para Edgar, as regras que se aplicam a todos os outros não se aplicam a ele. Ainda que a política também deva se aplicar a Edgar, não o deixe saber que você a está aplicando. Em frases como "Para você, Edgar, posso fazer o seguinte...", "o seguinte" é simplesmente a política da empresa. Isto vai massagear o ego dele e, ao mesmo tempo, mantê-lo dentro das políticas da organização.

Bete boca suja Ela diz em termos inequívocos exatamente o que pensa de você, da sua organização e dos descendentes de ambos. Se ela não tiver razão, falará alto e será vulgar e insensível. Bete é grosseira não apenas com os funcionários de serviços, mas também com outros clientes que estão compartilhando sua experiência desagradável.

Há, pelo menos, quatro maneiras de lidar com Bete. Como, em geral, ela polui o ambiente de serviço com um palavreado próprio, tente "tirá-la do palco" para não contaminar ainda mais o ambiente dos outros clientes. Uma vez isolada, uma opção é ignorar sua linguagem chula, ouvir para determinar o núcleo do problema e tomar as medidas adequadas. Trata-se de um procedimento difícil de realizar, especialmente se a linguagem é excessivamente abusiva e de natureza pessoal. Outra possibilidade é sugerir um acordo seletivo na tentativa de mostrar a Bete que você está ouvindo e, possivelmente, do lado dela. Um acordo seletivo envolve concordar com Bete em questões menores, como "Você tem razão, esperar dez minutos pelo seu Egg McMuffin é muito tempo". Entretanto, concordar com ela que seu chefe é realmente um "FDP" não é aconselhável, uma vez que é provável que Bete use isto para tirar vantagem em um momento posterior. A última opção que toda boa empresa de serviços deve considerar seriamente é "forçar a questão". Em outras palavras, tente convencê-la de que você está mais do que disposto a ajudá-la a resolver o problema, mas ela tem que controlar o palavreado abusivo. Se Bete mantiver o comportamento grosseiro, desligue o telefone (se for o caso), saia de perto ou faça o que for necessário para que ela entenda que está sozinha. Na maioria dos casos, ela retornará a chamada ou voltará e pedirá desculpas, e você poderá seguir o seu trabalho.

Haroldo histérico Tudo é motivo para Haroldo aumentar o tom de voz. Se não consegue o que quer, seu rosto muda de cor e as veias literalmente saltam do pescoço. "Haroldo demonstra o lado obscuro... da criança dentro de todos nós. Ele é o clássico pirracento, a personificação adulta de uma criança terrível de dois anos. Só mais barulhento. Muito mais barulhento."

Lidar com Haroldo é semelhante a lidar com Bete em vários aspectos. Ambos ocupam o espaço de "outros clientes" do modelo *servuction* e afetam negativamente a experiência de serviço de todo mundo. Por isso, tire Haroldo do palco e dê aos outros clientes a oportunidade de desfrutar do resto dos encontros de serviços. Quando tem um problema, Haroldo tem que desabafar. Quando fora do palco, deixe-o desabafar e lavar a alma. Nesse momento, você finalmente poderá chegar ao cerne da questão e começar a agir. Por fim, assuma a responsabilidade pelo problema. Não diga que a culpa é de colegas de trabalho, da gerência ou de outros que possam vir a ser responsáveis. Peça desculpas pelo ocorrido e, mais importante, ofereça uma solução para o problema de Haroldo.

Dick ditador Diz-se que é o irmão gêmeo malvado de Edgar egocêntrico. Ele gosta de dizer a todos exatamente como devem fazer o trabalho porque ele já o fez antes. Para que você não fique confuso, ele irá lhe fornecer uma cópia escrita das instruções, com cópias para o seu chefe, o chefe do seu chefe e o advogado dele. Provavelmente, fará você assinar um protocolo de recebimento da sua cópia.

Se as instruções brilhantes de Dick não produzirem o resultado desejado, a culpa será da sua empresa, ou, mais provavelmente, sua, porque você é muito incompetente para entender completamente o brilho dele. Talvez a paranoia de Dick se instale de tal modo que ele acreditará que você está deliberadamente sabotando o plano apenas para aborrecê-lo. Você não faria isso, certo?

Lidar com Dick põe a paciência de qualquer um à prova. A chave é não deixar que ele o domine. Os funcionários devem manter os planos de trabalho e prestar o serviço da forma que entendem ser adequada e justa para todos os interessados. Uma vez que outros clientes provavelmente estarão presentes, os funcionários precisam ser consistentes na forma como lidam com os clientes individuais. Dick não deve ser tratado como a "roda estridente" que sempre ganha a graxa. A melhor estratégia de lidar com Dick é dizer-lhe, de forma simples, exatamente o que você pode fazer por ele. Se for razoável, atender ao pedido quebrará o joguinho de Dick e resolverá o conflito.

Freda pilantra Ela quer tudo de graça. Conceda um centímetro, e ela levará os pratos, os talheres e tudo o mais que não estiver grudado. Freda levará a sua política de devoluções ao limite. Se os sapatos do filho começarem a se desgastar em um ano ou dois, ela irá devolvê-los e exigirá outros novos. Na necessidade de um vestido de festa, Freda comprará um na quinta-feira e o devolverá na segunda-feira de manhã bem cedo, manchado e tudo. Questione a credibilidade de Freda e ela gritará como louca para todo mundo ouvir, inclusive a mídia e a defesa do consumidor.

Lidar com Freda, em muitos casos, envolve segurar a língua e dar o que ela quer. Apesar de crenças populares, as Fredas do mundo provavelmente representam, se tanto apenas de 1% a 2% de seus clientes. A maioria dos clientes é honesta e acredita que deve pagar pelos produtos e serviços que consome. Outra possibilidade é acompanhar as ações de Freda e sugerir possíveis procedimentos legais para persuadi-la a fazer negócios em outro lugar. Gestores de empresas concorrentes muitas vezes compartilham informações sobre as Fredas do mundo para evitar os abusos. Por fim, reconheça que Freda é a exceção, e não a regra. Com frequência, novas políticas são desenvolvidas com o único propósito de derrotar Freda e suas colegas. Essas novas políticas aumentam a burocracia da organização e penalizam os clientes que seguem as regras. O preenchimento de longos formulários para devolver uma mercadoria ou invocar garantias de serviço é um exemplo comum de penalizar a maioria dos clientes, tratando-os como criminosos suspeitos, e não como clientes.

Pensamentos infernais Quando lidam com "clientes infernais", os funcionários têm dificuldade de evitar que os confrontos atinjam o lado pessoal. Os perfis de consumidores apresentados devem ajudá-lo a se preparar para os vários tipos de cliente difícil e fornecer estratégias para minimizar a quantidade de conflitos que ocorrem. Visualizar clientes como tipos de perfis distintos ajuda o funcionário a despersonalizar a situação: "Ah, é só o Edgar de novo". Isto não quer dizer que cada cliente não deva ser tratado como um indivíduo, mas é importante destacar que suas queixas e comportamentos não devem ser levados para o lado pessoal. Para encerrar, uma palavra de advertência: os funcionários que realmente dominam a arte de lidar com clientes difíceis são recompensados e se tornam os prestadores favoritos, a quem eles chamam pelo nome o tempo todo. Nenhuma boa ação fica impune!

Como controlar, recompensar e avaliar os prestadores de serviços

Os funcionários se comportam de determinada maneira por muitas razões. Uma das mais evidentes está relacionada às atividades que lhes são atribuídas, à avaliação e às recompensas. Infelizmente, por causa da própria natureza dos serviços, é difícil enviar uma mensagem que seja consistente para alcançar um clima adequado para o serviço.

Como a natureza dos serviços é intangível, os supervisores não conseguem monitorar o desempenho diretamente. Muitas vezes, deve-se confiar aos funcionários o monitoramento do próprio desempenho. O fato de os clientes estarem ativamente envolvidos no processo de produção de serviços implica que os prestadores devem ser sensíveis às suas necessidades e usar dicas para guiar os comportamentos deles. Em razão dessas características dos empregos de serviços, as empresas do setor devem ser mais propensas do que os fabricantes de bens a incluir a contribuição do cliente no processo de avaliação de desempenho.

A simultaneidade de produção e consumo significa que o controle de qualidade não pode ser conseguido pelo método de "inspecionar e corrigir", típico na fabricação de bens. Em vez disso, o controle de qualidade tem que ocorrer no ponto de entrega, e isto muda os tipos de sistema de desempenho, controle e recompensa que uma organização pode usar.

A concepção desses sistemas de RH é baseada na função requerida, previamente definida. Em um extremo está o "modelo industrializado", caracterizado por uma cadeia de *fast-food*, como o McDonald's. Neste contexto a função dos funcionários está bastante restringida, e as oportunidades de decisão discricionária são limitadas. À medida que nos afastamos deste extremo, maiores graus de autonomia e emancipação estão disponíveis e são necessários.

"Sr. Frimley, podemos ter uma conversinha sobre os pôsteres motivacionais?"

Tratar mal os empregados e, em seguida, pedir-lhes que tratem os clientes como "reis" raramente é uma estratégia eficaz de RH.

Comecemos com o modelo *fast-food*. Os funcionários recebem um roteiro bem definido no treinamento. Como vimos, o roteiro também programa boa parte das interações interpessoais. Os sistemas de RH são construídos em torno deste modelo. Por exemplo, a avaliação inclui consumidores misteriosos que visitam lojas como clientes. Eles medem a "qualidade" usando o mesmo roteiro e pontuam a loja de acordo com o desempenho. Essa pontuação alimenta o sistema de avaliação de desempenho e as recompensas do gerente. As avaliações de desempenho para o pessoal de serviço são baseadas no roteiro.

É importante lembrar que recompensas podem ser extrínsecas (por exemplo, pagamentos) ou intrínsecas, como gostar do trabalho em si, receber o reconhecimento dos colegas de trabalho e supervisores e/ou atingir metas desafiadoras e significativas. Cadeias de *fast-food*, como muitas empresas de serviços, usam recompensas intrínsecas, como esquemas de "funcionário do mês" e a "promoção" dentro dos postos de trabalho de linha de frente com base no sistema de classificação de estrelas. Esses são sistemas de reconhecimento, mas, muitas vezes, ligados a uma pequena recompensa financeira. Tudo isso é projetado para reforçar os comportamentos desejados articulados no roteiro.

Em geral, os sistemas de recompensa eficazes passam nos sete testes listados a seguir. Curiosamente, em muitos casos, apenas o pagamento não passa nesses testes de eficácia.

Disponibilidade – As recompensas devem estar disponíveis e ser substanciais (em relação à função). Não ter recompensas suficientes provavelmente desencorajará comportamentos desejados, em vez de incentivá-los. Não há nada pior do que o "Funcionário do Mês" decepcionado com o prêmio recebido.

Flexibilidade – As recompensas devem ser suficientemente flexíveis para que possam ser dadas a qualquer pessoa, a qualquer momento. Evidências mostram que o comportamento é mais reforçado se a recompensa pode ser dada imediatamente. "Veja algo bom e recompense." Pense no regime de pontos para as casas nos livros de Harry Potter; trata-se de um esquema clássico de recompensa intrínseca.

Reversibilidade – Se forem dadas a pessoas erradas pelas razões erradas, as recompensas não deverão ser perenes. Bônus são melhores do que os aumentos salariais, que se tornam mensalidades vitalícias.

Contingencial – Recompensas devem ser diretamente ligadas a critérios de desempenho desejados – os comportamentos desejados. Somente desta forma as recompensas serão consistentes com a estratégia de serviço a ser seguida pelo resto da organização.

Visibilidade – As recompensas devem ser visíveis, e seu valor deve ser compreendido por todos os funcionários. Por exemplo, o pagamento não é visível e muitas vezes é sigiloso, enquanto os sistemas de reconhecimento são projetados para que possam ser visíveis, razão pela qual funcionam.

Oportunidade – Sem querer comparar funcionários com ratos, mas estes são treinados para receber porções de alimento imediatamente após a execução de um comportamento desejado (por exemplo, empurrar uma alavanca). No entanto, neste caso, os funcionários não são muito diferentes. As recompensas devem ser dadas imediatamente após os comportamentos desejados. Caso alguém ganhe uma recompensa, não espere até o final do mês para entregá-la; até lá, terá perdido sua força. Bônus são melhores quando concedidos sob a forma de dinheiro ou cheque, em vez de no sistema de folha de pagamento, que leva muito tempo.

Durabilidade – Os efeitos motivacionais de uma recompensa devem durar por longo tempo. Os efeitos motivacionais de placas e medalhas duram mais do que os efeitos de curto prazo, como pagamentos.

Um tipo diferente de recompensa intrínseca pode ser dado quando se redesenha a função do prestador de serviços de forma a enriquecê-lo. O enriquecimento tem aumentado o empoderamento e a emancipação do funcionário. **Empoderamento** significa dar poder discricionário para o pessoal de contato para "afrouxar a linha de frente". É o inverso de "fazer as coisas de acordo com o manual". A **emancipação** leva esta lógica ainda mais longe: primeiro, dá poder aos indivíduos, e, depois, adiciona um sistema de recompensa que reconhece as pessoas pelo seu desempenho. Em ambos os casos, a função é enriquecida pela adição de responsabilidade e autonomia, de modo a criar maior sensação de responsabilidade no funcionário.

empoderamento Dar poder discricionário ao pessoal da linha de frente para atender às necessidades dos consumidores de forma criativa.

emancipação Refere-se a empoderamento vinculado a um método de compensação baseado no desempenho.

Claramente, o empoderamento promove benefícios. Funcionários com poder são mais focados no cliente e mais rápidos para responder às necessidades dos consumidores. Eles vão personalizar o produto ou reformulá-lo em tempo real.[25] São mais propensos a responder de forma positiva em situações de falhas de serviço e a se empenhar em estratégias de recuperação de serviço eficazes.

Funcionários com poder tendem a se sentir melhor em relação ao trabalho que realizam e a si próprios, o que se reflete automaticamente na forma como interagem com os clientes. Eles serão genuinamente mais calorosos e amigáveis. Empoderamento pode não apenas reduzir os custos desnecessários de recuperação de serviço, mas também melhorar a qualidade do produto.

Se estiver próximo da linha de frente, um funcionário com poder estará em uma posição continuamente exposta tanto aos bons e como aos maus aspectos do sistema de prestação de serviços. Esse funcionário pode ser a chave para novas ideias de serviços e, muitas vezes, uma fonte mais barata de pesquisa de mercado do que ir diretamente ao consumidor.

Níveis de empoderamento Como evidenciado pelos exemplos da UPS e FedEx, altos níveis de empoderamento não são para todas as empresas. As empresas podem realmente ser bem-sucedidas sem dar plenos poderes aos funcionários. No entanto, as abordagens de empoderamento têm graus variáveis, como envolvimento em sugestões, com o trabalho e alto nível de comprometimento. Cada um dos três níveis de empoderamento se localiza ao longo de uma escala que vai de abordagens orientadas para o envolvimento a orientadas para o controle (ver Figura 9.4).[26]

```
                ORIENTADO PARA ENVOLVIMENTO        Alto nível de comprometimento



                                                   Envolvimento com o trabalho



                                                   Envolvimento em sugestões



                ORIENTADO PARA CONTROLE            Linha de produção
```

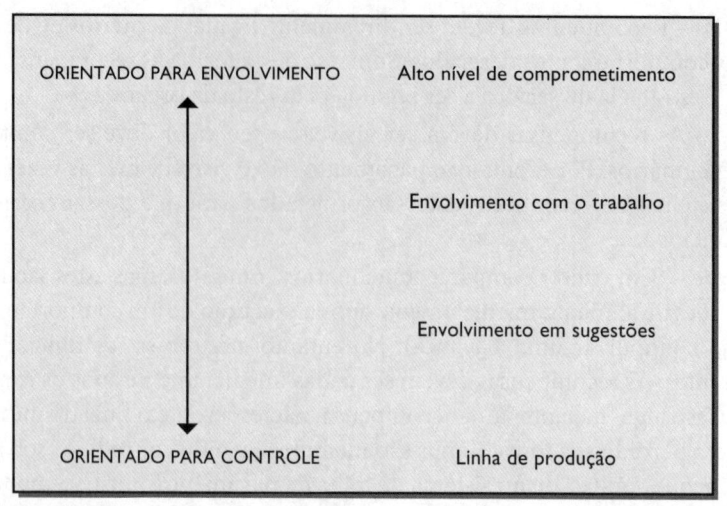

Fonte: Adaptada de David E. Bowen e Edward E. Lawler III. The Empowerment of Service Workers: What, Why, How, and When. *Sloan Management Review*, primavera 1992, p. 31-39.

FIGURA 9.4 Graus de empoderamento

envolvimento em sugestões Baixo nível de empoderamento que apenas permite que os funcionários recomendem sugestões de melhoria das operações da empresa.

círculos de qualidade Empoderamento que envolve pequenos grupos de funcionários de vários departamentos da empresa, que usam sessões de *brainstorming* para gerar sugestões de melhorias adicionais.

O **envolvimento em sugestões** está próximo do ponto de empoderamento orientado para o controle, e concede poder aos funcionários para que possam dar sugestões para melhorar as operações da empresa. Os funcionários não têm poder de implementar as sugestões, mas são incentivados a sugerir melhorias para uma revisão formal. As empresas que utilizam o envolvimento em sugestões tipicamente mantêm programas formais que solicitam sugestões aos funcionários proativamente. Os **círculos de qualidade**, que frequentemente envolvem pequenos grupos de funcionários de vários departamentos da empresa, também são utilizados como sessões de *brainstorming* para gerar sugestões adicionais. Histórias de sucesso típicas de programas de envolvimento em sugestões incluem o McDonald's, cujos funcionários recomendaram o desenvolvimento de produtos como "Big Mac", "Egg McMuffin" e "McDLT". Mesmo com funções bem definidas, como aqueles na indústria de *fast-food*, esse nível de empoderamento é possível. (Ver "Sustentabilidade e serviços em *ação*" que apresenta um exemplo de iniciativa ecológica cujo objetivo é promover, na indústria hoteleira, o envolvimento em sugestões.)

Em geral, o **envolvimento com o trabalho** fica entre as abordagens orientadas para o controle e aquelas orientadas para o envolvimento. Este tipo de envolvimento permite que os funcionários

envolvimento com o trabalho Permite que os funcionários analisem o conteúdo dos cargos que ocupam na empresa e definam a função que desemepenham dentro dela.

analisem o conteúdo dos cargos que ocupam na empresa e definam a função que desempenham dentro dela. As empresas que o aplicam utilizam amplamente equipes de funcionários para a melhoria do sistema de prestação de serviços. Em contraste com o envolvimento em sugestões, os funcionários envolvidos com o trabalho usam uma variedade de habilidades, têm muito mais liberdade e recebem amplo *feedback* da gerência, de outros funcionários e dos clientes. No entanto, decisões de nível superior e de alocação de recompensas permanecem sob a responsabilidade da alta gerência da empresa.

O **alto nível de comprometimento** está no extremo final da orientação para o envolvimento. Essencialmente, a meta do alto nível de comprometimento é treinar as pessoas para que sejam capazes de se autogerenciar. Um amplo treinamento é realizado para desenvolver habilidades de trabalho em equipe, solução de problemas e operações. Além disso, os funcionários aprendem a controlar a maioria das decisões de alocação de recompensas por meio de participação nos lucros e sentimento de propriedade da empresa pelos funcionários. Em suma, praticamente todos os aspectos de uma empresa de alto nível de comprometimento são diferentes daqueles característicos de uma empresa orientada para o controle.

alto nível de comprometimento Permite que os funcionários aprendam a se autogerenciar por meio de amplo treinamento e controle das decisões de alocação de recompensa.

SUSTENTABILIDADE E SERVIÇOS *EM AÇÃO*

Programa de Hospedagem Ecológica da Flórida

O Programa de Hospedagem Ecológica da Flórida incentiva propriedades a preservar os recursos naturais do Estado. Foi lançado em 2004 com o propósito de mostrar à indústria hoteleira como é possível reduzir o consumo de energia e água e gerenciar melhor os resíduos.

A gestão hoteleira vê o programa não apenas como uma iniciativa de redução de custos, mas também como um benefício adicional para clientes e funcionários. Em 2004, o Disney Broadwalk Inn foi o primeiro hotel na Flórida a receber o *status* de ecológico. Na época, o vice-presidente de operações do *resort* da Disney fez o seguinte comentário: "Para nós, é um retorno à herança da empresa e ao que somos".

Uma pesquisa realizada pela Deloitte no final de 2007 mostrou que cerca de um terço dos viajantes a negócios estava preocupado com a questão ecológica. Destes 34% afirmaram que procuram hotéis mais sustentáveis, e 38% pesquisaram instalações ecológicas *on-line* ou buscaram informações com amigos e parentes. Dos participantes da pesquisa, 28% afirmaram que estariam dispostos a pagar 10% a mais para que pudessem ficar em uma instalação ecológica.

Para alcançar o *status* de ecológico, o hotel deve atender aos requisitos nas áreas de comunicação, conservação da água, eficiência energética, redução de resíduos e limpeza do ar. A alta gerência deve apoiar a iniciativa, e a propriedade deve concordar em formar uma "equipe ecológica" multidisciplinar ativa.

Harris Rosen, presidente do Grupo Rosen que gerencia três propriedades, começou por educar sua equipe de gestão e realizou reuniões divertidas para angariar associados. Uma propriedade realizou uma caçada para que os membros da equipe pudessem aprender sobre iniciativas fora dos departamentos. Os membros da equipe dos hotéis Rosen também criaram um personagem ecológico chamado Nesor, que acompanhava Rosen e funcionários estaduais em todas as inspeções de hotéis. Adesivos do Nesor colocados sob interruptores de luz e em outras áreas estratégicas lembram os funcionários de desligar as luzes ou desempenhar outras medidas de conservação. A empresa realizou uma manifestação para comemorar a obtenção do *status* ecológico.

Como parte de suas iniciativas ecológicas, a propriedade Rosen Shingle Creek recicla o óleo de cozinha, convertendo-o em biodiesel combustível para abastecer o equipamento de manutenção do campos de golfe. Os quartos e as áreas públicas têm termostatos programáveis para evitar o aquecimento ou resfriamento de espaços vazios. Sensores controlam a iluminação externa e interna. Todo material reutilizável deixado por delegados de convenções, como cadernos e blocos de papel, é doado para escolas locais. A empresa também oferece aos funcionários um programa Lynx de passe de ônibus deduzido em folha de pagamento, bem como publica um diretório de funcionários interessados em transporte solidário. O grupo também fornece um guia ecológico a organizadores de conferências.

Fonte: Disponível em: <www.dep.state.fl.u/greenlodging>.

Quando dar poder e emancipar Infelizmente, empoderamento e emancipação acarretam custos. Empoderamento aumenta os custos da organização, pois um maior investimento é necessário em remuneração e recrutamento para assegurar que o poder seja dado às pessoas certas. Um modelo de baixo custo de utilização de mão de obra barata e/ou em tempo parcial não pode lidar com empoderamento, de modo que os custos básicos de mão de obra da organização serão mais elevados.

Programas de empoderamento podem rapidamente se transformar em desastres se os prestadores de serviços não recebem condições de trabalho e apoio interdepartamental adequados para trabalhar. Empoderamento deve ser acompanhado de capacitação. A tecnologia é um grande facilitador do empoderamento, mas ela tem um custo. Uma equipe bancária iniciante pode ter poder para conceder empréstimos, mas apenas quando suportada por sofisticados sistemas de classificação de risco. Tais sistemas têm de ser integrados com a infraestrutura do banco, operar em tempo real e estar disponíveis o tempo todo.

Também surgem implicações de marketing. Por definição, um funcionário com poder irá personalizar o produto em maior ou menor grau. Isto significa que o serviço recebido variará de um encontro para outro dependendo do funcionário. A entrega provavelmente também será mais lenta porque o serviço é personalizado. Além disso, uma vez que os clientes são tratados de forma diferente, outros clientes podem perceber que alguns estão recebendo tratamento preferencial. O empoderamento, portanto, tem de ser coerente com o conceito de benefício do serviço.

Por vezes, na tentativa de satisfazer os clientes, os funcionários com poder fazem muitas concessões e tomam decisões ruins. Por exemplo, um carregador que percebe que um empresário esqueceu a maleta na recepção deve fazer todos os esforços para devolvê-la ao proprietário. No entanto, segui-lo até o aeroporto e pegar o próximo voo disponível para o mesmo destino está muito além do seu alcance e infinitamente além do que é economicamente viável. O empoderamento tem que ter limites claramente definidos.

Um custo oculto pode ser a necessidade de um novo estilo de gestão. Funcionários com poder precisam de diferentes tipos de liderança. Gerentes da Teoria Y, que treinam e facilitam, em vez de controlar e manipular, são necessários para trabalhar com os funcionários que têm necessidades de crescimento elevadas e fortes habilidades interpessoais – as necessidades e competências dos funcionários com poder. Em contrapartida, as empresas regidas por gerentes da Teoria X acreditam que os funcionários estão trabalhando principalmente para ganhar um salário. Esses gerentes funcionam melhor com funcionários com baixas necessidades de crescimento e sociais e habilidades interpessoais fracas, e se encaixam melhor em organizações orientadas para o controle.

Portanto, o saldo de empoderamento e emancipação se resume ao conceito de benefício da organização e à resultante definição de função do pessoal de serviço. A organização de marca reconhecida, que garante a consistência de produto e serviço, não se atreve a dar total poder por medo da inconsistência que isto acarretaria. Uma organização que concorre com base no valor, guiada por uma base de baixo custo, não pode se dar ao luxo de dar poder por causa dos custos envolvidos. De igual modo, uma empresa de serviços de custos elevados, que utiliza uma tecnologia não rotineira e complexa, terá que dar poder porque sua capacidade de usar uma abordagem industrial é bastante limitada. A decisão sobre o grau de empoderamento e emancipação, como o resto da estratégia de RH de serviços, depende da estratégia ampla de serviços, do conceito de benefício, da tecnologia, do *servicescape* e dos processos da organização.

Como reter os prestadores de serviços Um dos maiores problemas que as empresas de serviços enfrentam é a rotatividade de pessoal, muitas vezes em níveis de 20% a 70% ao ano em muitas funções de serviços subordinados de baixo nível. O exemplo citado anteriormente da Sears destaca os custos diretos dessa rotatividade: anualmente, a empresa investe 17% do volume dos negócios em recrutamento e treinamento de novos funcionários.

Nota-se, ainda, que há custos ocultos ainda maiores (mas mais difíceis de quantificar). Quando deixam a empresa, os funcionários não são substituídos imediatamente, e, quando o são, os novos têm níveis mais baixos de competências técnicas e interpessoais. Isto significa que os prestadores que permanecem são colocados sob uma pressão maior, o que ameaça o clima geral do serviço.

A retenção pode ser gerenciada direta ou indiretamente. Ações diretas incluem o fornecimento de benefícios difíceis de substituir ou mesmo o pagamento de bônus de retenção. No entanto, a maioria das ações destinadas a gerar um clima de serviço terá um efeito indireto e positivo sobre a retenção. Uma função claramente definida reduz o conflito e a ambiguidade da função. Recrutamento e seleção eficazes ligados à função comprovadamente melhoram a retenção. Um cargo que tem o equilíbrio correto de recompensas intrínsecas e extrínsecas melhorará a retenção.

O caso da Wegmans destaca outras ações que podem, ao mesmo tempo, melhorar a retenção e o clima de serviço. Treinar funcionários para outros cargos atinge múltiplos objetivos: aumenta a flexibilidade operacional, uma vez que os funcionários podem cobrir uns os outros, enriquece a função do funcionário e proporciona variedade, além de permitir que os funcionários compreendam melhor as interdependências na função que desempenham. Um prestador de serviços provavelmente reclamará menos que outro departamento o decepcionou se for treinado para fazer o trabalho do outro e compreender os problemas dele.

Promoção interna, programas de bolsas de estudo e inauguração de novas lojas transformam empregos sem futuro em carreiras. Nada é mais desmotivante para o pessoal da linha de frente do que receber um novo gerente que precisa de treinamento em aspectos básicos. É melhor promover internamente. Naturalmente, existe uma ressalva: muitas vezes, a promoção afasta a pessoa do contato com o cliente, o que pode não motivá-la se não foi preparada para desempenhar uma função maior. Muitas empresas reintroduzem um processo de seleção formal por meio de testes e simulações para avaliar se a pessoa é capaz de desenvolver a nova função.

O papel da gerência

Neste capítulo, o foco é o pessoal de serviço de linha de frente. No entanto, esses funcionários precisam ser apoiados por todos os níveis de gestão. Começando no topo, apenas a alta administração pode garantir que as bases foram implantadas. A alta administração deve investir em tecnologia central para que a equipe de linha de frente possa executar o trabalho de modo eficaz. Mais importante ainda, é seu dever garantir que as diferentes funções e departamentos estão alinhados pelo conceito de benefício de serviço e não percam o foco no cliente. Ela também pode ter um impacto direto sobre o clima de serviço por "dar o exemplo". Por isso, deve se concentrar nos clientes. Muitas empresas formalizam isso por ter momentos específicos nos quais a direção volta a funções de linha de frente para sentir os clientes novamente.

Pela própria natureza dos serviços, o dia a dia é sempre crítico. Dada a simultaneidade de produção, consumo e interação com as pessoas, é impossível executar o serviço sem falhas. No entanto, a gerência intermediária deve fazer que os prestadores de linha de frente se concentrem no cliente e não se distraiam. Os gestores intermediários devem gerenciar as crises e tirar do caminho os obstáculos para um bom serviço. Devem ainda aliviar a pressão ao fazer parte do trabalho de linha de frente. Qualquer gerente de restaurante pode ser visto limpando mesas quando o movimento esquenta, por exemplo.

Tecnologia de informação e prestador de serviços

A tecnologia pode ser um elemento facilitador para o pessoal da linha de frente, proporcionar o empoderamento e liberar tempo para que os funcionários possam se concentrar nos clientes. No entanto, algumas inovações tecnológicas podem ser vistas de forma menos favorável. O advento de sistemas de gestão de relacionamento com clientes, combinado com a implantação de centros de atendimento em todo o mundo, transformou em grande parte a função do prestador do setor de serviços. Essa transformação pode ser para melhor ou pior, mas coloca os mesmos problemas de uma nova configuração na gestão de pessoas. Os cargos que lidam com o fornecimento de informações, apoio e vendas nunca mais serão os mesmos. A tecnologia tem permitido a industrialização de diferentes ramos de serviços, nos quais linhas de atendimento automatizadas exigem que os clientes aprendam novos roteiros só para conseguir a mesma mensagem correta gravada, solicitações por *e-mail* de todo o mundo são respondidas de forma milagrosa. No entanto, é o *call center*, com seu sofisticado sistema de gerenciamento de chamadas, que se tornou o símbolo visível dessas mudanças.

Estima-se que 4% da força de trabalho total dos Estados Unidos esteja empregada em um *call center*. Isto sem levar em conta todos os *call centers* terceirizados em expansão em todo o mundo e, particularmente, na Índia (ver "Serviços globais *em ação*"). Todas as empresas da *Fortune 500* têm pelo menos um centro de atendimento e, em média, 4.500 representantes de serviço ao cliente (*customer service representatives* – CSR) em cada centro. Apenas nos Estados Unidos, mais de US$ 300 bilhões são gastos anualmente em *call centers*.

A lógica descrita no Capítulo 5 é amplamente demonstrada em um *call center*. Com o *blueprint* do processo de tratamento de uma solicitação é possível identificar os "pontos de contato" e perceber que a maioria é, ou poderia ser, feita por telefone. Isto, combinado com as indústrias de *software* emergentes, provocou uma explosão. Essas tecnologias sofisticadas de manipulação de chamadas podem rotear ligações com base em regras vinculadas ao conhecimento do cliente e aos sistemas de gerenciamento do relacionamento com o cliente.

Gerenciamento do relacionamento com o cliente

Gerenciamento do relacionamento com o cliente (*customer relationship management* – CRM) é um processo de identificação, atração, diferenciação e retenção de clientes. O CRM permite que a empresa concentre os esforços de forma desproporcional em clientes mais lucrativos. Ele é baseado no velho ditado de que 80% dos lucros da empresa vêm de 20% dos clientes. Portanto, os 20% devem receber um melhor serviço do que os demais 80%. Por exemplo, quando um fabricante de plásticos se concentrou nos clientes mais rentáveis, cortou a base de clientes da empresa de 800 para 90 e aumentou a receita em 400%.[27]

> **gerenciamento do relacionamento com o cliente (*customer relationship management* – CRM)** Processo de identificação, atração, diferenciação e retenção de clientes no qual as empresas concentram os esforços de forma desproporcional em clientes mais lucrativos.

O aumento da utilização de práticas de CRM, em que os clientes de alto valor são tratados como superiores em relação aos de baixo valor, pode ser atribuído a várias tendências externas.[28] Para alguns especialistas, os clientes foram os principais responsáveis pelo surgimento do CRM ao optarem por preço, variedade e conveniência em detrimento de serviço de alta qualidade. Outra razão pela qual o CRM está na moda é que os custos trabalhistas subiram, mas as pressões competitivas têm mantido os preços baixos. O resultado final é que as margens brutas, em muitas indústrias, têm sido reduzidas em torno de 5% a 10%. Com esses níveis de margem de lucro, as empresas simplesmente não podem se dar ao luxo de tratar todos os seus clientes da mesma forma. Considere a situação da Fidelity Investments. Dez anos atrás, a empresa recebia 97 mil chamadas por dia. A metade era manipulada por um sistema telefônico automatizado. Hoje, a Fidelity recebe diariamente 700 mil chamadas e 550 mil visitas ao *site*. Três quartos das chamadas são agora tratados por sistemas automatizados (telefone e *site*), que custam para a empresa menos de um dólar por chamada. As demais ligações são tratadas pessoalmente pelo pessoal de serviço ao cliente.

SERVIÇOS GLOBAIS *EM AÇÃO*

Suporte de tecnologia da Dell no exterior: problemas na tradução

As interações entre o pessoal de uma empresa de serviços e os clientes definem "momentos de verdade", que representam a maior oportunidade de ganhos e de perdas para a empresa de serviços. É por isso que a seleção e o treinamento de funcionários são tão importantes para as empresas de serviços. Uma empresa que luta contra este problema é a Dell, de Austin, no Texas.

Terceirizar o suporte técnico ou não, eis a questão para a Dell. O que começou como um meio de cortar custos para a empresa, o deslocamento do suporte técnico da Dell para a Índia, tornou-se quase um incidente político. Durante a recessão tecnológica, a Dell demitiu 5.700 trabalhadores. A maioria desses funcionários era pessoal de suporte técnico que trabalhava no Texas. Desde então, a maior parte do crescimento da força de trabalho da Dell ocorreu em *call centers* no exterior, com base na Índia. Para dizer o mínimo, o texano médio não ficou muito feliz com o rumo desses acontecimentos "motivados por redução de custos".

A Dell agora está enfrentando a decisão de trazer alguns desses empregos perdidos de volta para os Estados Unidos. Os clientes da Dell se queixaram da qualidade do suporte recebido de *call centers* indianos. Enquanto isso, indianos chateados estão incomodados com a ideia de que "seus sotaques fortes" e "respostas de roteiro" motivaram a Dell a levar algumas de suas posições de suporte técnico para os Estados Unidos. No entanto, parece que a Dell tem feito exatamente isto, sobretudo para seus clientes corporativos de grande porte. Com efeito, a prestação de suporte ao cliente a partir de locais com base na América do Norte parece ter se tornado um importante argumento de venda para clientes corporativos da Dell.

A terceirização de suporte técnico ao cliente tornou-se um tema espinhoso. Por um lado, a Índia fornece as economias de custo que norteiam as propostas de valor da Dell. Por outro, cada vez mais clientes corporativos estão comprando empresas de tecnologia com base na questão da localização do suporte técnico. Nesse meio-tempo, muitos observadores da indústria estão se perguntando se a qualidade do suporte técnico realmente diminuiu por causa da localização com sede na Índia, ou se a Dell se tornou vítima de uma bem organizada campanha de *e-mail* e noticiário que promove o protecionismo. Sobre o dilema da Dell, a revista *The Economist* escreveu: "Pode ser que seu [da Dell] serviço ao cliente tenha realmente piorado como resultado. No entanto, os Estados Unidos – um país multirregional e multirracial – também têm seu quinhão de sotaques diferentes. Afinal de contas, quais clientes podem relatar experiências felizes com *call-centers* texanos?".

Fontes:
1. Patrick, Thibodeau. Offshore Tech Support Still Stirs Controversy. *Computerworld*, 39, 18, 2 maio 2005, p. 7.
2. Lost in Translation. *The Economist*, 369, 8352, 29 nov. 2003, p. 58.

Por fim, o CRM tem sido cada vez mais implementado porque os mercados estão mais fragmentados e os custos promocionais estão em ascensão. Bass Hotels & Resorts, proprietários dos hotéis Holiday Inn e InterContinental, aprenderam recentemente uma lição valiosa ao não tratar os clientes da mesma forma. A empresa agora só envia os *mailings* promocionais para clientes que "morderam" os *mailings* anteriores. O resultado final é que a empresa reduziu os custos de *mailing* em 50%, enquanto as taxas de resposta aumentaram em 20%.

CRM em ação No coração de qualquer sistema de CRM está um banco de dados dos clientes com informação de base e, mais importante, padrões de vendas e compras. Em qualquer sistema de CSR, a primeira etapa é a **codificação**: os clientes

codificação Refere-se a categorizar os clientes com base na rentabilidade dos seus negócios.

são classificados com base na rentabilidade dos seus negócio. Os sistemas de CRM aplicados a organizações de vendas fornecem oportunidades classificadas por ordem de prioridade para as equipes de vendas. No entanto, em um *call center* agora é possível reconhecer o número de telefone de entrada, procurar o cliente e fornecer informações básicas e de codificação para CSRs antes de o telefone tocar três vezes. Os atendentes são instruídos a lidar com clientes de forma diferente com base no código de categoria. Por exemplo:

- *Um cliente "platinum" do Starwood Hotels & Resorts Worldwide quer pedir a namorada em casamento na Índia. O Starwood organiza a entrada no Taj Mahal depois do fechamento para que o cliente possa fazer o pedido em privacidade. Também fornece uma carruagem com cavalos, flores, uma refeição especial e um* upgrade *de suíte, e a recepção é liderada pelo gerente geral do hotel.*

- *Os clientes de cartões de crédito mais rentáveis da Sears, Roebuck & Co têm um intervalo de tempo preferencial de duas horas para agendar consertos. Os clientes comuns têm intervalos de quatro horas.*

roteamento Refere-se a direcionar chamadas de clientes para representantes de serviço ao cliente. Neste caso, os clientes mais rentáveis provavelmente receberão serviço mais rápido e melhor.

Outro uso do sistema de CRM está relacionado ao **roteamento** da chamada. Os clientes em categorias de códigos rentáveis conseguem falar com representantes de serviço ao cliente. Os clientes menos rentáveis são colocados em espera, em filas telefônicas automatizadas. Por exemplo:

- *Ligue para essa empresa concessionária de energia elétrica e, dependendo do seu status, você terá que ficar na linha por um bom tempo. Os 350 maiores clientes são atendidos por seis pessoas. O próximo nível, que consiste nos próximos 700 clientes mais rentáveis, é atendido por mais seis pessoas. Os 30 mil clientes seguintes são atendidos por dois representantes de serviço ao cliente. O último grupo, constituído por 300 mil clientes, é encaminhado para um sistema telefônico automatizado.*

- *Os clientes "Signature" de alto nível da Charles Schwab Corp, que consiste em clientes que mantêm US$ 100 mil em ativos ou fazem negócios, pelo menos, 12 vezes por ano, nunca esperam mais de 15 segundos para ter as chamadas pessoalmente respondidas por um representante de serviço ao cliente. Os clientes comuns podem esperar até dez minutos ou mais.*

targeting Refere-se a oferecer ofertas e incentivos especiais aos clientes mais rentáveis da empresa.

Atualmente, esses sistemas são tão sofisticados, que os clientes rentáveis podem ter taxas abonadas e ser alvo (***targeting***), ou seja, promoções especiais em tempo real. Quanto aos clientes menos rentáveis, provavelmente nunca ouvirão falar dessas ofertas especiais. Eis alguns exemplos:

- *O Centura Bank, de Raleigh, na Carolina do Norte, classifica seus dois milhões de clientes em uma escala de rentabilidade de um a cinco. Os clientes mais rentáveis são chamados várias vezes por ano para o que o banco chama de "bate-papos amigáveis", e o CEO liga uma vez por ano para desejar "Boas Festas!". Desde que o programa foi implementado, a taxa de retenção do grupo mais rentável aumentou em 50%. Em comparação, o grupo menos rentável diminuiu de 27% para 21%.*

- *O First Bank, de Baltimore, em Maryland, oferece aos clientes mais rentáveis uma opção de internet que os clientes regulares nunca veem. A opção permite que o cliente preferencial clique em um ícone especial que conecta os clientes com os agentes de serviço ao vivo para conversas telefônicas.*

- A First Union codifica os clientes de cartão de crédito com quadrados coloridos que piscam nas telas dos representantes de serviço ao cliente. "Quadrados verdes" significam que o cliente é rentável, deve receber isenção de taxas e ter tratamento diferenciado.

O registro do CRM, complementado pelas informações do *call center*, pode ser usado para o **compartilhamento** de informações de clientes com outras partes da organização. Por exemplo:

compartilhamento Refere-se a tornar as informações dos clientes-chave acessíveis a todas as partes da organização.

- Um passageiro da United Airlines ficou chocado quando um agente de emissão de bilhetes disse: "Uau, alguém não gosta de você". Aparentemente, o passageiro tinha se envolvido em uma discussão com outro funcionário da United vários meses antes. A briga tornou-se parte do registro permanente do passageiro, que o segue sempre que voa pela United. O passageiro, titular de uma conta Premier Executive, sente que a companhia aérea não foi muito amável na sequência do incidente.
- A Continental Airlines introduziu um Sistema de Informação ao Cliente no qual cada um de seus 43.000 funcionários de embarque, reserva e de serviços terá acesso à história e ao valor de cada cliente. O sistema também sugere soluções de recuperação de serviço e regalias específicas, tais como cupons para atrasos e *upgrades automáticos*. O sistema é proposto para possibilitar comportamento do pessoal e entrega do serviço mais consistentes.

Do ponto de vista do cliente, há limitações às práticas do CRM: é desagradável descobrir que existem diferentes níveis de serviço e você não está recebendo o melhor. Outros consumidores se preocupam com as questões de privacidade relacionadas com os bancos de dados que dão suporte a esses modelos de serviço. Operacionalmente, os bancos de dados de CRM só medem compras históricas, embora cada vez mais potenciais critérios de compra estejam sendo incluídos para a codificação. A discriminação de serviço também leva a algumas questões éticas interessantes. Apenas os ricos devem receber serviço de qualidade? A prática de identificar e evitar os tipos de localidades ou pessoas não rentáveis é uma forma de **limitação**.

limitação Prática de identificar e evitar tipos de localidades (bairros) ou pessoas não rentáveis.

No entanto, devemos nos concentrar nos potenciais problemas de RH. Os *call centers* têm sido comparados com as lojas que exploravam os funcionários do final do século XIX e com os excessos da Revolução Industrial. Os conflitos inerentes ao papel do CSR foram completamente removidos quando se automatizaram as ligações que os CSRs deveriam receber e, em alguns casos, quando uma tela passou a indicar o roteiro para a conversa antes de a chamada ser atendida. Obviamente, a clareza tem um preço: o tédio.

No entanto, a lógica deste capítulo se aplica da mesma forma. Empresas esclarecidas têm transformado seus *call centers* em trabalho de equipe, enriquecido os cargos e proporcionado variedade. O rigor do desempenho medido com chamadas por hora está sendo moderado com medidas de satisfação do cliente. Treinamento cruzado é comum, e a criação de planos de carreira com funções de supervisor está se tornando mais frequente. Reforçaram-se os critérios de seleção e surgiram testes de personalidade que podem selecionar os indivíduos mais propensos a desfrutar do ambiente de um *call center*.

Resumo

Empresas de serviços bem-sucedidas desenvolvem uma relação fluida entre marketing, operações e RH com base no conceito de benefício do serviço. Este capítulo se concentrou em algumas das questões de RH que devem ser consideradas no marketing de serviços. Muito tem sido escrito sobre o fato de que, para muitas empresas de serviços, o pessoal constitui a maior parte do seu produto. Assim, é importante que o lugar do pessoal na organização seja compreendido. A partir dos conceitos de comportamento organizacional e, em particular, dos conceitos de funções de mediadores de fronteira, empoderamento, emancipação, recompensa e reconhecimento, este capítulo forneceu uma estrutura sólida com a qual se podem verificar as implicações de marketing em relação ao conceito de benefício por meio dos funcionários.

Como mediadores de fronteira, prestadores de serviços executam a dupla função de interagir tanto com o ambiente externo da empresa como com sua organização e estrutura internas. Os funcionários que ocupam funções de mediador de fronteira são, por definição, colocados em situações que produzem conflitos e estresse. O marketing pode contribuir para reduzir ou aumentar essas tensões.

Ninguém quer fornecer um serviço ruim. Portanto, é necessário atenuar tensões e conflitos criando um clima adequado para o serviço, a fim de liberar os prestadores de serviços. Para entender como alcançar esse clima, primeiro é necessário definir a função do prestador de serviços em termos dos comportamentos que devem ser exibidos. Como no teatro, a função do prestador de serviços deve definir quais ações e comportamentos ocorrem em que ponto do roteiro. Essa função é baseada na estratégia de marketing, que está incorporada no conceito de benefício do serviço.

Uma vez definida, a função pode ser utilizada para garantir *o recrutamento das pessoas certas; o desenvolvimento das competências dos funcionários de serviços; o controle, a recompensa e a avaliação adequados dos funcionários de serviços;* e *a retenção das pessoas certas.* Tudo isso contribui para que a empresa tenha um clima adequado para o serviço.

Palavras-chave

funções de mediadores de fronteira
funções de serviços subordinados
conflito entre pessoa e função
conflitos entre organização e cliente
conflitos entre clientes
sabotagem do serviço
facilitação do trabalho

serviço de suporte interdepartamental
círculo de RH de serviços
clima para o serviço
marca de empregador
treinamento técnico
treinamento interpessoal
modelagem comportamental
empoderamento
emancipação

envolvimento em sugestões
círculos de qualidade
envolvimento com o trabalho
alto nível de comprometimento
gerenciamento do relacionamento com o cliente (CRM)
codificação
roteamento
targeting
compartilhamento
limitação

Questões de revisão

1. Discuta a importância da satisfação dos funcionários no que se refere à cadeia de serviço-lucro.
2. Qual é a principal função do mediador de fronteira? Discuta os tipos de conflito que este mediador geralmente encontra?
3. Com base em sua própria experiência, dê três exemplos de quando você foi mal atendido e explique em termos de estratégias de como lidar com o conflito.
4. Como o marketing pode ser utilizado para reduzir o estresse e os conflitos vivenciados pelo pessoal mediador de fronteira?

5. Sugira uma empresa com uma boa marca de empregador. O que a marca representa e como ela foi criada?
6. Como os perfis de clientes indesejados auxiliam o pessoal de atendimento ao cliente a lidar com clientes "infernais"?
7. Do ponto de vista gerencial, qual é a utilidade de *sites* como o www.customersuck.com?
8. Em que tipos de organização seria melhor evitar abordagens de empoderamento?
9. Discuta os fatores que poderiam incentivar os funcionários a não deixar uma organização e como esses fatores podem ser transformados em uma estratégia de retenção.
10. Discuta os benefícios e custos potenciais da consolidação de um *help desk* em um *call center*.

Notas

1. A primeira seção deste capítulo é baseada nos capítulos 4 e 6 de John E. G. Bateson. *Managing of Services Marketing*. 3. ed. Fort Worth, TX: The Dryden Press, 1995.
2. James L. Heskett; Thomas O. Jones; Gary W. Loveman; W. Earl Sasser Jr.; Leonard A. Schlesinger. Putting the Service-Profit Chain to Work. *Harvard Business Review*, mar.-abr. 1994, p. 164-74.
3. Dave Ulrich et al. Employee and Customer Attachment: Synergies for Competitive Advantage. *Human Resource Planning*, 14, 3, 1991, p. 89 (15).
4. Benjamin Schneider; Susan S. White; Michelle C. Paul. Linking Service Climate and customer Perceptions of Service Quality: Test of a Causal Model. *Journal of Applied Psychology*, 83, 2, 1998, p. 150-63. Ver também Benjamin Schneider. The Service Organization: Climate Is Crucial. *Organizational Dynamics*, outono 1980, p. 52-65; e Benjamin Schneider e David E. Bowen. The Service Organization: Human Resource Management is Crucial. *Organizational Dynamics*, primavera, 1993, p. 39-52.
5. Apud R. Rust e A. Zahorik. Customer Satisfaction, customer retention and Market share. *Journal of Retailing*, 69, 1993, p. 192-215; e M. Christopher; A. Payne; D. Ballantyne. *Relationship Marketing*: Bringing Quality, Customer Service and Marketing Together. Londres: Butterworth-Heinemann, 1991.
6. Leonard A. Schlesinger e James L Heskett. The Service-Driven Service Company. *Harvard Business Review*, set.-out., 1991, p. 71-81.
7. Daine Brady. Why Service Stinks?. *Business Week*, 23 out., 2000, p. 118-28.
8. Essa ideia foi originalmente sugerida de forma ligeiramente diferente em W. Earl Sasser, P. Olsen e D. Daryl Wycoff. *Management of Service Operations*: Text, Cases, and Readings. Boston: Allyn and Bacon, 1978.
9. Philip Kotler. *Marketing Management*. 8. ed. Englewood Cliffs, NJ: Prentice-Hall, 1994, p. 303.
10. Ron Zemke e Kristen Anderson. Customers from Hell. *Training*, fev. 1990, p. 25-29.
11. J. D. Thompson. Organization and Output Transactions. *American Journal of Sociology*, 68, 1967, p. 309-24.
12. Boas Shamir. Between Service and Servility: Role Conflict in Subordinate Service Roles. *Human Relations*, 33, 10, p. 741-56.
13. Ver Arlie Hochshild. *The Managed Heart*. Berkeley, CA: University of California Press, 1983.
14. Por exemplo, ver Jody D. Nyquist; Mary Jo Bitner; Bernard Booms. Identifying Difficulties in the Service Encounter: A Critical Incident Approach. In: John Czepiel; Michael R. Solomon; Carol F. Suprenant (eds.). *The Service Encounter*. Lexington, MA: Heath, 1985, p. 195-212.
15. Peter Klaus. The Quality Epiphenomenon. In: John Czepiel; Michael R. Solomon; Carol F. Suprenant (eds.). *The Service Encounter*. Lexington, MA: Heath, 1985, p. 15.
16. Charles T. Goodsell. Bureaucratic Manipulation of Physical Symbols: An Empirical Investigation. *American Journal of Political Science*, XXI, fev. 1977, p. 79-91.
17. Lloyd C. Harris e Emmanuel Ogbourne. Exploring Service Sabotage: The Antecedents, Types and Consequences of Front-line, Deviant, Antiservice behaviors. *Journal of Service Research*, 4, 3, 2002, p. 163-83.

18. Daniel Roth. My Job at the Container Store. *Fortune*, 141, 1, 10 jan. 2000, p. 74-78.
19. Adaptado de Benjamin Schneider e David E. Bowen. *Winning the Service Game*. Boston, MA: Harvard Business School Press, 1995.
20. David E. Bowen e Edward E. Lawler III. The Empowerment of Service Workers: What, Why, How, and When. *Sloan Management Review*, primavera 1992, p. 31-39.
21. Ver histórias de casos no website SHL.com.
22. David Tansik. Human Resource Issues for High Contact Service Personnel. In: David E. Bowen; Richard B. Chase; Thomas Cumming and Associates (eds.). *Service Management Effectiveness*. San Francisco: Jossey-Bass Inc., 1990, p. 152-74.
23. Idem.
24. Ron Zemke e Kristen Anderson. Customers from Hell. *Training*, fev. 1990, p. 25-29.
25. Martin L. Bell. Tactical Services Marketing and the Process of Remixing. In: W. R. George; J. M. Donnelly (eds.). *Marketing of Services*. Chicago: American Marketing Association, 1986, p. 162-65.
26. David E. Bowen e Edward E. Lawler III. The Empowerment of Service Workers: What, Why, How, and When. *Sloan Management Review*, primavera 1992, p. 31-39.
27. Diane Brady. Why Service Stinks. *Business Week*, 23 out. 2000, p. 118-28.
28. Idem, p. 122.

CASO 9

Economias de custos de recrutamento na indústria de jogos

Contexto

Nos Estados Unidos, uma das principais empresas regionais de jogos e hotelaria trabalhava com a empresa SHL para tentar solucionar os problemas de rotatividade nos cargos de linha de frente, jogos e escritório. A empresa sabia que os candidatos que passassem da marca dos "90 dias mágicos" estariam muito mais propensos a se tornar funcionários confiáveis e de longo prazo. E a empresa buscava um método preciso para prever este fator no processo de seleção.

Desafio

O diretor de RH trabalhou com a SHL no desenvolvimento de uma avaliação preditiva que fosse estatisticamente comprovada e capaz de identificar os candidatos que ficariam além da marca dos 90 dias. A avaliação da SHL se concentrava em mensurar três fatores preditivos com base em uma análise em profundidade e nos requisitos da empresa:

- *Confiabilidade: mensurava os aspectos de permanência, confiança e ausência de comportamento impróprio.*
- *Ajuste: mensurava as expectativas de tarefa, da organização e de recompensa.*
- *Competências: mensurava os atributos de comunicação, orientação para o cliente, iniciativa e retidão.*

Fonte: Tracey, J. Bruce e Hinkin, Timothy R. *The Cost of Employee Turnover*: Where the Devil is in the Details. Nova York: School of Hotel Administration Center for Hospitality Research at Cornell University, 2006.

A empresa também queria um fator de previsão que pudesse ir além das medidas básicas de permanência, pois a intenção era buscar metas de desempenho no longo prazo.

Solução

A SHL usou uma série de ferramentas consagradas para criar uma série de avaliações para cada uma das três categorias de cargos. Os resultados das avaliações foram ligados a um processo de análise de cargo que garantia que as medições de confiabilidade, ajuste e competência representassem precisamente os elementos de permanência e desempenho. Com base nesta informação, durante a primeira fase do programa, a SHL examinou mais de 1.200 candidatos e contratados para cargos de linha de frente, 875 de escritório e 900 de jogos.

"SHL" é uma marca registrada da SHL Group Ltd.

Resultados

Os resultados mostraram excelente previsibilidade da permanência em todas as três categorias de cargos. A SHL desenvolveu um modelo simplificado de pontuação que classifica os candidatos em três grupos de ajuste: ruim, marginal e bom.

As ferramentas da SHL foram particularmente eficazes na previsão de permanência nos cargos de jogos/caixa, que incluem elementos adicionais de risco e custos no caso de uma contratação ruim.

Cargos de linha de frente

- *Os candidatos previstos pela SHL com "ajuste bom" permaneceram no emprego uma média de 54 dias a mais que os candidatos com "ajuste ruim".*
- *Os candidatos com "ajuste bom" consistentemente ficaram mais tempo do que a marca de permanência de 90 dias, com média de 139 dias.*

Cargos de escritório

- *Os candidatos previstos pela SHL com "ajuste bom" permaneceram no emprego uma média de 33 dias a mais que os candidatos com "ajuste ruim".*
- *Os candidatos com "ajuste bom" consistentemente ficaram mais tempo do que a marca de permanência de 90 dias, com média de 137 dias.*

Cargos de jogos/caixa

- *Os candidatos previstos pela SHL com "ajuste bom" permaneceram no emprego uma média de 102 dias a mais que os candidatos com "ajuste ruim".*
- *Candidatos com "ajuste bom" consistentemente ficaram mais tempo do que a marca de permanência de 90 dias, com média de 6,5 meses.*

Impactos financeiros

Além dos benefícios típicos da redução de rotatividade, incluindo redução dos custos de recrutamento, diminuição do tempo gasto com contratação de pessoal e diminuição do tempo para contratar, as economias para a empresa também são calculadas em termos financeiros.

De acordo com a Escola Superior de Hotelaria e Administração, do Centro de Pesquisa em Hospitalidade na Cornell University, os custos médios de rotatividade (com base na complexidade do cargo) estão entre US$ 5.693 e US$ 9.932 por pessoa.

A propriedade não controlava consistentemente os custos de rotatividade em todos os cargos, de modo que as seguintes classificações (com base em dados de análise do cargo) são usadas para estimar o impacto financeiro nas três posições:

- *Escritórios: baixa complexidade, US$ 5.693.*
- *Linha de frente: complexidade moderada, US$ 7.813.*
- *Jogos/caixa: alta complexidade, US$ 9.932.*

Linha de frente

Para as posições de linha de frente, a SHL previu um aumento médio de permanência de 54 dias por contratação, em um total de 401 contratações (em um ano fiscal).

Convertendo a economia total em dias com base no total de contratações por ano, a economia totaliza:

- *401 × 54 dias = 21.654 dias.*
- *21.654 dias × 8 horas por dia = 173.232 horas.*
- *173.232 horas/40 horas = 4.331 semanas.*
- *4.331 semanas/48 semanas = 90 contratações a menos.*
- *90 contratações a menos × US$ 7.813 = US$ 703.170.*

Economia na rotatividade de cargos de linha de frente: US$ 703.170.

Escritório

Usando o mesmo método para calcular o potencial de economia em cada uma das categorias de cargo:

- *Total de contratações: 374.*
- *Dias economizados/contratação: 33.*
- *Custo de rotatividade: US$ 5.693.*

Economia na rotatividade de cargos de escritório: US$ 292.762.

Jogos/caixa

Usando o mesmo método para calcular o potencial de economia em cada uma das demais categorias de cargo:

- *Total de contratações: 359.*

- *Dias economizados/contratação: 102.*
- *Custo de rotatividade: US$ 9.932.*

Economia na rotatividade de cargos de jogos/caixa: US$ 1.515.375.

Economia total

No total das três famílias de cargos, a economia potencial anual apenas na redução da rotatividade é de aproximadamente **US$ 2,5 milhões**.

Comparado a isso, o custo de investimento para o programa de avaliação completo é menos de um décimo desse custo anual.

Questões para discussão

1. De que outra forma a empresa poderia quantificar os benefícios de ter os melhores funcionários?
2. As economias são mais sensíveis ao custo de rotatividade ou à permanência? Por que isto é importante?
3. Que custos devem ser incluídos no cálculo do "custo de rotatividade"?

capítulo 10

Pessoas como estratégia: como gerenciar os consumidores de serviços

"Se pudéssemos nos livrar desses clientes, poderíamos executar um serviço razoável."
Anônimo

Objetivos do capítulo

Após a leitura deste capítulo, você deve ser capaz de:
- Compreender a importância do consumidor na produção de um serviço e o impacto que seu desempenho pode ter sobre a eficiência operacional da empresa e a satisfação do cliente.
- Compreender que consumidores podem ser "principiantes" ou "experientes" em seu papel de produção, e que a empresa de serviços tem de lidar simultaneamente com ambos.
- Identificar as etapas que a gestão deve seguir para gerenciar o desempenho, não o consumo, do consumidor de serviços.
- Perceber como a inseparabilidade dos consumidores pode mudar os papéis dos gestores de marketing, operações e RH.

COMO FAZER O PEDIDO DE UM HAMBÚRGUER DA WENDY'S

Quando a rede de hambúrgueres Wendy's apareceu pela primeira vez na Europa, os clientes foram surpreendidos com instruções sobre como deveriam comprar um hambúrguer. Um folheto foi distribuído aos clientes que esperavam na fila.

"Nos restaurantes Wendy's, não dizemos como vai ser o seu hambúrguer. Você é que nos diz. Informe ao atendente o tamanho do hambúrguer que deseja consumir. Uma olhada no cardápio ajudará você a decidir. Com ou sem queijo?

Então você escolhe os complementos. Maionese, *ketchup*, pepino, cebola crua, tomate, alface crocante, mostarda. Escolha o que quiser – ou pegue tudo – sem nenhum custo extra..."

Introdução

Um estudo sobre compras de final de semana na Blockbuster Video rendeu uma descoberta interessante. Vários clientes entravam na loja e iam diretamente para a caixa de retorno, ignorando completamente as prateleiras. Pegavam os vídeos e iam direto para o caixa. O que eles estavam fazendo?[1] Por que um cliente de varejo não usa a loja na forma como foi concebida? O que podemos aprender com esses comportamentos?

Neste capítulo, examinaremos o papel singular desempenhado pelos clientes como prestadores dos próprios serviços. Os clientes de serviços não estão apenas na "fábrica", eles têm um papel de trabalhador na produção. Quanto mais competentes forem como trabalhadores que produzem serviços, melhor será o serviço que irão receber. Mas, temos que examinar o impacto que um consumidor de serviços "principiante" pode ter. Por exemplo, um turista estrangeiro em um ambiente no exterior não sabe nada sobre o processo do qual os habitantes fazem parte. Sua inexperiência tem um impacto sobre o serviço para todos os demais clientes.

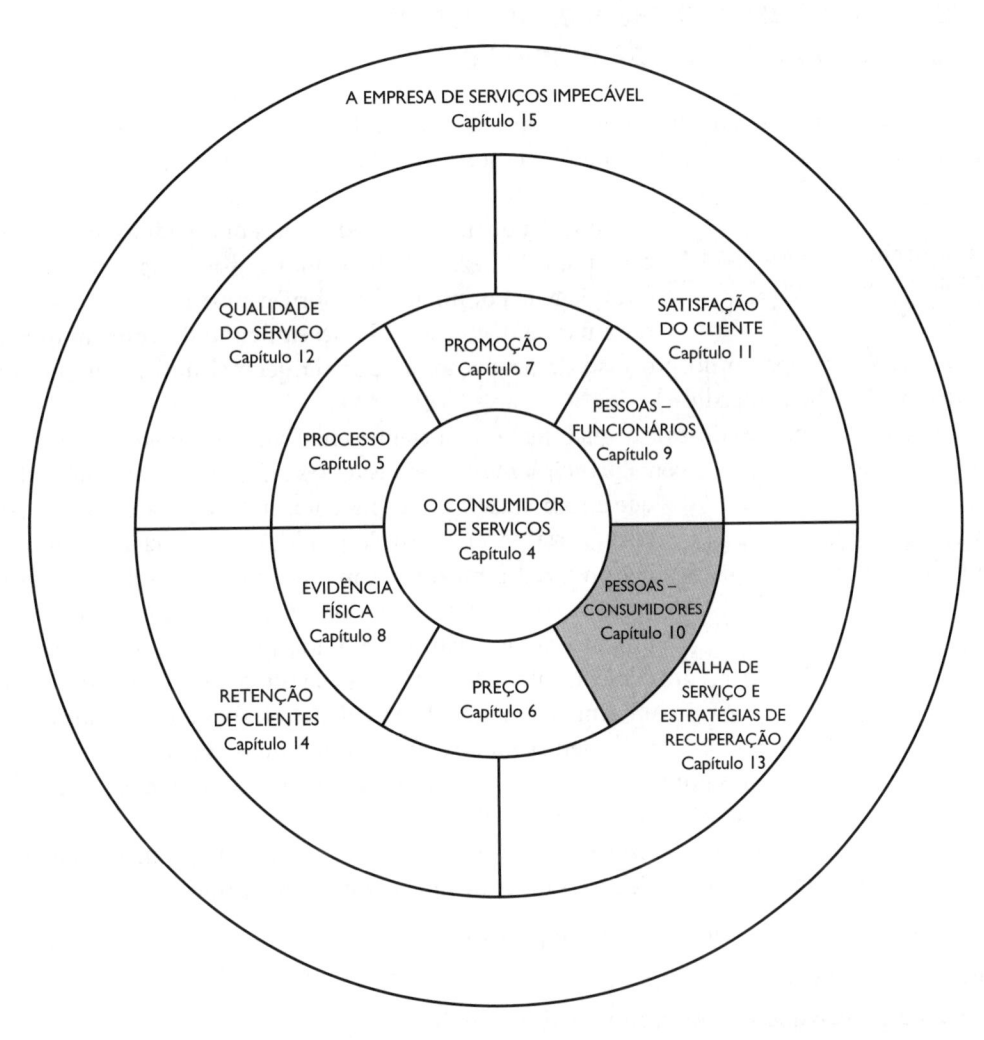

Os clientes podem ser envolvidos em diferentes níveis e participar em maior ou menor grau. Por exemplo, ao fornecerem informações para a empresa preparar suas declarações de imposto, eles são uma parte fundamental do sucesso de todo o serviço. Em outros casos, bastam a presença deles e a conformidade com as normas do cenário. Assistir a um filme requer pouca participação, mas não seguir as regras, como conversar durante a exibição ou andar pela sala, prejudicará a experiência de todos os demais.

Com base em algumas ideias semelhantes, consideraremos as oportunidades de gestão que surgem quando o consumidor está no "ambiente gerenciado pela empresa de serviços durante o consumo". Além de influenciar o cliente como um "trabalhador de fábrica", é possível influenciar sua percepção acerca do serviço que recebe. Considere dois consumidores que vivenciam exatamente os mesmos níveis de densidade física de pessoas em um ambiente lotado, como um clube ou evento esportivo. Um percebe as outras pessoas como uma parte importante da experiência, que acrescenta emoção e diversão. O outro considera os companheiros clientes opressivos, restritivos e até ameaçadores. O que poderia explicar a diferença? Alguém soou o alarme de incêndio. Este é um exemplo extremo para ilustrar que é a percepção dos consumidores o que importa, e que ela pode diferir significativamente.

Consumidores experientes e principiantes como parte do processo de produção

Em essência, serviço é um desempenho[2] no qual os consumidores são muitas vezes participantes, fisicamente presentes e ativos. Um conjunto específico de tarefas é atribuído aos consumidores pela organização de serviços, e tais tarefas têm de ser por eles realizadas. Nos restaurantes, fazemos fila quando nos pedem, fazemos pedidos usando um cardápio e, às vezes, até limpamos nossas próprias mesas. Na cirurgia feita por um médico, fornecemos a informação necessária para o diagnóstico. O **desempenho do consumidor**, ou seja, a nossa participação no processo de produção, precisa ser gerenciado pela empresa de serviços para ser bem-sucedido.[3]

> **desempenho do consumidor** Refere-se à participação do indivíduo na produção do próprio serviço.

Nem todos os consumidores são igualmente competentes em termos de desempenho. A empresa de serviços tem de lidar com "**principiantes**" e "**experientes**". Um principiante não sabe o que e como fazer. Um experiente, em comparação, sabe como fazer parte do processo de produção e tem clareza do papel que precisa desempenhar. Um experiente na Blockbuster saberia como se comportar na loja. Ele entenderia como fazer sua própria seleção e pagar. Com ainda maior experiência, saberia como as diferentes categorias de títulos estão dispostas e seria eficiente na seleção. Um verdadeiro experiente na Blockbuster aprendeu há muito tempo que os títulos novos mais procurados nunca ficam nas prateleiras por muito tempo. O melhor lugar para procurá-los é na caixa de retornos, onde permanecem até ser recolocados nas prateleiras.

> **desempenho de principiantes e experientes** Trata-se do espectro de capacidade de desempenho. Nem todos os consumidores são igualmente competentes. O principiante não sabe o que e como fazer, enquanto um experiente sabe como fazer parte do processo de produção.

Compare isso com a descrição de uma experiência de jantar fornecida pelo Customerssuck.com por um atendente. Trata-se de uma consumidora principiante?

Atendente: Oi, bem-vinda ao ******, como posso ajudá-la?

Cliente: Estou com fome.

Atendente: Bem, o que a senhora gostaria de comer hoje?

Cliente: Estou com fome! Traga-me comida!

Atendente: Senhora, se não me disser o que gostaria de comer, não poderei ajudá-la.

Cliente: Você é um inútil! Eu disse que estou com fome! Só quero COMIDA!

Atendente: Minha senhora, estou perguntando que tipo de comida deseja.

Cliente: Por que você está me fazendo essas perguntas idiotas? Estou lhe dizendo tudo o que precisa saber!

Desempenho de consumidor experiente não deve ser confundido com o conceito de **consumidor experiente**, isto é, um indivíduo que tem experiência no processo de escolha de compra. Este tipo de consumidor sabe como comprar bem, mas pode ser principiante quando se trata de participar no processo de produção do próprio serviço.

> **consumidores experientes** Indivíduos que têm experiência no processo de compra de um bem ou serviço específico. Produtores experientes, em comparação, são experientes no processo de produção de serviços.

Desempenho do consumidor e eficiência operacional

Para os responsáveis pelas operações de uma empresa de serviços, os clientes podem ser fonte de muitos problemas. A citação anônima que abriu este capítulo tem sido atribuída a gerentes de operações em empresa de serviços, que podem variar de empresas de ônibus a hotéis. Como o desempenho do consumidor faz parte das operações de serviços, a diversidade e a imprevisibilidade dos consumidores são uma importante fonte de incerteza. Consumidores principiantes, em particular, podem perturbar o processo por não seguirem os procedimentos.[4]

Como vimos no Capítulo 5, o grau de participação do consumidor no processo é considerado uma limitação dominante sobre a eficiência do sistema de serviço.[5,6] Logo, a eficiência de uma operação de serviços poderá ser melhorada apenas por meio da limitação do grau do envolvimento do consumidor.

Essa abordagem defende o **amortecimento do núcleo técnico**, ou a dissociação da produção de perturbações ambientais e do cliente. Estoques de matérias-primas são criados para garantir um fluxo constante. Estoques de produtos finais são usados para separar o processo de fabricação de flutuações na demanda. Assim, a capacidade da fábrica pode ser controlada e otimizada. Tais modelos formaram a base da teoria moderna de fabricação até o surgimento da ideia de manufatura enxuta.[7,8] Quando aplicada em serviços, a abordagem de amortecimento defende a minimização da dependência do desempenho do consumidor e a organização em "linha de produção" das partes da operação que podem ser isoladas.[9,10,11]

> **amortecimento do núcleo técnico** Conceito de gestão de operações para garantir que o núcleo do processo de produção possa funcionar o mais eficientemente possível. Em fábricas, é implantado com a criação de amortecedores (estoques) de entrada de matéria-prima e de saídas de produtos para garantir que a fábrica possa operar sem interrupções.

Nem todos os serviços são suscetíveis a uma abordagem de baixo contato. Em alguns casos, o cliente deve se tornar parte do processo, como ocorre em um salão de cabeleireiro. Em outros, a empresa opta por diferenciar-se dos concorrentes oferecendo "um serviço mais pessoal", ou seja, de maior contato. Sistemas de alto contato também podem ser desejáveis quando as ações do consumidor possam complementar ou substituir a mão de obra e informações fornecidas pelos funcionários.

Para que possam ser gerenciados de forma eficiente, os **sistemas de alto contato** dependem do desempenho do consumidor. Por sua vez, os **sistemas de baixo contato** podem ser isolados do cliente e estar abertos à utilização de abordagens de "linha de produção" mais tradicionais.

> **sistemas de alto e baixo contatos** Trata-se de processos de produção de serviços dispostos ao longo de um espectro, de acordo com quanto o consumidor é parte do processo. Em um sistema de alto contato, o consumidor é parte integrante do processo; em um sistema de baixo contato, embora presente, o consumidor tem um papel menor a desempenhar.

O impacto de ter consumidores experientes pode ser muito relevante. No planejamento financeiro, por exemplo, os planejadores gastam cerca de cinco vezes mais tempo com um cliente em seu primeiro ano do que com um cliente antigo. Em parte, isto é devido ao tempo para criar registros e perfis. O restante do tempo é usado para o cliente aprender a se comunicar com o planejador e a empresa. Essa aprendizagem colaborativa entre o cliente e o planejador pode criar enormes vantagens de produtividade.[12]

Em empresas de serviços automotivos, também é mais barato atender os clientes experientes porque estes costumam ligar com antecedência para agendar o horário, são mais flexíveis na programação e descrevem melhor o problema. Novos clientes aparecem, em geral, na hora do almoço, quando as baias já estão totalmente ocupadas, e fornecem descrições vagas sobre os problemas com o carro.[13]

Outro benefício dos consumidores experientes refere-se ao seu impacto sobre a motivação do pessoal de contato. Como são experientes, podem reconhecer um bom serviço e elogiar os funcionários. Além disso, compreendem a complexidade do sistema e podem ser mais tolerantes com falhas.

Lembre-se de que o consumidor pode ser um inimigo e uma fonte de incerteza. Uma forma de lidar com isto é considerar a presença do consumidor em operações de serviço como uma oportunidade para usá-la como um recurso, ou seja, aumentar o grau de desempenho do consumidor. Isto envolve repensar o serviço para transferir parte do processo de produção atual para o consumidor.[14] Quanto maior for o desempenho do consumidor, menos mão de obra a empresa de serviços precisará fornecer. Exemplos clássicos de transferência do trabalho para o consumidor são postos de gasolina de autosserviço ou o hábito universal de transportar a bagagem dentro da aeronave.

Desempenho do consumidor e tecnologia da informação

A tecnologia da informação (TI) e a internet têm impulsionado cada vez mais a transferência do trabalho para o consumidor e o aumento do seu grau de desempenho. Pense em como a TI e a internet revolucionaram o processo de fazer uma viagem aérea.

O velho modelo começava com a experiência de serviços de varejo: um percurso até a agência de viagens, escritório da companhia aérea ou balcão de emissão de bilhetes de avião. Na interação com um prestador de serviços, o voo podia ser reservado em um sistema de computador e o bilhete, em várias vias, era impresso. Parte do bilhete era removida pelo agente e enviada de volta à companhia aérea. No aeroporto, após as filas, o *check-in* envolvia a coleta de todo ou de parte do bilhete, a impressão de um novo documento, o cartão de embarque e a checagem da bagagem.

Considere o modelo que vigora hoje. O cliente utiliza a internet para localizar uma passagem. Ele pode usar um serviço para identificar as melhores ofertas e intermediários para fazer a reserva, ou ir diretamente para o *site* de uma companhia aérea. Em seguida, é emitido um bilhete eletrônico (*e-ticket*) que contém as mesmas informações da versão em papel, apenas

A TI e a internet têm impulsionado cada vez mais a transferência do trabalho para o consumidor ou o aumento do grau de seu desempenho. O autosserviço de *check-in* disponível em muitos dos aeroportos mais movimentados do mundo é um exemplo clássico disto.

mantidas no banco de dados da companhia aérea. O registro contém data e hora, origem e destino, e classe da viagem.

A grande maioria das passagens aéreas hoje são *e-tickets*. De acordo com a International Air Transport Association (Iata), até dezembro de 2007, emitiram-se, em todo o mundo, 92% de bilhetes eletrônicos e 97% nos Estados Unidos. A Southwest Airlines tem o crédito de ter feito a primeira emissão de *e-ticket* em 1994. A mudança foi então muito rápida, e teria sido concluída mais cedo se não houvesse as restrições impostas depois da tragédia de setembro de 2001.

Mais recentemente, o foco foi transferido para o resto do processo. As companhias aéreas ainda usam agentes de *check-in* para processar *e-tickets* nos aeroportos. Verifica-se a identificação e um cartão de embarque é criado. No entanto, mais da metade de todos os *check-ins* agora é feita em quiosques de autosserviço disponíveis nos aeroportos, que verificam a identidade com passaportes lidos por máquinas, cartões de crédito ou até cartões de fidelidade. Eles também são capazes de imprimir um cartão de embarque.

No entanto, mesmo os quiosques agora estão sendo substituídos. Os passageiros podem imprimir os próprios cartões de embarque em casa, deixando a verificação de segurança para o portão de embarque. Na verdade, os passageiros que fazem o *check-in* no aeroporto estão começando a descobrir que os melhores assentos já estão ocupados. A Lufthansa deu um passo adiante, permitindo que os clientes façam o *check-in* em casa e enviem um cartão de embarque eletrônico para o telefone celular. O código de barras no telefone é legível no portão, onde um único controle de identidade é feito.

Sem grandes avanços em TI, esta transformação não teria sido possível. Os bancos de dados de companhias aéreas tiveram de ser centralizados e disponibilizados remotamente em qualquer parte do mundo. Os sistemas de reservas pela internet tiveram que ser integrados em tempo real com os sistemas das companhias aéreas. Os bancos de dados de *e-ticket* têm que estar disponíveis para as centenas de pontos de *check-in* em todo o mundo, e perfeitamente integrados com o sistema de cartão de embarque. Antes, os agentes de *check-in* redigitavam os dados do bilhete para o sistema de cartão de embarque.

Os benefícios para os consumidores são enormes, assim como para as companhias aéreas. A automação reduz a necessidade de fazer fila em agências de bilhetes e balcões de *check-in*. Como é impossível perder os *e-tickets*, eles dificilmente serão roubados. Todos os documentos, como itinerários, podem ser reimpressos quando necessário. Os *e-tickets* facilitam a mudança de rotas causadas, por exemplo, por atrasos decorrentes do mau tempo. Nos sistemas mais recentes, como os registros são eletrônicos e ligados a telefones celulares, os passageiros podem ser automaticamente avisados por uma mensagem quando ocorre um atraso.

Segundo a Iata, apenas a migração para *e-tickets* poupou 50 mil árvores maduras por ano ou o equivalente a quase oito quilômetros quadrados de florestas.

Houve enormes benefícios de produtividade para as companhias aéreas, à medida que o trabalho que costumava ser feito por agentes de bilhete e de *check-in* foi transferido para os consumidores. Por exemplo, uma pesquisa recente feita pela Forrester Research sobre o autosserviço de *check-in* nos aeroportos mostra a escala dos potenciais benefícios. Segundo a pesquisa, o autos-

"Se você odeia ficar em espera e deseja continuar seu trabalho, pressione 1. Se você quer ficar em espera por um longo tempo para poder fazer palavras cruzadas, pressione 2."

A introdução da tecnologia da informação para melhorar as operações de serviço produziu resultados mistos.

serviço custa para a companhia aérea cerca de US$ 0,16 por passageiro, ao passo que os custos com agentes de balcão eram de US$ 3,68.[15] No primeiro semestre de 2008, viajaram pela Southwest Airlines, a maior companhia aérea dos Estados Unidos em número de passageiros, 52,3 milhões de pessoas. Portanto, a Southwest Airlines economizou US$ 184 milhões em seis meses.

No entanto, aumentar o desempenho dos consumidores desta forma mudou completamente o processo para o consumidor com implicações para sua satisfação.

Satisfação e desempenho do consumidor

Se o desempenho do consumidor for transferido, reduzido ou aumentado, qual será o impacto sobre a sua satisfação com o serviço? Como os consumidores podem ser gerenciados como parte do processo de produção?

O Capítulo 11 abrange o tema da satisfação dos consumidores com detalhes. No entanto, quando se aplica uma lógica simples, é claro que o desempenho do consumidor pode influenciar sua satisfação de diversas formas. Um consumidor produtor experiente permitirá que a empresa de serviços lhe entregue um **roteiro esperado** para atender às suas expectativas. Trata-se de uma das principais fontes de satisfação do consumidor. Além disso, o consumidor, com frequência, tem a sensação de resultado alcançado ao navegar com sucesso em uma experiência de serviço, o que representa um determinante de satisfação (ver "Serviços eletrônicos *em ação*"). O desempenho bem-sucedido também dará ao consumidor a sensação de controle da situação, que foi demonstrada ser um outro aspecto motivacional.[16]

> **roteiro esperado** Trata-se do roteiro que o consumidor leva para o cenário do serviço. Com base nesse roteiro, o cliente poderá avaliar os resultados da prestação de serviço e a experiência vivenciada com a empresa.

Vários estudos também demonstraram que a falta de conhecimento de desempenho do consumidor pode causar insatisfação. Em um estudo sobre a satisfação dos consumidores com tecnologias de autoatendimento, os pesquisadores constataram que mais de um terço dos incidentes que causaram insatisfação ocorreram por causa da "má concepção". No entanto, uma interpretação posterior do que os entrevistados chamavam de "má concepção" mostrou que eles realmente queriam dizer que eram principiantes e ainda não tinham aprendido a participar do serviço.[17]

O desempenho também pode influenciar a satisfação com o uso da **atribuição**. Há uma tendência comprovada de os indivíduos reivindicarem mais responsabilidade para o sucesso e menos responsabilidade pelo fracasso em situações em que o resultado é compartilhado com outros. O "viés de autosserviço" mostrou-se aplicável a situações de coprodução do serviço.[18]

> **atribuição** Refere-se à alocação de responsabilidade a si mesmo, a outras pessoas ou até mesmo ao acaso.

No caso da tecnologia de autosserviço, também demonstrou-se que os consumidores tendem a culpá-la quando as coisas dão errado, mas reclamam para si o crédito quando a experiência é gratificante.[19]

Analogia teatral

A chave para gerenciar o desempenho dos consumidores está na compreensão do comportamento deles durante a experiência de serviço. Tal entendimento fornece reflexões sobre como criar sistemas capazes de lidar com consumidores principiantes e experientes.

No encontro de serviço, pode-se utilizar a metáfora da peça de teatro.[20] O cenário é o ambiente físico no qual o desempenho deve ocorrer. Existem dois tipos de ator: funcionário e consumidor.

SERVIÇOS ELETRÔNICOS *EM AÇÃO*

Como dominar a fila de caixa de autoatendimento no supermercado

Enquanto enfrento a fila do caixa de autoatendimento do supermercado Albertson, uma questão me vem à mente: "O que estou fazendo aqui?". Afinal, as filas nos outros caixas convencionais com funcionários do supermercado são aproximadamente do mesmo tamanho.

Meus ouvidos se enchem com o som reconfortante da música de fundo, pensamentos difusos sobre o que vou fazer para o jantar, quando percebo que não estou corretamente na fila. Há uma nova linha vermelha pontilhada com setas coladas no piso de cerâmica reluzente aos meus pés. Elas não estavam ali da última vez que fiz compras.

Tentativa de alguém para melhorar o uso da fila de caixa de autosserviço pelos clientes do Albertson, sem dúvida.

Mas, para mim, uma usuária aparentemente menos experiente, foram necessários uns bons cinco minutos para entender a mensagem. E eu e a mulher que entrou na fila atrás de mim, em algum tipo de ato de fé (talvez eu pareça uma líder que conhece o caminho para os quiosques de autossserviço), tivemos que empurrar nossos carrinhos de metal ao longo da linha vermelha pontilhada, seguindo as setas e observando os vários pares de botas e sapatos agora à nossa frente, em vez de atrás de nós, fruto da nossa incompreensão da linha, até estarmos legal e oficialmente no final da fila.

"Pensei que **estávamos** na fila", sussurro para ela, não querendo ser ouvida pelos outros.

"Eu também." Ela encolhe os ombros, revira os olhos. Companheira vítima da tecnologia.

O homem à minha frente, de sandálias Teva, com meias de lã marrons e calças de escalada, e carregando um pacote de pão de trigo como se fosse um bebê, lança um olhar sarcástico de superioridade em minha direção, como se eu devesse me informar melhor.

"*Fileira de caixa de autosserviço elitista*", penso e olho os painéis iluminados com números acima de cada caixa, com o sangue quente nas veias. Não vou fazer nada errado esta noite. Ninguém poderá reclamar desta mulher que não sabe o que está fazendo e como ela está atrapalhando a fila, que se presume ser mais rápida, criada para nos dar um pouco de controle sobre nossa experiência de compra em um mundo onde isto é escasso. Afinal de contas, tenho muita prática.

Passo meu cartão de fidelidade da loja no *scanner* e me apresso em passar os códigos de barras de meus artigos, mas um pote de pudim me dá trabalho. Tudo corre melhor quando não tenho meu filho de 9 anos de idade me atrapalhando e sentando na área de ensaque como se fosse algum tipo de banco de parque, fazendo luzes e apitos dispararem, até o funcionário do supermercado encarregado de supervisionar todos os seis quiosques de caixas de autosserviço vir me salvar em meio aos olhares irritados dos clientes independentes ao meu redor que gostam de me fazer acreditar que eles são infinitamente mais qualificados do que eu.

Até sei onde fica o código de barras do queijo *mozzarella* de baixo teor de gordura. Dou uma olhada rápida na direção dos caixas tradicionais operados por funcionários e percebo que passei à frente de algumas pessoas que entraram na fila ao mesmo tempo que eu. Consigo achar os códigos das tangerinas e da carne. Informo à máquina que meus itens de padaria são rosquinhas com cobertura de chocolate, e não bombas de chocolate. Confirmo que terminei as compras e deslizo meu cartão de crédito pela ranhura na frente da máquina. Pego meu recibo e caio fora, antes do meu companheiro sabe-tudo com o pacote de pão, cujo cartão parece ter sido rejeitado, que agora está recebendo serviços de consultoria de especialista do onipresente gerente dos caixas de autosserviço.

Não resisto e sorrio para mim mesma.

Saio para a escuridão e para a tempestade de neve, não exatamente o que previa a meteorologia, e vou direto para meu carro, empurrando meu carrinho de metal com as rodas agarrando e escorregando no gelo, uma mestra da fila de caixa de autosserviço, uma verdadeira mulher do século XXI.

Fonte: Kimberly West. Mastering the Self-checkout Lane at the Grocery Store. Disponível em: <http://www.associatedcontent.com/article/120918/mastering_the_self-checkout_lane_at.html?cat=15>. Acesso em: 16 jan. 2007.

Esses atores deverão desempenhar papéis que lhes são atribuídos na "produção" do serviço. A importância dos papéis para os funcionários foi abordada no capítulo anterior, mas a mesma lógica pode ser aplicada aos consumidores. O desempenho é baseado em um roteiro que fornece as instruções (e os diálogos) para cada ator. Tudo isso funcionará à medida que todos os participantes "souberem exatamente o que fazer".

Curiosamente, os psicólogos têm sugerido que o conhecimento sobre todo tipo de situação familiar é armazenado em nossa mente como uma descrição coerente dos eventos já previstos por nós, ou seja, o nosso roteiro. Por exemplo, em um roteiro bancário, há um caixa, uma agência, um balcão, formulários e outros clientes.

Como no caso de uma peça de teatro, os psicólogos apontam que os roteiros podem ser divididos em subconjuntos ou cenas. Assim, um roteiro de varejo na internet pode ser composto de cenas relevantes para conexão, navegação, finalização da compra e pagamento. Os roteiros contêm um conjunto de ações relacionadas ao evento. Pesquisadores mostraram que, quando os entrevistados eram solicitados a descrever os eventos que ocorrem normalmente, muitas ações foram mencionadas por mais de metade das pessoas.[21] Curiosamente, os roteiros podem estar tão presentes na mente dos consumidores, que eles "preencherão as lacunas".[22] De acordo com algumas pesquisas realizadas, quando um evento comum é apresentado aos entrevistados e, em seguida, é lhes solicitado que descrevam o que ocorreu, muitas vezes eles se lembram de ações que não ocorreram.[23] Além disso, os entrevistados reordenam eventos que lhes foram apresentados em conformidade com o que normalmente esperariam encontrar.

> **controle e previsibilidade** Trata-se das necessidades motivacionais principais de um indivíduo. Para os psicólogos, todos os seres humanos gostam de se sentir no controle dos ambientes em que estão inseridos. A fonte desta sensação de controle é a previsibilidade do ambiente.

Os roteiros são extremamente úteis para os indivíduos. Somos continuamente bombardeados com eventos que devemos processar. Os roteiros nos permitem reconhecê-los e categorizá-los para saber o que fazer.[24] Os indivíduos têm uma necessidade profundamente marcada de **controle e previsibilidade**.[25] Por meio dos roteiros, podemos encarar novos eventos e obter previsibilidade com eficiência.

Como usar a ideia de roteiro para definir "principiantes" e "experientes"

Psicólogos que estudam roteiros para todos os tipos de cenário podem fornecer pistas que nos ajudam a definir experientes e principiantes no serviço.[26,27,28]

Ator principiante é um indivíduo que usa roteiros mais gerais para lidar com situações que diferem em aspectos bastante significativos; por exemplo, usar o roteiro de um "jantar" para a experiência familiar de um jantar requintado em um restaurante. Seus roteiros tendem a ser relativamente simples e contêm poucas ramificações "se-então". Como resultado, um principiante é mais propenso a cometer erros em um ambiente específico e menos a lidar com situações complexas.

O ator experiente, por sua vez, terá roteiros ricos e complicados para um serviço específico. Como já vivenciaram várias experiências de serviço, eles podem lidar com mudanças inesperadas e têm inúmeras ramificações "se-então" nos roteiros. Por exemplo, os experientes têm o roteiro para um jantar requintado e podem lidar

A analogia teatral é claramente usada no Disney World. Refere-se aos funcionários que podem ser vistos como membros de um elenco que atuam em seus papéis para os clientes "no palco" e fazem pausas "nos bastidores", longe dos olhares dos fãs de Mickey e Minnie.

com pessoal de serviço diferente introduzindo variações ou alterações, como quando itens do cardápio não estão disponíveis.

Como gerenciar roteiros de desempenho do consumidor

A analogia teatral e, particularmente, a ideia de roteiro fornecem uma forma de ilustrar a união entre eficiência operacional e satisfação do consumidor. O desempenho do serviço será eficiente à medida que tanto o prestador de serviços quanto o consumidor seguirem o roteiro, sendo que os consumidores experientes são mais capazes de se adaptar ao roteiro do prestador de serviços e otimizar a eficiência do operador.

Se houver satisfação, ou seja, quando as expectativas forem atingidas ou superadas, ou se a experiência de serviço seguir o roteiro esperado, o consumidor ficará satisfeito. Além do mais, se o desempenho for inesperadamente superior à expectativa, o cliente poderá até ficar encantado.[29] Portanto, alinhar os roteiros dos consumidores à operação de serviço apresenta duas vantagens: melhorar a eficiência e aumentar a satisfação do consumidor.

Aplicar a lógica de desempenho sugere sete tarefas-chave para a gestão: examinar a capacidade de desempenho do consumidor, ampliar a proporção de consumidores experientes, aumentar a lealdade do consumidor, gerenciar cuidadosamente mudanças no roteiro, criar sistemas para lidar com principiantes e experientes, gerenciar o cliente e o composto de serviços, e usar estratégias de prestadores de serviços aos consumidores.

Como examinar a capacidade de desempenho do consumidor

É importante saber que percentual de seus consumidores são atores experientes, uma vez que é possível medir a qualidade do roteiro de um indivíduo por meio de uma pesquisa de mercado. As abordagens mais simples requerem apenas que os indivíduos descrevam a experiência de serviço relevante na forma de um roteiro.[30] Tal abordagem tem sido utilizada em serviços e provou ser suficientemente detalhada para diferenciar entre os roteiros da mesma categoria geral, como um restaurante requintado e um *fast-food*.[31] Para calcular a pontuação, deve-se comparar o roteiro da empresa com o obtido.

exame da capacidade de desempenho do consumidor Refere-se a medir a extensão atual de entendimento do consumidor em relação ao roteiro que o sistema de serviço oferece.

Uma abordagem alternativa baseia-se na reordenação de eventos dentro do roteiro. Apresentam-se aos entrevistados eventos típicos embaralhados e pede-se que os coloquem na ordem correta. Para avaliar a capacidade do indivíduo, deve-se comparar a reordenação feita por ele com a ordem correta e calcular a pontuação.[32]

Como ampliar a proporção de consumidores experientes

As empresas de serviços podem ter uma parcela maior de consumidores experientes? Existem duas abordagens genéricas: atrair mais experientes existentes, e ajudar os consumidores a se tornar experientes.

Segmentar o mercado para atrair experientes Se o consumidor experiente pode ser identificado, então é possível verificar se alguma das medidas de segmentação tradicionais de idade e classe socioeconômica pode estar relacionada aos segmentos de experientes. No contexto do *e-business*, pode-se medir o desempenho do consumidor mais facilmente. Por meio do monitoramento do comportamento dos consumidores em um *site*, por exemplo, é possível classificá-los objetivamente como experientes. Um estudo com 20 mil usuários de um serviço na internet utilizou a "velocidade de navegação" para definir um experiente. A análise mostrou que os experientes variam em termos de idade, renda, raça, situação familiar e, possivelmente, região. Outro dado interessante é que quando se estudaram os mesmos usuários ao longo de seis meses, verificou-se que os consumidores experientes também eram mais leais.[33]

Criar consumidores experientes Os consumidores podem ser tornar experientes com base em um roteiro?

Psicólogos sugerem que os roteiros são construídos a partir de generalizações sobre experiências de vida passada. Na infância e adolescência, nossos pais nos ensinam como devemos nos comportar e, ao longo da vida, aprendemos muitas lições ao observarmos o comportamento dos outros. Podemos começar com um roteiro específico para, por exemplo, ir ao Walmart, mas logo aprendemos que esta é apenas uma parte de uma experiência maior denominada "fazer compras".

Quando confrontados com uma nova experiência de serviço, adotamos uma série de estratégias. Primeiramente, tomamos por base alguma experiência análoga. Como exemplo, em um estudo de desempenho de consumo, criou-se um sistema bancário na internet (internet *banking*) no qual certos consumidores foram selecionados por não terem nenhuma experiência em tal tipo de sistema. Alguns dos entrevistados foram convidados a movimentar o dinheiro entre contas e verificar saldos sem quaisquer instruções adicionais.

Como o sistema era eletrônico, pôde-se mensurar diretamente o desempenho com base em fatores como tempo de transação e número de erros de teclas. Os entrevistados também responderam a um questionário sobre as experiências de serviços relacionados. Os resultados apontaram que o melhor item de previsão do desempenho de um consumidor estava relacionado à experiência bancária anterior, com computadores e caixas automáticos.[34] Os consumidores usaram como base a experiência anterior para criar um roteiro aproximado. Na criação de um serviço novo ou inovador, é importante *oferecer aos consumidores dicas sobre serviços análogos* para que eles possam criar um roteiro rapidamente.

O relato apresentado a seguir demonstra o poder de um serviço análogo como modelo para os consumidores. Trata-se de um prestador de serviços que descreve os problemas dos clientes com o caixa eletrônico instalado na sua loja.

Vários clientes me disseram que somos a única loja em que eles sabem que a tarja magnética do cartão tem de ficar virada para a direita. Na verdade, há, na máquina, um sinal de neon laranja com a seguinte informação: "Vire a tarja magnética para a direita". Ou seja, não dá para ser mais simples, né?

Dá para entender esta situação, pois normalmente você pressiona um dos pequenos botões cinza ao lado de "sim" ou "não" quando ele emite a seguinte mensagem: "tal e tal valor OK?". Mas, novamente, há um sinal de neon laranja! Ele informa "Enter = OK". E não é nenhum botão pequeno e confuso, escondido no canto da máquina. É o maior botão na tela! E é verde brilhante!

Mesmo com esses dois avisos impressos na máquina, 95% dos clientes passam os cartões de cabeça para baixo e ao contrário. Então, quando você tenta dar instruções simples, como "Passe o cartão pelo outro lado", é como se as mãos dos clientes entrassem num frenesi louco, virando o cartão em todos os OUTROS sentidos, a um milhão de quilômetros por hora! Fico dizendo: "Sim, dessa maneira – não, não, o outro lado. PRONTO! VOCÊ CONSEGUIU!". Então, quando eles finalmente passam essa parte, pronto, você os ouve apertando todos os outros botões, menos o "Enter". Certa vez, disse a uma menina: "Aperte o botão verde". E ela ficou balançando o dedo e dizendo: "Ok, botão verde, verde, verde...". A menina não conseguia identificar a cor verde.

Fonte: It's the Green Button, site CustomersSuck, 9 de julho de 2007.

No relato, o funcionário claramente considera os clientes incapazes. No entanto, eles poderiam perguntar por que essa loja insiste em manter uma máquina "fora do padrão". O roteiro da máquina não está de acordo com o roteiro armazenado na memória do consumidor sob o rótulo "caixa eletrônico". Certamente, sua insatisfação será atribuída à loja.

A segunda coisa que os consumidores fazem é *usar a própria experiência de serviço para procurar pistas para um roteiro*. Tais pistas podem vir de muitas fontes diferentes: do ambiente físico, dos prestadores de serviços ou mesmo de outros clientes. Considere algo tão comum como lavatórios de companhias aéreas. A satisfação do cliente depende dos sinais de ocupado acesos ou apagados, de modo que os passageiros possam ver a situação antes de deixar os assentos. Portanto, é importante que os passageiros tranquem a porta do banheiro, pois apenas assim o sinal de ocupado será acionado. Como as companhias aéreas garantem que isto aconteça? Elas conectam a fechadura da porta ao interruptor de luz. Algumas pistas são menos óbvias, como o posicionamento estratégico do carrinho de retorno de bandejas para garantir que os consumidores limpem as mesas. Algumas empresas de serviços de produtos elétricos enviam a todos os clientes listas de verificação a serem preparadas antes da solicitação de um relatório de serviço.

Algumas empresas de serviços oferecem instruções de utilização. Um hotel fornecerá aos clientes um diretório de serviços informando como utilizar o hotel. Experiências inovadoras, como férias em hotéis-fazenda, *spas* ou no Club Med, oferecem um programa formal de orientação no início da estada do hóspede. Tudo isso é projetado para aumentar o nível de capacidade de desempenho dos consumidores. Outros programas de orientação são menos formais, mas igualmente úteis. Os funcionários de serviços podem ser instruídos para reconhecer os consumidores principiantes e oferecer instruções. Os mensageiros de hotel, muitas vezes, perguntam se você é novo no hotel e, se for, oferecem instruções sobre como usar quarto e os diferentes estilos de restaurantes do hotel. As companhias aéreas colocarão agentes nos quiosques de *check-in* de autosserviço para encontrar iniciantes e lhes ensinar o roteiro.

O estudo de internet *banking* descrito anteriormente utilizou outra amostra de consumidores e lhes permitiu desenvolver roteiros de consumidores experientes, fornecendo instruções escritas e sessões práticas na tela do computador. A melhora do roteiro, em comparação com o grupo de principiantes, pôde ser medida diretamente. Ofereceu-se aos dois grupos um conjunto de frases embaralhadas que descreviam o processo de internet *banking* e lhes foi solicitado que as colocassem na ordem correta, para remontar o roteiro. O grupo de experientes obteve pontuação mais alta. Em seguida, o grupo cometeu menos erros quando solicitado a usar o sistema de verdade e ficou muito mais satisfeito com a experiência.[35]

Em outro estudo, sobre exame de mamografia, metade das entrevistadas recebeu instruções prévias detalhadas do que iria acontecer e um pequeno vídeo ilustrando todo o processo. A outra metade da amostra não recebeu instruções. Depois disso, as entrevistadas responderam a questões sobre a sensação de controle, o nível de ansiedade e a precisão em relação às suas expectativas. Foram então apresentadas descrições de três experiências reais de mamografia a todas as mulheres. Uma seguia exatamente a prévia, outra continha erros do prestador e a terceira descrevia um serviço aprimorado. Os resultados mostraram que "ensinar o roteiro" com a pré-visualização gerava expectativas mais precisas, consideravelmente menos ansiedade e níveis mais elevados de controle percebido. Nos três cenários, as entrevistadas com a pré-visualização estavam mais satisfeitas com o cenário descrito.[36]

A última fonte de um roteiro pode ser estudar *o comportamento dos outros consumidores*.[37] Aprendemos desde muito jovens a observar outros consumidores experientes e a imitar seu comportamento. Turistas frequentemente adotam esta estratégia. Por exemplo, eles podem ser vistos rondando bancos suíços para aprender a usar as complexas portas de segurança. Uma história, provavelmente anônima, trata dos problemas enfrentados pelo McDonald's quando foi lançado pela primeira vez no Reino Unido. Na ocasião, foi preciso ensinar os consumidores a limpar as próprias mesas. A solução, ao que consta, foi contratar comedores de hambúrguer profissionais que os consumiam e, com demonstrações exageradas, esvaziavam as bandejas nas latas de lixo e as colocavam em cima do recipiente.

Aumentar a lealdade do consumidor Pesquisas realizadas com o intuito de verificar por que os clientes leais são mais rentáveis sugeriram que há muitas razões relacionadas às indicações boca a boca e os preços. Uma razão adicional é que clientes leais podem propiciar redução de custos para as empresas de serviços. Sugere-se que eles também têm muitas características coincidentes com clientes experientes. Para chegar a ser experiente, são necessárias várias exposições a uma experiência de serviço a fim de aprender o roteiro. Uma vez que o consumidor experiente tenha sido criado, é importante que a empresa mantenha sua lealdade. Clientes experientes são valiosos e devem ser protegidos, seja por meio de programas de incentivo de fidelidade, como os programas de passageiro frequente de companhias aéreas, ou por meio de reconhecimento na experiência de serviço.[38]

Mudar roteiros cuidadosamente Na busca pela eficiência operacional ou diferenciação do produto, as empresas de serviços estão frequentemente dispostas a inovar na forma como o serviço é prestado. Como isto envolve uma mudança de roteiro, tem de ser gerenciado com cuidado. Uma mudança muito grande significa que os consumidores experientes terão que renovar os próprios conhecimentos. Consumidores experientes, com expectativa baseada no roteiro existente, podem ver o novo serviço como uma falha no serviço e ficar insatisfeitos.

O "livro de instruções" dos hambúrgueres Wendy's, descrito anteriormente, é um bom exemplo de uma empresa de serviços que, instintivamente, compreende a necessidade de reprogramar os roteiros dos consumidores. A rede Wendy's entrou depois do McDonald's no mercado do Reino Unido. A coisa mais importante para a empresa, em termos de eficiência operacional e satisfação do cliente, era reprogramar os clientes. Na época, o McDonald's tinha um cardápio muito restrito e roteiro bem definido. Portanto, o roteiro do cliente era muito diferente na rede Wendy's. Isso, inevitavelmente, reduziria o desempenho do consumidor, deixaria o serviço mais lento e geraria insatisfação.

A revolução em toda a experiência de companhia aérea, descrita anteriormente, confronta clientes com um papel profundamente diferente a desempenhar na "peça de teatro". Espera-se que eles sejam habilitados em internet e capazes de comprar bilhetes por meio eletrônico. Há também a expectativa de que imprimam os próprios itinerários e cartões de embarque. No aeroporto, devem ser capazes de usar o quiosque ou saber que já possuem um cartão de embarque. O roteiro é completamente diferente, o desempenho do consumidor é diferente e as competências necessárias para o papel são muito diferentes.

Como consumidores, valorizamos previsibilidade e controle. Por isso, na maioria dos casos, migramos para uma experiência de serviço na qual conhecemos o roteiro. Procuraremos por suportes e sinais na forma como o palco está montado em uma empresa de serviços para avaliar se se trata de um roteiro com o qual estamos familiarizados. Este foi precisamente o problema enfrentado pelo Citibank, muitos anos atrás, quando introduziu caixas eletrônicos nas filiais de Nova York. Os clientes regulares passavam direto pelos caixas eletrônicos vazios para se juntar nas filas dos guichês tradicionais. No final, o banco contratou recepcionistas que interceptavam os clientes e os persuadiam a usar os caixas eletrônicos.[39]

A única exceção ao nosso desejo de previsibilidade parece ser quando deliberadamente queremos algo novo. O turismo no exterior nos lança automaticamente em situações novas e nos remete novamente à condição de principiantes. E parece que a novidade da experiência é prazerosa. Podemos ficar ansiosos por nossa incapacidade de fazer as coisas mais simples, como sacar dinheiro do banco. Contudo, para aliviar, podemos reverter para roteiros familiares procurando por uma cadeia de restaurantes com a qual estamos familiarizados ou ficar em um hotel de marca multinacional. Tais cadeias de hotéis nos proporcionam a previsibilidade de um roteiro familiar quando precisamos. Independente de estar localizado em Atlanta, Londres ou Kuala Lumpur, um Holiday Inn é sempre um Holiday Inn, por exemplo.

Lidar com principiantes e experientes Não importa há quanto tempo a empresa está em operação, sempre terá clientes antigos e novos. Uma empresa não pode ter apenas consumidores experientes, porque cresce por meio da obtenção de novos clientes, e estes provavelmente serão principiantes. A empresa de serviços, portanto, terá que aprender a gerenciar dois segmentos diferentes ao mesmo tempo: principiantes e experientes. Operacionalmente, isto significa que o sistema tem de lidar com dois níveis muito diferentes de desempenho do consumidor.[40]

Infelizmente, consumidores principiantes e experientes não chegam com etiquetas identificando o nível de suas habilidades de desempenho. Um dos poucos lugares onde isto acontece é no varejo *on-line*. Os clientes regulares, ao se conectarem, podem ser identificados, e a experiência de serviço pode ser personalizada para eles. Eles recebem menos instruções e são marcados para usar atalhos no sistema. Por sua vez, os clientes principiantes recebem textos de ajuda e orientação.

Na ausência de uma indicação do nível de desempenho, tudo o que uma empresa de serviços pode fazer é permitir que os usuários realizem a **autosseleção**. Os programas de viajantes e usuários frequentes na indústria de viagens são bons exemplos disto. O balcão de *check-in* Hilton Honors propicia reconhecimento aos clientes leais. Ele também lhes permite utilizar os próprios conhecimentos para fazer o *check-in* mais eficiente possível. Os hóspedes muitas vezes dominam o roteiro de *check-in* melhor do que os recepcionistas, e podem ser vistos antecipando a próxima pergunta ou mesmo dando-lhes sugestões. O mesmo efeito é visível nos *check-ins* de passageiros frequentes, em que os experientes irão responder às questões de segurança antes mesmo que sejam feitas.

autosseleção Dadas as pistas certas sobre uma empresa de serviços, os consumidores tendem a selecionar o serviço que melhor se adapta às suas necessidades.

A Blockbuster não escondeu as caixas de retorno dos clientes experientes. Afinal, eles estavam poupando tempo e esforço do pessoal. Ao contrário, foram evidentemente aconselhados a pegar alguns filmes clássicos das prateleiras e colocá-los nas caixas de retorno. Desta forma, os consumidores experientes eram recompensados por não terem que procurar por esses filmes nas prateleiras.

Infelizmente, lidar com experientes e principiantes significa que a empresa tem que gerenciar as interações entre eles. Não apenas um principiante com um roteiro incompleto pode interferir em um experiente em virtude de sua presença, mas os roteiros podem entrar em conflito. Em um estudo sobre 330 incidentes de serviço, os pesquisadores analisaram como a presença de outras pessoas afetava positiva ou negativamente a experiência de serviço. Quase a metade dos incidentes descritos como satisfatórios ou insatisfatórios estava relacionada com o que foi classificado como "protocolo". Muitos incidentes de insatisfação se referiam a fazer fila quando outros clientes claramente não respeitavam o protocolo ou roteiro de comportamento aceitável na fila.[41]

"No Epcot, um casal tentava furar a fila na nossa frente..."

Do mesmo modo, quando houve acordo sobre o protocolo ou roteiro, os clientes ficaram satisfeitos. "Ninguém ficou empurrando nem furou a fila para passar na frente dos outros."

Gerenciar o cliente e o composto de serviços Como os clientes frequentemente interagem entre si no ambiente de serviços, é importante compreender que segmentos diferentes podem ter diferentes roteiros e que estes podem não ser compatíveis. Isto também pode colocar o prestador de serviços na posição de executar dois roteiros ao mesmo tempo, algo que até o melhor ator consideraria difícil.

Um hotel proporciona um exemplo clássico deste problema. Em um determinado dia, pode ter que lidar com vários segmentos difíceis: a indivíduos e casais ou, ainda, grupos que se hospedam no hotel, uma grande conferência ocupando o salão de conferências, uma reunião de conselho de diretores em uma pequena sala de conferências etc. Assim, a equipe do restaurante, que deverá atender hóspedes com roteiros muito diferentes, como um jantar requintado *à la carte*, menus fixos para determinados grupos, e bufês destinados a conferências com várias pausas ao longo do dia. Além disso, outros hóspedes que terão que interagir com roteiros muito diferentes. A gestão desses segmentos múltiplos e muitas vezes conflitantes foi denominada "**gerenciamento de compatibilidade**".[42] As organizações se empenharão para manter os diferentes tipos de consumidor separados e em grupos homogêneos. Para tal, podem usar andares ou salas separados ou apenas uma simples sinalização.

gerenciamento de compatibilidade Refere-se à gestão de um grupo diversificado de clientes com necessidades diferentes no mesmo cenário de serviço.

O gerenciamento de compatibilidade pode também incluir o treinamento dos consumidores no uso do roteiro ou a utilização de códigos de conduta (por exemplo, "Por favor, não use a sala de jantar antes de...", "Por favor, use apenas o serviço de bufê" etc.). Finalmente, o pessoal de serviço precisa ser treinado e sensibilizado para prestar atenção ao conflito entre os segmentos e gerenciá-lo.

Usar estratégias de prestadores de serviços com seus consumidores A partir de uma perspectiva de RH, os consumidores têm sido encarados como "**funcionários parciais**".[43] Novos funcionários são normalmente "socializados" na organização, e, logicamente, funcionários parciais ou clientes devem ser socializados da mesma forma.[44] Para que possam ser bem-sucedidos, novos funcionários requerem uma clara compreensão do papel (clareza de papel), da habilidade e da motivação. Obviamente, a ideia do roteiro está bastante relacionada à clareza do papel que um consumidor desempenha. No entanto, também é importante que o roteiro a ser desempenhado por um consumidor esteja dentro das suas possibilidades. Se um sistema de *home banking* pela internet exigir um nível muito alto de inteligência para ser usado, isto afastará os clientes.[45]

funcionários parciais A abordagem de gerenciamento de operações para o desempenho do consumidor consiste em encará-lo como um funcionário (embora apenas parcialmente) e aplicar a ele a mesma lógica destinada a um funcionário.

Se a socialização for alcançada, os consumidores irão compreender as políticas do organização e seus valores, e talvez até o roteiro. A **socialização do consumidor** está relacionada aos resultados da empresa, o que inclui a satisfação do consumidor, motivação e qualidade percebida.[46] Veja figura 10.1.

socialização do consumidor Da perspectiva de gestão de RH, os funcionários têm de "embarcar" com sucesso na organização. Eles precisam ser treinados sobre o papel, os lugares, os procedimentos e, o mais importante, "como fazemos as coisas por aqui". Trata-se do processo de socialização.

Como gerenciar as percepções de serviços do consumidor

Em geral, a avaliação dos consumidores sobre o serviço recebido baseia-se em percepções, e não na realidade. Os consumidores perdoam um mau serviço em troca de uma boa comida e, às vezes, o contrário. Nossas percepções são frequentemente influenciadas por nosso estado de espírito, algo sobre o qual a organização de serviços não tem qualquer influência, e nossas experiências passadas ou bagagem cultural podem influenciar nossas percepções das experiências de serviços mais simples (ver "Serviços globais *em ação*"). No entanto, existem coisas que a empresa de serviço pode fazer para influenciar nossas percepções. Tomemos como exemplo o problema de filas e tempos de espera.

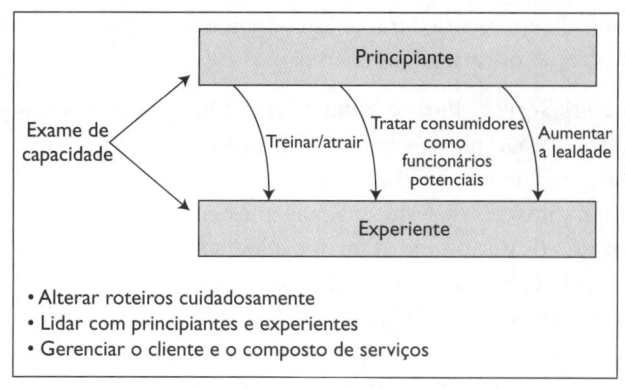

FIGURA 10.1 Gerenciamento do roteiro de desempenho do consumidor

Diagrama com caixas "Principiante" e "Experiente", conectadas por setas a partir de "Exame de capacidade", com rótulos "Treinar/atrair", "Tratar consumidores como funcionários potenciais" e "Aumentar a lealdade". Abaixo:
- Alterar roteiros cuidadosamente
- Lidar com principiantes e experientes
- Gerenciar o cliente e o composto de serviços

Como produção e consumo ocorrem simultaneamente, vários clientes têm, em geral, uma experiência de serviço em comum. Como resultado, a demanda, muitas vezes, supera a oferta, e filas se formam e devem ser gerenciadas de forma eficaz para minimizar a insatisfação do cliente. Devido à imprevisibilidade da demanda do consumidor, inerente a muitas operações de serviços, os únicos casos em que a oferta de serviço disponível e demanda de consumo estão exatamente equilibradas é *por coincidência*. Como resultado, os consumidores de serviços, frequentemente, encontram-se à espera do serviço.

Gerenciar de maneira eficaz esperas do consumidor é particularmente crucial em função da importância das primeiras impressões sobre a percepção dos consumidores em relação à experiência de serviço. As primeiras impressões muitas vezes duram bastante e podem afetar drasticamente as avaliações dos clientes em relação à experiência total, independente da qualidade do serviço após a espera. O paciente de um consultório dentário que espera até as 16 horas por uma consulta marcada para as 14 provavelmente se importará muito pouco sobre como a equipe e o dentista são amáveis no momento em que a consulta realmente começa.

Há uma diferença entre o tempo de espera real e o percebido para consumidores e gerentes. Ao longo dos anos, por tentativa e erro, oito princípios de espera foram desenvolvidos para ajudar as empresas de serviços a gerenciar de forma eficaz as percepções dos consumidores em espera.[47] Na verdade, em alguns casos, a gestão eficaz de esperas do consumidor tem levado a maiores oportunidades de lucro.

Princípio 1: Esperas ociosas parecem mais longas do que esperas ocupadas Esperar sem ter nada para fazer faz cada minuto parecer muito mais longo. Empresas de serviços bem-sucedidas aprenderam a gerenciar a espera do consumidor ocupando seu tempo. Os restaurantes podem fazer isto sugerindo ao consumidor que espere na área do salão, o que também aumenta a oportunidade lucrativa para a empresa. Da mesma forma, os campos de golfe oferecem campos de prática, e a comunidade médica tende a oferecer material de leitura. Idealmente, as táticas utilizadas para ocupar os consumidores devem estar relacionadas com o serviço que se seguirá no encontro. Tentativas fúteis para ocupar o tempo de espera, como forçar o cliente a ouvir música

Um bar popular dentro de um restaurante não serve apenas como um centro de lucro adicional para o restaurante, mas também oferece uma oportunidade para os clientes ocuparem o tempo enquanto esperam para ser acomodados em suas mesas.

de fundo quando colocado em espera durante uma chamada telefônica, são, por vezes, encaradas com resistência e frustração por parte dos clientes.

Princípio 2: Esperas pré-serviço parecem mais longas do que durante o processo, e esperas pós-serviço são as que parecem mais longas O período de espera antes de o serviço ser iniciado parece ser maior para os clientes do que esperar enquanto o serviço está em processo. Por exemplo, os médicos muitas vezes deslocam pacientes em espera para salas de exame vazias para transmitir a sensação de que o serviço foi iniciado. Realisticamente, o médico simplesmente mudou o local da espera. Técnicas eficazes para gerenciar a espera pré-processo incluem simplesmente reconhecer a presença do cliente. Por exemplo, os garçons frequentemente estão muito ocupados para servir os clientes assim que ocupam as mesas. Frases como "Já venho logo" reconhece a presença do cliente e transmite a mensagem de que o serviço foi iniciado. Outras frases, como "Seu pedido está sendo processado", também são eficazes em manter o cliente informado sobre o *status* do pedido.

Aguardar após o processo parece ser a mais longa de todas as esperas. Em muitos casos, o serviço foi entregue, e o cliente fica simplesmente esperando a conta ou fatura. É frustrante para os clientes serem submetidos a esperas quando simplesmente querem pagar pelo serviço. Outro exemplo de impaciência do cliente sobre esperas pós-processo pode ser vivenciado durante procedimentos de desembarque no aeroporto. Após o pouso, é comum ouvir em aviões o som de passageiros liberando os cintos de segurança assim (ou mesmo antes) que o avião para completamente. A porta para o avião não está aberta, ninguém está saindo, mas as pessoas estão literalmente lutando por posições para conseguir sair do avião o mais rápido possível.

Princípio 3: A ansiedade faz a espera parecer mais longa Você já reparou que os semáforos demoram mais tempo para abrir quando você está com pressa? Isto ocorre porque a ansiedade expande a percepção de tempo dos consumidores. As empresas de serviços eficazes gerenciam os níveis de ansiedade dos clientes na tentativa de identificar e, em seguida, remover os componentes de produção de ansiedade do encontro de serviço. O uso de grupos de discussão é particularmente útil para identificar com eficácia os produtores de ansiedade, porque muitos medos do consumidor podem ser irracionais e/ou ignorados por prestadores que entendem totalmente o processo de prestação de serviços. Muitas vezes, a informação é uma das ferramentas mais eficazes para aliviar a ansiedade dos consumidores. Por exemplo, informar aos passageiros de companhias aéreas que voos de conexão estão sendo retidos, notificar espectadores de cinema em espera que os assentos estão disponíveis e ajudar novos alunos a encontrar as filas certas durante a matrícula removerá grande parte da ansiedade sentida por esses grupos de consumidores.

Princípio 4: Esperas incertas são mais longas do que as conhecidas e especificadas Em um consultório médico, a espera "antes" da hora da consulta passa muito mais rapidamente do que o tempo de espera "depois" da hora. Os restaurantes aprenderam esta lição da maneira mais difícil. No passado, os restaurantes propositadamente subestimavam os tempos de espera para incentivar os clientes a não deixar o estabelecimento e ir a um concorrente. Esta estratégia resultou em clientes irritados e frustrados, que se sentiam enganados e enrolados por ganância. No momento em que os clientes se sentavam, estavam tão consumidos pela raiva, que a comida, o serviço e a atmosfera do encontro se tornavam irrelevantes, independente da qualidade. Além disso, muitos desses clientes juravam nunca mais voltar. Hoje, parece que os restaurantes superestimam as esperas para fornecer aos consumidores um prazo realista para as suas expectativas. Outros prestadores de serviços simplesmente marcam e mantêm compromissos, o que elimina completamente a espera do cliente. Mesmo outros prestadores, como a Disney, fornecem tempos de espera especificados e indicados na sinalização, estrategicamente colocada em determinados pontos ao longo da fila (por exemplo, 10 minutos a partir deste ponto).

Princípio 5: Esperas sem explicação são mais longas do que esperas explicadas É da natureza humana querer uma explicação. Você quase pode ver a decepção no rosto das pessoas quando a velocidade lenta durante um engarrafamento na estrada retoma o ritmo normal sem nenhuma explicação. Os clientes querem saber por que têm que esperar, e quanto mais cedo a informação for fornecida, mais compreensivo eles se tornarão e mais curta a espera parecerá.

Devido à inseparabilidade dos serviços, os clientes às vezes têm dificuldade em compreender por que todos os prestadores de serviços não os estão atendendo. Os bancos são um bom exemplo. Os caixas de banco devem, por vezes, desempenhar funções operacionais, como o fechamento do caixa, o que os impede de atender os clientes. No entanto, uma vez que todos os guichês de caixa de banco são visíveis para os clientes, muitas vezes eles questionam por que nem todos os caixas estão disponíveis para atendê-los.

Há duas maneiras de minimizar este problema. Em primeiro lugar, a administração pode considerar educar os consumidores sobre as realidades dos deveres do caixa de banco, que se estendem para além das interações com os clientes. Em segundo lugar, a administração pode considerar o desenvolvimento de uma instalação física fora da visão do cliente quando o caixa desempenha funções não relacionadas ao atendimento ao público. Este tipo de problema estende-se para além do setor bancário. Companhias aéreas, supermercados e outras empresas que concedem pausas de descanso a seus funcionários durante as quais eles continuam visíveis para o cliente enfrentam desafios semelhantes.

Princípio 6: Esperas injustas são mais longas do que esperas justas A gestão eficaz de consumidores deve se esforçar para proporcionar condições equitativas e justas para todos. A maioria dos consumidores não é irracional. A maior parte dos frequentadores de restaurantes entende que os grupos maiores esperarão mais tempo do que os menores, e que grupos com reservas serão acomodados antes daqueles que chegam sem aviso-prévio. No entanto, provavelmente, nada estimulará um grave confronto mais rápido do que consumidores que sentem terem sido preteridos por outros clientes que entraram na experiência de serviço em um momento posterior sob o mesmo conjunto de circunstâncias.

Filas como as encontradas no McDonald's são exemplos clássicos de por que os consumidores ficam frustrados. Em cada caso, o cliente deve escolher a fila que acha que irá andar mais rápido. Inevitavelmente, as outras filas andam mais rápido, e os clientes que entraram nas filas depois são atendidos antes, fora de ordem. Do ponto de vista da equidade, os métodos que formam uma linha única, como os utilizados na rede Wendy's, no Burger King e em muitos bancos, são preferíveis. Os clientes são atendidos na ordem em que entram no processo de serviço.

Outro exemplo clássico de serviço injusto é a prioridade que chamadas telefônicas recebem diante de clientes que estão fisicamente esperando na fila. A pessoa ao telefone normalmente tem prioridade. É como se esta pessoa tivesse passado à frente, ignorando todos os outros clientes que estavam pacientemente esperando por sua vez. A gestão tem de considerar os custos de ter funcionários retornando telefonemas em um momento mais apropriado *versus* de afastar os clientes existentes e colocar os funcionários em uma posição desconfortável e muitas vezes indefensável.

Princípio 7: Quanto mais valioso for o serviço, mais o cliente esperará Por que você esperaria em um consultório médico durante duas horas? É de se admirar que a palavra paciente derive da palavra paciência? A quantidade de tempo que os clientes estão dispostos a esperar é muitas vezes situacional. Quando o serviço é considerado valioso e existem poucas alternativas competitivas, os clientes estarão dispostos a esperar muito mais tempo do que se o inverso fosse verdadeiro.

O valor percebido do serviço tende a aumentar com o título e o *status* do prestador. Os alunos tendem a esperar mais tempo por um professor doutor que está atrasado para a aula do que por um professor assistente, e esperarão ainda mais por um reitor ou diretor acadêmico da universidade. Da mesma forma, os clientes estão dispostos a esperar muito mais tempo por suas refeições em restaurantes sofisticados do que em estabelecimentos *fast-food*. Ao gerenciar a espera dos consumidores, a empresa deve compreender o valor que eles conferem aos serviços e o tempo de espera que consideram razoável. É importante frisar que esses aspectos variam de setor para setor e dentro de um mesmo setor.

Princípio 8: Esperas solitárias são mais longas do que esperas em grupo É divertido considerar a quantidade de interação dos clientes normalmente demonstrada em uma fila de supermercado. Geralmente não há nenhuma, apesar de estarmos a centímetros uns dos outros. No entanto, observe o que acontece quando ocorre um atraso, como uma verificação de preço de um item ou um cliente que leva muito tempo para preencher um cheque... o resto da fila se une rapidamente "como velhos amigos"! A espera em grupo tem a função de ocupar o tempo dos clientes e reduzir o tempo de espera percebido. Ao gerenciar a espera do consumidor, a praticidade de incentivar ativamente os consumidores a interagir pode ser considerada.

É evidente que muitos desses princípios se relacionam com as ideias introduzidas no início do capítulo. A ideia de que os clientes gostam de se sentir no controle do ambiente fundamenta, por exemplo, o princípio 4. Informações aumentam a previsibilidade e nos mantêm no controle. O princípio 6 sugere que não gostamos de uma espera injusta, mas isto pode ser facilmente explicado pelo fato de que perdemos nossa sensação de controle e previsibilidade quando outros consumidores parecem conseguir uma forma alternativa dentro do processo.

Operacionalmente, devemos entender que a aplicação desses princípios muda a percepção dos consumidores em relação ao tempo de espera *sem alterar o tempo real*. As organizações podem gastar muito dinheiro e uma boa quantidade de recursos para reduzir o tempo de espera real. A desvantagem é ter consumidores em espera e recursos escassos. Uma fila de caixa de banco pode ser reduzida com mais guichês abertos, mas este procedimento custa dinheiro e deixa caixas com baixa utilização. Em vez disso, o gerenciamento das percepções pode ser mais lucrativa.

Embora tenhamos focado na gestão das percepções do tempo de espera, as ideias também podem ser usadas para gerenciar os outros aspectos da experiência do serviço. Um supermercado assará uma pequena quantidade de pão para que o cheiro possa se espalhar por toda a loja. Isso implica comida caseira e frescor. Restaurantes gerenciarão o ritmo da música de fundo, diminuirão a velocidade se o restaurante estiver vazio e acelerarão quando cheio. Isto pode influenciar quanto tempo os clientes permanecerão na mesa. Tudo no *servicescape* pode ser usado para ajudar a gerenciar as percepções dos clientes durante o consumo do serviço.

A inseparabilidade do consumidor e o papel do marketing e das operações

Esta seção aborda a necessidade de os gestores com diferentes funções mudarem os métodos de administração por causa do modelo de inseparabilidade do consumidor.

Estrategicamente, é importante perceber que quanto maior for o grau de participação dos consumidores na produção do próprio serviço, maior será a necessidade de gerenciar o desempenho deles. É a única maneira de aumentar a produtividade de serviços de alto contato. Consumidores experientes e principiantes são mais do que apenas funcionários parciais do negócio de serviços. Eles são funcionários e consumidores ao mesmo tempo.[48] São responsáveis pela própria satisfação, e o serviço percebido por eles pode ser gerenciado.

Os gerentes de marketing precisam ampliar o âmbito do seu raciocínio. Tradicionalmente, o marketing agrega valor ao negócio ao concentrar-se na forma como os consumidores fazem escolhas e naquilo que os satisfaz. Compreender o processo de escolha fornece as pistas para aumentar a participação da empresa nessas escolhas. Assim, clientes satisfeitos podem ser fidelizados.

Quando se pensa em serviços, é claro que o conjunto de ferramentas de marketing pode ser aplicado para melhorar a eficiência operacional da empresa por meio da criação de atores experientes. É possível criar consumidores experientes, roteiros podem ser ensinados, e isto será visto como um benefício pelo cliente.

Estamos todos motivados a aprender em função da nossa necessidade de controle do ambiente. Aumentar o desempenho do consumidor pode, para alguns, aumentar essa sensação de previsibilidade e controle. Para muitos, uma vez que tenhamos aprendido o roteiro, carregar nossas próprias malas para a companhia aérea é uma proposta atraente. Entretanto, tememos encontrar um viajante principiante que se aproprie do compartimento localizado acima do assento dele!

O marketing também pode ser aplicado à gestão do serviço percebido pelos consumidores em comparação com o real. Neste caso, os conhecimentos de marketing têm de ser aplicados no

SERVIÇOS GLOBAIS *EM AÇÃO*

As expectativas de atendimento ao cliente variam de acordo com as culturas

A experiência europeia de jantar difere significativamente de uma experiência japonesa. Na Europa, o jantar foi criado para ser um evento de conversação em ritmo lento. Os pratos são deliberadamente cadenciados, e, se você quiser a conta, terá que pedir. Um garçom que entrega uma conta não solicitada em uma mesa pode estar implicitamente pedindo para você sair. Não é assim no Japão, segundo Misako Kamamoto, diretor do Japan Travel Bureau: "Quando levo um grupo de turistas japoneses a um restaurante na Europa pela primeira vez, faço questão de aconselhá-los... você deve se conformar com o fato de que é preciso um bom tempo para fazer uma refeição em um restaurante europeu". Apesar das advertências de Kamamoto, os turistas ainda se queixam: "Por que os serviços dos restaurantes europeus são tão lentos? Por favor, peça a eles que acelerem o serviço. Não quero esperar pela sobremesa e pelo café. Não suporto um restaurante com um serviço tão ruim".

Os turistas japoneses também se sentem maltratados na França, onde os varejistas não tratam os clientes tão bem, como acontece no Japão. Os japoneses ficam intrigados com o ato de os franceses "permitirem que o cliente compre" em vez de serem subservientes a ele. Para muitos clientes japoneses, parece que os lojistas franceses fazem um favor ao cliente ao permitir que ele compre a mercadoria da loja.

Para os japoneses, outras diferenças de atendimento ao cliente envolvem contas de hotel e serviços bancários. As contas de hotel são consideradas precisas e pagas imediatamente. O hábito ocidental de verificar uma conta de hotel antes de fazer o pagamento seria considerado rude na cultura japonesa. Da mesma forma, descontar um cheque em um banco nunca envolveria duplo controle do valor que o caixa do banco dá ao cliente. Além disso, as contas de restaurantes também são sempre assumidas como exatas.

Finalmente, as estações de trem também diferem significativamente entre as culturas orientais e ocidentais. As estações de trem ocidentais tendem a ser muito mais silenciosas, e, nos trens, a paz e a tranquilidade são aspectos muito valorizados. Em contraste, as estações de trem japonesas são barulhentas. Campainhas e alto-falantes anunciam chegadas e partidas de trens, e anúncios de toda espécie são constantes. À primeira vista, os turistas japoneses realmente desfrutam da paz e tranquilidade da experiência ferroviária ocidental. No entanto, esses sentimentos são rapidamente substituídos pela ansiedade causada pela percepção de falta de informação sobre os destinos de viagem. Os profissionais de marketing de serviços eficazes devem estar atentos e responder às diferentes necessidades de atendimento dos clientes internacionais.

Fonte: Jean-Claude Usunier e Julie Anne Lee. *Marketing Across Cultures*. 4. ed. Harlow, Inglaterra: Prentice Hall, 2005, p. 259.

projeto do *servicescape* e no papel do prestador de serviços. Uma profunda compreensão da psicologia do consumidor, no entanto, pode agregar valor e reduzir os custos de operações.

Os gerentes de operações precisam incluir o consumidor no planejamento. De um ponto de vista mais instrutivo, é importante definir um roteiro adequado para o consumidor, dada a natureza da operação do serviço.[49,50] Isto diz respeito à questão de roteiros entregues por meio da tecnologia, e não por pessoas.[51]

A tecnologia impõe aos consumidores roteiros mais rígidos. Os prestadores de serviços podem ter "poderes", conforme descrito no capítulo anterior. O empoderamento prevê a variação no roteiro para se adequar a um consumidor específico. Infelizmente, as máquinas não podem ser empoderadas. Mas podem ser programadas com ramificações "se-então" para categorizar os consumidores e fornecer um roteiro apropriado. Infelizmente, esses programas são muitas vezes autodestrutivos, pois são considerados tediosos e chatos pelos clientes.

Os gerentes de operações também precisam entender que é a percepção dos consumidores que importa, e não apenas se concentrar nas estatísticas operacionais da empresa. A redução dos tempos de espera reais em 25% seria uma conquista notável, mas os princípios descritos anteriormente podem significar que a espera percebida pode ser mais longa. Se as alterações feitas para reduzir essa espera fizerem os consumidores se sentir mais desiguais, menos seguros, mais ansiosos etc., a empresa perderá todo o valor potencial para o cliente criado pelas mudanças operacionais. Isto ocorre porque a empresa não se concentrou devidamente na percepção do consumidor.

O conceito de um roteiro pode ser facilmente aplicado aos prestadores[52] que também têm que lidar com uma experiência de serviço que ocorre com frequência. De fato, como executam o roteiro muitas vezes, eles podem ser os mais experientes. Como o prestador e os roteiros de consumo estão em constante interação, o que acontece quando um prestador experiente atende a um consumidor principiante, ou o contrário, é essencial para a concepção de experiências satisfatórias para os consumidores.

Os sistemas de gestão de capital humano precisam ser construídos para garantir que os prestadores de serviços conheçam e executem o roteiro correto, o que garantirá que eles serão operacionalmente eficientes. O roteiro também pode influenciar a forma como os consumidores percebem o serviço. Tem sido demonstrado que roteiros repetidos com frequência produzem um desempenho sem sentido ou robótico.[53] Processos e sistemas têm de ser criados para equilibrar as necessidades do prestador de serviços, do cliente e da empresa. Os prestadores têm de ser experientes, com roteiros que possam se adaptar a diferentes níveis de capacidade de desempenho do consumidor. Especialização em excesso pode, no entanto, criar serviços robotizados.

Usando a analogia teatral, é o roteiro que une todos os diferentes atores na peça. Atores que utilizam um roteiro diferente não podem apresentar um bom desempenho. O roteiro de serviço precisa ser aprendido por todos os atores-chave na experiência de serviço. Este também é o ponto em que as diferentes funções na empresa de serviços devem convergir: operações, marketing, gestão do capital humano. Todas as funções devem seguir o mesmo roteiro, assim como o consumidor. No entanto, no final, será a percepção dos consumidores do roteiro e da experiência que determinará o sucesso da empresa.

SUSTENTABILIDADE E SERVIÇOS *EM AÇÃO*

Quão complicado pode ser jogar lixo fora?

Imagine o que pode acontecer a um estrangeiro que decida viver na Alemanha. Sem a ajuda dos vizinhos, ele conseguiria jogar fora o próprio lixo? Os alemães estão habituados a separar adequadamente papel, vidro, plástico e resíduos, e apenas disponibilizam para coleta o tipo de lixo a ser retirado no dia certo. Lixo errado no recipiente errado no dia errado não será recolhido. Resíduos tóxicos, como baterias velhas ou produtos farmacêuticos não utilizados, devem ser devolvidos à farmácia ou ao supermercado. Da mesma forma, itens elétricos maiores, como TVs, têm de ser entregues a estações de coleta seletiva de resíduos.

Na Alemanha, a maior parte das garrafas de plástico tem um depósito, e os varejistas que vendem garrafas e latas são obrigados a aceitar os retornos. Da mesma forma, os supermercados são obrigados a receber de volta todos os tipos de embalagem. Os estrangeiros são muitas vezes surpreendidos ao ver outros compradores desembrulharem as compras na loja e deixarem a embalagem para trás, em vez de separá-la e armazená-la em casa e deixá-la no dia apropriado para a coleta do mês.

Agora suponha que mudemos para outro lugar na Europa. No Norte da Itália, cada domicílio recebe cinco recipientes para cinco tipos diferentes de resíduo. Os italianos pagam uma taxa anual, mas são cobrados a mais pelo lixo não reciclável. No Reino Unido e em muitas partes dos Estados Unidos, os recipientes agora têm *microchips* e são pesados para que os clientes possam ser cobrados pelo tipo e peso dos resíduos.

Resumo

Um serviço pode ser visto como uma experiência em que o consumidor é participante ativo. Esta inseparabilidade tem duas consequências para os gestores. Exclusivamente para serviços, os consumidores agem, em maior ou menor grau, como "funcionários parciais" da empresa. Este capítulo sugere que a melhor maneira de entender o papel do desempenho do consumidor é com uma analogia teatral com atores, papéis e roteiros. Os consumidores podem ser considerados experientes ou principiantes com base no conhecimento que têm do roteiro. O capítulo sugere sete passos para a gestão de desempenhos que utiliza este conceito de experiente e principiante.

A percepção dos consumidores acerca da experiência de serviço poderá ser influenciada se eles fizerem parte do sistema de serviço. Mesmo aspectos objetivos, como tempo de espera, podem ser influenciados pelo ambiente. O que importa para a empresa é a percepção do cliente sobre o serviço prestado.

O consumidor como um funcionário parcial e a necessidade de gerenciar as percepções alteram os papéis de gestores de operações, marketing e RH, tornando-os muito mais interdependentes do que na típica empresa de bens.

Palavras-chave

desempenho do consumidor
desempenho de principiantes e experientes
consumidores experientes
amortecimento do núcleo técnico

sistemas de alto e baixo contatos
roteiro esperado
atribuição
controle e previsibilidade
exame da capacidade de desempenho do consumidor

autosseleção
gerenciamento de compatibilidade
funcionários parciais
socialização do consumidor

Questões de revisão

1. Discuta os prós e os contras de aumentar a participação do cliente no processo de prestação de serviços?
2. Uma companhia aérea planeja utilizar quiosques de *check-in* de autosserviço no aeroporto. Discuta as formas alternativas de ensinar o novo roteiro aos clientes?
3. Descreva uma experiência de serviço na qual você se considera experiente e como se tornou experiente.
4. Descreva uma situação em que um consumidor principiante reduz a satisfação de um experiente. Proponha atividades de gerenciamento que possam reduzir o problema.
5. Descreva um ambiente de serviço em que o projeto físico, a sinalização, o *layout* etc. facilitam o entendimento do roteiro. Descreva outra situação em que o ambiente impede a compreensão do papel e do roteiro do consumidor.
6. Com base em uma experiência sua, escolha um exemplo de uma empresa de serviços que "mudou o roteiro" para o consumidor. Por que a empresa fez a alteração? Que problemas essa mudança gerou?
7. Com base em sua experiência como prestador de serviços, descreva como você se sente ao atender um consumidor experiente e um principiante. Qual você prefere? Por quê?
8. Releia o conteúdo do boxe "Sustentabilidade e serviços *em ação*" sobre a descrição de coleta de lixo. Que alterações você faria nos serviços prestados?
9. Apesar das inúmeras tentativas de muitas empresas de serviços de equilibrar oferta e demanda, o único momento em que o equilíbrio verdadeiramente ocorre pode ser por acaso. Explique por que isto ocorre.
10. Selecione quatro dos oito "princípios de espera" e discuta a importância de cada um no gerenciamento da experiência do consumidor.

Notas

As seções deste capítulo sobre o desempenho do consumidor são, em grande parte, baseadas em John E. G. Bateson. Are your Customers Good Enough for your Service Business. *Academy of Management Executive*, 2002, 116, 4, p. 110-14.

1. Paco Underhill. *Why We Buy*. Orion Books, 1999, p. 91.
2. J. M. Rathmell. What is Meant by Service. *Journal of Marketing*, 30, out., 1966, p. 32-36.
3. John Bateson. Do We Need Service Marketing? In: Pierre Eiglier et al. (eds.) *Marketing Customer Services:* New Insights. Cambridge MA: Marketing Services Institute, 1977, p. 1-30.
4. R. B. Chase. Where Does the Customer Fit in a Service Operation?. *Harvard Business Review*, 56, nov.-dez,. 1978, p. 137-42.
5. R. B. Chase e David Tanzik. The Customer Contact Model for Organizational Design. *Management Science*, 29, 9, 1983, p. 1037-105.
6. R. B. Chase. The Customer Contact Approach to Services: Theoretical Base and Practical Extensions. *Operations Research*, 29, 4, jul.-ago., 1981, p. 698-706.
7. J. F. Krafcik. Triumph of the Lean Production System. *Sloan Management Review*, 30, 1, 1988, p. 41-52.
8. J. P. Womak e D. T. Jones. *Lean Thinking: Banish Waste and Create Wealth in Your Corporation*. Nova York: Simon and Schuster, 1996.
9. Ver nota 4.
10. Ver nota 5.
11. R. B. Chase e G. B. Northcraft; G. Wolf. Designing High Contact Service Systems: Applications to Branches of a Savings and Loans. *Decision Sciences*, 15, 1984, p. 542-56.
12. Frederick F. Riecheld. *The Loyalty Effect*. Boston: HBS Press, 1996, p. 45.
13. Ver nota 12.
14. C. H. Lovelock e R. F. Young. Look to Consumers to Increase Productivity. *Harvard Business Review*, 57, 3, 1979, p. 168-78.
15. B. Vroom. *Work and Motivation*. Nova York: Wiley, 1964.
16. J. E. G. Bateson. Perceived Control and the Service Encounter. In: J. A. Czepiel e M. R. Solomon (eds.). *The Service Encounter*. Boston: Lexington Books, 1985, p. 67. J. E. G. Bateson. Perceived

Control and the Service Experience. In: T. A. Swartz e D. Iacobucci (eds.). *Handbook of Services Marketing and Management.* Thousand Oaks, CA: Sage Publications, 2000, p. 127-46.
17. Mathew L. Meuter; Amy L. Ostrom; Robert I. Rowntree; Mary Jo Bitner. Self Service Technologies; Understanding Customer Satisfaction with Technology-Based Service Encounters. *Journal of Marketing,* 64, 2000, p. 50-64.
18. Neeli Bendapudi e Robert P. Leone. Psychological Implications of Customer Participation in Co-production. *Journal of Marketing,* 67, 1, 2003, p. 14-28. Disponível em: <http://kuscholarworks.ku.edu/handle/1808/17610>. Acesso em: 5 out. 2015.
19. Ver nota 17.
20. J. E. G. Bateson. Consumer Performance and Quality in Services. *Managing Service Quality,* 12, 4, 200), p. 1-7.
21. R. C. Shank. The Structure of Episodes in Memory. In: D. G. Bobrow e A. Collins (eds.). *Representation and Understanding: Studies in Cognitive Science.* Nova York: Academic Press 1975, p. 237-72; R. C. Shank e R. P. Abelson, Scripts, Plans and Knowledge. *Advanced Papers of the Fourth International Joint Conference on Artificial Intelligence.*USSR: Tbilisi, 1975, p. 151-57.
22. G. H. Bower; J. B. Black; T. J. Turner. Scripts in Memory for Text. *Cognitive Psychology,* 11, 1979, p. 177-220.
23. C. Graesser; S. B. Woll; D. J. Kowalski; D. A. Smith. Memory for Typical and Atypical Actions in Scripted Activities. *Journal of Experimental Psychology:* Human Learning and Memory, 6, 1980, p. 503-15.
24. R. P. Abelson. Script Processing in Attitude Formation and Decision Making. In: J. S. Carroll e J. W. Payne (eds.). *Cognition and Social Behaviour.* Hillsdale, NJ: Earlbaum, 1976, p. 33-45.
25. Ver nota 16.
26. Esses conceitos foram primeiramente aplicados a roteiros de prestadores de serviços em: Ronald Humphrey e Blake E. Ashforth. Cognitive Scripts and Prototypes in Service Encounters. In: Teresa A. Swartz; David E. Bowen; Stephen W. Brown (eds.). *Advances in Services Marketing and Management.* JAI Press Inc., 1994, p. 175-99.

27. S. M. Leong; P. S. Busch; D. R. John. Knowledge Bases and Salesperson Effectiveness: A Script Theoretic Analysis. *Journal of Marketing Research,* 26, maio 1989, p. 164-78.
28. D. R. John e J. C. Witney Jr. The Development of Consumer Knowledge in Children: A Cognitive Structure Approach. *Journal of Consumer Research,* 12, mar. 1986, p. 406-17.
29. Ruth A. Smith e M. Houston. Script-Based Evaluation of Satisfaction with Services. In: L. Berry; G. L. Shostack e G. D. Upah (eds.). *Emerging Perspectives on Services Marketing.* Chicago: American Marketing Association, 1982, p. 59-62; Michael Hui e J. E. Bateson. Perceived Control and the Effects of Crowding and Consumer Choice on the Service Experience. *Journal of Consumer Research,* 18, set. 1991, p. 174-84; C. F. Surprenant e M. R. Solomon (1987) ob. cit. Para uma discussão sobre encantamento do cliente, ver Richard L. Oliver; Roland T. Rust; Sajeev Varki. Customer delight: foundations, findings and managerial insight. *Journal of Retailing,* 73, 3, 1997, p. 311-36.
30. G. H. Bower e J. B. Black; T. J. Turner. Scripts in Memory for Text. *Cognitive Psychology,* 11, 1979, p. 177-220.
31. G. John e J. C. Whitney. An Empirical Investigation of the Social Structure of Script. In: B. J. Walker et al. (eds.). *An Assessment of Marketing Thought and Practice.* Chicago: AMA, 1982, p. 75-79.
32. R. A. Smith e M. Houston. A Psychometric Assessment of Measures of Scripts in Consumer Memory. *Journal of Consumer Research,* 12, 1985, p. 214-24.
33. Mei Xue e Patrick T. Harker. Customer Efficiency: Concept and Its Impact on E-Business Management. *Journal of Service Research,* 4, maio 2002, p. 253-67.
34. Gan Huat Tatt. Cognitive Scripts in Computer Based Service Settings. Tese de doutorado. London Business School, 1991. Bateson, 2002, ob. cit.
35. Ver nota 34.
36. Mary Jo Bitner; William T. Faranda; Amy R. Hubbert; Valarie A. Zeithaml. Customer contributions and roles in Service Delivery. *International Journal of Service Industry Management,* 8, 3, 1997, p. 193-205.

37. Cathy Goodwin. I Can Do It Myself: Training the Service Consumer to Contribute to Service Productivity. *Journal of Services Marketing*, 2, 4, outono 1988, p. 71-78.
38. Ver nota 11.
39. Eric Langeard; John E. G. Bateson; Christopher H. Lovelock; Pierre Eiglier. *Service Marketing: New Insights from Consumers and Managers.* Cambridge MA: Marketing Science Institute, 1981.
40. Charles L. Martin e Charles A. Pronter. Compatibility Management: Customer to Customer Relationships in Service Environment. *Journal of Services Marketing*, 3, verão, 1989, p. 6-15.
41. Stephen J. Grove e Raymond P. Fisk. The Impact of Other Customers on Service Experiences: A Critical Incident Examination of Getting Along. *Journal of Retailing*, 73, 1, 1997, p. 63-85.
42. Charles I. Martin e Charles Practer. Compatibility Management, Customer-to-Customer Relationships as a Service Production Strategy. *Academy of Management Review*, 8, 2, 1983, p. 301-10.
43. D. Bowen. Managing Customers as Human Resources in Service Organizations. *Human Resource Management*, 75, 1986, p. 371-83; Peter K. Mills. The Socialization of Clients as Partial Employees of Service Organizations, 1983, Working Paper: University of Santa Clara.
44. Peter K. Mills e James H. Morris. Clients as "Partial" Employees of Service Organizations – Role Developments in Client Participation. *Academy of Management Review*, 11, 4, 1986, p. 726-35; Cynthia A. Lengnick-Hall. Customer Contributions to Quality: A Different View of the Customer-Orientated Firm. *Academy of Management Review*, 21, 3, 1996, p. 791-824; Scott W. Kelley; James H. Donnelly; Steven J. Skinner. Organizational Socialization of Service Customers. *Journal of Business Research*, 25, 1992, p. 197-214.
45. Benjamin Schneider e David E. Bowen. *Winning the Service Game*. Boston: HBS Press, 1995, p. 84-106.
46. Scott W. Kelley; Steven J. Skinner; James H. Donnelly. Organizational Socialization of Service Customers. *Journal of Business Research*, 25, 1992, p. 197-214.
47. D. H. Maister. The Psychology of Waiting in Lines. Boston: Harvard Business School Note 9-684-064, rev. maio 1984, p. 2-3.
48. David Bowen e B. Schneider. Boundary Spanning Role Employees and the Service Encounter: Some Guidelines for Management and Research. *The Service Encounter*, idem, p. 127-47; J. E. G. Bateson. The Self Service Consumer – Empirical Findings. In: L. Berry; G. L. Shostack e G. D. Upah (eds.). *Emerging Perspectives on Services Marketing*. Chicago: American Marketing Association, 1983 p. 50-53.
49. Peter K. Mills; R. B. Chase; N. Marguiles. Motivating the Client/Employee System as a Service Production Strategy. *Academy of Management Review*, 5, 2, 1983, p. 301-10; Peter K. Mills e N. Marguiles. Toward a Core Typology of Service Organizations. *Academy of Management Review*, 7, 3, 1982, p. 467-78.
50. L. Argote. Input uncertainty and organizational coordination in hospital emergency units. *Administrative Science Quarterly*, 27, 1982, p. 420-34.
51. Rikard Larsson e David E. Bowen. Organization and Customer: Managing Design and Coordination of Services. *Academy of Management Review*, 14, 2, 1989, p. 213-33.
52. Ver nota 26.
53. E. J. Langer e L. G. Imber. Why Practice makes Imperfect: Debilitating Effects of Over learning. *Journal of Personality and Social Psychology*, 37, 11, 1979, p. 2014-24.

CASO 10

Você decide quanto valem as refeições, dizem os restaurantes aos clientes

Nina Goswami

Pode soar como uma receita para a ruína financeira o fato de um restaurante permitir que os clientes atribuam o preço que quiserem à refeição consumida por eles. No entanto, a tática de negócios tem obtido muito sucesso, e os restaurantes do tipo "pague quanto quiser" estão se espalhando pela Grã-Bretanha.

A ideia foi criada por Michael Vasos, proprietário do Just Around The Corner, um bistrô francês ao norte de Londres, onde os clientes muitas vezes passam duas horas bebendo um bom vinho e se empanturrando de salmão recheado com carne de caranguejo. Em seguida, eles devem fechar a própria conta e, surpreendentemente, deixam uma quantia justa ou generosa.

O sucesso de Vasos é tal que três outros restaurantes do tipo "pague quanto quiser" – Mju, em Knightsbridge, no centro de Londres, Lanes, no leste de Londres, e Sweet Melinda's, em Edimburgo – copiaram a ideia.

Segundo Vasos, "Se você fornece um serviço muito bom e uma comida muito boa, as pessoas deixam muitas gorjetas. Então, pensei, por que não deixar toda a despesa por conta dos clientes e deixá-los pagar quanto acham que vale. Enquanto prestássemos um bom serviço, eu sabia que daria certo, e temos sido muito bem-sucedidos desde o início".

Vasos tem participação em quatro outros restaurantes, todos com cardápios de preço fixo. Contudo, não faturam como o Just Around The Corner. "Os outros restaurantes têm cerca de 60% de lucro por semana; este tem entre 65% e 70%", disse ele.

Os clientes mais generosos do Just Around The Corner foram quatro funcionários do governo dos Estados Unidos que visitaram o restaurante na véspera de Natal. "Eles tomaram algumas garrafas de vinho e champanhe, e consumiram três refeições. Pagaram £ 600 e perguntaram à garçonete se era suficiente. Em um restaurante de preço fixo, provavelmente teriam pago em torno de £ 250. É por isso que o restaurante faz mais sucesso, já que as pessoas são mais generosas", contou Vasos.

Vasos também tem uma maneira infalível de garantir que os clientes não paguem abaixo do valor: "Quando as pessoas pagam um valor irrisório, devolvo-lhes o dinheiro e os faço se sentir envergonhados. Então, percebem que, se quiserem voltar, terão que pagar realmente mais".

Michael Vasos ficou surpreso ao saber que restaurantes do tipo "pague quanto quiser" estavam apenas começando, já que ele opera o negócio há 18 anos: "Estou muito feliz que outros restaurantes tenham adotado a ideia, pois mostra aos clientes que os outros, não só eu, podem ter sucesso".

Margaret Coutts, com o filho David e a amiga Danielle Kronenberg, celebrou seu 66º aniversário com champanhe à vontade e uma refeição de três pratos, incluindo pratos como "cordeiro Wellington" e "supremo de frango com estragão e bagas de zimbro". A decisão sobre quanto pagar foi deixada para David, que deu £ 70.

Para David Coutts, 36 anos, carpinteiro no oeste de Londres: "Se você pode pedir um copo de Coca-Cola ou champanhe e ainda dar um valor razoável no final da noite, por que não escolher o champanhe".

Fonte: © Copyright de Telegraph Media Group Limited.

Margaret Coutts, uma *chef* que foi visitar o filho em Sydney, na Austrália, afirmou: "Poder de atribuir o preço acrescenta um pouco de pressão, porque você realmente tem que pensar naquilo que comeu. Você tem que se colocar no lugar de um crítico gastronômico. No entanto, é muito inteligente, pois ninguém pode reclamar".

Kevin O'Connor, coproprietário do restaurante de frutos do mar Sweet Melinda's, foi pego de surpresa pela política do "pague quanto quiser" e "copiou" a ideia para as noites de terça-feira. A sócia, Karen McLean, foi categórica: "As pessoas normalmente acertam os preços. Elas podem ser cautelosas sobre a falta de preços, mas isto ocorre porque precisam estar certas de que o valor pago é o suficiente. Os britânicos não querem ofender ninguém, e é muito raro que tenhamos pessoas que se aproveitam. Pode acontecer, e quando acontece, você só tem que sorrir para eles e esperar que voltem em outra noite. Certa vez, dois homens tomaram uma cerveja cada um e comeram três pratos cada, e deixaram 50 centavos por tudo, 25 centavos cada. Estamos nos expondo, por isso aceitamos quando as pessoas se aproveitam, mas, em geral, as pessoas são legais e não fazem isso".

O restaurante Mju, que oferece cozinha europeia contemporânea com um toque asiático, também percebeu o potencial da política "pague quanto quiser" depois que um membro da equipe visitou o bistrô de Vasos.

O restaurante decidiu tentar a estratégia durante um mês, e ela se mostrou tão bem-sucedida em trazer nova clientela que o Mju resolveu repetir a dose nas próximas semanas.

Segundo Jeremy Payne, diretor de vendas do Mju: "Nossa política é um pouco diferente. O esquema 'pague quanto quiser' vale apenas para as refeições, não para as bebidas".

Questões para discussão

1. Até que ponto definir o próprio preço muda o roteiro?
2. Isto poderia ser visto como uma vantagem competitiva na indústria de restaurantes?
3. Até que ponto a ideia depende da cultura do Reino Unido? Ela funcionaria no Brasil?

PARTE III

Implementação de estratégias bem-sucedidas de serviços

Há um pouco de magia em cada estratégia de serviço bem-sucedida.

Capítulo 11
Fundamentos da mensuração da satisfação do cliente

Capítulo 12
Qualidade de serviços: como identificar e corrigir as lacunas

Capítulo 13
Gerenciamento de falhas de serviços e implementação de estratégias de recuperação de serviços

Capítulo 14
Estratégias para facilitar a fidelização e retenção do cliente

Capítulo 15
Juntando as peças: como criar uma cultura de serviços de nível internacional

Esta parte do livro concentra-se em avaliar os seguintes aspectos: satisfação do cliente e qualidade do serviço, reconquista a partir de reclamações e minimização de falhas futuras, fidelização e retenção de clientes, e desenvolvimento de uma cultura de serviços de nível internacional. Idealmente, avaliar e melhorar o sistema de prestação de serviços levará a um serviço "impecável", ou seja, uma experiência de serviço sem interrupção, confusão ou aborrecimento para o cliente.

capítulo 11

Fundamentos da mensuração da satisfação do cliente

"Se não se consegue medir, diz o velho clichê, não é possível gerenciar. Na verdade, se não existirem medidas, os gestores não conseguem prestar atenção."
Fortune Magazine

Objetivos do capítulo

Após a leitura deste capítulo, você deve ser capaz de:

- Definir satisfação do cliente e entender os benefícios associados com clientes satisfeitos.
- Analisar vários métodos para mensurar a satisfação do cliente e discutir as limitações dessa mensuração.
- Discutir os fatores a serem considerados ao investir em melhorias destinadas à satisfação dos clientes.
- Compreender os fatores que influenciam as expectativas dos clientes.

O principal objetivo deste capítulo é apresentar a importância e os benefícios da satisfação do cliente e os fatores que devem ser considerados quando se mede esta satisfação.

RATEMYPROFESSOR.COM: UMA OPORTUNIDADE PARA OS ALUNOS EXPRESSAREM SUA SATISFAÇÃO (OU A FALTA DELA)

Ratemyprofessor.com é uma oportunidade para os alunos virarem a mesa contra os professores. Em vez de professores dando notas aos alunos, este *site* fornece os meios para que os estudantes avaliem a própria satisfação com os professores. Em última análise, permite que os alunos aproveitem o conhecimento adquirido a partir de experiências de colegas anteriores. Eles podem usar essas informações para orientar suas seleções de instrutores quando existem alternativas disponíveis. O ratemyprofessor.com contém mais de dez milhões de avaliações de mais de um milhão de instrutores de seis mil faculdades e universidades americanas. Novas classificações são postadas a uma taxa de mais de três a quatro mil por dia.

Além da classificação, o ratemyprofessor.com oferece uma série de outros serviços para os usuários. Um desses serviços refere-se a uma coleção do que os idealizadores do *site* chamam de "comentários divertidos". Trata-se de uma seleção de citações de alguns alunos muito criativos que se sentiam pouco contentes com os professores. A seguir, apresentamos os 20 comentários mais engraçados disponíveis no *site*:

- *Você não pode colar nas provas dessa professora porque ninguém sabe as respostas.*
- *Seu curso é como leite, estraga depois de duas semanas.*
- *Houston, temos um problema. Um professor novato do espaço não está bem conectado com a Terra.*

- Seria melhor ter usado o dinheiro da matrícula para aquecer meu apartamento no inverno passado.
- Três dos meus amigos tiraram A na prova desse professor, e eles são uns idiotas.
- A cicatriz emocional pode desaparecer, mas aquele enorme F no seu boletim não.
- Robô malvado que ensina computação e esmaga os seres humanos por prazer.
- Professor miserável – Eu gostaria de descrevê-lo sem usar palavrões.
- Amnésia instantânea adentrando na sala de aula. Juro que o professor exala gás do sono.
- CHATO! Mas aprendi que há 137 placas no teto.
- O livro, além de ser um professor melhor, tem uma personalidade melhor.
- Ensina bem, pede aos alunos que façam perguntas e, em seguida, insulta-os por 20 minutos.
- Esse professor era como uma bomba em uma lagoa de frágeis girinos.
- Aprendi a odiar uma língua que já conheço bem.
- Muito bom curso, porque só assisti a uma aula.
- Ele vai destruí-lo como um ninja acadêmico.
- Traga um travesseiro.
- Seu travesseiro vai precisar de um travesseiro.
- Se eu fizesse uma prova sobre a família da professora tiraria um A.
- Ela já chega odiando você.

Fontes:
1. Disponível em: <www.ratemyprofessor.com>. Acesso em: 11 set. 2009.
2. Disponível em: <http://www.listafterlist.com/tabid/57/listid/8201/Education++History/Funniest+Professor+Ratings+from+RateMyProfessorscom.aspx>. Acesso em: 11 set. 2009.

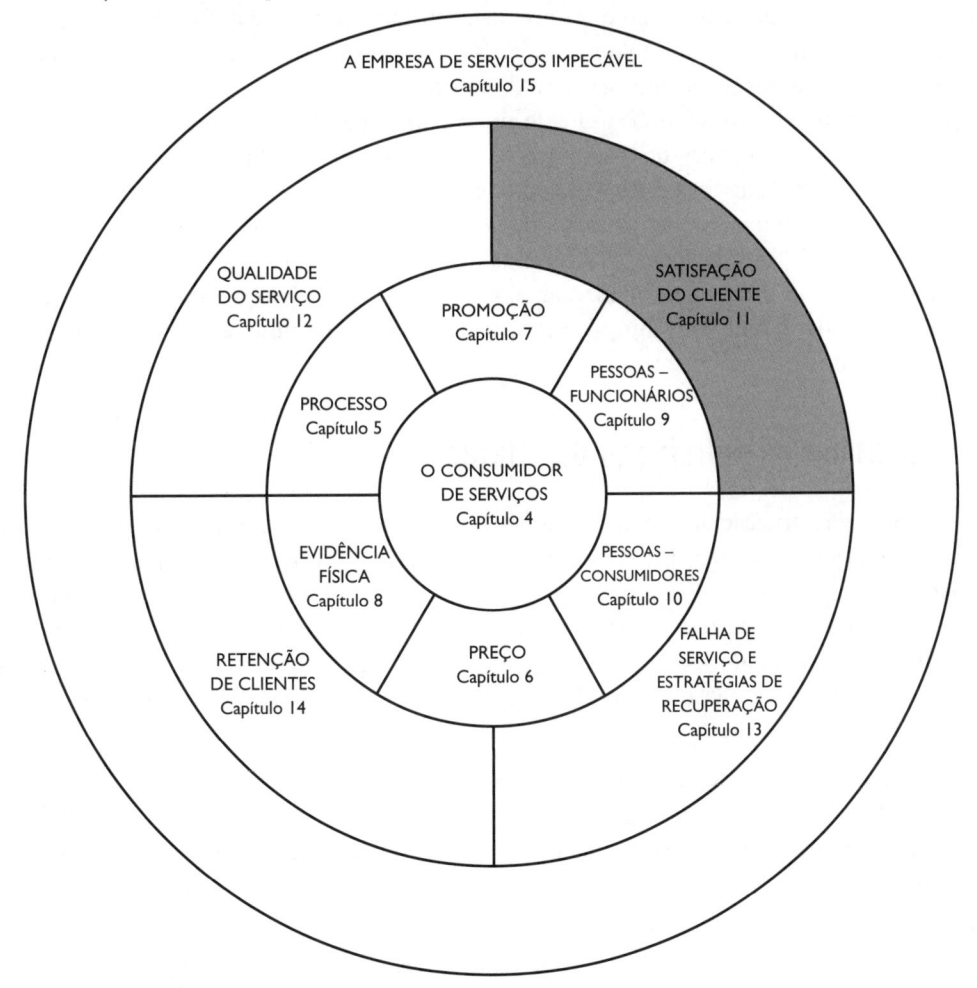

Introdução

Satisfação do cliente é uma das áreas mais estudadas em marketing.[1] De uma perspectiva histórica, grande parte dos trabalhos nessa área começou a ser produzida na década de 1970, quando o consumerismo estava crescendo nos Estados Unidos. A ascensão do movimento consumerista estava diretamente relacionada com o declínio na qualidade do serviço sentido por muitos consumidores, o que poderia ser atribuído a uma série de fatores. Em primeiro lugar, a disparada da inflação durante os anos 1970 forçou muitas empresas a cortar serviços na tentativa de manter os preços baixos. Em alguns setores, a desregulamentação levou a uma concorrência feroz entre as empresas que nunca haviam enfrentado uma competição. Sem nenhuma experiência prévia em competição, a concorrência de preços tornou-se rapidamente a principal forma de diferenciação, e as guerras de preços se espalharam rapidamente. As empresas mais uma vez cortaram custos associados com o serviço ao cliente para reduzir despesas operacionais.

Com o passar do tempo, a escassez de trabalho também contribuiu para o declínio no serviço ao cliente. Era difícil encontrar prestadores de serviços motivados. E quem poderia culpá-los? O trabalho típico em serviços envolvia baixa remuneração, nenhuma perspectiva de carreira, nenhum motivo de orgulho e nenhum treinamento em relações com o cliente. A automação também contribuiu para aumentar o problema. Substituir o trabalho humano por máquinas (por exemplo, com bombas de gasolina de autosserviço, caixas eletrônicos, caixas de autoatendimento em supermercados etc.) de fato aumentou a eficiência de muitos sistemas operacionais, mas muitas vezes à custa do distanciamento dos clientes da empresa, que foram abandonados à própria sorte. Finalmente, ao longo dos anos, os clientes tornaram-se mais difíceis de agradar. Eles estão mais bem informados do que nunca, as expectativas foram certamente aumentadas, e eles são mais específicos sobre onde gastar o dinheiro.

Quarenta anos depois, o serviço ao cliente ainda é uma questão que suscita debates calorosos. A economia difícil, as poucas oportunidades de emprego, menos dinheiro disponível e uma crescente força de trabalho instruída levaram as expectativas de atendimento ao cliente a novos patamares. Apesar de tempos economicamente difíceis, os clientes que se mostram dispostos a gastar seu dinheiro acreditam que as empresas de serviços deveriam agradecer pelos clientes que têm e cumprir as promessas. Infelizmente, a realidade é que as empresas de serviços de hoje têm a mesma dificuldade para proporcionar satisfação ao cliente quanto suas antecessoras tinham há 40 anos.

A importância da satisfação do cliente

A importância da satisfação do cliente não pode ser exagerada. Sem clientes, a empresa prestadora de serviços não tem razão de existir. Cada empresa de serviços precisa definir e medir a satisfação do cliente de forma proativa. É ingenuidade esperar que os clientes reclamem a fim de identificar problemas no sistema de prestação de serviços ou medir o progresso da empresa na satisfação do cliente com base no número de reclamações recebidas. Considere os seguintes números coletados pelo Programa de Pesquisa em Assistência Técnica (Technical Assistance Research Program – Tarp):[2]

- *A média dos empresários não ouve os 96% de clientes insatisfeitos.*
- *Para cada reclamação recebida, 26 clientes têm o mesmo problema.*
- *Em média, uma pessoa conta um problema a 9 ou 10 pessoas, das quais 13% contarão a mais de 20.*

- Os clientes que têm as queixas satisfatoriamente resolvidas contam a uma média de cinco pessoas sobre o tratamento que receberam.
- Quem reclama é mais propenso a fazer negócios com você novamente do que aqueles que não reclamam: de 54% a 70% dos clientes voltarão se o problema for completamente resolvido; e 95% procurarão de novo sua empresa se o problema for resolvido rapidamente.

Os números do Tarp demonstram que os clientes não se queixam ativamente para as próprias empresas de serviços. Em vez disso, expressam sua insatisfação indo para os concorrentes e contando aos clientes existentes e potenciais exatamente como foram maltratados por sua empresa. Com base nos números do Tarp, uma empresa que atende 100 clientes por semana e possui uma satisfação de 90% será objeto de milhares de histórias negativas no final de um ano. Por exemplo, se 10 clientes insatisfeitos por semana contarem a 10 de seus amigos sobre o serviço ruim recebido, até ao final do ano (52 semanas), 5.200 comunicações boca a boca negativas terão sido geradas.

No entanto, os números do Tarp não são de todo más notícias. As empresas que respondem de maneira eficaz às reclamações dos clientes geram comunicações boca a boca positivas. Embora notícias positivas corram na metade da velocidade das negativas, as histórias positivas podem, em última instância, se traduzir em fidelização e conquista de novos clientes. Finalmente, uma empresa também deve aprender, a partir dos números do Tarp, que quem reclama é amigo da empresa. Os clientes que reclamam são uma fonte de informação de mercado gratuita, e as queixas em si devem ser vistas como oportunidades para a empresa melhorar os sistemas de entrega, e não como uma fonte de aborrecimento.[3]

Percepções que ficam abaixo das expectativas resultam em clientes insatisfeitos e perda de negócios (sem mencionar o *ketchup* desperdiçado).

James R. Clarke/Alamy

O que é satisfação/insatisfação do cliente?

Apesar de existir uma variedade de definições alternativas, a mais popular de satisfação/insatisfação do cliente é a comparação entre as expectativas e as percepções do cliente sobre o encontro de serviço real definições alternativas são fornecidas na Figura 11.1).[4] Comparar as expectativas dos clientes com suas percepções baseia-se no que os profissionais de marketing se referem como **modelo de desconfirmação de expectativas**. De forma simples, se as percepções dos clientes correspondem às expectativas, diz-se que estas foram **confirmadas** e que o cliente está satisfeito. Se as percepções e expectativas não são iguais, então diz-se que as expectativas foram **desconfirmadas**.

modelo de desconfirmação de expectativas De acordo com este modelo, quando se comparam as expectativas e as percepções do cliente, as expectativas podem ser confirmadas ou desconfirmadas.

expectativas confirmadas Referem-se às expectativas do cliente que correspondem às suas percepções, o que resultará em satisfação.

expectativas desconfirmadas Trata-se das expectativas que não correspondem às percepções do cliente.

Embora o termo desconfirmação soe como uma experiência negativa, não é necessariamente assim. Existem dois tipos de desconfirmação. Se as percepções reais forem piores do que o espe-

> **desconfirmação negativa** Refere-se às percepções dos clientes que são inferiores às suas expectativas, o que resultará em insatisfação.
>
> **desconfirmação positiva** Trata-se de percepções dos clientes que superam as expectativas, o que resultará em clientes contentes.

rado, o resultado será uma **desconfirmação negativa**, o que resultará em insatisfação do cliente e propaganda boca a boca negativa e/ou abandono de clientes. Em contrapartida, existe uma **desconfirmação positiva,** quando as percepções excedem as expectativas, resultando em satisfação do cliente, propaganda boca a boca positiva e retenção de clientes.

Todos os dias os consumidores utilizam o paradigma da desconfirmação, comparando suas expectativas com percepções. Citando um exemplo, ao jantar em um restaurante de um *resort* na costa oeste da Flórida, o garçom não apenas providenciou tudo o que foi solicitado, mas também foi muito bom em antecipar necessidades. Minha sobrinha de 3 anos, depois de brincar muito sob o sol, estava muito cansada. Ela engatinhou para dentro de um balcão vazio localizado bem atrás da nossa mesa e dormiu. O garçom, ao notar a ausência da menina em nossa mesa, colocou, por iniciativa própria, uma toalha branca sobre ela para usar como um cobertor. Esse incidente em particular, combinado com outros ao longo da noite, levou a uma desconfirmação positiva de nossas expectativas. O excelente serviço daquela noite reforçou a noção de que, com tantos serviços ruins ao redor, os clientes realmente percebem quando o serviço é excelente.

Definição de déficit normativo	Compara os resultados reais com os que são culturalmente aceitáveis.
Definição de equidade	Compara ganhos em uma troca social – se os ganhos são desiguais, o perdedor fica insatisfeito.
Definição de padrão normativo	As expectativas são baseadas no que o consumidor acredita que *deve* receber – a insatisfação ocorre quando o resultado real é diferente da expectativa padrão.
Definição de equidade processual	A satisfação é uma função da crença do consumidor de que foi tratado de forma justa.

Fonte: Keith Hunt. Consumer Satisfaction, Dissatisfaction, and Complaining Behavior. *Journal of Social Issues* 47, 1, 1991, p. 109-10.

FIGURA 11.1 Dimensões alternativas de satisfação

Os benefícios da satisfação do cliente

Embora alguns possam argumentar que, às vezes, os clientes não são razoáveis, pouca evidência pode ser encontrada de expectativas exageradas do cliente.[5] Assim, satisfazer os clientes não é uma tarefa impossível. Na verdade, atender às expectativas do cliente e superá-las pode representar benefícios valiosos para a empresa. O boca a boca positivo gerado a partir de clientes existentes muitas vezes se traduz em clientes novos. Por exemplo, considere a publicidade positiva gerada para as empresas listadas no *Hall* da Fama do Atendimento ao Cliente em 2009, apresentado na Figura 11.2. Em comparação, como potencial funcionário, você teria ressalvas quanto a trabalhar para qualquer uma das empresas listadas no *Hall* da Vergonha do Atendimento ao Cliente em 2009 (ver Figura 11.3)? Clientes atuais satisfeitos, comparados com os insatisfeitos, muitas vezes compram mais produtos, com mais frequência, e são menos propensos a ser perdidos para concorrentes.

A satisfação do cliente é uma via de mão dupla que beneficia clientes e funcionários.

As empresas que detêm altos índices de satisfação dos clientes também parecem ter a capacidade de se blindar contra pressões da concorrência, particularmente a concorrência de preços. Na verdade, os clientes frequentemente estão dispostos a pagar mais e ficar com uma empresa que atenda às suas necessidades do que assumir o risco associado ao mudar para uma oferta de serviços com preços mais baixos. Por fim, as empresas que se orgulham de seus esforços para a satisfação do cliente geralmente proporcionam melhores ambientes para trabalhar. Nesses ambientes de trabalho positivos, são desenvolvidas culturas organizacionais nas quais os funcioná-

Quando se trata de fornecer um excelente serviço, algumas empresas mantêm os clientes satisfeitos de forma natural. Com base na pesquisa anual de 2009 da MSN Money das "Dez Empresas que o Tratam Bem", as seguintes empresas são reconhecidas pelo tratamento aos clientes:

HALL DA FAMA DO ATENDIMENTO AO CLIENTE 2009	PERCENTUAL DE ENTREVISTADOS QUE CLASSIFICARAM O SERVIÇO DA COMPANHIA COMO "EXCELENTE"
1. USAA (corretora de seguros)	56,5%
2. Trader Joes (varejista de alimentos)	50,6%
3. Netflix (varejista de filmes)	45,8%
4. Amazon (varejista *on-line*)	43%
5. Nordstrom (varejista de moda)	42,2%
6. Publix (varejista de alimentos)	41,5%
7. Whole Foods (varejista de alimentos)	40,5%
8. Apple (varejista de eletrônicos)	39,6%
9. Costco (varejista generalista)	37,95%
10. Southwest Airlines (transportadora aérea)	36,7%

Fonte: Disponível em: <http://articles.moneycentral.msn.com/SmartSpending/ConsumerActionGuide/10-companies-that-treat-you-right.aspx?slide-number=10>. Acesso em: 10 jun. 2009.

FIGURA 11.2 *Hall* da Fama do Atendimento ao Cliente

Enquanto algumas empresas entregam, de forma contínua, altos níveis de satisfação aos clientes, outras simplesmente não conseguem fazer a coisa certa. De fato, com base na pesquisa anual de 2009 da MSN Money das "Dez Empresas que os Norte-Americanos Adoram Odiar", nove também estavam na lista de 2008. Uma informação particularmente perturbadora sobre esta lista é que nove em cada dez dessas empresas são predominantemente de serviços, e não de bens. Mais especificamente, o *Hall* da Vergonha inclui quatro empresas de serviços financeiros, duas de TV a cabo, duas de telefonia, um prestador de serviços *on-line* e um varejista. Quando se trata de fornecimento de serviço de má qualidade, as seguintes empresas levam o troféu:

HALL DA VERGONHA DO ATENDIMENTO AO CLIENTE 2009	PERCENTUAL DE ENTREVISTADOS QUE CLASSIFICARAM O SERVIÇO DA COMPANHIA COMO "RUIM"
1. AOL (prestador de serviços *on-line*)	44,8%
2. Comcast (operador de TV a cabo)	41,3%
3. Sprint Nextel (empresa de telefonia)	40,5%
4. Capital One (serviços financeiros)	34,7%
5. Time Warner Cable (operador de TV a cabo)	32,0%
6. HSBC (serviços financeiros)	31,8%
7. Qwest (empresa de telefonia)	31,6%
8. Abercrombie & Fitch (varejista)	31,4%
9. Bank of America (serviços financeiros)	28,5%
10. Citigroup (serviços financeiros)	28,4%

Fonte: Disponível em: <http://articles.moneycentral.msn.com/SmartSpending/ConsumerActionGuide/the-customer-service-hall-of-shame-2009.aspx>. Acesso em: 10 jun. 2009.

FIGURA 11.3 *Hall* da Vergonha do Atendimento ao Cliente

rios em que os funcionários são desafiados a ter um bom desempenho e ser recompensados por seus esforços. A Figura 11.4 fornece um exemplo dos tipos de atributo que são fundamentais na construção de grandes reputações corporativas e as empresas que se destacam em determinados atributos-chave.

ATRIBUTOS	EMPRESAS MAIS ADMIRADAS
1. Inovatividade	Charles Schwab, Herman Miler
2. Qualidade da gestão	General Electric, Omnicom Corp.
3. Talento dos funcionários	Goldman Sachs, Cisco Systems
4. Solidez financeira	Microsoft, Intel, Cisco Systems
5. Uso de ativos corporativos	Berkshire Hathaway, Cisco, General Electric
6. Valor de investimento de longo prazo	Microsoft, Home Depot, Cisco Systems
7. Responsabilidade social	McDonald's, DuPont, Herman Miller
8. Qualidade de produtos/serviços	Omnicom Group, Philip Morris, UPS

Fonte: Geoffrey Colvin. America's Most Admired Companies. *Fortune*, 141, 4, 21 fev. 2000, p. 110.
FIGURA 11.4 Os oito atributos-chave da reputação

Os benefícios de pesquisas de satisfação do cliente

As pesquisas de satisfação do cliente proporcionam vários benefícios que as fazem valer a pena. Elas fornecem um meio formal de *feedback* dos clientes para a empresa, que pode identificar os problemas existentes e potenciais. Este tipo de pesquisa também transmite a mensagem de que a empresa se preocupa com o bem-estar dos clientes e valoriza suas opiniões em relação aos serviços prestados.[6] No entanto, quando algumas empresas, como a Delta Airlines, incluem um questionário de *feedback* na parte final das revistas de bordo, os clientes se questionam sobre o real interesse delas no *feedback* (ver Figura 11.5).

Outros benefícios derivam dos resultados das pesquisas de satisfação. Esses resultados são, em geral, utilizados na avaliação de desempenho dos funcionários para fins de remuneração, além de ser úteis para a gestão de vendas, como no desenvolvimento de programas de treinamento.

Também são úteis para fins de comparação, a fim de determinar como a empresa se encontra em relação à concorrência. Quando as avaliações são favoráveis, muitas empresas utilizam os resultados em sua propaganda corporativa.[7]

De acordo com 87% das pessoas, dos 56% que completaram mais de 23% do questionário, preenchê-lo representou um desperdício de tempo.

Quando se avalia a satisfação do cliente por meio de um questionário, deve-se considerar quanto tempo ele leva para concluído.

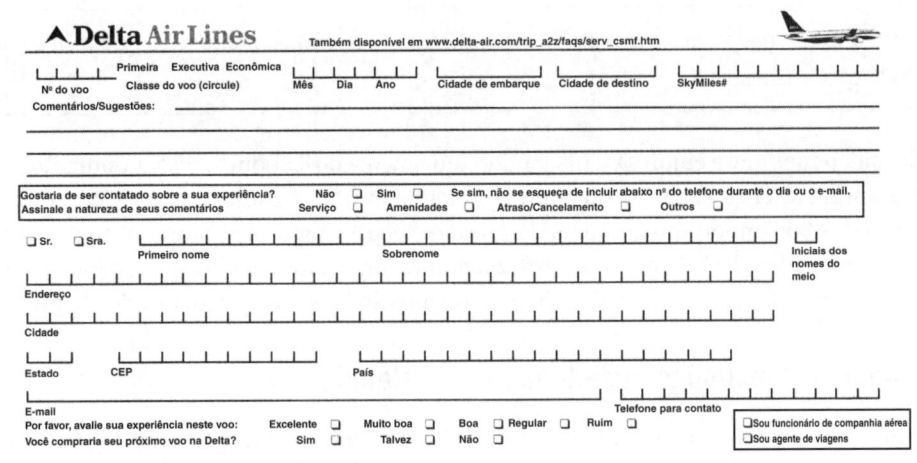

Fonte: Vicki Escarra. We're Listening. *SKY*, fev, 2000, p. 128-29.
FIGURA 11.5 Cartão de *feedback* do cliente da Delta

Mensuração da satisfação do cliente

Mensurações da satisfação do cliente são obtidas por meio de medidas diretas e indiretas. **Medidas indiretas** de satisfação do cliente incluem acompanhamento e monitoramento de registros de vendas, lucros e reclamações de clientes. As empresas que recorrem apenas a medidas indiretas adotam uma abordagem passiva para determinar se as percepções atendem ou superam as expectativas dos clientes. Além disso, se a empresa não se preocupar com o que pensam 96% dos clientes insatisfeitos, perderá um grande número de clientes enquanto espera que os outros 4% digam o que pensam.

medidas indiretas Referem-se às medidas de satisfação do cliente, e incluem registros de acompanhamento e monitoramento de vendas, lucros e reclamações de clientes.

Medidas diretas de satisfação são geralmente obtidas por meio de pesquisas de satisfação do cliente. No entanto, para dizer o mínimo, pesquisas de satisfação do cliente não são padronizadas entre as empresas.

medidas diretas Referem-se às medidas de satisfação geral obtidas diretamente dos clientes por meio de pesquisas de satisfação.

Nesse processo de *feedback*, há variações nas escalas utilizadas para coletar os dados (de 5 a 100 pontos), nas perguntas feitas aos entrevistados (de questões gerais a específicas) e nos métodos de coleta de dados (de entrevistas pessoais a questionários autoadministrados). A próxima seção concentra-se no uso de diferentes escalas.

Escala de 100 pontos

Algumas empresas solicitam aos clientes que avaliem seu desempenho em uma escala de 100 pontos. Na verdade, elas estão pedindo aos clientes que lhes atribuam uma nota. No entanto, os problemas com este método são evidentes.

Medir a satisfação do cliente é muitas vezes mais difícil do que parece à primeira vista.

> *Em uma escala que varia de 1 a 100, quão satisfeito você está com o serviço que recebeu hoje?*
> *Pontos:* _____

Consideremos que a empresa tenha obtido uma média de 83 pontos. Esta pontuação significa que a empresa recebeu um B-? Esta pontuação tem o mesmo significado para todos os clientes? Improvável. Mais importante, o que a empresa deve fazer para melhorar a nota de satisfação? Embora essa média de 83 pontos nos forneça algumas informações gerais, ela não indica sugestões específicas de melhorias que levariam a um aumento do índice de satisfação do cliente.

A abordagem "muito insatisfeito/muito satisfeito"

Uma melhoria da abordagem da "escala de 100 pontos" é a utilização da abordagem "muito insatisfeito/muito satisfeito". Esta apresenta aos clientes uma escala de Likert de 5 pontos, que é tipicamente mostrada de acordo com o seguinte formato:

Quão satisfeito você está com o serviço que recebeu hoje?				
Muito insatisfeito	*Insatisfeito*	*Neutro*	*Satisfeito*	*Muito satisfeito*
1	*2*	*3*	*4*	*5*

As empresas que utilizam este formato geralmente combinam a porcentagem de respostas "satisfeito" e "muito satisfeito" para chegar a um índice de satisfação. Da mesma forma, as empresas que utilizam uma escala de 10 pontos, com pontos de ancoragem em "muito insatisfeito" e em "muito satisfeito", definem a satisfação do cliente como a porcentagem de clientes que classificaram a satisfação superior a 6. Embora esta abordagem forneça mais significado ao índice de satisfação em si, comparado com a abordagem da "escala de 100 pontos", ainda não tem o poder de diagnóstico para indicar áreas específicas de melhoria. Em outras palavras, independente do fato de uma empresa utilizar uma escala de 100, 10 ou 5 pontos, o valor da informação interpretativa é restringida por sua natureza quantitativa. Para além de uma pontuação quantitativa, as empresas que verdadeiramente procuram melhorar a satisfação do cliente também devem coletar informação qualitativa para que possam identificar áreas específicas de melhoria. Este é exatamente o problema que a Federal Express encontrou ao estabelecer um programa de mensuração da satisfação do cliente. Inicialmente, esta satisfação foi medida em uma escala de 100 pontos, e uma transação bem-sucedida era definida com base em se a encomenda realmente chegava no dia seguinte. Depois de muitos exames qualitativos, a Federal Express determinou que o sucesso da transação, conforme definido pelo cliente, era um conceito muito mais amplo (ver Figura 11.6). Para melhorar de forma proativa os índices de satisfação do cliente, a empresa tem aprimorado continuamente as atividades que foram identificadas pelo cliente base, denominadas "Hierarquia dos horrores".

1. Entrega no dia errado (encomenda entregue um dia depois do prometido)
2. Entrega atrasada no dia certo (encomenda entregue no dia prometido, mas depois do horário acordado)
3. Coleta não realizada (falha em coletar a encomenda no dia solicitado)
4. Encomenda perdida
5. Cliente mal informado pela Federal Express (informações equivocadas ou imprecisas sobre taxas, horários etc.)
6. Erros no faturamento e na documentação (erros de faturamento, taxas excessivas, comprovante de entrega perdido)
7. Falhas de desempenho do funcionário (cortesia, capacidade de resposta etc.)
8. Encomendas danificadas

Fonte: AMA Management Briefing. *Blueprints for Service Quality:* The Federal Express Approach. Nova York: AMA Membership Publications Division, 1991.

FIGURA 11.6 Hierarquia dos horrores da FedEx

Abordagem combinada

A abordagem combinada utiliza as pontuações quantitativas obtidas pela abordagem "muito insatisfeito/muito satisfeito", acrescentando uma análise qualitativa do *feedback* obtido de entrevistados que indicaram estar menos do que "muito satisfeito". Quando sinalizam que estão menos do que "muito satisfeito", os clientes informam à empresa que o sistema de entrega está sendo realizado em níveis abaixo do esperado. Neste caso, a empresa deve motivar os clientes a sugerir como ela poderia ter um melhor desempenho. Desta forma, a empresa terá subsídios suficientes para classificar e priorizar sugestões para esforços de melhoria contínua.

Quão satisfeito você está com o serviço que recebeu hoje?				
Muito insatisfeito	*Insatisfeito*	*Neutro*	*Satisfeito*	*Muito satisfeito*
1	*2*	*3*	*4*	*5*
Se menos que muito satisfeito, o que a empresa poderia ter feito para melhorar?				

A abordagem combinada proporciona duas valiosas informações. A pontuação quantitativa de satisfação fornece uma referência para a comparação de futuras pesquisas de satisfação (para obter mais informações relativas ao *benchmarking*, ver "Serviços globais *em ação*"). Além disso, este tipo de pontuação fornece meios para comparar o desempenho da empresa com a concorrência. Para complementar a classificação quantitativa, dados qualitativos oferecem informações de diagnóstico que apontam áreas específicas para melhoria. Combinar dados qualitativos e quantitativos supera qualquer abordagem usada isoladamente.

Como compreender as pontuações de satisfação do cliente

Depois que um consultor realizou uma pesquisa de satisfação do cliente para uma empresa de engenharia regional, os resultados revelaram à alta gerência que a empresa tinha um índice de satisfação de 85%. Imediatamente, a alta gerência quis saber se 85% era uma "boa" pontuação de satisfação ou não. Para interpretar e utilizar de forma eficaz os índices de satisfação do cliente é necessário compreender os fatores que podem influenciar as respostas.

SERVIÇOS GLOBAIS *EM AÇÃO*

Benchmarking de satisfação do cliente pelo mundo

A Ethos Consultoria, empresa líder em consultoria e mensuração da qualidade de serviços dos Emirados Árabes Unidos, anunciou recentemente seu mais novo produto: *Benchmarking* de Satisfação do Cliente Internacional. A Ethos pretende coletar e comparar dados de satisfação dos Emirados Árabes Unidos e do Oriente Médio com dados do Canadá, Austrália, Nova Zelândia, Cingapura, Reino Unido e Estados Unidos. As empresas usam dados de *benchmarking* para melhorar a satisfação do cliente, o que, por sua vez, leva à sua fidelização e, posteriormente, à lucratividade corporativa.

Nos Estados Unidos, o acompanhamento da satisfação do cliente tem sido feito, ao longo dos últimos 15 anos, pelos esforços conjuntos da American Society for Quality, da Escola de Negócios da University of Michigan e do CFI Group EUA, LLC. Os três grupos desenvolveram o American Customer Satisfaction Index (ACSI), que registra os índices nacionais de satisfação do cliente em uma escala que varia de 0 a 100. O ACSI abrange dez setores da economia, 44 indústrias (incluindo *e-commerce* e *e-business*) e mais de 200 empresas e agências governamentais federais ou locais. As empresas inseridas no ACSI respondem por 43% do PIB norte-americano. Eis os setores econômicos mais importantes:

- Serviços públicos
- Manufatura/bens duráveis
- Manufatura/bens não duráveis
- Comércio varejista
- Transporte e armazenagem
- Informações
- Finanças e seguros
- Cuidados de saúde e assistência social
- Serviços de hospedagem e alimentação
- Administração pública e governo

O ACSI é composto por 17 perguntas sobre os seguintes aspectos: percepção do serviço pelo consumidor, qualidade, valor, desempenho do produto em comparação com as expectativas, como o produto se compara com um produto ideal e até que ponto os consumidores estariam dispostos a pagar mais pelo produto. As respostas dos consumidores são coletadas por meio de entrevistas telefônicas com aproximadamente 65 mil consumidores. Os produtos de cada empresa incluída na pesquisa são avaliados cerca de 250 vezes. Os tamanhos de amostra do setor econômico variam de 2.500 a 18.000, com um rodízio trimestral dos resultados para os diversos setores econômicos.

Fontes:
1. Disponível em: <http://www.theacsi.org/>. Acesso em: 14 set. 2009.
2. Disponível em: <http://www.free-press-release.com/news/200901/1232980491.html>. Acesso em: 14 set. 2009.

Apesar da falta de padronização entre os procedimentos de coleta de dados e as medidas utilizadas para estudos de satisfação, ambos compartilham uma característica comum: "Praticamente todos os autorrelatos de satisfação do cliente apresentam uma distribuição em que a maioria das respostas indica que os clientes estão satisfeitos, enquanto a distribuição em si, uma assimetria negativa".[8] Resultados repetidos como esses levaram alguns pesquisadores a concluir que "sentir-se acima da média é normal". A Figura 11.7 exibe uma amostra de resultados de satisfação do cliente em várias indústrias. Como mostrado, não é incomum ver resultados entre 80% e 90%.

AMOSTRA	PORCENTAGEM DE SATISFEITOS
Inscritos HMO	92
Buick (GM)	88
Google	86
Clientes British Airways	85*
Clientes Sears	84*
Apple	84
FedEx	84
Cuidados médicos	84*
Whirlpool	83
Calçados/estudantes	83*
Costco	83
Programas de ensino infantil/pais	82*
Vestuário/bens de linha branca/adultos	82*
Southwest Airlines	81
Olive Garden	81
Nordstrom	80
Fidelity	80

Fontes:
1. Robert A. Peterson e William R. Wilson. Measuring Customer Satisfaction: Fact and Artifact. *Journal of the Academy of Marketing Science*, 20, 1, 1992, p. 61.
2. Disponível em: <http://www.theacsi.org/>. Acesso em: 23 set. 2009.

FIGURA 11.7 Amostragem de resultados de satisfação

Fatores que influenciam os índices de satisfação do cliente

Os índices de satisfação podem ser influenciados por inúmeros fatores que ocorrem durante o processo de coleta de dados. A seguir, apresentam-se explicações para resultados de satisfação inflados e é reforçada a noção de que a obtenção de medidas precisas de satisfação do cliente não é uma tarefa facilmente realizada.

Métodos pessoais de coleta de dados de satisfação do cliente são suscetíveis de produzir maiores índices de satisfação quando comparados aos métodos não pessoais de coleta de dados.

Os clientes estão genuinamente satisfeitos Uma possível razão para índices elevados de satisfação refere-se ao fato de os clientes estarem satisfeitos com os produtos e serviços que compram e consomem – é exatamente por isso que compram os produtos da empresa! Por exemplo, empresas como a Amazon.com trabalham incessantemente para melhorar a experiência do serviço *on-line* e ter clientes realmente satisfeitos (ver "Serviços eletrônicos *em ação*"). Isto faz muito sentido. Se a maioria dos clientes fosse neutra ou estivesse insatisfeita, certamente abandonariam a empresa e se voltariam para ofertas de bens e serviços dos concorrentes. Quando isso ocorre, evidencia-se que os concorrentes no mercado oferecem bens e serviços melhores do que o fornecedor inicial.

viés de resposta Refere-se a um viés nos resultados de pesquisas em função de as respostas terem sido obtidas apenas de um grupo limitado do total de participantes da pesquisa.

Viés de resposta Outra possível explicação para resultados de satisfação inflados pode ser o **viés de resposta**. Segundo alguns especialistas, índices muitos altos estão, em geral, atrelados ao fato de as empresas ouvirem apenas os clientes satisfeitos. Em contrapartida, clientes insatisfeitos não acreditam que a pesquisa da empresa resultará em algo ou que valha a pena gastar tempo para completá-la. Neste caso, o questionário é descartado.

Outros especialistas descartam essa explicação. Para eles, a lógica é que os clientes mais insatisfeitos se expressam com mais frequência, o que evidentemente não ocorre com os clientes altamente satisfeitos. Esta posição é apoiada por pesquisas anteriores que indicam que a insatisfação em si é mais orientada para a ação e mais emocionalmente intensa do que a satisfação.[9] Outros argumentam que é possível que clientes altamente insatisfeitos e altamente satisfeitos sejam mais propensos a responder do que aqueles que são mais neutros.

Método de coleta de dados Uma terceira explicação para os índices de satisfação inflados é o método de coleta de dados utilizado para obter os resultados. Pesquisas anteriores sugerem que níveis mais elevados de satisfação são obtidos por meio de entrevistas pessoais e por telefone, quando comparados com resultados de questionários enviados por *e-mail* e/ou entrevistas autoadministradas. De fato, estudos indicam que existe até 10% de diferença entre questionários administrados oralmente e autoadministrados. Isto ocorre porque os entrevistados em entrevistas pessoais e por telefone podem se sentir incomodados ao expressar declarações negativas para outras pessoas "ao vivo", em oposição a expressá-las anonimamente em um questionário autoadministrado.

Pesquisas acerca dos efeitos dos modos de coleta de dados sobre os índices de satisfação produziram alguns resultados interessantes. De fato, o modo de coleta de dados parece influenciar o nível de satisfação relatado.

formato da pergunta Refere-se à forma como uma questão é formulada, ou seja, positiva ou negativamente.

Formato da pergunta A forma como a questão é formulada no questionário também foi considerada como uma possível explicação para índices de satisfação inflados.

Parece que fazer a pergunta de forma positiva ("Quão satisfeito você está?") em oposição à forma negativa ("Quão insatisfeito você está?") tem um impacto sobre índices de satisfação. Uma pergunta positiva pode levar a mais relatos de satisfação do que uma questão negativa.

A Figura 11.8 apresenta os resultados de um estudo sobre os efeitos da redação da mesma pergunta em duas formas. Neste estudo, questionaram-se os entrevistados sobre "quão satisfeitos" e "quão insatisfeitos" estavam. Os resultados revelaram que 91% dos entrevistados disseram sentir-se "muito satisfeitos" ou "satisfeitos" quando a questão foi feita na forma positiva, mas apenas 82% quando na negativa. Da mesma forma, 9% dos entrevistados expressaram estar "in-

CATEGORIA DE RESPOSTA	"SATISFEITO"	"INSATISFEITO"
Muito satisfeito	57,4%	53,4%
Satisfeito	33,6%	28,7%
Insatisfeito	5,0%	8,5%
Muito insatisfeito	4,0%	9,4%

Fonte: Robert A. Peterson e William R. Wilson. Measuring Customer Satisfaction: Fact and Artifact. *Journal of the Academy of Marketing Science*, 20, 1, 1992, p. 65.

FIGURA 11.8 Respostas por formato de pergunta

SERVIÇOS ELETRÔNICOS *EM AÇÃO*

Como aumentar a satisfação do cliente *on-line*

De modo estrito, *serviços eletrônicos* referem-se a serviços de apoio ao cliente prestados na internet que se destinam a melhorar a experiência geral do cliente. Eles desempenham um papel crítico na transformação da experiência *on-line* do cliente, que evolui de uma experiência funcional básica a outra experiência mais personalizada. Em última análise, os serviços eletrônicos tentam humanizar a internet ao fornecer várias atividades de serviço ao cliente e, ao mesmo tempo, reduzir os custos operacionais da empresa *on-line*. Consequentemente, quando tudo funciona conforme projetado, é uma situação de ganha-ganha para clientes e empresas. Eis alguns exemplos de serviços eletrônicos:

- *Confirmação eletrônica de pedido*. Destacada como um dos métodos mais fáceis e mais rentáveis de aumentar a satisfação do cliente, a confirmação eletrônica de pedido notifica o cliente em questão de segundos que o pedido foi recebido. Essa confirmação detalha o item comprado, a quantidade selecionada, o custo do item, as despesas de envio e a disponibilidade.
- *Serviços de acompanhamento da encomenda*. Uma vez que o pedido foi feito, os varejistas *on-line* eficazes notificam os clientes sobre o envio das compras e fornecem uma previsão de data de entrega. Além disso, as melhores empresas também fornecem números de identificação de acompanhamento da encomenda para que os clientes possam acompanhar o movimento físico das compras pelo *site* da transportadora.
- *Carteiras eletrônicas*. De acordo com um estudo, dois terços dos carrinhos de compras são deixados no balcão de pagamento virtual. O pagamento *on-line* pode ser um processo demorado, já que os clientes precisam informar dados do cartão de crédito, números de telefone, endereço de cobrança, endereço de entrega etc. Carteiras eletrônicas foram projetadas para clientes que compram novamente, e o cartão de crédito e suas preferências de envio são armazenados no servidor da empresa e aparecem automaticamente quando o cliente faz um pedido.
- *Co-browsing*. A fim de facilitar os aspectos sociais de compras, os varejistas *on-line* oferecem oportunidades de *co-browsing*, que permitem que os usuários acessem o mesmo *site* simultaneamente a partir de dois locais diferentes. Caixas de diálogo ao vivo também são fornecidas para que os usuários possam conversar *on-line* enquanto fazem as decisões de compra.
- *Bate-papo de texto ao vivo e VoIP*. Além de possibilitarem comunicações entre clientes, os bate-papos de texto ao vivo e o Voice over Internet Protocol (VoIP) também estão facilitando as comunicações do cliente com o varejista *on-line*. Empresas de terceirização inovadoras, como liveperson.com, fornecem equipes para vários *chats* de texto dos principais varejistas *on-line* e respondem a pedidos de clientes muitas vezes em menos de 60 segundos.
- *Serviços de devolução de mercadoria*. Das mercadorias compradas via *on-line*, 25% são devolvidas, e a taxa é mais elevada em algumas indústrias, como vestuário. Atualmente, muitos varejistas *on-line* incluem "autorizações de devolução" nos envios para facilitar o processo. Outros terceirizam as atividades de devoluções para o Serviço de Devolução de Mercadorias em Compras On-line do Correio dos Estados Unidos, o que permite que os clientes imprimam etiquetas de devolução no *site* e depositem as devoluções em agências do correio.
- *Filtragem colaborativa*. Este programa facilita sugestões de venda, pois monitora o comportamento de clientes *on-line* similares e, em seguida, sugere (em tempo real) a usuários individuais o que outros clientes compraram.
- *Tecnologia Web 2.0*. Esta tecnologia permite mais ferramentas de comunicação, como *blogs*, *podcasting* e recursos de compartilhamento de vídeo.
- *FAQ on-line e páginas de solução de problemas*. Oferecer páginas com perguntas mais frequentes e resolução de problemas fornece aos clientes respostas mais rápidas às questões feitas e reduz os custos de mão de obra no processo.

Fontes: Disponível em: <http://carolinanewswire.com/news/News.cgi?database= columns.db&command=viewone&id=369>. Acesso em: 15 set. 2009. Rafi A. Mohammed; Robert J. Fisher; Bernard J. Jaworski; Aileen Cahill. *Internet Marketing:* Building Advantage in a Networked Economy, Boston, MA: McGraw-Hill Irwin, 2002. Ron Zemke; Tom Connellan, *E-Service:* 24 Ways to Keep Your Customers – When the Competition is Just a Click Away, Nova York, NY: Amacom.

satisfeitos" ou "muito insatisfeitos" quando perguntados na forma positiva, em comparação com quase 18% quando na negativa.

Contexto da questão Este aspecto também pode afetar o índice de satisfação. Efeitos de **contexto da questão** dizem respeito à ordenação das perguntas e se quando são feitas anteriormente em um questionário influenciam as respostas a questões subsequentes. Por exemplo, em um estudo sobre satisfação com veículos, fazer uma pergunta de satisfação geral (por exemplo, "Em geral, quão satisfeito você está com os produtos em sua casa?") antes de uma questão de satisfação de um veículo específico (por exemplo, "Quão satisfeito você está com seu Toyota?") aumenta a tendência em direção a uma resposta "muito satisfeito" para a questão específica.

> **contexto da questão** Refere-se à posição e ao tom de uma pergunta em relação às outras.

Momento da questão Os índices de satisfação também podem ser influenciados pelo **momento da questão** em relação à data da compra. A satisfação do cliente parece ser mais alta imediatamente após uma compra, e, em seguida, começa a diminuir ao longo do tempo. Mais uma vez, em compras de automóveis, pesquisadores observaram uma queda de 20% nos índices de satisfação em um período de 60 dias. Não está claro se as avaliações iniciais são infladas para compensar sentimentos de dissonância cognitiva ou se os últimos índices são deflacionados. Alguma consideração tem sido dada ao fato de que pode haver diferentes tipos de satisfação medidos em diferentes pontos no tempo.

> **momento da questão** Refere-se ao período de tempo após a data de compra em que as perguntas são feitas.

Outra explicação possível é que as taxas de satisfação podem se deteriorar ao longo do tempo à medida que os clientes refletem sobre a decisão de compra. Pesquisas anteriores indicam que a influência de acontecimentos negativos, mais memoráveis do que eventos positivos, tem mais peso nas avaliações de satisfação ao longo do tempo. Consequentemente, pesquisas de satisfação distribuídas muito depois da compra propiciam aos respondentes a oportunidade de se vingarem à medida que se recordam desses eventos negativos.

Viés de desejabilidade social O **viés de desejabilidade social** descreve a tendência de um respondente a fornecer informações que acredita ser socialmente adequadas. Por exemplo, em algumas culturas, as crianças recebem a seguinte orientação dos pais: "*Se você não tem nada agradável a dizer, então não diga nada*". Portanto, quanto às pesquisas de satisfação, alguns pesquisadores argumentam que os entrevistados tendem a reter o julgamento crítico, porque fazer o contrário seria socialmente inadequado. Isto explicaria os altos índices de satisfação e a forma da distribuição dos resultados. Embora a explicação seja intrigante, falta suporte empírico para sustentá-la.

> **viés de desejabilidade social** Trata-se de um viés nos resultados de pesquisas decorrente de tendências dos entrevistados a fornecer informações que acreditam ser socialmente adequadas.

Humor Um último fator que poderia influenciar os índices de satisfação refere-se ao estado de espírito do cliente ao completar a pesquisa. Inúmeras pesquisas demonstram a influência de estados de humor positivos em comportamentos pró-sociais (positivos).[10] Mais especificamente, pesquisas anteriores mostraram que os entrevistados sob um estado de humor positivo fazem julgamentos mais positivos, classificam os produtos de forma mais favorável, tendem a ver o lado bom das coisas e são mais propensos a avaliar favoravelmente. Assim, os consumidores com humor positivo devem atribuir maiores notas ao pessoal e às empresas de serviços do que suas contrapartes neutras ou com humor negativo. As empresas capazes de influenciar positivamente o humor dos clientes por meio da criação de *servicescapes* convidativos e pessoal de contato amigável podem se beneficiar em termos de maiores índices de satisfação do cliente.

Pesquisas de satisfação do cliente valem a pena?

Dado o número de fatores que podem distorcer os "verdadeiros" índices de satisfação do cliente, pode-se perguntar se vale a pena gastar tempo e dinheiro para medir esta satisfação. Os índices de satisfação do cliente podem ficar sob o *efeito Hawthorne*, isto é, somente pelo fato de estarem sendo feitas, as pesquisas de satisfação podem aumentar a satisfação do cliente, independente do bem ou serviço que está sendo avaliado. Além disso, devido aos já elevados níveis de satisfação dos clientes existentes para a maioria das empresas, pode não fazer sentido tentar aumentar esses níveis de forma geral. No entanto, há duas áreas de satisfação que merecem atenção especial das empresas: (1) tentar manter a satisfação ao longo do tempo para combater o efeito de deterioração (a satisfação tende a diminuir ao longo do tempo) e (2) concentrar-se na cauda da distribuição de satisfação, ou seja, os clientes insatisfeitos. Isoladamente, os índices de satisfação não podem ser interpretados com muito significado. Consequentemente, o ***benchmarking*** com medidas de satisfação do passado e comparações com a concorrência fornece *feedback* mais significativo para as empresas.

> **benchmarking** Refere-se ao estabelecimento de padrões com base nos quais se pode comparar dados coletados no futuro.

No geral, apesar de todas as possíveis complicações, e tendo em conta os benefícios derivados da satisfação do cliente, quando as empresas usam pesquisas de satisfação em conjunto com outras medidas, tais como as descritas mais adiante neste capítulo, a informação fornecida é inestimável.

Satisfação do cliente: quanto bom é suficientemente bom?

Quanto de satisfação é suficiente? Em 98% dos casos, uma empresa que completa 1.000 transações por semana causa transtornos a 20 clientes neste período, e estes comentam os problemas enfrentados com 9 ou 10 amigos. Diante deste cenário, o resultado se traduz em 200 histórias negativas por semana e 10.400 histórias negativas por ano. Embora esses números forneçam suporte para melhorias contínuas nos índices de satisfação dos clientes, tendemos a esquecer que, para cada percentual de melhora de satisfação, altos custos de investimento estão envolvidos.

Por exemplo, se uma empresa possui atualmente um índice de satisfação do cliente de 95%, vale a pena um investimento de US$ 100 mil para melhorar a satisfação para 98%?[11] A resposta é: "Depende!". Pete Babich, gerente de qualidade para a divisão de San Diego da Hewlett-Packard, foi confrontado exatamente com esta pergunta. A Hewlett-Packard define satisfação do cliente como a sua disposição de recomendar produtos da empresa para amigos. A Hewlett-Packard constatou que 70% das compras são feitas por causa das experiências prévias positivas com o produto ou por recomendações de outras pessoas.

Embora Babich tenha encontrado uma abundância de evidências de que a retenção de clientes era muito menos cara do que buscar novos clientes, esta informação não conseguiu responder à pergunta original: "Vale a pena investir US$ 100 mil para subir a satisfação a 98%?". Como resultado, Babich passou a desenvolver um modelo que poderia prever as mudanças de participação de mercado ao longo do tempo relacionadas com índices de satisfação do cliente.

O modelo de Babich é baseado em um algoritmo que pode ser facilmente convertido em uma planilha e é construído sobre uma série de suposições. Primeiro, neste exemplo particular, representado na Figura 11.9, o modelo assume um mercado fechado de três empresas que começam no período "zero" com participações de mercado iguais (ou seja, 33,3%). As três empresas oferecem produtos e preços comparáveis e concorrem por uma base de clientes crescente. Em seguida, o modelo assume que os consumidores satisfeitos continuarão a comprar da mesma

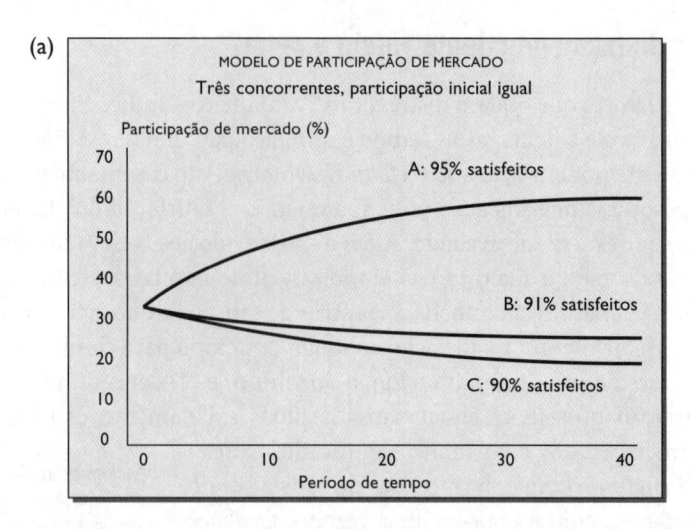

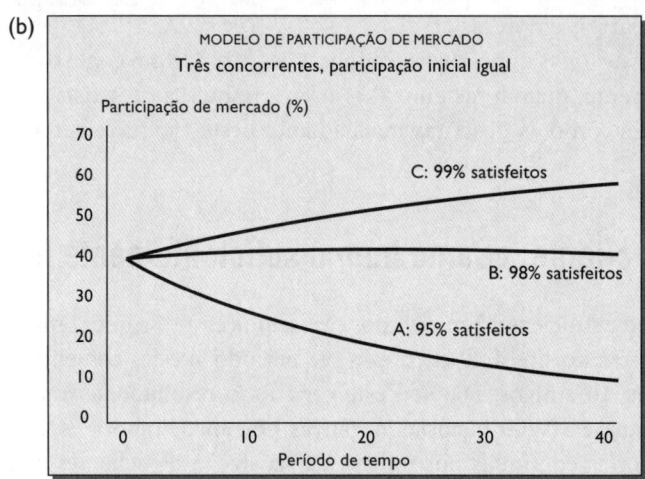

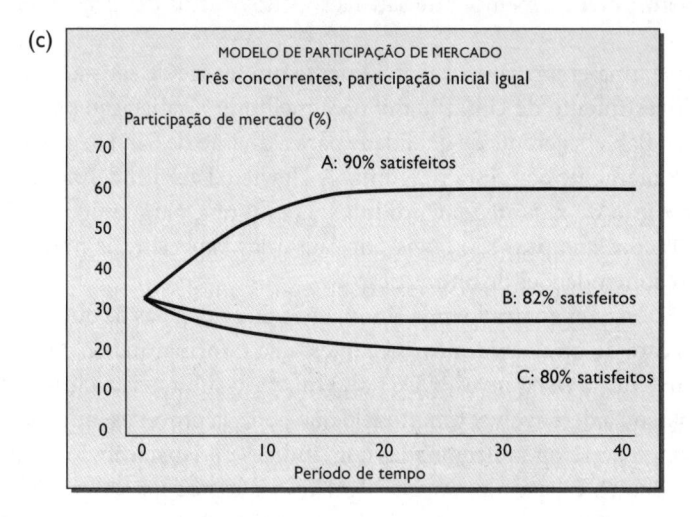

Fonte: Adaptada de Peter Babich. Customer Satisfaction: How Good Is Good Enough. *Quality Progress,* dezembro 1992, p. 65-67.

FIGURA 11.9 Modelo de satisfação do cliente: três cenários.

empresa e que os insatisfeitos passarão para outras empresas no mercado. Por exemplo, os clientes insatisfeitos da empresa A comprarão da empresa B ou da C durante o próximo período de tempo. A duração do período de tempo varia de acordo com o produto (por exemplo, exame de vista comparado com cuidado com o gramado).

A direção da perda de clientes depende da participação de mercado da empresa. Em outras palavras, se a participação de mercado da empresa C é maior do que a da B, aquela vai obter uma maior porcentagem de clientes insatisfeitos da A. Essa lógica é baseada na premissa de que os clientes insatisfeitos serão mais atentos da próxima vez, realizarão mais pesquisas e buscarão referências de outros. Neste caso, devido à maior participação de mercado da empresa C, ela seria a beneficiária de mais referências positivas.

Os resultados gerados a partir do modelo de satisfação do cliente, dados os três diferentes cenários, também são apresentados na Figura 11.9. O gráfico (a) ilustra o cenário de como uma empresa com índice de satisfação do cliente de 95% se compararia com as que possuem 90% e 91%. Claramente, a empresa com 95% de satisfação domina o mercado após 12 períodos de tempo. O gráfico (b) ilustra como essa mesma empresa com um índice de satisfação de 95% competiria com empresas que possuem 98% e 99%. Neste cenário, a empresa com 95% controla menos que 10% do mercado após 24 períodos de tempo. Este cenário ilustra de forma significativa o impacto dos índices de satisfação da concorrência.

Finalmente, o gráfico (c) ilustra o efeito da satisfação do cliente na participação de mercado com menores níveis de satisfação. Neste cenário, as empresas A, B, e C possuem índices de satisfação de 90%, 82% e 80%, respectivamente. Em essência, esse quadro ilustra o efeito de dobrar os níveis de insatisfação do gráfico (a). Neste cenário, a empresa A mais uma vez obtém dominância de mercado, mas a uma taxa muito mais rápida.

O que o modelo de satisfação do cliente de Peter Babich nos diz? Em primeiro lugar, maiores índices de satisfação do cliente tornam a empresa mais resistente aos esforços dos concorrentes para aumentar a participação de mercado. Em segundo lugar, se a empresa sabe o que 1% de aumento na participação de mercado produz em seus resultados; então, comparar esse aumento de 1% com os investimentos necessários para melhorar a satisfação do cliente dá à empresa as informações necessárias para tomar uma decisão de negócios. Finalmente, o modelo aponta para a necessidade de saber o índice de satisfação não só da própria empresa, mas também dos concorrentes.

Assim, uma empresa deve investir US$ 100 mil para melhorar os índices de satisfação do cliente de 95% para 98%? A resposta a esta questão dependerá:

- *dos índices de satisfação dos concorrentes da empresa;*
- *dos investimentos em dinheiro necessários para aumentar a satisfação do cliente em relação ao impacto do aumento na participação de mercado da empresa;*
- *do número de períodos necessários para recuperar o investimento;*
- *dos custos de oportunidade associados a outros usos para os US$ 100 mil.*

Satisfação do cliente se traduz em retenção de clientes?

Índices de satisfação elevados não significam necessariamente que uma empresa vai reter um cliente para sempre.[12] De acordo com um grupo de consultores, de 65% a 85% dos clientes que passam para os concorrentes disseram estava "satisfeitos" ou "muito satisfeitos" com os antigos fornecedores. Por que isto acontece? Sobre pesquisas de satisfação relacionadas com a retenção de clientes, há cinco aspectos que explicam por que as empresas com altos índices de satisfação podem potencialmente perder clientes. Em primeiro lugar, as pesquisas se concentram na satisfação das necessidades atuais, mas não conseguem investigar as necessidades futuras dos clientes. Como as necessidades dos clientes mudam, eles procurarão uma empresa que melhor satisfaça esse novo conjunto de necessidades (ver "Sustentabilidade e serviços *em ação*"). Consequentemente, a empresa de serviços progressiva deve empenhar-se ativamente na avaliação das necessidades futuras de seus clientes.

Em segundo lugar, a pesquisa de satisfação do cliente tende a se concentrar em reclamações registradas. Segundo os dados do Tarp apresentados anteriormente, muitos clientes que abandonam a empresa nunca transmitem suas reclamações a um funcionário ou gerente da empresa. Por consequência, a pesquisa de satisfação que examina apenas reclamações registradas ignora uma grande quantidade de informações. Além disso, limitar a pesquisa somente a reclamações registradas provavelmente também desconsidera muitos problemas que precisam ser corrigidos para reduzir as taxas de abandono.

Em terceiro lugar, a pesquisa de satisfação do cliente tende a se concentrar em atributos globais e ignora elementos operacionais. Por exemplo, as empresas muitas vezes formulam perguntas em seus questionários de satisfação usando frases genéricas, globais, como "A empresa presta um bom serviço?" e "A empresa tem bons funcionários?". Frases globais como essas negligenciam os elementos operacionais que as compõem. Exemplos de elementos operacionais que medem o desempenho do funcionário podem incluir, por exemplo, contato visual, conhecimento do produto, ações de cortesia e credibilidade. Elementos operacionais relativos ao bom serviço podem incluir a quantidade de tempo necessário para realizar o *check-in* e *check-out* em

SUSTENTABILIDADE E SERVIÇOS *EM AÇÃO*

TerraPass: como aumentar a satisfação com consciência social

Como muitos prestadores de serviços, como bancos, hospitais, restaurantes e hotéis, trabalham duro com o propósito de preservar o meio ambiente, um serviço inovador foi desenvolvido para ajudar a melhorar a satisfação dos clientes com produtos e serviços que já se empenham em compensar a emissão de carbono. TerraPass, uma entidade com fins lucrativos, oferece "um pedacinho de consciência" ao investir em projetos de redução de gases do efeito estufa, como parques eólicos e digestores de metano.

Veja como funciona a TerraPass. Suponha que você tenha comprado um novo SUV e esteja se sentindo pressionado a ser mais "ecológico". Basta acessar o site www.Terrapass.com, no qual você pode calcular sua emissão de carbono atual. Por exemplo, um Buick Enclave 2009 que roda 13 mil km por ano produz anualmente 3,7 kg de CO_2. Por US$ 53,55 por ano, investirá seu dinheiro em vários projetos ecológicos que compensarão as emissões do seu veículo. Além disso, a TerraPass lhe enviará um adesivo para exibir com orgulho em seu novo automóvel, que visivelmente sinaliza a seus colegas, amigos do ambiente, que você, de fato, tem consciência social. A TerraPass também vende o Flight TerraPass para compensar as emissões de avião, o Home TerraPass para compensar seu uso de energia em casa e o Wedding TerraPass para casamentos e uma variedade de outros eventos.

A TerraPass é auditada regularmente para confirmar que a empresa está, de fato, mantendo sua promessa aos clientes e que seus investimentos estão produzindo os efeitos desejados. Ela é particularmente focada em investir em projetos que resultarão em compensações de carbono hoje. Consequentemente, a empresa se esquiva de investimentos que prometem render resultados em vários anos no futuro ou em ajudar a pagar reduções que ocorreram anos atrás. O guia *Greenopia* nomeou a TerraPass como seu varejista número um em compensação de carbono, e a *Good Magazine* gaba-se de que a empresa "estabeleceu o padrão de transparência e experiência do usuário". A empresa também vende uma gama limitada de produtos ecológicos, como aparelhos e carregadores, chuveiros de baixo fluxo, brinquedos e jogos, e uma variedade de ideias de presentes.

Fontes:
1. Disponível em: <http://www.autoblog.com/2005/06/14/terrapass-offers-suv-drivers-a-piece-of-green/>. Acesso em: 14 set. 2009.
2. Disponível em: <http://www.terrapass.com/>. Acesso em: 14 set, 2009.

um hotel, a limpeza das instalações e as horas de funcionamento de um estabelecimento. Utilizar atributos globais em vez de elementos operacionais em pesquisas não fornece à empresa a informação de que necessita para o desenvolvimento de soluções eficazes para os problemas. Considere, por exemplo, a utilidade operacional da pesquisa de satisfação do Sheraton Hotels and Resorts Guest realizada pela J. D. Power and Associates, apresentada na Figura 11.10.

Em quarto lugar, a pesquisa de satisfação do cliente muitas vezes não contempla os funcionários da empresa. A satisfação dos funcionários conduz à fidelização do cliente. Percepções de funcionários em relação ao sistema de prestação de serviços devem ser comparadas com as dos clientes. Esse processo fornece aos funcionários *feedback* sobre o desempenho da empresa e ajuda a assegurar que ambos estejam entrosados. Como clientes internos, os funcionários muitas vezes contribuem com valiosas sugestões para melhorar as operações da empresa.

Finalmente, algumas empresas estão convencidas de que os clientes podem não saber o que quer e que, por vezes, ignorar o cliente é a melhor estratégia a seguir, particularmente quando se trata de novos produtos.[13] De acordo com alguns especialistas, as empresas exageram quando se propõem a ouvir os clientes, e isto as torna escravas da demografia, de pesquisa de mercado e de grupos de discussão. Com efeito, ouvir os clientes muitas vezes desencoraja produtos verdadeiramente inovadores. Como prova disto, 90% dos chamados novos produtos são simplesmente extensões de linhas de produtos existentes.

A atividade de ouvir os clientes pode apresentar falhas, uma vez que eles muitas vezes se concentram nas necessidades atuais e têm dificuldade de projetá-las no futuro. Além disso, os clientes, por vezes, usam sugestões da pessoa que está fazendo as perguntas e tentam responder de forma a agradar ao entrevistador. Há ainda outros problemas que podem surgir: o cliente está com pressa, não entende completamente o que está sendo solicitado, não quer ser rude e, por isso, concorda com tudo o que está sendo perguntado, e, mais importante, não toma decisões reais usando o próprio dinheiro.

A lista de produtos que os consumidores inicialmente rejeitaram e acabaram se mostrando grandes sucessos é impressionante. Produtos como a *minivan* Chrysler, máquinas de fax, videocassetes, FedEx, CNN, servidores de PC Compaq, telefones celulares, assistentes digitais pessoais, fornos de micro-ondas e até mesmo alimentos congelados foram rejeitados por eles durante as tentativas iniciais de pesquisa. Em contrapartida, produtos que os consumidores pesquisados indicaram que seriam grandes êxitos, como McDonald's McLean, frango frito sem pele do KFC, pizza de baixa caloria da Pizza Hut, New Coke, entre outros, tornaram-se grandes fiascos.[14]

O problema não é tanto ouvir o que os clientes têm a dizer, mas o sentimento de paralisia das empresas em fazer movimentos estratégicos sem um forte apoio deles. É claro que os clientes não devem ser completamente ignorados. No entanto, alguns profissionais de marketing argumentam que a melhor informação do cliente é obtida por meio de observação, e não por técnicas de pesquisa tradicionais. Segundo Justin Martin, "Ignore o que seus clientes dizem; preste atenção no que eles fazem".[15]

Satisfação do cliente: um olhar mais atento

Até agora, este capítulo forneceu uma visão geral da satisfação do cliente. A seguir, abordaremos aspectos relacionados às suas expectativas e verificaremos como elas se relacionam com a satisfação dos clientes e as avaliações de qualidade de serviço. Definiremos, de forma mais específica, as facetas da satisfação do cliente e faremos a transição para o próximo capítulo, que se concentra exclusivamente em questões de qualidade de serviço.

PESQUISA DE SATISFAÇÃO DOS HÓSPEDES DO SHERATON HOTELS & RESORTS

FAÇA SUA RESPOSTA CONTAR! Marque corretamente ☑ ☒

1. Qual é a probabilidade de você...

	Muito provável	Relativamente provável	Relativamente improvável	Muito improvável
Voltar a este hotel se estiver na mesma área novamente?	☐	☐	☐	☐
Recomendar este hotel a um amigo ou colega que planeja visitar a região?	☐	☐	☐	☐
Ficar em um hotel Sheraton novamente?	☐	☐	☐	☐

2. Quão satisfeito ficou com... (Excelente ←→ Inaceitável, escala de 10 pontos)

- Sua experiência global como hóspede no hotel
- O valor obtido pelo preço pago
- A limpeza e manutenção do hotel
- A capacidade de resposta dos funcionários para suas necessidades
- O nível de conhecimento da equipe

Check-in
- Precisão da reserva
- Rapidez/eficiência do *check-in*
- Simpatia da equipe no *check-in*

Quarto
- Tamanho do quarto
- Conforto da cama
- Decoração/mobiliário do quarto
- Capacidade para trabalhar no quarto
- Limpeza do quarto
- Manutenção do quarto
- Limpeza do banheiro
- Pressão da água da banheira/chuveiro

Serviços do hotel (se usados)
- Cortesia dos mensageiros ☐ N/A
- Segurança do hotel ☐ N/A

Alimentação e refeições (se usadas)
- Qualidade dos alimentos ☐ N/A
- Rapidez/eficiência do serviço ☐ N/A
- Rapidez/eficiência do serviço de quarto ☐ N/A

Check-out
- Rapidez/eficiência do processo de *check-out*
- Precisão da fatura

3. Por favor, classifique...
- Entrega da promessa do Sheraton "Vou cuidar de você"
- Essa experiência comparada com a de outros hotéis Sheraton

4. Você é membro do programa Starwood Preferred Guest? ☐ Sim ☐ Não

5. Se você for membro do programa Starwood Preferred Guest, qual é o grau de satisfação com os benefícios que recebeu durante sua estada? ☐ N/A

6. Por favor, assinale qualquer problema que você teve durante sua estada. (ASSINALE TODAS AS RESPOSTAS QUE SE APLICAREM)

☐ Ar-condicionado/aquecedor	☐ Manutenção do hotel	☐ Data da reserva	☐ Manutenção do quarto
☐ Limpeza do banheiro	☐ Barulho	☐ Preço da reserva	☐ Disponibilidade do quarto
☐ *Check-in*	☐ Reserva não efetuada	☐ Presteza dos funcionários	☐ Pia/banheira/toalete
☐ Limpeza do quarto	☐ Quantidade de toalhas	☐ Atribuição do quarto	☐ Outros

7. Você contatou alguém no hotel para resolver o problema? ☐ Sim ☐ Não
8. O problema foi satisfatoriamente resolvido? ☐ Sim ☐ Não
9. Qual das seguintes respostas melhor descreve a razão para a sua estada? ☐ Negócios ☐ Lazer ☐ Negócios e lazer ☐ Reunião/conferência

10. Sexo: ☐ Feminino ☐ Masculino

Por favor, indique seu *e-mail*: |_|_|_|_|_|_|_|_|_|_|_|_|_|_|_|_|_|_|_|_|_|_|_|_|_|_|_|_|

Comentários adicionais: _____

Por favor, devolva no envelope anexo para: J. D. Power and Associates, 30401 Agoura Hills, Suite 200, Agoura Hills, CA 91301

Fonte: J. D. Power and Associates, Agoura Hills, CA 91301.

FIGURA 11.10 Pesquisa de satisfação dos hóspedes do Sheraton Hotels & Resorts

Tipos de expectativa do cliente

À primeira vista, comparar percepções com expectativas para se desenvolver avaliações de satisfação do cliente soa bastante simples. As expectativas servem como pontos de referência com os quais os encontros de serviço atuais e futuros são comparados. No entanto, este cenário relativamente simples se torna um pouco mais confuso quando você percebe que existem pelo menos três tipos diferentes de expectativa.[16]

O **serviço previsto** é uma expectativa de probabilidade que reflete o nível de serviço que os clientes acreditam ser provável de ocorrer. Por exemplo, os clientes de bancos tendem a fazer as transações no mesmo local. Como se acostumaram a lidar com os mesmos funcionários do banco, começam, ao longo do tempo, a antecipar certos níveis de desempenho. É geralmente aceito que avaliações de satisfação dos clientes são desenvolvidas comparando o serviço previsto com o recebido percebido.

serviço previsto Refere-se ao nível de qualidade do serviço que um consumidor acredita ser provável que ocorra.

Em contraste, **serviço desejado** é uma expectativa ideal que reflete o que os clientes realmente querem em comparação com o serviço previsto, provável que ocorra. Por isso, na maioria dos casos, o serviço desejado reflete uma expectativa de serviço mais elevada do que o previsto. Por exemplo, o serviço desejado do nosso cliente de banco é que não só receba o serviço previsto, mas também que os caixas o chamem pelo nome e o cumprimentem com entusiasmo quando entra no banco. Comparar as expectativas de serviço desejado com o serviço percebido recebido resulta em uma medida de **superioridade do serviço percebido**.

serviço desejado Refere-se ao nível de qualidade de serviço que o cliente realmente quer em um encontro de serviço.

superioridade do serviço percebido Trata-se de uma medida da qualidade de serviços obtida pela comparação das expectativas de serviço desejado com as percepções do serviço que foi efetivamente prestado.

Finalmente, **serviço adequado** é uma expectativa mínima tolerável que reflete o nível de serviço que o cliente está disposto a aceitar. Este tipo de serviço é baseado em experiências ou normas que se desenvolvem ao longo do tempo. Por exemplo, a maioria dos consumidores adultos já jantou em centenas, se não milhares, de restaurantes ao longo da sua vida. Nessas experiências, desenvolvem-se normas que eles esperam que ocorram. Assim, um fator que influencia o serviço adequado é o serviço previsto. Encontros que não atendem às normas esperadas ficam abaixo das expectativas de serviço adequado. Comparar o serviço adequado com o serviço percebido produz uma medida de **adequação do serviço percebido**.

serviço adequado Refere-se ao nível de qualidade de serviço que um cliente está disposto a aceitar.

adequação do serviço percebido Trata-se de uma medida da qualidade do serviço derivada da comparação do serviço adequado com aquele percebido.

Zona de tolerância

Devido à heterogeneidade dos serviços prestados, os consumidores aprendem a esperar uma variação na prestação de serviços de um local para outro e até no mesmo prestador de um dia para o outro. Os consumidores que aceitam essa variação desenvolvem uma **zona de tolerância** que reflete a diferença entre o serviço desejado e o adequado. A zona de tolerância pode variar entre clientes diferentes e para o mesmo cliente, dependendo do serviço e das condições sob as quais ele é prestado. Outros fatores, como o preço, podem influenciar a zona de tolerância. Normalmente, à medida que o preço aumenta, a zona

zona de tolerância Refere-se ao nível de qualidade que vai de alto a baixo que reflete a diferença entre o serviço desejado e o adequado; pode variar entre clientes diferentes e para o mesmo cliente, dependendo do serviço e das condições sob as quais ele é prestado.

de tolerância do cliente diminui. Neste caso, o serviço desejado precisa ser efetivo, pois o cliente se torna menos tolerante com o serviço desleixado.

Outra característica interessante da zona de tolerância é que o serviço desejado é menos sujeito a alterações do que o adequado. Uma forma de visualizar a zona de tolerância é compará-la com uma tela de projeção localizada na parte superior de um quadro. O suporte de metal preso à parede que mantém a tela representa o nível de serviço desejado. O nível de serviço desejado representa o que o cliente acredita que a empresa prestadora de serviços idealmente deve lhe fornecer. Uma vez que a tela é fixada na parede, o movimento do suporte de metal está menos sujeito a alterações do que o resto da tela. A tela em si representa a zona de tolerância, e a peça de metal com o suporte na parte inferior da tela o nível de serviço adequado. O serviço adequado flutua com base nas circunstâncias que cercam o processo de prestação de serviços e altera o tamanho da zona de tolerância na mesma medida.

Fatores que influenciam as expectativas de serviço: serviço desejado

As expectativas de serviço desejado são desenvolvidas como resultado de seis fontes diferentes. A primeira, **intensificadores de serviço duradouros**, refere-se a fatores pessoais estáveis que aumentam a sensibilidade do cliente sobre como um serviço deve ser fornecido. Dois tipos de intensificador de serviço duradouros incluem **expectativas derivadas** do cliente e **filosofias pessoais de serviços**. As expectativas derivadas são criadas a partir das expectativas dos outros. Por exemplo, se seu chefe lhe pede que encontre alguém para lavar o prédio de escritórios, suas expectativas do desempenho do fornecedor provavelmente serão maiores do que se você tivesse contratado o prestador por sua própria iniciativa. Na tentativa de satisfazer às expectativas do chefe, sua sensibilidade para a qualidade do serviço aumenta significativamente.

intensificadores de serviço duradouros Trata-se de fatores pessoais estáveis que aumentam a sensibilidade de um cliente sobre como um serviço deve ser fornecido.
expectativas derivadas Referem-se às expectativas baseadas nas experiências de outras pessoas.
filosofias pessoais de serviços Trata-se de pontos de vista próprios de um cliente em relação ao significado do serviço e à maneira como os prestadores de serviços devem se comportar.

Da mesma forma, as filosofias pessoais de serviço do cliente ou pontos de vista pessoais do significado do serviço e da maneira como os prestadores de serviços devem se comportar também aumentarão a sua sensibilidade. Clientes que trabalham no setor de serviços são particularmente sensíveis à qualidade do serviço prestado. Eles têm pontos de vista próprios sobre como o serviço deverá ser prestado exatamente, e querem ser tratados da maneira que acreditam tratar seus clientes.

O segundo fator que influencia as expectativas do serviço desejado refere-se às próprias **necessidades pessoais** do cliente, incluindo necessidades físicas, sociais e psicológicas. Simplificando, alguns clientes têm mais necessidades e são de "manutenção mais elevada" do que outros. Alguns são muito particulares sobre onde são acomodados em um restaurante, enquanto outros ficam contentes em sentar-se em qualquer lugar. Em um hotel, alguns clientes estão muito interessados nas comodidades, como piscina, sauna, sala de jantar e outras formas de entretenimento disponíveis, enquanto outros estão simplesmente à procura de um quarto limpo. Esta é uma das razões que tornam o gerenciamento de uma empresa de serviços um grande desafio. Os clientes têm uma variedade de necessidades, e não há dois clientes iguais em todos os sentidos.

necessidades pessoais Referem-se às necessidades físicas, sociais e psicológicas de um cliente.

Fatores que influenciam as expectativas de serviço: serviços desejado e previsto

Os outros quatro fatores que influenciam as expectativas de serviço desejado também influenciam expectativas de serviço previsto, e incluem (1) promessas de serviços explícitas, (2) promessas de serviços implícitas, (3) comunicações boca a boca e (4) experiência passada.

Promessas de serviço explícitas englobam propaganda da empresa, venda pessoal, contratos e outras formas de comunicação. Devido à falta de um produto tangível, os consumidores de serviços baseiam suas avaliações em várias formas de informação disponíveis. Quanto mais ambíguo o serviço, mais os clientes dependem da propaganda da empresa para formar expectativas. Se um hotel salienta quartos modernos e limpos, os clientes esperam que os quartos sejam exatamente do jeito que estavam representados na propaganda. Da mesma forma, se um construtor afirma que a nova casa de um cliente será concluída em dezembro, o cliente toma isto como promessa do construtor, e é estabelecido o padrão no qual o cliente irá basear suas avaliações subsequentes.

> **promessas de serviço explícitas** Trata-se das obrigações assumidas pela empresa na propaganda veiculada, na venda pessoal, nos contratos e em outras formas de comunicação.

Promessas de serviço implícitas também influenciam o serviço desejado e o previsto. Os elementos tangíveis que cercam o serviço e seu preço são tipos comuns de promessas de serviço implícitas. À medida que o preço aumenta, os clientes esperam que a empresa ofereça serviços de maior qualidade. Na ausência de um produto tangível, o preço torna-se um indicador de qualidade para a maioria dos consumidores. Por exemplo, os clientes provavelmente terão maiores expectativas com relação ao serviço prestado por um salão de cabeleireiro com preços mais elevados quando comparado com a "Barbearia da esquina". Da mesma forma, se os tangíveis em torno de um serviço são luxuosos, os clientes os interpretam como um sinal de qualidade. Em geral, quanto mais bonito for o mobiliário do estabelecimento de serviço, mais elevadas serão as expectativas dos clientes.

> **promessas de serviço implícitas** Trata-se das obrigações assumidas pela empresa com base nos elementos tangíveis que cercam o serviço e seu preço.

Comunicações boca a boca também desempenham um papel importante na formação de expectativas dos clientes. Como vimos no Capítulo 3, os clientes tendem a confiar mais em fontes pessoais de informações do que naquelas não pessoais quando escolhem entre opções de serviços. Como os serviços não podem ser avaliados completamente antes da compra, os clientes veem as comunicações boca a boca como informação imparcial de alguém que tenha experimentado o serviço. Fontes de informação boca a boca vão de amigos e familiares a consultores e avaliações do produto em publicações como a revista *Consumer Reports*.

> **comunicações boca a boca** Referem-se às informações imparciais de alguém que tenha experimentado o serviço, como amigos, familiares ou consultores.

Finalmente, a **experiência passada** também contribui para as expectativas dos clientes dos serviços desejado e previsto. As avaliações de serviço são muitas vezes baseadas em uma comparação do encontro de serviço atual com outros encontros com o mesmo fornecedor, outros prestadores na indústria e outros prestadores em outras indústrias. No sistema educacional, as expectativas de serviços desejado e previsto em relação aos professores provavelmente serão baseadas em experiências passadas em outros cursos com o mesmo professor e em outras aulas com outros professores.

> **experiência passada** Refere-se ao encontro de serviço prévio que um consumidor teve com um prestador.

Fatores que influenciam as expectativas de serviço: serviço adequado

Serviço adequado reflete o nível de serviço que o consumidor está disposto a aceitar; é influenciado por cinco fatores: (1) intensificadores de serviço transitórios, (2) alternativas percebidas do serviço, (3) autopercepção dos papéis do cliente no serviço, (4) fatores situacionais e (5) serviço previsto.

Intensificadores de serviço transitórios Em contraste com intensificadores de serviço duradouros, os **intensificadores de serviço transitórios** são fatores individualizados de curto prazo que aumentam a sensibilidade do cliente ao serviço. Por exemplo, os clientes que, no passado, tiveram problemas com tipos específicos de fornecedor são mais sensíveis à qualidade do serviço entregue em encontros subsequentes. Outro exemplo é a necessidade do serviço em situações pessoais de emergência. Normalmente, os consumidores estão dispostos a esperar sua vez para ver um médico. No entanto, sob condições pessoais de emergência, tornam-se menos dispostos a ser pacientes e esperar um melhor nível de serviço em um período de tempo mais curto. Assim, o nível de serviço adequado aumenta, e a zona de tolerância torna-se mais estreita.

> **intensificadores de serviço transitórios** Trata-se de fatores pessoais de curto prazo que aumentam a sensibilidade de um cliente ao serviço.

Alternativas percebidas do serviço O nível de serviço adequado também é afetado por **alternativas percebidas do serviço** pelo cliente. Quanto maior for o número de alternativas percebidas do serviço, maior será o nível de expectativa de serviço adequado e mais estreita a zona de tolerância. Clientes que acreditam que podem obter serviços comparáveis em outros lugares e/ou fazer eles mesmos o serviço esperam níveis mais elevados de serviço adequado do que aqueles que acreditam que não são capazes de receber serviço suficientemente melhor de outro prestador.

> **alternativas percebidas do serviço** Referem-se aos serviços comparáveis que os clientes acreditam que podem obter em outros lugares e/ou fazer sozinhos.

Autopercepção do papel no serviço Como já abordamos, o cliente do serviço muitas vezes está envolvido no processo de produção e pode influenciar diretamente o resultado da prestação de serviços. Quando os clientes têm uma forte **autopercepção do papel no serviço**, isto é, quando acreditam que estão fazendo a sua parte, suas expectativas de serviço adequado são aumentadas. No entanto, se os clientes voluntariamente admitem que não conseguem preencher formulários ou fornecer as informações necessárias para produzir um resultado superior de serviço, sua expectativa de serviço adequado diminui e a zona de tolerância aumenta.

> **autopercepção do papel no serviço** Refere-se às contribuições que um cliente acredita que é obrigado a dar a fim de produzir um encontro de serviço satisfatório.

Fatores situacionais Como um grupo, os clientes não são irracionais. Eles entendem que, de vez em quando, **fatores situacionais** além do controle do prestador de serviços diminuirão a qualidade do serviço. Se a eletricidade é cortada em uma parte da cidade perto da hora do jantar, os restaurantes localizados em outras partes da cidade estarão bem mais cheios. Como resultado, longas esperas irão se formar à medida o sistema de prestação de serviços se torna saturado. Da mesma forma, após a ocorrência de um furacão, tornado ou outro desastre natural, os agentes de seguros podem não ser tão rápidos em suas respostas como em circunstâncias normais. Quando ocorrem circunstâncias além do controle do prestador e o cliente tem conhecimento delas, as expectativas de serviço adequado são reduzidas e a zona de tolerância torna-se mais ampla.

> **fatores situacionais** Trata-se de circunstâncias que diminuem a qualidade do serviço, mas que estão além do controle do prestador de serviços.

Serviço previsto O nível de serviço que os consumidores acreditam ser provável de ocorrer é o quinto e último fator que influencia as expectativas de serviço adequado. Serviço previsto é uma função das promessas explícitas e implícitas da empresa de serviços, das comunicações boca a boca e das próprias experiências passadas do cliente. Com base nesses fatores, os clientes formam julgamentos sobre o serviço previsto provável de ocorrer e, ao mesmo tempo, definem as expectativas de serviço adequado.

Ligação entre expectativas, satisfação do cliente e qualidade de serviço

Agora que introduzimos os conceitos de serviço previsto, desejado e adequado, você pode se perguntar o que significa tudo isso. É realmente simples e direto. Ao avaliarem a experiência do serviço, os consumidores comparam os três tipos de expectativa (serviços previsto, adequado e desejado) com o serviço percebido entregue. No cálculo da satisfação do cliente, comparam-se o serviço previsto e o percebido. A adequação do serviço percebido, que compara os serviços adequado e percebido, e a superioridade do serviço percebido, que compara os serviços desejado e percebido, são medidas de qualidade de serviço. Outras importantes diferenças entre qualidade do serviço e satisfação do cliente, bem como questões relacionadas com medição da qualidade do serviço, serão abordadas detalhadamente no Capítulo 12.

Resumo

Atualmente, a pesquisa de satisfação do cliente é uma das áreas de mais rápido crescimento em pesquisa de mercado. Definida como uma comparação entre percepções e expectativas previstas de serviço, a satisfação dos clientes tem sido associada a benefícios como repetição de vendas, vendas mais frequentes, aumento de vendas por transação, comunicações boca a boca positivas, blindagem da competição de preços e ambientes de trabalho agradáveis para funcionários. Os questionários de satisfação enviam aos clientes a mensagem de que a empresa se preocupa com os clientes e quer suas opiniões. Além disso, os dados coletados por questionários facilitam o desenvolvimento de programas de treinamento de funcionários, identificam pontos fortes e fracos no processo de prestação de serviços da empresa e fornecem informações a ser utilizadas em avaliações de desempenho dos funcionários e decisões de remuneração.

As empresas usam uma variedade de métodos para controlar a satisfação do cliente. Além disso, alguns fatores podem aumentar ou diminuir significativamente os índices de satisfação em relação à empresa. As principais lições a serem aprendidas são: (1) as pesquisas de satisfação do cliente que coletam dados qualitativos e quantitativos são melhores do que as que coletam somente dados qualitativos ou somente quantitativos; e (2), independente dos métodos utilizados, do momento de coleta e do contexto da questão, do método de coleta de dados e de uma variedade de outras questões de pesquisa, a empresa de serviços deve ser consistente em sua abordagem para poder fazer comparações coerentes ao longo do tempo. No geral, os índices de satisfação do cliente tendem a ser negativamente assimétricos, indicando que o desempenho acima da média pode ser a norma.

Apesar dos desafios, a avaliação da satisfação do cliente é um exercício de gestão valioso. No entanto, as empresas não devem tentar aumentar os índices de satisfação sem considerar cuidadosamente (1) os índices de satisfação das empresas concorrentes; (2) o custo de um investimento no aumento da participação de mercado em relação ao impacto sobre a lucratividade da empresa; (3) o tempo necessário para recuperar esse investimento; e (4) os custos de oportunidade associados à utilização das verbas da empresa. Finalmente, entre as principais forças motrizes por trás da satisfação do cliente, estão as expectativas dos clientes. Foram apresentados três tipos de expectativa e os fatores que influenciam cada tipo. Os três tipos de expectativa formam a base para avaliações tanto da satisfação do cliente como da qualidade do serviço, que serão abordadas no Capítulo 12.

Palavras-chave

- modelo de desconfirmação de expectativas
- expectativas confirmadas
- expectativas desconfirmadas
- desconfirmação negativa
- desconfirmação positiva
- medidas indiretas
- medidas diretas
- viés de resposta
- formato da pergunta
- contexto da questão
- momento da questão
- viés de desejabilidade social
- *benchmarking*
- serviço previsto
- serviço desejado
- superioridade do serviço percebido
- serviço adequado
- adequação do serviço percebido
- zona de tolerância
- intensificadores de serviço duradouros
- expectativas derivadas
- filosofias pessoais de serviços
- necessidades pessoais
- promessas de serviço explícitas
- promessas de serviço implícitas
- comunicações boca a boca
- experiência passada
- intensificadores de serviço transitórios
- alternativas percebidas do serviço
- autopercepção do papel no serviço
- fatores situacionais

Questões de revisão

1. Discuta as diferenças entre *confirmação*, *desconfirmação positiva* e *desconfirmação negativa*.
2. O que significa dizer que a maioria dos índices de satisfação é *negativamente assimétrica*? Por que ocorre essa distribuição de pontuações?
3. Discuta como o *formato da pergunta* pode influenciar os índices de satisfação.
4. Uma empresa deve sempre tentar atingir 100% de satisfação do cliente? Justifique sua resposta.
5. Discuta a relação entre *satisfação* e *retenção de cliente*.
6. Quais são as diferenças entre ouvir os clientes e avaliar a sua satisfação?
7. Defina e explique a importância da *zona de tolerância*.
8. Cite os principais fatores que influenciam as expectativas dos clientes para o *serviço adequado*?
9. Cite os principais fatores que influenciam as expectativas dos clientes para o *serviço desejado*?
10. Acesse http://www.theacsi.org/ e clique em "ACSI Scores & Commentary". Em seguida, clique em "Customer Satisfaction Benchmark". Com base nas informações disponíveis, desenvolva uma lista "*Top* 10" das empresas que pontuam mais alto na satisfação do cliente. Além disso, desenvolva uma lista "*Bottom* 10" para as empresas que pontuam mais baixo na satisfação do cliente. Compare as duas listas e comente as principais diferenças entre as empresas nas duas listas. Por que existe esta diferença?

Notas

1. Robert A. Peterson e William R. Wilson. Measuring Customer Satisfaction: Fact and Artifact. *Journal of the Academy of Marketing Science*, 20, 1, 1992, p. 61.
2. Karl Albrecht e Ron Zemke. *Service America! Doing Business in the New Economy*. Homewood, IL: Business One Irwin, 1985, p. 6.
3. Janelle Barlow e Claus Moller. *A Complaint is a Gift*. San Francisco: Berrett-Koehler Publishers, Inc., 2008.
4. Keith Hunt. Consumer Satisfaction, Dissatisfaction, and Complaining Behavior. *Journal of Social Issues*, 47, 1, 1991, p. 109-10.
5. Leonard L. Berry; A. Parasuraman; Valarie A. Zeithaml. Improving Service Quality in America: Lessons Learned. *Academy of Management Executive*, 8, 2, 1994, p. 36.
6. Peterson e Wilson. Measuring Customer Satisfaction, p. 61.
7. Peterson e Wilson. Measuring Customer Satisfaction, p. 61.

8. Peterson e Wilson. Measuring Customer Satisfaction, p. 62.
9. Marsha L. Richins. Negative Word-of-Mouth by Dissatisfied Consumers: A Pilot Study. *Journal of Marketing*, 47, inverno 1983, p. 68-78.
10. K. Douglas Hoffman. A Conceptual Framework of the Influence of Positive Mood States on Service Exchange Relationships. *Marketing Theory and Applications*, Chris T. Allen. et al. (eds.). San Antonio, TX: American Marketing Association Winter Educator's Conference, p. 147.
11 Adaptado de Peter Babich. Customer Satisfaction: How Good Is Good Enough. *Quality Progress*, dez. 1992, p. 65-67.
12. Adaptado de Michael W. Lowenstein. The Voice of the Customer. *Small Business Reports*, dez. 1993, p. 57-61.
13. Justin Martin. Ignore Your Customer. *Fortune*, 1º maio, 1995, p. 121-26.
14. Idem.
15. Idem, p. 126.
16. Esta seção foi adaptada de Valarie A. Zeithaml; Leonard L. Berry; A. Parasuraman. The Nature and Determinants of Customer Expectations of Service. Jour*nal of the Academy of Marketing Science*, 21, 1, 1993, p. 1-12.

CASO 11
Crestwood Inn

Christy Kelley se mudou de Boston, em Massachusetts, para assumir o cargo de gerente geral do Crestwood Inn, localizado em Lexington, em Kentucky. Antes de aceitar o novo trabalho, ela era gerente geral assistente de uma grande cadeia de hotéis no centro da cidade de Boston. Entretanto, estava cansada dos invernos rigorosos e do ritmo acelerado do Nordeste dos Estados Unidos, e sentia que uma mudança para um clima mais quente e um ambiente muito mais descontraído seria bem-vinda. Durante muitos anos, Christy trabalhou para a grande cadeia hoteleira, começou no programa de formação em gestão, tornou-se assistente de gerente geral e finalmente assumiu o cargo de gerente geral.

O Crestwood Inn é uma das propriedades mais antigas na área, mas foi renovado periodicamente ao longo dos anos. A pousada é propriedade de um grupo de investidores independentes e tem 116 quartos com comodidades básicas. Não há restaurante nem piscina, mas existem restaurantes próximos. A tarifa do quarto é uma das mais baixas do mercado, que consiste principalmente em propriedades de luxo. As vantagens estratégicas principais do Crestwood Inn incluem o preço e a localização conveniente para os locais de corridas de cavalos da região.

Ao começar em sua nova posição como gerente geral, Christy percebeu que havia grandes diferenças entre trabalhar para uma grande cadeia e para um pequeno hotel independente. As grandes cadeias de hotéis tinham sofisticados sistemas de computador para reservas, vendas, refeições e gestão de receitas. Além disso, as informações dos clientes eram sistematicamente coletadas por pesquisas e cartões de comentários que forneciam aos gestores informações valiosas que podiam ser usadas para tomar decisões importantes sobre taxas e serviços hoteleiros. Infelizmente, o Crestwood Inn tinha um sistema de reservas muito simples e nenhuma informação adicional, exceto para alguns dados históricos sobre diárias e taxas de ocupação anteriores. Quando Christy assumiu o cargo de gerente geral, a diária média era de US$ 100, e a taxa de ocupação de cerca de 70%.

Ela entendia o valor da informação do cliente e pessoalmente desenvolveu um cartão de comentários a ser colocado em todos os quartos. Os clientes foram convidados a preencher o cartão de comentários e deixá-lo no quarto para que pudessem ser coletados pelas arrumadeiras. A finalidade do cartão de comentários era determinar o que os hóspedes do hotel achavam da propriedade e dos serviços. Christy queria ter certeza de que todos os seus hóspedes estavam satisfeitos. No final do primeiro ano, ela recebeu um total de 169 cartões de comentários preenchidos.

Depois de compilar as informações contidas nos cartões, analisou atentamente as respostas dos hóspedes relativas à satisfação geral:

Qual das seguintes opções melhor descreve a sua experiência no Crestwood Inn?

O hotel excedeu minhas expectativas.	18,7%
O hotel atendeu às minhas expectativas.	56,8%
O hotel não conseguiu atender às minhas expectativas.	24,5%

As porcentagens indicam as respostas dos hóspedes para a pergunta. Quase 75% dos clientes indicaram que a pousada atendeu às expectativas ou as superou. Christy estava contente, pois os resultados do ano poderiam servir como um ponto de referência para o futuro. Contudo, estava preocupada com um dado: o Crestwood Inn não conseguia atender às expectativas de aproximadamente um quarto dos hóspedes. Ela analisou as pontuações dadas pelos hóspedes a instalações e serviços do hotel em uma escala de 5 pontos (1 = ruim, 2 = razoável, 3 = neutro, 4 = bom e 5 = excelente).

SERVIÇOS DO HOTEL	MÉDIA
Reservas	4,46
Recepção/*check-in*	4,52
Recepção/*check-out*	4,34
Recepção/serviço aos hóspedes	4,50
QUARTO	
Conforto	4,18
Iluminação do quarto	3,90
Limpeza	4,31
Mobiliário	4,10
Adequação de suprimentos	4,21
Aquecimento/ar-condicionado	3,89
Qualidade global	4,15
Preço/diária	4,12

Questões para discussão

1. Discuta os prós e os contras do cartão de comentários desenvolvido por Christy.
2. Descreva os problemas potenciais associados ao fato de a coleta dos cartões de comentários ser feita pela equipe de limpeza.
3. Em relação à questão que aborda a experiência do hóspede. (1) Que informação Christy pode descobrir com essas três perguntas, (2) que informações adicionais seriam úteis para melhorar o nível de serviço prestado pelo hotel, e (3) como essas informações adicionais podem ser coletadas?
4. Christy também coleta informações relativas a serviços do hotel e quartos. (1) Que informação ela pode descobrir com estas questões, (2) que informações adicionais seriam úteis para melhorar o nível de serviço prestado pelo hotel, e (3) como essas informações adicionais podem ser coletadas?

capítulo 12

Qualidade do serviços: como identificar e corrigir as lacunas

"O que faz a fama do mestre são os pequenos detalhes que o homem comum ignora."
Orison Swett Marden, fundador da revista Success

Objetivos do capítulo

Após a leitura deste capítulo, você deve ser capaz de:
- Discutir as diferenças e semelhanças entre qualidade do serviço e satisfação do cliente.
- Identificar as lacunas que influenciam a percepção dos consumidores em relação à qualidade do serviço e discutir os fatores que exercem alguma influência no tamanho de cada uma das lacunas da qualidade do serviço.
- Compreender os conceitos básicos da escala de mensuração Servqual e como são calculadas as "pontuações de lacunas".
- Descrever a variedade de abordagens de pesquisas de clientes e não clientes que uma empresa prestadora de serviços pode utilizar para construir um sistema de informação de qualidade do serviço.

O principal objetivo deste capítulo é apresentar os conceitos de qualidade do serviço, mensuração da qualidade do serviço e sistemas de informação de qualidade do serviço.

PRÊMIO NACIONAL DE QUALIDADE MALCOLM BALDRIGE

Nos Estados Unidos, a premiação de maior prestígio na área de qualidade é o Prêmio Nacional de Qualidade Malcolm Baldrige. O prêmio leva o nome de Malcolm Baldrige, que foi secretário de Comércio durante o governo Reagan, no período de 1981 a 1987. Baldrige era um inovador. Durante seu mandato, desenvolveu e implementou uma política comercial inovadora com a China, a Índia e a União Soviética. Além disso, foi reconhecido pela excelência em gestão na melhoria de eficiência e eficácia do governo. Baldrige morreu em um acidente, num rodeio, em 1987.

Em homenagem ao ex-secretário, o Prêmio Nacional da Qualidade Malcolm Baldrige foi estabelecido pela Lei Pública nº 100-107 em 27 de agosto de 1987. O prêmio é concedido a três empresas em cada um dos cinco setores de atividade que apresentam excelência global nas áreas de liderança, planejamento estratégico, foco no cliente e no mercado, informação e análise, desenvolvimento de RH, gestão e resultados de negócios. Os cinco setores incluem indústria, serviços, empresas de pequeno porte, educação e cuidados de saúde. Mais especificamente, as razões fundamentais que deram origem ao prêmio estão dispostas na Seção de Resultados e Propósitos da Lei Pública nº 100-107:

1. A liderança dos Estados Unidos na qualidade de produto e processo tem sido fortemente desafiada (às vezes, com sucesso) pela concorrência estrangeira, e o crescimento da produtividade e da nação melhorou menos do que a dos concorrentes ao longo das duas últimas décadas.
2. As empresas e as indústrias norte-americanas estão começando a entender que má qualidade custa até 20% das receitas das vendas nacionais, e que a melhoria da qualidade dos bens e serviços segue de mãos dadas com a melhoria da produtividade, redução de custos e aumento da rentabilidade.
3. O planejamento estratégico para programas de qualidade e de melhoria da qualidade e um compromisso com a excelência na fabricação de produtos e em serviços estão se tornando cada vez mais essenciais para o bem-estar da economia da nação e para a capacidade de competir efetivamente no mercado global.
4. A melhoria da compreensão do chão de fábrica, a participação dos trabalhadores na qualidade e maior ênfase no controle estatístico do processo de gestão podem levar a enormes melhorias no custo e na qualidade dos produtos fabricados.
5. O conceito de melhoria da qualidade é diretamente aplicável a vários setores: pequenas e grandes empresas, indústrias de bens de consumo e serviços, setor público e iniciativa privada.
6. Para que possam ser bem-sucedidos, os programas de melhoria da qualidade devem ser liderados pela gestão e orientados para o cliente, o que exige mudanças fundamentais na forma como as empresas e as agências fazem negócios.
7. Grandes nações industrializadas aderiram com sucesso a rigorosas auditorias de qualidade do setor privado, com prêmios nacionais dando reconhecimento especial às empresas que as auditorias identificam como as melhores.
8. Nos Estados Unidos, um programa de prêmio nacional de qualidade deste tipo é fundamental para aperfeiçoar a qualidade e a produtividade, pois:
    a. estimularia as empresas norte-americanas a melhorar a qualidade e a produtividade pelo orgulho do reconhecimento, ao mesmo tempo que possibilitaria obter uma vantagem competitiva por meio do aumento de lucros;
    b. reconheceria as conquistas das empresas que melhoram a qualidade dos produtos e serviços e forneceria um exemplo para as demais;
    c. estabeleceria diretrizes e critérios que podem ser usados por empresas, indústrias, governo e outras organizações na avaliação dos próprios esforços de melhoria da qualidade; e
    d. forneceria orientações específicas para outras organizações norte-americanas que desejam aprender como gerenciar para a alta qualidade, disponibilizando informações detalhadas sobre como as organizações vencedoras foram capazes de mudar suas culturas e se destacar.

Nota-se que os candidatos ficam extasiados ao ganhar o Prêmio Nacional da Qualidade Malcolm Baldrige. No entanto, ganhando ou perdendo, eles valorizam muito o processo de avaliação em si. Algumas organizações, como Motorola, candidataram-se ao prêmio sem a real intenção de ganhar. De acordo com Bob Barnett, vice-presidente executivo da Motorola: "Candidatamo-nos ao prêmio não com o propósito de ganhar, mas de receber a avaliação dos examinadores Baldrige. Essa avaliação é abrangente, profissional e perspicaz [...] tornando-se talvez a consultoria de negócios mais rentável e com maior valor agregado atualmente disponível em qualquer lugar no mundo".

Fontes:
1. The Malcolm Baldrige National Quality Improvement Act de 1987 – Public Law 100-107. Disponível em: <http://www.baldrige.nist.gov/Improvement_Act.htm>. Acesso em: 31 ago. de 2009.
2. Biography of Malcolm Baldrige. Disponível em: <http://www.baldrige.nist.gov/Biography.htm>. Acesso em: 2 set. 2009.

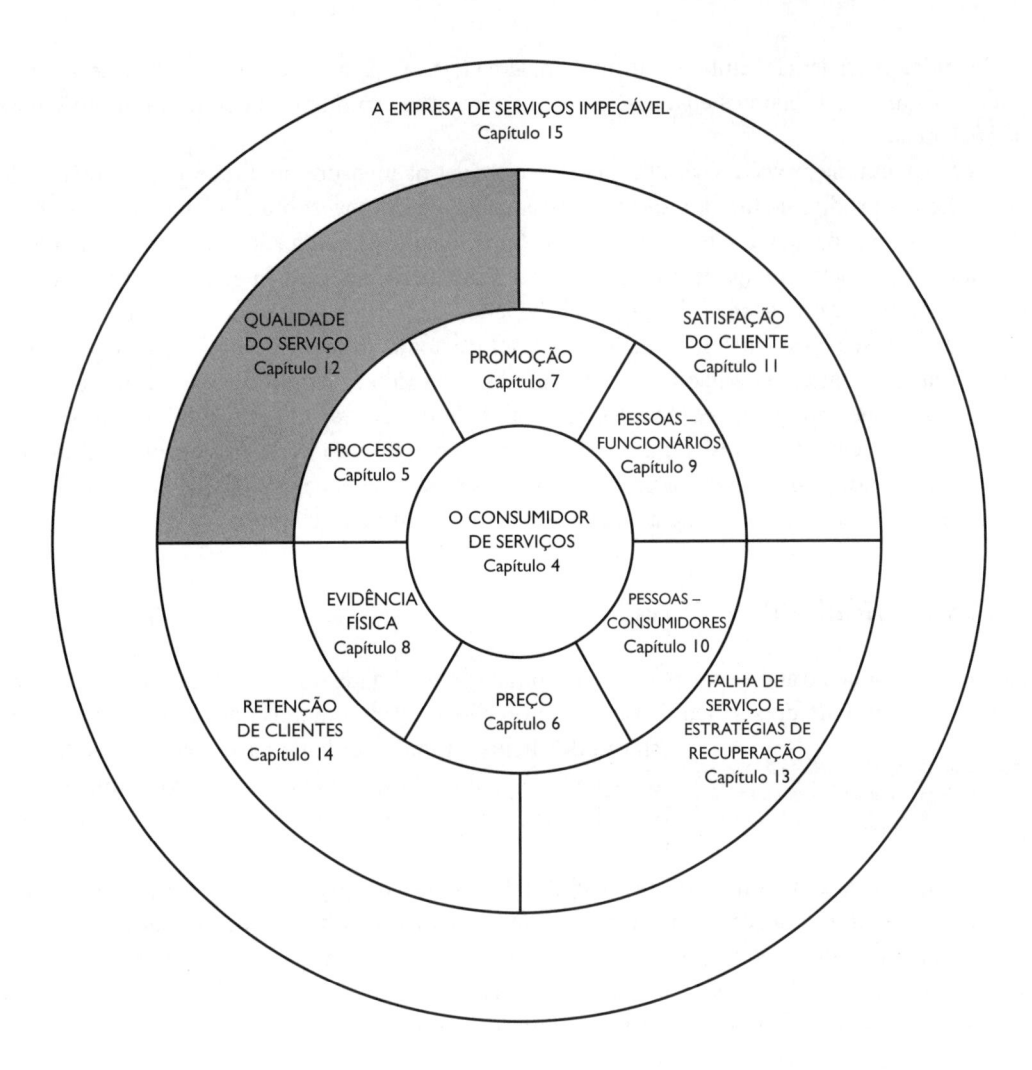

Introdução

Um dos poucos pontos em que pesquisadores de qualidade do serviço concordam é que a qualidade do serviço é um conceito vago, abstrato, difícil de definir e medir.[1] Este problema é um desafio tanto para acadêmicos como para profissionais. Um bom exemplo é que as medidas tradicionais de produtividade, como o Produto Interno Bruto (PIB), não consideram o aumento na qualidade dos serviços prestados. Na verdade, proporcionar qualidade ruim pode até aumentar o PIB do país![2] Se uma empresa de venda por correspondência envia o produto errado, o dinheiro gasto em chamadas telefônicas e correspondências para corrigir o erro vai, de fato, aumentar o PIB do país.

Instituições governamentais americanas, como o Bureau of Labor Statistics (BLS), tentaram explicar o aumento da qualidade ajustando o índice de preços ao consumidor. Por exemplo, se um carro custa mais que no ano anterior, mas inclui melhorias de qualidade, como *air bag*, melhor quilometragem por litro e menos emissões de gases, o BLS subtrairá as melhorias do valor de varejo estimado antes de calcular o índice de preços ao consumidor. No entanto, o BLS faz isto apenas para alguns setores e sem a ajuda de clientes, que são os verdadeiros avaliadores de melhorias da qualidade.

Medidas de eficiência também não ajudam. Uma loja varejista que estoca lotes de mercadorias pode agradar a mais clientes e ganhar mais dinheiro ao mesmo tempo que diminui seu índice de eficiência.

Como mais uma prova das complexidades envolvidas na mensuração do aumento de qualidade do serviço, a produtividade dos serviços de educação e do governo é notoriamente difícil de medir. Aumentos na qualidade, assim como melhoria da qualidade da educação e do treinamento de funcionários governamentais para ser mais simpáticos em suas interações diárias com o púbico, não aparecem nas medidas de produtividade. Além disso, a universidade pode aumentar a qualidade de seu corpo docente e da instrução educacional, mas, no fim das contas, é o número de graduados (com qualidade ou não) que muitas vezes define seu desempenho. Apesar dessa indefinição, é perceptível que aumentos na qualidade podem ter um enorme impacto sobre a sobrevivência de uma empresa ou indústria. Como prova disto, o Japão não abriu seu caminho em mercados norte-americanos oferecendo apenas preços mais baixos. Na verdade, qualidade superior em relação à concorrência na época foi o que ganhou os clientes.

O que é qualidade do serviço?

Para que possamos tratar dos aspectos relacionados à qualidade do serviço, devemos primeiro distinguir **qualidade do serviço** de satisfação do cliente. Para a maioria dos especialistas, a satisfação do cliente é uma medida de curto prazo específica da operação, ao passo que a qualidade do serviço é uma atitude formada por uma avaliação global do desempenho no longo prazo.

qualidade do serviço Trata-se da atitude formada por uma avaliação global do desempenho de uma empresa no longo prazo.

Sem dúvida, os dois conceitos, de satisfação do cliente e de qualidade do serviço, estão interligados. No entanto, a relação entre eles não é clara. Alguns acreditam que a satisfação do cliente leva à qualidade do serviço percebida, enquanto outros que a qualidade do serviço leva à satisfação do cliente. Além disso, a relação entre satisfação do cliente e qualidade do serviço e a forma como estes dois conceitos se relacionam com o comportamento de compra segue, em grande parte, inexplicável.[3]

Uma explicação plausível é que a satisfação ajuda os consumidores na revisão de percepções de qualidade do serviço.[4] A lógica para essa abordagem consiste nos seguintes fatores:

1. A percepção dos consumidores sobre a qualidade de uma empresa com a qual não têm qualquer experiência prévia de serviço é baseada em expectativas.
2. Encontros subsequentes com a empresa conduzem o consumidor ao longo do processo de desconfirmação (em que percepções e expectativas são comparadas), e percepções revisadas de qualidade do serviço são formadas.
3. Cada encontro adicional com a empresa revisa ainda mais ou reforça a percepção da qualidade do serviço. Em outras palavras, se somarmos a satisfação do cliente ao longo do tempo com uma única empresa, isto equivalerá à percepção da qualidade do serviço pelo cliente (por exemplo, $Sat_1 + Sat_2 + Sat_3 + Sat_4 + Sat_n =$ qualidade do serviço).
4. Por sua vez, as percepções revisadas da qualidade do serviço modificam futuras intenções de compra do consumidor em relação à empresa.

Oferecer um conjunto consistente de experiências satisfatórias que possa construir uma avaliação de alta qualidade requer que toda a organização esteja focada na tarefa. As necessidades do consumidor devem ser entendidas em detalhe, do mesmo modo que as restrições sob as quais a empresa de serviços opera. Os prestadores de serviços devem estar focados na qualidade, e o sistema ser projetado para dar suporte a esta missão ao ser controlado corretamente e prestar serviços conforme projetados.

Diferença entre as perspectivas de qualidade de bens e serviços

A qualidade do serviço proporciona uma maneira de alcançar o sucesso entre serviços concorrentes.[5] Em particular, quando um pequeno número de empresas que oferecem serviços quase idênticos está competindo em uma região pequena (por exemplo, serviços de limpeza a seco, bancos, restaurantes, agentes de seguros). Na verdade, estabelecer a qualidade do serviço pode ser a única forma de diferenciar-se. Por exemplo, alguns restaurantes estão descobrindo que "ser ecológico" tem melhorado a reputação de qualidade do serviço. A diferenciação da qualidade do serviço pode gerar aumento da participação de mercado e, em última instância, significar a diferença entre o sucesso e o fracasso.

Há muitas evidências de que a prestação de qualidade pode levar à repetição de compras, bem como novos clientes. O valor da retenção de clientes existentes é abordado com mais detalhes no Capítulo 14. Em resumo, clientes que compram novamente rendem muitos benefícios para a empresa de serviços, o custo do marketing para eles é menor do que para novos clientes.

Uma vez que os clientes passam a usar o serviço, internalizam o roteiro comportamental adequado a partir de interações anteriores com a empresa e se tornam usuários eficientes dos sistemas de serviços existentes (por exemplo, um cliente que usa um caixa eletrônico pela 30ª vez). À medida que os clientes passam a ter mais confiança na organização, o nível de risco percebido é reduzido e se tornam mais propensos a consolidar os negócios com a empresa. Por exemplo, clientes de seguros tendem a romper as apólices existentes e adquirir novas de um prestador que sentem que melhor atenderá às necessidades financeiras e/ou emocionais.

Fabricantes de bens já aprenderam esta lição ao longo da última década e fizeram da produção de produtos de qualidade uma prioridade. Melhorar a qualidade dos produtos fabricados tornou-se uma estratégia importante para estabelecer operações eficientes e sem problemas de execução, além de aumentar a participação de mercado em uma atmosfera na qual os clientes estão constantemente exigindo cada vez mais qualidade. As medidas de melhoria da qualidade de bens têm se concentrado principalmente na qualidade dos próprios produtos e, especificamente, na eliminação de falhas. Inicialmente, essas medidas eram baseadas em verificação rigorosa de todos os produtos acabados antes que entrassem em contato com o cliente. Mais recentemente, o controle de qualidade tem se centrado no princípio da garantia da qualidade no processo de fabricação, em "fazer certo da primeira vez", e na redução de falhas de fim de linha de produção. O passo final na fabricação de bens tem sido o de definir a qualidade como a entrega do produto certo para o cliente certo no momento certo, estendendo, desta forma, a qualidade para além do bem em si e usando medidas externas e internas para avaliar a qualidade geral.

No entanto, a qualidade do serviço não pode ser vista da mesma maneira como a de bens. A empresa de serviços depende do cliente como um participante no processo de produção, e as medidas normais de controle de qualidade, que dependem da eliminação de defeitos antes que o consumidor veja o produto, não são possíveis. Consequentemente, a qualidade do serviço não é um objetivo ou programa que pode ser alcançado ou concluído, mas deve ser uma parte permanente de toda a gestão e produção do serviço diariamente. No final, qualidade do serviço é tanto uma arte como uma ciência.

Como diagnosticar lacunas de falha na qualidade do serviço

A implantação e a avaliação da qualidade do serviço é uma tarefa difícil. Em primeiro lugar, a percepção da qualidade tende a se basear em uma comparação repetida da expectativa do cliente sobre um serviço em particular. Se um serviço, não importa quão bom seja, falha repetidamente em atender às expectativas de um cliente, este perceberá o serviço como de má qualidade. Em segundo lugar, ao contrário do marketing de bens, em que os clientes avaliam apenas o produto acabado, em serviços, o cliente avalia o *processo* do serviço e seu *resultado*. Um cliente que vai a um médico, por exemplo, avaliará o serviço não só com base em se ele teve um resultado positivo (por exemplo, sentir-se melhor), mas também sobre se o médico foi amável, competente e atencioso.

lacuna do serviço Refere-se à distância entre a expectativa de um cliente em relação a um serviço e a percepção do serviço efetivamente entregue.

Na esperança de uma melhor compreensão de como uma empresa pode melhorar sua qualidade global de serviço, o processo de qualidade do serviço pode ser examinado em termos de cinco lacunas entre expectativas e percepções por parte de gerentes, funcionários e clientes (ver Figura 12.1).[6] A mais importante, a **lacuna do serviço** (para nossos propósitos também conhecida como Lacuna 5), descreve a distância entre as expectativas do cliente em relação ao serviço e a percepção do serviço efetivamente entregue. No final, o objetivo da empresa de serviço é fechar a lacuna do serviço ou pelo menos reduzi-la tanto quanto possível. Consequentemente, examinar as lacunas de qualidade do serviço é muito parecido com o modelo de desconfirmação de expectativas estudado no Capítulo 11. No entanto, lembre-se de que a qualidade do serviço concentra-se na satisfação cumulativa do cliente com a empresa, constituída pelo consumidor a partir de uma série de experiências de serviço bem ou malsucedidas.

Quando os funcionários seguem as normas estabelecidas pela gerência para proporcionar um excelente serviço, a lacuna de entrega é inexistente.

Antes que a empresa possa fechar a lacuna do serviço, deve fechar ou tentar reduzir outras quatro:

lacuna de conhecimento Diferença entre o que os consumidores esperam de um serviço e o que a gerência percebe que os consumidores esperam.

lacuna de padrões Diferença entre o que a gerência percebe que os consumidores esperam e os padrões de qualidade estabelecidos para a prestação de serviços.

lacuna de entrega Diferença entre os padrões de qualidade estabelecidos para a prestação de serviços e a qualidade real da prestação.

lacuna de comunicações Diferença entre a qualidade real do serviço prestado e a qualidade do serviço comunicado pela empresa.

Lacuna 1: **Lacuna de conhecimento** – diferença entre o que os consumidores esperam de um serviço e o que a gerência percebe que os consumidores esperam.

Lacuna 2: **Lacuna de padrões** – diferença entre o que a gerência percebe que os consumidores esperam e os padrões de qualidade definidos para a prestação de serviços.

Lacuna 3: **Lacuna de entrega** – diferença entre os padrões de qualidade estabelecidos para a prestação de serviços e a qualidade real do serviço prestado. Por exemplo, os funcionários executam o serviço de acordo com o treinamento que receberam?

Lacuna 4: **Lacuna de comunicações** – diferença entre a qualidade real do serviço prestado e a qualidade do serviço comunicado pela empresa (por exemplo, esforços de propaganda, materiais de ponto de venda e venda pessoal).

Assim, a lacuna do serviço é uma função das lacunas de conhecimento, padrões, entrega e comunicações. Em outras palavras, Lacuna 5 = f(Lacuna 1 + Lacuna 2 + Lacuna 3 + Lacuna 4). À medida que cada uma dessas lacunas aumenta ou diminui, a do serviço responde de modo semelhante.

Lacuna de conhecimento (Lacuna 1)

A diferença mais imediata e óbvia é geralmente entre o que os clientes querem e o que os gerentes pensam que querem. Resumidamente, muitos gestores pensam que sabem o que os clientes querem, mas, na verdade, podem estar errados. Por exemplo, as companhias aéreas podem erroneamente acreditar que os clientes têm as mesmas expectativas e percepções sobre viagens aéreas em todo o mundo (ver "Serviços globais *em ação*"). Outro exemplo, clientes de bancos podem preferir a segurança a uma boa taxa de juros. Alguns clientes de restaurante podem preferir a qualidade e o sabor dos alimentos a um arranjo atrativo das mesas ou uma boa vista da janela. Um hotel pode pensar que os clientes preferem quartos confortáveis, quando, na realidade, a maioria deles passa pouco tempo nos quartos e está mais interessada em amenidades do local, como instalações para ginástica, piscinas e *spa*.

Quando ocorre uma lacuna de conhecimento, uma variedade de outros erros tende a se seguir. Podem ser fornecidas as instalações erradas, a equipe errada pode ser contratada e o treinamento errado pode ser realizado. Podem ser prestados serviços que os clientes jamais utilizarão,

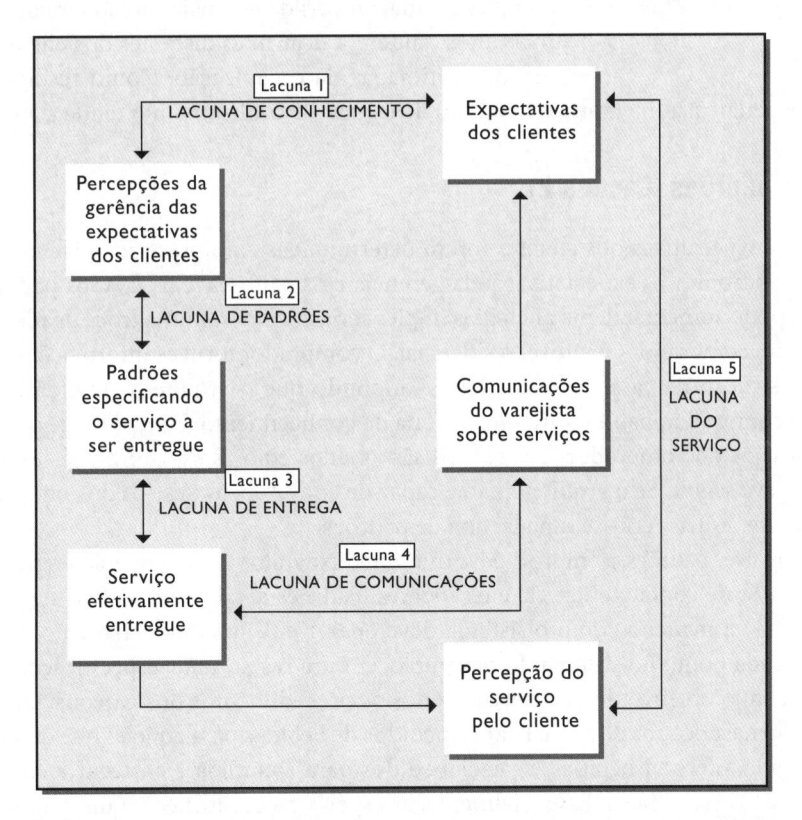

Fonte: Adaptada de A. Parasuraman; Zeithaml Valarie; Leonard Berry. A Conceptual Model of Service Quality and Its Implications for Service Quality Research. *Journal of Marketing*, 49, outono 1985, p. 41-50.

FIGURA 12.1 Modelo conceitual de qualidade do serviço

enquanto os serviços que desejavam não são oferecidos. O fechamento desta lacuna requer conhecimento minucioso do que os clientes desejam para, em seguida, criar esta resposta no sistema operacional do serviço.

Fatores que influenciam a lacuna de conhecimento Três fatores principais influenciam o tamanho da lacuna de conhecimento. Em primeiro lugar, a **orientação de pesquisa** da empresa, que reflete sua atitude para com a realização de pesquisas com os clientes, pode influenciar drasticamente o tamanho da lacuna. As informações obtidas em pesquisas definem as expectativas do cliente. Conforme aumenta a orientação de pesquisa da empresa e esta aprende mais sobre as necessidades e os desejos de seus clientes, o tamanho da lacuna de conhecimento deve diminuir. A quantidade de **comunicação ascendente** é um segundo fator que influencia o tamanho da lacuna de conhecimento. Refere-se ao fluxo de informações por parte do pessoal da linha de frente para níveis superiores da organização. Em outras palavras, a alta gerência ouve e valoriza o *feedback* fornecido pelo pessoal da linha de frente?

> **orientação de pesquisa** Refere-se à atitude da empresa para a realização de pesquisas com o consumidor.
> **comunicação ascendente** Trata-se do fluxo de informações por parte do pessoal de linha de frente para níveis superiores da organização.

Como o pessoal da linha de frente interage frequentemente com os clientes, muitas vezes está mais em contato com suas necessidades do que a alta gerência. Por conseguinte, à medida que o fluxo de comunicação ascendente aumenta dentro da empresa, a lacuna de conhecimento deve se tornar menor. Assim, os **níveis de gestão** da organização também podem influenciar o tamanho da lacuna de conhecimento. Conforme a hierarquia organizacional torna-se mais complexa e mais níveis de gerência são adicionados, os níveis mais altos tendem a ficar mais distantes dos clientes e das atividades cotidianas da organização. Como resultado, quando os níveis de gerência aumentam, o tamanho da lacuna de conhecimento tende a aumentar.

> **níveis de gestão** Referem-se à complexidade da hierarquia organizacional e ao número de níveis entre a alta gerência e os clientes.

Lacuna de padrões (Lacuna 2)

Mesmo se as expectativas dos clientes forem determinadas com precisão, a lacuna de padrões entre a percepção dessas expectativas pela gerência e os padrões reais fixados para a prestação de serviços pode aumentar. Uma analogia simples seria considerar uma troca de ideias entre um arquiteto e um comprador de imóvel residencial. O comprador fornece informações ao arquiteto sobre a construção da casa de seus sonhos. Supondo que o arquiteto entenda claramente a vontade do comprador, não existirá uma lacuna de conhecimento. Uma vez que o arquiteto entende os desejos do comprador, os projetos são criados com as especificações exatas que um construtor deve seguir. Se o arquiteto não é capaz de converter os desejos do comprador em especificações de projeto, cria-se uma lacuna de padrões.

Ao desenvolver padrões, a empresa deve usar um fluxograma de suas operações para identificar todos os pontos de contato entre ela e os clientes. Padrões detalhados podem ser escritos para determinar: (1) a maneira como o sistema deve operar e (2) o comportamento do pessoal de contato em cada ponto no sistema. Por exemplo, em um restaurante, especificações podem ser elaboradas com o objetivo de caracterizar todos os procedimentos dos garçons: cumprimentar os clientes, fornecer copos de água, tirar os pedidos de bebidas para aqueles que querem algo diferente de água, oferecer bebidas, tirar os pedidos para a comida e entregar a comida – tudo dentro de prazos específicos. Essencialmente, as especificações fornecem um guia para os funcionários seguirem com o propósito de atender às expectativas dos clientes ou superá-las.

SERVIÇOS GLOBAIS *EM AÇÃO*

Expectativas e percepções norte-americanas e europeias em relação à qualidade do serviço de companhias aéreas

Com base em um estudo realizado com quase 1.200 passageiros de companhias aéreas europeias e norte-americanas, o instrumento de mensuração Servqual foi posto à prova para verificar: (1) se ele poderia ser efetivamente usado em diferentes configurações internacionais com vários idiomas; e (2) se as expectativas e percepções de qualidade do serviço variavam entre passageiros das duas nacionalidades. Com relação a viagens aéreas, os resultados das mensurações com o Servqual revelaram o seguinte:

- Embora as expectativas e percepções variem, o Servqual se mostrou um instrumento de medida confiável, que pode ser usado em uma variedade de configurações internacionais em diferentes idiomas.
- Apesar de todas as dimensões Servqual ser importantes, os norte-americanos e europeus concordaram com a importância relativa de cinco dimensões, nesta ordem (1 = mais importante; 5 = menos importante).
  1. Confiabilidade
- "Quando um cliente tem um problema, a companhia aérea excelente mostra interesse sincero em resolvê-lo." (Este foi o item com a mais alta pontuação de expectativa Servqual para todas as dimensões para ambos os grupos.)
  2. Presteza
  3. Segurança
  4. Empatia
  5. Tangibilidade
- "Companhias aéreas excelentes terão aeronaves com visual moderno." (Isto foi classificado como o item de mais baixa pontuação de expectativa Servqual em todas as dimensões para ambos os grupos.)
- Os norte-americanos relataram uma maior expectativa em relação à tangibilidade, especialmente para itens como a aparência do escritório da companhia aérea, terminal e portão de embarque.
- Os norte-americanos também tiveram maior expectativa em relação à aparência do pessoal da companhia aérea.
- De acordo com ambos os grupos, as companhias aéreas dos Estados Unidos e da Europa *não* correspondem às expectativas. Em outras palavras, as pontuações de lacunas foram negativas para todas as cinco dimensões.
- Os norte-americanos perceberam maior qualidade do serviço em 20 dos 22 itens em companhias aéreas dos Estados Unidos e da Europa. Em outras palavras, os europeus são geralmente mais críticos em questões específicas de qualidade do serviço e na avaliação global da qualidade do serviço de linhas aéreas.

Os resultados deste estudo são úteis para as empresas que desejam expandir os negócios em mercados internacionais. As empresas devem tomar cuidado ao considerar as diferenças de expectativas e percepções baseadas na nacionalidade do cliente para formulação de experiência de serviço. O que pode ser um serviço aceitável em um país pode ser inaceitável em outro.

Fonte: Fareena Sultan e Merlin C. Simpson Jr. International Service Variants: Airline Passenger Expectations and Perceptions of Service Quality. *Journal of Services Marketing*, 14, 3, 2000, p. 188-216.

Fatores que influenciam a lacuna de padrões Em muitos casos, a gerência não acredita que pode ou deve atender aos requisitos do cliente para o serviço. Por exemplo, costumava-se pensar na entrega de correio de um dia para o outro como uma possibilidade absurda antes de Fred Smith e a FedEx provarem que, de fato, isto poderia ser feito. Outro fator que influencia o tamanho desta lacuna é o compromisso da gerência com a entrega de qualidade do serviço. A liderança corporativa pode definir outras prioridades que interferem na definição de padrões que levam a um bom serviço. Por exemplo, a orientação de uma empresa para a implantação de estratégias de redução de custos que maximizam os lucros em curto prazo é frequentemente citada como uma prioridade equivocada que impede o progresso da empresa na prestação de serviços de qualidade. Empresas de computadores pessoais cujos serviços telefônicos automatizados (também chamados linhas diretas ou *hotlines*) reduzem o número de representantes de serviço ao cliente são exemplos típicos. Em alguns casos, os clientes que necessitam de serviços são forçados a permanecer em espera durante horas antes que possam realmente falar com uma "pessoa de verdade". As linhas diretas (*hotlines*) foram originalmente assim denominadas para refletir a velocidade com que o cliente poderia falar com o fabricante. Agora, o nome reflete mais adequadamente a raiva do cliente pelo tempo que leva para falar com alguém que possa realmente ajudar.

Eis outros fatores que influenciam o tamanho da lacuna de padrões: (1) às vezes, não há cultura de qualidade, e a gerência não consegue compreender as questões envolvidas no serviço; (2) a gerência pode desejar satisfazer as necessidades dos clientes, mas sente-se impedida na presença de métodos insuficientes para mensuração da qualidade ou para converter essas medidas em padrões; e (3) por causa das dificuldades de tentar redigir especificações para determinados comportamentos dos funcionários, alguns gerentes sentem que a mensuração da qualidade não vale o esforço.

Lacuna de entrega (Lacuna 3)

A lacuna de entrega ocorre entre o desempenho real de um serviço e os padrões estabelecidos pela gerência. A existência desta lacuna depende tanto da vontade como da capacidade dos funcionários de prestar o serviço de acordo com a especificação. Retomando a analogia do comprador de uma casa, se o construtor não seguir os padrões estabelecidos no projeto do arquiteto, haverá uma lacuna de entrega. Se os garçons de um restaurante não executarem os padrões desenvolvidos no manual de treinamento, existirá uma lacuna de entrega.

Fatores que influenciam a lacuna de entrega Um fator que influencia o tamanho desta lacuna é o **empenho** do funcionário para executar o serviço. Obviamente, o empenho dos funcionários em prestar um serviço pode variar muito de funcionário para funcionário e do mesmo funcionário ao longo do tempo. Muitos começam a trabalhar em seu pleno potencial, e, muitas vezes, tornam-se menos dispostos a fazê-lo ao longo do tempo devido à frustração e insatisfação com a organização. Além disso, existe uma variação considerável entre o que o funcionário é realmente capaz de realizar e o mínimo que deve fazer a fim de manter o emprego. A maioria dos gerentes de serviços tem dificuldade em manter os funcionários trabalhando em seu pleno potencial o tempo todo.

> **empenho** Refere-se ao desejo de um funcionário de realizar seu pleno potencial em um encontro de serviço.

Outros funcionários, independente do empenho, podem não ser capazes de realizar o serviço conforme a especificação. Assim, um segundo fator que influencia o tamanho da lacuna de entrega é o **ajuste funcionário-cargo**. Muitas vezes, a empresa contrata pessoas que não são qualificadas para determinado cargo. Em outros casos, os indivíduos têm temperamento inadequado ou não são treinados devidamente para as funções que deverão exercer. Geralmente, os funcionários que não são capazes de executar funções que lhes foram atribuídas estão menos dispostos a continuar tentando.

> **ajuste funcionário-cargo** Refere-se ao grau em que os funcionários são capazes de executar um serviço de acordo com as especificações.

Outro fator comum que influencia o tamanho da lacuna de entrega é o **conflito de papéis**. Independente de a lacuna de conhecimento ter sido reduzida, os prestadores de serviços ainda podem ver uma inconsistência entre o que o gerente de serviços espera que os funcionários façam e o que os clientes realmente querem.

> **conflito de papéis** Trata-se de uma inconsistência na mente dos prestadores de serviços entre o que o gerente de serviços espera que eles façam e o que acham que os clientes realmente quer.

Um garçom que deveria promover vários itens no cardápio pode não fazê-lo com alguns clientes, que preferem fazer as próprias escolhas sem nenhum tipo de intervenção. Em ambientes mais formais, garçons persistentes podem se deparar com clientes que retaliam e não deixam gorjeta. Em outros casos, pode-se esperar que o prestador de serviços faça muitos tipos de trabalho, como simultaneamente atender o telefone e lidar com clientes pessoalmente em um escritório lotado. Se este tipo de conflito continuar a ocorrer, os funcionários se sentirão frustrados, perderão, de forma gradual, o comprometimento em fornecer o melhor serviço que podem e/ou simplesmente deixarão de prestar o serviço.

No entanto, outra causa da lacuna de entrega é a **ambiguidade de função**, que ocorre quando os funcionários, por causa da inadequação do ajuste funcionário-cargo ou do treinamento, não entendem as funções dos cargos ou o que devem realizar. Às vezes, eles ainda nem estão familiarizados com a empresa prestadora de serviços e os seus objetivos. Por conseguinte, conforme a ambiguidade de função aumenta a lacuna de entrega se amplia.

> **ambiguidade de função** Refere-se à incerteza das funções dos funcionários nos cargos e à má compreensão do propósito de tais funções.

Uma complicação adicional para os funcionários é a **dispersão de controle**, situação em que o controle sobre a natureza do serviço a ser prestado é retirado das suas mãos. Quando os funcionários não estão autorizados a tomar decisões independentes sobre casos individuais sem antes consultar um gerente, podem se sentir marginalizados, alienados da empresa prestadora de serviços e menos comprometidos com o trabalho. Além disso, quando o controle sobre certos aspectos do serviço é mudado para um local diferente, como a remoção do controle de crédito das agências bancárias individuais, a alienação do funcionário aumentará ainda mais.

> **dispersão de controle** Refere-se à situação em que o controle sobre a natureza do serviço a ser prestado é retirado das mãos dos funcionários.
>
> **sentimento de impotência** Refere-se à condição de funcionários que, por meio de repetida dispersão de controle, se sentem incapazes de realizar um serviço adequadamente.

Eventualmente, os funcionários experimentam um **sentimento de impotência**, ou seja, sentem-se incapazes de responder às solicitações dos clientes. Por conseguinte, conforme a dispersão de controle aumenta, a lacuna de entrega torna-se mais ampla.

Finalmente, a lacuna de entrega também pode sofrer por causa do **suporte insuficiente**. Isto ocorre quando, por exemplo, os funcionários não recebem treinamento de pessoal e/ou recursos tecnológicos e de outra natureza necessários para que possam realizar as tarefas da melhor forma possível. Até mesmo os melhores funcionários poderão ser desencorajados se forem forçados a trabalhar com equipamento ultrapassado ou defeituoso, especialmente se os funcionários de empresas concorrentes têm recursos superiores e são capazes de fornecer níveis de serviço

> **suporte insuficiente** Refere-se a uma falha de gestão ao não dar aos funcionários treinamento pessoal e/ou recursos tecnológicos e de outra natureza necessários para que realizem as tarefas da melhor forma possível.

similares ou superiores com muito menos esforço. Falta de suporte adequado leva a desperdício de esforços, falta de produtividade dos funcionários, clientes insatisfeitos e um aumento no tamanho da lacuna de entrega.

Lacuna de comunicações (Lacuna 4)

Lacuna de comunicações é a diferença entre o serviço que a empresa promete entregar em suas comunicações externas e o que realmente oferece aos clientes. Se propagandas ou promoções de vendas prometem um tipo de serviço e o consumidor recebe algo diferente, a lacuna de comunicações torna-se cada vez mais ampla. Todas as empresas precisam entender que todas as comunicações externas são essencialmente promessas que a empresa faz aos clientes, aumentando suas expectativas. Quando a lacuna de comunicações é ampla e a empresa quebra as promessas, isto resulta em uma falta de confiança do cliente no futuro. Um cliente que pede uma garrafa de vinho do cardápio e é informado que o produto não está disponível pode sentir que a oferta do cardápio não foi cumprida. Um cliente a quem é prometida entrega em três dias e tem que esperar duas semanas, vai perceber a qualidade do serviço como muito inferior ao esperado.

Fatores que influenciam a lacuna de comunicações Esta lacuna é influenciada principalmente por dois fatores. O primeiro, a tendência da empresa de fazer **promessas exageradas**, ocorre em ambientes de negócios altamente competitivos à medida que as empresas tentam superar umas às outras em nome da obtenção de novos clientes. O segundo fator refere-se ao fluxo da **comunicação horizontal** dentro da empresa. Em outras palavras, "será que a mão esquerda sabe o que a direita está fazendo?". Como as comunicações são feitas pela matriz da empresa, as operações de serviços das filiais descentralizadas geralmente não são notificadas. Em alguns casos, os novos programas de serviços são anunciados ao público pela matriz antes de as filiais de serviço estar cientes de que existem novos programas. A falta de comunicação horizontal coloca um prestador de serviços desprevenido em uma posição desconfortável quando um cliente solicita o serviço prometido e o prestador não tem nem ideia do que o cliente está falando.

> **promessa exagerada** Refere-se à promessa da empresa além do que a empresa pode cumprir.
>
> **comunicação horizontal** Trata-se do fluxo de comunicação interna entre a matriz e as filiais da empresa de serviços.

Como medir a qualidade do serviço: a escala de mensuração Servqual

Embora mensurações de satisfação do cliente e da qualidade do serviço sejam obtidas com a comparação de percepção e expectativas, as diferenças entre os dois conceitos são vistas em suas definições operacionais. Enquanto a satisfação compara as percepções dos clientes com o que eles normalmente *esperariam*, a qualidade do serviço compara as percepções com o que um cliente *deveria* esperar de uma empresa que oferece serviços de alta qualidade. Dadas essas definições, a qualidade do serviço parece medir um *padrão mais elevado* de prestação de serviços.

Uma medida frequentemente utilizada e muito debatida da qualidade do serviço é a escala **Servqual**.[7] De acordo com seus desenvolvedores, Servqual é uma ferramenta de diagnóstico que revela pontos fracos e fortes de uma empresa no que se refere à qualidade do serviço. Esta escala de mensuração é baseada em cinco dimensões da qualidade do serviço obtidas por meio de extensas entrevistas com grupos de discussão com clientes.

> **Servqual** Trata-se de um escala de 44 itens que mensura expectativas e percepções do cliente sobre as cinco dimensões da qualidade do serviço.

As cinco dimensões incluem *tangibilidade, confiabilidade, presteza, segurança e empatia*, e fornecem a base "estrutural" subjacente à qualidade do serviço.

A escala Servqual consiste em duas seções de perguntas. A primeira é composta de 22 questões que pedem aos entrevistados para registrar suas *expectativas* de excelentes empresas na indústria de serviço específico. A segunda seção de perguntas é composta por 22 questões similares que avaliam a *percepção* dos clientes de determinada empresa naquela indústria de serviços. Por exemplo, a dimensão tangibilidade da Servqual é abordada por meio da comparação da média de quatro questões de expectativa com a média de quatro questões de percepção. Quando a média de expectativa é subtraída da média de percepção (por exemplo, P - E), uma "pontuação de lacuna" é criada. Pontuações de lacuna positivas refletem situações em que as percepções excedem as expectativas e os clientes estão contentes. Pontuações de lacuna negativas, em que as percepções são inferiores às expectativas, refletem situações insatisfatórias e de descontentamento do cliente. Quando a pontuação de lacuna é igual a zero, as percepções dos clientes atenderam às suas expectativas e estão satisfeitos. A finalidade da escala de mensuração Servqual é comparar médias de percepções e de expectativas para chegar a "pontuações de lacuna" para cada uma das cinco dimensões.

"É claro que podemos passar o dia todo debatendo minúcias, mas uma discussão ampla de generalidades não é muito mais prazerosa?"

As cinco dimensões da Servqual permitem que as empresas possam examinar profundamente o que está impulsionando a satisfação e a insatisfação do cliente.

As expectativas dos clientes são medidas em uma escala de sete pontos, com extremos como "nada essencial" e "absolutamente essencial".[8] Da mesma forma, as percepções dos clientes são medidas em outra escala de sete pontos com extremos como "concordo totalmente" e "discordo totalmente". Por isso, a Servqual é uma escala de 44 itens que mede as expectativas e as percepções dos clientes sobre as cinco dimensões de qualidade do serviços. O restante desta seção discute cada uma das cinco dimensões Servqual, bem como algumas considerações finais sobre o próprio instrumento de mensuração.

Dimensão tangibilidade

Em função da ausência de um produto físico, os clientes muitas vezes dependem do elemento tangível em torno do serviço para a formação de avaliações. A **dimensão tangibilidade** da Servqual compara as expectativas e as percepções dos clientes sobre a capacidade da empresa de gerenciar os elementos tangíveis. Os tangíveis da empresa consistem em uma grande variedade de objetos, como arquitetura, *design*, *layout*, carpetes, mesas, iluminação, cores da parede, folhetos, correspondência e aparência do pessoal da empresa. Consequentemente, o componente tangibilidade na Servqual possui duas dimensões; uma concentra-se em equipamentos e instalações, e a outra está voltada ao pessoal e aos materiais de comunicação.

> **dimensão tangibilidade** Neste caso, a Servqual avalia a capacidade de uma empresa de gerenciar os elementos tangíveis.

A dimensão tangibilidade da Servqual é avaliada por meio de quatro questões de expectativas (E1-E4) e quatro questões de percepção (P1-P4). Lembre-se de que as questões de expectativa se aplicam a empresas excelentes dentro de uma indústria em particular, enquanto as questões de percepção se aplicam à empresa específica sob investigação. Comparar as pontuações de percepção com as de expectativa resulta em uma variável numérica que indica a lacuna de tangibilidade. Quanto menor for o número, menor será a diferença, e a percepção do cliente será mais próxima das suas expectativas. As questões que dizem respeito à dimensão tangibilidade são as seguintes:[9]

Expectativas de tangibilidade:
E1. Excelentes empresas terão equipamentos com visual moderno.
E2. Em excelentes empresas, as instalações físicas serão visualmente atraentes.
E3. Os funcionários de empresas excelentes terão aparência bem-arrumada.
E4. Materiais associados ao serviço (como folhetos ou documentos) serão visualmente atraentes em uma excelente companhia.

Percepções de tangibilidade:
P1. A empresa XYZ possui equipamentos com visual moderno.
P2. As instalações físicas da XYZ são visualmente atraentes.
P3. Os funcionários da XYZ têm aparência bem-arrumada.
P4. Materiais associados ao serviço (como folhetos ou documentos) são visualmente atraentes na XYZ.

Dimensão confiabilidade

Em geral, a **dimensão confiabilidade** reflete a consistência e a confiabilidade do desempenho de uma empresa. A empresa fornece consistentemente o mesmo nível de serviço ou a qualidade varia muito em cada encontro? A empresa cumpre as promessas, calcula as faturas dos clientes com precisão, mantém registros precisos e executa o serviço corretamente na primeira vez? Nada pode ser mais frustrante para os clientes do que prestadores de serviços não confiáveis.

> **dimensão confiabilidade** Neste caso, a Servqual avalia a consistência e confiabilidade de uma empresa no desempenho do serviço.

O número de empresas que não conseguem manter as promessas é preocupante. Em muitos casos, o cliente está pronto para gastar dinheiro, mas, para isto ocorrer, o prestador de serviços deve apenas realizar a transação conforme prometido. Não é difícil encontrar uma pessoa que tenha sentido a lacuna de confiabilidade quando uma companhia de TV a cabo tenta instalar os serviços em um novo apartamento. Normalmente, a empresa de TV a cabo vai dar uma ideia aproximada do momento em que o instalador chegará ao apartamento, em intervalos de quatro horas (por exemplo, manhã ou tarde). Em muitos casos, o cliente pode perder a aula ou o dia de trabalho à espera da chegada do instalador do cabo. Com muita frequência, o instalador não aparece durante esse intervalo, e é preciso reagendar. Para agravar ainda mais este processo, é o cliente que deve iniciar o processo de reagendamento. Muitas vezes, a empresa de TV a cabo não faz nenhum pedido de desculpas e fornece pouca explicação diferente de "Nossos instaladores estão muito ocupados".

Com base nas conclusões de vários estudos que usaram a Servqual, os clientes avaliam a dimensão confiabilidade como a mais importante das cinco dimensões. Em última análise, pouca coisa importa se o serviço não é confiável. As questões utilizadas para avaliar a lacuna de confiabilidade são as seguintes:

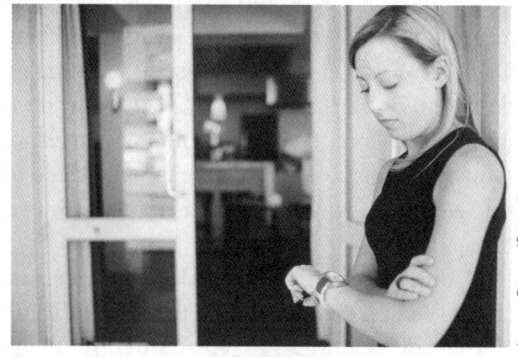

Pouca coisa importa quando o serviço não é confiável.

Expectativas de confiabilidade:
E5. Quando excelentes empresas prometem fazer algo em um tempo determinado elas cumprem.
E6. Quando os clientes têm um problema, excelentes empresas mostrarão um interesse sincero em resolvê-lo.
E7. Excelentes empresas realizarão o serviço certo na primeira vez.
E8. Excelentes empresas prestarão os serviços no momento em que prometeram fazê-lo.
E9. Excelentes empresas farão questão de ter registros sem erros.

Percepções de confiabilidade:
P5. Quando a empresa XYZ promete fazer algo em um tempo determinado ela cumpre.
P6. Quando você tem um problema, a XYZ mostra um interesse sincero em resolvê-lo.
P7. A XYZ executa o serviço certo na primeira vez.
P8. A XYZ presta os serviços no momento em que prometeu fazê-lo.
P9. A XYZ faz questão de ter registros sem erros.

Dimensão presteza

A presteza reflete o compromisso da empresa em prestar os serviços no momento correto. Assim, a **dimensão presteza** da Servqual diz respeito à vontade e/ou disponibilidade dos funcionários de prestar o serviço. Ocasionalmente, os clientes podem encontrar uma situação em que os funcionários estão envolvidos em suas próprias conversas, ignorando as necessidades do cliente. Este é um exemplo de ausência de resposta.

> **dimensão presteza** Neste caso, a Servqual avalia o compromisso de uma empresa em prestar os serviços no tempo correto.

A presteza também reflete o grau de preparação da empresa para prestar o serviço. Em geral, os restaurantes novos não anunciam a "noite de abertura" para que o sistema de prestação do serviço possa ser afinado e preparado para lidar com grupos maiores, minimizando falhas de serviço e subsequentes reclamações de clientes. Os itens de expectativa e percepção da Servqual que abordam a lacuna de presteza são os seguintes:

Expectativas de presteza:
E10. Os funcionários de empresas excelentes dirão aos clientes exatamente quando os serviços serão executados.
E11. Os funcionários de empresas excelentes darão pronto atendimento aos clientes.
E12. Os funcionários de empresas excelentes estarão sempre dispostos a ajudar os clientes.
E13. Os funcionários de empresas excelentes nunca estarão muito ocupados para responder às solicitações dos clientes.

Percepções de presteza:
P10. Os funcionários da XYZ informam exatamente quando o serviço será executado.
P11. Os funcionários da XYZ dão pronto atendimento a você.
P12. Os funcionários da XYZ estão sempre dispostos a ajudá-lo.
P13. Os funcionários da XYZ nunca estão muito ocupados para responder às suas solicitações.

Dimensão segurança

A **dimensão segurança** da Servqual aborda a competência, a cortesia com os clientes e a segurança das operações da empresa. Competência refere-se ao conhecimento da empresa e à habili-

> **dimensão segurança** Neste caso, a Servqual avalia a competência, a cortesia com os clientes e a segurança das operações de uma empresa.

dade de executar o serviço. A empresa possui as habilidades necessárias para concluir o serviço de forma profissional?

Cortesia refere-se à forma como o pessoal da empresa interage com o cliente e seus pertences. Como tal, cortesia reflete polidez, amabilidade e consideração com os pertences do cliente (por exemplo, um mecânico que coloca tapetes de papel no chão do carro do cliente para evitar sujar o tapete do veículo).

A segurança propriamente dita também é um componente importante dessa dimensão; reflete os sentimentos de um cliente de que está livre de perigo, risco e dúvida. Roubos recentes em caixas eletrônicos fornecem evidência do possível dano que pode surgir em locais de serviço. Além do perigo físico, o componente da dimensão segurança também reflete questões de risco financeiros (por exemplo, o banco vai falir?) e de confidencialidade (por exemplo, meus registros médicos no centro de saúde são mantidos em privacidade?). Os itens da Servqual utilizados para abordar a lacuna de segurança são os seguintes:

Expectativas de segurança:
E14. O comportamento dos funcionários de empresas excelentes incutirá confiança nos clientes.
E15. Os clientes de empresas excelentes se sentirão seguros nas transações.
E16. Os funcionários de empresas excelentes serão consistentemente cordiais com os clientes.
E17. Os funcionários de empresas excelentes terão o conhecimento necessário para responder às perguntas dos clientes.

Percepções de segurança:
P14. O comportamento dos funcionários da empresa XYZ incute confiança nos clientes.
P15. Você se sente seguro nas transações com a XYZ.
P16. Os funcionários da XYZ são consistentemente cordiais com você.
P17. Os funcionários da XYZ têm o conhecimento necessário para responder às suas perguntas.

Dimensão empatia

Empatia é a capacidade de vivenciar os sentimentos dos outros como se fossem os próprios. As empresas empáticas não perderam a noção de como é ser um cliente. Como tal, elas entendem as necessidades dos clientes e tornam os serviços acessíveis a eles. Em contrapartida, as empresas que não dão atenção individualizada aos clientes e têm horários convenientes apenas para si mesmas, e não para os clientes, não conseguem demonstrar comportamentos empáticos. Os itens da Servqual utilizados para abordar a lacuna de empatia são os seguintes:

> **dimensão empatia** Nesse caso, a Servqual avalia a capacidade de uma empresa de colocar-se no lugar dos clientes.

Expectativas de empatia:
E18. As empresas excelentes darão atenção individual aos clientes.
E19. As empresas excelentes terão horários de funcionamento convenientes para todos os clientes.
E20. As empresas excelentes terão funcionários capazes de prestar atendimento personalizado aos clientes.
E21. As empresas excelentes lutarão pelos interesses do cliente.
E22. Os funcionários de empresas excelentes entenderão as necessidades específicas dos clientes.

Percepções de empatia:
P18. A empresa XYZ lhe dá atenção individual.
P19. A XYZ tem horários de funcionamento convenientes para todos os clientes.
P20. A XYZ tem funcionários capazes de prestar atendimento personalizado aos clientes.
P21. A XYZ luta pelos interesses do cliente.
P22. Os funcionários da XYZ entendem as necessidades específicas dos clientes.

Como determinar a importância de cada uma das cinco dimensões

Os gestores de empresas de serviços que utilizam a Servqual para avaliar as lacunas na qualidade do serviço também devem compreender a importância que os clientes conferem a cada uma das suas dimensões. Essa informação é importante na definição de prioridades em que a empresa deve alocar os recursos quando comprometida com a melhoria da qualidade do serviço. Por exemplo, se um gerente calcula pontuações de lacunas idênticas para tangibilidade e empatia de uma empresa, que dimensão deve receber a atenção mais imediata?

Um método fácil de verificar as percepções dos clientes da importância de cada dimensão é simplesmente pedir aos respondentes para distribuir 100 pontos entre cada uma das cinco dimensões. Por exemplo, uma atribuição típica de 100 pontos pode se parecer com a seguinte:

Confiabilidade	30
Presteza	20
Tangibilidade	10
Segurança	20
Empatia	20
	100

A média de pontuação de importância para cada dimensão pode então ser determinada, de modo a proporcionar à gestão esclarecimentos adicionais sobre necessidades e desejos dos clientes e como estes devem afetar as decisões de alocação de recursos. Como já mencionado, confiabilidade é consistentemente relatada como a mais importante das cinco dimensões. Em contrapartida, a dimensão tangibilidade é consistentemente a menos importante. Observe que isto não significa que a tangibilidade não seja importante, mas, dentre as cinco dimensões da Servqual, os clientes acreditam que as outras são mais prementes. Consequentemente, uma empresa de serviços que está se preparando para investir grande quantidade de recursos na construção de uma nova instalação pode, primeiro, querer saber como está se desempenhando nas dimensões de qualidade do serviço. Um novo estabelecimento agradável que presta serviço não confiável provavelmente se tornará em breve uma nova instalação agradável para os negócios de alguma outra pessoa!

Críticas à Servqual

Desde seu desenvolvimento, o instrumento Servqual recebeu sua cota de críticas.[10] As principais envolvem a extensão do questionário e a validade das cinco dimensões da qualidade do serviço. A abordagem apresentada a seguir concentra-se em cada uma dessas questões e na respectiva importância para a interpretação dos resultados da Servqual.

Extensão do questionário Combinando os itens de expectativa e percepção, a Servqual é um instrumento de pesquisa de 44 itens. De acordo com os opositores a este instrumento, os 44 itens são altamente repetitivos e aumentam, de forma desnecessária, o tamanho do questionário. Argumentam ainda que a parte de expectativas do instrumento não tem nenhum valor real e que a parte de percepções (desempenho real) deve ser utilizada sozinha para avaliar a qualidade do serviço.[11]

Em resposta, os desenvolvedores da Servqual efetivamente argumentam que incluir a parte de expectativas reforça a utilidade gerencial da escala como uma ferramenta de diagnóstico por causa das pontuações de lacuna calculadas para cada dimensão. Apenas pontuações de percepção avaliam se o respondente concorda ou discorda cada pergunta. Por exemplo, a Figura 12.2 fornece um conjunto de pontuações de percepção da Servqual para uma empresa hipotética. Utilizando essas informações para fins de diagnóstico, as pontuações de percepção por si só sugerem a colocação de uma mesma ênfase na melhoria das dimensões confiabilidade e empatia. Incorporar as expectativas na pontuação da Servqual indica que a melhoria da dimensão confiabilidade deve ser a principal prioridade da empresa. Como a implantação de melhorias da qualidade do serviço requer um investimento financeiro da empresa, manter a parte de expectativa torna-se valioso.

DIMENSÃO	PONTUAÇÃO DE PERCEPÇÃO	PONTUAÇÃO DA SERVQUAL
Tangibilidade	5,3	0,0
Confiabilidade	4,8	−1,7
Presteza	5,1	−1,0
Segurança	5,4	−1,5
Empatia	4,8	−1,1

FIGURA 12.2 Vantagem do diagnóstico das pontuações da Servqual

Sugestões criativas têm sido feitas para manter o componente de expectativas e, ao mesmo tempo, reduzir o comprimento do questionário para 22 questões. Três abordagens têm sido sugeridas: (1) em uma única escala, pedir aos entrevistados que classifiquem uma empresa de alta qualidade e, em seguida, a empresa sob investigação; (2) utilizar o ponto médio da escala como o nível esperado de serviço de uma empresa de alta qualidade e, depois, avaliar a empresa específica em relação ao ponto médio, abaixo ou acima do esperado; e (3) utilizar o ponto final (por exemplo, 7 numa escala de 7 pontos) como o nível esperado de uma empresa de alta qualidade, e avaliar a companhia específica em relação à empresa de alta qualidade na mesma escala. Todas as três abordagens fornecem alternativas para avaliar percepções e expectativas dos clientes, ao mesmo tempo que reduzem o comprimento do questionário.

Validade das cinco dimensões Outra crítica frequente ao instrumento Servqual é que as cinco dimensões propostas de qualidade do serviço – confiabilidade, presteza, segurança, empatia e tangibilidade – não se sustentam em uma análise estatística. Consequentemente, os opositores da Servqual questionam a validade das dimensões específicas no instrumento de mensuração.

De acordo com os desenvolvedores da Servqual, embora as cinco dimensões representem aspectos conceitualmente distintos da qualidade do serviço, elas estão inter-relacionadas. Assim, pode existir alguma sobreposição (como medido por correlações) entre os itens que medem as dimensões específicas. Em particular, a distinção entre as dimensões presteza, segurança e confiabilidade tendem a se confundir em análises estatísticas. No entanto, quando os entrevistados são solicitados a atribuir pesos de importância a cada dimensão, os resultados indicam que os clientes de fato distinguem entre as cinco dimensões, como mostra a Figura 12.3. Segundo os desenvolvedores da Servqual, essa ordenação fornece evidências adicionais do caráter distintivo das dimensões. Para os estatísticos, uma variedade de artigos que oferecem evidências adicionais e fundamentos para apoiar a viabilidade da estrutura de cinco dimensões é citada na seção "Notas", localizada no final do capítulo.¹²

DIMENSÃO DA SERVQUAL	IMPORTÂNCIA (%)*
Confiabilidade	32
Presteza	22
Segurança	19
Empatia	16
Tangibilidade	11

*Os consumidores foram solicitados a alocar 100 pontos entre as cinco dimensões. A coluna "importância (%)" reflete a média de atribuição de pontos a cada dimensão.
Fonte: Leonard L. Berry; A. Parasuraman; Valarie A. Zeithaml. Improving Service Quality in America: Lessons Learned. *Academy of Management Executive*, 8, 2, 1994, p. 32-52.
FIGURA 12.3 Importância relativa das dimensões da Servqual segundo os clientes

Servqual: algumas considerações finais

A importância do pessoal de contato A Servqual destaca vários pontos que os prestadores de serviços devem considerar ao examinar a qualidade do serviço. Um deles refere-se às percepções dos clientes de serviço que são fortemente dependentes das atitudes e do desempenho do pessoal de contato. Das cinco dimensões medidas, presteza, empatia e segurança refletem diretamente a interação entre clientes e funcionários. Até mesmo a avaliação da dimensão tangibilidade depende, em parte, de aparência, vestuário e higiene do pessoal de serviço.

O processo é tão importante quanto o resultado A maneira como os clientes julgam um serviço depende tanto do processo do serviço como do resultado. Como o serviço que é prestado é tão importante quanto sua frequência e natureza. Consequentemente, a satisfação do cliente depende da produção de serviços e de seu consumo.

Visualizar serviços como um processo traz dificuldades consideráveis para a gestão ao tentar redigir padrões de qualidade do serviço. Padrões podem ser examinados do ponto de vista do cliente ou do sistema operacional. Assim, uma especificação pode ser escrita com base em avaliações dos clientes em relação à presteza da organização. Infelizmente, embora esta seja uma medida quantitativa, acrescenta pouco para guiar o comportamento de gerentes de operações e do pessoal de contato.

As percepções do consumidor são imprevisíveis As pontuações de dimensões da qualidade do serviço podem ser influenciadas por fatores que estão fora do controle da organização, os quais nem sempre são facilmente perceptíveis para os gestores. Por exemplo, os humores e as atitudes do cliente podem influenciar as avaliações. Estudos têm mostrado que, ao pontuar serviços, os clientes utilizam uma grande variedade de indícios. Um estudo recente mostra que, mesmo que uma empresa de serviços gere um resultado negativo para o cliente, ela pode não ser julgada como proporcionadora de um baixo nível de satisfação. Uma vez que são parte do processo, os clientes podem atribuir falhas a si ou a fatores que estão fora do controle da empresa. Foi demonstrado que tais atribuições dependem das características físicas da empresa de serviços. Por exemplo, um ambiente de escritório bem-arrumado afasta da empresa as atribuições negativas para um mau serviço, e a culpa é colocada em outros fatores além do seu controle. Por sua vez, um escritório bagunçado pode gerar atribuições de insatisfação com a empresa, independentemente de quem seja responsável por isso.¹³

Como avaliar as críticas à Servqual Apesar dos críticos, a Servqual continua a ser um instrumento frequentemente utilizado para avaliar a qualidade do serviço, e está atualmente sendo modificada para tratar questões da qualidade do serviço em negócios *on-line* (ver "Serviços eletrônicos *em ação*"). Desde o início, os desenvolvedores têm argumentado que a Servqual é um ponto de partida útil para medir a qualidade do serviço, e nunca foi apresentada como "a resposta final". Eles ainda sustentam que, quando usada em conjunto com outras formas de mensuração, tanto quantitativas como qualitativas, a Servqual fornece uma valiosa ferramenta de diagnóstico para avaliar o desempenho da qualidade do serviço da empresa. No geral, como foi o caso das medidas de satisfação, a Servqual é mais valiosa quando comparada com as próprias tendências da qualidade do serviço prévio de uma empresa e com medidas de desempenho competitivo da qualidade do serviço.

Sistemas de informação da qualidade do serviço

As empresas que levam a sério a melhoria de sua qualidade do serviço utilizam uma série de abordagens que se combinam para formar um **sistema de informação da qualidade do serviço**, a fim de compreender as percepções e as expectativas dos clientes. Um sistema de informação da qualidade do serviço é um processo contínuo que fornece dados relevantes, em tempo oportuno, aos gestores que os utilizam na tomada de decisões.[14] Mais especificamente, este tipo de sistema utiliza medidas da qualidade do serviço e satisfação do cliente em conjunto com outras medidas obtidas em vários pontos para avaliar o desempenho global da empresa.

sistema de informação da qualidade do serviço Trata-se de um processo de pesquisa contínua que fornece dados relevantes periodicamente aos gestores que os utilizam na tomada de decisões.

Estes são os componentes de um sistema de informação da qualidade do serviço:

1. relatórios sobre reclamações de clientes,
2. pesquisas de pós-venda,
3. entrevistas com grupos de discussão de clientes,
4. resultados de consumidor misterioso,
5. pesquisas com funcionários,
6. pesquisas de qualidade do serviços no mercado total.

Em geral, os sistemas de informação da qualidade do serviço se concentram em dois tipos de pesquisa: com clientes e com não clientes. A **pesquisa com clientes** examina a perspectiva do cliente de pontos fortes e fracos de uma empresa e inclui medidas como reclamações de clientes, pesquisas de pós-venda, entrevistas com grupos de discussão e pesquisas de qualidade do serviço. Em contraste, a pesquisa com não clientes concentra-se em perspectivas de funcionários sobre pontos fortes e fracos da empresa e desempenho do funcionário (por exemplo, pesquisas com funcionários e consumidores misteriosos). Além disso, a pesquisa com não clientes examina como os concorrentes realizam os aspectos dos serviços (por meio de pesquisas de qualidade do serviços no mercado total) e serve como base para comparação.

pesquisa com clientes Pesquisa que analisa a perspectiva do cliente de pontos fortes e fracos de uma empresa.

pesquisa com não clientes Pesquisa que examina como os concorrentes executam o serviço e como funcionários veem os pontos fortes e fracos da empresa.

Solicitação de reclamações de clientes

Os principais objetivos para solicitar as reclamações dos clientes são dois. Primeiro, as reclamações identificam clientes insatisfeitos. Esforços de acompanhamento da empresa podem manter

> **SERVIÇOS ELETRÔNICOS *EM AÇÃO***
>
> **As sete dimensões da E-QUAL**
>
> A importância da qualidade do serviço em melhorar a satisfação e a fidelidade dos clientes em ambientes de negócios tradicionais foi estabelecida via Servqual. A seguir, apresentam-se recomendações sobre como os consumidores podem avaliar negócios *on-line* via E-QUAL
>
> | | |
> |---|---|
> | Acessibilidade | O *site* é facilmente encontrado? O número de ferramentas de busca e diretórios em que um *site* está registrado e *links* para *sites* relacionados. |
> | Navegação | Qual é o nível de facilidade de passar de uma parte para outra no *site*? Uma boa regra é estar a três cliques da informação mais desejada pelos clientes. |
> | *Design* e apresentação | Qual é a imagem projetada do *site*? Os elementos projetados incluem cores, *layout*, clareza e originalidade. |
> | Conteúdo e finalidade | Refere-se à substância (amplitude) e riqueza (profundidade) do *site*. Atualização e precisão são aspectos importantes da dimensão "conteúdo". Propósitos estratégicos incluem o desenvolvimento do *site* para uma boa presença na internet (fins informativos) e frentes de loja *on-line* (finalidade de produção de receitas). |
> | Presteza | Refere-se à propensão da empresa de responder a mensagens de *e-mail*. Trata-se da coleta de informações de visitantes (ou seja, *cookies*, livro de visitas, concursos, salas de *chat*, clubes, livros de histórias, *auto-e-mail* e opções para falar com representantes do cliente) e do que a empresa faz com esses dados. |
> | Interatividade, customização e personalização | Referem-se ao nível de serviço de alto contato prestado. Interatividade, customização e personalização dizem respeito à dimensão empatia da qualidade do serviço. A Amazon.com, por exemplo, fornece a possibilidade de interação e personalização que rivaliza com as empresas físicas tradicionais. |
> | Reputação e segurança | Relacionadas com a dimensão segurança da qualidade do serviço, reputação e segurança dizem respeito a questões de confiança dos consumidores. A confiança do consumidor está sendo construída por meio de tecnologias de criptografia comprovadas. |
>
> Fonte: Shohreh A. Kaynama, "A Conceptual Model to Measure Service Quality of Online Companies: E-QUAL, in Developments in Marketing Science", Harlan E. Spotts; H. Lee Meadow, eds., *Proceedings of the Academy of Marketing Science*, 22, (2000), pp. 46-51.

muitos desses clientes antes de irem para os concorrentes. O segundo objetivo é identificar pontos fracos no sistema de prestação de serviços da empresa e tomar as ações corretivas necessárias para minimizar futuras ocorrências do mesmo problema. As reclamações do cliente devem ser continuamente solicitadas.

O valor do *feedback* contínuo do cliente não pode ser subestimado. Infelizmente, muitas empresas resolvem uma reclamação em um momento sem analisar o conteúdo do conjunto das queixas. O Chicago Marriott levou 15 anos para descobrir que 66% das ligações para seu atendimento ao cliente se referiam a pedidos de um ferro ou uma tábua de passar roupa.[15] Como resultado da descoberta, o hotel designou US$ 20 mil que haviam sido destinados para televisores em cores nos banheiros dos quartos para comprar ferros e tábuas de passar para o hotel. Curiosamente, poucos clientes haviam reclamado dos televisores em preto e branco instalados nos banheiros. Se os televisores em cores tivessem sido instalados, teríamos visto um exemplo clássico de uma empresa definindo qualidade do serviço por sua própria conta, em vez de escutar a voz do cliente. O Capítulo 13 examina em profundidade a análise de reclamações de clientes e o desenvolvimento de estratégias de recuperação eficazes quando ocorrem falhas de serviço.

Pesquisas de pós-venda

Como parte do sistema de informação da qualidade do serviço, as **pesquisas de pós-venda** também devem ser conduzidas continuamente. Como se referem a transações específicas, são um tipo de pesquisa de satisfação e, por isso, estão sujeitas às vantagens e desvantagens de todas as pesquisas de satisfação do cliente estudadas no Capítulo 11. Por exemplo, as pesquisas de pós-venda abordam a satisfação do cliente enquanto o encontro de serviço ainda está vivo na sua mente. Consequentemente, a informação reflete o desempenho recente da empresa, mas pode ser tendenciosa por causa da tentativa inadvertida do cliente de minimizar a dissonância cognitiva.

pesquisas de pós-venda Um tipo de pesquisa que aborda a satisfação do cliente enquanto o encontro de serviço ainda está vivo na sua mente.

Embora as pesquisas de pós-venda também possam identificar áreas de melhoria, são uma abordagem mais proativa para avaliar a satisfação do cliente em vez de solicitar suas reclamações. Muitas empresas esperam que os clientes reclamem e, em seguida, tomam medidas com base nas queixas. Dada a relutância do cliente comum de reclamar, esperar por reclamações não fornece à empresa uma imagem "verdadeira" do seu desempenho. A pesquisa de pós-venda tenta contatar cada cliente e tomar ações corretivas se um deles não estiver satisfeito com a decisão de compra.

Entrevistas com grupos de discussão de clientes

entrevistas com grupo de discussão Trata-se de discussões informais com oito a doze clientes que normalmente são guiadas por um moderador qualificado e usadas para identificar áreas de informações a serem coletadas em pesquisas subsequentes.

Outro componente importante do sistema de informação da qualidade do serviço envolve as **entrevistas com grupo de discussão** de clientes.[16] Trata-se de discussões informais com oito a doze clientes que normalmente são guiadas por um moderador qualificado. Os participantes são encorajados a expressar opiniões e comentários sobre sugestões feitas por outras pessoas do grupo. Devido à interação do grupo, os clientes tendem a se sentir mais confortáveis, o que os motiva a falar mais aberta e honestamente. Em consequência, os pesquisadores consideram que as informações obtidas por meio de entrevistas com grupos de discussão são mais ricas do que os dados que refletem as opiniões de um único indivíduo.

Os grupos de discussão são, provavelmente, o método de pesquisa de mercado mais amplamente utilizado. No entanto, o objetivo principal é identificar áreas de informação a serem coletadas em pesquisas subsequentes. Embora as informações fornecidas pelo grupo sejam consideradas muito valiosas, outras formas de pesquisa são necessárias para confirmar que as ideias dos grupos refletem os sentimentos de segmentos mais amplos de clientes. Defensores

Um dos principais benefícios de utilizar grupos de discussão para avaliar a qualidade do serviço é que os comentários de outras pessoas do grupo muitas vezes desencadeiam novas ideias que não haviam sido consideradas.

de sistemas de informação da qualidade do serviço acreditam que grupos de discussão com clientes devam ser conduzidos mensalmente.

Consumidor misterioso

Consumidor misterioso é uma forma de pesquisa com não cliente que mede o comportamento do funcionário individual de serviço. Como o nome indica, consumidores misteriosos são geralmente pessoas treinadas que se fazem passar por clientes e compram na empresa sem se identificar. A ideia é avaliar um funcionário durante um encontro de serviço real. Os consumidores misteriosos avaliam os funcionários em uma série de características, tais como: tempo para o funcionário reconhecer a presença do cliente, contato visual, aparência e muitos outros aspectos de serviço e de vendas específicos.

> **consumidor misterioso** Trata-se de uma forma de pesquisa com não cliente que consiste em fazer pessoas treinadas se passar por clientes, comprar na empresa sem se identificar e avaliar os funcionários.

Consumidor misterioso é uma forma de pesquisa de observação recomendada para ser realizada trimestralmente. Os resultados obtidos são usados como *feedback* construtivo para os funcionários. Consequentemente, este tipo de pesquisa auxilia a empresa em orientação, treinamento e avaliação, com o propósito de recompensar formalmente os funcionários. Por exemplo, os garçons do Texas Roadhouse, um restaurante popular nos Estados Unidos, são recompensados com um bônus de US$ 100 cada vez que recebem uma avaliação perfeita de um consumidor misterioso. O bônus não só premia o funcionário, mas também reforça os comportamentos positivos de serviços desejados pela gerência no processo.

Pesquisas com funcionários

Outro componente vital do sistema de informação da qualidade do serviço é a pesquisa com funcionários. Quando o produto é uma *performance*, é essencial que a empresa ouça quem o desempenha. Muitas vezes, os funcionários são esquecidos na busca da satisfação do cliente. No entanto, a satisfação do funcionário com a empresa corresponde diretamente à satisfação do cliente. Assim, a lição a ser aprendida por empresas de serviços é que, se elas querem que as necessidades de seus clientes venham em primeiro lugar, não podem colocar as necessidades de seus funcionários em último.

Realizada trimestralmente, a **pesquisa com funcionários** fornece uma medida interna da qualidade do serviço relativa à motivação, atitudes e obstáculos percebidos pelos funcionários para a prestação de serviços de qualidade. Muitas vezes, os funcionários gostariam de fornecer melhor nível de qualidade do serviço, mas se sentem restringidos por regulamentos e políticas internas. As pesquisas com funcionários fornecem os meios para descobrir esses obstáculos, de modo que possam ser removidos quando apropriado. Além disso, os funcionários são considerados clientes internos de serviços e avaliam a qualidade do serviço interno cotidianamente. Por causa do envolvimento direto na entrega dos serviços, as reclamações de funcionários servem como um sistema de alerta precoce, ou seja, eles podem enxergar problemas no sistema antes dos clientes.

> **pesquisas com funcionários** Referem-se a medidas internas de qualidade do serviço relativas à motivação, atitudes e obstáculos percebidos pelos funcionários para a prestação de serviços de qualidade.

Pesquisas da qualidade do serviço do mercado total

Pesquisas da qualidade do serviço do mercado total não só medem a qualidade da própria empresa que contrata a pesquisa, mas também avaliam a qualidade do serviço percebido dos concorrentes. Quando as medidas da qualidade do serviço, como a Servqual, são usadas em conjunto com outras medidas, uma empresa pode avaliar o próprio desempenho em comparação com períodos anteriores e com o dos concorrentes. As pesquisas da qualidade do serviço fornecem informações sobre as melhorias necessárias no sistema de entrega de serviços e medem o progresso da empresa ao fazer as melhorias necessárias identificadas anteriormente.

> **pesquisas da qualidade do serviço do mercado total** Pesquisas que medem a qualidade do serviço da própria empresa e a dos concorrentes.

Os defensores do sistema de informação da qualidade do serviço recomendam que pesquisas da qualidade do serviço do mercado total sejam realizadas três vezes por ano. No entanto, como é o caso de todos os componentes do sistema de informação da qualidade do serviço, as frequências recomendadas dependem do tamanho da base de clientes. Contatos muito frequentes com os mesmos clientes pode ser um incômodo para eles. Entretanto, realizar pesquisas muito raramente pode custar a própria existência da empresa.

No geral, o sistema de informação da qualidade do serviço fornece um exame abrangente do desempenho da empresa e supera muitas das deficiências de medidas individuais usadas isoladamente. Tal como acontece com todas as medidas, o verdadeiro valor do sistema de informação reside na informação que fornece a gerentes e funcionários da linha de frente para ajudar na tomada de decisão. As medidas devem servir como um sistema de apoio para as decisões, mas não ser os únicos fatores do processo de decisão. Experiência gerencial e intuição são ainda componentes críticos de cada decisão de negócios. Em última análise, os principais componentes que precisam ser incluídos em todo sistema de informação da qualidade do serviço são os seguintes:[17]

Ouvir: A qualidade é definida pelo cliente. A conformidade com as especificações da empresa não é qualidade; a conformidade com as especificações dos clientes é. Gastar com sabedoria para melhorar o serviço depende da aprendizagem contínua sobre expectativas e percepções dos clientes (ver Figura 12.4).

Confiabilidade: A confiabilidade é o núcleo da qualidade do serviço. Pouca coisa importa para um cliente quando o serviço não é confiável.

Serviço básico: Esqueça os supérfluos se você não pode entregar o básico. Clientes de serviço querem o básico; eles esperam o fundamental, não extravagâncias, atuações ou promessas vazias.

Projeto do serviço: Entregar o serviço básico que os clientes esperam com confiabilidade depende, em parte, do bom funcionamento de vários elementos de um sistema de serviço. Falhas de projeto em qualquer parte de um sistema de serviços podem reduzir a percepção da qualidade.

Recuperação: Pesquisas mostram que as empresas recebem as avaliações mais desfavoráveis quanto à qualidade do serviço de clientes cujos problemas não foram resolvidos satisfatoriamente. Assim, as empresas que não respondem de forma eficaz às reclamações dos clientes agravam a falha do serviço, o que significa falhar duas vezes.

Surpreender os clientes: Exceder as expectativas dos clientes requer o elemento surpresa. Se as organizações de serviço puderem não apenas ser confiáveis no resultado, mas também surpreender o cliente na forma como o serviço é entregue, elas serão consideradas excelentes.

> Embora o suporte adequado em termos de recursos esteja diretamente relacionado com o sucesso da implantação de sistemas de prestação de serviços, fornecer suporte sem foco pode ser um enorme desperdício de recursos. Por exemplo, os Estados Unidos lideram o mundo em despesas de saúde *per capita*. No entanto, os Estados Unidos ocupam a 37ª posição em termos de qualidade dos cuidados prestados aos cidadãos. O país dedica de 10% a 14% da renda nacional a cuidados de saúde, com uma média de despesas *per capita* de US$ 3.724. Enquanto isso, a Inglaterra, por exemplo, gasta 6% e está na 18ª posição.
>
> ### Mais não significa melhor
> Um estudo sobre os sistemas de saúde do mundo constatou que os Estados Unidos são os que mais gastam por pessoa, mas ocupam a 37ª posição quando o assunto é qualidade do serviço. A seguir, apresenta-se o ranking global de desempenho e gastos.
>
> *** Indica um país do G-7, os sete países mais ricos do mundo**
>
> | Desempenho geral | Despesa total per capita | |
> |---|---|---|
> | 1. França* | 1. Estados Unidos* | US$ 3.724 |
> | 2. Itália* | 2. Suíça | US$ 2.644 |
> | 3. San Marino | 3. Alemanha* | US$ 2.365 |
> | 4 Andorra | 4. França* | US$ 2.125 |
> | 5. Malta | 5. Luxemburgo | US$ 1.985 |
> | 6. Cingapura | 6. Áustria | US$ 1.960 |
> | 7. Espanha | 7. Suécia | US$ 1.943 |
> | 8. Omã | 8. Dinamarca | US$ 1.940 |
> | 9. Áustria | 9. Holanda | US$ 1.911 |
> | 10. Japão* | 10. Canadá* | US$ 1.836 |
> | 18. Reino Unido* | 11. Itália* | US$ 1.824 |
> | 25. Alemanha* | 13. Japão* | US$ 1.759 |
> | 30. Canadá* | 26. Reino Unido* | US$ 1.193 |
> | 37. **Estados Unidos*** | | |
>
> Fonte: World Health Report 2000. Associated Press (AP)

Fonte: Robert Cooke.U. S. Leads in Health-Care Spending, but Not Quality. *Fort Collins Coloradoan*, quarta-feira, 21jun. 2000, p. B1.

FIGURA 12.4 Melhorias de qualidade precisam de foco, não apenas de $$$

Jogo limpo: Os clientes esperam que as empresas de serviços os tratem de forma justa, e ficam ressentidos e desconfiados quando percebem que estão sendo tratados de outra forma.

Trabalho em equipe: A presença de "colegas de equipe" é importante para sustentar a motivação de um prestador de serviço para servir. A formação de equipes de serviço não deve ser deixada ao acaso.

Pesquisa com funcionários: É tão importante para a melhoria dos serviços como a pesquisa com clientes.

Liderança de servidores: Entregar um excelente serviço requer uma forma especial de liderança. A liderança deve ser capaz de inspirar, treinar e capacitar a equipe, de modo que ela possa realizar um trabalho eficiente.

Resumo

Este capítulo se concentrou na definição e mensuração da qualidade do serviço. Os conceitos de qualidade do serviço e satisfação do cliente estão interligados. Em geral, a satisfação do cliente pode ser definida como uma medida de transação específica de curto prazo. Por sua vez, a qualidade do serviço é uma medida global de longo prazo. Outra diferença é que a satisfação do cliente compara as percepções dos clientes com o que eles normalmente *esperariam*. Em contrapartida, a qualidade do serviço compara a percepção do que os clientes *devem* esperar de uma empresa de alta qualidade. Satisfação do cliente e avaliações de qualidade do serviço se complementam. Avaliações de satisfação feitas após cada transação de serviço ajudam a rever as avaliações da qualidade do serviço globais dos clientes em relação ao desempenho da empresa. As empresas se destacam na qualidade do serviço evitando possíveis falhas de qualidade nos sistemas de entrega.

Neste capítulo, abordaram-se as lacunas de *conhecimento*, *padrões*, *entrega* e *comunicações* referentes à qualidade do serviço. Diversos fatores operacionais de gestão, marketing e operacionais influenciam o tamanho de cada uma dessas lacunas. Em última análise, o objetivo de toda empresa é minimizar a lacuna de serviço – a diferença entre percepções e expectativas dos clientes. A *lacuna do serviço* é uma função das lacunas de conhecimento, padrões, entrega e comunicações, e responde em conformidade na direção combinada das quatro lacunas.

Um método muito usado para avaliar a qualidade do serviço é a escala de mensuração Servqual. O instrumento de pesquisa Servqual original é composto por 44 perguntas que comparam as expectativas dos clientes com suas percepções para cinco dimensões da qualidade do serviços: *tangibilidade, presteza, confiabilidade, segurança e empatia*. As pontuações de lacuna para cada uma das cinco dimensões podem ser calculadas comparando as médias de expectativas e as de percepções dos clientes. As lacunas da Servqual indicam áreas específicas que necessitam de melhoria e ajudam a empresa prestadora de serviços nos esforços de melhoria contínua.

Servqual é apenas um método para avaliar a qualidade do serviço de uma empresa. Um sistema de informação da qualidade do serviço utiliza uma variedade de medidas contínuas para avaliar o desempenho global da empresa. Os principais componentes deste sistema coletam informações sobre clientes e não clientes. Métodos de pesquisa de clientes incluem análise de reclamações de clientes, pesquisas de pós-venda, entrevistas de grupos de discussão e pesquisas de qualidade do serviço. Métodos de pesquisa com não cliente incluem pesquisas com funcionários e consumidor misterioso.

Para encerrar, a qualidade do serviço oferece um meio de alcançar o sucesso entre as empresas concorrentes que oferecem produtos similares. Os benefícios potenciais associados com a qualidade do serviço incluem aumentos de participação de mercado, repetição de compras e aumento da rentabilidade. Em última análise, as chaves para oferecer qualidade do serviço são uma compreensão detalhada das necessidades do cliente, prestadores de serviços focados em oferecer qualidade e sistemas de prestação de serviços projetados para dar suporte à missão de qualidade global da empresa.

Palavras-chave

qualidade do serviço
lacuna do serviço
lacuna de conhecimento
lacuna de padrões
lacuna de entrega
lacuna de comunicações
orientação de pesquisa
comunicação ascendente
níveis de gestão
empenho
ajuste funcionário-cargo
conflito de papéis

ambiguidade de função
dispersão de controle
sentimento de impotência
suporte insuficiente
promessa exagerada
comunicação horizontal
Servqual
dimensão tangibilidade
dimensão confiabilidade
dimensão presteza
dimensão segurança
dimensão empatia

sistema de informação da qualidade do serviço
pesquisa com clientes
pesquisa com não clientes
pesquisas de pós-venda
entrevistas com grupo de discussão
consumidor misterioso
pesquisas com funcionários
pesquisas de qualidade do serviço do mercado total

Questões de revisão

1. Quais são as diferenças básicas entre satisfação do cliente e qualidade do serviço?
2. Explique como um gerente pode usar o modelo conceitual de qualidade do serviço para melhorar a qualidade da empresa.
3. Discuta os fatores que contribuem para aumentar o tamanho da lacuna de conhecimento.
4. Entreviste um garçom de um restaurante e verifique se a gerência lhe forneceu os cinco padrões relativos a cumprimentar e servir os clientes.
5. Como a lacuna de comunicações se relaciona com o sucesso de negócios *on-line* (ver "Serviços eletrônicos *em ação*")?
6. Discuta os conceitos básicos do instrumento de mensuração Servqual em termos de como as "pontuações de lacuna" são calculadas para cada uma das cinco dimensões da qualidade do serviço.
7. Explique por que um gerente iria querer saber a importância que os clientes conferem para cada uma das cinco dimensões da qualidade do serviço.
8. Qual é a mais importante das cinco dimensões da qualidade do serviço? E a menos importante? Por que a maioria dos clientes considera essas duas dimensões da qualidade do serviço nesta ordem em particular?
9. Quais são as críticas à Servqual? Qual é a limitação de usar apenas as 22 perguntas de percepção?
10. Você foi contratado por uma empresa para desenvolver um sistema de informação da qualidade do serviço. Quais serão os componentes deste sistema?

Notas

1. J. Joseph Cronin Jr. e Steven A. Taylor. Measuring Service Quality: A Reexamination and Extension. *Journal of Marketing*, 56, jul. 1992, p. 55.
2. Thomas A. Stewart. After All You've Done for Your Customers, Why Are They Still Not Happy?. *Fortune*, 11 dez. 1995, p. 178-82.
3. Cronin Jr. e Taylor. Measuring Service Quality. p. 60-63.
4. Idem.
5. Esta seção foi adaptada de John E. G. Bateson. *Managing Services Marketing*. 3. ed. Fort Worth, TX: The Dryden Press, 1995, p. 558-65.
6. A. Parasuraman; Valarie A. Zeithaml; Leonard L. Berry. A Conceptual Model of Service Quality and Its Implications for Future Research. *Journal of Marketing*, 49, outono 1985, p. 41-50.
7. A. Parasuraman; Leonard L. Berry; Valarie A. Zeithaml. Servqual: A Multiple-Item Scale For Measuring Customer Perceptions of Service Quality. *Journal of Retailing*, 64, 1, 1988, p. 12-40.
8. Parasuraman; Zeithaml; Berry. A Conceptual Model.
9. Itens da escala de A. Parasuraman; Leonard L. Berry; Valarie A. Zeithaml. Refinement and Reassessment of the Servqual Scale. *Journal of Retailing*, 67, inverno 1991, p. 420-50.
10. Cronin Jr. e Taylor. Measuring Service Quality, p. 60-63.
11. A. Parasuraman; Valarie A. Zeithaml; Leonard L. Berry. Reassessment of Expectations as a Comparison Standard in Measuring Service Quality: Implications for Future Research. *Journal of Marketing*, 58, jan. 1994, p. 111-24.
12. Ver A. Parasuraman; Leonard L. Berry; Valarie A. Zeithaml. Refinement and Reassessment of the Servqual Scale. *Journal of Retailing*, p. 420-450; A. Parasuraman; Leonard L. Berry; Valarie A. Zeithaml. More on Improving Service Quality Measurement. *Journal of Retailing*, 69, 1, primavera 1993, p. 1401; e A. Parasuraman; Valarie A. Zeithaml; Leonard L. Berry. Reassessment of Expectations as a Comparison Standard in Measuring Service Quality: Implications for Future Research. *Journal of Marketing*, 58, jan. 1994, p. 111-24.
13. Mary Jo Bitner. Evaluating Service Encounters: The Effects of Physical Surroundings and Employee Responses. *Journal of Marketing*, abr. 1990, p. 42-50.

14. Leonard L. Berry; A. Parasuraman; Valarie A. Zeithaml. Improving Service Quality in America: Lessons Learned. *Academy of Management Executive*, 8, 2, 1994, p. 32-52.
15. Idem, p. 33.
16. Disponível em: <http://managementhelp.org/evaluatn/focusgrp.htm>. Acesso em: 4 set. 2009.
17. Berry; Parasuraman; Zeithaml. Improving Service Quality, p. 32-52.

CASO 12
Qualidade do serviço no Hotel Libertador
Primeiro Dia

Recentemente, Maria Martin havia sido transferida para o Hotel Libertador com o propósito de melhorar o nível da qualidade do serviço prestado pela empresa. Ela estava na empresa havia cinco anos e sempre fora bem-sucedida na melhoria do nível da qualidade do serviço nos dois hotéis chilenos em que havia trabalhado anteriormente. Para Maria, o Libertador representava um grande desafio. O negócio era composto por 60% de hóspedes individuais em trânsito, em função da proximidade do hotel ao aeroporto, e 40% de grupos de negócios. Destes, cerca de um terço era de grupos que viajavam de ônibus.

No primeiro dia de trabalho, Maria Martin testemunhou algo bastante surpreendente. Havia uma fila de cerca de 20 hóspedes à espera do *check-in* quando dois ônibus chegaram e mais de 80 pessoas e guias entraram no *lobby* para o *check-in*. Nem é preciso dizer que os dois funcionários da recepção tinham um olhar aterrorizado enquanto trabalhavam incessantemente para processar os registros de todos que esperavam pelo *check-in*. Cerca de 40 minutos mais tarde, todo mundo havia sido "despachado", mas o gerente geral disse a Maria: "Estou feliz que você esteja aqui; precisamos pensar em um sistema melhor. Vamos nos encontrar para almoçar amanhã para discutir suas ideias iniciais". Maria tinha acabado de pegar uma caneta para começar a pensar em ideias para apresentar ao gerente geral quando um hóspede se aproximou da sua mesa.

"Olá, meu nome é Juan Diaz e fiquei no seu hotel ontem à noite com a minha família. Realmente não tivemos uma boa experiência e quero conversar com você sobre isso. Quero ter a certeza de que isso não vai acontecer de novo comigo nem com qualquer outra pessoa." Diaz, em seguida, relatou os acontecimentos a Maria: "Eu estava viajando com minha esposa e nosso filho de 4 anos de idade. Como nosso voo de conexão foi adiado, não chegamos ao nosso destino final até as 22 horas. O Libertador tem um balcão de *check-in* no aeroporto, e achei que poderia garantir meu quarto enquanto esperava a bagagem. Quando me aproximei do funcionário no balcão do hotel no aeroporto, ele me disse que o serviço de *check-in* não estava disponível naquele momento. Fiquei surpreso, pois este era exatamente o tipo de situação em que um balcão no aeroporto seria útil. Em seguida, minha família pegou uma *van* de transporte do aeroporto para o hotel e nos indicaram onde ficava a recepção. Dois funcionários da recepção estavam de plantão quando os passageiros do ônibus do aeroporto chegaram um pouco antes das 23 horas. No entanto, um dos funcionários da recepção, aparentemente, encerrava o serviço às 23 horas e começou a fechar a gaveta naquele exato momento. Isto provocou uma fila de cerca de 10 ou 12 pessoas que deveriam ser registradas por apenas um funcionário. Nem preciso dizer que levou algum tempo para processar todos os hóspedes, e tivemos que esperar 20 ou 30 minutos pela nossa vez. Finalmente, nos deram a chave do quarto, mas tínhamos algumas malas meu filho caiu no sono e teve de ser carregado. Quando pedi ajuda com nossa bagagem, fui informado que não havia ninguém disponível naquela hora da noite. O hotel era grande, estava lotado, e os quartos eram espalhados entre vários edifícios próximos. Nosso quarto estava a dois prédios de distância da área do *lobby*. Minha esposa e eu nos esforçamos para transportar a bagagem e nosso filho para o quarto. Chegamos lá por volta das 23h30 e tentamos entrar no quarto. A chave destrancava a porta, mas ela não abria. Depois de algumas tentativas, ouvimos a voz de uma mulher no quarto. Obviamente, o quarto havia sido duplamente reservado, e a mulher acordou com a nossa tentativa de entrar. Usei meu telefone para ligar para a recepção e explicar a situação. A gerente da recepção se desculpou rapidamente e disse que enviaria alguém com uma chave para um quarto nas proximidades. Cerca de dez minutos mais tarde, uma arrumadeira passou por acaso no corredor e deixou minha família entrar no quarto que nos tinha sido dado por telefone. No entanto, ela não tinha ideia do que estava acontecendo e confiou na minha palavra. Depois que já estávamos no quarto havia dez minutos, o telefone tocou e falei com a gerente da recepção. Ela agiu como se tivesse enviado a arrumadeira para abrir o quarto, mas ainda precisava enviar alguém com a chave do quarto para nós. Ela pediu desculpas mais uma vez e me disse para ligar para a recepção se eu tivesse qualquer outro problema."

Maria foi para casa naquela noite e começou a pensar em todos os desafios que o Libertador estava enfrentando atualmente.

Segundo dia

Quando se reuniu com o gerente geral no dia seguinte, Maria recebeu um conjunto de dados sobre a qualidade do serviço coletados no início daquele ano. Os hóspedes do hotel que participaram da pesquisa foram solicitados a registrar as percepções relativas à qualidade do serviço do hotel em todas as cinco dimensões da qualidade do serviço. Os entrevistados foram solicitados a classificar o hotel em uma escala Likert de 1 a 7, que varia de 1 (discordo totalmente) a 7 (concordo totalmente). Normalmente, quanto maior é o valor, mais favorável é a percepção de qualidade do serviço do hotel em cada dimensão. Os hóspedes foram solicitados a avaliar o hotel em relação à percepção de tangibilidade do hotel (quartos, sala de refeições, salões etc.), confiabilidade, presteza, empatia e segurança. A seguir, apresentam-se os resultados da pesquisa:

	Percepções dos clientes
Tangibilidade	6,2
Confiabilidade	5,8
Presteza	6,1
Empatia	5,3
Segurança	5,0

Questões para discussão

1. Com base nas observações do primeiro dia de Maria e na conversa com Diaz, forneça exemplos das lacunas da qualidade do serviço (por exemplo, de conhecimento, padrões, entrega, comunicação e serviço) evidentes no Hotel Libertador.
2. Dada a informação de percepção do cliente fornecida pelo gerente geral no segundo dia, qual é a *primeira* dimensão da qualidade do serviço que Maria deve tentar melhorar inicialmente? Justifique sua resposta.
3. Depois de analisar mais arquivos deixados por sua antecessora, Maria descobriu que dados da expectativa do cliente também foram coletados e conseguiu as informações fornecidas a

seguir. Qual é o impacto dessas informações sobre a decisão que você tomou ao responder à questão 2?

	Expectativas dos clientes
Tangibilidade	6,4
Confiabilidade	6,5
Presteza	6,8
Empatia	5,5
Segurança	5,0

4. De que outras informações Maria precisa para ter certeza de que os esforços para melhorar a qualidade do serviço do Libertador estão começando a dar certo?

capítulo 13

Gerenciamento de falhas de serviços e implementação de estratégias de recuperação

"Clientes que reclamam podem te levar à loucura, mas no final estão te carregando para o futuro."
Fred Wiersema, *coautor do* best-seller
A disciplina dos líderes de mercado

Objetivos do capítulo

Após a leitura deste capítulo, você deve ser capaz de:

- Discutir aspectos relacionados à psicologia do comportamento de reclamações, incluindo os tipos de pessoa que reclamam e os tipos de queixa.
- Explicar o comportamento do cliente que reclama com relação aos motivos que o fazem se queixar e os resultados em relação às reclamações de clientes.
- Descrever as etapas orgânicas e mecanicistas envolvidas no desenvolvimento de um programa de gerenciamento de recuperação do serviço.
- Compreender o valor de monitorar e acompanhar falhas de serviços e esforços de recuperação por parte do funcionário.
- Discutir as regras básicas da arte da recuperação dos serviços.

Este capítulo apresenta os conceitos relativos a reclamações e ao gerenciamento da recuperação dos serviços.

NO INFERNO, NÃO HÁ FÚRIA MAIOR QUE A DE UM CLIENTE DESPREZADO!

Apesar das melhorias das empresas no que se refere à qualidade dos serviços prestados, elas ainda cometem erros que resultam em clientes insatisfeitos. É a natureza do negócio de serviços. Simplificando, os seres humanos fornecem a maioria dos serviços, entretanto, seres humanos nem sempre são perfeitos, incluindo os clientes. Como resultado, o mantra tradicional de fabricação de "zero defeitos" (sem erros) é uma meta impossível. Em seu lugar, a arte de lidar adequadamente com as reclamações dos clientes que resulta em "zero abandonos" (recuperação dos erros com sucesso e retenção de clientes) torna-se o objetivo principal da empresa de serviços. Há inúmeros exemplos de situações em que os clientes receberam um serviço ruim e uma resposta inadequada da empresa, o que amplifica a situação de falha. Em casos recentes, o cliente fez justiça com as próprias mãos e se tornou um ativista. Este tipo de situação tornou-se tão comum que a *Business Week* dedicou uma reportagem de capa aos *Vigilantes do Cliente* com o *slogan*: "Recado para as empresas dos Estados Unidos: no inferno, não há fúria maior que a de um cliente desprezado!".

Considere o caso de Mona Shaw, 76 anos, enfermeira aposentada e secretária da Associação Norte-Americana de Aposentados (American Association of Retired Persons – Aarp) de Manassas, na Virgínia. Mona havia solicitado à Comcast, uma empresa de TV a cabo local, a instalação do serviço de TV a cabo na sua casa. Aparentemente, o prestador não fez o serviço corretamente. Como resposta, Shaw visitou pessoalmente o escritório local da Comcast para pedir ajuda. A empresa a fez esperar sentada em um banco de corredor por duas horas para falar com um gerente. Depois de passadas duas horas sem que nenhum gerente aparecesse, Mona calmamente deixou o escritório, foi para casa e voltou para o escritório com um martelo. Enfurecida, a aposentada perguntou ao pessoal da recepção: "Agora vou ter sua atenção?". Em seguida, estraçalhou um teclado de computador e um telefone com o martelo. Pouco tempo depois, foi presa e multada em US$ 345. Por causa da atitude, Mona Shaw se tornou uma sensação na mídia e passou a ser adorada pelo público, e a Comcast foi retratada como a vilã da história. Obviamente, o público poderia se identificar com o desejo de Mona de acabar com a empresa de TV a cabo! A resposta da Comcast: "Pedimos desculpas por eventuais problemas de atendimento ao cliente que a senhora Shaw teve".

Igualmente furioso com o tratamento recebido da Apple, Michael Whitford fez *upload* de um vídeo no YouTube (*Macbook destruction*), no qual ele esmigalha com uma marreta o próprio Macbook com defeito. A Apple recusou-se a consertar o Macbook sob garantia por causa dos danos causados por um líquido derramado. Whitford alegou que o tal evento de líquido derramado nunca ocorreu, e que a Apple deveria ter consertado o Macbook sob garantia. Depois de Michael explicar sua situação a um supervisor da Apple, este sugeriu que o cliente comprasse o próximo computador de outro fornecedor. O vídeo já foi visto por quase meio milhão de pessoas. A Apple reconsiderou e deu a Michael um novo *laptop*. "Agora estou muito feliz, e a Apple recuperou minha lealdade", disse Whitford. No entanto, o vídeo permanece no YouTube.

Esses dois exemplos, dos muitos existentes, mostram que lidar de forma inadequada com as reclamações dos clientes pode custar à empresa muito mais em má publicidade do que corrigir logo o problema original. O artigo da *Business Week* provocou vários outros que enviaram uma mensagem clara para as empresas dos Estados Unidos: os clientes estão fartos e não vão se sentar calmamente e aceitar soluções abaixo das expectativas para falhas de serviço. Consequentemente, as empresas de serviços precisam ouvir as reclamações dos clientes, resolver situações de falha e minimizar ocorrências futuras por meio do desenvolvimento e da implementação de sistemas eficazes de gestão de recuperação de serviços.

Fonte: Disponível em: <http://www.businessweek.com/magazine/content/08_09/b4073038437662.htm>. Acesso em: 7 abr. 2010.

Introdução

Apesar dos esforços de uma empresa de serviços, clientes insatisfeitos são inevitáveis. Aviões atrasam, refeições em restaurantes nem sempre são preparadas com perfeição, e funcionários de hotel ocasionalmente são desatentos. É preciso considerar ainda que existem clientes irracionais que nunca ficarão satisfeitos. Não se pode desistir! Desenvolver uma atitude indiferente ou aceitar clientes insatisfeitos como parte do cotidiano dos negócios pode ser a "sentença de morte". Os clientes são rápidos para recompensar com fidelidade as empresas que realmente se preocupam com os seus problemas e igualmente rápidos para punir aquelas que não respondem às reclamações. Dada a disponibilidade de diversas formas de comunicação eletrônica, os clientes podem espalhar o descontentamento e rapidamente incitar outros clientes insatisfeitos a participar e expressar publicamente sua insatisfação com a empresa em questão. Por exemplo, um cliente insatisfeito da United Airlines criou o próprio *site*, chamado Untied.com, totalmente dedicado a insatisfações de clientes e funcionários com a companhia aérea. Infelizmente para a United, o Untied.com é agora um *site* bastante conhecido. Assim, o segredo para conquistar clientes insatisfeitos é assumir uma postura proativa para reduzir a ocorrência de **falhas de serviço** e equipar os funcionários com um conjunto de ferramentas de **recuperação do serviço** eficazes para corrigir a experiência de serviço quando falhas ocorrem.

> **falhas de serviço** Referem-se a problemas na entrega de serviços; o serviço que não atende às expectativas dos clientes.
>
> **recuperação do serviço** Trata-se da reação da empresa a uma reclamação que resulta em satisfação do cliente.

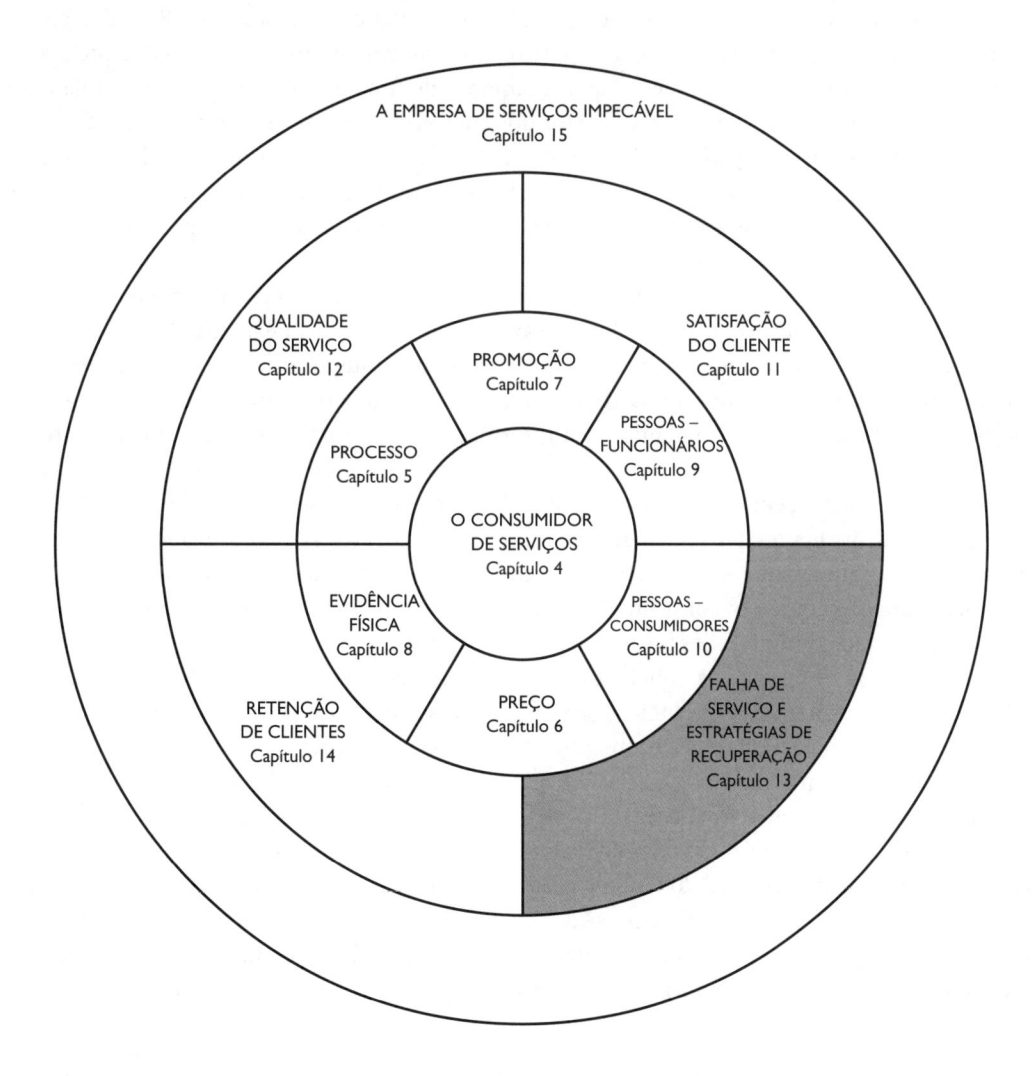

A razão pela qual as falhas são eventos inerentes ao encontro de serviço está diretamente relacionada com as características únicas que distinguem serviços de bens, descritas no Capítulo 3. Devido à intangibilidade, a comparação feita pelo cliente de suas percepções e expectativas é uma avaliação altamente subjetiva; consequentemente, nem todos os clientes vão ficar satisfeitos dadas as expectativas e percepções individuais do mundo ao seu redor. Por causa da heterogeneidade, haverá variações no processo de prestação de serviços, e nem todo encontro de serviço será idêntico aos anteriores. Como resultado, os clientes se perguntam por que as experiências passadas com uma empresa não são exatamente idênticas às atuais. A característica da perecibilidade fornece outra fonte de potenciais problemas. Por causa da perecibilidade, problemas de oferta e demanda são uma ocorrência comum nas empresas de serviços, o que pode fazer os clientes esperarem pelo serviço. Quando a espera se torna excessiva, os clientes ficam insatisfeitos, como na história de Mona Shaw no começo do capítulo. Por fim, a característica da inseparabilidade muitas vezes coloca o prestador de serviço em uma interação direta com o cliente, criando uma série de possibilidades de falhas de serviço. Na verdade, os contatos diretos dos prestadores de serviços com os clientes são chamados de "incidentes críticos" ou "momentos da verdade", destacando a importância de possíveis ganhos e perdas resultantes dessa interação. Pesquisas indicam que quase dois terços dos clientes que abandonam uma empresa de serviço o fazem por algo que deu errado em alguma interação com um dos funcionários da empresa.[1] O supervisor da Apple que incentivou Michael Whitford a comprar o próximo computador de outro fornecedor pode muito bem ter dado uma motivação adicional para que desse uma marretada no *laptop* Apple.

Psicologia do comportamento de reclamações do cliente

Para exemplificar o impacto das falhas de serviço, foi perguntado aos clientes: "Você já ficou tão chateado com um funcionário ou uma empresa para dizer 'Nunca mais vou entrar nessa loja ou comprar essa marca de novo' e cumpriu a promessa?". Os pesquisadores descobriram que tinham de limitar os respondentes a relatar apenas três incidentes para manter o tempo de entrevista razoável. O incidente mais antigo havia acontecido há mais de 25 anos, e 86% dos incidentes há mais de cinco anos. Aparentemente, os clientes não são propensos a "perdoar e esquecer" quando se trata de falhas de serviço!

As consequências de falhas de serviço podem ser dramáticas. Na pesquisa, 87% dos entrevistados indicaram que ainda estavam um pouco ou muito perturbados emocionalmente e ficaram mais chateados com o tratamento que receberam de funcionários do que com a loja ou o desempenho do produto. Mais de três quartos dos entrevistados indicaram que haviam feito comunicações boca a boca negativas sobre o incidente (46% afirmaram que haviam dito a "muitas pessoas"). Por último, condizente com o comportamento típico de reclamação do cliente, apenas 53% haviam manifestado sua reclamação para a loja, apesar de 100% terem procurado outras empresas.[2]

A maioria das empresas assusta-se ao pensar em clientes que se queixam, enquanto outras olham para reclamações como um mal necessário na condução dos negócios. A verdade é que todas as empresas devem incentivar os clientes a reclamar. Quem reclama está dizendo que a empresa tem alguns problemas operacionais ou gerenciais que precisam ser corrigidos. Assim, os clientes que reclamam estão dando uma informação de presente à empresa, ou seja, atuam como consultores e diagnosticam problemas da empresa sem cobrar nada.[3] Além disso, quem reclama proporciona à empresa a oportunidade de restabelecer a satisfação do cliente. Mais importante ainda, os clientes que reclamam são mais propensos a voltar a fazer negócios com a empresa do que aqueles que não reclamam. Consequentemente, as empresas bem-sucedidas visualizam queixas como uma oportunidade para satisfazer os clientes insatisfeitos e evitar abandonos, bem como comunicações boca a boca desfavoráveis.[4]

Não é com os clientes que se queixam que a empresa deve se preocupar, é com os calados! Clientes que não expressam as reclamações para a empresa de serviço já se foram ou estão prontos para ir à concorrência a qualquer momento. De fato, 63% dos clientes insatisfeitos que não se queixam e que adquiriram bens ou serviços que custaram de US$ 1 a US$ 5 irão para um concorrente. Ainda mais preocupante, para compras superiores a US$ 100 a taxa de abandono se aproxima de 91%.[5] Dos inúmeros livros e artigos escritos sobre como lidar com reclamações de clientes (uma recente pesquisa do Google rendeu mais de 2.770.000 resultados), solicitar ativamente as reclamações dos clientes torna-se de suma importância. Embora muitos clientes possam se queixar a amigos, familiares e outros conhecidos, queixar-se diretamente para a empresa acontece com muito menos frequência do que se poderia pensar. Além disso, o comportamento de reclamação do cliente e as suas expectativas de recuperação podem ser diferentes, dependendo da cultura do cliente, como é o caso dos chineses, que estão buscando *junzi* enquanto mantêm os estados de *lian* e *mianzi* (ver "Serviços globais *em ação*").

SERVIÇOS GLOBAIS *EM AÇÃO*

Falhas de serviços e estratégias de recuperação: uma perspectiva chinesa

Práticas eficazes de gestão de falhas e de recuperação do serviço precisam levar em consideração aspectos culturais. Isto é particularmente verdadeiro no setor de hoteleiro, em que há um alto nível de interação humana entre os funcionários do hotel e os hóspedes com diversas origens culturais. Portanto, a recuperação do serviço eficaz envolve restaurar o equilíbrio entre as expectativas e as percepções do cliente. Consequentemente, é de suma importância compreender a influência do contexto cultural sobre expectativas e percepções. Estudos relataram diferenças culturais na avaliação da qualidade do serviço, no comportamento de reclamação e nas percepções de falhas e eficácia na recuperação do serviço.

Os chineses são um excelente exemplo do impacto de diferenças culturais em expectativas e percepções relativas a falhas de serviço e estratégias de recuperação. Por exemplo, pessoas de muitas culturas orientais (incluindo a China) podem atribuir a causa de uma falha no serviço a forças externas, como sorte ou destino, em vez de a atribuírem a um prestador de serviços diretamente. Tal atribuição manteria uma relação harmoniosa e evitaria conflitos. Mais especificamente, os chineses parecem confiar em cinco temas-chave de valor quando avaliam a eficácia das estratégias de recuperação do serviço.

1. Proteção de reputação – a proteção da própria reputação ou de outras pessoas. É composta por *lian* (reputação moral de um indivíduo) e *mianzi* (indivíduos honrados podem reclamar porque são bem-sucedidos). O tema de valor da proteção da reputação ilustra a importância crucial da justiça interacional para clientes chineses. Empresas de serviços precisam lidar com situações negativas de uma maneira muito delicada.
2. Equidade – o desejo de ser tratado de forma justa. Como ocorre nas culturas ocidentais, os chineses comparam o serviço recebido com os custos envolvidos. Se há um desequilíbrio, eles esperam ser compensados pela perda. O tema de valor da equidade ilustra a importância da justiça distributiva.
3. Clientes de valor – devem ser respeitados como clientes estimados em relações de troca de serviços. Um cliente de valor se sente aceito, independentemente da sua origem. Quando ocorrem falhas, os clientes de valor recebem um pedido de desculpas, os prestadores são educados e corteses e se esforçam para recuperá-los. Além disso, os clientes devem sentir que existe uma preocupação genuína, ser tratados com honestidade e ter os direitos respeitados.
4. Aspiração *junzi* – esforçar-se para viver com os valores de compaixão, bondade e outras qualidades benevolentes. Por exemplo, um cliente com um comportamento *junzi* acredita que "o homem ganha respeito por não ser muito agressivo com os outros". Em outras palavras, em situações de falha do serviço, os clientes chineses podem se comportar evitando confrontos a fim de preservar sua imagem *junzi*.
5. Harmonia social – o desejo de se relacionar de forma harmoniosa quando ocorrem disputas. Harmonia é obtida por ambos os lados de uma disputa que exibe boa vontade, diplomacia, paciência, compreensão e tolerância para com o outro.

Quando os cinco valores são considerados em conjunto, quatro deles demonstram a importância da justiça interacional para a cultura chinesa. Empresas de hotelaria que atendem à clientela chinesa devem enfatizar o componente interacional de recuperação do serviço quando ocorrerem falhas.

Fonte: Disponível em: <http://jht.sagepub.com/cgi/reprint/31/4/504>. Acesso em: 2 mar. 2009.

Tipos de reclamação

Em geral, reclamar é muitas vezes definido como "expressar descontentamento, insatisfação, protesto, ressentimento ou arrependimento".[6] Reclamar é diferente de criticar. Reclamação expressa uma insatisfação do reclamante, enquanto a crítica pode ser uma observação objetiva e racional sobre uma pessoa ou um objeto. Com base em pesquisas anteriores de psicologia do cliente, torna-se claro que nem todas as reclamações são criadas da mesma forma. Por exemplo, as reclamações podem ser instrumentais ou não instrumentais.[7] **Reclamações instrumentais** são expressas com a finalidade de alterar um estado indesejável da situação. Por exemplo, queixar-se a um garçom sobre um bife malpassado é uma reclamação instrumental.

reclamações instrumentais Referem-se às reclamações expressas com a finalidade de alterar um estado indesejável da situação.

Neste caso, o cliente que reclama espera que o garçom tome medidas a fim de corrigir a situação. Curiosa, e talvez infelizmente, pesquisas indicam que as reclamações instrumentais constituem um número muito pequeno dos milhões de queixas expressas a cada dia.

Em contraste, as **reclamações não instrumentais** são expressas sem qualquer expectativa de que o estado indesejável será alterado. Este tipo de queixa ocorre com muito mais frequência do que as reclamações instrumentais. Por exemplo, reclamações sobre o clima, como "Está muito quente!", são expressas sem qualquer expectativa real de que as condições mudem. Outro tipo de reclamação não instrumental é a expressa a um terceiro e não para a fonte do problema. Por exemplo, reclamar com um amigo sobre o mau estado de um quarto de hotel é uma reclamação não instrumental. O amigo provavelmente não tem como corrigir a condição do quarto nem a pessoa que manifestou a queixa espera que o amigo o faça.

reclamações não instrumentais Referem-se às reclamações expressas sem expectativa de que um estado indesejável seja alterado.

Os tipos de reclamação também variam de acordo com o alvo da reclamação, ou seja, a pessoa considerada responsável pelo problema. Assim, as reclamações podem ser categorizadas como ostensivas ou reflexivas. **Reclamações ostensivas** são dirigidas a alguém ou algo fora do âmbito do reclamante. Em outras palavras, a fonte do problema é percebida como outra pessoa ou outra coisa, e não o reclamante. Em contrapartida, **reclamações reflexivas** são dirigidas a algum aspecto interno do reclamante. Quem expressa reclamações reflexivas culpa a si mesmo como a principal fonte do problema. Talvez não seja surpresa que a maioria dos clientes expresse reclamações ostensivas. Pesquisas indicam que este fenômeno ocorre por duas razões. Primeira, as pessoas geralmente evitam fazer comentários negativos sobre si mesmas, de modo a não reforçar uma autoestima negativa. Segunda, as pessoas raramente querem comunicar atributos negativos sobre si mesmas para os outros. Leonard, Stew do Stew Leonard's Dairy, aprendeu essa lição há muito tempo, quando abriu seu primeiro famoso supermercado. A loja foi considerada pela coluna do jornal *Ripley's Believe It or Not* como "o maior laticínio do mundo", e a *Fortune Magazine* selecionou a empresa como uma das principais "100 Empresas para Trabalhar". Os clientes entravam na loja e viam uma grande pedra de três toneladas do lado de fora apresen-

reclamações ostensivas Referem-se às reclamações dirigidas a alguém ou algo fora do âmbito do reclamante.

reclamações reflexivas Referem-se às reclamações dirigidas a algum aspecto interno do reclamante.

Um cliente que expressa uma reclamação a um funcionário provavelmente o fará de forma ostensiva e instrumental.

tando duas regras simples: Regra nº 1: O cliente tem sempre razão!, e Regra nº 2: Se o cliente estiver errado, releia a Regra nº 1. De acordo com Leonard Stew, quando os clientes estão insatisfeitos com a situação (mesmo se estiverem errados), o que realmente importa é quem eles percebem como a fonte do problema. O resultado é que a maior parte das pessoas que reclamam vive em um mundo ostensivo, e os prestadores de serviços devem ser gratos quando os clientes expressam reclamações instrumentais!

Tipos de pessoas que reclamam

Antes de lançar uma discussão sobre "por que sim" e "por que não" os clientes se queixam, vale a pena entender que existem diferentes tipos de pessoas que reclamam. De acordo com uma das mais recentes descobertas sobre o tema, pelo menos cinco tipos de clientes podem ser identificados.[8]

- *Dócil* – geralmente não se queixa. A principal estratégia para responder a este tipo de cliente é ativamente solicitar-lhe comentários e agir de forma adequada para resolver a queixa. O cliente pode não estar dizendo alguma coisa negativa, mas prestadores de serviços treinados podem, em geral, reconhecer os sinais não verbais de insatisfação quando algo está errado.
- *Agressivo* – trata-se do *alter ego* do cliente dócil. Este cliente reclama costumeiramente, muitas vezes de forma ostensiva e em voz alta o suficiente para todo mundo ouvir. Recomendações de resposta a este cliente incluem escutar completamente tudo o que ele tem a dizer, concordando que de fato existe um problema, desde que, sem se justificar, indique o que será feito para resolver o problema e quando ele será resolvido, e perguntar "O que mais?". Isso indica que a empresa está disposta a fazer um esforço adicional para satisfazê-lo. Dado o ruído feito pelo cliente agressivo, os prestadores também podem considerar convidá-lo a "sair do palco", conduzindo-o para longe de outros clientes a fim de evitar um impacto negativo sobre a experiência dos demais.
- *Grande apostador* – este tipo de cliente espera o melhor e está disposto a pagar por isso. A menos que este cliente seja um híbrido de cliente agressivo com dinheiro, grandes apostadores normalmente se queixam de uma forma razoável. As respostas apropriadas para as queixas são muito semelhantes às recomendadas para o cliente agressivo, ou seja, escutar atentamente, sem se justificar, fazer perguntas para determinar a causa real do problema e responder apropriadamente. Em geral, não há necessidade de isolá-lo de outros, uma vez que ele se queixa de uma forma razoável.
- *Aproveitador* – quer mais do que tem direito a receber. Em geral, o aproveitador pode ser rapidamente identificado por respostas constantes e repetitivas do tipo "Não é bom o suficiente" para qualquer solução que a empresa oferece para resolver o problema. Respostas adequadas para este cliente podem variar de deixar que o cliente insatisfeito vá embora a permitir que ele determine o esforço de recuperação adequado. Simplesmente perguntar ao cliente "O que podemos fazer para consertar isso?" coloca a solução de recuperação em suas mãos.
- *Chorão crônico* – este cliente nunca está satisfeito, mas volta sempre. O chorão crônico irá testar a paciência de qualquer prestador de serviços, mas não deve ser ignorado. Ele vai aceitar um pedido de desculpas e agradecer os esforços para corrigir a situação. Muitas vezes, está à procura de um ombro amigo e vai espalhar referências boca a boca positivas quando os problemas são resolvidos.

Esses tipos de pessoas que reclamam são de natureza geral e podem aparecer nos vários setores de serviços. No entanto, algumas indústrias criaram suas próprias tipologias. Por exemplo, a indústria hoteleira identificou sete tipos: "pessoas com sonhos desfeitos", "preservadores de reputação", "loucos por brindes", "guerreiros feridos", "mártires passivo-agressivos", "clientes fiéis" e " magoado".⁹ Deve-se também salientar que os clientes não devem ser sempre mantidos satisfeitos independente do custo envolvido. De fato, alguns clientes são mais importantes do que outros, e a empresa de serviços precisa decidir quais clientes devem ser mantidos e quais podem partir. Diretrizes sobre quais clientes reter e quais liberar são fornecidas no Capítulo 14, que se concentra em questões e estratégias de retenção de clientes.

SUSTENTABILIDADE E SERVIÇOS *EM AÇÃO*

A TreeHugger tem problemas com a Delta Sky: a questão ecológica

Ao longo dos últimos anos, a Delta Airlines tem conduzido a indústria aérea na promoção de práticas de negócios ecologicamente corretas, como o lançamento do primeiro programa abrangente de reciclagem em voo nos Estados Unidos. A Delta também tem parceria com a The Conservation Fund, uma organização sem fins lucrativos, para permitir que os passageiros compensem suas emissões de carbono de viagens aéreas. Além disso, a *Sky Magazine* da Delta é certificada pela Sustainable Forestry Initiative, o que indica que a companhia está comprando produtos de papel proveniente de florestas ecologicamente corretas.

Apesar do sucesso passado da Delta em posicionar-se como uma companhia aérea ambientalmente amigável, houve alguns contratempos ao longo do caminho. A TreeHugger, o meio de comunicação líder que se dedica a dinamizar a generalização da sustentabilidade, participou da celebração do lançamento da edição temática de meio ambiente de março de 2008 da revista de bordo da Delta Airlines. A celebração ocorreu no salão Sky 360° da Delta em Manhattan, onde os convidados foram servidos com grandes quantidades de Vodka 360 – a primeira marca de vodca ecoluxo do mundo. A TreeHugger admitiu que ninguém estava reclamando da vodca, mas detalhes de preocupação ecológica por parte da companhia aérea eram poucos e dispersos. Representantes da TreeHugger ficaram particularmente confusos com os conteúdos prejudiciais ao meio ambiente dos "sacos de guloseimas" que foram distribuídos aos convidados. De acordo com a TreeHugger, o "saco de guloseimas" em si era feito de polipropileno reciclável da China e o conteúdo incluía:

1. Uma camiseta Sky 360° tamanho G, de algodão convencional.
2. Uma *nécessaire* da Delta (todo o conteúdo feito na China).
3. Uma toalha de rosto da Heineken de algodão convencional.
4. Uma cópia do guia Greenopia de São Francisco, além de um cupom para uma cópia gratuita do guia de Nova York quando fosse lançado.
5. Um chaveiro da SkyMall, além de um cupom de 10% de desconto no SkyMall.
6. Uma lâmpada fluorescente compacta (OK, isso entendemos).
7. Um copo de Martíni da Vodka 360.
8. Uma pequena coqueteleira simples de Martini com maçã (Apple Martini) (não orgânico, pelo que pudemos observar).

Em outras palavras, o "saquinho" da Delta foi um fracasso gigantesco aos olhos de seus clientes amigos do meio ambiente. Um funcionário da Delta entrou na conversa do *blog* da TreeHuggers e afirmou que eles estavam envergonhados pelo fato de a companhia não ter conseguido encontrar pelo menos um brinde natural ou orgânico e sugeriu que ela deveria fazer a lição de casa antes de se lançar no movimento ecológico. Colocando fogo na fogueira, outro blogueiro, um escritor *freelance* que tinha recebido um convite para o evento, foi barrado na porta por um membro da equipe descrito como rude e desagradável. O blogueiro viu que o evento era mais para promover a companhia aérea e sua revista, e não para ideias e conceitos ecológicos da Delta.

Fonte: Disponível em: <http://www.treehugger.com/files/2008/02/delta_green.php>. Acesso em: 2 mar. 2009.

Por que os clientes reclamam?

As razões pelas quais os clientes reclamam estão diretamente relacionadas com o tipo de queixa expressa. No caso da reclamação instrumental, o motivo é bastante claro. O reclamante quer que a situação indesejável seja corrigida. Por exemplo, considere a reclamação da TreeHugger sobre a Delta Airlines (ver "Sustentabilidade e serviços *em ação*"). É provável que a Delta não esteja muito feliz com as observações da TreeHugger, no entanto, os comentários fornecem *feedback* para a Delta nunca mais cometer o mesmo erro e fazer melhorias futuras.

Em contrapartida, as razões pelas quais os clientes reclamam não são tão óbvias quando se trata de reclamações não instrumentais. Especialistas em psicologia acreditam que as reclamações não instrumentais ocorrem por várias razões. O ato de reclamar tem uma função muito parecida com a abertura de uma válvula de pressão: fornece ao reclamante uma liberação emocional da frustração. Em essência, as queixas proporcionam às pessoas um mecanismo para liberar os próprios sentimentos.

O comportamento de reclamar também está relacionado com controle. Mais especificamente, reclamar serve como um mecanismo para o desejo do reclamante de recuperar alguma medida de controle. O controle é restabelecido se o reclamante é capaz de influenciar as avaliações de outras pessoas sobre a fonte da reclamação. Por exemplo, o boca a boca negativo disseminado pelo reclamante com o propósito de se vingar de uma empresa infratora lhe dá alguma medida de controle por meio de retribuição indireta.

Além disso, as pessoas que compartilham as queixas com outros indivíduos (reclamações não instrumentais) objetivam angariar solidariedade e testar o consenso da reclamação, de modo a validar a avaliação subjetiva do reclamante dos eventos que o fizeram reclamar inicialmente. Em outras palavras, o reclamante quer saber se os outros se sentem da mesma forma em circunstâncias semelhantes. Se for o caso, em seguida o reclamante se sente justificado por ter manifestado a queixa.

Finalmente, quem reclama pode fazê-lo apenas para criar uma boa impressão. Por mais estranho que possa parecer, quem reclama é muitas vezes considerado mais inteligente e perspicaz do que quem não o faz (por exemplo, Simon Cowell, que foi o jurado mais crítico no *American Idol*).[10] A implicação é que os padrões e as expectativas de quem reclama são mais elevados do que os de quem cala. Por exemplo, a maioria tem amigos particularmente mais propensos a reclamar do que outros. Embora possamos nos cansar do seu comportamento de queixas constantes, prestamos atenção quando esses chorões crônicos expressam real contentamento com um prestador ou uma empresa de serviço. Como resultado, as recomendações deles tendem a ter mais peso do que as de uma pessoa comum. As empresas de serviços podem ativamente solicitar reclamações de chorões crônicos dado o valor do boca a boca que esses indivíduos podem gerar.

"Contrariamente à opinião popular, a maioria das opiniões das pessoas não é tão popular."

Embora uma empresa possa nunca ouvir queixas de clientes insatisfeitos e ingenuamente acreditar que está tudo bem, um grande número de clientes pode de fato estar insatisfeito.

Por que os clientes não reclamam?

Sabemos que uma grande porcentagem de clientes nunca reclama, mas, por que isto acontece? Além disso, os clientes de serviços são menos propensos a se queixar do que aqueles que consomem bens. Uma porcentagem maior de problemas de serviços comparados com os de bens não é manifestada "porque os potenciais reclamantes não sabem o que fazer ou pensam que reclamar não levará a lugar algum".[11] Esta situação é diretamente atribuível à intangibilidade e inseparabilidade inerentes ao fornecimento de serviços. Por causa da intangibilidade, a avaliação do processo de prestação de serviços é essencialmente subjetiva. Como consequência, os clientes muitas vezes não têm para segurança fazer uma reclamação objetiva e podem duvidar das próprias avaliações subjetivas. Por exemplo, os clientes de serviços de reformas de casas muitas vezes têm dificuldade em avaliar a competência e a qualidade do trabalho concluído por prestadores de serviços, como pintores, eletricistas e instaladores de piso.

Devido à inseparabilidade, os clientes muitas vezes fazem contribuições ao processo. Quando se deparam com um resultado indesejável, os clientes podem atribuir grande parte da culpa a si mesmos, pois partem do pressuposto de que não foram capazes de transmitir ao prestador de serviços uma descrição satisfatória do nível e tipo do serviço desejado. Além disso, a inseparabilidade envolve uma interação pessoal frequente entre o cliente e o prestador de serviços, e, neste caso, o cliente pode se sentir constrangido de reclamar por causa da presença física do prestador. Um exemplo clássico é a interação entre um cliente e um cabeleireiro. O cliente tenta passar instruções para o novo corte, mas, no final, não fica contente com o resultado. Em vez de reclamar, ele pode se culpar por não ter manifestado claramente suas necessidades e seus desejos a fim de evitar um confronto direto com o cabeleireiro.

Por fim, muitos serviços têm características técnicas e especializadas. Os clientes podem não se sentir adequadamente qualificados para expressar uma queixa por medo de não terem o conhecimento necessário para avaliar a qualidade do serviço. Por exemplo, a maioria dos clientes sente que não tem o conhecimento técnico para avaliar a competência de médicos, contadores, advogados e/ou mecânicos de automóvel. Um resumo sobre os motivos que levam os clientes a "fazer" e "não fazer" reclamações é fornecido na Figura 13.1.

Por que os clientes "RECLAMAM"	Por que os clientes "NÃO RECLAMAM"
Pretendem corrigir uma situação indesejável.	Entendem que nada mudará.
Desejam se libertar emocionalmente da frustração.	Não sabem a quem se queixar.
Querem recuperar algum controle.	Podem assumir parte da culpa.
Buscam solidariedade.	Duvidam da sua própria avaliação.
Desejam testar o consenso.	Podem não ter conhecimento técnico ou especializado necessário.
Querem criar uma impressão de que são mais inteligentes ou mais exigentes.	Podem se sentir desconfortáveis ao reclamar em uma situação presencial.

FIGURA 13.1 Por que os clientes "fazem" e "não fazem" reclamações

Resultados da reclamação

voz Refere-se a um resultado da reclamação no qual o cliente verbalmente comunica a insatisfação com a loja ou o produto.

Em geral, o comportamento de reclamar tem três resultados: voz, saída e retaliação.[12] **Voz** refere-se a um resultado no qual o cliente comunica verbalmente a insatisfação com um prestador específico ou empresa de serviço. *Voz alta* significa que a comunicação é expressa com o gerente ou alguém mais alto na hierarquia organizacional do que o real prestador. *Voz média* ocorre quando o cliente comunica o problema à pessoa que presta o serviço. *Voz baixa* ocorre quando o cliente não comunica o problema a alguém de alguma forma associado com a empresa fornecedora, mas pode retransmitir o problema a outras pessoas – um caso clássico de reclamação não instrumental.

Saída, o segundo tipo de resultado da reclamação, descreve a situação na qual um cliente para de comprar da empresa de serviço. *Saída alta* ocorre quando o cliente decide conscientemente nunca mais comprar nenhum produto da empresa. *Saída média* reflete a decisão consciente do cliente de tentar não usar a empresa de serviço novamente se possível. Em outras palavras, os clientes procurarão fornecedores alternativos. *Saída baixa* significa que o cliente não muda o comportamento de compra e continua a adquirir os serviços da empresa como de costume.

> **saída** Refere-se a um resultado da reclamação no qual o cliente deixa de comprar na loja ou de utilizar o produto.

O terceiro tipo de resultado da reclamação é a **retaliação**, situação na qual o cliente toma medidas deliberadamente concebidas para danificar a operação física ou prejudicar negócios futuros. *Retaliação alta* envolve a situação na qual o cliente fere fisicamente o prestador de serviços, causa danos físicos à empresa ou comunica ativamente aspectos negativos sobre ela para outras pessoas. Os dois clientes apresentados no começo do capítulo são exemplos clássicos de retaliação alta. Na *retaliação média*, o cliente cria inconvenientes menores para a empresa ou apenas fala a algumas pessoas sobre o incidente. *Retaliação baixa* não envolve qualquer retaliação contra o prestador ou a empresa e pode consistir em um pequeno boca a boca negativo.

> **retaliação** Refere-se a um resultado da reclamação no qual o cliente toma medidas deliberadamente concebidas para danificar a operação física ou prejudicar negócios futuros.

Curiosamente, os três resultados de reclamação não são mutuamente excludentes, e podem ser considerados como três aspectos de comportamento passíveis de ocorrer de forma simultânea. Experimentar altos níveis dos três resultados simultaneamente pode gerar comportamento explosivo por parte do cliente. Por exemplo, "Em um exemplo de voz, saída e retaliação altas, o cliente manifestou, aos berros, seu descontentamento ao funcionário e ao gerente da loja, jurou nunca mais comprar na loja, saiu, entrou no carro, colidiu com as portas da frente da loja, adentrou com o veículo entre o caixa e duas filas de prateleiras e destruiu tudo que havia pelo caminho".[13] Em contrapartida, um cliente que exibe comportamento de voz alta, saída baixa e retaliação baixa tipifica o chorão crônico, que, no entanto, continua a comprar da empresa como de costume.

Quando ocorre uma falha, um programa eficaz de gestão de recuperação do serviço deve concentrar-se em prioridades estratégicas voltadas ao restabelecimento da satisfação do cliente.

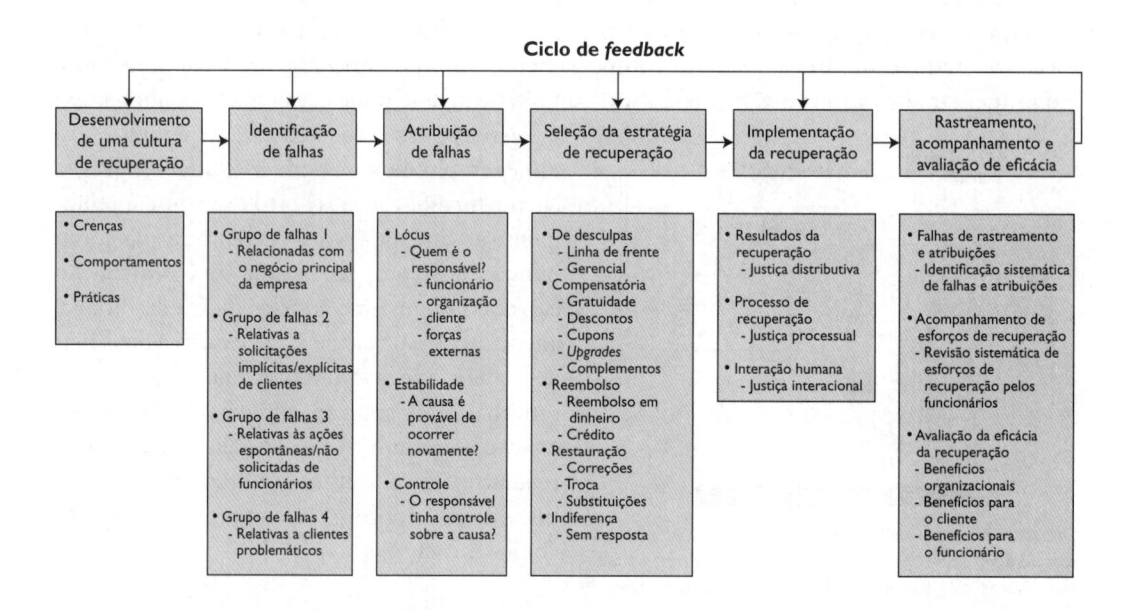

Como desenvolver um programa de gerenciamento de recuperação do serviço

Atualmente, os gerentes e o pessoal de serviços têm enfrentado pressões intensas no que se refere ao atendimento ao cliente. Os clientes estão mais informados, suas expectativas em relação a um serviço de qualidade são elevadas, e a situação da economia tem aumentado a sensibilidade ao serviço de má qualidade. Quando ocorre uma falha de serviço, a reação do prestador de serviços pode reforçar um forte vínculo do cliente ou transformar um inconveniente aparentemente menor em um grande incidente. Por consequência, é imperativo que os gestores tenham um programa de gerenciamento de recuperação do serviço estabelecido para superar possíveis falhas no serviço.

Ao formalizarem um programa de gerenciamento de recuperação do serviço (ver Figura 13.2), as empresas podem desenvolver um processo composto de componentes **mecanicistas** e **orgânicos** que as auxiliam a recuperar falhas do serviço de forma eficiente e eficaz.[14] Abordagens mecanicistas para a recuperação dos serviço referem-se a processos desenvolvidos passo a passo para facilitar a análise de falhas e os esforços de recuperação do serviço da empresa. Em contrapartida, a abordagem orgânica para a recuperação do serviço é um conjunto informal de valores e crenças que compõem a cultura de recuperação do serviço da empresa.

processos mecanicistas Trata-se de processos desenvolvidos passo a passo para facilitar a análise de falhas e os esforços de recuperação do serviço da empresa.

processos orgânicos Refere-se ao conjunto informal de valores e crenças que compõem a cultura de recuperação do serviço da empresa.

FIGURA 13.2 Como desenvolver um programa de gerenciamento de recuperação do serviço

Ciclo de *feedback*

Desenvolvimento de uma cultura de recuperação	Identificação de falhas	Atribuição de falhas	Seleção da estratégia de recuperação	Implementação da recuperação	Rastreamento, acompanhamento e avaliação de eficácia
• Crenças • Comportamentos • Práticas	• Grupo de falhas 1 - Relacionadas com o negócio principal da empresa • Grupo de falhas 2 - Relativas a solicitações implícitas/explícitas de clientes • Grupo de falhas 3 - Relativas às ações espontâneas/não solicitadas de funcionários • Grupo de falhas 4 - Relativas a clientes problemáticos	• Lócus - Quem é o responsável? - funcionário - organização - cliente - forças externas • Estabilidade - A causa é provável de ocorrer novamente? • Controle - O responsável tinha controle sobre a causa?	• De desculpas - Linha de frente - Gerencial • Compensatória - Gratuidade - Descontos - Cupons - *Upgrades* - Complementos • Reembolso - Reembolso em dinheiro - Crédito • Restauração - Correções - Troca - Substituições • Indiferença - Sem resposta	• Resultados da recuperação - Justiça distributiva • Processo de recuperação - Justiça processual • Interação humana - Justiça interacional	• Falhas de rastreamento e atribuições - Identificação sistemática de falhas e atribuições • Acompanhamento de esforços de recuperação - Revisão sistemática de esforços de recuperação pelos funcionários • Avaliação da eficácia da recuperação - Benefícios organizacionais - Benefícios para o cliente - Benefícios para o funcionário

Desenvolvimento de uma cultura interna positiva de recuperação

No desenvolvimento de um programa eficaz de gestão de recuperação de serviço, o primeiro passo é incutir uma **cultura de recuperação dos serviços** em toda a empresa.[15] Desenvolver uma cultura de recuperação pode ser descrito como uma abordagem orgânica para a recuperação do serviço. Culturas de recuperação orgânicas não são formalizadas ou sistematizadas, mas simplesmente um conjunto informal de crenças, comportamentos e práticas que dão o tom de como a empresa pretende abordar as reclamações dos clientes. Uma cultura interna positiva de recuperação reflete o suporte do ambiente interno da empresa com relação ao tratamento de reclamações. Uma cultura negativa de recuperação do serviço condena os esforços de recuperação antes mesmo que saiam do papel. Um exemplo é o da japonesa Mitsubishi Motors. Durante décadas, os funcionários da Mitsubishi se esforçaram para esconder as queixas dos clientes. Cartas foram escondidas em caixas, vestiários, atrás de armários e guardadas em arquivos secretos de computador. A principal razão para o acobertamento parecia ser cultural. Finalmente, o presidente da empresa enfrentou a imprensa mundial, suspirou, e fez uma reverência profunda de desculpas ao confessar a tentativa sistemática e deliberada da empresa de evitar o *recall* de mais de 800 mil veículos defeituosos. "Estávamos envergonhados por fazer *recalls*", afirmou o presidente da empresa, Katsuhiko Kawasoe. O custo do *recall* para a empresa foi estimado em dezenas de milhões de dólares. No entanto, o dano ao nome e à reputação da marca foi muito pior.[16]

> **cultura de recuperação dos serviços**
> Trata-se do conjunto informal de crenças, comportamentos e práticas que dão o tom de como a empresa pretende abordar as reclamações dos clientes.

Grandes culturas de recuperação dos serviços começam pelo topo, com a alta gerência da empresa. A liderança deve "dar o exemplo" e facilitar os esforços de recuperação do serviço da empresa. Uma cultura positiva de recuperação consiste em gestores de topo que reconhecem que falhas de serviço ocorrem ocasionalmente, fornecem treinamento e ferramentas necessárias para o pessoal de serviço recuperar efetivamente as falhas do serviço e tornam esta recuperação uma prioridade para a empresa. Programas tradicionais de formação de novos funcionários concentram-se em como entregar o serviço certo da primeira vez. É quase como se os treinadores acreditassem que "o fracasso não é uma opção". As empresas de serviços precisam reconhecer que a falha do serviço ocasional é uma possibilidade distinta, e que simplesmente ignorar este fato provavelmente tornará situações de falha ainda piores. Empresas que desenvolvem uma cultura interna positiva de recuperação reconhecem a necessidade de discutir abertamente a possibilidade de falhas de serviço e o desejo da empresa de manter os clientes por meio de estratégias de recuperação dos serviços eficazes.

Identificação da falha do serviço

As empresas de serviços com culturas internas positivas de recuperação (abordagem orgânica) provavelmente desenvolverão processos formalizados (abordagem mecanicista) para analisar as falhas dos serviços passadas e aprender com elas, a fim de minimizar a ocorrência futura. Consequentemente, o segundo passo na implantação de um programa de gerenciamento de recuperação do serviço é a identificação de falhas. Embora uma empresa possa receber centenas de reclamações de clientes relativas a falhas percebidas do serviço ao longo de um ano, essas queixas podem ser sistematicamente categorizadas em respostas de funcionários para um dos quatro grupos principais de falhas: (1) do sistema de prestação do serviço principal, (2) relativas a necessidades e pedidos dos clientes, (3) relativas a ações espontâneas e não solicitadas dos funcionários, e (4) relacionadas com clientes problemáticos (ver Figura 13.3).[17]

falhas do serviço principal Referem-se às falhas na oferta do serviço principal da empresa, como: indisponível, excessivamente lento e outras falhas do serviço principal.

Falhas do sistema de prestação do serviço principal **Falhas no serviço principal** estão relacionadas diretamente com a oferta do serviço principal da empresa. Companhias aéreas que não partem no horário, hotéis que não limpam adequadamente os quartos e empresas de seguros que não processam os pedidos em tempo hábil são exemplos de falhas do sistema de entrega do serviço principal. Em geral, tais falhas consistem em respostas de funcionários para três tipos de situação: (1) serviço indisponível, (2) serviço excessivamente lento e (3) outras falhas do serviço principal. *Serviço indisponível* refere-se a serviços normalmente disponíveis que estão faltando ou ausentes. *Serviço excessivamente lento* diz respeito a serviços ou funcionários que os clientes percebem como demasiadamente lentos no cumprimento da função. Por último, *outras falhas do serviço principal* englobam todas as demais falhas. Esta categoria é deliberadamente ampla para refletir os vários serviços principais oferecidos por diferentes indústrias, como serviços financeiros, cuidados de saúde, seguros, viagens e turismo, varejo, e assim por diante. Cada setor contém seu próprio conjunto de problemas do serviço principal. Por exemplo, falhas do serviço principal pertencentes à categoria "outros" relativa à indústria de restaurantes podem incluir questões de cozinha, problemas de instalações, políticas da empresa pouco claras e situações de falta de estoque.

PRINCIPAL TIPO DE FALHA	SUBGRUPOS DE FALHAS
Falhas do sistema de entrega do serviço	Serviço indisponível Serviço excessivamente lento Outras falhas do serviço principal
Necessidades e pedidos dos clientes	Clientes com "necessidades especiais" Preferências do cliente Erros admitidos pelo cliente Outras perturbações
Ações espontâneas/não solicitadas de funcionários	Nível de atenção Ação incomum Normas culturais Gestalt
Clientes problemáticos	Embriaguez Abuso verbal e físico Quebra de políticas da empresa Clientes não cooperativos

Fontes: Adaptada de Mary Jo Bitner; Bernard H. Booms; Mary Stanfield Tetreault. The Service Encounter: Diagnosing Favorable and Unfavorable Incidents. *Journal of Marketing*, jan. 1990, p. 71-84; Mary Jo Bitner; Bernard H. Booms; Lois A. Mohr. Critical Service Encounters: The Employee's Viewpoint. *Journal of Marketing*, 58, out. 1994, p. 95-106.

FIGURA 13.3 Quatro tipos de identificação de falhas de serviço

falhas relativas a necessidades e pedidos dos clientes Trata-se de falhas de serviço relativas às necessidades implícitas e explícitas dos clientes, como necessidades especiais, preferências dos clientes, seus erros e outros fatores perturbadores.

Falhas relativas a necessidades e pedidos dos clientes O segundo tipo de categoria de falhas, **necessidades e pedidos dos clientes**, refere-se a respostas de funcionários às necessidades e aos pedidos especiais dos clientes individuais. As necessidades dos clientes podem ser implícitas ou explícitas. *Necessidades implícitas* não são solicitadas. Por exemplo, um cliente cadeirante não deve ser conduzido a uma mesa no andar superior de um restaurante. Em contrapartida, *solicitações explícitas* são abertamente solicitadas. Um cliente que pede um bife mal-passado e deseja substituir purê de batatas por batata assada está fazendo pedidos explícitos.

Em geral, as necessidades e os pedidos dos clientes consistem em respostas de funcionários a quatro tipos possíveis de falha: (1) necessidades especiais, (2) preferências dos clientes, (3) erros dos clientes e (4) outros fatores perturbadores. As respostas dos funcionários às *necessidades especiais* envolvem o atendimento de pedidos com base em dificuldades especiais de ordem médica, alimentar, psicológica, linguística ou sociológica de um cliente. Preparar uma refeição para um vegetariano atende a um "pedido especial". As respostas dos funcionários às *preferências dos clientes* exigem que o funcionário modifique o sistema de prestação de serviços de alguma forma que atenda às necessidades preferenciais do cliente. Em um restaurante, o pedido de substituição de um item por outro é um exemplo típico de preferência do cliente. Uma resposta do funcionário a um *erro do cliente* envolve um cenário em que a falha é iniciada por um cliente que admitiu um erro (por exemplo, bilhetes perdidos, chave de quarto de hotel perdida, não dizer à garçonete para "não colocar tomate"). Finalmente, as respostas dos funcionários a *outros fatores perturbadores* exigem que resolvam disputas entre clientes, solicitem que estes fiquem quietos em cinemas ou peçam aos clientes fumantes que não fumem nas áreas reservadas a não fumantes de um restaurante.

Ações espontâneas/não solicitadas de funcionários O terceiro tipo de falha de serviço, **ações espontâneas e não solicitadas de funcionários**, refere-se a eventos e comportamentos de funcionários totalmente inesperados por parte do cliente. Tais ações não são iniciadas pelo cliente por meio de um pedido, nem são parte do sistema de entrega do serviço principal. Neste grupo, há as seguintes subcategorias: (1) nível de atenção, (2) ação inusitada, (3) normas culturais, (4) *gestalt* e (5) condições adversas.

> **falhas relativas a ações espontâneas/ não solicitadas de funcionários** Trata--se de falhas relativas a nível de atenção, ações inusitadas de funcionários, violações de normas culturais, *gestalt* e respostas a condições adversas.

No grupo de falhas de ação espontânea ou não solicitada do funcionário, a subcategoria *nível de atenção* refere-se a funcionários com atitudes ruins, que ignoram um cliente e exibem comportamentos de indiferença. Falhas de nível de atenção também podem ocorrer quando os funcionários prestam tanta atenção ao cliente a ponto de deixá-lo desconfortável. Eis dois exemplos de atenção excessiva: o funcionário paquera a cliente ou "vigia" um cliente acreditando equivocadamente que se trata um ladrão em potencial.

A subcategoria *ação inusitada* também pode refletir eventos positivos e negativos. Por exemplo, ao fazer uma entrega a um cliente, um funcionário da Domino's por acaso viu uma família vasculhando o que restara da sua casa após um incêndio. O funcionário relatou o evento ao gerente, e os dois imediatamente prepararam e entregaram pizzas à família gratuitamente. A família ficou impressionada com a ação e nunca se esqueceu da gentileza que lhe foi dirigida em um momento de necessidade. Infelizmente, uma ação inusitada também pode ser um evento negativo. Ações de funcionários, como falta de educação, grosseria e contato físico inapropriado, também são classificadas como inusitadas.

A subcategoria *normas culturais* refere-se a ações que reforçam positivamente normas culturais, como igualdade, justiça e honestidade, ou violam essas normas da sociedade. As violações incluem comportamentos discriminatórios, atos de improbidade, como mentir, enganar e roubar, e outras atividades consideradas abusivas pelos clientes. Infringir o espaço pessoal de um cliente como resultado de normas culturais também está incluído neste rol.

A subcategoria *gestalt* refere-se a avaliações de clientes feitas de forma holística, ou seja, o cliente não descreve o encontro de serviço como eventos discretos, mas usa frases gerais, como "A experiência toda foi terrível". Um comentário do tipo "É quase inacreditável como fomos maltratados pelos funcionários da sua companhia aérea, quase um estudo de caso perfeito do que não fazer no serviço ao cliente" seria um exemplo clássico de uma falha de *gestalt*.

Por último, a subcategoria *condições adversas* abrange ações positivas e negativas dos funcionários sob condições estressantes. Se um funcionário assume o controle de uma situação em que todos os outros ao redor estão "perdendo a cabeça", os clientes ficam impressionados com seu desempenho sob tais condições adversas. Em contrapartida, se o capitão e a tripulação de um navio que afunda embarcam nos botes salva-vidas antes dos passageiros, isto, obviamente, será lembrado como uma ação negativa sob condições adversas.

Clientes problemáticos O quarto e último tipo de falha no serviço envolve casos em que nem o funcionário nem a empresa de serviços são culpados pela falha. Nessas situações, a causa da falha do serviço cabe a um mau comportamento do cliente. Eis algumas falhas de serviço que envolvem **clientes problemáticos**: (1) embriaguez, (2) abuso verbal e físico, (3) quebra de políticas da empresa, e (4) clientes não cooperativos. O comportamento problemático do cliente que envolve *embriaguez* ocorre quando a embreaguez do cliente afeta negativamente outros clientes, funcionários ou o ambiente de serviço em geral. Em um incidente, vários membros de um grupo de vendas de uma empresa ficaram bêbados e começaram a se expor a outros clientes. O capitão rapidamente cortou a venda de bebidas alcoólicas, mas o grupo continuou a beber, abrindo as próprias garrafas de bebidas compradas no *duty-free shop* antes do embarque.[18] *Abuso verbal e físico* causa problemas quando o cliente abusa verbal ou fisicamente do funcionário ou de outros clientes. Por exemplo, se uma briga de namorados irrompe no meio de um restaurante e o casal começa a gritar e/ou bater um no outro, esta situação pode ser considerada abuso verbal e físico. Um cliente que *quebra as políticas da empresa* e se recusa a cumprir políticas que funcionários estão tentando impor. Por exemplo, uma política de filas ou uma de não substituição ignorada por um cliente criaria uma situação problemática. Por fim, um *cliente não cooperativo* é aquele que é geralmente rude, não colabora e é exageradamente exigente. Independente de como o funcionário de serviço tente apaziguá-lo, o esforço é tipicamente inútil. O cliente simplesmente não vai ficar satisfeito.

> **falhas relacionadas a clientes problemáticos** Trata-se de falhas relativas ao mau comportamento do próprio cliente, incluindo embriaguez, abuso verbal e físico, violações de políticas da empresa e clientes não cooperativos.

Atribuição da falha do serviço: como identificar a raiz do problema

No desenvolvimento de um programa de gerenciamento de recuperação do serviço, o terceiro passo é a atribuição da falha. A fim de aprender mais com os tipos de falhas identificadas, as empresas de serviços que se destacam em esforços de recuperação também determinam a fonte ou a atribuição da falha. Assim, esta é a segunda abordagem mecanicista da recuperação do serviço. Compreender atribuições de clientes às falhas ajuda a empresa a rastrear as fontes de falhas percebidas e facilita os passos seguintes no programa de gestão de recuperação do serviço: o que oferecer aos clientes e como fazer isto. Atribuições às situações de falha são normalmente divididas em avaliações de lócus, estabilidade e controle.

- *Lócus* – Quem é o responsável pelo fracasso? A origem da falha é o prestador, a empresa, o cliente ou alguma força externa?
- *Estabilidade* – A causa da falha pode voltar a ocorrer? Trata-se de um incidente único (instável) ou pode ser reincidente (estável)?
- *Controle* – O responsável tinha controle sobre a causa da falha?

> **lócus** Refere-se à atribuição da falha do serviço relativa possível origem da falha: o prestador, a empresa, o cliente ou forças externas.

Lócus refere-se diretamente à origem da falha. Por exemplo, fontes típicas para falhas de serviço são o prestador de serviços (por exemplo, sendo rude, apático, incompetente), a própria empresa de serviços (por exemplo, políticas hostis, cultura interna negativa de recuperação), o cliente (por exemplo, não conseguiu fazer uma reserva, não seguiu as instruções) ou forças externas (por exemplo, forças naturais, como mau tempo, ou forças econômicas, como uma recessão). Em uma situação de falha, o lócus da empresa de serviço pode ser bastante diferente do lócus do problema percebido pelo cliente. O diagnóstico do problema feito pela própria empresa ajuda a minimizar ocorrências futuras do problema, se possível. Em última análise, a percepção do cliente de quem é a culpa dita sua reação à falha e define as expectativas de recuperação. Por exemplo, clientes *on-line* são mais propensos a atribuir a origem do problema ao próprio desempenho, enquanto os de lojas tradicionais são mais propensos a culpar a loja ou os funcionários por seus problemas de serviço (ver "Serviços eletrônicos *em ação*"). De acordo com pesquisas realizadas, os clientes que percebem que o pessoal de contato é a origem da falha aumentam as reclamações registradas para a empresa, fazem boca a boca negativo para outras pessoas, apresentam uma redução na satisfação e têm altas expectativas de recuperação.[19]

SERVIÇOS ELETRÔNICOS *EM AÇÃO*

Quem fez isso? Atribuições de clientes às falhas do serviço *on-line*

À medida que os serviços *on-line* do tipo "faça você mesmo" continuam a crescer (por exemplo, em companhias aéreas e reservas de hotel), e uma vez que as empresas de serviços tentam cada vez mais transformar os clientes em "funcionários parciais", direcionando-os para *sites* a fim de que possam fazer os pedidos, os prestadores de serviços precisam estar cientes de como recuperar falhas do serviço *on-line* de forma adequada. Como sabemos, nem todos os clientes são iguais e, na condução de negócios *on-line*, erros irão ocorrer. Também é evidente que nem todas as empresas de serviços *on-line* são iguais, e alguns ambientes virtuais são muito mais amigáveis para o cliente do que outros. Consequentemente, falhas nos serviços *on-line* são inevitáveis. Então, as principais perguntas são: "Os clientes têm diferentes atribuições quando as falhas ocorrem *on-line* em comparação com *off-line*"? "Os clientes têm expectativas diferentes de recuperação para falhas *on-line* quando comparado com *off-line*?"

De acordo com um estudo que investigou clientes de bancos e companhias aéreas *off-line* e *on--line*, os clientes *on-line* tendem a se culpar mais por falhas de serviço que os *off-line*. Além disso, os clientes *on-line* que se culpam também têm uma expectativa menor em relação a uma solução de recuperação, e podem estar dispostos a pagar taxas adicionais para resolver a situação. Além disso, eles também estão mais dispostos a resolver a situação por conta própria se lhes for dada a oportunidade.

Em contrapartida, os clientes *off-line* são mais propensos a culpar a empresa de serviços pela falha e têm maiores expectativas em relação à recuperação.

São duas as implicações gerenciais desses achados. Em primeiro lugar, como os clientes *on-line* têm uma expectativa de recuperação menor, o custo de recuperação de falhas *on-line* deve ser inferior ao de falhas *off-line*. De fato, os custos de recuperação de clientes *on-line* podem ser minimizados com a implantação de opções de recuperação de autosserviço. Entretanto, uma vez que esses clientes têm uma expectativa de recuperação inferior, superar as suas expectativas para a recuperação e surpreendê-los será mais fácil caso a empresa de serviço decida fazê-lo. Em segundo lugar, os funcionários da linha de frente devem ser treinados para lidar com clientes *off-line* que tendem a culpar a empresa por falhas do serviço. Os clientes que atribuem a falha do serviço à empresa esperam um maior nível de recuperação. Consequentemente, o pessoal de serviço deve ser treinado para ouvir atribuições dos clientes *on-line* e *off-line* por situações de falha e responder apropriadamente. O custo e a forma como uma empresa recupera o serviço são determinados por quem o cliente culpa pela falha.

Fonte: Disponível em: <http://www.emeraldinsight.com/Insight/viewContentItem.do?contentId=1576503&contentType=Article>. Acesso em: 7 abr. 2010.

As atribuições de **estabilidade** referem-se à probabilidade de que a falha no serviço se repita. Do ponto de vista da empresa, se a falha é diagnosticada como um evento raro, ela provavelmente não investirá muito tempo e recursos para corrigir a fonte do problema. No entanto, as falhas de serviço que podem se repetir com frequência devem receber atenção imediata. Do ponto de vista do cliente, a estabilidade percebida da situação de falha influencia suas expectativas em relação à recuperação. Quando acreditam que a falha possa ocorrer novamente, os clientes preferem restituições a trocas, pois, segundo eles, aceitar uma troca poderá resultar em outra falha. Quando acreditam que a falha é um evento isolado, os clientes prontamente aceitam uma troca como solução para a situação de falha na expectativa de satisfação futura.[20]

> **estabilidade** Trata-se da atribuição da falha do serviço relativa à probabilidade de a falha se repetir.

As atribuições de **controle** consideram se a empresa tinha controle sobre a causa da falha. Como nas avaliações de estabilidade, o tempo e o esforço que a empresa está disposta a investir na correção da origem da falha baseiam-se na sua crença de poder controlar os resultados futuros. Por exemplo, se a falha foi provocada por um evento meteorológico que causou uma queda de energia em um restaurante, numa noite movimentada, o estabelecimento pouco poderá fazer para garantir que a situação não acontecerá novamente. Mais uma vez, as percepções dos clientes da questão de controle podem diferir da avaliação da empresa. Clientes que vivenciam uma falha no serviço que acreditam ser evitável (controlável) tendem a ficar com raiva, têm intenções de recompra mais baixas e maior desejo de expressar ativamente a insatisfação.[21] Quando assistimos ao vídeo de Michael Whitford no YouTube, mencionado no início deste capítulo, percebemos claramente que este cliente achava que a Apple tinha controle para decidir consertar ou não seu *laptop*. Atribuições de falhas dos clientes influenciam muito suas expectativas de recuperação. Treinamentos de recuperação de serviço devem destacar a importância de compreender as atribuições dos clientes nas três dimensões principais: lócus, estabilidade e controle. Além disso, deve-se considerar a relevância do cliente para a seleção e implementação da estratégia de recuperação.

> **controle** Trata-se da atribuição da falha do serviço relativa à possibilidade de a empresa ter ou não controle sobre a causa da falha.

Seleção da estratégia de recuperação: o que o cliente deve ganhar para compensar a falha?

No desenvolvimento de um programa de gerenciamento de recuperação do serviço, o quarto passo refere-se à seleção da estratégia de recuperação.[22] As empresas de serviços que monitoram, de forma sistemática, as atribuições das falhas do serviço também são propensas a identificar formalmente os tipos de estratégia de recuperação disponíveis. Como resultado, a seleção da estratégia de recuperação é outra abordagem mecanicista para os esforços de recuperação de uma empresa, além das etapas de identificação e atribuição de falhas do serviço. As estratégias de recuperação envolvem as ações que os prestadores de serviços fazem em resposta a situações de falha. Por exemplo, um restaurante poderá substituir rapidamente a

Oferecer a um cliente de uma companhia aérea um *upgrade* gratuito de classe econômica para executiva é muitas vezes uma compensação bem-vinda para recuperar uma falha do serviço.

refeição de um cliente se a original tiver sido cozida de forma incorreta, ou um banco poderá estornar taxas de serviço para saques em caixas eletrônicos se o cliente estiver mal informado. As táticas de recuperação geralmente se enquadram em cinco grandes categorias de estratégia de recuperação: *compensatória, restauração, de desculpa, reembolso* e *indiferença*.

Embora essas táticas tenham diferenças sutis entre si, as avaliações dos clientes em relação à eficácia da tática podem ter ampla variação. Por exemplo, as táticas de recuperação de restauração e compensatória tendem a resolver a necessidade original do produto por parte do cliente. Em contrapartida, as táticas de desculpa, reembolso e indiferença mantêm a necessidade original do cliente não satisfeita.

Também é importante notar que as táticas de recuperação podem ser usadas isoladamente ou em combinação. Uma lista com a descrição de cada tipo de estratégia e tática de recuperação é fornecida a seguir:

As **estratégias compensatórias** compensam o cliente a fim de contrabalançar os custos (por exemplo, emocional, monetário ou de tempo perdido) da falha do serviço. Normalmente, os clientes conseguem manter o bem ou o serviço prestado, e a compensação proporciona um valor adicional.

> **estratégias compensatórias** Referem-se ao conjunto de estratégias de recuperação que compensam os clientes a fim de contrabalançar os custos da falha do serviço.

- *Gratuidade* (por exemplo, o cliente recebe um bem/serviço gratuito).
- *Desconto* (por exemplo, o cliente recebe um desconto imediato).
- *Cupom* (por exemplo, um cupom pode ser resgatado em uma data posterior e atrelado a uma compra futura).
- Upgrade *gratuito* (por exemplo, fazer um *upgrade* do aluguel de um automóvel econômico para um carro de luxo para compensar uma falha).
- *Produto complementar gratuito* (por exemplo, jantar gratuito para compensar um hóspede do hotel que teve problemas no quarto).

As **estratégias de restauração** são oferecidas aos clientes para compensar a situação de falha corrente, fornecendo um novo produto idêntico, fazendo correções no produto original ou dando um produto substituto.

> **estratégias de restauração** Trata-se do conjunto de estratégias de recuperação oferecido para compensar a situação de falha corrente, fornecendo uma oferta idêntica, correções no produto original ou dando um substituto.

- *Troca total* (por exemplo, o produto defeituoso é trocado por um novo).
- *Correção* (por exemplo, o produto defeituoso é consertado e devolvido ao cliente).
- *Substituição* (por exemplo, o produto defeituoso é indesejado/não está mais disponível e um substituto é fornecido no lugar).

As **estratégias de desculpas** indicam ao cliente que a empresa lamenta sinceramente a falha do serviço. Desculpas podem vir de prestadores da linha de frente e/ou de gerentes. Desculpas da linha de frente são normalmente uma resposta mais rápida para a situação de falha, mas as respostas gerenciais são mais valorizadas pelos clientes. Quando pedidos de desculpas são feitos por gerentes, os clientes sentem que as reclamações foram ouvidas por pessoal de importância e são justificadas.

> **estratégias de desculpas** Trata-se do conjunto de estratégias de recuperação verbais envolvendo pedidos de desculpas de prestadores da linha de frente e/ou gerência de nível superior.

- *Pedido de desculpas pela linha de frente* (por exemplo, prestador de serviços se desculpa com o cliente).
- *Pedido de desculpas pela gerência superior* (por exemplo, a gerência superior pede desculpas ao cliente).

As **estratégias de reembolso** diferem das compensatórias porque os clientes normalmente devolvem o produto fornecido (se possível) e recebem a restituição em forma de reembolso ou crédito na loja. Como resultado da exigência da devolução, as necessidades e/ou os desejos originais do cliente permanecem não realizados. O cliente deve então reiniciar a busca de outro fornecedor.

> **estratégias de reembolso** Trata-se do conjunto de estratégias de recuperação que proporcionam ao cliente um reembolso ou crédito da loja.

- *Reembolso* (por exemplo, o cliente recebe um reembolso do preço pago pelo produto em dinheiro ou no cartão de crédito).
- *Crédito na loja* (por exemplo, o cliente recebe um reembolso do preço pago pelo produto com crédito na loja).

As **estratégias de indiferença** descrevem as situações em que a empresa simplesmente não responde às reclamações de clientes sobre falhas do serviço. Talvez a empresa não tenha cultura interna de recuperação do serviço e/ou entenda que, por ter um fluxo constante de novos clientes, não precisa compensar as perdas daqueles insatisfeitos.

> **estratégias de indiferença** Referem-se à estratégia de recuperação em que a empresa propositadamente decide não responder às reclamações dos clientes.

- *Sem resposta* (por exemplo, nenhuma resposta é dada à reclamação do cliente).

Esforços de treinamento formal referentes à seleção da estratégia de recuperação devem envolver uma discussão sobre as grandes diferenças entre as cinco estratégias de recuperação e as diferenças sutis, porém significativas, entre as táticas de recuperação dentro de cada categoria de estratégia de recuperação. Um treinamento adicional deve incluir a preferência da empresa de serviço em relação às táticas de recuperação mais aceitáveis tanto para si mesma quanto para o cliente. Uma discussão mais aprofundada pode incluir decidir se certas táticas de recuperação são mais aplicáveis a certos tipos de situações de falha e/ou tipos de clientes. Claramente, a ideia aqui é que a empresa não é obrigada a oferecer sempre bens ou serviços gratuitamente. Há muitas outras opções viáveis de a empresa atender à expectativa de recuperação do cliente ou até excedê-la sem comprometer as margens de lucro.[23]

Como a estratégia de recuperação deve ser apresentada ao cliente

Uma vez que a estratégia de recuperação apropriada tenha sido selecionada, a quinta etapa de um programa eficaz de gestão de recuperação do serviço envolve a entrega sistemática (mecanicista) desta estratégia ao cliente. As empresas que reconhecem formalmente as estratégias de recuperação de serviços disponíveis também abordam a maneira como elas serão apresentadas ao cliente. Portanto, recuperar a satisfação do cliente é restabelecer o equilíbrio entre os benefícios e os custos e fazê-lo sentir que recebeu alguma forma de justiça.[24] Os custos típicos do cliente para a situação de falha incluem os monetários, de tempo e de energia. Os benefícios incluem o valor que o cliente atribui à estratégia de recuperação em si, o processo da sua experiência ao receber a recuperação e a natureza interpessoal da troca na recuperação do serviço. Assim, a **justiça percebida** é composta de três componentes: justiça distributiva, justiça processual e justiça interacional.

> **justiça percebida** Processo no qual os clientes pesam os benefícios e custos ao formar avaliações de recuperação.

A **justiça distributiva** concentra-se no resultado específico do esforço de recuperação da empresa. Em outras palavras, o que especificamente a empresa transgressora ofereceu ao cliente para recuperar a falha do serviço e se esse resultado (benefícios)

> **justiça distributiva** Trata-se de um componente da justiça percebida que se refere aos resultados (por exemplo, compensação) associados ao processo de recuperação do serviço.

compensou os custos da falha do serviço. Os resultados distributivos consistem nas cinco estratégias de recuperação, *compensatória, restauração, de desculpa, de reembolso* e *indiferença*.

A **justiça processual** examina o processo empreendido para se chegar ao resultado final. Assim, mesmo que um cliente possa estar satisfeito com o tipo de estratégia de recuperação oferecido, a avaliação da recuperação pode ser ruim por causa do processo pelo qual o cliente passou para obter o resultado da recuperação. Por exemplo, pesquisas indicam que, em execução de estratégias de recuperação idênticas, as implementadas "imediatamente" são muito mais propensas a ser bem-sucedidas em termos de eficácia na recuperação e ter taxas de retenção mais altas do que as "tardias".

> **justiça processual** Trata-se de um componente da justiça percebida que se refere ao processo (por exemplo, tempo) que o cliente empreende durante a recuperação do serviço.

Justiça interacional refere-se à maneira interpessoal como o processo de recuperação de serviço é implementado e como os resultados da recuperação foram apresentados. Em outras palavras, a justiça interacional envolve cortesia e polidez exibidas pelo pessoal, empatia e esforço observados ao resolver a situação. Como os clientes ficam frustrados com falhas do serviço, a natureza interpessoal com a qual a falha é abordada tem grande impacto sobre a forma como são recebidos os esforços por parte da empresa para a recuperação de serviço.

> **justiça interacional** Trata-se de um componente da justiça percebida que se refere ao conteúdo humano (por exemplo, empatia, simpatia) demonstrado pelo pessoal de serviço durante o processo de recuperação do serviço.

Esses três componentes de justiça devem ser considerados na formulação de estratégias eficazes de recuperação do serviço. Implantar esforços de recuperação que satisfaçam as necessidades de justiça distributiva sem considerar as necessidades de justiça processual e interacional do cliente ainda pode resultar em perda de clientes. Empresas de serviços verdadeiramente comprometidas com o processo de recuperação e retenção de clientes abordam formalmente todos os três aspectos das dimensões de justiça nos programas de gerenciamento de recuperação do serviço.

Como fornecer *feedback* aos funcionários

A maioria dos prestadores de serviços não é espontânea na recuperação do serviço. Quando confrontados com falhas de serviço, muitos funcionários sentem-se numa encruzilhada entre as expectativas do cliente em relação ao serviço e os objetivos de contenção de custos da empresa. As estratégias de recuperação eficazes exigem muitas vezes que o pessoal de serviço tome decisões e, ocasionalmente, quebre as regras da empresa – em muitas empresas, os funcionários não estão autorizados a adotar esses tipos de comportamento. O resultado final é um caso clássico **conflito de função**, em que os funcionários ficam frustrados com as regras e os regulamentos que os tornam incapazes e muitas vezes os impedem de lidar de maneira eficaz com as necessidades dos clientes. Além disso, devido à falta de treinamento em esforços de recuperação na maioria das empresas, muitos funcionários simplesmente não sabem como recuperar falhas do serviço, o que resulta em **ambiguidade de função**. Diante deste cenário, o resultado provável é uma resposta ruim ou nenhuma resposta às reclamações dos clientes.

> **conflito de função** Situação na qual o funcionário está numa encruzilhada entre os desejos opostos dos clientes e da gerência da empresa.
> **ambiguidade de função** Situação na qual o funcionário não sabe como executar o trabalho.

Fornecer *feedback* formalizado quanto aos tipos de falha do serviço e às atribuições de falha suscetíveis de acontecer prepara os funcionários para situações de falha antes que elas realmente ocorram. Este tipo de *feedback* sensibiliza os funcionários para que não sejam surpreendidos quando confrontados com clientes insatisfeitos. Da mesma forma, fornecer *feedback* quanto aos tipos de estratégia de recuperação disponíveis e à forma como devem ser oferecidas deve reduzir o estresse e a natureza ambígua da situação. O valor de fornecer *feedback* aos funcionários não pode ser subestimado. Estudos recentes sugerem que quase metade das respostas a reclamações de clientes, na verdade, reforça o sentimento negativo de um cliente com uma empresa.[25] Por fim, fornecer *feedback* deve reforçar a cultura positiva de recuperação do serviço da empresa. Ao proporcionar *feedback* construtivo, a liderança sinaliza aos funcionários que a recuperação do serviço é uma dimensão valorizada e importante da cultura global da empresa.

Arte da recuperação do serviço: regras básicas

Enquanto algumas empresas são ótimas na prestação de serviço até que algo dá errado, outras prosperam ao recuperar as falhas do serviço e impressionar os clientes durante o processo. Muitas vezes, os clientes de serviços permitem à empresa apenas um erro.[26] Assim, quando ocorre uma falha, o cliente geralmente dá à empresa uma oportunidade de se redimir. Infelizmente, muitas empresas decepcionam e agravam ainda mais a situação ao não aproveitar a oportunidade para se recuperar.

Quando o sistema de prestação de serviços falha, cabe ao pessoal de contato reagir à reclamação. O conteúdo e a forma da resposta do pessoal de contato determinam a satisfação ou a insatisfação percebida pelo cliente com o encontro de serviço.[27] Ironicamente, os clientes se lembrarão favoravelmente de um encontro de serviço se o pessoal de contato responder de forma positiva à falha do serviço. Assim, mesmo que o encontro de serviço inclua uma falha, o cliente sempre se lembrará do encontro como um evento positivo.

Um cliente poderá avaliar melhor o desempenho de um serviço se ocorrer uma falha e o funcionário a recuperá-la com sucesso do que se o serviço for entregue corretamente na primeira vez. Este fenômeno é denominado **paradoxo da recuperação do serviço**. À medida que as empresas procuram melhorar seus esforços de recuperação do serviço, devem ser considerdas as regras listadas a seguir.

> **paradoxo da recuperação do serviço**
> Situação na qual os clientes avaliam melhor o desempenho se ocorrer uma falha e o pessoal de contato recuperá-la com êxito do que se o serviço tiver sido entregue corretamente na primeira vez.

Mensurar os custos

Os benefícios de manter os clientes existentes em vez de buscar novos clientes são substanciais. Estima-se que os custos de obtenção de novos clientes são de três a cinco vezes maiores do que os de manter os existentes. Os clientes atuais são mais receptivos aos esforços de marketing da empresa e, portanto, uma importante fonte de lucro. Além disso, os clientes existentes fazem menos perguntas, estão mais familiarizados com procedimentos e funcionários da empresa, e estão dispostos a pagar mais pelos serviços.

Incentivar ativamente as reclamações

De acordo com os especialistas, incentivar ativamente as reclamações é uma boa maneira de "quebrar o silêncio". Lembre-se de que quem expressa queixas à fonte do problema é exceção; a maioria dos clientes não fala nada. Na verdade, pesquisas indicam que, em média, a empresa não ouve nada de 96% de seus clientes insatisfeitos.[28] Isto não significa que os clientes não se queixem. Eles compartilham o descontentamento com amigos e família, mas não se dirigem à empresa. Estima-se que o cliente insatisfeito comum expressa seu descontentamento com uma empresa para 11 outras pessoas. Se esses 11 indivíduos contarem a outras 5 pessoas, a empresa potencialmente perderá 66 clientes.[29] Estratégias para incentivar reclamações incluem pesquisas com clientes, grupos de discussão e monitoramento ativo do processo de prestação de serviços para assegurar a satisfação do cliente durante todo o encontro, antes que ele deixe as instalações da empresa.

Antecipar necessidades de recuperação

Cada encontro de serviço é constituído por uma série de incidentes críticos, que são os pontos no sistema em que o cliente e a firma interagem. As empresas eficazes na recuperação do serviço antecipam as áreas em seu processo de prestação de serviços em que falhas são mais prováveis de ocorrer. É claro que essas empresas primeiramente tomam todas as medidas possíveis para minimizar a ocorrência da falha, mas estarão preparadas para a recuperação se algo na entrega der errado. Segundo os especialistas, as empresas devem prestar atenção especial às áreas em que a rotatividade de funcionários é alta. Muitos cargos de alta rotatividade são posições de atendimento ao cliente e de baixa remuneração, e os funcionários muitas vezes não têm a motivação e/ou são inexperientes em técnicas de recuperação eficazes.

Treinar funcionários

Não se pode esperar que os funcionários sejam espontâneos na recuperação do serviço. A maioria deles não sabe o que fazer quando ocorre uma falha, e muitos consideram a tomada de decisões imediatas uma tarefa difícil. O treinamento de funcionários na recuperação do serviço deve ocorrer em dois níveis. Em primeiro lugar, a empresa deve trabalhar na criação de uma consciência nos funcionários das preocupações dos clientes. Colocar um funcionário no lugar do cliente muitas vezes é esclarecedor para alguém que se esqueceu como é ser um cliente da própria empresa. Por exemplo, em alguns hospitais, os estagiários e a equipe de funcionários usam aventais e circulam pelos corredores em macas para que possam sentir na própria pele alguns dos processos hospitalares.

Em segundo lugar, além do desenvolvimento de uma apreciação para as necessidades dos clientes, deve-se definir a expectativa da gerência em relação aos esforços de recuperação. Quais são as estratégias de recuperação aceitáveis do ponto de vista da gerência? Muitas vezes, é mais eficaz a gerência dar autonomia e permitir que os funcionários assumam riscos, uma transição que frequentemente leva ao empoderamento de funcionários da linha de frente.

Empoderar a linha de frente

A recuperação eficaz muitas vezes requer que o funcionário tenha de ser flexível em relação às regras e aos regulamentos da empresa – em geral, os funcionários não são treinados para isto. Muitas vezes, as regras e os regulamentos da empresa restringem os funcionários quando se trata de esforços de recuperação eficazes, particularmente no que se refere à resposta imediata. Em muitos casos, as empresas exigem a aprovação gerencial antes que qualquer esforço para compensar um cliente seja realizado. No entanto, o gerente muitas vezes está ocupado com outras tarefas, o que atrasa a resposta e aumenta a frustração tanto do cliente como do funcionário. Por exemplo, os funcionários do Ritz Carlton têm autonomia para gastar até US$ 2 mil em esforços de recuperação quando necessário.

Responder rapidamente

Quando uma falha no serviço ocorre, quanto mais rápido a empresa responder, maior será a probabilidade de o esforço de recuperação ter um bom resultado. De fato, estudos já indicaram que, se a queixa for prontamente tratada, a empresa reterá 95% dos clientes insatisfeitos. Em contrapartida, se a reclamação for resolvida normalmente, a empresa reterá apenas 64% dos clientes insatisfeitos.[30] Quanto mais rápido a empresa responde ao problema, melhor a mensagem que envia aos clientes sobre o valor que investe para agradá-los. Por que não dar aos clientes o que eles querem, quando eles querem? Realmente vale a pena para a empresa ter os funcionários discutindo ativamente com os clientes?

Uma empresa que aprendeu esta lição foi um banco em Spokane, em Washington. Um cliente que tinha milhões de dólares em conta-corrente, investimentos e poupança não teve seu bilhete de estacionamento validado porque ele "apenas" descontou um cheque, em vez de fazer um depósito. O cliente estava em uma agência do banco que não era a sua. Depois de explicar a situação para o caixa, que não lhe deu atenção, e depois expressando-se ainda mais alto com o gerente da agência, o cliente se dirigiu à sua agência habitual e ameaçou fechar as contas se não recebesse uma resposta de alguém da alta administração do banco até o final do dia. Por incrível que possa parecer, a ligação nunca foi feita, e a primeira coisa que o cliente fez na manhã seguinte foi retirar US$ 1 milhão. Esta ação de fato chamou a atenção do banco, que vem tentando se recuperar desde então.[31]

Fechar o círculo

Finalmente, uma das atividades mais importantes na recuperação do serviço é fornecer *feedback* ao cliente sobre como sua reclamação fez diferença. Empresas orientadas para o cliente com uma estratégia de recuperação robusta resolvem o problema do cliente. No entanto, empresas que se destacam na recuperação dão um passo a mais e restabelecem o contato com o cliente com a finalidade de informá-lo como sua reclamação fez diferença. Incorporar a reclamação do cliente em uma sessão de treinamento ou desenvolvimento de novos procedimentos para minimizar futuras ocorrências da falha fecha o círculo e garante um cliente para a vida toda!

Resumo

Muitas das empresas de serviços atuais são ótimas, desde que o sistema de prestação de serviços esteja funcionando normalmente. No entanto, uma vez que surgem problemas no sistema, muitas empresas não estão preparadas para enfrentar clientes insatisfeitos à procura de soluções para os próprios problemas. Como prova disso, quase metade das respostas a reclamações de clientes reforça os sentimentos negativos dos clientes em relação a uma empresa. Consequentemente, as empresas que realmente se destacam em serviço ao cliente equipam os funcionários com um conjunto de ferramentas de recuperação para corrigir o encontro de serviço quando ocorrem falhas e reclamações dos clientes são expressas.

As reclamações do cliente devem ser vistas como oportunidades para melhorar o sistema de prestação de serviços e garantir que o cliente esteja satisfeito antes de o encontro de serviço terminar. Este capítulo apresentou cinco tipos de reclamantes e quatro grandes tipos de reclamação: instrumental, não instrumental, ostensiva e reflexiva. Os clientes fazem reclamações por diversas razões: ter o problema resolvido, obter uma liberação emocional da frustração, recuperar alguma medida de controle ao influenciar outras pessoas na avaliação da fonte da queixa, buscar solidariedade ou testar o consenso sobre a queixa, ou dar uma impressão de inteligência.

No entanto, não é com quem reclama que as empresas de serviços devem se preocupar, é com as pessoas que saem sem dizer uma palavra e sem intenção de voltar, e que informarão outras pessoas, gerando assim um boca a boca negativo. Muitos clientes não reclamam por vários motivos. Em geral, os clientes de serviços muitas vezes não sabem a quem devem reclamar e/ou entendem que reclamar não fará diferença alguma. Outras razões pelas quais os clientes não reclamam são: (1) a avaliação do cliente de serviços é altamente subjetiva; (2) os clientes tendem a transferir parte da culpa a si mesmos por não especificarem claramente as necessidades exatas para o prestador de serviços; (3) muitos serviços são técnicos e especializados, de modo que muitos clientes não se sentem qualificados para expressar as queixas; e (4) devido à inseparabilidade de serviços, os clientes podem sentir que uma reclamação gera muito conflito. Independente de o cliente reclamar abertamente ou não, os resultados associados com as experiências ruins de clientes incluem voz, saída e retaliação.

Muitas vezes, as empresas que se destacam na recuperação do serviço têm um programa de gerenciamento formalizado e constituído por uma cultura interna positiva de recuperação de serviço, identificação da falha, atribuição da falha, seleção da estratégia de recuperação, implementação da estratégia de recuperação e fornecimento de *feedback* aos funcionários. Programas de gestão de recuperação de serviços consistem em componentes orgânicos e mecanicistas. Abordagens mecanicistas para a recuperação de serviços referem-se a processos formais desenvolvidos gradualmente para facilitar a análise de falhas e os esforços de recuperação de serviço da empresa. Em contrapartida, abordagens orgânicas para recuperação do serviço são conjuntos informais de valores e crenças que compõem a cultura de recuperação do serviço da empresa.

Finalmente, em termos práticos, as empresas que se destacam na recuperação do serviço medem o custo, incentivam os clientes a reclamar ativamente, antecipam a necessidade de recuperação do serviço, treinam funcionários, dão autonomia à linha de frente, respondem rapidamente e fecham o círculo. Esforços bem-sucedidos de recuperação de serviço desempenham um papel importante no desenvolvimento de fidelização e retenção – tema em destaque do próximo capítulo.

Palavras-chave

falhas de serviço
recuperação do serviço
reclamações instrumentais
reclamações não instrumentais
reclamações ostensivas
reclamações reflexivas
voz
saída
retaliação
processos mecanicistas
processos orgânicos
cultura de recuperação dos serviços

falhas do serviço principal
falhas relativas a necessidades e pedidos dos clientes
falhas relativas a ações espontâneas/não solicitadas de funcionários
falhas relativas clientes problemáticos
lócus
estabilidade
controle
estratégias compensatórias

estratégias de restauração
estratégias de desculpas
estratégias de reembolso
estratégias de indiferença
justiça percebida
justiça distributiva
justiça processual
justiça interacional
conflito de função
ambiguidade de função
paradoxo da recuperação do serviço

Questões de revisão

1. Discuta as seguintes formas de reclamação: instrumental, não instrumental, ostensiva e reflexiva. Quais tipos de reclamação são expressos com mais frequência?
2. Pesquisas anteriores constataram que 96% dos clientes insatisfeitos não reclamam. Por que isso acontece?
3. Que tipo de empresa costuma ouvir os clientes insatisfeitos: aquela que produz bens ou a que presta serviços? Justifique sua resposta.
4. Discuta os seguintes tipos de resultados de falha: voz, saída e retaliação.
5. Descreva as diferenças básicas entre abordagens orgânicas e mecanicistas para a recuperação do serviço.

6. Uma cadeia de restaurantes contratou você para categorizar as reclamações dos clientes. Aponte as diferenças básicas entre as quatro categorias principais de identificação de falha e forneça exemplos relacionados a restaurantes para cada uma delas.
7. Defina as subclasses de falhas associadas à categoria falha de pedido implícito/explícito.
8. O que é o paradoxo da recuperação do serviço? O que os gerentes deveriam aprender com ele?
9. Defina justiça percebida. Como ela é usada para avaliar os esforços de recuperação do serviço de uma empresa?
10. Depois de um cliente manifestar uma reclamação a um funcionário ou um gerente, o que significa "fechar o círculo?" Por que este passo é importante no tratamento de reclamações?

Notas

1. Christopher W. L. Hart; James L. Heskett; W. Earl Sasser. The Profitable Art of Service Recovery. *Harvard Business Review*, jul.–ago. 1990, p. 148-56.
2. H. Keith Hunt. Consumer Satisfaction, Dissatisfaction, and Complaining Behavior. *Journal of Social Issues*, 47, 1, 1991, p. 116.
3. Janelle Barlow e Claus Moller. *A Complaint Is a Gift* (San Francisco: Berrett-Koehler Publishers, Inc., 2008.
4. Mary C. Gilly e William B. Stevenson; Laura J. Yale. Dynamics of Complaint Management in the Service Organization. *The Journal of Consumer Affairs*, 25, 2, 1991, p. 296.
5. Oren Harari. Thank Heaven for Complainers. *Management Review*, jan. 1992, p. 60.
6. Disponível em: <http://www.merriam-webster.com/cgi-bin/mwwod.pl>. Acesso em: 29 ago. 2009.
7. Mark D. Alicke et al. Complaining Behavior in Social Interaction. *Personality and Social Psychology Bulletin*, jun. 1992, p. 286.
8. Disponível em: <http://www.sutherlinoptical.com/index.php?option=com_fireboard&Itemid=703&func=rules>. Acesso em: 5 mar. 2009.
9. Disponível em: <http://edis.ifas.ufl.edu/HR005>. Acesso em: 5 mar. 2009.
10. T. M. Amabile. Brilliant but Cruel: Perceptions of Negative Evaluators. *Journal of Experimental Social Psychology*, 19, 1983, p. 146-56.
11. Gilly; Stevenson; Yale. Dynamics of Complaint Management, p. 297.
12. Hunt. Consumer Satisfaction, p. 114.
13. Hunt. Consumer Satisfaction, p. 115.
14. C. Homburg; A. Fürst. How Organizational Complaint Handling Drives Customer Loyalty: An Analysis of the Mechanistic and Organic Approach. *Journal of Marketing*, 69, jul. 2005, p. 95-114.
15. G. R. Gonzalez; K. D. Hoffman; T. N. Ingram. Improving Relationship Selling through Failure Analysis and Recovery Efforts: A Framework and Call to Action. *Journal of Personal Selling and Sales Management*, 25, 1, 2005, p. 57-65.
16. Mark Magnier e John O'Dell. Mitsubishi Admits to Complaint Cover-up. *Coloradoan*, 23 ago. 2000, p. A1-2.
17. Mary Jo Bitner; Bernard H. Booms; Mary Stanfield Tetreault. The Service Encounter: Diagnosing Favorable and Unfavorable Incidents. *Journal of Marketing*, jan. 1990, p. 71-84; Mary Jo Bitner; Bernard H. Booms; Lois A. Mohr. Critical Service Encounters: The Employee's Viewpoint. *Journal of Marketing*, 58, out. 1994, p. 95-106.
18. Asra Q. Nomani. In the Skies Today, A Weird New Worry: Sexual Misconduct. *Wall Street Journal*, jun. 10, 1998, p. A1; Frances Fiorino. Passengers Who Carry, Surly Bonds of Earth' Aloft. *Aviation Week and Space Technology*, 149, 5, dez. 28, 1998, p. 123.
19. S. R. Swanson; Kelley, S. W. Service Recovery Attributions and Word-of-Mouth Intentions. *European Journal of Marketing*, 35, 1/2, 2001, p. 194-211.
20. Idem.
21. Valerie S. Folkes. Consumer Reactions to Product Failure: An Attributional Approach. *Journal of Consumer Research*, 10, mar. 1984, p. 398-409.

22. Scott W. Kelley; K. Douglas Hoffman; Mark A. Davis. A Typology of Retail Failures and Recoveries. *Journal of Retailing*, inverno 1993, p. 429-45.
23. Adaptado de K. Douglas Hoffman; Scott W. Kelley; Holly M. Rotalsky. Tracking Service Failures and Employee Recovery Efforts. *Journal of Services Marketing*, 9, 2, 1995, p. 49-61.
24. Esta seção foi adaptada de K. Douglas Hoffman; Scott W. Kelley. Perceived Justice Needs and Recovery Evaluation: A Contingency Approach. *European Journal of Marketing*, 34, 3/4, 2000, p. 418-32.
25. Adaptado de Christopher W. L. Hart; James L. Heskett; W. Earl Sasser. The Profitable Art of Service Recovery. *Harvard Business Review*, jul.-ago. 1990, p. 148-56.
26. James L. Heskett et al. Putting the Service-Profit Chain to Work. *Harvard Business Review*, mar.-abr. 1994, p. 172.
27. Bitner; Booms; Tetreault. The Service Encounter, p. 321.
28. Karl Albrecht e Ron Zemke, *Services America*. Homewood, IL: Dow-Jones Irwin, 198), p. 6.
29. Donna Partow. Turn Gripes into Gold. *Home Office Computing*, set. 1993, p. 24.
30. Albrecht; Zemke, *Services America*, p. 6.
31. Hart; Heskett; Sasser. The Profitable Art, p. 150.

CASO 13

Parte I: Isso é jeito de operar uma companhia aérea?

As cartas a seguir são relatos detalhados de um encontro de serviço real que envolveu inúmeras falhas do serviço e respostas da empresa. Leia primeiro a Parte I, que apresenta a carta do cliente para a companhia aérea e responda às questões de discussão listadas no final. A seguir, leia a Parte II, a resposta da companhia aérea, e responda às questões no final.

23 de julho de 2010

Prezado Gerente de Atendimento ao Cliente:

Por meio do Carolina Motor Club, minha esposa e eu reservamos passagens de ida e volta, de primeira classe ou na classe executiva dos seguintes trechos da World Airlines, nas datas indicadas:

1º de julho World Airlines 3072 de Charlotte para Kennedy

1º de julho World Airlines 86 de Kennedy para Munique

21 de julho World Airlines 87 de Munique para Kennedy

21 de julho World Airlines 3073 de Kennedy para Charlotte

Além disso, reservamos voos de conexão de e para Wilmington e Charlotte, nos voos da Trans Air 263 (em 1º de julho) e Trans Air 2208 (em 21 de julho).

Os voos de ida 3072 e 86 pareciam bastante agradáveis, especialmente porque a World Airlines nos fez um *upgrade* no voo 86 da classe executiva para a primeira classe. No entanto, no decorrer do voo 86, descobrimos que havíamos ingerido comida estragada durante o voo 3072. Aparentemente, era a salada de frutos do mar que foi servida na primeira classe naquele dia (parecia

---

Fonte: Richard A. Engdahl; K. Douglas Hoffman. World Airlines: A Customer Service Air Disaster. In: Carol A. Anderson (ed.). *Retailing: Concepts, Strategy, and Information*. Minneapolis/St. Paul: West, 1993, p. 215-18.

morna e hesitamos em comê-la, mas infelizmente acabamos comendo). Minha esposa estava tão mal que, ao tentar chegar ao banheiro para vomitar, desmaiou e bateu a cabeça, o que, como descobrimos dias depois, aparentemente provocou um problema na coluna. As aeromoças ficaram muito preocupadas e imediatamente tentaram ajudá-la, mas não havia nada que pudessem fazer, exceto ajudá-la a se limpar e remover a comida das bandejas que ela derrubou. Além da náusea e diarreia, ela ficou com um grande galo na cabeça e enxaquecas por vários dias. A parte inferior das costas está constantemente dolorida desde então. Também fiquei bem doente por vários dias. Um bom começo para as férias! Mas o pior ainda estava por vir.

Durante a longa conexão entre os voos no Aeroporto Kennedy, houve uma tremenda tempestade, e nossa bagagem, aparentemente, foi deixada do lado de fora; uma situação que descobrimos quando chegamos ao hotel da nossa primeira noite e constatamos que todas as roupas estavam literalmente encharcadas. Além disso, quatro pôsteres que havíamos levado para presentear nossos amigos ficaram destruídos.

Os voos de regresso foram melhores apenas pelo fato de que não fomos intoxicados; ao contrário, não fomos alimentados! O voo 87 de Munique para Kennedy aparentemente não contava com a equipe completa de comissários, e, por causa da localização de nossos assentos, a comissária de bordo, que trabalhava dobrado, nos deixava sempre por último. Tivemos que pedir repetidas vezes pelas bebidas, não sobraram toalhas quentes para nós, as refeições acabaram, e não nos foi dada nenhuma escolha exceto uma peça de carne assada além do ponto com estranha aparência e molho de tomate por cima. Experimentamos, mas o gosto estava estranho, e, dada nossa experiência no voo 3072, tivemos medo de comê-la.

O voo 87 teve o embarque adiado devido à lentidão na limpeza da aeronave (de acordo com um anúncio feito) e também por causa da chegada tardia da tripulação. Além disso, o voo foi novamente adiado devido a uma tempestade, que impedia a decolagem. No entanto, se o embarque do voo tivesse ocorrido no horário, não teria perdido a prioridade de decolagem e provavelmente poderíamos ter decolado duas horas mais cedo. Assim, poderíamos ter conseguido fazer nossa conexão em Charlotte. A bordo, o avião era o mais sujo e com as condições mais precárias que qualquer aeronave em que já voei na minha vida. Revestimentos da parede descascando, lixo no chão, bagageiros fechados com fita adesiva etc. Como passageiro da primeira classe, enquanto estávamos à espera do embarque dos demais passageiros, pedi uma cerveja gelada. Ela veio quente. Estávamos com bastante fome, pois não havíamos comido uma refeição completa nas últimas 12 horas, e pedimos alguns amendoins. Não havia nenhum, pois o avião não fora abastecido. Pedi um travesseiro e um cobertor para minha esposa. Não havia nenhum. Que maravilha de primeira classe! Havia apenas três comissários de bordo para todo o avião, e senti pena da comissária grávida que teve de trabalhar na primeira classe e na econômica. Ela foi muito solidária em relação às más condições. Não entendo como vocês conseguem manter os funcionários quando eles são tratados dessa maneira.

Devido ao atraso excessivo em Kennedy, o voo 87 atrasou muito, e não conseguimos fazer nossa conexão de Charlotte para Wilmington. Acontece que mal teríamos tido tempo de fazê-lo se o voo estivesse no horário, porque a World Airlines havia mudado não apenas os números dos voos, mas também os horários no trecho Kennedy-Charlotte de nossa jornada, E NÃO FOMOS NOTIFICADOS DESTA MUDANÇA ATÉ CHEGARMOS AO AEROPORTO! Desembarquei em Raleigh para tentar avisar as pessoas que nos encontrariam em Wilmington que não chegaríamos naquela noite. Contudo, era tarde demais, elas já tinham ido para o aeroporto. Como o atendente do portão de embarque em Raleigh me garantiu que a World Airlines nos acomodaria em Charlotte naquela noite, voltei para o avião. No entanto, quando chegamos a Charlotte, o representante da World Airlines recusou-se a cuidar do nosso caso, alegando que já que não tínhamos reservado o trecho Wilmington-Charlotte de nossa viagem pela World Airlines, "o problema não é nosso". Além disso, ele tentou se isentar de culpa, dizendo que tínhamos uma "conexão ilegal" por causa dos tempos entre os voos, e que não nos iria fornecer alojamento nem refeições. Depois que salientei, pelo menos três vezes, que a conexão não era ilegal quando reservamos, que a World Airlines mudou os horários de voo sem nos avisar e que não apenas eu não iria sair dali, mas que ainda haveria muito a ser dito sobre o assunto, ele finalmente reconsiderou e nos deu um *voucher*.

Depois de viajar por 24 horas, recebendo serviço ruim, comida ruim, sem amenidades, é um verdadeiro prazer encontrar um FDP questionador como em Charlotte. Ele deveria ser demitido!!! Apesar se sermos passageiros da primeira classe, fomos tratados como gado! Mas a saga não termina aqui.

Na manhã seguinte, ao chegarmos a Wilmington, apenas duas das nossas quatro malas haviam chegado conosco. Tivemos de iniciar uma ação de rastreio de bagagem. Nossas malas desaparecidas foram finalmente entregues em nossa casa por volta das 15 horas do dia 23 de julho. E, SURPRESA, elas foram novamente deixadas do lado de fora na chuva em Kennedy, e TUDO estava tão molhado que a água pingava dos bolsos. Tirei água do secador de cabelo. Todas as nossas compras de objetos de papel, mapas, guias, fotos, folhetos de souvenir etc. estavam destruídas. Ainda não sei se o secador, o rádio, a escova de dentes elétrica, conversores de voltagem etc. funcionarão – estão secando enquanto escrevo esta carta. Além disso, minha mala novinha agora tem um buraco em um canto no fundo, por onde, com certeza, os carregadores da World Airline a arrastaram pela pista (obviamente uma bagagem que mais parece um saco cheio de água na forma de uma mala é muito pesada para levantar).

Tanto quanto consegui verificar, perdemos pelo menos um rolo de impressão em cores (insubstituível); aproximadamente US$ 100 em guias de viagens e livros de turismo, muitos folhetos de *souvenir*, cardápios etc.; US$ 100 em pôsteres; US$ 50 em danos na bagagem; uma quantidade desconhecida de eletrônicos que podem não funcionar; um prazer enorme devido à dor e ao sofrimento resultante de doenças e lesões (faturas dos raios X em anexo); e todo o senso de humor e a paciência por tal tratamento indesculpável da parte de uma companhia aérea.

Se houver qualquer compensação para o que sofremos, terá que ser na forma monetária. Não há como reaver o tempo e o prazer perdidos das férias. Pôsteres, livros etc. podem ser substituídos (exceto as fotos)... supondo que façamos essa viagem novamente. Mas, se o fizermos, você pode ter certeza de que não escolheremos a World Airlines.

Para encerrar, estou particularmente irritado e sou categórico: o atendimento da empresa foi um fiasco!!! Havíamos planejado férias especiais. Ansiávamos por um tratamento de luxo que só é prestado aos passageiros da primeira classe. Todas as empresas aéreas prestam este serviço de modo eficiente. Todas não, exceto a World Airlines!!! É quase inacreditável o quanto fomos maltratados por sua companhia aérea, quase um perfeito estudo de caso negativo em atendimento ao cliente. Tentei propositadamente mencionar cada pequena minúcia que consegui lembrar porque quero que você perceba o quanto a experiência toda foi ruim!

Descontentemente,

J. Q. Cliente

Parte I: Questões para discussão

1. De forma geral, essa carta de reclamação é: (1) não instrumental ou instrumental; (2) ostensiva ou reflexiva? Justifique sua resposta.
2. Identifique as falhas de serviço que ocorreram e classifique cada falha de acordo com as quatro principais categorias apresentadas na Figura 13.3.

3. Das falhas de serviço mencionadas na carta, selecione três e aponte as possíveis atribuições a elas em termos de lócus, estabilidade e controle.
4. Que estratégia ou estratégias de recuperação você recomendaria para compensar a reclamação do cliente? Explique.

CASO 13
Parte II: Resposta da World Airline

A seguir, a resposta real da World Airline à carta do cliente. A primeira carta foi escrita pelo gerente de indenizações e a segunda pelo gerente de relações com o cliente.

25 de setembro de 2010
Caros clientes:
Esta carta confirma o acordo fechado durante nossa conversa telefônica encerrada há pouco.
Assim, preparamos e anexamos um termo de quitação geral de US$ 2 mil. Os senhores devem assiná-lo na presença de um tabelião, reconhecer firma e devolver o original a este escritório, guardando uma cópia para seus registros. Assim que recebermos o termo com firma reconhecida, encaminharemos a ordem de pagamento de US$ 2 mil.
Mais uma vez, nossas mais sinceras desculpas. Será muito útil para a nossa equipe de relações com clientes se os senhores puderem incluir as cópias de todos os documentos de viagem disponíveis.
Atenciosamente,
Gerente de Reclamações

_____   12 de outubro de 2010

Caro cliente:
Permita-me começar por pedir desculpas por esta resposta tardia e por todos os incidentes infelizes que o senhor descreveu em sua carta. Embora procuremos tornar nossos voos os mais agradáveis possível, obviamente não o conseguimos nessa ocasião.
Nosso gerente de reclamações me informou que o senhor providenciou um potencial acordo para a questão da intoxicação alimentar. Lamentamos que não tenham podido desfrutar dos serviços de alimentação nos demais voos de seu itinerário por causa disso. Asseguro-lhe que tais incidentes são uma ocorrência rara e que muito tempo e esforço são despendidos para garantir que nosso atendimento seja da melhor qualidade.
Poucas coisas podem ser mais irritantes do que um mau manuseio de bagagem. Somente em um mundo ideal poderíamos dizer que a bagagem nunca mais será danificada. Ainda assim, estamos nos esforçando para assegurar que a bagagem seja tratada de tal forma que, se ocorrer algum dano, ele será minimizado.
Problemas aéreos causados por condições climáticas podem ser particularmente frustrantes, pois, apesar da tecnologia avançada, previsões precisas para a retomada completa das operações nem sempre podem ser obtidas tão rapidamente quanto se deseja. Tais problemass estão, naturalmente, fora do controle das companhias aéreas. A segurança é primordial em tais situações, e sinceramente lamentamos o inconveniente causado.
Envidamos todos os esforços possíveis para diminuir os inconvenientes dos passageiros afetados por mudanças na programação. Nossa prática é, de fato, notificar os passageiros de tais

mudanças, quando temos um contato local de comunicação com eles e o tempo permitir. Também procuramos disponibilizar reservas alternativas satisfatórias. Estamos revendo nossas necessidades de mudanças do cronograma com todo o pessoal envolvido e tomaremos todas as medidas corretivas permitidas para garantir que um problema similar não se repita no futuro.

O senhor deixou bem claro, em sua carta, que o interior de nossas aeronaves não era satisfatório. Sabemos que a aparência da aeronave é um reflexo de nosso profissionalismo. Lamentamos que nosso avião não estivesse de acordo com os nossos padrões, já que colocamos uma grande ênfase na manutenção e limpeza da cabine. Tenha certeza de que este assunto específico está sendo investigado pela gestão responsável e ações corretivas serão executadas.

Como prova concreta da nossa inquietação com a sua viagem desagradável, anexei dois *vouchers* de viagem que podem ser trocados por dois bilhetes de primeira classe para qualquer lugar que a World Airlines voe. Mais uma vez, por favor, aceitem nossas humildes desculpas. Esperamos pela oportunidade de restaurar sua confiança na World Airlines, proporcionando-lhes viagens completamente despreocupadas.

Atenciosamente,

Gerente de Relações com o Cliente

Parte II: Questões para discussão

1. Descreva as estratégias de recuperação oferecidas pela empresa para compensar a reclamação do cliente. Classifique as estratégias de recuperação com base nas categorias apresentadas neste capítulo.
2. Discuta a adequação das estratégias de recuperação oferecidas ao cliente em termos de atendimento das necessidades referentes às justiças distributiva, processual e interacional.
3. Explique o que a empresa e os funcionários podem aprender com esta carta de reclamação.

capítulo 14

Estratégias para facilitar a fidelização e retenção do cliente

"Neste exato momento, entre 32% e 94% dos clientes, dependendo do setor da indústria, estão pensando em abandonar sua empresa e ir para a concorrência."
Laurence Haughton

Objetivos do capítulo

Após a leitura deste capítulo, você deve ser capaz de:
- Compreender as diferenças entre os conceitos de marketing de serviços de fidelização e de retenção de clientes, e a relação entre ambos.
- Discutir por que o conceito de retenção de clientes torna-se cada vez mais importante.
- Dominar táticas bem-sucedidas de retenção de clientes.
- Descrever novos programas de retenção de clientes.
- Explicar a gestão de perda de clientes.

O principal objetivo deste capítulo é apresentar o conceito de retenção de clientes.

A HARRAH'S OLHA PARA ALÉM DOS APOSTADORES, NOVOS PROGRAMAS DE FIDELIDADE

Fidelização e retenção são importantes metas de serviços para muitas indústrias, mas talvez nenhuma empresa tenha levado isto mais a sério do que a Harrah's Entertainment. Com quase 80 cassino *resorts* em quatro continentes, e marcas como Harrah's, Paris, Bally's, Caesars Palace, Horseshoe, Flamingo e World Series of Poker, a Harrah's é a maior fornecedora do mundo de entretenimento de cassino. Obviamente, esta empresa quer que você venha e que volte sempre. De acordo com o *site* da empresa, a "Harrah's Entertainment concentra-se na construção de lealdade e valor para seus clientes por meio de uma combinação única de excelente serviço, excelentes produtos, distribuição inigualável, excelência operacional e liderança em tecnologia".

A Harrah's foi uma das primeiras empresas na indústria de jogos a usar o programa de fidelidade Total Rewards para identificar os melhores e mais leais clientes e recompensá-los de formas que nunca tinham sido feitas antes. Após a inscrição no programa Total Rewards, os clientes simplesmente deslizam/inserem os cartões Total Rewards cada vez que jogam em uma máquina caça-níqueis ou passam por uma mesa de jogo. Pontos são atribuídos ao cartão de recompensas com base no valor da aposta. Depois de certo número de pontos acumulados, pontos de bônus são adicionados ao cartão do cliente, o que pode qualificá-lo para a adesão aos Clubes Gold, Platinum ou Diamond. A adesão ao clube e os pontos de recompensa podem ser trocados por benefícios, como *check-ins* rápidos, quartos ou refeições gratuitos, tratamentos de *spa* e ingressos para espetáculos. Assim, o programa Total Rewards permite que os clientes não só ganhem dinheiro no cassino, mas também outras regalias com seu envolvimento no programa de fidelidade da Harrah's.

O Total Rewards tem sido um enorme sucesso para a Harrah's. O programa tem mais de 40 milhões de membros com mais de seis milhões de clientes ativos que usaram os cartões no último ano. A Harrah's estima que mais de 75% de suas receitas de jogos agora sejam rastreadas pelo cartão. O programa de fidelidade também aumentou os jogos em outras regiões – o montante das receitas de jogos geradas por clientes fora das propriedades locais. Por exemplo, clientes que normalmente jogam na Harrah's de Las Vegas também podem visitar Harrah's locais em Atlantic City. Os clientes permanecem fiéis à Harrah's, já que os pontos continuam a acumular nos cartões, independente de onde fazem as apostas. Desde a implantação do programa de fidelidade, a Harrah's também tem constatado um grande aumento no segmento de grandes apostadores, já que a empresa teve aumentos de dois dígitos em membros dos Clubs Platinum e Diamond. Os dados obtidos pelos cartões de fidelidade também permitem à Harrah's compreender melhor o segmento de clientes de pequenas apostas, que compõem quase 40% das receitas. Muitos outros programas de fidelidade de cassinos simplesmente ignoram o segmento de pequenas apostas dos seus negócios. A Harrah's redesenhou os próprios cassinos para incluir mais máquinas caça-níqueis e jogos de videopôquer, o que significou um aumento de 12% das receitas de caça-níqueis.

Mais recentemente, a Harrah's expandiu o programa de fidelização, e agora oferece pontos de recompensa para clientes que não são jogadores, mas que gastam em entretenimento, restaurantes e outros serviços. A Empresa gera aproximadamente 20% das suas receitas a partir de fontes não relacionadas a jogos, e leva a sério a expansão de suas ofertas não relacionadas a jogos à medida que as receitas de jogo caem nos Estados Unidos. Em comparação, a MGM Mirage tinha quase 58% das suas receitas totais provenientes de fontes não relacionadas a jogos. No geral, o sucesso do programa de fidelidade da Harrah's, em comparação com a concorrência, tem sido atribuído ao reconhecimento da empresa de que diferentes clientes têm diferentes necessidades e desejos. Claramente, jogadores e não jogadores têm diferentes expectativas da indústria do jogo. Como resultado, os benefícios previstos pelo programa Total Rewards oferecem aos clientes, seja qual for a necessidade, o que eles realmente valorizam. Por sua vez, clientes, jogadores e não jogadores igualmente premiam a Harrah's com a lealdade.

Fontes:
1. Disponível em: <http://www.cioinsight.com/c/a/Past-News/Make-Every-Customer-ore-Profitable-Harrahs-Entertainment-Inc/>. Acesso em: 31 mar. 2009.
2. Disponível em: <http://www.eweek.com/c/a/IT-Management/Harrahs-Bets-on-IT/>. Acesso em: 31 mar. 2009.
3. Disponível em: <http://www.harrahs.com/>. Acesso em: 31 mar. 2009.

Introdução

Este capítulo foca os importantes conceitos de lealdade e retenção de clientes de serviços. Lealdade e retenção do cliente são as principais estratégias de empresas de serviços de ponta, já que ambos os conceitos refletem uma visão mais promissora em comparação com o de satisfação do cliente. Como vimos no Capítulo 11, as medidas de satisfação avaliam o estado atual da avaliação do cliente, mas não conseguem tirar proveito do conjunto de necessidades em constante

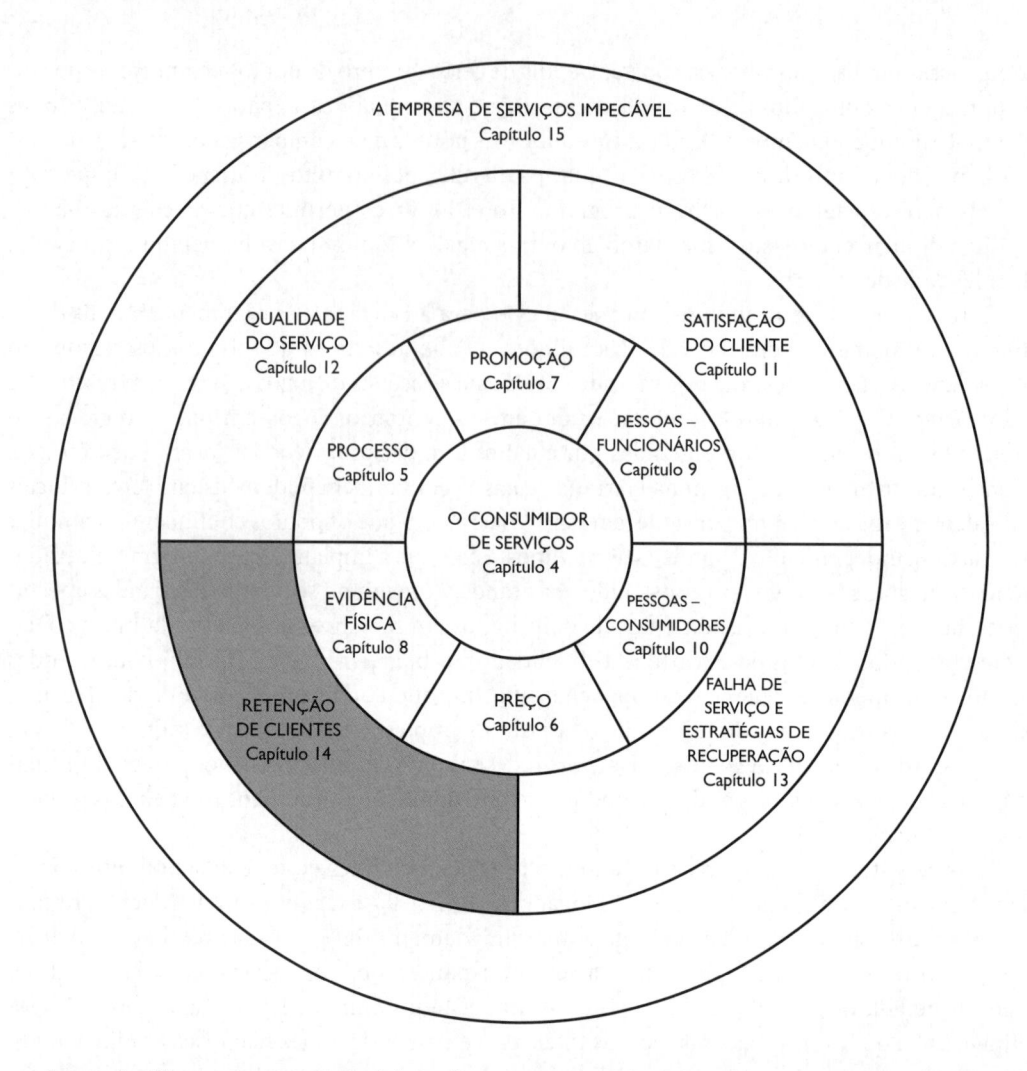

```
                    A EMPRESA DE SERVIÇOS IMPECÁVEL
                              Capítulo 15

          QUALIDADE                              SATISFAÇÃO
          DO SERVIÇO        PROMOÇÃO             DO CLIENTE
          Capítulo 12       Capítulo 7           Capítulo 11

                                            PESSOAS –
                                            FUNCIONÁRIOS
          PROCESSO                          Capítulo 9
          Capítulo 5
                          O CONSUMIDOR
                           DE SERVIÇOS
                            Capítulo 4
          EVIDÊNCIA                         PESSOAS –
          FÍSICA                            CONSUMIDORES
          Capítulo 8                        Capítulo 10

                                                 FALHA DE
          RETENÇÃO          PREÇO                SERVIÇO E
          DE CLIENTES       Capítulo 6           ESTRATÉGIAS DE
          Capítulo 14                            RECUPERAÇÃO
                                                 Capítulo 13
```

mudança do cliente. Assim, as medidas adicionais que avaliam o compromisso do cliente com a empresa prestadora de serviços, a evolução das expectativas dos clientes, a probabilidade de futuras compras com a empresa e a vontade do cliente de realizar negócios com as empresas concorrentes são necessárias a fim de estimar verdadeiramente a lealdade e os esforços de retenção dos clientes.

O que é lealdade do cliente?

Embora muitos possam usar os termos lealdade e retenção como sinônimos, para nossos propósitos, **lealdade do cliente** reflete uma ligação emocional e comercial com a empresa prestadora de serviços. Segundo um guru de serviços de Harvard, "Não basta ter [a satisfação do cliente], você precisa dos corações e das mentes do cliente para fechar a lacuna de lealdade".[1] Um campo de golfe no nordeste de Ohio foi administrado por quase 40 anos com muitos clientes que se mantiveram fiéis por décadas. Os donos conheciam as famílias dos clientes, e, a cada primavera, uma reunião de família estendida acontecia, quando o campo de golfe abria a cada nova temporada. Assim, é possível dizer que eram clientes "leais", em vez de clientes "retidos", por se tratar de uma região com muita concorrência. Quando uma empresa

> **lealdade do cliente** Reflete uma ligação emocional e comercial com a empresa prestadora de serviços.

"Minha família? Claro que não, esses são os meus clientes!"

Embora muitas pessoas de negócios possam usar os termos lealdade e retenção como sinônimos, a lealdade do cliente reflete uma ligação emocional e comercial com a empresa.

prestadora de serviços não tem concorrência, a lealdade importa menos, já que os clientes não têm para onde ir. No entanto, quando há concorrência, estabelecer e manter a lealdade dos clientes é essencial para evitar que migrem para os concorrentes.

Em termos comparativos, lealdade do cliente é uma convicção mais profunda para a empresa do que apenas retenção. É intuitivo acreditar que a satisfação leva à lealdade, que, por sua vez, leva à retenção de clientes. A verdade é que, sem lealdade, a satisfação pode ou não levar à retenção de clientes, e clientes retidos podem não ser clientes leais. O resultado é que a empresa prestadora de serviços não pode simplesmente assumir que clientes retidos sejam clientes leais. Assim, as empresas de serviços que desejam construir seu negócio e nutrir relacionamentos fortes com clientes precisam entender o valor estratégico adicional da lealdade do cliente em relação à retenção.

Você é ótimo, mas chega!

Apesar de haver a expectativa de que níveis mais elevados de satisfação do cliente sejam associados a níveis mais elevados de retenção, esta relação nem sempre existe.[2] Com base em uma pesquisa com 767 executivos que compram produtos de seguro de pensões e saúde para suas empresas, a satisfação não é necessariamente o "Santo Graal" da retenção de clientes. Embora 75% dos executivos tenham demonstrado satisfação com o prestador de serviços financeiros atual, 66% relataram que estavam planejando encontrar uma fonte alternativa para suas necessidades de serviços financeiros. De acordo com especialistas do setor, o que parece estar faltando são relacionamentos pessoais que liguem fornecedores e clientes. Há ainda outros indícios do distanciamento entre fornecedores e clientes, como o fato de apenas 49% dos compradores considerarem os fornecedores altamente éticos, e somente 28% acreditarem que o fornecedor trata bem os próprios clientes. Mesmo entre os próprios membros, menos de 50% das empresas de serviços financeiros alegaram ser leais aos seus prestadores.

Também é possível verificar uma relação instável entre satisfação e retenção de clientes em mercados B2C. Considere os seguintes casos: (1) os clientes não estão satisfeitos, mas são retidos; (2) os clientes estão satisfeitos, mas migram para ofertas da concorrência.

Baixa satisfação/alta retenção:

- *Monopólio regulamentado ou poucos substitutos (por exemplo, hospitais, companhias aéreas).*
- *Marca dominante (por exemplo, Microsoft).*
- *Alto custo de mudança (por exemplo, médicos, instituições financeiras).*
- *Tecnologia patenteada (por exemplo, Microsoft).*

Alta satisfação/baixa retenção:

- *Produtos banalizados ou com pouca ou nenhuma diferenciação (por exemplo, aluguel de automóveis).*
- *Indiferença do consumidor (baixo envolvimento) (por exemplo, lavagem de carro, lavagem a seco).*

- Muitos substitutos (por exemplo, serviço de jardinagem).
- Baixos custos de troca (por exemplo, serviços de coleta de lixo).

Estratégias para cultivar a lealdade do cliente

Segundo Orison Swett Marden, fundador da revista *Success*: "*O que faz a fama do mestre são os pequenos detalhes que o homem comum ignora*". Esta frase reflete os aspectos que podem ser cultivados com clientes e funcionários e que aumentam a lealdade. A literatura de marketing de serviços está repleta de sugestões para construir a lealdade do cliente. Eis os aspectos mais abordados:

- *Desenvolver uma perspectiva adequada* – Gerentes e funcionários de empresas de serviços precisam se lembrar de que a empresa existe para atender às necessidades e aos desejos dos consumidores. Lidar com clientes como matérias-primas em uma linha de montagem ou ser rude com eles é completamente inadequado. A USAir, por exemplo, usa o seguinte *slogan*: "O U da USAir começa com você, o passageiro".* *Slogans* como este afetam as expectativas dos clientes e reforçam para os funcionários exatamente quais são as prioridades da empresa. Interagir com o público não é uma tarefa fácil, e, infelizmente, os funcionários, às vezes, não conseguem manter a perspectiva correta. As mesmas perguntas devem ser feitas constantemente, e nem todo cliente é bem-educado. Manter a perspectiva adequada envolve uma habilidade mental orientada para o cliente e para uma atitude adequada ao serviço. Os funcionários precisam lembrar que cada cliente tem o próprio conjunto pessoal de necessidades, que são as suas expectativas, e não as do funcionário, e que definem o desempenho.
- *Manter contato* – Estar em contato com os clientes entre encontros de serviços é uma abordagem útil na construção de relacionamentos com a empresa prestadora de serviços. A chave é fazer contato sincero e pessoal com o cliente. Abordagens típicas incluem o envio de cartões de aniversário e/ou de aniversário de casamento ou outros; escrever notas pessoais parabenizando os clientes pelos sucessos obtidos; manter contato com os clientes sobre o desempenho de serviços passados e oferecer assistência, se necessário. O objetivo desta tática é comunicar aos clientes que a empresa realmente se preocupa com o seu bem-estar.
- *Fornecimento de esforço discricionário* – Esforço discricionário é o comportamento além do simples dever. É o vendedor da Procter & Gamble que, voluntariamente, embala as compras na inauguração de um novo supermercado. É o hotel que envia itens esquecidos pelos clientes para suas casas sem nenhum custo. É a empresa de petróleo que reconhece as necessidades especiais dos clientes durante tempos difíceis, como um desastre natural (ver Figura 14.1). Esforço discricionário envolve inúmeros aspectos pessoais, pequenas coisas que distinguem uma transação de negócios pontual de um relacionamento contínuo (ver "Serviços eletrônicos em ação").
- *Liderança de lealdade de cima para baixo* – A alta administração que é leal aos funcionários cria uma cultura de serviço em que estes transmitem essa lealdade aos clientes. A lealdade do funcionário conduz à lealdade do cliente.
- *Treinamento e empoderamento de funcionários* – Transmitir aos funcionários a expectativa de uma excelente prestação de serviços e lhes fornecer ferramentas, treinamento e autonomia necessários para entregá-la.

---

* O *slogan* original em inglês é "*The U in USAir starts with you, the passenger*". O som da letra U (que soa mais ou menos como "iul") é muito próximo do som da palavra *you* (você). Assim, existe, em inglês, um jogo de palavras que se perde quando traduzido para o português. (N. T.)

> **SERVIÇOS ELETRÔNICOS *EM AÇÃO***
>
> **Amo a Zappos**
>
> Como o *website* do varejista de calçados *on-line* ostenta orgulhosamente: "Se você está procurando o melhor serviço e a melhor seleção de sapatos, roupas e bolsas, faça suas compras na Zappos.com!". Milhares de clientes concordariam e posteriormente prometeriam lealdade a este popular varejista *on-line*. Muito do sucesso da Zappos veio de referências de clientes postadas em *blogs* e captadas por autores de livros comerciais populares, como A *Complaint is a gift (Reclamação de cliente? Não tem melhor presente)*, de Janelle Barlow e Clauss Moller.
>
> Uma dessas histórias envolve uma mulher que comprou sete pares de sapatos da Zappos para a mãe que estava gravemente doente. A mãe havia perdido muito peso durante a doença, e a filha não tinha mais certeza do tamanho correto. Ao fazer o pedido, incluiu diferentes tamanhos dos mesmos sapatos, de modo que o tamanho correto estivesse no pedido. A mãe morreu pouco depois de os sapatos chegarem, e a filha (ocupada com pensamentos mais importantes) perdeu os 15 dias para devolução da política da Zappos. Um atencioso representante de atendimento ao cliente da Zappos, lembrando-se do pedido da filha e de que o tamanho do sapato era um palpite, contatou a cliente e perguntou se ela gostaria de devolver algum dos sapatos. Depois de saber da morte da mãe da cliente, o representante tomou providências na UPS para ir à casa da mulher e recolher os sapatos gratuitamente. Além disso, no dia seguinte, a Zappos enviou à cliente um enorme arranjo de flores. Impressionada com a gentileza da empresa, a mulher imediatamente postou uma mensagem *on-line* que dizia: "Comecei a chorar. Adoro gentilezas, e se esta não foi uma das coisas mais bonitas que já aconteceram comigo, eu não sei o que poderia ser. Então... SE VOCÊ QUISER COMPRAR SAPATOS *ON-LINE*, COMPRE DA ZAPPOS. Com o coração que os funcionários da empresa têm, você saberá que é bom fazer negócios com eles".
>
> *On* ou *off-line*, as empresas que têm compaixão são recompensadas com a lealdade do cliente. O comentário da mulher foi vinculado a milhares de outros *sites* e discutido em centenas de blogs por pessoas que se referem à compaixão da Zappos. É uma grande história, e exemplifica como prestadores de serviços *on-line* podem se conectar com os clientes por meio de simples atos de gentileza humana.
>
> Fonte: Jane Barlow e Claus Moller. *Complaint Is a Gift.* San Francisco, CA: Berrett Koehler Publishers, Inc., 2008, p. 33-34.

- *Dar incentivos* – Embora já tenha conquistado os corações e as mentes dos clientes, eles o amam mais quando você os ama de volta. Incentivos são uma boa característica de valor agregado que cultivam e mantêm a lealdade.
- *Lembre-se das compras dos clientes* – Uma boa memória sobre as últimas compras dos clientes sinaliza que eles são indivíduos importantes, e não parte de uma massa conhecida apenas como "o cliente". Lembrar-se das compras passadas não só constrói a lealdade, mas também ajuda a vender bens e serviços que complementam a compra original.
- *Construção de confiança por meio de confiabilidade* – Confiança é definida como uma crença importante ou certeza da honestidade, integridade e confiabilidade de outra pessoa. No ambiente de serviço, os três componentes principais da confiança são: (1) a experiência do prestador de serviços, (2) sua confiabilidade e (3) a preocupação com o cliente.

De modo geral, as estratégias para a construção de confiança incluem:

- *Proteger informações confidenciais;*
- *Dizer a verdade aos clientes, mesmo quando dói;*
- *Oferecer aos clientes informações completas,* – os prós e os contras; e
- *Ser confiável, cortês e atencioso com o cliente.*

- *Flexibilidade* – Nada despersonaliza um serviço mais rápido do que se referir a uma política da empresa. De acordo com Reichheld e Sasser Jr., "Desculpas do tipo 'Esta é a nossa política' provocarão maior perda de clientes do que colocar fogo na própria loja".[3]

```
BP OIL COMPANY
101 PROSPECT AVENUE, WEST
CLEVELAND OH 44115

18 de setembro de 1996

K DOUGLAS HOFFMAN
WILMINGTON NC 28409

RE: 04122

Caro K. DOUGLAS HOFFMAN:

Estamos muito preocupados com a recente devastação do furacão na sua região.
Esperamos que você não tenha sido afetado pessoalmente.

Mas se tiver sido o caso, sabemos como é perturbadora e financeiramente
onerosa tal perda. Ficaremos felizes em lhe dar mais tempo para pagar qualquer
saldo que possa ser devido em seu cartão de crédito, sem encargos financeiros ou
multas por atraso.

Basta escrever uma pequena nota na parte inferior desta carta para que possamos
saber como você deseja estender o pagamento ao longo dos próximos meses. Ou
você pode nos ligar gratuitamente para 1-800-883-5527 e fazer um acordo.

Sabemos que isto é um pequeno gesto, mas quisemos oferecer uma mão amiga a
nossos valiosos clientes como você.


BP Oil Company

Número da conta do cartão de crédito: 04122

Plano de pagamento:
```

FIGURA 14.1 Exemplo de esforço discricionário

- *Substitua a tecnologia por seres humanos* – *"Sua chamada é importante para nós!"* dito por um sistema telefônico automatizado faz pouco para cultivar a lealdade do cliente. Para muitos, a tecnologia é vista como mais uma tática que a empresa implementa para se distanciar dos clientes.
- *Seja muito bom com nomes* – Nada personaliza um relacionamento mais rápido do que chamar o cliente pelo nome. Grandes hotéis de serviço, como The Fullerton, em Cingapura, dominaram a arte de cumprimentar o cliente pelo nome, mesmo que nunca tenha estado lá antes. Os funcionários sabem quem está fazendo *check-in* a cada dia, e o uso da *web* geralmente fornece informação pessoal e fotos dos hóspedes antes que chegassem – isto é que é dar um passo além e deixar uma grande primeira impressão!
- *Estar disponível quando for mais necessário* – Quando o cliente tem um problema, não é o momento para se esconder. Cada empresa de serviços deve dar pleno suporte e garantir que todas as transações sejam tratadas para a satisfação do cliente. A maioria dos clientes é realista e compreensiva. Muitas vezes, os clientes estão simplesmente à procura de conselhos e alternativas de soluções para problemas, e não à procura de *alguém em quem pôr a culpa*. Expressar uma preocupação sincera com a situação do cliente reforça os esforços de retenção de clientes da empresa.

Em última análise, a lealdade leva à retenção de clientes e a todos os benefícios associados. A seguir, descrevemos a importância e os benefícios da retenção de clientes, novos programas de retenção de clientes e as diretrizes para o desenvolvimento de um programa de gerenciamento de perdas de clientes.

O que é retenção de clientes?

Simplificando, **retenção de clientes** refere-se a concentrar os esforços de marketing da empresa sobre a base existente de clientes. Mais especificamente, em vez de buscar novos clientes, as empresas envolvidas em esforços de retenção de clientes trabalham para satisfazer os atuais com a intenção de desenvolver relacionamentos de longo prazo entre a empresa e sua clientela atual, e para o crescimento dos negócios.

> **retenção de clientes** Trata-se de concentrar os esforços de marketing da empresa sobre a base existente de clientes.

Muitos exemplos de esforços bem-sucedidos de retenção de clientes são baseados na capacidade da empresa de redefinir sua estratégia de negócios. As empresas estão interessadas, agora mais do que nunca, em observar mais atentamente o que seus produtos e serviços oferecem aos clientes. Compreender o uso que o cliente faz dos bens e serviços e as etapas que ele precisa cumprir para obter o produto muitas vezes leva a ideias que ajudam a empresa a se diferenciar dos concorrentes. Fornecer ao cliente serviços de valor agregado remodela a tradicional e muitas vezes conflituosa relação fornecedor-cliente numa parceria.

Após repensar sua estratégia de negócios, a British Airways não se vê mais apenas como uma prestadora de serviços de transporte aéreo.[4] Como resultado, a companhia revisou o foco dos clientes transatlânticos de primeira classe para incluir melhoria dos serviços em solo e no ar. Ao perceber que muitos dos clientes gostariam de dormir durante a noite, em vez de comer refeições enormes seguidas de sobremesas extravagantes e acompanhadas de um suprimento infinito de álcool e filmes ruins, a British Airways agora oferece aos passageiros de primeira classe a opção de ter o jantar em solo, em um salão de primeira classe da empresa. Uma vez a bordo, os passageiros recebem pijamas British Airway, travesseiros de verdade e um edredom para se cobrirem.

Assim que o avião aterrissa, e depois de uma boa noite de sono, os passageiros recebem o café da manhã em solo, bem como têm à disposição um chuveiro e um vestiário, de modo que possam estar novinhos em folha para os eventos do dia. A British Airways até passa as roupas dos passageiros enquanto estão desfrutando do café da manhã. Com serviços de valor agregado como esses, não nos surpreende o fato de os lucros da British Airway aumentarem constantemente.

Tendência para a retenção de clientes

O mercado atual é totalmente diferente do que os profissionais de marketing viveram no passado. A concorrência é intensa, e a diferenciação entre os concorrentes mínima.[5] A realidade mostra que não há grande diferença entre muitos serviços, sejam companhias de seguros, bancos ou exames oftalmológicos. Devido à paridade entre escolhas de marcas, o risco associado a troca de marcas foi drasticamente minimizado. Por exemplo, os clientes podem ser indiferentes em relação à empresa que detém sua apólice de seguro de automóvel. Consequentemente, muitos clientes prescindiram de lealdade à marca e selecionaram o produto que oferece o melhor valor, ou seja, o melhor produto ao menor preço.

Infelizmente, a maioria dos profissionais de marketing atuais tem reagido a este novo ambiente de "paridade de marca" e "sem lealdade de marca" constantemente perseguindo novos clientes. As empresas que estão constantemente à procura de novos clientes praticam o **marketing de conquista**. Técnicas típicas de marketing de conquista incluem oferecer descontos, reduzir preços e desenvolver promoções que incentivem novos negócios. Os resultados obtidos com o marketing de conquista são geralmente bem-sucedidos no curto prazo, por causa da falta de lealdade à marca por parte dos clientes. A empresa que se dedica ao marketing de conquista pode até obter uma ou duas compras repetidas. No entanto, logo que a concorrência oferece outro "desconto especial", e a empresa perde muitos dos clientes que havia até então conquistado.

> **marketing de conquista** Refere-se à estratégia de marketing para constantemente buscar novos clientes, oferecendo descontos, reduções de preços e desenvolvendo promoções que incentivem novos negócios.

Até hoje, muitas empresas gastam a maior parte de seus esforços de marketing na captação de novos clientes, em vez de manter os que já possuem. Por exemplo, considere quantas peças de correio promocionais você recebe de instituições financeiras relativas a cartões de crédito. Pense quem o aborda com mais frequência sobre os seus negócios: seu banco atual ou novos bancos que desejam tê-lo como cliente? Se você é como muitos de nós, novos bancos estão constantemente enchendo sua caixa de correio com ofertas promocionais. A rentabilidade de longo prazo das empresas que dependem apenas de técnicas de marketing de conquista é altamente questionável. Quando se considera o custo de uma promoção de vendas para atrair clientes com incentivos financeiros para atrair novos negócios, os lucros são reduzidos.

Mesmo quando as técnicas de marketing de conquista são bem-sucedidas, às vezes levam ao insucesso da empresa. Com frequência, as empresas são tentadas a crescer tão rápido quanto possível a fim de aumentar o volume de vendas. No entanto, por causa da inseparabilidade inerente dos serviços, o crescimento de muitas empresas de serviços é associado a uma diminuição da qualidade do serviço prestado. Considere a situação na qual a Starbucks se viu depois de anos de grande crescimento. A gigante do café agora está diminuindo o tamanho de sua operação para voltar ao básico e recapturar a lealdade de seus clientes.

Considerando os custos associados à conquista de novos clientes, a única maneira de ter lucro e evitar o ciclo contínuo de descontos nos preços é aumentar os gastos dos clientes atuais ao longo da sua vida. A retenção do cliente é, portanto, muito mais importante do que a atração de clientes. Dado o ambiente de marketing atual, agradar os clientes atuais faz sentido econômico.

Importância da retenção de clientes

A retenção do cliente tem se tornado cada vez mais importante em função das várias mudanças no ambiente de marketing. Primeiro, muitos mercados de consumo ao redor do mundo estão estagnados. A vibrante economia global de outrora sofreu abalos em seu cerne. Embora a situação varie pelo mundo, em muitos lugares o crescimento da população diminuiu. Consequentemente, não existem tantos novos clientes como no passado, e os que existem estão gastando menos.

A retenção de clientes também ganhou destaque por causa do aumento da concorrência. Alguns fatores têm contribuído para o aumento da concorrência: a paridade relativa e a dificuldade de se obter uma vantagem diferencial de bens e serviços no mercado; as indústrias agora têm de competir por clientes em um mercado aberto e mais competitivo; o crescimento de alternativas *on-line*; e as informações de mercado estão acessíveis para mais empresas, minimizando as vantagens da informação entre os concorrentes. Como resultado do aumento da concorrência e do uso predominante de técnicas de marketing de conquista, as empresas estão descobrindo que manter a base atual de clientes está mais difícil do que nunca.

"Temos que desenvolver uma nova forma de construir nossa base de clientes. O *software* Antispam afetou nossa estratégia de marketing."

Como as técnicas de marketing de conquista se tornaram mais caras e mais complicadas de implantar, as atividades de marketing que visam reter clientes têm ganhado cada vez mais importância.

A retenção de clientes também está se tornando cada vez mais importante por causa do aumento dos custos de marketing. Em particular, o custo da propaganda de marketing de massa, a principal ferramenta do marketing de conquista, aumentou substancialmente. Por exemplo, o custo de um *spot* de 30 segundos para televisão em 1965 era de US$ 19.700. Em comparação, o custo médio de produção de um comercial de 30 segundos para televisão nacional nos Estados Unidos em 2009 era de aproximadamente US$ 350 mil.[6] Além do aumento do custo da propaganda, houve a perda do "*share of voice*"** do anunciante. Devido ao curto período de tempo agora alocado a comerciais individuais (a duração média de comerciais diminuiu de 60 para 30 segundos e, em seguida, para 15 segundos), o número desses comerciais aumentou aproximadamente 25% nas última década. Por isso, as empresas estão competindo pela atenção em um meio em constante expansão. Além disso, surgiram novos canais de propaganda, como Facebook e YouTube. Consequentemente, os mercados de consumidores tornaram-se mais fragmentados, o que dilui ainda mais as chances de a mensagem de um anunciante atingir o público-alvo pretendido.

O recente crescimento do marketing de mala direta é atribuído diretamente aos elevados custos de marketing de massa e subsequente importância acrescida dos esforços de retenção de clientes. Os profissionais de marketing se tornaram mais seletivos sobre como e onde a verba de propaganda é gasta. Como resultado, os bancos de dados criados para o marketing direto forneceram os meios para identificar os clientes atuais e rastrear compras. Consequentemente, a propaganda para os clientes atuais tornou-se muito mais eficiente do que o marketing de massa para atingir o mercado-alvo da empresa.

Mudanças nos canais de distribuição também estão tendo um impacto sobre a retenção de clientes. Em muitos casos, a distância física entre o produtor e o consumidor está aumentando. O crescimento contínuo do varejo sem lojas, como catálogos na internet e de mala direta, é o principal exemplo de como a distância física entre o fornecedor na produtos e o cliente está mudando. As transações podem ser realizadas por telefone, correspondência ou pela internet, limitando assim o contato físico entre o fornecedor e o cliente. As empresas envolvidas em esforços de retenção de cliente devem estar cientes do velho ditado "Longe dos olhos, longe do coração" e reconhecer que a separação do cliente não diminui sua obrigação para com ele.

Outra alteração percebida no canal de distribuição é o aumento do uso de intermediários no mercado, ou "terceiros", que auxiliam na transação entre prestador e cliente. Neste cenário, o intermediário de marketing se torna um prestador substituto, e, como tal, representa a empresa de serviços que produz o produto. Embora o uso de terceiros e outros intermediários no mercado aumente a cobertura de mercado da empresa, também pode afetar negativamente as taxas de retenção de clientes. Por exemplo, um agente de viagens que vende serviços de uma companhia aérea pode deturpá-la (por exemplo, horários de voo, arranjos de assentos e assim por diante) e

---

**Participação de voz, ou seja, o percentual de gastos de veiculação de propaganda de uma empresa em relação ao total do mercado (N. T.).

prejudicar o relacionamento entre o cliente e a companhia. Mais uma vez, as empresas engajadas em esforços de retenção de clientes devem reconhecer que a distância física em relação a eles não minimiza sua responsabilidade.

A retenção de clientes também se tornou cada vez mais importante para as empresas porque os clientes também mudaram. Em comparação com as gerações passadas, os clientes atuais são mais informados sobre as decisões de compra, controlam melhor a renda discricionária e estão cada vez mais céticos sobre a preocupação da empresa com os seus negócios. Assim, as empresas que se dedicam a práticas de retenção de clientes são notadas pelos clientes atuais e recompensadas pelos esforços com vendas repetidas.

Benefícios da retenção de clientes

De acordo com alguns especialistas, a retenção de clientes tem um efeito mais poderoso sobre os lucros do que sobre a participação de mercado, economias de escala e outras variáveis normalmente associadas à existência de uma vantagem competitiva. De fato, estudos têm indicado que até 95% dos lucros vêm de clientes de longo prazo por meio de lucros provenientes de vendas, referências e redução dos custos operacionais.[7]

Lucros provenientes de vendas

Um dos principais benefícios da retenção de clientes é a repetição de vendas (ver Figura 14.2). Além da base de lucro obtida com as vendas, os lucros também são oriundos do aumento da frequência de compra e dos juros aplicados sobre os saldos mais elevados em contas de cobrança (específico para as empresas que oferecem serviços de crédito). Uma vantagem adicional de reter os clientes atuais é que eles estão dispostos a pagar mais pela oferta da empresa. Isto ocorre porque os clientes se acostumaram com a empresa, com os funcionários e com a maneira como o serviço é prestado. Assim, o relacionamento se desenvolve, reduzindo o risco do cliente.

Essencialmente, os clientes que voltam estão dispostos a pagar mais por compras e a comprar com mais frequência em situações em que a incerteza do resultado é reduzida ou inexistente. Por exemplo, as empresas de cartão de crédito incentivam os clientes atuais a usar os cartões de crédito quando fazem compras *on-line* e os protegem de fraudes no processo.

Aumentar as taxas de retenção de clientes pode ter um efeito relevante sobre a rentabilidade de uma empresa. Por exemplo, estudos mostraram que um aumento de 5% na taxa de retenção pode traduzir-se em lucros 85% maiores para uma agência bancária, 50% mais elevados para um corretor de seguros e 30% mais altos para uma cadeia de autosserviço.[8]

Lucros provenientes da redução dos custos operacionais

Pesquisas indicaram que custa três a cinco vezes menos manter um cliente do que obter um novo.[9] A relação de confiança que se desenvolve entre os clientes e a empresa torna os clientes atuais mais receptivos aos esforços de marketing da empresa e, portanto, facilita a venda de novos serviços. Isto, por sua vez, reduz o custo dos esforços de marketing da empresa.

No geral, os clientes de longo prazo tendem a ter menores custos de manutenção. Como eles já se acostumaram com a empresa, os funcionários e os procedimentos, fazem menos perguntas, têm menos problemas e requerem menos atenção. Ao longo dos anos, as guerras de preços das companhias aéreas tiveram algumas consequências inesperadas. Por um lado, os preços mais baixos alcançaram o efeito desejado: aumento das vendas. Por outro lado, muitas dessas vendas

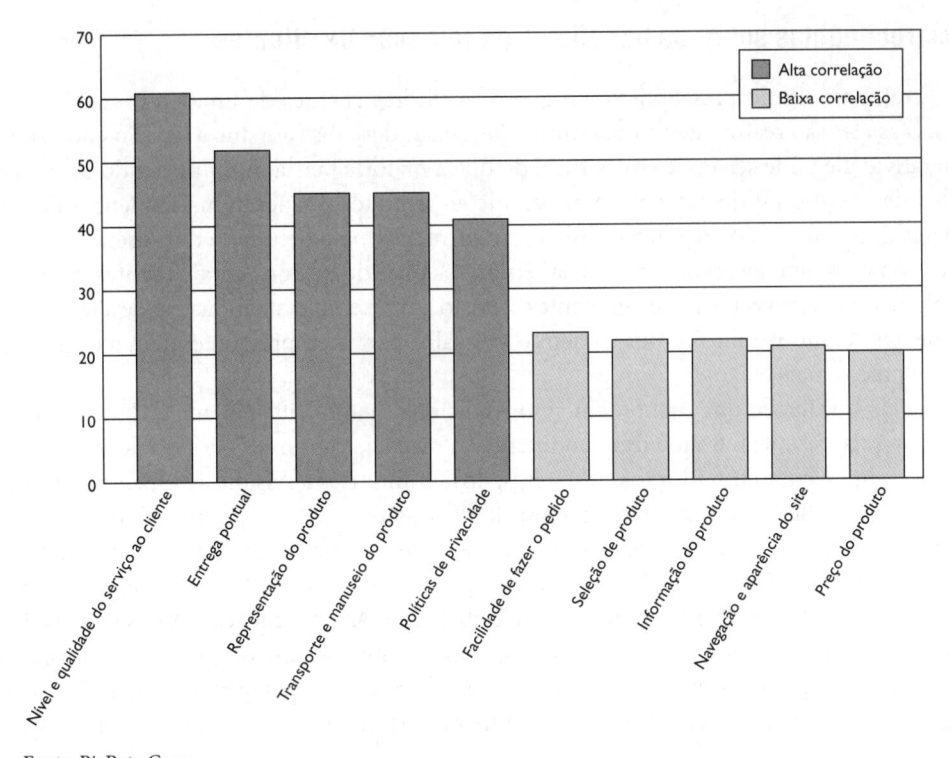

Fonte: BizRate.Com.

FIGURA 14.2 Por que os compradores *on-line* voltam

foram para passageiros que nunca haviam voado antes ou viajavam raramente e não estavam familiarizados com as práticas de venda de passagens, processos de *check-in*, restrições e manipulação de bagagem e comportamentos típicos de uma companhia aérea. As empresas tiveram que explicar aos novos passageiros serviços básicos como bebidas de cortesia. Apesar de este tipo de serviço ser muito comum, os novos passageiros não estavam familiarizados com o termo "cortesia". Em um exemplo particularmente preocupante, uma passageira solicitou instruções sobre como "abrir sua janela". O resultado final da adição de novos clientes foi que os comissários de bordo ficaram estressados e com excesso de trabalho, e a qualidade de serviço diminuiu, em média, para os clientes atuais.

Lucros provenientes de referências

Outro grande benefício da retenção de clientes é a comunicação boca a boca positiva gerada por clientes satisfeitos. Clientes atuais são necessários para uma empresa desenvolver uma reputação que atraia novos negócios. Clientes satisfeitos muitas vezes recomendam empresas a amigos e familiares, o que, por sua vez, reforça a própria decisão do consumidor. Fontes pessoais de informação são particularmente importantes para os consumidores de serviços por causa da intangibilidade e da percepção de aumento do risco associado a compras de serviços. Novos negócios provenientes de clientes atuais podem ser enormes. Por exemplo, nos Estados Unidos, um líder na construção de casas descobriu que 60% do seu negócio vinham de referências de clientes passados.[10]

Esclarecimentos sobre os benefícios da retenção de clientes

Em geral, parte-se do pressuposto de que os melhores clientes de uma empresa são os mais leais. Mas eles são realmente os melhores?[11] Pesquisas descobriram que a ligação entre retenção e lucratividade pode ser muito mais fraca do que a maioria pensa. Em um estudo de bancos de dados de clientes de quatro empresas, verificou-se pouca ou nenhuma evidência de que os clientes que compraram regularmente custaram menos para atender, eram menos sensíveis a preços ou recomendavam os serviços das empresas mais do que os demais clientes. Na verdade, em alguns casos foi verificado exatamente o oposto. Por exemplo, na indústria de alta tecnologia, os clientes de alto volume compreendem o seu valor para a empresa e tendem a exigir serviço extra e preços mais baixos.

Avaliar o valor de um cliente tem sido tradicionalmente feito por meio de técnicas como RFM, ou seja, recência, frequência e montante. A recência captura o período de tempo desde a última compra, como nos últimos três meses, nos últimos três a seis meses ou entre seis meses e um ano atrás. Clientes que fizeram compras mais recentes têm uma pontuação mais elevada. A frequência mede o número de vezes que um cliente fez uma compra dentro de cada um desses períodos de tempo (por exemplo, uma, duas, quatro compras etc.). Quanto maior a frequência de compras do cliente, maior pontuação lhe é atribuída. As pontuações obtidas com avaliações de recência e frequência são, então, somadas, e o montante dessas compras é considerado. Essa pesquisa indica que as empresas devem olhar para além das porcentagens de retenção de clientes e ligar a retenção à lucratividade para determinar quais clientes são realmente os melhores.

Determinar o valor do ciclo de vida do cliente

Outro método útil para determinar o valor real da retenção de clientes é determinar o **valor do ciclo de vida do cliente**.[12] A ideia é que um cliente vale muito mais do que uma única compra. À medida que os clientes da empresa voltam constantemente, o valor do ciclo de vida da base de clientes aumenta. Consequentemente, o verdadeiro valor dos clientes é o valor de todas as compras que fizeram mais o de todas as compras que podem fazer no futuro (em valor presente). As empresas de serviços que desejam calcular o valor do ciclo de vida do cliente podem fazê-lo multiplicando as vendas médias pelo média do número de vezes que os clientes retornam para fazer uma compra.

valor do ciclo de vida do cliente Refere-se ao valor monetário médio por venda multiplicado pela média do número de vezes que os clientes compram (descontado a valor presente).

Assim, para estimar o valor do ciclo de vida de um cliente médio:

Valor médio do ciclo de vida = (Venda média) × (Média do número estimado de vezes que o cliente compra)

As empresas que desejam determinar o quanto podem gastar para obter clientes devem, primeiro, calcular o **lucro do ciclo de vida do cliente**. Para esta determinação, o lucro médio por venda é multiplicado pelo número estimado de vezes que o cliente compra. Assim, o lucro do ciclo de vida do cliente fornece o lucro médio que a empresa espera receber de cada cliente.

lucro do ciclo de vida do cliente Refere-se ao lucro médio por venda multiplicado pelo média do número de vezes que os clientes compram (descontado a valor presente).

Lucro médio do ciclo de vida = (Lucro médio por venda) × (Média do número estimado de vezes que o cliente compra)

Depois de calculado o lucro do ciclo de vida do cliente da empresa, ele pode ser usado para determinar quanto a empresa pode gastar para atrair clientes e ainda obter lucros no longo prazo. Para calcular este valor, devem-se somar o custo médio de aquisição de clientes e o lucro do ciclo de vida do cliente. Demonstrando:

$$\text{Custo do ponto de equilíbrio de aquisição de clientes} = \text{(Lucro médio do ciclo de vida do cliente)} + \text{(Custo médio de aquisição do cliente)}$$

O resultado final é quanto a empresa pode gastar para obter cada novo cliente e chegar ao ponto de equilíbrio. Empresas que gastam menos do que este montante para conseguir cada novo cliente terão lucro. A lição a aprender é que, para terem lucro ao obter cada novo cliente, as empresas podem gastar mais do que o lucro do ciclo de vida do cliente e menos do que o lucro do ciclo de vida do cliente acrescido do **custo médio de aquisição do cliente**. Para aqueles que desejam uma descrição mais aprofundada, particularmente com respeito a valor presente, podem encontrar uma infinidade de exemplos na internet.[13]

custo de aquisição do cliente Refere-se ao valor monetário gasto em marketing e outras atividades para conquistar um novo cliente.

Sempre vale a pena manter um cliente?

Apesar de "manter cada cliente a qualquer custo" ser um tema controverso e de não haver um consenso, muitos especialistas acreditam que nem sempre vale a pena reter todos os clientes. De fato, é totalmente aceitável em alguns casos "dispensar" o cliente. Diretrizes para romper relações com clientes incluem as seguintes condições:[14]

- *O cliente já não é rentável.*
- *Condições especificadas no contrato de venda não estão mais sendo respeitadas.*
- *Os clientes são abusivos ao ponto de diminuir o moral dos funcionários.*
- *As exigências dos clientes estão além do razoável, e cumpri-las resultaria em serviço de má qualidade para os outros.*
- *A reputação do cliente é tão ruim que se associar a ele afeta a imagem e a reputação da empresa.*

Outros especialistas acreditam que, embora esses critérios sejam válidos, uma estratégia mais apropriada é recuar, mas manter as linhas de comunicação abertas. No geral, os esforços de retenção devem se concentrar em reter apenas os clientes mais rentáveis. Embora uma meta de zero perdas para os concorrentes valha a pena buscar, o investimento em retenção de clientes e programas de recuperação do serviço pode não ser economicamente justificável em todos os casos. Além disso, argumenta-se que foco demasiado em esforços de retenção de clientes pode prejudicar a empresa no longo prazo se a aquisição de clientes e os esforços de desenvolvimento forem ignorados no processo.[15]

Programas de retenção de clientes

Ao longo dos anos, vários programas de marketing surgiram tipificando o interesse em estratégias de retenção de clientes, como marketing de frequência, marketing de relacionamento, *aftermarketing* e garantias de serviço. Cada um desses programas exemplifica o esforço de empresas dispostas a expandir a construção da retenção de clientes.

Marketing de frequência

O principal objetivo do **marketing de frequência** é tornar os clientes atuais mais rentáveis.[16] Em suma, os clientes se tornam mais rentáveis à medida que aumentam a frequência de compras com o mesmo fornecedor. Por exemplo, os clientes de serviços podem assistir a mais apresentações no teatro, comprar mais ou aumentar os valores das apólices de seguros existentes ou jantar fora com mais frequência no restaurante favorito.

marketing de frequência Técnica de marketing que se esforça para fazer os clientes atuais comprarem com mais frequência do mesmo prestador.

Na implementação de um programa de marketing de frequência, o primeiro passo é coletar dados sobre os melhores clientes da empresa e determinar o nível de relacionamento deles com ela. Nível de relacionamento refere-se ao número de serviços diferentes que o cliente compra. Por exemplo, os clientes de bancos podem ter um relacionamento com o banco não apenas por possuírem contas-correntes, mas também com contas de poupança, empréstimos para aquisição de automóveis, investimentos ou financiamento imobiliário. O próximo passo é estabelecer uma comunicação com os clientes em um nível pessoal. As comunicações precisam ser *interativas*, para que os clientes possam tirar dúvidas e estabelecer um relacionamento com a empresa, e *orientadas para a ação*, de forma que incentivem os clientes a responder. Comunicações pessoais demonstram aos clientes que a empresa reconhece sua importância. Quando programas de recompensa são desenvolvidos para fazer os clientes agirem dentro de um determinado período de tempo, as comunicações tornam-se orientadas para a ação. Talvez os programas de marketing de frequência mais bem-sucedidos de todos os tempos sejam os de passageiro frequente (milhagem). Em todo o mundo, as companhias aéreas desenvolveram programas de milhagem com o propósito de premiar os passageiros que utilizam os serviços de determinada empresa ou de uma rede de companhias aéreas que compartilha o mesmo programa de marketing de frequência. Por exemplo, a rede Star Alliance, compartilhada pela United, Thai e Lufthansa, bem como cerca de 20 outras companhias aéreas, já foi eleita a Melhor Aliança de Companhias Aéreas pelo Business Traveler Award.[17] A lealdade dos passageiros é recompensada com créditos de "milhas" que podem ser trocadas por tarifas com desconto, voos gratuitos, *upgrades* e uma variedade de outros bens e serviços.

Além de atrair o viajante a lazer, os programas de passageiro frequente são a maneira mais fácil para as companhias aéreas competir por viajantes a negócios, que com frequência viajam de 10 a 12 vezes por ano ou mais. Por causa da natureza das atividades, os viajantes a negócios muitas vezes reservam voos no último minuto e pagam tarifas mais elevadas do que quem viaja a lazer. Para atrair o segmento mais rentável de passageiros a negócios, a maioria das companhias aéreas agora designa os melhores clientes, ou seja, aqueles que voam mais de 25 mil a 30 mil milhas por ano como membros *premium*, o que inclui linhas diretas para reserva, embarque antecipado, bônus de milhagem e privilégios de *upgrades* frequentes.[18]

Programas de milhagem tornaram-se tão populares, que hoje são vistos como os "Selos Ecológicos da Década de 1990". Além de o cliente poder resgatar milhas para descontos nas companhias aéreas associadas, as milhas são cada vez mais trocadas por outras coisas além de voos, como diárias gratuitas em hotéis, títulos de capitalização, refeições em restaurantes, cruzeiros e mercadorias de uma variedade de vare-

O programa de passageiro frequente (milhagem) de uma companhia aérea é o exemplo clássico de uma estratégia eficaz de marketing de frequência.

jistas. Esta nova maneira de resgatar milhas também tem sido acompanhada por novas maneiras de ganhá-las. Outras empresas, como de cartão de crédito e telefonia, fizeram acordos com as companhias aéreas e normalmente pagam a elas dois centavos por milha para ajudar a reter os próprios clientes e atrair novos. Segundo os especialistas em viagens, os membros do programa de passageiro frequente ganham, em média, 40% das milhas sem voar e resgatam 10% para finalidades diferentes de viagens gratuitas.[19]

Marketing de relacionamento

Outra abordagem de marketing que tipifica o novo interesse nos esforços de retenção de clientes é o **marketing de relacionamento**, a união de serviço ao cliente, qualidade e marketing. Mais especificamente, a perspectiva de marketing de relacionamento ocorre em dois níveis: macro e micro.[20] No nível macro, as empresas envolvidas em marketing de relacionamento reconhecem que as atividades de marketing têm um impacto sobre os mercados de clientes, funcionários, fornecedores, internos e influenciadores (como os mercados financeiros e governamentais). Simultaneamente, no nível micro, o marketing de relacionamento reconhece que o foco do marketing está deixando de ser concluir uma única transação e práticas de marketing de conquista para se tornar a construção de um relacionamento de longo prazo com os clientes atuais (ver "Sustentabilidade e serviços *em ação*").

> **marketing de relacionamento** Técnica de marketing baseada no desenvolvimento de relacionamentos de longo prazo com os clientes.

Os defensores do marketing de relacionamento acreditam que os produtos da empresa passam, e, assim, a unidade real de valor é o relacionamento de longo prazo com o cliente. Por exemplo, o fabricante de equipamento de construção agrícola John Deere mede o próprio sucesso em termos de gerações de famílias de agricultores que vêm usando os seus produto. A Baxter International, uma empresa de produtos e serviços de saúde avaliada em US$ 9 bilhões, também abraçou o conceito de marketing de relacionamento.[21] Essa empresa se oferece para compartilhar o risco do negócio com alguns clientes por meio da criação conjunta de vendas e metas de redução de custos, o que significa dividir economias ou despesas extras.[22]

No geral, o marketing de relacionamento enfatiza a importância da retenção de clientes e se preocupa com a qualidade que transcende as fronteiras departamentais, além de ampliar a definição de cliente, que deixa de ser apenas o consumidor final e passa a representar todos os responsáveis em trazer o bem ou serviço para o mercado (por exemplo, fornecedores, colaboradores, mercados influenciadores etc.). Esforços para manter o relacionamento com todos esses tipos de cliente são a essência do conceito de marketing de relacionamento.

Aftermarketing

Um terceiro programa de marketing que abrange esforços de retenção de clientes é o ***aftermarketing***,[23] que enfatiza a importância dos esforços de marketing após a venda inicial ter sido realizada. Eis um exemplo de *aftermarketing*: um médico liga para o paciente, muitos dias depois da primeira consulta, para obter informações sobre o progresso da doença. Você pode imaginar a lealdade e a retenção estabelecidas por este simples gesto? A seguir, listamos algumas técnicas de *aftermarketing*:

> ***aftermarketing*** Técnica que enfatiza o marketing após a venda inicial ter sido feita.

- *Identificar os clientes e criar um banco de dados para que eles possam ser facilmente contatados após a venda ter sido concluída.*

> ## SUSTENTABILIDADE E SERVIÇOS *EM AÇÃO*
>
> ### Ser "ecológico" aumenta a lealdade em bancos
>
> De acordo com um relatório da Javelin Strategy & Research, 687 mil toneladas de papel poderiam ser economizadas anualmente se os clientes de banco optassem por não utilizar papel. Isto representa papel suficiente para dar a volta na Terra 239 vezes!
>
> Os motivos corporativos para se envolver em atividades bancárias ecológicas estendem-se além da missão de poupança de recursos do mundo para o estabelecimento de uma ligação mais pessoal com os clientes. De acordo com um estudo recente, os clientes estão recompensando os "bancos ecológicos" com sua lealdade. Quando perguntados sobre "a importância do sistema bancário ecológico", os clientes têm indicado, por uma margem de 6 a 1, que são mais propensos a ser leais a instituições financeiras com práticas favoráveis ao meio ambiente. Assim, não é de surpreender que empresas como Washing Mutual recentemente tenham doado US$ 1 milhão para a The National Arbor Day Foundation (Fundação Nacional do Dia da Árvore) para comemorar seu um milhão de clientes que passaram a ter extratos sem papel. Resultados adicionais entre bancos ecológicos revelam o seguinte:
>
> - Dos clientes que adotaram o *banking* eletrônico, 34% fizeram isso para minimizar o impacto sobre o meio ambiente.
> - Dos clientes, 43% declararam que preferem fazer negócios com empresas que consideram ecológicas.
> - Dos consumidores que aderem ao *banking* ecológico ou indicaram que as práticas de negócios ecologicamente corretos são "extremamente importantes" para as decisões bancárias, 60% são mulheres.
> - Dos consumidores que indicaram que é "muito menos provável" que invistam mais em seu banco por causa das práticas ecológicas, 64% são homens.
>
> Além disso, deve-se notar que, embora a maioria dos clientes tenha mostrado interesse em adotar comportamentos bancários ecológicos, três de cada quatro clientes continuam a receber extratos em papel. No entanto, como os bancos estão fornecendo opções ecológicas fáceis de adotar, o futuro parece promissor.

- *Medir a satisfação do cliente e continuamente fazer melhorias com base no* feedback *dele.*
- *Estabelecer programas de comunicação formais com o cliente, como boletins de notícias que transmitem informações sobre como a empresa está usando o* feedback *dos clientes nos esforços de melhoria contínua.*
- *Criar uma cultura de* aftermarketing *em toda a empresa, com o objetivo de reforçar a importância de manter um relacionamento com o cliente após a venda inicial.*

A indústria automobilística tem feito alguns dos maiores progressos em *aftermarketing*. Os clientes são frequentemente contatados pelo pessoal de vendas e de serviço depois de um veículo ter sido adquirido ou após um serviço concluído no veículo. Geralmente, os clientes ficam muito impressionados com a preocupação do comerciante em uma indústria que historicamente focou na venda rápida.

A Weyerhaeuser, uma gigante no ramo de papel, levou o *aftermarketing* ainda mais longe ao designar alguns funcionários para trabalhar nas empresas dos clientes por uma semana. Uma história de *aftermarketing* de sucesso envolveu a colocação de um código de barras em rolos de papel jornal que a empresa regularmente enviava a seus clientes. Os funcionários da Weyerhaeuser notaram que o código de barras constantemente colava nas prensas de alta velocidade dos clientes. Para resolver o problema, moveu-se o código de barras em alguns centímetros. A Weyerhaeuser descobriu que outros clientes tinham tido problemas semelhantes, mas nunca se queixaram. Colocar funcionários no campo para ver pessoalmente como os clientes usam os produtos da empresa tem sido benéfico tanto para a Weyerhaeuser como para os clientes.[24]

Garantias de serviço

Uma das estratégias mais inovadoras e intrigantes de retenção de clientes desenvolvida nos últimos anos é a garantia de serviço.[25] Apesar de as garantias em si não ser particularmente novas, elas são bem recentes no que diz respeito a serviços, sobretudo serviços profissionais. Em geral, as garantias de serviço parecem facilitar três objetivos valiosos:

- *reforçar a lealdade do cliente,*
- *aumentar a participação no mercado, e*
- *motivar a empresa que oferece a garantia em melhorar a qualidade do serviço.*

Em geral, garantias bem-sucedidas são sem restrições, redigidas em termos específicos e claros, significativas, sem complicações quando acionadas e ágeis no pagamento. Entretanto, alguns erros devem ser evitados quando se cria uma garantia: (1) prometer algo trivial e normalmente esperado, (2) especificar um número excessivo de condições como parte da garantia, e (3) criar uma garantia tão comum que nunca é solicitada.

Tipos de garantia Em geral, existem três tipos de garantia: (1) incondicional, (2) de resultado específico, e (3) implícita. **Garantia incondicional** é a mais poderosa das três, e, "em sua forma pura, promete satisfação total ao cliente e, no mínimo, reembolso total ou resolução completa do problema e sem custo".[26] Oferecer garantias incondicionais beneficia a empresa de duas maneiras. Em primeiro lugar, a empresa se beneficia da influência que a garantia tem sobre os clientes. A seguir, apresentam-se os benefícios para o cliente relacionados com as garantias incondicionais:

> **garantia incondicional** Trata-se de uma garantia que promete completa satisfação ao cliente e, no mínimo, um reembolso total ou resolução completa do problema e sem custo.

- *Os clientes percebem que estão recebendo mais valor.*
- *A percepção do risco associado à compra é menor.*
- *O consumidor percebe a empresa como mais confiável.*
- *A garantia ajuda os clientes a decidir quando comparam as escolhas de concorrentes, fazendo da garantia uma vantagem diferencial.*
- *A garantia ajuda a superar a resistência dos clientes a fazer a compra.*
- *A garantia reforça a lealdade do cliente e aumenta as vendas e a participação de mercado.*
- *Uma boa garantia pode superar a comunicação boca a boca negativa.*
- *A garantia pode levar a reconhecimento e diferenciação de marca; assim, um preço mais elevado pode ser cobrado.*

Em segundo lugar, o benefício da garantia incondicional é dirigido à própria empresa. Uma condição necessária para uma empresa oferecer garantia incondicional é que ela primeiro esteja com suas operações funcionando adequadamente. Caso contrário, os pagamentos associados a esta garantia acabarão por levá-la à falência. Eis alguns benefícios para a empresa:

- *A garantia a obriga a concentrar-se na definição de um bom serviço pelo cliente, ao contrário da definição da própria empresa.*
- *Em si, a garantia estabelece uma meta clara de desempenho que é comunicada a funcionários e clientes.*
- *Garantias invocadas fornecem um meio mensurável de acompanhamento de um serviço ruim.*
- *Oferecer a garantia obriga a empresa a examinar todo o sistema de prestação de serviços à procura de pontos de falha.*
- *A garantia pode ser uma fonte de orgulho e fornecer um motivo para estimular a equipe dentro da empresa.*

Tal como acontece com os outros tipos de garantia, uma série de riscos associados a garantias incondicionais merece ser discutida. A primeira desvantagem refere-se ao fato de as garantias enviarem uma mensagem negativa para alguns clientes, o que pode manchar a imagem da empresa que as oferece. Alguns clientes podem se perguntar por que a empresa precisa oferecer a garantia. Por exemplo, os clientes podem considerar que a garantia é oferecida para minimizar falhas anteriores ou porque a empresa precisa de novos negócios. A segunda desvantagem envolve a indenização real quando a garantia é acionada. Os clientes podem se sentir constrangidos de acioná-la, e a garantia pode motivar os clientes a não reclamar. Outros problemas potenciais associados à indenização envolvem a quantidade de documentação que a empresa necessita para acionar a garantia e o tempo necessário para a indenização real ser concluída.

O segundo tipo é a **garantia de resultado específico**, considerada mais suave do que a garantia incondicional explícita, já que "as condições para desencadear a garantia são mais limitadas e bem definidas, e as indenizações menos traumáticas".[27] Diferente de uma garantia incondicional, que abrange todos os aspectos do processo de prestação de serviços, a garantia de resultado específico aplica-se apenas a passos ou resultados específicos.

garantia de resultado específico Trata-se de uma garantia que se aplica apenas a passos ou resultados específicos no processo de prestação de serviços.

No lado positivo, as garantias de resultado específico são mais facilmente aplicáveis a resultados quantitativos. Por exemplo, a garantia da FedEx de entrega durante a noite. Além disso, ao garantir um resultado específico, ao contrário de uma garantia global, a empresa pode ser capaz de afirmar com mais força seu compromisso com um objetivo particular. Do lado negativo, este tipo de garantia pode parecer fraco quando comparada com uma garantia incondicional, e os clientes podem perceber isto como falta de confiança nas próprias habilidades da empresa.

Garantia implícita é essencialmente uma garantia não formalizada que estabelece um entendimento tácito entre a empresa e os clientes. Embora a garantia não seja especificada, os clientes de empresas que oferecem garantias implícitas estão certos de que elas estão voltadas para sua completa satisfação. Assim, um espírito de parceria se desenvolve entre a empresa e os clientes com base em confiança e respeito mútuos.

garantia implícita Refere-se a uma garantia não escrita que estabelece um entendimento tácito entre a empresa e os clientes.

As vantagens e desvantagens associadas a uma estratégia de garantia implícita são desafiadoras. No lado positivo, como a garantia é implícita, nenhuma especificação explícita indica exatamente o que a empresa fará se a garantia precisar ser acionada. Por conseguinte, a empresa de serviço pode adaptar o pagamento da garantia para se ajustar à magnitude da falha no serviço. Por isso, uma garantia implícita pode não resultar em um arranjo do tipo "tudo ou nada". Outros benefícios associados à estratégia de garantia implícita são: (1) evita a aparência de ser apenas uma iniciativa de marketing inoportuna comparada com uma garantia explícita, e (2) impede que a empresa afirme publicamente a possibilidade de que de vez em quando, pode não cumprir as promessas que faz. Em suma, uma garantia implícita é pensada para ser a maneira "elegante" de usar uma estratégia de garantia.

Uma garantia implícita também tem suas desvantagens. Como se trata de uma garantia não formalizada, "a empresa que usa uma estratégia de garantia implícita tem que ganhar reputação por repetidos atos de boa vontade comunicados a potenciais clientes pelo boca a boca, o que demanda muito tempo".[28] Por esta razão, uma garantia implícita faz pouco em termos de diferenciar uma empresa no início de seu ciclo de vida corporativo. Além disso, como a garantia é implícita, novos consumidores podem não estar cientes da postura da empresa em relação à satisfação do cliente e assim não revelar os problemas à empresa.

Garantias de serviços profissionais As garantias que se referem a serviços profissionais merecem uma consideração especial.[29] De acordo com especialistas, as garantias são mais eficazes para prestadores de serviços profissionais nas seguintes condições:

- *Os preços são elevados* – Os preços de serviços profissionais podem ser consideravelmente altos. As garantias podem aliviar um pouco o risco associado a decisões tão caras.
- *Os custos de um resultado negativo são elevados* – Em termos simples, quanto mais importante a decisão e mais desastroso um resultado negativo, mais poderosa será a garantia.
- *O serviço é personalizado* – Diferente dos serviços padronizados, em que os resultados são bem conhecidos, os personalizados são acompanhados por um grau de incerteza. A garantia ajuda a aliviar alguns dos riscos associados com a incerteza.
- *O reconhecimento de marca é difícil de conseguir* – Não é fácil diferenciar os serviços profissionais com sucesso. Por exemplo, um exame oftalmológico ou serviços odontológicos são bastante similares entre os prestadores. Em casos como esses, a garantia de serviço incondicional pode diferenciar com sucesso o serviço em relação à concorrência.
- *A resistência do comprador é alta* – Devido ao custo de muitos serviços profissionais e à incerteza do resultado, os compradores de serviços profissionais são altamente cautelosos. Uma garantia incondicional pode ajudar a superar as reservas dos clientes e fazer a venda.

Gestão de perda de clientes: desenvolvimento de uma cultura de zero perdas

Outra estratégia para aumentar a taxa de retenção de clientes é reduzir a perda de clientes. O conceito de gestão de perda de clientes tem suas origens no movimento de gestão da qualidade total. **Gestão de perda de clientes** é um processo sistemático que tenta ativamente manter os clientes antes que abandonem a empresa. Este tipo de gestão envolve o rastreamento das razões pelas quais os clientes optam por migrar para os concorrentes e a utilização de tais informações para melhorar continuamente o sistema de prestação de serviços. A motivação para o estabelecimento de um programa eficaz de gestão de perda de clientes é clara: o corte de deserções pela metade duplica a taxa média de crescimento da empresa. Além disso, a redução da taxa de perda de clientes em até 5% pode aumentar os lucros de 25% a 85%, dependendo da indústria (ver Figura 14.3).[30]

> **gestão de perda de clientes** Trata-se de um processo sistemático que tenta ativamente manter os clientes antes que abandonem a empresa.

Zero defeitos *versus* zero perdas

Desde a aceitação da gestão da qualidade total pelo setor da indústria de bens, o guia a seguir tem sido o **modelo de zero defeito**. Embora adequado no setor industrial, em que as especificações podem ser identificadas bem antes da produção, o modelo de zero defeito não funciona bem no setor de serviços.[31]

> **modelo de zero defeito** Trata-se de um modelo usado na fabricação que se esforça para não haver defeitos nos bens produzidos.

Em geral, como as especificações dos clientes de serviços são muito subjetivas, eles podem fornecer a um prestador apenas elementos que se aproximam daquilo que desejam. Por exemplo, os clientes muitas vezes mostram a cabeleireiros imagens de um corte desejado e solicitam um estilo semelhante. A imagem é uma aproximação de algo desejado – ela não especifica comprimentos exatos a ser cortados nem um grau específico de cachos para os cabelos.

Aumento percentual no valor do cliente*

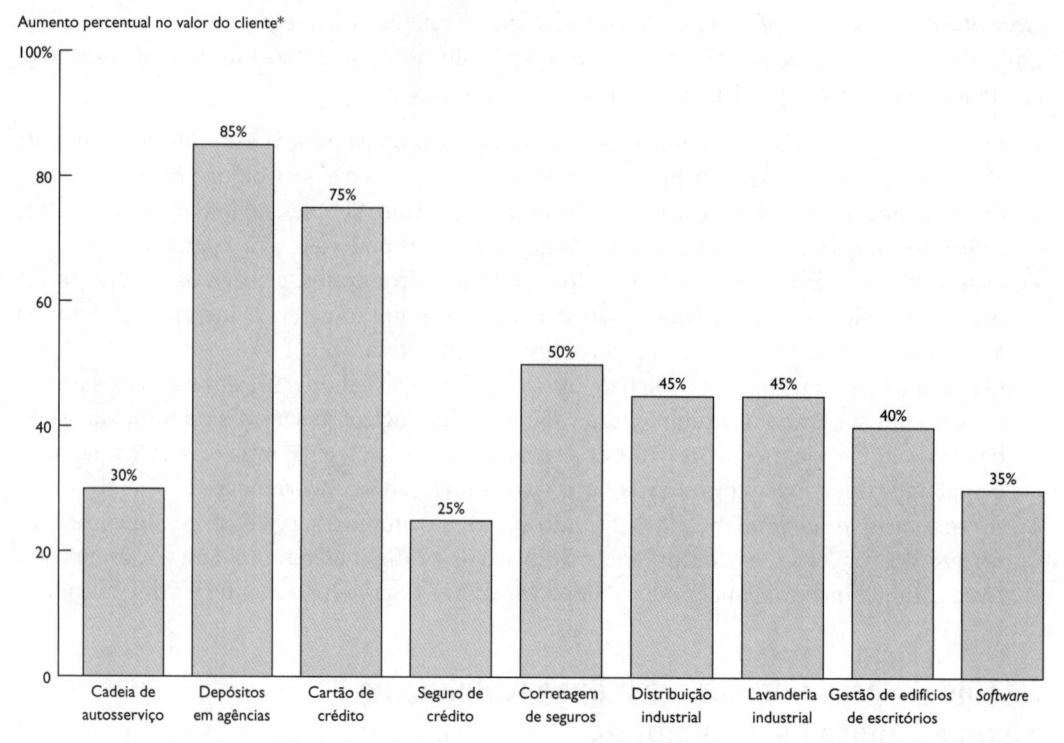

[Gráfico de barras mostrando:]
- Cadeia de autosserviço: 30%
- Depósitos em agências: 85%
- Cartão de crédito: 75%
- Seguro de crédito: 25%
- Corretagem de seguros: 50%
- Distribuição industrial: 45%
- Lavanderia industrial: 45%
- Gestão de edifícios de escritórios: 40%
- Software: 35%

* Calculado pela comparação do valor líquido presente dos fluxos de lucro para a vida média do cliente a taxas de perda de clientes atuais com os valores líquidos presentes dos fluxos de lucro para a vida média do cliente a taxas de perda de clientes 5% mais baixas.

Fonte: Frederick Reichheld e F. W. Earl Sasser Jr. Zero Defections: Quality Comes to Services. *Harvard Business Review*, set.-out. 1990, p. 110.

FIGURA 14.3 Reduzir defeitos em 5% incrementa os lucros entre 25% e 85%

Outro obstáculo à aplicação do modelo de zero defeito no setor de serviços é que cada consumidor tem o próprio conjunto de expectativas e especificações correspondentes. Como um cabeleireiro declarou: "Eles [clientes] vêm aqui com dois dedos de cabelo e esperam sair com o *look* da Diana Ross!". Consequentemente, as especificações disponíveis no setor de serviços com frequência não podem ser padronizadas para todos os clientes. Como resultado, o prestador de serviços deve ser capaz de adaptar-se de imediato a cada conjunto de expectativas.

Devido às propriedades únicas do sistema de prestação de serviços, como a característica de heterogeneidade, o modelo de zero defeito utilizado no setor de manufatura está fora da realidade do setor de serviços. A filosofia mais apropriada para as empresas de serviços seria **zero perda**. Diferente da "pilha de defeituosos" que é composta de produtos que não podem ser vendidos pelo setor industrial, a do setor dos serviços é composta de clientes que provavelmente nunca mais voltarão.

zero perda Trata-se de um modelo usado por prestadores de serviços que se esforça para não perder clientes para os concorrentes.

Importância da gestão de perda de clientes

As empresas normalmente perdem de 15% a 20% dos seus clientes por ano.[32] Em algumas indústrias, a taxa é muito maior. Por exemplo, a indústria de televisão a cabo perde anualmente acima de 50%,[33] e a indústria de telefonia celular tem rotatividade anual de 30% a 45%.[34] A redução da perda de clientes tem recompensas imediatas. Na indústria de cartão de crédito, por

Valor do cliente*
(eixo y: US$ 0 a US$ 1.000)

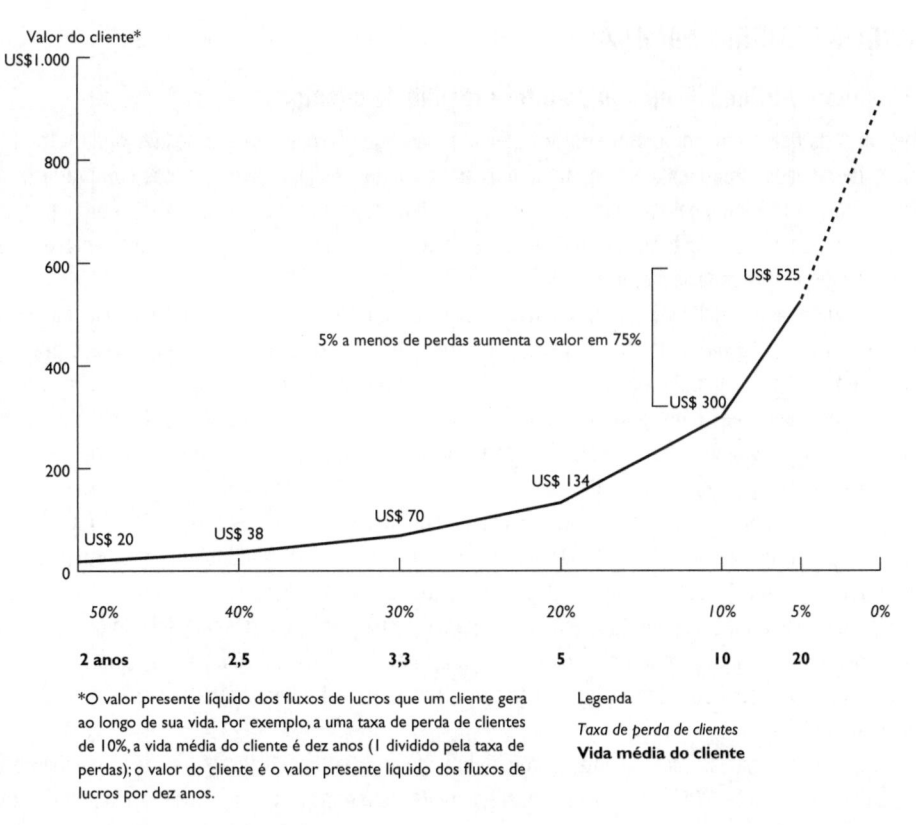

Valores no gráfico: US$ 20, US$ 38, US$ 70, US$ 134, US$ 300, US$ 525

5% a menos de perdas aumenta o valor em 75%

Taxa de perda de clientes: 50%, 40%, 30%, 20%, 10%, 5%, 0%
Vida média do cliente: 2 anos, 2,5, 3,3, 5, 10, 20

*O valor presente líquido dos fluxos de lucros que um cliente gera ao longo de sua vida. Por exemplo, a uma taxa de perda de clientes de 10%, a vida média do cliente é dez anos (1 dividido pela taxa de perdas); o valor do cliente é o valor presente líquido dos fluxos de lucros por dez anos.

Legenda
Taxa de perda de clientes
Vida média do cliente

Fonte: Frederick Reichheld e F. W. Earl Sasser Jr. Zero Defections: Quality Comes to Services. *Harvard Business Review*, set.-out. 1990, p. 109.

FIGURA 14.4 Curva de perda de clientes de uma empresa de cartão de crédito

exemplo, uma diminuição de 2% nas perdas tem o mesmo efeito líquido sobre os resultados que uma diminuição de 10% no custo (ver Figura 14.4).[35]

Outra razão que justifica a importância do monitoramento da perda de clientes refere-se às conclusões preocupantes – já abordadas antes – de que as taxas de perda de clientes não estão necessariamente associadas, de forma direta, com os índices de satisfação do cliente.[36] Em geral, considera-se que clientes satisfeitos são facilmente retidos. Embora esta ideia pareça promissora, receber notas altas de satisfação dos clientes atuais não se traduz necessariamente em lealdade eterna. Em média, de 65% a 85% de clientes perdidos afirmaram que estavam satisfeitos ou muito satisfeitos com seu ex-prestador.[37] Por que então os clientes migram?

Tipos de desertor

Os clientes migram por uma variedade de razões.[38] Os **desertores por preço** mudam para concorrentes de bens e serviços com preços mais baixos e são provavelmente os menos leais de todos os clientes. Muitas empresas que buscam uma filosofia de retenção de clientes estão dispostas a sacrificar os desertores por preço a fim de evitar constantes descontos nos próprios produtos e serviços. Em particular, as empresas que se diferenciam dos concorrentes com base em fatores como confiabilidade, capacidade de resposta,

desertores por preço Trata-se de clientes que mudam para concorrentes de bens e serviços em busca de preços mais baixos.

SERVIÇOS GLOBAIS *EM AÇÃO*

A Singapore Airlines vivenciou uma rara reação de clientes

Programas de fidelidade, como comprador frequente, passageiro frequente, cartões de jogador frequente e cupons de refeições frequentes, são comuns em todo o mundo. Hoje, quase 75% dos compradores norte-americanos pertencem a pelo menos um programa de fidelidade. Essencialmente, a ideia principal por trás desses programas era monitorar os hábitos de compra dos clientes, identificar os mais rentáveis e tê-los como alvo de ofertas especiais e promoções.

Os programas de fidelidade foram originalmente desenvolvidos pelas companhias aéreas na década de 1970 com a invenção da milhagem de passageiro frequente. Esses programas muitas vezes prendem os consumidores, especialmente viajantes frequentes e a negócios, a uma companhia aérea, embora voos menos caros e conexões mais favoráveis possam estar disponíveis na concorrência. Os clientes estão dispostos a pagar um pouco mais em troca de recompensas de passageiro frequente, como voos gratuitos ou com desconto, aumento da franquia de bagagem e/ou melhores assentos.

Mais do que nunca, os clientes de hoje se sentem com direito a tratamento especial em função das participações em programas de fidelidade. De acordo com um observador da indústria, "as companhias aéreas quebraram o padrão 'um preço para todos' e introduziram a mentalidade 'algumas pessoas são mais especiais do que outras', o que mudou o mercado para sempre". Assim, o que foi pensado como uma ótima ideia para monitorar dados tornou-se o preço para fazer negócios. Além disso, os programas de fidelização criaram uma psicologia de mercado que se tornou desconfortável e insustentável para empresas como a Singapore Airlines.

A Singapore Airlines recentemente tentou retirar alguns dos benefícios oferecidos aos membros de mais alto nível do Clube PPS. Além das regalias habituais, os membros deste clube originalmente recebiam uma adesão vitalícia quando atingiam determinado nível. Afirmando que a oferta do programa era insustentável, a companhia retirou a adesão vitalícia e ainda alegou que os termos do seu programa de fidelidade lhe davam o direito de fazer tais alterações. A reação dos clientes para as mudanças anunciadas foi rápida. Um grupo de "homens de negócios e profissionais de alto padrão" ameaçou a companhia com uma ação judicial. A Singapore Airlines agora enfrenta a situação de afastar alguns de seus clientes mais rentáveis e leais.

Fontes:
1. Disponível em: <http://www.reuters.com/article/tnBasicIndustries-SP/idUSSIN11878720070327>. Acesso em: 30 mar. 2009.
2. Disponível em: <http://www.cioinsight.com/c/a/Special-Reports/Trends-Loyalty-Programs/>. Acesso em: 30 mar. 2009.

empatia, segurança e gestão eficaz da evidência tangível do serviço geralmente são capazes de reter clientes sem o constante oferecimento de descontos nos produtos.

desertores por produto Trata-se de clientes que mudam para concorrentes que oferecem produtos e serviços de qualidade superior.

Os **desertores por produto** mudam para concorrentes que oferecem produtos e serviços de qualidade superior. Como tal, eles são os mais difíceis de recuperar uma vez que tenham migrado. Por exemplo, é difícil imaginar alguém retornar a um prestador de serviço inferior depois de encontrar outro superior. O segredo para minimizar desertores por produto é não se tornar complacente com os sucessos atuais e ignorar as necessidades dos clientes, que estão em constante mudança. Inovações e melhoria contínua são fundamentais na batalha para reter desertores por produto.

desertores por serviço Trata-se de clientes que migram em função do mau serviço prestado.

Os **desertores por serviço** migram em função do mau serviço prestado ao cliente (ver "Serviços globais *em ação*"). Ao contrário de outros tipos de desertor, as empresas impactadas

Dois terços dos clientes que mudam para a concorrência o fazem em função da falta de cortesia dos funcionários de serviço.

por desertores por serviço estão, na verdade, oferecendo aos clientes atuais razões para levarem os negócios para outro lugar. Pessoal inadequadamente informado, promessas não cumpridas e comportamento inaceitável do funcionário são motivos típicos que estimulam os clientes a procurar a concorrência. Falhas de serviço como essas, combinadas com sua respectivas respostas inadequadas dos funcionários, podem levar a perdas de clientes. Embora outros tipos de desertor sejam estimulados externamente, os desertores por serviço migram como resultado de problemas com as operações internas da empresa.

Os **desertores do mercado** saem do mercado por razões de mudança/transferência ou insucesso empresarial. Clientes, pessoas físicas e jurídicas, que se mudam para fora da área de mercado seriam considerados desertores do mercado. Da mesma forma, empresas que vão à falência e já não estão no mercado de bens e serviços fazem parte desta categoria de desertor.

> **desertores do mercado** Trata-se de clientes que saem do mercado em função de mudança/transferência ou do insucesso empresarial.

Os **desertores tecnológicos** mudam para produtos fora da indústria. Exemplos típicos de deserções tecnológicas incluem a mudança de lâmpada a óleo para energia elétrica e do transporte ferroviário para o aéreo. Como é o caso com deserções por produto, as tecnológicas podem ocorrer por complacência da empresa. Empresas bem-sucedidas são muitas vezes levadas a um falso senso de segurança e não reagem a desenvolvimentos tecnológicos fora da própria indústria. Por exemplo, os fabricantes de discos de vinil, que foram apanhados desprevenidos pelo desenvolvimento e aceitação do disco compacto (CD), perderam muito do negócio com as deserções tecnológicas. Atualmente, as vendas de discos compactos estão sendo substituídas por *downloads* de música *on-line*, já que as inovações tecnológicas continuam a mudar os modelos tradicionais da indústria.

> **desertores tecnológicos** Trata-se de clientes que mudam para produtos fora da indústria.

Os **desertores organizacionais** resultam de considerações políticas dentro da empresa. Em alguns casos, este tipo de deserção ocorre em função dos acordos de compras recíprocas. Por exemplo, uma empresa de engenharia pode mudar sua compra de produtos de papel para uma empresa que vende a marca desses produtos comercializados pela fábrica de celulose e papel que detém os serviços de engenharia da empresa. Em outros casos, as deserções organizacionais podem ocorrer como resultado de amizades ou relações comerciais que se desenvolvem por meio de clubes cívicos, de campo e uma variedade de outros encontros sociais e de negócios.

> **desertores organizacionais** Trata-se de clientes que saem em função das considerações políticas dentro da empresa, como acordos de compras recíprocas.

Processo de gestão da perda de clientes

Embora a perda de clientes seja frustrante para muitas empresas, as taxas de abandono podem ser mensuradas e controladas.[39] As perdas podem indicar o destino dos lucros e as razões específicas que levam os clientes a migrar. As informações obtidas pela análise de perdas podem ajudar as empresas a alcançar a meta de melhoria contínua.

A chave para a gestão da perda de clientes é a criação de uma cultura de zero perda dentro da empresa. Todos na empresa devem entender que zero perda de clientes é um objetivo principal da organização. Para estabelecer este objetivo, o primeiro passo da empresa no processo de gestão da perda de clientes é comunicar aos colaboradores a importância de manter os clientes atuais e os benefícios obtidos com a redução das perdas. As abordagens anteriores feitas neste capítulo descrevem a importância e os benefícios da retenção do cliente, que devem ser transmitidos a todos os funcionários. A meta de zero perda comunicada aos funcionários deve ter suporte em todos os níveis, começando pelo topo da organização. Neste caso, é fundamental que a alta gerência dê o exemplo. Gestores que falam sobre a necessidade e a importância do serviço ao cliente em reuniões de funcionários e, em seguida, falam mal dos clientes nos bastidores, nunca implementarão com sucesso uma cultura de zero perda.

O segundo passo na criação de uma cultura de zero perda é treinar os funcionários na gestão da perda de clientes, o que envolve:

1. Coletar informações dos clientes – quem são, o que compram, quanto compram e com que frequência o fazem?
2. Fornecer instruções específicas aos funcionários sobre o que fazer com a informação – reconhecer o cliente pelo nome, fazer venda cruzada de bens e serviços, e reconhecer a importância dele para o sucesso de longo prazo da empresa.
3. Instruir os funcionários sobre como reagir à informação – os clientes não são iguais e alguns recebem tratamento mais especial do que outros.
4. Incentivar os funcionários a responder à informação.

O terceiro e talvez mais crítico passo no processo de gestão da perda de clientes é atrelar incentivos a taxas de perda de clientes. Em outras palavras, se a empresa realmente deseja reduzir as perdas, a estrutura de recompensas deve reforçar os esforços de retenção de clientes. Empresas como a MBNA são dedicadas à retenção de clientes e desenvolvem sistemas de recompensa consistentes com esforços de retenção de clientes. É política da MBNA falar com cada cliente que deseja abandonar os serviços da empresa. Os funcionários da MBNA ganham até 20% do salários em bônus associados com os esforços de retenção de clientes. Como resultado da estrutura de recompensa e tais esforços adicionais de comunicação com os clientes, a MBNA retém 50% dos clientes que ligam para encerrar o relacionamento.[40] Como os esforços de retenção de clientes da MBNA afetam os resultados? A taxa global de retenção de clientes da empresa é de 95%, e ela mantém os clientes duas vezes mais tempo que a média da indústria. Na verdade, a taxa de retenção de clientes rentáveis é de 98%. Além disso, as perdas de crédito provocadas por inadimplência são entre um terço e metade mais baixas do que as de outras empresas. Além disso, os clientes usam os cartões MBNA mais vezes e mantêm saldos mais elevados – US$ 2.500, em comparação com a média da indústria de US$ 1.600. Outro grande exemplo é a State Farm Insurance, cujos agentes recebem a mesma comissão para garantir renovações e adesão de novos clientes.[41] A empresa reconhece o valor da retenção de clientes e recompensa os funcionários pelos esforços feitos.

Por fim, as empresas bem-sucedidas na gestão da perda de clientes também consideram a criação de barreiras de mudança que desencorajem os desertores.[42] Um cliente que muda de bancos está sujeito à tarefa demorada de fechar sua conta no antigo banco, abri-la no novo banco e, às vezes, pagar pela impressão de novos cheques. Mudar para um novo dentista pode exigir o custo de novos raios X, e mudar para um novo médico pode traduzir-se em completar extensos formulários de informação do paciente e passar por um extenso exame físico. A chave para o sucesso da implantação de barreiras de mudança é desenvolver baixas barreiras de entrada e barreiras de saída altas, mas não manipulativas.

No geral, a chave para a gestão da perda de clientes é dar-se conta de que ela é mensurável e controlável. Muitas vezes, as empresas simplesmente desprezam clientes que não solicitam serviços. A gestão da perda de clientes centra-se na retenção de clientes antes que migrem e na identificação dos motivos que os levam a fazer isto, quando for o caso. Em suma, os desertores são uma valiosa fonte de informações sobre as operações, os funcionários e o futuro da empresa.

Resumo

Devido à estagnação dos mercados, aumento da concorrência, aumento dos custos de marketing, mudanças nos canais de distribuição e necessidades dos consumidores em constante mudança, os conceitos de lealdade e retenção de clientes aumentaram em importância. A lealdade do cliente reflete as tentativas por parte da empresa de serviços de construir uma ligação emocional e comercial entre ela e o consumidor. Clientes retidos pela empresa de serviço podem ser fiéis ou que simplesmente continuam a comprar da empresa por outras razões, como elevados custos de mudança que restringem suas tentativas de migrar ou, ainda, a falta de substitutos.

Estratégias para cultivar a lealdade incluem comunicações ininterruptas, fornecimento de excelente serviço ao cliente, líderes que dão o exemplo, formação e empoderamento de funcionários, lembrança das compras passadas dos clientes, foco em confiabilidade, flexibilidade nas relações com clientes, equilíbrio tecnológico com interação e identificação dos clientes pelos nomes.

Em suma, a retenção de clientes refere-se a concentrar os esforços de marketing da empresa em sua base atual de clientes. As empresas que se esforçam na retenção do cliente trabalham para satisfazer os clientes atuais na esperança de desenvolver ainda mais o relacionamento cliente-prestador. A retenção do cliente é associada a uma ampla variedade de benefícios, incluindo lucros das vendas iniciais e seguintes, lucros resultantes da redução dos custos operacionais e lucros com referências. Normalmente, os clientes atuais fazem uso mais eficiente da oferta de serviço disponível, e, muitas vezes, preferem ficar com um fornecedor durante longos períodos de tempo para reduzir o risco associado com compras de serviços.

Apesar de importante, nem sempre a retenção de clientes vale a pena. As empresas de serviços devem considerar liberar os clientes que já não são rentáveis, não seguem as condições do contrato, são abusivos com os funcionários, fazem exigências descabidas e criam uma reputação tão ruim que não convém mantê-los.

As empresas que se concentram na retenção de clientes muitas vezes se envolvem em esforços de programação, tais como marketing de frequência, marketing de relacionamento, *aftermarketing* e garantias de serviço. As empresas de serviços que implementaram esses tipos de programa acreditam que os esforços são válidos e rentáveis.

Além de atrair clientes e criar lealdade, as empresas de serviços também se beneficiam com o desenvolvimento de um programa proativo de gestão da perda de clientes. A motivação para o estabelecimento de um programa eficaz de gestão da perda de clientes é clara: redução das perdas pela metade duplica a taxa de crescimento média da empresa. Os clientes vão para concorrentes por uma série de razões, podendo ser descritos segundo o tipo de desertor, ou seja, desertor por preço, produto, serviço, mercado, tecnológico e organizacional. A chave para a construção de um programa de gestão eficaz da perda de clientes é instituir uma cultura de zero perda em toda a empresa, o que pode ser realizado por meio de uma liderança que prima pelo exemplo e pelo treinamento de funcionários. Neste processo, é imprescindível aliar incentivos a taxas de perda e desenvolver barreiras de mudança que desencorajem a fuga de clientes.

Palavras-chave

lealdade do cliente	marketing de relacionamento	zero perda
retenção de clientes	*aftermarketing*	desertores por preço
marketing de conquista	garantia incondicional	desertores por produto
valor do ciclo de vida do cliente	garantia de resultado específico	desertores por serviço
lucro do ciclo de vida do cliente	garantia implícita	desertores do mercado
custo de aquisição do cliente	gestão de perda de clientes	desertores tecnológicos
marketing de frequência	modelo de zero defeito	desertores organizacionais

Questões de revisão

1. Defina os conceitos de lealdade e retenção de clientes e explique a relação entre eles.
2. Por que o marketing de conquista tornou-se uma forma aceitável de fazer negócios para muitas empresas atuais?
3. Discuta os problemas associados ao marketing da conquista.
4. Sempre vale a pena reter um cliente?
5. Quais são os passos associados ao marketing de frequência à medida que se relaciona com programas de passageiro frequente?
6. Como as mudanças nos canais de distribuição de serviços tiveram impacto sobre a retenção de clientes?
7. Discuta a distinção entre os modelos zero defeito e de zero perda?
8. Como os desertores por serviço diferem de outros tipos de desertor?
9. Quais são as características de garantias de serviço bem-sucedidas?
10. Quais são as vantagens e desvantagens associadas à utilização de garantias implícitas?

Notas

1. Disponível em: <http://www.cioinsight.com/c/a/Special-Reports/Trends-Loyalty-Programs/>. Acesso em: 12 ago. 2009.
2. Pallavi Gogoi e Ira Sager. I Love You – But I'm Leaving You. *Business Week*, 21 jul. 2003, p. 10; K. Douglas Hoffman e John E. G. Bateson. *Essentials of Services Marketing*, 2. ed. Mason, Ohio: South-Western Publishers, 2001, p. 38-42.
3. Frederick F. Reichheld e W. Earl Sasser Jr. Zero Defections: Quality Comes to Services. *Harvard Business Review*, set.-out. 1990, p. 105-11; Disponível em: <http://www.allbusiness.com/sales/customer-service/1961-1.html>. Acesso em: 27 mar. 2009.
4. Rahul Jacob. Why Some Customers Are More Equal than Others. *Fortune*, 19 set. 1994, p. 218, 220.
5. Terry G. Vavra. *Aftermarketing*: How to Keep Customers for Life through Relationship Marketing. Homewood, IL: Business One Irwin, 1992, p. 2-6.
6. Disponível em: <http://www.gaebler.com/Television-Advertising-Costs.htm>. Acesso em: 21 ago. 2009.
7. Michael W. Lowenstein. The Voice of the Customer. *Small Business Reports*, dez. 1993, p. 57-61.
8. Frederick F. Reichheld e W. Earl Sasser Jr. Zero Defections: Quality Comes to Services. *Harvard Business Review*, set.-out. 1990, p. 105-11.
9. Barry Farber e Joyce Wycoff. Customer Service: Evolution and Revolution. *Sales and Marketing Management*, maio 1991, p. 44-51.
10. Frederick F. Reichheld e W. Earl Sasser Jr. Zero Defections: Quality Comes to Services, p. 107.
11. Disponível em: <http://strikeachord.wordpress.com/2009/06/18/customer-loyalty-profitability-and-mythology/>. Acesso em: 24 ago. 2009.
12. Disponível em: <http://www.zeromillion.com/marketing/determininglifetimevalue.html#ixzz0OxTj0PNE>. Acesso em: 22 ago. 2009.

13. Disponível em: <http://www.dbmarketing.com/articles/Art251a.htm>. Acesso em: 22 ago. 2009.
14. Is Customer Retention Worth the Time, Effort and Expense. *Sales and Marketing Management*, 143, 15, dez. 1991, p. 21-22; Disponível em: <http://www.businessweek.com/magazine/content/07_44/b4056431.htm>. Acesso em: 20 ago. 2009.
15. Robert E. Wayland e Paul M. Cole. Turn Customer Service into Customer Profitability. *Management Review*, jul. 1994, p. 22-24.
16. Richard Barlow. Building Customer Loyalty through Frequency Marketing. *The Bankers Magazine*, maio-jun. 1990, p. 73-76.
17. Disponível em: <http://www.staralliance.com/en/meta/airlines/>. Acesso em: 22 ago. 2009.
18. Jim Ellis. Frill-Seeking in the Clouds. *Business Week*, 13 set. 1993, p. 104-05.
19. Adam Bryant.Airlines' Frequent-Flier Miles Not Just for Flying Anymore. *Sunday Star-News*, 21 ago. 1994, p. 10A.
20. Martin Christopher; Adrian Payne; David Ballantyne. *Relationship Marketing*. Oxford: Butterworth-Heinemann, 1991.
21. Jacob.Why Some Customers, p. 222.
22. Idem, p. 215.
23. Vavra. *Aftermarketing*, p. 1.
24. Jacob. Why Some Customers, p. 222.
25. Adaptado de Christopher W. L. Hart; Leonard A. Schlesinger; Don Maher. Guarantees Come to Professional Service Firms. *Sloan Management Review*, primavera 1992, p. 19-29.
26. Hart; Schlesinger; Maher. Guarantees Come, p. 20.
27. Idem, p. 28.
28. Idem, p. 29.
29. Idem, p. 20.
30. Reichheld e Sasser. Zero Defections, p. 110.
31. Ron Zemke. The Emerging Art of Service Management. *Training*, jan. 1992, p. 37-42.
32. Reichheld; Sasser. Zero Defections, p. 108.
33. How Five Companies Targeted Their Best Prospects. *Marketing News*, 18 fev. 1991, p. 22.
34. *The Cellular Telephone Industry:* Personal Communication. Silver Spring, MD: Herschel Shostack Assoc., 1992, p. 122.
35. Reichheld e Sasser. Zero Defections, p. 108.
36. Lowenstein. The Voice, p. 57.
37. Patricia Sellers.Keeping the Buyers. *Fortune*, outono/inverno 1993, p. 56-58.
38. Glenn DeSouza. Designing a Customer Retention Plan. *The Journal of Business Strategy*, mar. 1992, p. 24-28.
39. Reichheld; Sasser. Zero Defections, p. 105.
40. Larry Armstrong. Beyond May I Help You?. *Business Week/Quality*, 1991, p. 100-03.
41. Sellers. Keeping the Buyers, p. 58.
42. DeSouza. Designing, p. 27.

CASO 14

O enigma do Mandalay Bay

Contexto

O Mandalay Bay Resort and Casino, em Las Vegas, se autopromove como um hotel de 39 andares que oferece luxo inigualável, restaurantes, entretenimento renomado e serviço personalizado. O principal hotel dispõe de mais de 3.300 quartos, um cassino de 12.500 m², uma variedade de atrações aquáticas, incluindo uma piscina de ondas e um rio tranquilo, opções de entretenimento não relacionadas a jogos, como o House of Blues e 24 restaurantes e cafés. Mandalay Bay é de propriedade da MGM Mirage, e está ligado por um serviço de transporte gratuito às suas propriedades irmãs, Excalibur e Luxor. Professor Taylor (ironicamente, professor de marketing de serviços) e a esposa estavam ansiosos para passar quatro noites no resort e cassino e ficar algum tempo com a irmã e o irmão e seus respectivos cônjuges que moram em outras partes do país – uma reunião familiar era a finalidade da viagem.

Alguns meses antes, Ted, irmão do professor Taylor, havia recebido uma mala direta do Mandalay Bay oferecendo uma tarifa promocional de US$ 69,99 por noite (um desconto de US$ 30 por noite da tarifa normal). Após contato com os irmãos e um acordo sobre a data, Ted imediatamente reservou três quartos para os três casais, e a reunião familiar foi definida.

Ao checarem as reservas em agosto, Ted e o cunhado, Bill, renegociaram as acomodações dos três casais. O acordo resultou em um *upgrade* de quarto para cada casal que consistia em uma suíte de 70 m^2 com banheira de hidromassagem e vista para a principal avenida, Strip de Las Vegas. O custo adicional para esses *upgrades* foi de US$ 25 por noite – para todos, tratava--se de um negócio muito bom.

Taylor e a esposa chegaram ao hotel um dia depois dos outros dois casais, que tinham quartos no 10º andar. Devido a restrições de disponibilidade, o professor e a esposa receberam um quarto no nível da cobertura (do 35º ao 39º andar) do hotel, numerados de forma singular como 60º a 64º andares. O quarto tinha o mesmo tamanho dos quartos dos outros dois casais. No entanto, os andares da cobertura tinham um elevador expresso e melhores vistas da Strip por serem mais altos.

Todos estavam muito satisfeitos com os quartos e todas as acomodações disponíveis no Mandalay Bay Resort and Casino. Os casais foram a *shows*, aproveitaram as piscinas, andaram pela Strip, comeram juntos e visitaram os cassinos de vários hotéis, muitos dos quais de propriedade da MGM Mirage. Os dias passavam muito rápido, e os casais voltavam para os quartos em torno das 3 horas da madrugada todo dia.

Situação

Na segunda noite de estada no Mandalay Bay, o professor e a esposa voltaram para o quarto, 60201, e notaram um cheiro ligeiramente ruim que não haviam sentido no início do dia. O casal foi dormir naquela noite e nem pensou sobre isso no dia seguinte, mesmo porque o cheiro não estava mais presente pela manhã. Ao voltar para o quarto por volta das 3 horas, na terceira noite, o mau cheiro havia retornado. Às 3h30, o cheiro era tão forte que o casal quase ficou sufocado com náuseas e chamou a segurança para investigar. Um jovem funcionário da segurança notou que o cheiro não estava presente em nenhum outro lugar do corredor, apenas próximo ao quarto 60201. Sem saber o que fazer, o jovem segurança tapou o nariz (o cheiro era realmente ruim) e chamou o gerente para ajudar a investigar melhor.

O gerente de segurança, protegendo o nariz, entrou no quarto e imediatamente ligou para o pessoal de engenharia do hotel (manutenção). O gerente de segurança se desculpou e ligou para a recepção a fim de providenciar outro quarto para o casal. O pessoal da engenharia entrou no quarto com desodorizantes em *spray* em mãos e tentou, pelo menos, mascarar o odor. A equipe acreditava que uma bolha de gás havia subido pelo sistema de saneamento do hotel e o cheiro era o resultado de um "refluxo" que estava desembocando diretamente no quarto 60201. Um novo quarto foi fornecido ao casal, e um carregador ajudou a arrumar os pertences das 3h45 às 4 horas. Outros seguranças agora estavam presentes no corredor, com as mãos cobrindo os narizes e as bocas, enquanto tentavam verificar "o contravento" (segundo as palavras deles) do "cheiro."

As novas acomodações do casal estavam localizadas um andar acima do antigo quarto (ainda nos andares da cobertura) e eram bastante agradáveis. Na verdade, o quarto não era um quarto, mas uma suíte de cinco cômodos. A acomodação tinha entre 160 e 190 m^2, composta por uma sala de jantar completa, bar completo, sala de estar, opções de entretenimento, incluindo uma grande televisão de plasma e *docking station* para iPod com alto-falantes localizados por toda parte, uma cama com dossel, cortinas eletrônicas, dois banheiros (incluindo uma sauna) etc. O preço normal do quarto variava de US$ 350 a US$ 500 por noite (o professor e a esposa não foram cobrados pelo preço adicional). Eles passaram as últimas duas noites nessa suíte. Ninguém do hotel fez contato com o professor e a esposa depois que foram colocados nas novas acomodações.

Outras considerações dignas de nota

- *Embora agradáveis, os quartos de hotel em Las Vegas podem ser obtidos a preços razoáveis, os hóspedes gastam a maior parte do "orçamento Vegas" em passagens aéreas, cuidados com criança e/ou animais domésticos, refeições, entretenimento (incluindo jogos e ingressos para shows), aluguel de automóveis e/ou despesas de táxi e compras. A maior parte das despesas de refeições e entretenimento é feita na propriedade. Seria razoável supor que um casal poderia facilmente gastar de US$ 1.500 a US$ 2 mil por uma estada de cinco dias/quatro noites.*
- *O professor e a esposa passam férias em Las Vegas aproximadamente uma ou duas vezes a cada cinco anos.*
- *O cunhado do professor conversou com o gerente de plantão na manhã seguinte, e este não tinha ideia do que havia ocorrido. O gerente aconselhou que os clientes afetados apresentassem um relatório formal à segurança. A segurança foi contatada e registrou o relatório formal, mas estava visivelmente confusa sobre o porquê de estar envolvida na situação.*
- *A esposa do professor queixou-se de náuseas e dor de cabeça por quase 12 horas após o incidente.*
- *A esposa do professor chamou a recepção para obter informações sobre a causa do mau cheiro e foi instruída a entrar em contato com o Escritório de Gestão de Risco, que prometeu compensar o casal com duas noites no Mandalay Bay, que poderiam ser usadas a qualquer momento, nos próximos dois anos. Quando questionado se o hotel forneceria acomodações similares às do quarto original (70 m^2), o Escritório de Gestão de Risco afirmou que não poderia garantir acomodações equivalentes.*
- *O Mandalay Bay se comprometeu a enviar os vouchers da estada de duas noites para a residência do casal. Muitas semanas se passaram, e o casal não recebeu nenhuma correspondência do Mandalay Bay.*

Questões para discussão

1. O Mandalay Bay Resort and Casino e outros hotéis de Las Vegas estariam preocupados com conceitos de marketing de serviços, como lealdade e retenção do cliente? Justifique sua resposta.
2. Como hóspede do Mandalay Bay que viveu esta situação, qual seria uma expectativa razoável para os esforços de recuperação do serviço do hotel?
3. Avalie os esforços de recuperação do serviço do Mandalay Bay a partir das perspectivas de justiças distributiva, processual e interacional.
4. Que recomendações você daria à gestão do Mandalay Bay para lidar no futuro com situações como a descrita neste caso?

capítulo 15

Juntando as peças: como criar uma cultura de serviços de nível internacional

"O que precisamos agora é cercar esses indivíduos com o sistema, isto é, um conjunto fluido, lógico e bem amarrado de partes interligadas, que permita às pessoas executar bem seus trabalho."
Benjamin Schneider e David E. Bowen

Objetivos do capítulo

Após a leitura deste capítulo, você deve ser capaz de:
- Comparar e contrastar o conceito de continuidade de serviço com departamentalização e funcionalismo.
- Descrever o impacto da lógica interna de uma empresa de serviços sobre sua cultura de serviço.
- Compreender as diferenças entre as abordagens de gestão industrial e gestão com foco no mercado.
- Descrever as abordagens observacional e de questionamento indireto para avaliar a cultura atual da organização.
- Explicar os componentes básicos de uma auditoria de serviço.
- Discutir as quatro estratégias fundamentais que facilitam a mudança cultural.

CULTURA GOOGLE-Y DO GOOGLE

Como você gostaria que fosse o título do raro cargo de diretor de cultura em uma empresa reconhecida como "Melhor Lugar para Trabalhar nos Estados Unidos", opera o *site* mais popular do mundo e onde o nome da empresa é agora um verbo no dicionário? Como diretora de cultura do Google, Stacy Savides Sullivan trabalha duro para manter os principais valores da empresa: sustentar uma organização enxuta e facilitar um ambiente de trabalho colaborativo. Contratar os funcionários certos, os Google-y, é a chave para manter a cultura da empresa e fazê-la prosperar. Os Google-y são descritos como flexíveis, adaptáveis, não focados em títulos de cargos e hierarquia, e capazes de tocar o serviço. Consequentemente, além de habilidades, formação acadêmica, experiência e credenciais, as potenciais novas contratações são selecionadas segundo a adequação com a cultura e a ética de trabalho colaborativo da empresa.

As regalias oferecidas aos funcionários definem o tom da cultura do Google e diferenciam a empresa da concorrência. Os resultados de pesquisas com os funcionários revelaram que sua felicidade não é baseada apenas em salários e ações da empresa. Como resultado, a empresa despendeu muito esforço na criação de programas e atividades centrados no desenvolvimento de carreira e crescimento dos funcionários. Além disso, embora as instalações do Google em todo o mundo sejam diferentes em suas propostas, os funcionários afortunados que trabalham na sede mundial do Google, conhecida como "Googleplex", localizada em Mountain View, na Califórnia, desfrutam de uma infinidade de benefícios exclusivos.

No saguão do Googleplex há um piano, abajures de lava e informações ao vivo referentes a consultas de pesquisa de todo o mundo. Por todo o edifício, bicicletas e grandes bolas de exercício estão facilmente disponíveis para qualquer um que sinta necessidade de transpirar um pouquinho. Quadros de avisos localizados praticamente em todos os lugares da instalação exibem recortes da imprensa mundial relacionados com o Google. Os escritórios são propositadamente ocupados por três a quatro funcionários e mobiliados com sofás, para melhorar o fluxo de informações, economizar em contas de aquecimento e melhorar a eficácia da configuração do servidor. Cães são bem-vindos ao Googleplex. As instalações internas de lazer oferecem salas de ginástica equipadas com aparelhos de musculação, vestiários completos com lavadoras e secadoras, uma sala de massagem, jogos de vídeo, pebolim, mesa de bilhar, pingue-pongue e um piano de cauda. Hóquei em patins também está disponível duas vezes por semana no estacionamento.

Uma das vantagens mais valorizadas pelos funcionários é a comida. Os funcionários não precisam deixar o *campus* do Google para comer; a comida fornecida é ótima, e os funcionários dispõem de várias opções de alimentos saudáveis. Estações dentro do Google Café incluem "*Vegheads*" (vegetarianos), "Volta para Albuquerque", "Oriente encontra Ocidente" e "Charlie's Grill". Salas de lanches abastecidas com cereais, ursinhos Gummi, M&Ms, nozes, iogurte, frutas frescas e uma variedade de outras escolhas são comuns em todas as instalações do Google. Bebidas também estão disponíveis, incluindo refrigerantes, sucos naturais e uma estação "faça seu próprio *cappuccino*".

Em suma, a cultura de uma empresa é baseada em valores e crenças. O Google não promove seus valores fundamentais somente na seleção e formação de funcionários, a empresa também utiliza seu *servicescape* para reforçar sua cultura com o uso de evidências físicas. Alocação de espaço, composição e localização do escritório, quadros de avisos e *displays* e cafés e salas de lanches reforçam os valores centrais do Google: uma organização enxuta e não hierárquica que trabalha em um ambiente colaborativo. As organizações que prestam um ótimo serviço estão fadadas ao sucesso, e o Google é um excelente exemplo de empresa que leva a própria cultura de serviço a sério.

Fontes:
1. Disponível em: <http://www.google.com/corporate/culture.html>. Acesso em: 9 abr. 2009.
2. Disponível em: <http://news.cnet.com/Meet-Googles-culture-czar/2008-1023_3-6179897.html>. Acesso em: 9 abr. 2009.

Introdução

O objetivo deste capítulo é integrar as informações apresentadas neste livro de uma forma significativa. A fim de proporcionar um serviço de excelência, os componentes individuais da empresa de serviços devem agir em conjunto para criar uma cultura de serviço "contínuo". Criar uma organização de **serviço contínuo** significa fornecer serviços sem interrupção, confusão ou aborrecimentos para o cliente.[1] Empresas de serviços contínuos conseguem fornecer simultaneamente serviços confiáveis, de resposta rápida e eficaz, competentes e empáticos, e têm pessoal, instalações e recursos necessários para fazer o trabalho (ver "Serviços eletrônicos *em ação*"). A continuidade prospera em partes inter-relacionadas firmemente conectadas dentro do sistema de prestação de serviços, o que promove uma cultura de serviço em toda a organização. Em contrapartida, a empresa não agirá

> **serviço contínuo** Refere-se a serviços que transcorrem sem interrupção, confusão ou aborrecimentos para o cliente.

funcionalismo Trata-se da crença de que a função de algo maior do que a própria experiência criada deve determinar o projeto.

de forma uníssona se escolher abraçar as tradicionais noções de departamentalização e **funcionalismo** do *modelo de gestão industrial*, que servem como obstáculos à criação de uma cultura de serviço de nível internacional.

É fundamental criar e apoiar uma cultura organizacional focada no mercado, centrada no cliente e com funcionários que apoiam o cliente. Por exemplo, as normas de ouro do Ritz-Carlton – *Credo, Lema, As Três Etapas do Serviço, Os Valores do Serviço, O Sexto Diamante* e *A Promessa do Funcionário* – articulam claramente a dedicação da empresa não apenas aos clientes, mas também ao próprio pessoal (www.ritzcarlton.com). Antes que uma organização possa mudar a própria cultura, deve, primeiro, entender a cultura atual. No processo de avaliação da cultura atual de uma empresa, fomenta-se uma cultura de serviço contínuo à medida que o pessoal de toda a organização passa a compreender os desafios enfrentados e as contribuições feitas por todos os envolvidos no esforço final de a empresa prestar um serviço de nível internacional.

Diagrama circular:

Anel externo: A EMPRESA DE SERVIÇOS IMPECÁVEL — Capítulo 15

Centro: O CONSUMIDOR DE SERVIÇOS — Capítulo 4

Setores intermediários:
- QUALIDADE DO SERVIÇO — Capítulo 12
- PROMOÇÃO — Capítulo 7
- SATISFAÇÃO DO CLIENTE — Capítulo 11
- PESSOAS – FUNCIONÁRIOS — Capítulo 9
- PROCESSO — Capítulo 5
- EVIDÊNCIA FÍSICA — Capítulo 8
- PESSOAS – CONSUMIDORES — Capítulo 10
- PREÇO — Capítulo 6
- FALHA DE SERVIÇO E ESTRATÉGIAS DE RECUPERAÇÃO — Capítulo 13
- RETENÇÃO DE CLIENTES — Capítulo 14

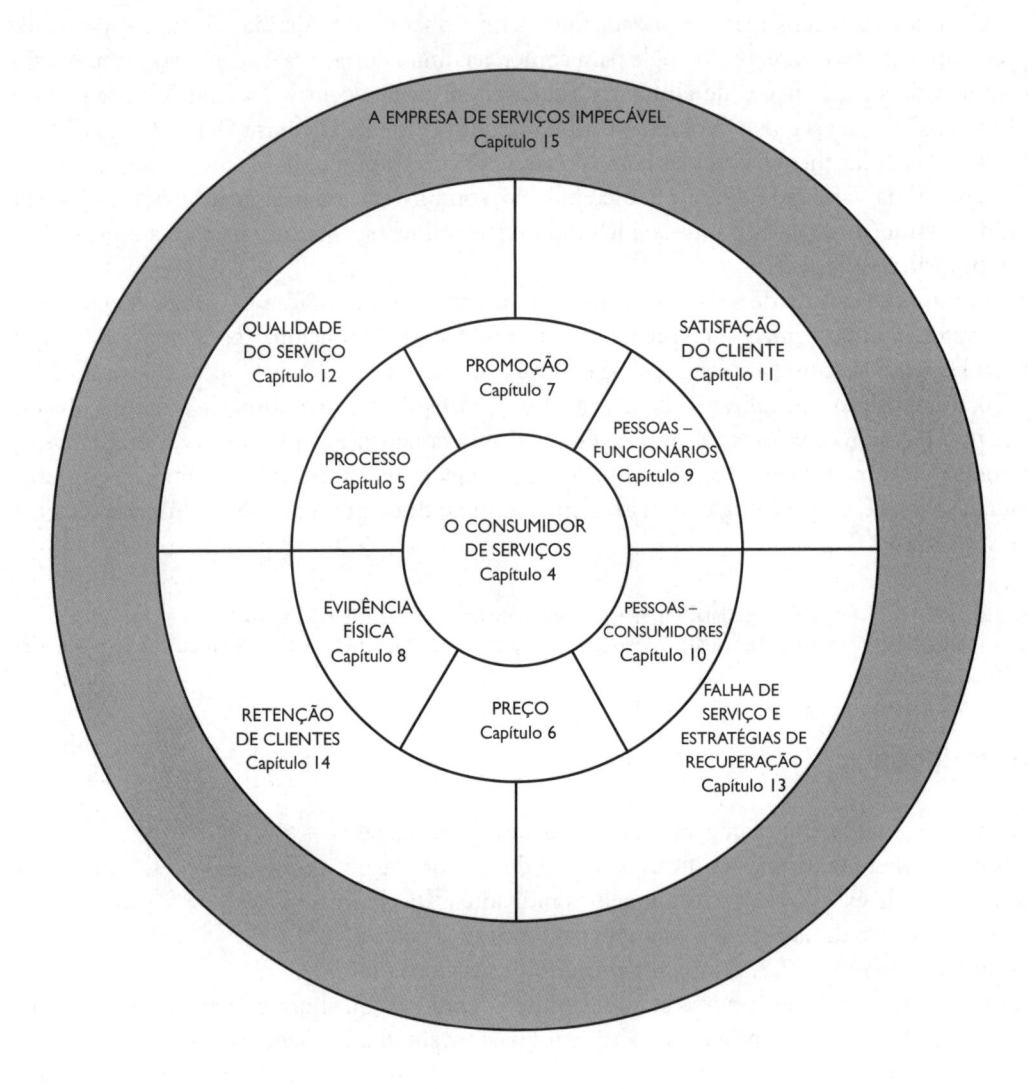

Obstáculos para um serviço de nível internacional: departamentalização e funcionalismo

Modelos organizacionais industriais tradicionais baseados nos fundamentos do funcionalismo e da departamentalização comprometem a continuidade. Por exemplo, considere os três memorandos apresentados a seguir enviados, num mesmo dia, para um jovem gerente de uma agência bancária:[2]

Do departamento de marketing:

Em breve, lançaremos uma nova campanha de propaganda baseada na simpatia dos nossos funcionários. Trata-se de uma resposta direta ao mercado cada vez mais competitivo que enfrentamos. Por favor, garanta que os membros da sua equipe cumpram as promessas que estamos fazendo.

Do departamento de operações:

Como sabem, estamos diante de um mercado cada vez mais competitivo, e, como resultado, nossos lucros têm estado sob pressão. É, portanto, essencial minimizar desperdícios a fim de manter nossos custos sob controle. Com base nisto, a partir de hoje, nenhum recrutamento será permitido.

Do departamento de pessoal:

Nossos funcionários estão ficando cada vez mais atuantes. Em grande parte, isto é devido à disponibilidade de empregos alternativos em nossos novos concorrentes. Atualmente, estamos envolvidos em um conjunto muito delicado de negociações e seremos muito gratos se você puder minimizar quaisquer problemas no seu ambiente de trabalho.

Essas instruções de três departamentos diferentes, obviamente, estão em conflito entre si. Obedecer ao departamento de operações significa não fazer nenhum recrutamento, e, assim, um aumento da carga de trabalho para o pessoal de contato atual. O aumento da carga de trabalho provavelmente será um tema polêmico durante as negociações trabalhistas, e pode ser desastroso para o departamento pessoal. Além disso, muito provavelmente, também terá um efeito negativo sobre o moral do pessoal. Dada a inseparabilidade do serviço, o moral baixo do pessoal será visível para os clientes e afetará negativamente os níveis de satisfação destes.

Se essa agência bancária é orientada para o marketing, o jovem gerente deve tentar negociar os três conjuntos de instruções, dando maior peso às instruções do departamento de marketing. Ressalte-se que, em empresas de serviços, é quase impossível ser totalmente orientado para o marketing. Não se pode dar aos clientes tudo o que eles querem em função das restrições impostas pelo sistema de prestação de serviços da empresa. Por exemplo, no ambiente de um restaurante, em função das restrições de assentos e de serviços disponíveis (pessoal), nem todo cliente pode estar sentado perto da janela com vista panorâmica e ser servido imediatamente após a chegada.

Se essa agência é orientada para operações, maior peso deve ser dado ao conjunto de instruções do departamento de operações. O jovem gerente pode retransmitir o pedido do marketing para o vice-presidente de operações e pedir esclarecimentos. O vice-presidente de operações, por sua vez, pode enviar um memorando à sua contraparte de marketing, podendo perguntar por que o marketing enviou memorandos diretamente para as agências e sugerir que, no futuro, todos os outros pedidos feitos sejam aprovados por operações.

SERVIÇOS ELETRÔNICOS *EM AÇÃO*

Valores essenciais que norteiam a cultura de serviço da Zappos

A Zappos está bem classificada no ranking da revista *Fortune* das "100 Melhores Empresas para Trabalhar"; ocupava a 23ª colocação em 2009. A varejista de calçados *on-line* é valorizada por muitos motivos, o que levou especialistas do setor a analisar a fundo a cultura da empresa de serviços de qualidade superior e excelente tratamento aos funcionários. A Zappos adota dez valores fundamentais conhecidos como "Os Dez Mandamentos da Zappos" que ajudam a moldar a cultura da organização.

1. "Entregar UAU! através do serviço" – Conhecida pelo excelente serviço ao cliente, a Zappos também dá aos fornecedores o mesmo acesso aos dados de estoque e vendas que os executivos da empresa possuem.
2. "Abraçar e conduzir a mudança" – O CEO acredita que, à medida que a empresa cresce, a maioria das novas ideias virá da parte inferior para o topo da organização. Toda ideia é valorizada, independente da origem.
3. "Criar diversão e um pouco de estranheza" – A Zappos faz o trabalho, mas se diverte ao longo do processo. Os entrevistados podem ser perguntados sobre o super-herói favorito; o treinamento é muitas vezes feito em esquetes no estilo Saturday Night Live; e não é incomum para os funcionários cantar, rir, fazer desfiles, usar cabelo azul ou ter *piercings* no nariz.
4. "Ser aventureiro e criativo, e ter a mente aberta" – A Zappos está disposta a assumir riscos e cometer erros. Os gerentes são encorajados a interagir com membros da equipe fora do escritório em "viagens de campo" divertidas para criar laços mais fortes; e os funcionários do *call center* são incentivados a experimentar novas abordagens para encantar os clientes.
5. "Buscar crescimento e aprendizagem" – Os "zapponianos", nome dado a funcionários da empresa, são encorajados a aprender em aulas diversas oferecidas pela empresa, que também fornece livros gratuitos que permitem aos funcionários galgar novos postos na empresa.
6. "Construir relacionamentos honestos e com comunicação aberta" – A Zappos orgulha-se da execução de uma operação transparente, em que tudo está em aberto. Para os funcionários que desejam direcionamento, a Zappos fornece *coaching* em tempo integral e aconselhamento de carreira para aqueles que ambicionam subir na empresa ou passar para outras áreas.
7. "Construir uma equipe positiva e espírito de família" – Os funcionários são estimulados a pensar que fazem parte de uma família. Desta forma, a empresa realmente promove "o conceito de equilíbrio trabalho/vida pessoal fora da mesa", já que os funcionários trabalham juntos, jogam juntos e fazem refeições juntos.
8. "Fazer mais com menos" – "Sessões de criação de laços" após o treinamento, que custavam US$ 3 mil no bar local, foram substituídas por sessões de sorvete na própria empresa, o que custa US$ 110. O efeito é o mesmo e a empresa economiza.
9. "Seja apaixonado e determinado" – Os funcionários são impelidos a se apaixonar pelo trabalho e a compartilhar as paixões pessoais com outras pessoas dentro da organização. Como diz a gerente de recrutamento Christa Foley, "Se você é apaixonado por correr uma maratona e quer que a empresa se envolva, diga. Não espere que outra pessoa o faça".
10. "Seja humilde" – A humildade embasa todos os comportamentos na Zappos. Apesar de todo o reconhecimento que a empresa e o CEO têm recebido, a Zappos sempre reconhece que há mais para aprender e outras maneiras de fazer um trabalho melhor.

Fonte: Disponível em: <http://money.cnn.com/2009/01/15/news/companies/Zappos_best_companies_obrien.fortune/index.htm>. Acesso em: 8 abr. 2009.

As empresas que continuam a apoiar-se em mentalidades funcionais e departamentais são frequentemente cercadas por conflitos internos, com departamentos competindo entre si por recursos, em vez de trabalharem juntos para fornecer um serviço excepcional. O conflito que muitas vezes ocorre entre marketing, operações e RH não é pessoal.[3] É o resultado de diferentes culturas em função de metas, horizontes de planejamento, estrutura departamental, sistemas de gestão de pessoas e pessoas específicas em cada departamento.

Superação da mentalidade de silo: como entender as lógicas internas

Na criação de uma cultura de serviço que adota uma experiência de serviço contínuo, um dos principais desafios é convencer os vários departamentos da empresa a trabalhar com um objetivo comum em mente: atender o cliente. Antes de tentar integrar os diversos departamentos da empresa, é importante compreender que cada um é impulsionado por uma **lógica interna** própria – princípios implícitos e explícitos que impulsionam o desempenho organizacional.[4] A lógica de cada departamento está focada internamente nas próprias necessidades departamentais e cria interrupções no processo de prestação de serviços. Esta mentalidade de silo isola o departamento do resto da organização, uma vez que ele busca objetivos de interesse próprio nas formas de **departamentalização** e funcionalismo. Por exemplo, considere a lógica por trás de cada uma das seguintes funções que conduzem a experiência de serviço: gestão de operações, de marketing e de RH.

> **lógica interna** Refere-se aos princípios implícitos e explícitos de departamentos individuais que impulsionam o desempenho organizacional.
> **departamentalização** Trata-se do ato de dividir uma organização em departamentos que se concentram no próprio conjunto de atividades.

A **lógica de operações** é impulsionada pelo objetivo de redução ou contenção de custos com a produção em massa ou a utilização de tecnologias avançadas. Operações e marketing frequentemente estão em conflito entre si, o que cria interrupções na prestação de serviços. Enquanto o marketing está preocupado em identificar e compreender as necessidades dos clientes e fornecer produtos e serviços que atendam a essas necessidades, o setor de operações está concentrado nas formas de produzir e entregar esses produtos e serviços. Em essência, o marketing está preocupado com a gestão da demanda, enquanto o setor de operações, com a gestão da oferta. O marketing tenta se concentrar em atender à demanda da forma mais eficaz em termos de forma de produto, localização, preço e promoções; por suas vez, o setor de operações está essencialmente preocupado com o atendimento da demanda da forma mais eficaz em termos de custo. Os objetivos típicos da gestão de operações e as preocupações do marketing em relação a essas metas são exibidos na Figura 15.1.

> **lógica de operações** Refere-se ao raciocínio que enfatiza a contenção/redução de custos por meio da produção em massa.

Em um ambiente de serviços, o grande desafio para a função de operações é o envolvimento dos clientes no processo de produção. Diferente das matérias-primas em um ambiente de fábrica, os clientes são imprevisíveis e diminuem a eficiência do sistema de entrega. O setor de operações gostaria de poder remover o cliente do processo de produção tanto quanto possível, enquanto o marketing promove a importância do cliente neste processo. Assim, operações e marketing devem estabelecer um ponto de equilíbrio entre a variedade e a profundidade de produtos que o marketing gostaria de oferecer e a eficácia de custos para atender à demanda de operações eficientes.

Enquanto o gerenciamento de operações é focado internamente, o marketing concentra-se em atender externamente às expectativas e necessidades dos consumidores. Por exemplo, os hotéis, como o propósito de atender às necessidades dos hóspedes, passam a ser "ecológicos" (ver "Sustentabilidade e serviços *em ação*"). O ideal é que a **lógica de marketing** ofereça opções de oferta de serviços capazes de atender às necessidades de cada cliente. Embora isto pareça perfeito para os clientes, proporcionar inúmeras opções leva a graves ineficácias de custos nas operações de uma empresa.

> **lógica de marketing** Refere-se ao raciocínio de que se devem fornecer opções de oferta de serviços capazes de atender às necessidades de cada cliente.

Além de muitas vezes estar em conflito com o setor de operações, o marketing também pode entrar em conflito com a área de RH, criando interrupções adicionais na prestação de serviços. Por exemplo, o marketing gostaria de preencher todos os cargos com indivíduos que, além de ser tecnicamente competentes, possuam fortes habilidades interpessoais que permitam à orga-

QUESTÕES OPERACIONAIS	OBJETIVOS TÍPICOS DE OPERAÇÕES	PREOCUPAÇÕES COMUNS DE MARKETING
Melhoria da produtividade	Reduzir o custo unitário de produção.	Estratégias podem causar queda na qualidade do serviço.
Decisões sobre fazer *versus* comprar	Opção de controle entre vantagem comparativa e economia de custos.	As decisões sobre "fazer" podem resultar em baixa qualidade e deficiência na cobertura de mercado; as decisões relacionadas a "comprar" podem transferir o controle para fornecedores que não atendem devidamente e prejudicar a imagem da empresa.
Localização das instalações	Reduzir custos; proporcionar acesso conveniente a fornecedores e funcionários.	Os clientes podem considerar a localização pouco atraente e inacessível.
Padronização	Manter os custos baixos e uma qualidade consistente; simplificar as tarefas de operações; recrutar funcionários de baixo custo.	Os consumidores podem buscar variedade e preferir personalização para atender às necessidades segmentadas.
Processamento de lote *versus* unidade	Buscar economias de escala, consistência e utilização eficiente da capacidade.	Os clientes podem ser obrigados a esperar, sentir-se "apenas um na multidão" e ser afastados por outros clientes.
Layout e *design* das instalações	Controlar custos; melhorar a eficiência, garantindo a proximidade de tarefas operacionais relacionadas; aumentar a segurança.	Os clientes podem ficar confusos, ser enviados de um lado para outro desnecessariamente, e considerar a instalação desinteressante e inconveniente.
Perfil do trabalho	Minimizar erro, desperdício e fraude; fazer uso eficiente da tecnologia; simplificar as tarefas de padronização.	Funcionários orientados por operações com papéis limitados podem não responder às necessidades dos clientes.
Curvas de aprendizagem	Usar a experiência para reduzir o tempo e os custos por unidade de produção.	Serviço mais rápido não é necessariamente melhor serviço; economia de custo pode não ser repassada aos preços.
Gestão da capacidade	Manter os custos baixos, evitando subutilização e desperdício de recursos.	O serviço pode não estar disponível quando necessário; a qualidade pode ser comprometida durante os períodos de alta demanda.
Controle de qualidade	Certificar-se de que a execução do serviço está em conformidade com padrões predefinidos.	Definições operacionais de qualidade podem não refletir as necessidades e preferências dos clientes.
Gestão de filas	Otimizar a utilização da capacidade disponível com planejamento de capacidade média útil; manter a ordem e disciplina do cliente.	Os clientes podem ficar aborrecidos e frustrados durante a espera e entender que a empresa é ineficiente.

Fonte: ©1989 por Christopher H. Lovelock. Reproduzida com permissão de Christopher H. Lovelock. Christopher H. Lovelock. Managing Interactions between Operations and Marketing and Their Impact on Customers. In: David E. Bowen et al. (eds.) *Service Management Effectiveness*. San Francisco: Jossey Bass, 1990, p. 362.

FIGURA 15.1 Perspectivas de operações e marketing sobre questões operacionais

nização se comunicar melhor com os clientes. O marketing argumentaria que a contratação de pessoal com habilidades interpessoais bem desenvolvidas (além de tecnicamente competentes) não representa custos adicionais. O RH, por sua vez, poderia contra-argumentar que obter e manter pessoal altamente treinado e gentil é muito mais caro do que contratar pessoas que apenas cumpram de forma adequada as funções na organização, podendo, ainda mencionar que certos segmentos do mercado podem ser atendidos simplesmente por pessoal cortês com os clientes e que exerça as funções de forma adequada, que é um ponto válido. Será que o cliente realmente quer que os garçons de um restaurante fiquem conversando longamente sobre o

SUSTENTABILIDADE E SERVIÇOS *EM AÇÃO*

Desenvolvimento de uma cultura "ecológica": práticas de negócios sustentáveis para hotéis

Uma coisa é valorizar e abordar ideais associados à "hospedagem ecológica", mas outra bem diferente é ter hotéis que atuam de forma eficaz para ajudar a preservar o ambiente. A Global Stewards oferece as seguintes dicas e soluções sustentáveis para hotéis que desejam adotar iniciativas de cultura ecológica.

1. Inicie um programa de reutilização de toalhas e lençóis.	17. Use protetores de papel para proteger copos, em vez de embalá-los em plástico.
2. Utilize chuveiros de baixo fluxo de água e aeradores de torneira nas pias.	18. Instale claraboias, se possível.
3. Instale sanitários de baixo fluxo de água.	19. Considere a obtenção da certificação ecológica para o restaurante e as áreas de cozinha.
4. Utilize lâmpadas fluorescentes compactas e sensores/*timers* para reduzir o uso de eletricidade.	20. No paisagismo, use plantas com baixa demanda de água. Substitua as áreas de gramados por cobertura de solo nativo.
5. Mude para dispensadores recarregáveis de xampus e hidratantes.	21. Mude para sinalizadores de saída que sejam de LED.
6. Quando os quartos estiverem desocupados, desligue as luzes, feche as cortinas e desligue o ar-condicionado/aquecimento.	22. Faça manutenção constante de filtros, bobinas e termostatos.
7. Instale películas protetoras nas janelas.	23. Utilize um sistema de gestão de energia para reduzir os custos de aquecimento/refrigeração.
8. Forneça cestas de reciclagem nos quartos.	24. Incentive o pessoal a participar e melhorar práticas amigas do meio ambiente.
9. Forneça cestas de reciclagem em toda a propriedade.	25. Mude para isolamento eficiente de energia e materiais de cobertura reflexivos.
10. Compre materiais de escritório e para os hóspedes que sejam feitos de materiais reciclados.	26. Contate o U. S. Green Building Council (nos Estados Unidos) para ter ideias de construção e remodelação.
11. Compre produtos orgânicos provenientes de comércio justo e sem crueldade com animais.	27. Ao substituir componentes principais dos sistemas existentes, avalie o desempenho global do sistema e busque alternativas ecológicas.
12. Mude para produtos de papel reciclado e use tintas à base de soja.	28. Mude para bombas térmicas e tecnologias geotérmicas.
13. Use produtos de limpeza e pesticidas não tóxicos ou de baixa toxicidade.	29. Doe móveis, eletrodomésticos e material de hóspedes antigos para instituições de caridade.
14. Mude para produtos do programa "Energy Star".	30. Faça uma auditoria energética.
15. Instale um sistema de aquecimento solar de água.	31. Compre produtos de comércio justo para ser vendidos na loja de *souvenir*.
16. Use itens reutilizáveis, como guardanapos de pano e copos de vidro.	32. Estipule tarifas com desconto para organizações que defendem a vida sustentável.

Fonte: Disponível em: <http://www.globalstewards.org/hotel.htm>. Acesso em: 8 abr. 2009.

tempo, os acontecimentos da comunidade e assuntos de família, ou prefere ter um funcionário cortês que apenas anote o pedido e entregue as refeições rapidamente? Além disso, por causa das economias nos custos de mão de obra, é mais provável que a comida seja menos cara se fornecida por pessoal adequado, em vez de garçons com nível superior.

Lógica de recursos humanos é recrutar pessoal e desenvolver treinamento que melhore o desempenho do pessoal atual. No encontro de serviço, operações, marketing e RH estão intrinsicamente ligados. A Figura 15.2 mostra a relação entre operações e RH, e compara o grau de contato com o cliente à eficiência da produção, revelando que não existe o funcionário perfeito de serviço. As características do "funcionário certo" dependem das características do trabalho em questão. Alguns funcionários terão de ser orientados para pessoas, enquanto outros terão de sê-lo para a tarefa de processar "coisas", e não "pessoas".

> **lógica de recursos humanos** Refere-se ao raciocínio que enfatiza o recrutamento de pessoal e desenvolvimento de treinamento para melhorar o desempenho do pessoal atual.

A importância do pessoal da empresa de serviços, na medida em que ele interage com os clientes durante todo o processo de prestação de serviços, destaca a ligação entre RH e marketing. Em uma empresa de serviços, o RH é uma das poucas fontes de controle de qualidade. Assim, as estruturas de contratação, treinamento e recompensa desenvolvidas pelo RH acabarão por desempenhar um papel importante na forma como os funcionários interagem com os clientes da empresa.

Apesar da oportunidade de fazer grandes contribuições para o esforço de serviço global da empresa, o RH muitas vezes fica restrito em sua própria mentalidade de silo voltada para a produção. Atividades de RH orientadas para a produção incluem erros, como: usar os mesmos formulários de avaliação de funcionários para todos na empresa, ainda que os trabalhos possam ser muito diferentes; repetir programas padronizados de treinamento de funcionários que nunca são alterados; utilizar processos genéricos de seleção de funcionários para uma variedade de cargos que necessitariam de diferentes conjuntos de habilidades. Em contrapartida, os programas de RH orientados para serviço seriam projetados em conjunto com gestores, e os formulários de avaliação pensados como *coaching* e dispositivos de avaliação, e não como formas de classificação utilizadas exclusivamente para decisões de recompensa. No geral, o RH orientado para serviço trabalharia muito mais próximo de seus clientes, os funcionários da empresa, e formaria um relacionamento de longo prazo e de interação contínua, de modo a apoiar aqueles que atendem os consumidores finais da empresa.

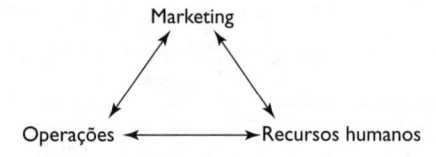

```
                Marketing
                  ↗   ↘
                ↙       ↘
        Operações ←——→ Recursos humanos
```

Fonte: John E. G. Bateson. *Managing Services Marketing*: Text and Readings. 3. ed. Fort Worth, TX: The Dryden Press, 1995.
FIGURA 15.2 Briga de três pontas pelo controle

Em suma, a **lógica de serviço** da empresa junta as partes departamentais e funcionais a fim de ajudar a fornecer um serviço impecável. Um serviço sem interrupção pode ser referido como desempenho "*tooth-to-tail*" (em tradução livre: "de ponta a ponta"), uma expressão comumente usada nas Forças Armadas norte-americanas: "O pessoal de frente de combate nas trincheiras precisa ser continuamente apoiado com suprimentos e recursos de informação, reforços de pessoal e assim por diante".[5] Do mesmo modo, no desenvol-

> **lógica de serviço** Promove continuidade ao equilibrar as lógicas internas de marketing, operações e RH.

vimento de uma cultura de serviço, os esforços principais da empresa prestadora de serviços devem centrar-se igualmente no cliente (lógica de marketing), no processo de prestação de serviços (lógica de operações) e no pessoal que presta serviços ao cliente (lógica de RH). No entanto, para que isto aconteça, as empresas devem primeiro entender as filosofias de negócios que norteiam suas atuais culturas.

Filosofias de negócios: modelo de gestão industrial *versus* modelo com foco no mercado

No esforço de criar uma excelente cultura de serviço, a empresa deve primeiro considerar a atual abordagem filosófica que impera na organização. Atualmente, dois modelos de gestão dominam a maneira como as empresas de serviços operam e influenciam diretamente seu desenvolvimento da cultura de serviço: gestão industrial e gestão com foco no mercado. A abordagem do *modelo de gestão industrial* é mais tradicional e se baseia em antigas escolas de pensamento. Apesar dos métodos considerados ultrapassados, esta abordagem está bem viva em muitas organizações de serviços, uma vez que tradições e maus hábitos são difíceis de quebrar. Antes que uma organização possa se transformar em uma operação de serviço de nível internacional, é preciso, ante, entender as raízes de sua filosofia de negócios atual e todas as suas consequências não intencionais.

Modelo de gestão industrial

O **modelo de gestão industrial**, cujas raízes estão no setor de fabricação, ainda é atualmente empregado por muitas organizações de serviços.[6] As organizações que seguem este modelo acreditam que (1) estratégias de localização, promoções de vendas e propaganda impulsionam as receitas de vendas; e que (2) mão de obra e outros custos operacionais devem ser mantidos o mais baixo possível. Em suma, o modelo de gestão industrial concentra-se em receitas e custos operacionais, e ignora (ou pelo menos minimiza) o papel do pessoal na geração de satisfação do cliente e lucros sustentáveis. Dado o papel que os funcionários desempenham em todo encontro de serviço, é irônico como este modelo de gestão continua a ser utilizado por muitas das empresas. Por exemplo, o gerente geral de uma marca de hotel internacionalmente conhecida disse a um grupo de estudantes de marketing de serviços que as chaves para o sucesso do hotel eram bastante simples: maximizar tarifas diárias e minimizar os custos diários de mão de obra. Esta atitude filosófica é uma clássica abordagem do modelo de gestão industrial de negócios. O gerente geral, entretanto, não mencionou os fatores-chave de sucesso, como satisfação dos funcionários e hóspedes, retenção de funcionários e clientes, metas relativas à qualidade do serviço e recuperação do serviço, e muitos outros objetivos valiosos que levam ao fornecimento de um serviço contínuo para os hóspedes.

modelo de gestão industrial Abordagem para a organização de uma empresa que se concentra em receitas e custos de operação, e ignora o papel que o pessoal desempenha na geração de satisfação do cliente e lucros sustentáveis.

Em geral, os seguidores deste modelo acreditam que bons funcionários são difíceis de encontrar e apoiam a ideia de que, "com tudo mais constante, é melhor confiar em tecnologia, máquinas e sistemas do que depender de seres humanos".[7] Além disso, para os defensores da abordagem industrial, a maioria dos funcionários é indiferente, não qualificada e incapaz de fazer qualquer coisa além de executar tarefas simples. Assim, os cargos no âmbito do modelo industrial são intencionalmente restritos, deixando pouco espaço para os funcionários fazer os próprios julgamentos. Como resultado, os funcionários demonstram baixas expectativas de desempenho de trabalho, os salários são mantidos o mais baixo possível, e existem poucas oportunidades para evoluir. Em vez de valorizar os funcionários da linha de frente, o modelo industrial enfatiza o trabalho dos gestores de alta e média gerências, e considera as pessoas que prestam serviço ao cliente como "o baixo escalão". A abordagem industrial pressupõe que apenas os gestores podem resolver problemas; por isso, a resolução rápida dos problemas dos clientes se torna quase impossível, uma vez que novos passos são incorporados ao processo de prestação de serviços.

Consequências do modelo de gestão industrial

O modelo industrial, por definição, gera um ciclo de fracasso à medida que falhas de serviço são projetadas diretamente no sistema. Em função da falta de apoio ao pessoal da linha de frente, a abordagem industrial, ainda que involuntariamente, incentiva esses funcionários a ser indiferentes a solicitações e problemas especiais dos clientes. Em essência, o sistema proíbe o funcionário da linha de frente de tomar qualquer medida, mesmo que queira auxiliar no atendimento de solicitações dos clientes ou corrigir o problema. Reações dos clientes à indiferença do funcionário não são surpreendentes. Hoje, dois terços dos clientes que abandonam os antigos fornecedores o fazem não por causa do produto, mas pela indiferença e falta de cortesia da pessoa que presta o serviço.[8]

Em outras tentativas de reduzir os custos operacionais, muitas empresas que adotam o modelo industrial substituíram o pessoal de tempo integral por funcionários que trabalham meio período, menos experientes e menos comprometidos. Esses indivíduos ganham menos do que o pessoal em tempo integral e recebem poucos, se algum, benefícios da empresa. Em alguns casos, as empresas demitem os trabalhadores antes de aumentos obrigatórios e de começarem a ter direito a outros benefícios, em uma tentativa de manter os custos operacionais baixos. Práticas como essas criaram uma nova classe de trabalhador migrante nos Estados Unidos, ou seja, milhões de funcionários agora passam de um trabalho de curto prazo para outro. Assim, este modelo se contrapõe à posição defendida pelos proponentes da cadeia serviços-lucros. Os funcionários não são valorizados, a qualidade do serviço interno não é uma prioridade, e retenção e produtividade de funcionários não são uma preocupação. Como as empresas que operam sob o modelo de gestão industrial podem manter a expectativa de que os clientes terão novas experiências e retornarão para melhorar a rentabilidade da empresa?

As consequências associadas ao modelo industrial têm sido autodestrutivas no que diz respeito às empresas de serviços. Este modelo produziu trabalhos de linha de frente sem perspectiva, má remuneração, treinamento superficial, nenhuma oportunidade para desenvolvimento profissional e pouco, se algum, acesso aos benefícios da empresa. Além disso, esta abordagem levou à insatisfação do cliente, receitas de vendas estagnadas ou reduzidas, alta rotatividade de funcionários e pouco ou nenhum crescimento da produtividade global do serviço. Em suma, muitos especialistas acreditam que a abordagem industrial é ruim para clientes, colaboradores, acionistas e até mesmo para a qualidade de vida dos países em que esta filosofia organizacional continua a ser utilizada. No entanto, este modelo de gestão continua a funcionar porque as lições do passado não foram efetivamente comunicadas aos líderes de negócios futuros. Claramente, é hora de romper com a tradição e adotar uma filosofia de negócios que promova uma cultura orientada a serviços e equilibre as necessidades de trabalhadores, clientes e operações da empresa.

Modelo de gestão com foco no mercado

modelo de gestão com foco no mercado Novo modelo organizacional que se concentra nos componentes que facilitam o sistema de prestação de serviços da empresa.

Diferente do que ocorre com o modelo de gestão industrial, os defensores do **modelo de gestão com foco no mercado** acreditam que o objetivo número um da empresa é atender o cliente.[9] Assim, a lógica sugere que, *embora o objetivo da empresa*

Dos seis relacionamentos do triângulo de serviços, a interação cliente/prestador do serviço, também conhecida como "incidentes críticos" ou "momentos da verdade", é a mais importante.

seja atender o cliente, ela deve ser organizada internamente de forma a apoiar as pessoas que atendem o cliente. Ao seguir tal abordagem, a prestação de serviços se torna o foco do sistema e a vantagem diferencial global em termos de estratégia competitiva. Em essência, a abordagem de gestão com foco no mercado promove uma cultura orientada a serviços que beneficia clientes, funcionários e a própria organização.

O triângulo de serviços apresentado na Figura 15.3[10] representa os seis relacionamentos essenciais que compõem a abordagem de gestão com foco no mercado. Em primeiro lugar, a estratégia de serviço da empresa deve ser comunicada aos clientes. Se um serviço superior é o foco da empresa e o ponto-chave de diferenciação que a distingue dos concorrentes, os clientes precisam estar cientes do compromisso da empresa com a excelência do serviço. Por exemplo, as normas de ouro do Ritz-Carlton apresentadas anteriormente mencionam, de forma explícita, o compromisso da empresa com a excelência do serviço. No entanto, é importante notar que a empresa deve implantar um sistema de prestação de serviços eficaz antes de anunciar ao mundo que um serviço superior é o seu objetivo primordial.

Em segundo lugar, a estratégia de serviço da empresa (compromisso com a excelência de serviço) precisa ser comunicada aos seus funcionários. O bom serviço começa no topo, e a gerência deve dar o exemplo. Se a alta administração não estiver comprometida com processos que facilitem a excelência do serviço, os funcionários da linha de frente que interagem com os clientes, na melhor das hipóteses, serão ineficazes. Tais funcionários emulam a liderança da empresa. Quando a liderança valoriza os clientes e os processos voltados à satisfação de clientes e funcionários, estes últimos compartilham os mesmos valores. O oposto também é verdadeiro. Gerentes que desprezam os clientes criam uma cultura de serviço ruim que influencia funcionários e clientes.

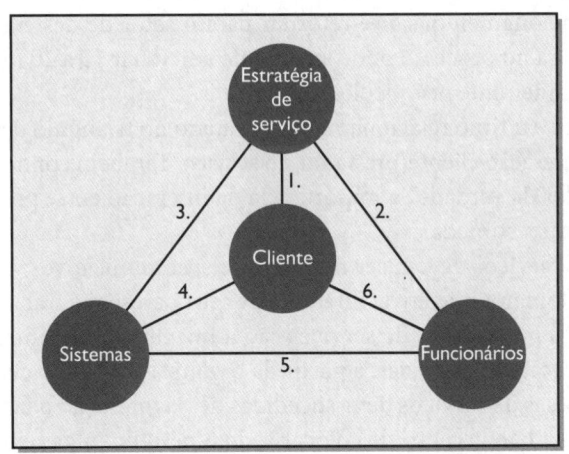

Fonte: Adaptada de Karl Albrecht e Ron Zemke. *Service America*. Homewood, IL: Dow Jones-Irwin, 1985, p. 31-47.
FIGURA 15.3 Triângulo de serviços

O terceiro relacionamento retratado no triângulo de serviços centra-se na consistência da estratégia de serviço com os sistemas que são desenvolvidos para executar as operações do dia a dia. Em outras palavras, os sistemas de prestação de serviços da empresa devem fluir de maneira lógica em relação à estratégia de serviço e melhorar o encontro de serviço para todos os envolvidos. Por exemplo, os sistemas bancários *on-line* são uma extensão da interação do banco com os clientes. Se o banco declara publicamente que o serviço é uma prioridade, então seus sistemas *on-line* também devem ser. Essa terceira relação do triângulo de serviços parece muito simples, mas pode ser difícil de implementar. Quantas empresas promovem a importância do atendimento ao cliente, mas o colocam em longas filas de espera de circuitos telefônicos automatizados intermináveis ou encaminham suas ligações para *call centers* terceirizados, em que, mesmo quando conectado, barreiras linguísticas o impedem de se comunicar de forma eficaz com os funcionários da empresa? Para aumentar ainda mais a frustração, a voz da mensagem gravada pela empresa repete insistentemente: "Sua chamada é importante para nós!". Dados os sistemas ruins implantados por empresas para lidar com as chamadas de clientes, que importância essas chamadas realmente podem ter?

O quarto relacionamento ilustrado no triângulo de serviços envolve o impacto dos sistemas organizacionais sobre a experiência de serviço do cliente. Interações com os sistemas da empresa devem melhorar a experiência do serviço ao cliente. Por exemplo, se a empresa promove a excelência do serviço como sua principal estratégia, sistemas como procedimentos de pagamento, sistemas de entrega e políticas de devolução devem ser excelentes. As empresas de serviços devem evitar projetar sistemas defensivos desenvolvidos com o único propósito de impedir que uma pequena minoria de clientes possa se aproveitar da empresa. Sistemas como políticas rígidas de devoluções podem eliminar alguns maus clientes à custa de clientes honestos que são forçados a sofrer com sistemas e políticas que os tratam como suspeitos, em vez de ativos valiosos.

O quinto relacionamento no triângulo de serviços aponta para a importância dos sistemas organizacionais e os esforços dos funcionários. Regras e regulamentos organizacionais não devem ser obstáculos para funcionários que pretendam prestar um ótimo serviço. Por exemplo, os atendentes do Aeroporto Internacional de Denver só estão autorizados a transportar passageiros cadeirantes até à calçada do terminal. Prosseguir no estacionamento coberto a 15 metros de distância do terminal não é admissível (aparentemente por razões de responsabilidade civil). Como resultado, para buscar o passageiro cadeirante no terminal e ajudá-lo com a bagagem, a família deve sair pagar o estacionamento, sair e retornar para o setor de desembarque para receber o parente. Esta etapa extra no processo pode facilmente adicionar 15 a 20 minutos para conseguir acomodar o familiar cadeirante no veículo.

Finalmente, o sexto e último relacionamento retratado no triângulo de serviços é o mais importante de todos: a interação cliente/prestador do serviço. Também conhecida como "incidentes críticos" ou "momentos da verdade", a importância da interação entre prestadores de serviços e clientes não pode ser subestimada.

Os prestadores de serviços devem ser mais flexíveis, comunicativos, capazes de lidar com o estresse e dispostos a tomar a iniciativa, diferente de seus pares, que trabalham na fabricação de bens. Para o cliente, os prestadores de serviços são a imagem da organização e desempenham um papel de comunicação de duas vias, a partir da organização para o cliente e deste de volta à organização. As empresas de serviços bem-sucedidas nessa interação o fazem evitando a "armadilha de RH", que tem a falha crucial de colocar todo o peso do julgamento dos "momentos da verdade" sobre o prestador de serviços. Os serviços da empresa que não são pessoais, como instalação física, exatidão e pontualidade do faturamento, e todo o suporte dos funcionários que permitem aos prestadores de serviços executar os trabalhos devem funcionar em conjunto para que a empresa forneça um serviço perfeito. Em suma, os prestadores de serviços são tão bons quanto os sistemas de prestação de serviços e a cultura de serviço que apoiam seu esforços.

Assim, o modelo de gestão com foco no mercado baseia-se na crença de que o objetivo da empresa é atender o cliente. Como resultado, esta abordagem promove a postura de que a empresa deve ser organizada de maneira a ajudar a atender as pessoas que atendem o cliente. Em muitos aspectos, a abordagem de gestão com foco no mercado é consistente com a ênfase da cadeia serviços-lucros na qualidade do serviço interno e satisfação do funcionário. A abordagem de gestão com foco no mercado acredita que os funcionários querem fazer um bom trabalho e crescer em suas carreiras individuais. Por isso, os defensores desta abordagem são muito mais otimistas em relação à sua fé na natureza humana do que as contrapartes de gestão industrial.

Como desenvolver uma cultura de serviço

A **cultura** de uma empresa de serviços reflete os valores e as crenças compartilhados que orientam a organização, ou seja, ocorrências formalmente escritas, não escritas e reais, que ajudam os funcionários a compreender as normas de comportamento na organização (ver "Serviços globais *em ação*"). Em suma, a cultura organizacional estabelece os "prós e contras" do comportamento dos funcionários e fornece a base sobre a qual vários comportamentos dos funcionários podem se fundamentar.[11] Por exemplo, considere a Southwest Airlines e as 11 atitudes principais que orientam o comportamento dos seus funcionários representadas na Figura 15.4.

cultura Refere-se a valores e crenças comuns que orientam a filosofia de serviço global da organização.

> "Não somos uma companhia aérea com grande serviço ao cliente. Somos uma grande organização de serviço ao cliente que, por acaso, está no negócio de companhias aéreas."
> *Colleen Barrett*
> *Executivo da Southwest*

1. Os funcionários vêm em primeiro lugar. A maneira como você trata seus funcionários é a maneira como eles tratarão seu cliente.
2. Pense pequeno para ser grande.
3. Gerencie nos bons tempos para os maus momentos.
4. Aceita-se a irreverência.
5. Não há problema em ser você mesmo.
6. Divirta-se no trabalho.
7. Leve a concorrência a sério, mas não a si mesmo.
8. Como é difícil mudar a atitude de alguém, contrate pela atitude e treine a habilidade.
9. Pense na organização como uma empresa de serviços que por acaso está no negócio de companhias aéreas.
10. Faça o que for preciso.
11. Sempre pratique a regra de ouro, interna e externamente.

Fonte: Kevin Freiberg e Jackie Freiberg. *Nuts! Southwest Airlines' Crazy Recipe for Business and Personal Success*. Bard Press: Austin, TX, 1996.

FIGURA 15.4 As 11 atitudes principais da Southwest

Como avaliar a cultura atual da empresa de serviços: técnicas de observação e de questionamento indireto

Antes que uma organização possa mudar a própria cultura, deve entender sua cultura atual. Avaliar a cultura atual da empresa pode ser feito com abordagens informais (técnicas observacionais e de questionamento indireto) e formais, como a realização de uma auditoria formal do serviço.

SERVIÇOS GLOBAIS EM *AÇÃO*

Considerações internacionais para culturas de serviço

O que pode ser uma grande cultura de serviço em um país pode ser considerado socialmente inaceitável em outro. Por isso, na condução de negócios com clientes do exterior, devem-se considerar as diferenças culturais. Considere, por exemplo, as nuances do simples aperto de mão. Em geral, é aceitável para um homem estender a mão a outro a fim de iniciar um aperto de mão. No entanto, as regras desta saudação típica podem mudar quando um homem cumprimenta uma mulher, uma mulher cumprimenta um homem ou uma mulher cumprimenta outra mulher. Além disso, mesmo que um aperto de mão seja uma saudação comum, a firmeza e a duração do aperto variam de uma cultura para outra. Felizmente, Kimberley Roberts forneceu as seguintes dicas internacionais para esclarecer essa primeira importante etapa de saudação.

Alemanha e Estados Unidos	Em ambos os países os apertos de mão são firmes, mas a duração da saudação varia. O aperto de mão alemão é muito breve. Em contraste, nos Estados Unidos, tipicamente dura de três a quatro segundos.
França, Guatemala e Japão	Os três países preferem um aperto de mão menos firme. De fato, o aperto de mão nesses três países tem sido descrito como frouxo. Alguns japoneses preferem uma reverência tradicional, em vez de um aperto de mão.
Cingapura	Nesse país, um aperto de mão típico pode durar dez segundos ou mais.
Nova Zelândia, Cingapura, Coreia do Sul e Taiwan	A cultura dita que as mulheres devem assumir a iniciativa quando um aperto de mão é oferecido.
Coreia do Sul	Demonstra-se respeito adicional colocando-se a mão esquerda sob o antebraço direito ao apertar com a mão direita.
China, Hong Kong e Japão	Uma reverência tradicional é a saudação preferida. No Japão, pode variar de apertos de mão a reverências.
Índia	A saudação tradicional é "namastê", que envolve a colocação das palmas das mãos juntas em posição de oração com os dedos estendidos logo abaixo do queixo, curvando-se e dizendo: "namastê".
Tailândia	O cumprimento tradicional envolve colocar as mãos juntas em posição de oração na frente do queixo, inclinar a cabeça para tocar na parte superior dos dedos e dizer "*Sawasdee*". As mulheres dizem "*Sawasdee Ka*", e os homens respondem, "*Sawasdee Kab*". *Sawasdee* significa boa sorte.
Chile, Costa Rica, El Salvador, Honduras, México, Nicarágua e Panamá	Nesses países, as mulheres se cumprimentam com tapinhas no antebraço ou ombro direitos.
Hindus e muçulmanos	De acordo com os costumes religiosos, os homens são proibidos de contato público com as mulheres. O melhor é ficar atento às dicas do anfitrião para determinar se os costumes religiosos serão seguidos. No caso de a cultura ocidental ser adotada, as mulheres hindus e muçulmanas deverão esperar o homem oferecer a mão primeiro.

Fonte: Disponível em: <http://www.international-business-center.com/international_success_tips.html>. Acesso em: 10 abr. 2009.

Abordagens informais, como as técnicas de observação apresentadas a seguir, frequentemente fornecem *insights* importantes sobre valores e crenças da organização.[12]

1. Observe a cultura atual como um espectador imparcial – se você fosse um espectador que nunca tivesse observado a interação de um grupo de funcionários, o que aprenderia com suas conversas e ações?
2. Avalie as emoções dos funcionários – pelo que os funcionários são apaixonados? O que empolga as pessoas na organização e sobre o que elas discutem? Os indivíduos só se empolgam ou discutem sobre questões que lhes são realmente importantes.
3. Observe objetos e artefatos – o que está pendurado nas paredes do escritório e o que os funcionários expõem nas mesas de trabalho? Quadrinhos sobre a incompetência de gestão (por exemplo, Dilbert) ou a estupidez de clientes são indicadores típicos dos valores e das crenças dos funcionários da empresa.
4. Observe o que está faltando – o que deveria ser visível e não é? Alguns escritórios de funcionários são semelhantes à casa em que moram, enquanto outros são mal decorados. A primeira abordagem pode indicar que o funcionário vê o trabalho como parte integrante da sua vida, enquanto a segunda pode indicar que a motivação principal para o trabalho é o salário.
5. Faça uma caminhada cultural – dê um passeio pela empresa e observe os sinais físicos da cultura. De acordo com especialistas, você deve ficar atento aos seguintes aspectos:
    a. Alocação de espaço e localização do escritório – quem tem mais espaço, os melhores escritórios e quem está separado de quem?
    b. Quadros de avisos e *displays* – faça uma análise do conteúdo do que está sendo publicado e o que isso diz sobre a organização.
    c. As áreas comuns – para que e por quem as áreas comuns são utilizadas?
    d. Memorandos e *e-mails* – qual é o conteúdo, qual é o tom, as pessoas se comunicam mais verbalmente ou por meio de comunicações escritas?
    e. Interação dos funcionários – existe interação entre os funcionários, é mostrada alguma emoção?
6. Faça entrevistas e pesquisas de cultura – além das técnicas de observação, perguntas indiretas, como as listadas a seguir, também podem fornecer importantes *insights* sobre a cultura existente.
    a. O que os funcionários dizem aos amigos sobre como é trabalhar na organização?
    b. O que os funcionários gostariam de mudar?
    c. Quem são os heróis da empresa? Por que essas pessoas são consideradas assim?
    d. Qual é a característica da empresa preferida pelo funcionário?
    e. Que tipo de pessoa seria um fracasso na organização?
    f. Qual é a sua pergunta favorita para um candidato a emprego?

Avaliar a cultura corrente de uma empresa por meio de técnicas observacionais e de questionamento indireto pode ser bastante esclarecedor e desafiador. Ao determinar a cultura existente, os líderes da empresa obtêm mais conhecimento de como levar a empresa para um novo conjunto de valores e crenças.

Como avaliar a cultura corrente da empresa de serviços: realização de um serviço de auditoria[13]

Outra abordagem útil para avaliar a cultura atual da empresa envolve a realização de uma **auditoria de serviço**, que consiste em fazer perguntas diretas ao pessoal da linha de frente e da alta gestão. Este tipo de auditoria estimula a empresa a pensar sobre as forças que impulsionam os lucros correntes. Além disso, a participação ativa do pessoal da linha de frente e da alta gestão na realização da auditoria facilita a mudança da cultura, se necessário. A auditoria consiste em 22 questões que abordam 9 componentes: lucro e crescimento, satisfação do cliente, valor externo dos serviços, produtividade dos funcionários, lealdade dos funcionários, satisfação dos funcionários, qualidade do serviço interno, liderança e relação dessas medidas.

> **auditoria de serviço** Trata-se de uma série de perguntas que forçam a empresa a pensar sobre o que impulsiona os lucros e sugerem estratégias para a diferenciação competitiva e rentabilidade de longo prazo.

Lucro e crescimento

1. Como a empresa define a lealdade do cliente? Medidas tradicionais de lealdade do cliente envolvem repetição de vendas, frequência de compra e aumentos nos volumes comprados. A empresa também tem de considerar a profundidade da relação. Por exemplo, a profundidade do relacionamento bancário do cliente seria definida por tipos de transação e conta, como poupança, conta-corrente, certificados de depósito bancário, financiamento de automóveis, financiamento imobiliário, programas de títulos de capitalização, aluguel de cofre, e assim por diante.

2. A empresa mede os lucros obtidos com recomendações? Lealdade e satisfação do cliente também devem ser medidas em termos da sua disposição em recomendar a empresa a amigos, familiares e colegas. Dada a importância que os consumidores depositam em fontes pessoais de informações ao escolher entre os serviços concorrentes, é crucial incentivar recomendações ou pelo menos criar uma atmosfera em que os clientes espontaneamente informem outros sobre os serviços da empresa.

Antes que uma organização possa mudar sua cultura, deve, primeiro, entender a cultura predominante. As técnicas de observação muitas vezes fornecem *insights* importantes sobre os valores e as crenças da organização. Para você, como é a cultura dessa organização?

3. Que proporção de verbas é gasta para reter clientes quando comparado a atrair novos? Como vimos no Capítulo 14, os benefícios da retenção de clientes são claros. Os clientes existentes geram recomendações, são mais baratos para o marketing, compram mais serviços com mais frequência, estão bem informados sobre o sistema operacional da empresa e, portanto, são os usuários mais eficientes do sistema, e uma grande fonte de informações sobre como a empresa pode melhor atender aos mercados-alvo. Infelizmente, sob modelos tradicionais de gestão, as empresas gastam a maior parte dos recursos na obtenção de novos clientes, negligenciando os existentes.

4. Quando os clientes não voltam, sabemos por que isso acontece? Empresas de serviços que se destacam buscam ativamente tanto as más notícias quanto as boas. Tradicionalmente, as avaliações de satisfação são obtidas de clientes correntes, que tendem a avaliar a empresa no extremo mais positivo da escala. Descobrir as razões pelas quais os clientes deixaram a empresa revela falhas potencialmente fatais no sistema de prestação de serviços que outros clientes ainda não descobriram e das quais a empresa pode não ter conhecimento. Consequentemente, contatar os clientes que migraram para a concorrência dá à empresa a oportunidade de fazer melhorias. Além disso, contatar os clientes que deixaram a empresa passará a impressão positiva de que se preocupa com os clientes e pode, de fato, levar à reconquista de alguns clientes.

Satisfação do cliente

5. *Os dados de satisfação do cliente são coletados sistematicamente?* Nos Capítulos 11 e 12, abordamos uma série de métodos para avaliar a satisfação do cliente e a qualidade do serviço. A chave para a mensuração do sucesso refere-se à consistência de que as avaliações correntes podem ser comparadas com valores de referência anteriores. A mensuração da satisfação também deve ocorrer regularmente, e não apenas quando surgem problemas. Captar problemas menores precocemente por meio de pesquisas periódicas de satisfação dos clientes permite à empresa ajustar o sistema de prestação de serviços antes que surjam grandes lacunas no serviço.

6. *Que métodos são usados para obter* feedback *do cliente?* O sistema de informação de qualidade do serviço estudado no Capítulo 12 revela uma série de métodos importantes para a obtenção de *feedback* dos clientes em uma variedade de questões. Os métodos solicitação ativa de reclamações de clientes, pesquisas de pós-venda, entrevistas em grupo de discussão, consumidor misterioso e pesquisas de qualidade de serviços do mercado devem ser usados em conjunto com pesquisas de funcionários. Embora os funcionários estejam expostos a grandes quantidades de informação em função das interações diárias dos clientes com a empresa, com frequência são deixados de fora do ciclo de *feedback* de clientes tradicionais.

7. *Como os dados de satisfação do cliente são usados?* A informação é usada ou fica guardada na gaveta de um gerente? Dados de satisfação do cliente precisam ser compartilhados com os funcionários que prestam o serviço. Os funcionários da linha de frente devem sentir que são uma parte ativa das metas globais da empresa e ter orgulho das melhorias nas pontuações de satisfação do cliente. Os dados devem revelar pontos fortes da empresa que podem ser usados para fins promocionais, assim como os fracos, que podem ser corrigidos com programas de treinamento ou por meio da reestruturação do próprio sistema de serviço.

Valor externo dos serviços

8. *Como a empresa mede o valor?* Uma chave para fornecer excelente serviço é definir o valor do serviço com base na perspectiva do cliente. As abordagens tradicionais definem valor internamente, e muitas vezes deixam de fora o que é realmente importante para os clientes. Lembre-se de que a percepção de valor dos clientes representa uma troca entre os benefícios percebidos do serviço a ser adquirido e o sacrifício percebido em termos de custos totais.

9. *Como a informação da percepção do cliente sobre o valor da empresa é compartilhada dentro da empresa?* Manter as informações do cliente nas mãos da alta gestão não contribui para melhorar o esforço de serviço na linha de frente. Quando se compartilham as informações sobre as percepções dos clientes com a linha de frente, os funcionários são sensibilizados para os comportamentos e resultados realmente importantes para os clientes. Melhorias introduzidas nessas áreas específicas devem aumentar os índices de satisfação do cliente. Da mesma forma, compartilhar as informações com pessoal de operações, marketing e RH deve ajudar cada área a entender a percepção do cliente de todo o processo de prestação de serviços.

10. A empresa mede ativamente a diferença entre as expectativas de clientes e as percepções dos serviços prestados? Uma vez que as percepções dos clientes são obtidas, uma comparação com as suas expectativas é vital para avaliar a satisfação do cliente. As percepções dos clientes por si sós não são suficientes. Esse aspecto foi particularmente evidenciado no Capítulo 12 em relação à escala Servqual. As pontuações de percepção em si refletem apenas se os clientes concordam com a afirmação, não se o que estão avaliando-lhes é realmente importante. Incluir as medidas de expectativa aumenta a utilidade das informações. Porque fazer melhorias muitas vezes envolve um investimento financeiro, comparar expectativas com percepções auxilia a empresa na alocação de recursos nas áreas mais apropriadas.

11. A recuperação do serviço é uma estratégia ativa discutida entre a gerência e os funcionários? Embora muitas empresas gastem grandes quantidades de tempo e esforço para entregar o serviço certo da primeira vez, existe pouca discussão sobre mecanismos de ação adequados para os funcionários quando as coisas não saem conforme o planejado. Assim, os funcionários ficam limitados ao lidar com clientes insatisfeitos e, consequentemente, não têm condições para desempenhar um bom trabalho no que se refere a esforços de recuperação do serviço. O Capítulo 13 salientou os benefícios das análises de falhas e da recuperação do serviço. Monitorar ativamente falhas e recuperações identifica pontos de falha no sistema e permite que a empresa minimize as ocorrências por meio de treinamento de funcionários em técnicas de recuperação do serviço.

Produtividade dos funcionários

12. Como a empresa mede a produtividade dos funcionários? Se a empresa não mede o que realmente acredita ser importante, os funcionários nunca prestarão atenção a isto. Além disso, se a produtividade é medida simplesmente em termos de produção e resultados, e não pelos comportamentos utilizados para alcançar tais resultados, a empresa pode acabar recompensando funcionários por atividades que não são favoráveis aos clientes. Por exemplo, o funcionário pode ser grosseiro com um cliente para que uma venda rápida possa ser feita com outro que já sabe o que quer. Medidas de produtividade de serviços, como pontualidade, precisão e capacidade de resposta, precisam ser desenvolvidas para reforçar os tipos de comportamento orientados para o cliente.

Lealdade dos funcionários

13. A empresa busca ativamente estratégias para promover a lealdade dos funcionários? A lealdade do funcionário para com a organização é muitas vezes visível para os clientes e influencia diretamente nas suas avaliações da empresa. Quando os funcionários se sentem mais positivos em relação à empresa, os clientes se sentem mais positivos sobre os serviços que a empresa oferece. Pregar que os funcionários são o ativo mais importante da empresa e, em seguida, promover uma demissão em massa envia uma mensagem hipócrita para funcionários e clientes.

14. A empresa estabelece objetivos de retenção de funcionários? Embora 100% não seja o nível correto, a retenção de funcionários economiza verbas da empresa em termos de custos de recrutamento e treinamento. Além disso, os clientes preferem a continuidade de interagir com o mesmo pessoal ao longo do tempo, de forma que o pessoal da empresa pode ser uma vantagem diferencial chave sobre os concorrentes. Quando o pessoal de serviço sai, os clientes fiéis, muitas vezes, vão procurá-lo no novo emprego.

Satisfação dos funcionários

15. As medidas de satisfação do funcionário são relacionadas com as medidas de satisfação do cliente? A satisfação dos funcionários está ligada a aumentos de produtividade e ao valor externo do serviço. O valor externo do serviço está ligado à satisfação do cliente e ao benefício adicional da lealdade do cliente. Os efeitos da lealdade do cliente são os aumentos das receitas e da rentabilidade da empresa. Os resultados associados à satisfação dos funcionários – valores de serviços externos, satisfação do cliente, lealdade de clientes, crescimento de receita e aumento da lucratividade – fornecem *feedback* e reforçam a qualidade do serviço interno da empresa e a satisfação do funcionário.

16. As necessidades do cliente e da organização são consideradas na contratação? A Southwest Airlines convida clientes para ajudar a selecionar os comissários de bordo. Os clientes ficam tão envolvidos na ideia, que alguns pedem dispensa do próprio trabalho para fazer parte da equipe de seleção. A contratação de pessoas com boas habilidades de trabalho na produção de bens é importante. A contratação de pessoas com boas habilidades de trabalho e bom relacionamento interpessoal nos serviços é vital.

17. Os programas de recompensa dos funcionários são ligados à satisfação do cliente, à lealdade do cliente e à qualidade de desempenho do funcionário? As empresas de serviços que desejam melhorar o foco no cliente devem implantar sistemas de recompensa baseados em comportamento que monitorem as atividades dos funcionários e os avaliem nos aspectos do seu trabalho sobre os quais têm controle. Sistemas de recompensa baseados em resultados tradicionais muitas vezes desestimulam o desenvolvimento de relacionamentos de longo prazo com os clientes da empresa por buscar rentabilidade de curto prazo.

Qualidade do serviço interno

18. Os funcionários estão cientes dos clientes internos e externos? A empresa de serviços ideal deve funcionar como um time. Cada membro da equipe deve entender perfeitamente como o seu desempenho afeta o de outros membros para que juntos possam fornecer um serviço superior aos clientes externos. Assim, os funcionários precisam entender que os clientes externos da empresa não são os únicos que dependem desses esforços.

19. Os funcionários têm o apoio necessário para realizar o trabalho? A empresa apenas comunica sobre o fornecimento de serviço superior ou comunica e também dá o suporte necessário para que os funcionários possam realizar corretamente o trabalho? Ao longo dos últimos anos, a Taco Bell, uma franquia de *fast-food*, surgiu como uma empresa com algumas estratégias de serviços consideradas progressistas. O pessoal da empresa tem suporte dos mais recentes avanços na tecnologia da informação, treinamento da equipe em autogerenciamento, equipamento eficaz para produção das refeições e planejamento de trabalho que aprimora o desempenho do funcionário.

Liderança da empresa

20. A liderança da empresa ajuda ou atrapalha o processo de entrega do serviço? Embora queiram prestar um bom trabalho, os funcionários de empresas de serviço são, muitas vezes, impedidos de fazê-lo por gestores prepotentes e conservadores. Frequentemente, a alta gerência está muito longe da linha de frente da operação e perdeu o contato com as realidades associadas às interações de serviço diárias. Os líderes de empresas bem-sucedidas atuam como facilitadores e treinadores. Eles são gestores participativos que escutam funcionários e favorecem abordagens criativas para resolver problemas antigos.

21. A liderança da empresa cria uma cultura empresarial que ajuda os funcionários a interagir com os clientes? A alta gerência define a importância da cultura organizacional e fornece os recursos que dão suporte ao pessoal que interage com os clientes. Os elos da cadeia de serviços-lucros abordados no Capítulo 9 revelam que a satisfação do funcionário e a do cliente estão diretamente relacionadas. O trabalho da alta gerência é, portanto, criar uma cultura organizacional na qual os funcionários prosperem.

> GESTÃO É EMPATIA. É SER CAPAZ DE SE COMUNICAR COM SUA EQUIPE E ENTUSIASMÁ-LA. SER CAPAZ DE ENTENDÊ-LA E AJUDÁ-LA NOS MOMENTOS DE INSEGURANÇA E MEDO. VOCÊ PRECISA SE IMPORTAR. SE NÃO CONSEGUIR ENFIAR ISSO NA SUA CABEÇA DURA, VOCÊ NÃO TERÁ FUTURO AQUI...

Para ser um líder eficaz em uma empresa de serviços, a gerência deve "dar o exemplo", e, neste caso, isso não está acontecendo!

Relação dessas medidas

22. Como as medidas anteriores de desempenho na auditoria de serviço se relacionam com a rentabilidade da empresa? Os componentes da auditoria fornecem medidas estratégicas que ajudam a prestação de serviço superior. Idealmente, a contribuição de cada medida deve ser relacionada com os resultados da empresa. Relacionar essas medidas com a rentabilidade da empresa fornece uma mensagem relevante em toda a empresa que serviço e qualidade valem a pena!

Estratégias que facilitam a mudança cultural

Após a avaliação predominante da cultura da empresa de serviço, a liderança da empresa pode querer cultivar novas crenças e novos valores culturais. A Figura 15.5 apresenta uma estrutura simples para considerar as opções disponíveis quando se pretende implantar a mudança cultural em uma empresa de serviços,[14] sugerindo que a cultura, além de ser o resultado dos componentes, está internamente ligada a três componentes organizacionais: estrutura, sistemas e pessoas. **Estrutura** relaciona-se com os canais de subordinação formal, normalmente representados em um organograma (como funcionários da linha de frente que respondem a gerentes de nível médio, que respondem a gerentes regionais, que respondem a gerentes nacionais, que, por sua vez, respondem ao diretor executivo).

estrutura Trata-se da hierarquia de subordinação formal, normalmente representada em um organograma.

Na figura, o componente **sistemas** refere-se àqueles de gestão de pessoas utilizados para controle, avaliação, promoção e reconhecimento. Os sistemas de avaliação e promoção incluem componentes formais e informais. Por exemplo, a gestão por objetivos seria um componente formal, enquanto "O que realmente tenho que fazer para ser notado?" seria uma parte informal do sistema. Os sistemas de reconhecimento focam re-

sistemas Trata-se de sistemas de gestão de pessoas para controle, avaliação, promoção e reconhecimento.

compensas formais e informais, desde as formais, como viagens da empresa, até informais, do tipo "tapinhas nas costas" ou almoço com o chefe.

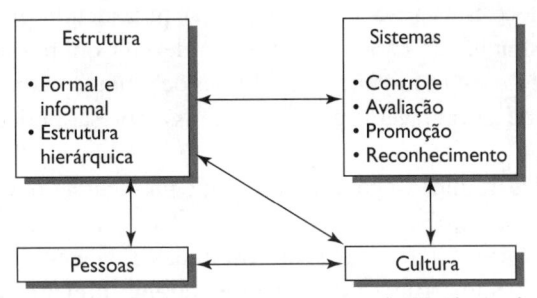

```
        ┌─────────────────┐              ┌─────────────────┐
        │    Estrutura    │              │    Sistemas     │
        │  • Formal e     │◄────────────►│  • Controle     │
        │    informal     │              │  • Avaliação    │
        │  • Estrutura    │              │  • Promoção     │
        │    hierárquica  │              │  • Reconhecimento│
        └─────────────────┘              └─────────────────┘
                 ▲           ╲        ╱           ▲
                 │             ╲    ╱              │
                 ▼               ╳                 ▼
        ┌─────────────────┐   ╱    ╲     ┌─────────────────┐
        │     Pessoas     │◄──        ──►│     Cultura     │
        └─────────────────┘              └─────────────────┘
```

Fonte: John E. G. Bateson. *Services Marketing:* Text and Readings. Fort Worth, TX: The Dryden Press, 1995.
FIGURA 15.5 Estrutura cultural

Os outros dois principais componentes da figura são as pessoas que trabalham na organização e a cultura predominante da empresa. Para criar uma organização focada no cliente, deve-se alterar qualquer um dos quatro componentes: estrutura, sistemas, pessoas e cultura, individualmente ou em conjunto.

Como mudar a cultura por meio da estrutura

A cultura da organização é função de sua estrutura. Mudar a cultura por meio da estrutura, no entanto, é um processo lento, porque, em muitos casos, são necessários muitos anos para implantar uma mudança na estrutura organizacional com sucesso. No esforço para criar uma organização mais focada no cliente, duas abordagens para mudar a cultura por meio da estrutura foram tentadas: (1) utilizar o departamento de marketing como um agente de mudança e (2) reestruturar a empresa em torno da experiência do cliente.

Departamento de marketing como agente de mudança Departamentos de marketing podem ser criados simplesmente para alterar a orientação atual da empresa, que passam a ser defensores do cliente dentro da organização. Em seu 99º ano de existência, a State Farm Insurance, a maior seguradora de residências e automóveis nos Estados Unidos, pretendia fazer uma transformação radical em sua cultura corporativa. Durante quase 100 anos, a empresa vendeu produtos de seguros desenvolvidos por ela. Ao se aproximar do 100º ano de operação, a equipe administrativa da State Farm reconheceu a importância do planejamento estratégico e de marketing para alcançar os objetivos de crescimento futuro. Ao mudar de uma orientação para vendas para uma cultura orientada para o marketing, a empresa estava essencialmente substituindo a filosofia de negócios de "vender o que fazemos" por "fazer o que podemos vender". A transformação para uma cultura de marketing foi realizada em diversas frentes, incluindo uma mudança de estrutura na empresa, realizada com a criação de um departamento de marketing. Por incrível que possa parecer, a empresa nunca tivera um departamento de marketing formal em toda sua história. Com esta criação, o nível corporativo da State Farm estava sinalizando para os funcionários e agentes que o "marketing" e a melhoria na experiência do cliente haviam ganhado um novo sentido de importância na família State Farm.

Apesar da eficácia da utilização do departamento de marketing como um agente de mudança, alguns especialistas pró-clientes são cautelosos sobre esta estratégia. Para alguns, uma vez que este departamento tenha sido criado, outros departamentos podem rapidamente transferir para ele toda a responsabilidade pela satisfação do cliente.[15] Além disso, essa transferência pode criar uma disputa entre os departamentos da organização.[16] Considere novamente a lógica dos departamentos de operações e marketing. Os primeiros, pela própria natureza, tendem a ser orientados para o custo. Seu foco está na avaliação da operação para identificar custos para economizar e procedimentos para simplificar. Essa perspectiva tende a ter um horizonte de curto prazo. O marketing, em comparação, está à procura de melhorias de produtos a fim de criar uma vantagem competitiva. A criação de tal vantagem não é algo que as empresas podem esperar conseguir no curto prazo.

A coordenação de departamentos conflitantes, como marketing e operações, frequentemente requer o uso de técnicas de gestão não convencionais. Para engrenar as lógicas dos diferentes grupos e lhes permitir compreender uns os outros, uma série de estratégias tem sido sugerida pela teoria de comportamento organizacional. **Forças-tarefas interfuncionais** são uma maneira clássica de forçar os indivíduos com diversos pontos de vista a trabalhar em conjunto e desenvolver uma melhor compreensão da perspectiva dos outros. Da mesma forma, as **transferências interfuncionais** podem criar redes informais de pessoas de departamentos diferentes que se compreendem e confiam umas nas outras. Por exemplo, os gerentes de operações que são transferidos para o departamento de marketing inicialmente enfrentarão problemas. Sua orientação é no sentido de operações, mas as novas funções exigem uma perspectiva de marketing. Se tal transferência puder ser feita com êxito, o resultado será um gerente geral que faz trocas racionais e claras entre os setores de operações e marketing. Além disso, essa transferência também proporciona que uma pessoa de marketing tenha contatos diretos no grupo de operações, o que pode superar muitas das barreiras tradicionais à mudança.

> **força-tarefa interfuncional** Refere-se ao grupo de resolução de problemas no qual indivíduos com diversos pontos de vista trabalham em conjunto e desenvolvem uma melhor compreensão da perspectiva dos outros.
>
> **transferências interfuncionais** Trata-se de mudar, por meio de promoção ou transferência, um funcionário de um departamento organizacional para outro a fim de fomentar redes informais entre os departamentos.

Reestruturação em torno da experiência do cliente Como já abordado neste livro, o modelo *servuction* delineou as principais forças que afetam a experiência geral de serviço do cliente. Em resposta, várias empresas de serviços, explícita ou implicitamente, reestruturaram a própria organização com base na experiência do cliente. Por exemplo, em uma grande companhia aérea, todos os departamentos estabelecem contato direto com o cliente e reportam-se à direção de marketing. Apenas a engenharia e a tripulação de voo (pilotos) reportam-se à direção de operações. Combinar todos os departamentos de contato com o cliente no grupo de marketing reverteu os argumentos do tipo "É um custo muito alto. É ineficiente" em "O cliente precisa disso. Como podemos fazer isso acontecer?". Outras empresas foram ainda mais longe com a criação da posição-chave de liderança de Vice-presidente da Experiência do Cliente e assim reestruturaram a hierarquia.

Como mudar a cultura por meio dos sistemas

A cultura da empresa também é função dos *sistemas* existentes para controlar, avaliar, promover e reconhecer o pessoal que nela trabalha. Diversas abordagens têm sido usadas para alterar a cultura por esses sistemas. Algumas empresas, por exemplo, passaram a dar bônus a gestores em todos os níveis com base em índices de satisfação do cliente. O esforço global de pesquisa da empresa pode ser adaptado para mensurar a satisfação até o nível de filial, e os gerentes podem ser recompensados por melhores avaliações. Infelizmente, o problema com esta abordagem é que apenas uma parte da satisfação do cliente está sob o controle da gestão. As expectativas do cliente podem ser aumentadas por ofertas dos concorrentes, e, como consequência, os índices de satisfação podem cair.

Outra abordagem refere-se à introdução da receita nas metas de gerentes de filial. Um grande banco de Nova York queria realizar a seguinte mudança: em vez de se concentrar apenas nos custos, os gerentes de agências deveriam colocar as necessidades dos clientes em primeiro lugar. O banco introduziu um sistema de avaliação de desempenho baseado em receitas. Pela primeira vez, os gerentes tinham que se preocupar com a procedência dos clientes e parar de pensar neles como "pessoas que fazem uma bagunça na minha agência". Os primeiros casos de sucesso de alguns gerentes produziram resultados interessantes. Até 20% dos gerentes deixaram a empresa, alegando que não era para isto que haviam sido contratados. O movimento dos gerentes repercutiu no departamento de marketing central do banco, que foi contatado para ajudar na obtenção de mais clientes. O resultado de longo prazo da mudança do sistema foi um aumento de clientes, porém com aumento da inadimplência. Os gerentes constataram que dinheiro é um produto fácil de vender, e o banco descobriu que precisava renovar a função de controle de crédito.

Os sistemas de planejamento também podem ser utilizados para alterar a orientação das empresas. O planejamento formal de marketing pode conduzir organizações pela lógica do marketing e forçá-las a desenvolver uma compreensão das necessidades dos clientes. Por exemplo, além de criar um departamento de marketing, a State Farm também facilitou a própria transformação cultural ao implantar sistemas de recompensa que aceleraram a adoção da nova cultura de marketing. A State Farm queria que os agentes desenvolvessem planos de marketing para cada agência. No entanto, o contrato vigente com os agentes não exigia especificamente esta atividade. Por isso, a empresa criou o programa "Agente seleto" como uma designação especial para os agentes que participassem no planejamento de marketing. Uma das principais vantagens de ser um "Agente seleto" era a inclusão do nome do agente no final da propaganda televisiva corporativa da State Farm. Assim, apesar de muitos agentes estarem disponíveis em uma determinada área, apenas os "Agentes seletos" apareceriam no final de todas as propagandas de televisão regional da State Farm. Ao modificar os sistemas existentes, neste caso o sistema de recompensa, a State Farm foi capaz de facilitar a mudança de comportamento para a cultura desejada.

Como mudar a cultura por meio das pessoas

Com frequência, as empresas de serviços têm contratado profissionais externos com o propósito de mudar a orientação de seus departamentos de marketing. Uma estratégia é a criação de cargos-chave de liderança na organização para defender o esforço de marketing. Até agora, aprendemos que a State Farm transformou a própria cultura ao mudar a estrutura da empresa (com a introdução de um departamento de marketing) e por meio da implantação de novos sistemas (incentivos que modificaram o sistema de recompensa existente). Além desses esforços, esta empresa criou um cargo de gestão de grande visibilidade na organização para liderar o departamento de marketing corporativo: Vice-presidente de Marketing. Na empresa, o ocupante deste cargo passou a ter poder e influência no mesmo nível dos demais vice-presidentes. A criação desta importante posição ocorreu simultaneamente à mudança na estrutura e nos sistemas, sinalizando, mais uma vez, a relevância do novo papel do marketing em toda a organização.

Como mudar diretamente a cultura

Além de mudar a cultura indiretamente por meio da estrutura, sistemas e pessoas, a mudança cultural também pode ser facilitada pela mudança da cultura direta, com o desenvolvimento de programas de treinamento na empresa prestadora de serviços. Para promover a iniciativa de mudança direta da cultura, a State Farm forneceu programas de treinamento de marketing a toda a empresa, para que todos os funcionários entendessem de fato a diferença entre uma orientação de vendas e uma voltada ao marketing. Com a implementação simultânea de todas as quatro iniciativas de mudança cultural (estrutura, sistemas, pessoas e diretamente com o programa), a State Farm aumentou, de forma substancial, a taxa de transformação da cultura e as chances de sucesso.

Os programas de mudança da cultura estão se tornando cada vez mais populares. Eles vão desde atividades educativas em larga escala até alto empoderamento do pessoal, a fim de reestruturar todo o processo de prestação de serviços da empresa em torno do cliente. A Figura 15.6 fornece uma forma simples de classificar tais atividades. Ao longo de um eixo está a natureza dos grupos usados. Grupos mistos são transversais ou interdepartamentais, e os familiares podem ser um departamento ou pessoas que se agrupam naturalmente com base no processo, como todos os indivíduos envolvidos no embarque dos passageiros de determinado voo. O segundo eixo lida com o nível de poder dado aos funcionários. Baixos níveis de empoderamento implicam que as pessoas mudarão o comportamento, mas que o grupo não terá autoridade para mudar os processos e sistemas da organização. Alto nível implica uma capacidade de mudar a organização durante o evento ou série de eventos. Os *slogans* nas células representam títulos hipotéticos de tais programas de mudança que muitas vezes envolvem uma ou mais reuniões.

Além de mudar a cultura indiretamente por meio da estrutura, sistemas e pessoas, a mudança cultural também pode ser facilitada pela mudança da cultura direta, com o desenvolvimento de programas de treinamento na empresa prestadora de serviços.

EMPODERAMENTO	GRUPO	
	MISTO	FAMILIAR
Baixo	"Colocar o cliente em primeiro lugar"	"Mudança de orientação"
Alto	"Mude sua forma de trabalhar"	"Mude a forma como trabalhamos"

Fonte: John E. G. Bateson. *Managing Services Marketing:* Text and Readings, 3. ed. Fort Worth, TX: The Dryden Press, 1995.
FIGURA 15.6 Categorização de iniciativas da mudança de cultura

"colocar o cliente em primeiro lugar"
Elemento da iniciativa de mudança da cultura que ensina o pessoal a colocar o cliente em primeiro lugar.

A célula superior esquerda refere-se a programas para "**colocar o cliente em primeiro lugar**", que são feitos em grupos mistos na organização. Reunido em sessões, o pessoal é ensinado e motivado a colocar o cliente em primeiro lugar. Com dramatizações (*role playing*), os funcionários são incentivados a reconhecer a importância dos clientes e alterar o próprio comportamento em conformidade com esta iniciativa.

Esses tipos de programa podem ser muito bem-sucedidos. No entanto, para que isto ocorra, o novo comportamento deve ser reforçado no dia a dia do trabalho. Se o pessoal de gerência e da linha de frente não compartilhar o mesmo nível de entusiasmo e dedicação em relação ao objetivo de criar uma organização orientada para o cliente, o valor das lições aprendidas pode desaparecer em poucas horas. Sem compromisso com a mudança, os novos comportamentos aprendidos poderão ser banalizados por colegas, antigos comportamentos serão restabelecidos rapidamente e o valor do programa será nulo.

A célula superior direita, "**mudança de orientação**", supera os problemas mencionados organizando o pessoal em "grupos familiares", cujos membros podem se reforçar mutuamente no trabalho. Ambas as células, no entanto, focam a mudança de atitudes e comportamentos individuais. Alterar processos e sistemas organizacionais não faz parte desses programas. Isto pode produzir conflito de função à medida que os comportamentos individuais desejados são interrompidos por constrangimentos organizacionais, como ambiente físico ou sistema operacional existente.

> "**mudança de orientação**" Elemento da iniciativa de mudança da cultura que ensina "famílias" do quadro de funcionários a reforçar o trabalho mutuamente.

A célula inferior esquerda, "**mude sua forma de trabalhar**", baseia-se nas ideias de empoderamento descritas em detalhes no Capítulo 9. A iniciativa implica empoderamento ativo do pessoal que frequenta o programa. A equipe fica autorizada a quebrar regras no contexto de atender os clientes. No entanto, por causa do grupo misto, este tipo de iniciativa é focado no indivíduo, e não no empoderamento do nível do processo.

> "**mude sua forma de trabalhar**" Elemento da iniciativa de mudança da cultura que permite ao pessoal quebrar as regras no contexto de atender os clientes.

A célula inferior direita, "**mude a forma como trabalhamos**", refere-se a iniciativas que se baseiam em muitas das ideias deste livro. Os grupos estão em "famílias" e podem ser solicitados a esquematizar as próprias atividades. Então, são convidados a fazer uma reengenharia do processo para melhor atender os clientes. Nesse nível, o empoderamento realmente coloca o chefe no papel de treinador e facilitador, e esta é exatamente a função que lhe cabe. Na criação de uma organização de serviços ininterruptos, não cabe à gerência forçar os funcionários a entregar serviços de excelência: "O trabalho da gerência é montar um sistema que realmente possibilite prestar um serviço de qualidade".[17]

> "**mude a forma como trabalhamos**" Elemento da iniciativa de mudança da cultura que ensina a equipe a esquematizar as próprias atividades e fazer uma reengenharia do processo para melhor atender os clientes.

Resumo

Com o objetivo de estabelecer uma cultura de serviço de nível internacional, departamentos e funções individuais de uma empresa de serviços devem agir em conjunto para criar uma organização sem interrupções. A empresa não agirá como tal se não se concentrar em necessidades departamentais e funcionais. Antes de tentar integrar os diversos departamentos da empresa, é importante entender que cada departamento é guiado pelas próprias lógicas internas, isto é, princípios implícitos e explícitos que guiam o desempenho organizacional. Em suma, a lógica de serviço da empresa costura as fissuras departamentais e funcionais criadas pelos departamentos de marketing e operações e pelo RH, a fim de ajudar a fornecer um serviço impecável. No entanto, antes que isto aconteça, as empresas de serviços devem primeiro entender as filosofias de negócios de gestão industrial e de gestão orientada para o mercado que norteiam suas culturas correntes.

Criar e apoiar uma cultura organizacional focada no mercado é fundamental no desenvolvimento de uma operação sem interrupções. A cultura da empresa direciona o comportamento dos funcionários e influencia diretamente a qualidade do sistema de prestação de serviços da empresa e subsequentes avaliações dos consumidores do esforço de serviço da empresa. Antes que uma organização possa mudar a própria cultura, ela deve entender a cultura atual. Avaliar a cultura atual da empresa pode ser realizado informalmente (técnicas observacionais e de questionamento indireto) e com abordagens diretas de questionamento, como a realização de uma auditoria formal de serviço. Com a realização de uma auditoria, uma cultura de serviço contínuo é promovida à medida que todo o pessoal da organização passa a analisar os desafios enfrentados e as contribuições feitas por todos os envolvidos no esforço de prestação de serviços da empresa. A auditoria de serviço lida diretamente com questões como lucro e crescimento, satisfação do cliente, valor externo do serviço, produtividade, lealdade e satisfação dos funcionários, qualidade do serviço interno, liderança e medidas que avaliam o impacto de cada um desses itens nos resultados da empresa.

As empresas de serviços que desejam transformar as culturas atuais podem facilitar o processo alterando a estrutura da empresa, os sistemas e o pessoal-chave. Podem ainda mudar a cultura diretamente, com programação educacional em larga escala. Com a implantação simultânea de todas as quatro iniciativas de mudança de cultura, as empresas de serviços podem acelerar substancialmente a taxa de transformação da cultura e aumentar muito as chances de sucesso.

Esperamos que este livro tenha ajudado você a desenvolver a compreensão dos desafios especiais envolvidos no marketing e na gestão de operações de serviços. Com o desafio vem a oportunidade, e, como você bem sabe, existem muitas oportunidades em nosso atual ambiente de negócios para tornar o encontro de serviço uma experiência mais produtiva e agradável para todos os envolvidos – clientes e funcionários. Embora muitas empresas de serviços busquem continuamente a próxima grande ideia "genial", aquelas consideradas bem-sucedidas se concentram "no feijão com arroz", ou seja, no básico. "Básico" reflete as ideias primordiais de gestão das quatro forças que têm impacto sobre a experiência do cliente, ou seja, pessoal de contato, outros clientes, *servicescape* e atividades de bastidores na condução de sistemas organizacionais que, por fim, afetam a experiência do cliente. As empresas de serviços que se destacam em atividades "básicas" prosperam porque proporcionam qualidade de serviço interno aos funcionários, produzem valores de confiabilidade, capacidade de resposta, segurança e empatia de serviços externos, e gerenciam os aspectos tangíveis. Desta forma, essas empresas podem atender às expectativas dos mercados-alvo ou superá-las. Chegou a hora de fazer a diferença... Estamos ansiosos para escrever, em futuras edições deste livro, sobre as diferenças que você faz.

Palavras-chave

serviço contínuo
funcionalismo
lógica interna
departamentalização
lógica de operações
lógica de marketing
lógica de recursos humanos
lógica de serviço

modelo de gestão industrial
modelo de gestão com foco no mercado
cultura
auditoria de serviço
estrutura
sistemas
força-tarefa interfuncional

transferências interfuncionais
"colocar o cliente em primeiro lugar"
"mudança de orientação"
"mude sua forma de trabalhar"
"mude a forma como trabalhamos"

Questões de revisão

1. Discuta o papel da continuidade de serviços no desempenho "*tooth-to-tail*" (de ponta a ponta). Departamentalização e funcionalismo facilitam ou dificultam a continuidade?
2. Por que os setores de marketing, operações e RH competem em questões relacionadas ao controle da empresa? Como esta competição afeta a cultura de uma empresa prestadora de serviços?
3. Descreva as principais diferenças filosóficas entre as abordagens de gestão industrial e de gestão com foco no mercado.
4. Discuta as seis relações-chave descritas no "triângulo de serviços".
5. O que é cultura organizacional? Por que ela é importante?
6. Aponte e explique quatro aspectos que podem fornecer *insights* sobre a cultura corrente de uma empresa de serviços.

7. Quais são os principais componentes de uma auditoria de serviço?
8. Explique a relevância de forças-tarefas e transferências interfuncionais na cultura corporativa.
9. Descreva as quatro abordagens para mudar diretamente a cultura tal como apresentado no texto.
10. Descreva brevemente as dez características mais importantes de uma empresa de serviços com uma cultura de serviço de nível internacional.

Notas

1. Benjamin Schneider e David E. Bowen. *Winning the Service Game*. Boston: Harvard Business School Press, 1995, pp. 1-16.
2. Essa seção foi adaptada de John E. G. Bateson. *Managing Services Marketing*, 3. ed. Fort Worth, TX: The Dryden Press, 1995, p. 636-45.
3. Bateson. *Managing Services Marketing*, p. 636-45.
4. Jane Kingman-Brundage; William R. George; David E. Bowen. Service Logic-Achieving Service System Integration. *International Journal of Service Industry Management*, 1995, p. 20-39.
5. Schneider e Bowen. *Winning the Service Game*, p. 199.
6. Leonard A. Schlesinger e James L. Heskett. The Service-Driven Service Company. *Harvard Business Review*, set.-out. 1991, p. 71-75.
7. Idem, p. 74.
8. Idem, p. 71.
9. Idem, p. 77.
10. Karl Albrecht e Ron Zemke. *Service America*. Homewood, IL: Dow Jones-Irwin, 1985, p. 31-47.
11. Cynthia Webster. What Kind of Marketing Culture Exists in Your Service Firm? An Audit. *The Journal of Services Marketing*, 6, 2, primavera 1992, p. 54-67.
12. Disponível em: <http://humanresources.about.com/od/organizationalculture/a/culture_create.htm>. Acesso em: 8 abr. 2009.
13. Esta seção foi adaptada de James L. Heskett; Thomas O. Jones; Gary W. Loveman; W. Earl Sasser Jr.; Leonard A. Schlesinger. Putting the Service-Profit Chain to Work. *Harvard Business Review*, mar.-abr. 1994, p. 165-74.
14. Bateson. *Managing Services Marketing*, p. 636-45.
15. Gronroos. Designing a Long-Range Marketing Strategy, p. 36.
16. C. H. Lovelock; E. Langeard; J. E. G. Bateson; P. Eiglier. Some Organizational Problems Facing Marketing in the Service Sector. In: J. Donnelly e W. George (eds.). *Marketing of Services*. Chicago: American Marketing Association, 1981, p. 148-53.
17. Schneider e Bowen. *Winning the Service Game*, p. 8.

CASO 15

Para avaliar a cultura da sua faculdade, faça uma caminhada cultural

Considerando que este é o último capítulo do livro, há a expectativa de que os alunos agora tenham uma sólida compreensão do que é necessário para proporcionar uma experiência excepcional de serviço. Além disso, uma vez que a educação é um ambiente de serviço e muitos dos conceitos e estratégias apresentados neste livro podem certamente se aplicar ao ensino superior, os estudantes podem utilizar seus novos conhecimentos para avaliar seu ambiente atual.

O objetivo deste caso é propor aos alunos uma caminhada cultural dentro de suas próprias faculdades ou avaliar a cultura de outra faculdade no *campus*.

Antes de uma organização mudar a própria cultura, ela deve entender a cultura atual. O exercício de caminhada cultural é uma estratégia para avaliar a atual corrente de uma organização. Os alunos devem observar a cultura da faculdade como espectadores imparciais. Em outras palavras, devem observar a cultura da faculdade como se fossem calouros e nunca tivessem interagido com professores, funcionários e alunos. Avaliações típicas realizadas durante uma caminhada cultural incluem a observação e a interpretação dos seguintes aspectos:

- *Alocação de espaço e localização de escritórios* – quem tem mais espaço, os melhores escritórios, e quem está separado de quem? O que significa alocação de espaço e localização do escritório?
- *Quadros de avisos e* displays – faça uma análise de conteúdo dos materiais publicados e exibidos. O que eles dizem sobre a organização?
- *Áreas comuns* – para que são utilizadas as áreas comuns e por quem?
- *Memorandos,* e-mails *e outros métodos de comunicação* – qual é o conteúdo dessas comunicações, qual é o tom, as pessoas se comunicam mais oralmente ou por escrito?
- *Interação do funcionário* – os funcionários interagem entre si e há emoção exibida durante essas interações?
- *Interação do aluno* – os alunos interagem entre si e há emoção exibida durante essas interações?
- *Interação funcionário/aluno* – funcionários e alunos interagem entre si e há emoção exibida durante essas interações?
- *Avaliação mais aprofundada da cultura da faculdade pode ser realizada por meio de entrevistas e pesquisas com professores, funcionários e alunos. Para que se possa obter informações sobre a cultura da faculdade, apresentam-se, a seguir, algumas questões:*
    - O que professores, funcionários e alunos diriam aos amigos sobre trabalhar nesta faculdade ou frequentá-la?
    - O que professores, funcionários e alunos gostariam de mudar na faculdade?
    - Quem são os heróis da faculdade? Por que essas pessoas são assim consideradas?
    - Quais são as características favoritas de professores, funcionários e alunos da faculdade?
    - Que tipos de professor, funcionário e aluno e não dariam certo nesta faculdade?
    - Qual seria a pergunta favorita de professores, funcionários e alunos para indivíduos que estariam pensando em trabalhar nesta faculdade ou frequentá-la?

Fonte: Disponível em: <http://humanresources.about.com/od/organizationalculture/a/culture_create.htm>. Acesso em: 8 abr. 2009.

Questões para discussão

1. Avaliar a cultura atual de uma empresa pode ser muito esclarecedor e desafiador. Ao determinar a cultura predominante, a liderança da faculdade ganha um melhor entendimento de como mudar a instituição, se necessário, para um novo conjunto de valores e crenças. Após a coleta e avaliação das informações, os alunos deverão apresentar um relatório sobre o que consideram ser os valores essenciais e as crenças que compõem a cultura corrente da faculdade. Defina valores e crenças da faculdade e justifique por que esses valores existem.
2. Os valores fundamentais da faculdade são adequados? Justifique.
3. Faça recomendações sobre como a cultura corrente da faculdade deve ser alterada. Que estratégias você poderia usar para mudar a cultura da faculdade?

GLOSSÁRIO

A

abordagem compensatória linear De acordo com esse modelo sistemático, o consumidor cria uma pontuação global para cada marca: em cada atributo, ele multiplica a classificação da marca pela importância dada ao atributo e, por fim, soma todas as pontuações.

abordagem de linha de produção Aplicação de tecnologias materiais e imateriais para uma operação de serviço a fim de produzir um serviço padronizado.

abordagem lexicográfica De acordo com esse modelo sistemático, o consumidor toma uma decisão após examinar cada atributo, começando pelo mais importante, a fim de descartar alternativas.

adequação do serviço percebido Medida da qualidade do serviço derivada da comparação do serviço adequado com aquele percebido.

aftermarketing Técnica que enfatiza o marketing após a venda inicial ter sido feita.

ajuste funcionário-cargo Grau em que os funcionários são capazes de executar um serviço de acordo com as especificações.

alternativas percebidas do serviço Serviços comparáveis que os clientes acreditam que podem obter em outros lugares e/ou fazer sozinhos.

alto nível de comprometimento Permite que os funcionários aprendam a se autogerenciar por meio de amplo treinamento e de controle das decisões de alocação de recompensa.

ambiente holístico Percepções globais do *servicescape* formadas por funcionários e clientes com base nas dimensões físicas ambientais.

ambiguidade de função Refere-se à incerteza das funções dos funcionários nos cargos e à má compreensão do propósito de tais funções.

amortecimento Trata-se de conceito relacionado ao núcleo técnico que apresenta componentes de entrada e saída para amortecer influências ambientais.

amortecimento do núcleo técnico Conceito de gestão de operações para garantir que o núcleo do processo de produção possa funcionar o mais eficientemente possível. Em fábricas, é implantados com a criação de amortecedores (estoques) de entrada de matéria-prima e de saídas de produtos para garantir que a fábrica possa operar sem interrupções.

antecipação Mitigar os piores efeitos das flutuações de oferta e demanda por meio de planejamento.

antecipação de expansão Planejamento antecipado para futura expansão com orientação de longo prazo para instalações físicas e crescimento.

área externa Exterior físico da instalação de serviços; inclui *design* exterior, sinalização, estacionamento, paisagismo e ambiente circundante.

área interna Interior físico da instalação de serviços; inclui *design* interior, equipamentos utilizados para atender os clientes, sinalização, *layout*, qualidade do ar e temperatura.

atribuição Alocação de responsabilidade a si mesmo, a outras pessoas ou até mesmo ao acaso.

atributos de crença Atributos do produto que não podem ser avaliados com clareza mesmo imediatamente após a recepção do bem ou serviço.

atributos de experiência Atributos do produto que podem ser avaliados somente durante e após o processo de produção.

atributos de pesquisa Atributos do produto que podem ser determinados antes da compra.

auditoria de serviço Uma série de perguntas que forçam a empresa a pensar sobre o que impulsiona os lucros e sugerem estratégias para a diferenciação competitiva e rentabilidade em longo prazo.

autopercepção do papel no serviço Refere-se às contribuições que um cliente acredita que é obrigado a dar a fim de produzir um encontro de serviço satisfatório.

autosseleção Dadas as pistas certas sobre uma empresa de serviços, os consumidores tendem a escolher para si o serviço que melhor se adapta às suas necessidades.

autosserviços Ambientes de serviços dominados pela presença física do cliente, como caixas eletrônicos ou quiosques postais.

avaliação de alternativas Fase do estágio de pré-compra na qual o consumidor confere um valor ou uma "ordem de preferência" a cada alternativa.

avaliação não sistemática Escolha entre as alternativas de uma forma aleatória ou por uma abordagem "intuitiva".

avaliação sistemática Escolha entre as alternativas com base em um conjunto de passos formais para se chegar a uma decisão.

B

benchmarking Estabelecimento de padrões com os quais se podem comparar dados coletados no futuro.

bens Objetos, dispositivos ou coisas.

blueprint Fluxograma de uma operação de serviço.

blueprint **bilateral** Modelo que leva em conta as percepções de funcionários e clientes de como a sequência de eventos de fato ocorre.

blueprint **unilateral** Modelo não equilibrado com base na percepção da gestão de como a sequência de eventos deve ocorrer.

busca de informação Fase do estágio de pré-compra na qual o consumidor coleta informação referente a possíveis alternativas.

busca externa Abordagem proativa para a coleta de informações em que o consumidor recebe novas informações de fontes além da própria experiência.

busca interna Abordagem passiva para a coleta de informações na qual a memória do próprio consumidor é a principal fonte de informações sobre um produto.

C

categorização Processo de categorizar *servicescapes* com base em experiências anteriores.

círculos de qualidade Empoderamento que envolve pequenos grupos de funcionários de vários departamentos da empresa que usam sessões de *brainstorming* para gerar sugestões de melhorias adicionais.

círculos de RH de serviços Refere-se às funções de RH que, juntas, fornecem suporte para a criação de um clima para o serviço.

clientes apáticos Consumidores que buscam conveniência sobre preço e atenção pessoal.

clientes econômicos Consumidores que tomam decisões de compra com base principalmente no preço.

clientes éticos Consumidores que apoiam as empresas pequenas ou locais, em oposição aos prestadores de serviços maiores ou nacionais.

clientes personalizados Consumidores que desejam ser mimados e bem atendidos e que são muito menos sensíveis ao preço.

clima para o serviço Percepção compartilhada de práticas, procedimentos e tipos de comportamento de serviços que são recompensados.

codificação Categorizar os clientes com base na rentabilidade dos seus negócios.

código de ética Padrões formais de conduta que ajudam a definir o comportamento organizacional adequado.

"colocar o cliente em primeiro lugar" Elemento da iniciativa de mudança da cultura que ensina o pessoal a colocar o cliente em primeiro lugar.

compartilhamento Tornar as informações dos clientes-chave acessíveis a todas as partes da organização.

compartilhamento de capacidade Estratégia que consiste em aumentar a oferta de serviço pela formação de uma parceria entre prestadores de serviços, o que lhes permite expandir a oferta ou o serviço como um todo.

complementos Efeito da elasticidade cruzada de preços em que um aumento no preço do serviço "A" diminui a demanda pelo produto "B".

complexidade Medida da quantidade e complexidade dos passos e sequências que constituem um processo.

comportamentos de aproximação/afastamento Respostas do consumidor ao conjunto de estímulos ambientais que se caracterizam por um desejo de ficar em um estabelecimento ou sair dele, explorar o ambiente de serviços, interagir com ele ou ignorá-lo, ou sentir satisfação ou decepção com a experiência de serviço.

comportamentos individuais Respostas ao *servicescape* normalmente descritas como comportamentos de aproximação e afastamento.

composto de comunicação Conjunto de ferramentas de comunicação disponíveis para os profissionais de marketing, como propaganda, venda pessoal, publicidade, promoções de vendas e patrocínios.

compra antecipada Ocorre quando os varejistas compram em promoção e estocam produto suficiente até que ele esteja novamente em promoção.

comunicação ascendente Fluxo de informações por parte do pessoal de linha de frente para níveis superiores da organização.

comunicação horizontal Fluxo de comunicação interna entre a matriz e as filiais da empresa de serviços.

comunicações boca a boca Informações imparciais de alguém que tenha experimentado o serviço, como amigos, familiares ou consultores.

comunicações com erro de alvo Ocorre quando a mesma mensagem de comunicação apela para dois segmentos de mercado diferentes.

conceito de benefício Síntese dos benefícios de um produto armazenada na mente do consumidor.

concentração da riqueza Os ricos ficam mais ricos, e os pobres, mais pobres.

condições ambientais Atmosfera do cenário do serviço, que inclui iluminação, qualidade do ar, ruído, música etc.

conflito de função Situação na qual o funcionário está numa encruzilhada entre os desejos opostos dos clientes e da gerência da empresa.

conflito de interesses Situação na qual um prestador de serviços se sente dividido entre a organização, o cliente e/ou os próprios interesses.

conflito de papéis Inconsistência na mente dos prestadores de serviços entre o que o gerente de serviços espera que eles façam e o que acham que os clientes realmente querem.

conflito entre pessoa e função Descasamento entre a autopercepção do indivíduo e a função específica que deve desempenhar em uma organização.

conflitos entre clientes Referem-se aos desentendimentos entre por clientes que podem influenciar cada experiência individual.

conflito entre organização e cliente Desentendimentos que surgem quando um cliente solicita serviços que violam as regras da organização.

congruência de roteiro Ocorre quando os roteiros reais executados pelos clientes e funcionários são consistentes com os esperados.

conjunto conhecido Conjunto de alternativas de que um consumidor está ciente da existência.

conjunto de consideração Dentre as marcas no conjunto evocado, aquelas consideradas inadequadas (por exemplo, muito caras, muito distantes etc.) são eliminadas de imediato. As alternativas que permanecem são chamadas conjunto de consideração.

conjunto evocado Alternativas das quais o consumidor se lembra no momento da tomada de decisão.

consumidor misterioso Trata-se de um forma de pesquisa com não cliente que consiste em pessoal treinado que se faz passar por cliente, compra na empresa sem se identificar e avalia os funcionários.

consumidores experientes Indivíduos que têm experiência no processo de compra de um bem ou serviço específico. Produtores experientes, em comparação, são experientes no processo de produção de serviços.

contexto da questão Refere-se à posição e ao tom de uma pergunta em relação às outras.

contraste/choque Efeitos visuais associados a ambientes de negócios emocionantes, alegres e informais.

controle Atribuição da falha do serviço relativa à possibilidade de a empresa ter ou não controle sobre a causa da falha.

controle corretivo Utilização de recompensas e punições para se fazer cumprir o código de ética da empresa.

controle e previsibilidade Referem-se às principais necessidades motivacionais de um indivíduo. De acordo com os psicólogos, todos os seres humanos gostam de se sentir no controle dos ambientes em que estão inseridos. A fonte desta sensação de controle é a previsibilidade do ambiente.

crenças Opiniões dos consumidores sobre a capacidade do prestador de executar o serviço.

criação de demanda para períodos de menor atividade Estratégia na qual os prestadores de serviços utilizam o tempo de inatividade para se preparar antecipadamente para períodos de pico ou vender a outros mercados-alvo que têm um padrão de demanda diferente do que a empresa costuma atender.

cultura de recuperação de serviços Conjunto informal de crenças, comportamentos e práticas que dão o tom de como a empresa pretende abordar as reclamações dos clientes.

cultura Valores e crenças comuns que orientam a filosofia de serviço global da organização.

custeio baseado em atividade (*activity-based costing* – ABC) Método que divide a organização em um conjunto de atividades, e estas em tarefas, convertendo materiais, mão de obra e tecnologia em números.

custo de aquisição do cliente Valor monetário gasto em marketing e outras atividades para conquistar um novo cliente.

custo do serviço por refeição Custos de mão de obra associados ao fornecimento de uma unidade de refeição (custos totais de mão de obra/volume máximo por hora).

custo monetário Preço real pago pelo consumidor por um produto.

custos de esforço (ou custo de energia física) Esforço físico despendido pelo cliente para adquirir o serviço.

custos de mudança Custos que podem advir quando há uma troca de prestador de serviços.

custos de tempo Tempo despendido pelo cliente para adquirir o serviço.

custos fixos Custos planejados e acumulados durante o período de funcionamento, independentemente do nível de produção e vendas.

custos psicológicos Energia mental despendida pelo cliente para adquirir o serviço.

custos variáveis Custos que variam proporcionalmente de acordo com o nível de produção e vendas.

D

demanda inelástica Tipo de demanda de mercado em que uma mudança no preço do serviço não gera grande mudança na quantidade demandada.

departamentalização Ato de dividir uma organização em departamentos que se concentram no próprio conjunto de atividades.

desacoplamento Dissociar o núcleo técnico do sistema *servuction*.

desconfirmação negativa Refere-se às percepções dos clientes que são inferiores às suas expectativas, o que resultará em insatisfação.

desconfirmação positiva Percepções dos clientes que superam as suas expectativas, resultando em clientes satisfeitos.

desejo não satisfeito Insatisfação por um produto ou serviço desejado pelo consumidor.

desempenho de principiantes e experientes Espectro de capacidade de desempenho. Nem todos os consumidores são igualmente competentes. O principiante não sabe o que e como fazer. O experiente sabe como fazer parte do processo de produção.

desempenho do consumidor Participação do indivíduo na produção do próprio serviço.

desertores do mercado Clientes que saem do mercado em função de mudança/transferência ou do insucesso empresarial.

desertores organizacionais Clientes que saem em função das considerações políticas dentro da empresa, como acordos de compras recíprocas.

desertores por preço Clientes que mudam para concorrentes de bens e serviços em busca de preços mais baixos.

desertores por produto Clientes que mudam para concorrentes que oferecem produtos e serviços de qualidade superior.

desertores por serviço Clientes que migram em função do mau serviço prestado.

desertores tecnológicos Clientes que mudam para produtos fora da indústria.

desverticalização Eliminar diferentes serviços de uma operação e concentrar-se no fornecimento de apenas um ou alguns serviços, a fim de implementar uma estratégia de posicionamento de especialização.

dimensão confiabilidade Avaliação Servqual de consistência e confiabilidade de uma empresa no desempenho do serviço.

dimensão empatia Avaliação Servqual da capacidade de uma empresa de se colocar no lugar dos clientes.

dimensão presteza Avaliação Servqual do compromisso de uma empresa em prestar os serviços no tempo correto.

dimensão segurança Refere-se à avaliação Servqual de competência, cortesia com os clientes e segurança das operações de uma empresa.

dimensão tangibilidade Avaliação Servqual da capacidade de uma empresa de gerenciar os elementos tangíveis.

direito dual Aumentos no preço provocados por aumentos nos custos são percebidos como justos, enquanto aumentos de preço impulsionados pela demanda são considerados injustos.

discriminação de preços Prática de cobrar preços diferentes para essencialmente o mesmo serviço de acordo com o cliente.

dispersão de controle Situação em que o controle sobre a natureza do serviço a ser prestado é retirado das mãos dos funcionários.

dissonância cognitiva Dúvida do consumidor sobre a decisão de compra correta.

divergência Medida dos graus de liberdade permitida ao pessoal de serviço na prestação de um serviço.

dominância-submissão Estado emocional que reflete o grau em que consumidores e funcionários se sentem no controle e capazes de agir livremente no ambiente de serviço.

E

economia de serviços Inclui "partes intangíveis" da economia e é composta por 9 setores.

economias de escala Baseiam-se na ideia de que quanto mais se produz, mais barato é para produzir... mais barato é para produzir, mais barato pode ser vendido... mais barato for vendido, mais vende... mais vende, mais pode ser produzido, e assim por diante.

efeito de defasagem Ocorre quando a demanda para o serviço é pouco frequente e, por isso, o sucesso da estratégia de comunicação pode demorar para ser notado.

efeito de halo Impressão favorável ou desfavorável baseada em estágios iniciais do encontro de serviço.

elasticidade cruzada de preços Medida da alteração na demanda de um serviço em função de uma alteração no preço de outro serviço.

emancipação Processo de empoderamento vinculado a um método de compensação baseado no desempenho.

empenho Desejo de um funcionário de realizar seu pleno potencial em um encontro de serviço.

empoderamento Dar poder discricionário ao pessoal da linha de frente para atender às necessidades dos consumidores de forma criativa.

entrevistas com grupo de discussão Discussões informais com 8 a 12 clientes que normalmente são guiadas por um moderador qualificado; usadas para identificar áreas de informações a serem coletadas em pesquisas subsequentes.

envolvimento com o trabalho Permite que os funcionários analisem o conteúdo dos cargos que ocupam na empresa e definam o papel que desempenham dentro dela.

envolvimento em sugestões Baixo nível de empoderamento que apenas permite que os funcionários recomendem sugestões de melhoria das operações da empresa.

escala de entidades do mercado Exibe uma gama de produtos ao longo de um contínuo baseado em sua tangibilidade, variando entre predominância tangível e predominância intangível.

escassez Ausência de um produto ou serviço em particular que o consumidor necessita.

esnobação do materialismo (materialimo *snobbery*) Crença de que, sem a indústria manufatureira, haverá menos serviços a serem feitos e, por conseguinte, mais pessoas disponíveis para fazer menos trabalho.

espaço/função Dimensões ambientais que incluem *layout* da instalação, equipamento e mobiliário da empresa.

estabilidade Atribuição da falha do serviço relativa à probabilidade de a falha se repetir.

estações Local em que uma atividade é realizada em um *blueprint* de serviço.

estimulação-não estimulação Estado emocional que reflete o grau em que consumidores e funcionários se sentem satisfeitos com a experiência de serviço.

estímulo Pensamento, ação ou motivação que incita uma pessoa a considerar uma compra.

estímulos Referem-se aos vários elementos das evidências físicas da empresa.

estratégia de comunicação Comunica a estratégia de posicionamento da empresa para os mercados-alvo, incluindo consumidores, funcionários, acionistas e fornecedores, com o intuito de alcançar os objetivos organizacionais.

estratégia de indiferença Estratégia de recuperação em que a empresa propositadamente decide não responder às reclamações dos clientes.

estratégia de penetração Estratégia de posicionamento que aumenta a complexidade adicionando mais serviços e/ou melhorando os serviços atuais para captar mais mercados.

estratégia de posicionamento Refere-se à visão que os consumidores têm da empresa em relação aos concorrentes. O foco dessa estratégia está na vantagem diferencial da empresa.

estratégia de posicionamento de especialização Estratégia de posicionamento que reduz a complexidade pela eliminação de diferentes serviços oferecidos.

estratégia de posicionamento de nicho Estratégia de posicionamento que aumenta a divergência de uma operação para personalizar a experiência de serviço para cada cliente.

estratégia de posicionamento orientado para volume Estratégia de posicionamento que reduz a divergência para criar uniformidade do produto e reduzir os custos.

estratégias compensatórias Conjunto de estratégias de recuperação que compensam os clientes a fim de contrabalançar os custos da falha no serviço.

estratégias de desculpas Conjunto de estratégias de recuperação verbais que envolvem pedidos de desculpas de prestadores da linha de frente e/ou gerência de nível superior.

estratégias de reembolso Conjunto de estratégias de recuperação que proporcionam ao cliente um reembolso ou crédito da loja.

estratégias de restauração Conjunto de estratégias de recuperação oferecido para compensar a situação de falha corrente, fornecendo uma oferta idêntica, correções na oferta original ou um substituto.

estrutura Hierarquia de subordinação formal, normalmente representada em um organograma.

ética Ramo da filosofia que trata do que é bom ou ruim e de deveres e obrigações morais; trata-se dos princípios de conduta moral que regem um indivíduo ou grupo.

ética nos negócios Princípios de conduta moral que guiam o comportamento no mundo dos negócios.

evidência física/elementos tangíveis Características físicas em torno de um serviço que ajudam os consumidores a avaliá-lo, como qualidade do mobiliário, apresentação do pessoal ou qualidade do papel usado para produzir os panfletos da empresa.

exame da capacidade de desempenho do consumidor Medir a extensão atual de entendimento pelo consumidor do roteiro que o sistema de serviço oferece.

expectativas confirmadas Expectativas do cliente que correspondem às suas percepções, resultando em satisfação.

expectativas derivadas Expectativas baseadas nas experiências de outras pessoas.

expectativas desconfirmadas Expectativas do cliente que não correspondem às suas percepções.

experiência passada Encontro de serviço prévio que um consumidor teve com um prestador.

F

fábrica focalizada Operação que se concentra em executar determinada tarefa em uma parte específica da fábrica; usada para promover a experiência e a eficácia por meio da repetição e da concentração em determinada tarefa.

facilitação do trabalho Refere-se à infraestrutura básica e à tecnologia necessárias para que os prestadores possam fornecer o serviço desejado.

falhas de serviço Problemas na entrega de serviços; serviço que não atende às expectativas dos clientes.

falhas no serviço principal Falhas na oferta do serviço principal da empresa, incluindo serviço indisponível, excessivamente lento e outras falhas do serviço principal.

falhas relacionadas a clientes problemáticos Falhas relativas ao mau comportamento do próprio cliente, incluindo embriaguez, abuso verbal e físico, violações de políticas da empresa e clientes não cooperativos.

falhas relativas a ações espontâneas/não solicitadas de funcionários Falhas relativas a nível de atenção, ações inusitadas de funcionários, violações de normas culturais, *Gestalt* e respostas a condições adversas.

falhas relativas a necessidades e pedidos dos clientes Falhas de serviço relativas às necessidades implícitas e explícitas dos clientes, incluindo necessidades especiais, preferências dos clientes, erros deles e outros fatores perturbadores.

fatores situacionais Circunstâncias que diminuem a qualidade do serviço, mas que estão além do controle do prestador de serviços.

filosofias pessoais de serviços Pontos de vista próprios de um cliente em relação ao significado do serviço e à maneira como os prestadores de serviços devem se comportar.

fontes pessoais de informações Fontes como amigos, familiares e outros formadores de opinião que os consumidores usam para coletar informações sobre um serviço.

força-tarefa interfuncional Grupo de resolução de problemas no qual indivíduos com diversos pontos de vista trabalham em conjunto e desenvolvem uma melhor compreensão da perspectiva dos outros.

formato de pergunta A forma como uma questão é formulada, ou seja, positiva ou negativamente.

funcionalismo Trata-se da crença de que a função de algo maior do que a experiência criada deve determinar o projeto.

funcionários parciais A abordagem de gerenciamento de operações para o desempenho do consumidor consiste em encará-lo como um funcionário (embora apenas parcialmente) e aplicar a ele a mesma lógica destinada a um funcionário.

funções de mediadores de fronteira Trata-se das funções exercidas pelo pessoal de contato que realiza um duplo papel de interação com os ambientes externo e interno da empresa.

funções de serviços subordinados Nas empresas de serviços, trata-se dos postos de trabalho em que as decisões do cliente são totalmente discricionárias, garçonetes, carregadores etc.

G

garantia de resultado específico Garantia que se aplica apenas a passos ou resultados específicos no processo de prestação de serviços.

garantia implícita Garantia não escrita que estabelece um entendimento tácito entre a empresa e os clientes.

garantia incondicional Garantia que promete completa satisfação ao cliente e, no mínimo, um reembolso total ou resolução completa do problema e sem custo.

gargalos Pontos do sistema nos quais os consumidores esperam o maior período de tempo.

gerenciamento de compatibilidade Gestão de um grupo diversificado de clientes com necessidades diferentes no mesmo cenário de serviço.

gerenciamento do relacionamento com o cliente (*customer relationship management* – **CRM**) Processo de identificação, atração, diferenciação e retenção de clientes no qual as empresas concentram os esforços de forma desproporcional em clientes mais lucrativos.

gestão de perda de clientes Processo sistemático que tenta ativamente manter os clientes antes que abandonem a empresa.

gestão do consumidor Estratégia que o pessoal de serviço pode implementar para minimizar o impacto de "outros clientes" em experiências de serviço de cada cliente individual (por exemplo, separar fumantes de não fumantes em um restaurante).

H

harmonia Concordância visual relacionada com ambientes de negócios mais silenciosos, luxuosos e formais.

heterogeneidade Característica que reflete a variação na consistência de transações de serviços entre si.

I

imperativo de serviços Reflete a visão de que os aspectos intangíveis dos produtos estão se tornando cada vez mais os principais atributos que os diferenciam no mercado.

incentivo comercial Evento ou motivação que proporciona um estímulo para o consumidor; é esforço promocional da empresa.

incentivo físico Uma motivação física, como sede, fome ou outro impulso biológico, que proporciona um estímulo para o consumidor.

incentivo social Evento ou motivação que fornece um estímulo para o consumidor obtido a partir do grupo a que pertence ou de outras pessoas importantes para ele.

incidente crítico Interação específica entre um cliente e um prestador de serviços.

inseparabilidade Característica que reflete as interligações entre o prestador de serviços, o cliente que recebe o serviço e outros clientes que partilham a experiência de serviço.

instalações no campo Outra designação para localizações múltiplas.

intangibilidade Característica que impossibilita que os serviços sejam tocados ou sentidos, como é o caso dos bens físicos.

intensidade Indica se as cores são brilhantes ou opacas.

intensificadores de serviço duradouros Fatores pessoais estáveis que aumentam a sensibilidade de um cliente sobre como um serviço deve ser fornecido.

intensificadores de serviço transitórios Fatores pessoais de curto prazo que aumentam a sensibilidade de um cliente ao serviço.

itens sinalizadores Itens comprados com frequência pelos clientes que conhecem bem os preços típicos desses produtos.

J

justiça distributiva Componente da justiça percebida que se refere aos resultados (por exemplo, compensação) associados ao processo de recuperação do serviço.

justiça interacional Componente da justiça percebida que se refere ao conteúdo humano (por exemplo, empatia, simpatia) demonstrado pelo pessoal de serviço durante o processo de recuperação do serviço.

justiça percebida Processo no qual clientes pesam os benefícios e custos ao formarem avaliações de recuperação.

justiça processual Componente da justiça percebida que se refere ao processo (por exemplo, tempo) que o cliente empreende durante a recuperação do serviço.

L

lacuna de comunicações Diferença entre a qualidade real do serviço prestado e a qualidade do serviço comunicado pela empresa.

lacuna de conhecimento Diferença entre o que os consumidores esperam de um serviço e o que a gerência percebe que eles esperam.

lacuna de entrega Diferença entre os padrões de qualidade estabelecidos para a prestação de serviços e a qualidade real da prestação.

lacuna de padrões Diferença entre o que a gerência percebe que os consumidores esperam e os padrões de qualidade estabelecidos para a prestação de serviços.

lacuna de serviço Distância entre a expectativa de um cliente de um serviço e a percepção do serviço efetivamente entregue.

lealdade do cliente Reflete uma ligação emocional e comercial com a empresa prestadora de serviços.

limitação Prática de identificar e evitar tipos de local (bairro) ou pessoa não rentáveis.

localizações múltiplas Trata-se de uma forma de as empresas de serviços que produzem em massa combater a inseparabilidade. Esse processo envolve a existência de várias localizações cujos propósitos são limitar a distância de deslocamento dos consumidores e disponibilizar pessoal em cada localização diferente para atender ao mercado local.

lócus Refere-se à atribuição da falha do serviço relativa à possível origem da falha: o prestador, a empresa, o cliente ou forças externas.

lógica de marketing Refere-se ao raciocínio de que se devem fornecer opções de oferta de serviços capazes de atender às necessidades de cada cliente.

lógica de operações Raciocínio que enfatiza a contenção/redução de custos por meio da produção em massa.

lógica de predominância de serviços Ponto de vista filosófico de que o principal papel dos profissionais de marketing é oferecer serviços. Por isso, os produtos são simplesmente um meio de prestar um serviço ao cliente.

lógica de recursos humanos Raciocínio que enfatiza recrutamento de pessoal e desenvolvimento de treinamento para melhorar o desempenho do pessoal atual.

lógica de serviço Promove continuidade ao equilibrar as lógicas internas de marketing, operações e recursos humanos.

lógica interna Princípios implícitos e explícitos de departamentos individuais que impulsionam o desempenho organizacional.

lucro do ciclo de vida do cliente Lucro médio por venda multiplicado pela média do número de vezes que os clientes compram (descontado a presente).

M

marca de empregador Marca criada no mercado para a equipe, análoga àquela para o consumidor.

marketing de conquista Estratégia de marketing para constantemente buscar novos clientes, oferecendo descontos, reduções de preços e desenvolvendo promoções que incentivem novos negócios.

marketing de frequência Técnica de marketing que se esforça para fazer os clientes atuais comprarem com mais frequência do mesmo prestador.

marketing de relacionamento Técnica de marketing baseada no desenvolvimento de relacionamentos de longo prazo com os clientes.

matiz Cor real, como vermelho, azul, amarelo ou verde.

medidas diretas Medidas de satisfação geral obtidas diretamente dos clientes por meio de pesquisas de satisfação.

medidas indiretas Medidas de satisfação do cliente, incluindo registros de acompanhamento e monitoramento de vendas, lucros e reclamações.
mercado-alvo Segmento de mercado que se torna o foco dos esforços de marketing de uma empresa.
miopia de marketing de serviços Condição na qual empresas que produzem produtos tangíveis negligenciam os aspectos de serviços de seus produtos.
modelagem comportamental Categorizar os clientes para permitir aos prestadores processá-los mais facilmente e eliminar o estresse.
modelo de desconfirmação de expectativas De acordo com esse modelo, quando se comparam as expectativas e as percepções do cliente, este pode ter suas expectativas confirmadas ou desconfirmadas.
modelo de gestão com foco no mercado Novo modelo organizacional que se concentra nos componentes que facilitam o sistema de prestação de serviços da empresa.
modelo de gestão industrial Abordagem para a organização de uma empresa que se concentra nas receitas e nos custos de operação, e ignora os papéis que o pessoal desempenha na geração de satisfação do cliente e lucros sustentáveis.
modelo de mundo perfeito Modelo de organizações de J. D. Thompson que propõe que a eficiência "perfeita" das operações só é possível se entradas, saídas e a qualidade ocorrem a uma taxa constante e se mantêm conhecidas e definidas.
modelo de zero defeito Modelo usado na fabricação que se esforça para não haver defeitos nos bens produzidos.
modelo estímulo-organismo-resposta (EOR) Modelo desenvolvido por psicólogos ambientais para ajudar a explicar os efeitos do ambiente de serviço no comportamento do consumidor. Este modelo descreve estímulos ambientais, estados emocionais e respostas a esses estados e estímulos.
modelo molecular Modelo conceitual da relação entre os componentes tangíveis e intangíveis das operações de uma empresa.
modelo *servuction* Modelo utilizado para ilustrar os quatro fatores que influenciam a experiência de serviços, incluindo fatores visíveis e invisíveis ao cliente.
moderadores de resposta interna Referem-se aos três estados emocionais básicos do modelo EOR que medeiam a reação entre o *servicescape* percebido e as respostas de clientes e funcionários em relação ao ambiente de serviço.
momento da questão O período de tempo após a data de compra em que as perguntas são feitas.
"mudança de orientação" Elemento da iniciativa de mudança da cultura que ensina "famílias" do quadro de funcionários a reforçar o trabalho mutuamente.
"mude a forma como trabalhamos" Elemento da iniciativa de mudança da cultura que ensina a equipe a esquematizar as próprias atividades e fazer uma reengenharia do processo para melhor atender os clientes.
"mude sua forma de trabalhar" Elemento da iniciativa de mudança da cultura que permite ao pessoal quebrar as regras no contexto de atender os clientes.

N

necessidades pessoais Necessidades físicas, sociais e psicológicas de um cliente.
níveis de gestão Referem-se à complexidade da hierarquia organizacional e ao número de níveis entre a alta gerência e os clientes.
normas de roteiros Roteiros propostos e desenvolvidos a partir do agrupamento de eventos citados por funcionários e clientes. Em seguida, esses eventos são ordenados conforme a sequência de ocorrência.
nuances Tons mais claros.
núcleo técnico Lugar dentro de uma organização onde as principais operações são realizadas.

O

organismo Refere-se aos receptores do conjunto de estímulos no encontro de serviço; inclui funcionários e clientes.
organização e sistemas invisíveis Parte de uma empresa que concebe normas, regulamentos e processos que orientam a organização.
orientação de pesquisa Atitude da empresa para a realização de pesquisas com o consumidor.
outros clientes Clientes que compartilham a experiência de serviço do cliente principal.
outros tangíveis Itens que fazem parte das evidências físicas da empresa, como cartões de visita, material de escritório, faturas, relatórios, aparência dos funcionários, uniformes e folhetos.

P

pacote misto Técnica de preço de pacote que permite aos consumidores comprar os serviços A e B em um pacote ou cada serviço separadamente.

padronização Seu objetivo é produzir um produto consistente entre diferentes transações de serviço.

paradoxo da recuperação do serviço Situação na qual os clientes avaliam melhor o desempenho se ocorrer uma falha e o pessoal de contato recuperá-la com êxito do que se o serviço tiver sido entregue corretamente na primeira vez.

participação do cliente Nessa estratégia para aumentar a oferta de serviço, o cliente realiza parte do trabalho. Por exemplo, em um restaurante que oferece um bufê de saladas ou sobremesas no qual o próprio cliente se serve.

percurso visual Materiais impressos por meio dos quais a imagem profissional da empresa pode ser transmitida de forma consistente: folhetos, papel timbrado, envelopes e cartões de visita.

perecibilidade Característica distintiva que determina que serviços não podem ser guardados, armazenados nem estocados.

personalização Tirar proveito da variação inerente a cada encontro de serviço por meio do desenvolvimento de serviços que atendam às necessidades específicas de cada cliente.

perspectiva de controle percebido Modelo no qual os consumidores avaliam os serviços pela quantidade de controle que têm sobre a situação percebida.

perspectiva de roteiro Segundo esta perspectiva, as regras, principalmente as determinadas por variáveis sociais e culturais, existem para facilitar a interação em eventos cotidianos repetitivos, incluindo uma variedade de experiências de serviço.

pesquisa com clientes Pesquisa que analisa a perspectiva do cliente de pontos fortes e fracos de uma empresa.

pesquisa com não clientes Pesquisa que examina como os concorrentes executam o serviço e como os funcionários veem os pontos fortes e fracos da empresa.

pesquisas com funcionários Medidas internas de qualidade de serviço relativas à motivação, atitudes e obstáculos percebidos pelos funcionários para a prestação de serviços de qualidade.

pesquisas de pós-venda Tipo de pesquisa que aborda a satisfação do cliente enquanto o encontro de serviço ainda está presente na sua mente.

pesquisas de qualidade de serviços do mercado total Pesquisas que medem a qualidade de serviço da própria empresa e a dos concorrentes.

pessoal de contato Trata-se de outros funcionários, além dos principais prestadores de serviços, que interagem mesmo que de forma breve com o cliente.

pessoal de serviço tipo 1 Pessoal de serviço necessário para lidar com os clientes de forma rápida e eficaz em situações "únicas", em que um grande número de clientes está presente.

pessoal de serviço tipo 2 Pessoal de serviço que lida com numerosos clientes e, com frequência, repetidas vezes, em interações restritas de duração relativamente mais longa.

pessoal de serviço tipo 3 Pessoal de serviço que precisa ter habilidades de comunicação mais desenvolvidas por causa de interações mais longas e complexas com os clientes.

pessoal de serviços externos Funcionários que prestam serviços fora das instalações físicas da empresa.

planta dentro da planta (*plant-within-a-plant* – PWP) Estratégia de dividir grandes fábricas não concentradas em unidades menores separadas entre si, de modo que cada uma possa ser focalizada separadamente.

pontos de falhas Referem-se aos pontos do sistema em que o potencial de mau funcionamento é elevado e nos quais uma falha seria visível para o cliente e considerada significativa.

prazer-desprazer Estado emocional que reflete o grau em que consumidores e funcionários se sentem satisfeitos com a experiência de serviço.

precificação criativa Estratégias de precificação frequentemente utilizadas por empresas de serviços para ajudar a nivelar as flutuações da demanda, como preços especiais para "matinê" ou "antecipação de compra", a fim de transferir a demanda de pico para períodos com menor demanda.

preço baseado em satisfação Estratégia de preços projetada para reduzir o risco associado a uma compra.

preço baseado nos benefícios Estratégia de preços que cobra dos clientes os serviços efetivamente utilizados, em oposição a taxas de "adesão" que contemplam diversos serviços incluídos.

preço de eficiência Estratégias de preço que apelam para consumidores economicamente conscientes ao entregarem o melhor serviço e com o melhor custo possível pelo preço estipulado.

preço de linha de produtos Prática de precificar as diferentes versões do mesmo produto ou agrupar produtos semelhantes.

preço de pacote Prática de comercialização de dois ou mais produtos e/ou serviços em um pacote a um preço único.

preço de relacionamento Estratégias de preço que incentivam o cliente a expandir suas relações com o fornecedor de serviços.

preço de reserva Preço que um consumidor considera para obter o valor que ele atribui aos benefícios.

predominância intangível Serviços que não têm propriedades físicas que possam ser detectadas pelos consumidores antes da decisão de compra.

predominância tangível Refere-se a produtos com propriedades físicas. Nesse caso, o consumidor pode ver, sentir o cheiro ou o sabor do produto antes de comprá-lo.

prestadores de serviços Principais provedores do elemento central de um serviço, como garçons ou garçonetes, dentistas, médicos ou professores universitários.

processo de consumo Refere-se às atividades de compra, uso e descarte de um produto.

processo de decisão do consumidor Processo em três etapas que os consumidores usam para tomar decisões de compra; inclui os estágios de pré-compra, consumo e avaliação pós-compra.

processos mecanicistas Processos desenvolvidos passo a passo para facilitar a análise de falhas e os esforços de recuperação do serviço da empresa.

processos orgânicos Conjunto informal de valores e crenças que compõem a cultura de recuperação do serviço da empresa.

produto Bem ou serviço.

promessa exagerada Promessa da empresa além do que pode cumprir.

promessas de serviço implícitas Trata-se das obrigações assumidas pela empresa com base nos elementos tangíveis que cercam o serviço e seu preço.

promessas de serviços explícitas Trata-se das obrigações assumidas pela empresa na propaganda veiculada, na venda pessoal, nos contratos e em outras formas de comunicação.

psicologia ambiental Refere-se ao uso de evidências físicas para criar ambientes de serviço e à influência destes sobre percepções e comportamentos dos indivíduos.

Q

qualidade de serviço Atitude formada por uma avaliação global do desempenho de uma empresa no longo prazo.

R

racionamento Alocações diretas de entradas e saídas quando as demandas introduzidas no sistema pelo ambiente excedem a capacidade do sistema.

reclamações instrumentais Reclamações expressas com a finalidade de alterar um estado indesejável da situação.

reclamações não instrumentais Reclamações expressas sem expectativa de que um estado indesejável seja alterado.

reclamações ostensivas Reclamações dirigidas a alguém ou algo fora do âmbito do reclamante.

reclamações reflexivas Reclamações dirigidas a algum aspecto interno do reclamante.

reconhecimento do problema Segunda fase do estágio de pré-compra, na qual o consumidor determina se existe uma necessidade para o produto.

recuperação de serviço Reação da empresa a uma reclamação que resulta em satisfação do cliente.

relações organizacionais Relações formadas entre prestadores de serviços e vários parceiros, como clientes, fornecedores, colegas, subordinados, supervisores e outros.

respostas (resultados) Reação ou comportamento dos consumidores em resposta a estímulos.

respostas emocionais Sentimentos que resultam do *servicescape*.

respostas fisiológicas Respostas ao ambiente físico da empresa com base em dor ou conforto.

retaliação Resultado da reclamação no qual o cliente toma medidas deliberadamente concebidas para danificar a operação física ou prejudicar negócios futuros.

retenção de clientes Concentrar os esforços de marketing da empresa sobre a base existente de clientes.

risco de desempenho Possibilidade de que o item ou serviço adquirido não desempenhará a tarefa para a qual foi comprado.

risco financeiro Possibilidade de uma perda financeira se a compra der errado ou não funcionar corretamente.

risco físico Possibilidade de que, se algo der errado, o comprador poderá se machucar fisicamente.

risco psicológico Possibilidade de que uma compra afetará a autoestima do indivíduo.

risco social Possibilidade de uma perda de *status* social associada a uma determinada compra.

roteamento Refere-se a direcionar chamadas de clientes para representantes de serviço ao cliente. Neste caso, os clientes mais rentáveis provavelmente receberão serviço mais rápido e melhor.

roteiro esperado Trata-se do roteiro que o consumidor leva para o cenário do serviço. Com base nesse roteiro, o cliente poderá avaliar os resultados da prestação de serviço e a experiência vivenciada com a empresa.

roteiros convergentes Roteiros funcionário/consumidor mutuamente aceitáveis que aumentam a probabilidade de satisfação do cliente.

roteiros divergentes Roteiros funcionário/consumidor "incompatíveis" que apontam as áreas em que as expectativas dos consumidores não estão sendo atingidas.

S

sabotagem de serviço Atos intencionais e mal-intencionados por parte de prestadores de serviços cujo objetivo é arruinar o serviço.

saída Resultado da reclamação no qual o cliente deixa de comprar na loja ou de utilizar o produto.

sentimento de impotência Refere-se à condição de funcionários que, por meio de repetida dispersão de controle, se sentem incapazes de realizar um serviço adequadamente.

servicescape Uso de evidências físicas para projetar ambientes de serviços.

servicescape **percebido** Um composto de imagens mentais das instalações físicas da empresa de serviços.

serviço adequado Nível de qualidade de serviço que um cliente está disposto a aceitar.

serviço contínuo Serviços que transcorrem sem interrupção, confusão ou aborrecimentos para o cliente.

serviço de suporte interdepartamental Apoio de outros departamentos da empresa a um prestador de serviços para que ele realize adequadamente o trabalho.

serviço desejado Nível de qualidade de serviço que o cliente realmente quer em um encontro de serviço.

serviço eletrônico Serviço disponível na internet que realiza tarefas, resolve problemas ou faz operações.

serviço previsto Nível de qualidade do serviço que um cliente acredita ser provável que ocorra.

serviços Ações, esforços ou desempenhos.

serviços remotos Serviços em que os funcionários estão fisicamente presentes, enquanto o envolvimento do cliente no processo de produção de serviço é independente.

serviços de cortesia Serviços prestados aos consumidores para minimizar o tempo de espera percebido, como salões de jogos eletrônicos em salas de cinema ou materiais de leitura em consultórios médicos.

serviços interpessoais Ambientes de serviços em que os clientes e prestadores têm que interagir.

Servqual Escala de 44 itens que mede expectativas e percepções do cliente sobre as cinco dimensões da qualidade de serviços.

significado simbólico Significado inferido do uso de evidências físicas pela empresa.

sinais, símbolos, artefatos Evidência física ambiental que inclui sinalização para direcionar o fluxo do processo de serviço, artefatos pessoais para personalizar a instalação e o estilo de decoração.

sistema de informação de qualidade de serviço Processo de pesquisa contínua que fornece dados relevantes periodicamente aos gestores que os utilizam na tomada de decisões.

sistema de reservas Estratégia para ajudar a nivelar a demanda na qual os consumidores fazem uma reserva dos serviços da empresa para um horário específico.

sistemas Sistemas de gestão de pessoas para controle, avaliação, promoção e reconhecimento.

sistemas de alto e baixo contatos Processos de produção de serviços dispostos ao longo de um espectro, de acordo com quanto o consumidor é parte do processo. Em um sistema de alto contato, o consumidor é parte integrante do processo; em um sistema de baixo contato, embora presente, o consumidor tem um papel menor a desempenhar.

SMART Na definição dos objetivos, estes devem obedecer à sigla SMART, ou seja, devem ser e**S**pecíficos, **M**ensuráveis, **A**lcançáveis, **R**elevantes e com limite de **T**empo.

socialização Processo pelo qual um indivíduo se adapta a valores, normas e padrões de comportamento exigidos de uma organização.

socialização do consumidor Da perspectiva de gestão de RH, os funcionários têm de "embarcar" com sucesso na organização. Eles precisam ser treinados sobre o papel, os lugares, procedimentos e, o mais importante, "como fazemos as coisas por aqui". Trata-se do processo de socialização.

socialização do funcionário Processo pelo qual um indivíduo se adapta a valores, normas e padrões de comportamento exigidos por uma organização e passa a adotá-los.

sombras Tons mais escuros.

suavização Gerenciar o ambiente para reduzir flutuações de oferta e/ou demanda.

substitutos Quando o efeito da elasticidade cruzada de preços é positivo (um aumento no preço do serviço A aumenta a demanda pelo serviço B), os serviços são considerados substitutos.

superioridade do serviço percebido Medida da qualidade de serviços calculada pela comparação das expectativas de serviço desejado com as percepções do serviço que foi efetivamente prestado.

suporte insuficiente Falha de gestão ao não dar aos funcionários treinamento pessoal e/ou recursos tecnológicos e de outra natureza necessários para que realizem as tarefas da melhor forma possível.

sustentabilidade Capacidade de atender às necessidades atuais sem prejudicar a de atender às gerações futuras em termos econômicos, ambientais e sociais.

T

tamanho/forma/cores Os três estímulos visuais primários que apelam para os consumidores em um nível básico.

targeting Oferecer ofertas e incentivos especiais aos clientes mais rentáveis da empresa.

tarifas fixas Estratégia de preços em que o cliente paga um preço fixo e o prestador assume o risco de aumentos de preços e excesso de custos.

tecnologias de autoatendimento Serviços baseados em tecnologia que possibilitam aos clientes realizar tarefas por si mesmos.

tecnologias imateriais (*soft*) Regras, regulamentos e procedimentos que facilitam a produção de um produto padronizado.

tecnologias materiais (*hard*) Equipamento que facilita a produção de um produto padronizado.

tempo de atividade Tempo necessário para realizar uma atividade em uma estação.

tempo de processo Calculado dividindo-se o tempo de atividade pelo número de locais em que ela é realizada.

teoria de desconfirmação de expectativa De acordo com esta teoria, os consumidores avaliam os serviços comparando expectativas com percepções.

terceirização Estratégia de oferta em que uma empresa de serviços utiliza um fornecedor externo para atender aos clientes e, assim, economizar em custos, pessoal etc.

texto Conteúdo da mensagem de comunicação da empresa.

transferências interfuncionais Mudar, por meio de promoção ou transferência, um funcionário de um departamento organizacional para outro a fim de fomentar redes informais entre os departamentos.

treinamento interpessoal Treinamento focado em ensinar prestadores de serviços a lidar com os clientes.

treinamento técnico Treinamento focado em ensinar aos prestadores de serviços a função operacional na prestação do serviço.

V

valor de imagem Valor atribuído pelo cliente à imagem do serviço ou de um prestador de serviços.

valor do ciclo de vida do cliente Valor monetário médio por venda multiplicado pela média do número de vezes que os clientes compram (descontado em valor presente).

valor do pessoal Valor atribuído pelo cliente ao pessoal que presta o serviço.

valor do produto Valor atribuído pelo cliente ao produto.

valor do serviço Valor atribuído pelo cliente ao serviço.

valor tonal Refere-se à tonalidade das cores: claras ou escuras.

viés de desejabilidade social Viés nos resultados de pesquisas decorrente de tendências dos entrevistados de fornecer informações que acreditam ser socialmente adequadas.

viés de resposta Viés nos resultados de pesquisas em função de as respostas terem sido obtidas apenas de um grupo limitado do total de participantes da pesquisa.

vigilância ética Ato de verificar cuidadosamente se suas ações são "certas" ou "erradas", e se forem eticamente "erradas", perguntar-se por que você está se comportando de tal maneira.

volume máximo por hora Número de pessoas que podem ser processadas em cada estação em uma hora.

voz Resultado da reclamação no qual o consumidor verbalmente comunica a insatisfação com a loja ou o produto.

Z

zero perda Modelo usado por prestadores de serviços que se esforça para não perder clientes para os concorrentes.

zona de tolerância Nível de qualidade que vai de alto a baixo e reflete a diferença entre o serviço desejado e o adequado; pode variar entre clientes e para o mesmo cliente, dependendo do serviço e das condições sob as quais ele é fornecido.

ÍNDICE REMISSIVO

A

Abordagem combinada, 311
Abordagem compensatória linear, 94
Abordagem de linha de produção, 129
Abordagem lexicográfica, 96
Abordagem muito insatisfeito/muito satisfeito, 310-311
Abordagens
　combinadas, 311
　compensatória linear, 94
　comportamentos, 217
　escala de 100 pontos, 310
　lexicográfica, 94
　linha de produção, 129
　muito insatisfeito/muito satisfeito, 310-311
　venda pessoal, 193
Ações dos funcionários, espontâneas e não solicitadas, 375
Ações espontâneas/não solicitadas de funcionários, 375
Ações não solicitadas de funcionários, espontâneas e, 375
Adequação do serviço, percebido, 323
Aftermarketing, 407-408
Ajuste funcionário-cargo, 340
Alternativas, avaliação de, 94-95
Alternativas do serviço, percebidas, 326
Alto nível de comprometimento, 260
Amazon.com, 89
Ambiente holístico, 223
Ambiguidade, função, 341, 381
Amortecimento, 125
Amortecimento de núcleo técnico, 277
Analogia, teatral, 280-282
Analogia teatral, 280-282
Antecipação, 126
Apelos
　auditivos, 232-234
　gustativos, 234
　olfativos, 234
　táteis, 234
　visuais, 227-233
Apelos à ordem, 227-232
Apelos sonoros, 232-234
Apoio inadequado, 340
Área externa, 212
Área interna, 212
Armazenamento, 40
Artefatos, 222
Ativação-não ativação, 217
Atividades financeiras, 34-36
Atribuições, 280
Atribuições de clientes para falhas no serviço *on-line*, 377
Atribuições para falhas no serviço *on-line*, cliente, 377
Atributos
　de credibilidade, 99
　de experiência, 98
　de pesquisa, 99
Atributos de credibilidade, 99
Auditorias de serviço
　componente lealdade do funcionário, 440
　componente liderança da empresa, 442-443
　componente lucro e crescimento, 438
　componente produtividade dos funcionários, 440
　componente qualidade de serviços internos, 441
　componente satisfação do cliente, 439
　componentes de medição dos relacionamentos, 443
　componentes satisfação do funcionário, 440-442
　componente valor externo de serviços, 439-440
　condução, 436-443
Autopercepção da função no serviço, 326
Autosseleção, 287
Autosserviço é alternativa viável, 102
Autosserviços, 221
Avaliação
　de alternativas, 94-95
　lapso de tempo entre o desempenho e a, 46
　sistemática, 94
Avaliação não sistemática, 94
Avaliação sistêmica, 94
Avaliações
　entendendo a satisfação do cliente, 311-317
　fatores que influenciam a satisfação do cliente, 313-316

B

Babich, Pete, 317, 319
Baldrige, Malcolm, 331
Banking, ecológico aumenta lealdade em, 408
Barnett, Bob, 332
Benchmarking, 317
Benchmarking a satisfação do cliente no mundo, 312
Benefício, conceito de, 8
Bens, definição, 5
Bens e serviços, diferenças fundamentais entre, 57-86
　estrutura deste livro, 81-83
　heterogeneidade, 71-73
　inseparabilidade, 66-71
　intangibilidade, 59-66
　perecibilidade, 74-81
　viagens aéreas *on-line*, 85
Berkshire Hathaway, empresa de investimento, 177-178
Bezos, Jeff, 89

Bilateral, *blueprint*, 139
Blueprint, arte de, 133-142
   construção de *blueprints* de serviço, 139-142
   de marketing ou operações, 138-139
   exemplo de *blueprint* simples, 134-135
   perspectiva do gerente de marketing de serviços, 137-138
   perspectiva do gerente de operações de serviços, 135-137
   utilizando *blueprints* de serviços para identificar o processo *servuction*, 138
Blueprint, definição, 134
Blueprint e desenvolvimento de novos produtos, 142-145
Blueprints, unilateral e bilateral, 139
Blueprint unilateral, 139
Bowen, David E., 422
Branson, Richard, 89
Brown, Derby, 177
Buffet, Warren, 177-178
Build-A-Bear Workshops (Caso 5), 147-149
Bureau of Labor Statistics (BLS), 333

C

Cadeia serviços-lucros, 243
Caixa de autosserviço, 99
Caixas de autosserviço, 99
Cama celestial, 57-58
Capacidade flexível, criando, 130-132
Caribe, *servicescape* no, 232
Carlin, George, 210
Casos
   1 – O primeiro encontro de serviço das gêmeas, 23-30
   2 – Sears Auto Centers: o dilema, 55-56
   3 – Passagens aéreas *on-line*: Expedia, Orbitz e Travelocity na liderança, 85
   4 – As escolhas de Mariano Ferreyra, 110-113
   5 – Build-a-Bear Workshops: como calcular o custo do serviço por urso, 147-149
   6 – MDVIP; torne-se uma prioridade, não apenas um paciente, 175-176
   7 – Escoteiros da Austrália: uma história de orgulho e um caminho a percorrer, 205-209
   8 – O serviço faz parte do CRAIC, 237-239
   9 – Economias de custos de recrutamento na indústria de jogos, 270-272
   10 – Você decide quanto valem as refeições, dizem os restaurantes aos clientes, 299-300
   11 – Crestwood Inn, 329-330
   12 – Qualidade de serviço no Hotel Libertador, 358-359
   13 – Parte I: Isso é jeito de operar uma companhia aérea, 387-391
   13 – Parte II: Resposta da World Airline, 387-391
   14 – O enigma do Mandalay Bay, 419-421
   15 – Para avaliar a cultura de sua faculdade, faça uma caminhada cultural, 449-450
Categorização, 224
Charity.com, 37
Ciclo de vida do produto (CVP), 181
Círculo de RH de serviços, 250
Círculo de RH de serviços, a, 250
Círculos de qualidade, 260
Cliente em primeiro lugar, colocando o, 446
Cliente e prestador, relação de trabalho entre, 196
Clientes
   conflitos entre, 247
   conflitos entre organização e, 246
Clientes. *Ver também* Valor do ciclo de vida do cliente
   apáticos, 223
   econômicos, 223
   estratégias para lidar com conflitos e implicações para os, 247
   éticos, 223
   manutenção de, 404-406
   outros, 11, 68
   personalizados, 223
   por que não reclamam, 369-370
   por que reclamam, 369
   problemáticos, 376
   Singapore Airlines enfrenta revolta de, 414
   vários, 11
Clientes apáticos, 223
Clientes econômicos, 223
Clientes éticos, 223
Clientes personalizados, 223
Clientes problemáticos, 376
Clima do serviço, 251
Clima, fornecendo serviço com o certo, 249-264
   controlar, recompensar e avaliar prestadores de serviços, 257-264
   criando clima para o serviço, 250-257
Clima para o serviço, criando, 250-257
Codificação, 265
Código
   de ética, 51
   de responsabilidade, 32
Código de responsabilidade, 32
Colocar o cliente em primeiro lugar, 446
Comércio atacadista e varejista, 41
Companhia aérea, operação de uma, 387-390
Compartilhamento, 267
Compartilhamento de capacidade, 79
Competitividade, operacional, 118-123
Competitividade operacional, estágios da, 118-123
   artesanal, 119
   competências diferenciadoras alcançadas, 120
   disponível para o serviço, 119
   prestação de serviços de nível internacional, 120-122
Complexidade, 142
Comportamento de dar gorjeta do consumidor, 106
Comportamento de reclamação, psicologia do cliente, 364-371
Comportamento do consumidor de serviços, 87, 94
   considerações especiais relativas a serviços, 98-104
   escolhas de Mariano Ferreyra, 110-113
   processo de decisão do consumidor, 90-97
Comportamentos
   de afastamento, 217
   de aproximação, 217
   de consumidor de serviços, 87-113
   de dar gorjeta, 106
   individuais, 225
   psicologia da reclamação do cliente, 364-371
Comportamentos de afastamento, 217
Comportamentos individuais, 225
Compra antecipada, 167
Comunicação, 50-51
Comunicação ascendente, 337
Comunicação horizontal, 342
Comunicação para cima, 337
Comunicações
   boca a boca, 325
   diretrizes para o desenvolvimento em serviços, 191-198
   erro de alvo, 190
   integradas de marketing, 179
   lacuna de, 336, 342
   mix de, 178
   orçamento, 183
   pessoais, 195
Comunicações boca a boca, 325
Comunicações com erro de alvo, 190
Comunicações integradas de marketing, 179
Comunicações pessoais via mídia social, crescimento das, 195
Concentração da riqueza, 42

Condições ambientais, 222
Conduta, padrões de, 51-52
Conflito, 226
Conflito ético, questões que criam, 48-51
  comunicação, 51
  conflito de interesses, 49-51
  equidade, 50
  honestidade, 49
  relações organizacionais, 51
Conflito pessoa/função, 246
Conflitos
  de função, 341, 381
  de interesse, 49-51
  entre a organização e o cliente, 246
  entre clientes, 247
  éticos, 48-51
  pessoa/função, 246
Conflitos de travesseiros, guerras de cama e, 57-58
Conflitos vendas/operações, 191
Congruência de roteiro, 106
Conhecimento de serviço/produto, 52
Conhecimento do produto. *Ver* Conhecimento de serviço/produto
Conjunto conhecido, 93
Conjunto de consideração, 93
Conjunto evocado, 93
Consciência, satisfação com a social, 320
Consciência social, satisfação com, 320
Considerações da concorrência, 165
Considerações éticas, e setores, 31-56
  considerações éticas para profissionais de marketing de serviços, 43
  controlando a tomada de decisão ética, 51-52
  definição de ética, 43-45
  economia de serviços, 33-43
  efeitos de desvio de conduta ética, 51
  má conduta ética no marketing de serviços, 45-49
  questões que criam conflito ético, 48-51
  Sears Auto Centers, 55-56
Considerações éticas para profissionais de marketing de serviços, 43
Considerações internacionais para culturas de serviços, 436
Considerações legais, 168
Consumidor
  comportamento de dar gorjeta, 106
  expectativas de serviço variam entre as culturas, 293
  experiente, 276
  inseparabilidade e papel do marketing e operações, 292-296
  processo de decisão do, 90-97
  satisfação e desempenho do consumidor, 280-281

socialização, 288
Consumidores como parte do processo de produção, especialista e iniciante, 276
Consumidores de serviço, gerenciando, 274-299
Consumidores de serviços, gerenciando, 274-299
  analogia teatral, 280-282
  consumidores especialistas e iniciantes como parte do processo de produção, 276
  decidindo quanto valem as refeições, 299-300
  desempenho do consumidor e eficiência operacional, 277
  desempenho do consumidor e tecnologia da informação (TI), 278-280
  gerenciando percepções de serviços do consumidor, 288-292
  gerenciando roteiros de desempenho do consumidor, 282-288
  inseparabilidade do consumidor e papel do marketing e operações, 292-296
  satisfação do consumidor e desempenho do consumidor, 280-281
Consumidores experientes, aumento da quota de, 283-288
Consumidores iniciantes como parte do processo de produção, especialistas e, 276
Consumidores, participação na produção, 48
Consumidores que reciclam, dez maiores motivadores, 92
Consumidor misterioso, 353
Consumo, 89
  considerações de estágios, 103-104
  estágio-escolha, 95
  processo, 95
Contato pessoal, 11
Contexto, questão, 316
Continental Airlines, 65
Contraste, 227
Controle, 378
  corretivo, 53
  dispersão de, 341
  e previsibilidade, 282
Controle corretivo, 53
Cores, 227
Coutts, David, 299-300
Coutts, Margaret, 299-300
Crenças, 224
Crestwood Inn (Caso 11), 329-330
Criação da demanda para períodos de menor atividade, 79
Cultura
  criando serviços de nível internacional, 422-450
  desenvolvendo o cérebro, 429

mudando diretamente, 446-447
mudando por meio da estrutura, 443-445
mudando por meio das pessoas, 446
mudando por meio dos sistemas, 444-446
Cultura, avaliando a da faculdade (Caso 15), 449-450
Cultura da faculdade, avaliação (Caso 15), 449-450
Cultura, desenvolvendo para serviços, 435-443
  a realização de auditoria de serviço, 438
  cultura atual da empresa prestadora de serviços, 435-438
  técnicas de observação e questionamento indireto, 435-437
Cultura, desenvolvimento de zero perdas, 411-417
Culturas
  considerações para serviços internacionais, 436
  da empresa de serviços, 437-438
  de empresas de serviços, 435-437
  expectativas de serviço ao consumidor variam entre, 293
Culturas de empresas de serviços, atual recuperação de serviço, 372-374
  Zappos, valores fundamentais que guiam o serviço da, 426
Culturas de serviço
  considerações internacionais para, 436
  valores fundamentais da Zappos que impulsionam sua, 426
Culturas de serviço, criando de nível internacional, 422-450
  avaliando a cultura da faculdade, 449-450
  departamentalização e funcionalismo, 424-435
  desenvolvendo uma cultura de serviço, 435-443
  estratégias que facilitam a mudança cultural, 443-447
  obstáculos ao serviço de nível internacional, 424-435
Culturas de serviço, desenvolvendo, 435-443
  conduzindo uma auditoria de serviço, 438
  cultura atual da empresa de serviços, 435-438
  técnicas de observação e questionamento indireto, 435-437
Cultura zero perdas, desenvolvendo a, 411-417
Custeio baseado em atividade (*activity-based costing* – ABC), 64

Custo de aquisição de clientes, 404
Custo de aquisição, do cliente, 404
Custo por refeição, serviço, 135
Custo por urso, calculando o serviço, 147-149
Custos
  considerações, 155-165
  de aquisição de clientes, 404
  de esforço, 153
  de mudança, 100
  de se tornar ecológico, 155
  de tempo, 153
  fixo, 157
  lucros obtidos pela redução de custos operacionais, 403
  monetário, 153
  psicológico, 153
  variável, 157
Custos de esforço, 153
Custos de mudança, 100
Custos do serviço
  cálculo por urso, 147-149
  por refeição, 135
Custos fixos, 157
Custos monetários, 153
Custos operacionais, lucros com a redução de, 403

D

Declaração de missão ambiental da Starbucks, 185
Declaração de missão ambiental da Starbucks, 102, 185
Degustação, apelos de, 235
Demanda inelástica, 159
Departamentalização, definição, 425
Departamentalização e funcionalismo, 424-435
  compreendendo lógicas internas, 426-430
  consequências do modelo de gestão industrial, 432
  filosofias de negócios, 431
  modelo de gestão com foco no mercado, 432-435
  modelo de gestão industrial, 431-432
  modelo industrial *versus* modelo de gestão com foco no mercado, 431
  superação de mentalidade de silo, 425-430
Departamento de emergência, 24
Desacoplamento, 128
Desconfirmação
  negativa, 305
  positiva, 305
Desconfirmação negativa, 305
Desconfirmação positiva, 305
Desejo não satisfeito, 94
Desempenho
  do consumidor, 276-280

do funcionário, 52
e avaliação, 46
especialistas, 276
iniciantes, 276
risco, 98
variabilidade aceita no, 46
Desempenho de consumidor experiente, 276
Desempenho de iniciante, 276
Desempenho do consumidor, 276
Desempenho do consumidor, a satisfação do consumidor e, 280-281
Desempenho do consumidor e eficiência operacional, 277
Desempenho do consumidor e tecnologia da informação (TI), 278-280
Desempenho do funcionário, monitorando o, 52
Desenvolvimento de demanda em horários de menor atividade, 79
Desenvolvimento de novos produtos, *blueprint* e, 142-145
Desertores
  do mercado, 415
  organizacionais, 415
  por preço, 413
  por produto, 414
  por serviço, 414-415
  tecnológicos, 415
Desverticalização, 143
DHL GlobalMail, encomendas internacionais facilitadas, 122
Dimensão confiabilidade, 344-345
Dimensão empatia, 347
Dimensão presteza, 345
Dimensões
  capacidade de resposta, 345
  confiabilidade, 344-345
  empatia, 347
  segurança, 345-347
  tangibilidade, 343-344
Dinner in the Sky, 210
Direito dual, 168
Discriminação de preço, 161
Dispersão de controle, 341
Dissonância cognitiva, 96
Divergência, 142
Dominância-submissão, 218
Dubai, Esqui, 69

E

E-business, definição, 17
Ecológica, cultura, desenvolvendo, 429
Ecológico
  aumentando a fidelidade no setor bancário, 408
  custo de ser, 155
  origens e crescimento, 20
  reforçando a percepção de qualidade de serviço, 339

serviço, 19-21
Ecológico, Programa de Hospedagem da Flórida, 261
Economia
  agropecuária, 14
  de serviço global, 14
  industrial, 14
Economia agrícola, 14
Economia de serviço global, crescimento da, 14
Economia de serviços, 33-43
  atividades financeiras, 34-36
  comércio atacadista e varejista, 41
  de serviços profissionais e empresariais, 38-40
  global, 14
  governo, 37-38
  lazer e hospitalidade, 38
  preocupações do setor de serviços, 42-43
  presunção de materialismo, 42
  serviços de educação e saúde, 34
  serviços diversos, 41-42
  serviços profissionais e corporativos, 38-40
  setor de informações, 38
  transporte e armazenagem, e serviços públicos, 40
Economia industrial, 14
Economias de custos na indústria de jogos, recrutamento (Caso 9), 270-273
Economias de escala, 158
Efeito de defasagem, 189
Efeito de halo, 201
Eficiência das empresas de serviços, 124-126
Eficiência operacional, desempenho do consumidor e, 277
Elasticidade cruzada de preços, 159
Elkington, John, 45
Emancipação, 258
Empenho, 340
Empoderamento, 259
Empregadores, gerenciando serviços, 240-274
Empresas de serviços, aplicando modelos de eficiência para, 126-134
  mudando o período de demanda para se ajustar à capacidade, 132
  soluções de operações para empresas de serviços, 128-131
Empresas de serviços, cultura atual das, 435-438
Empresas de serviços, eficiência das, 124-126
  conceito de fábrica focalizada, 125
  conceito de planta dentro da planta (PWP), 125-126
  modelo de mundo perfeito de Thompson, 124-126
Empresas de serviços, soluções de

operações para, 128-131
aumentando da participação do cliente, 131
criando capacidade flexível, 130-132
isolando o núcleo técnico, 128
linha de produção em todo o sistema, 129
Encontro de serviço, o primeiro das gêmeas (Caso 1), 23-30
departamento de emergência, 24
maternidade, 24-27
quarto andar, 27
quarto do crescimento, 27-31
quarto do ninho, 29
sala de recuperação, 26
unidade de terapia intensiva (UTI) neonatal, 27
Entidades do mercado, escala de, 5-6
Entrevistas com grupo de discussão com clientes, 352
Entrevistas com grupo de discussão, de clientes, 352
Entrevistas com grupo de discussão do cliente, 352
Envolvimento
  alto, 260
  com o trabalho, 260
  sugestão de, 260
Envolvimento com o trabalho, 260
E-QUAL, sete dimensões da, 351
Equidade, 50
Equipe de serviços
  tipo 1, 187
  tipo 2, 187
  tipo 3, 187
Escala
  de entidades do mercado, 5-6
  de 100 pontos, abordagem, 310
  economias de, 158
  serviço faz parte do CRAIC (O), desenvolvendo (Caso 8), 237-239
  Servqual, de medição, 342-350
Escala de mensuração, Servqual, 342-350
Escassez, 92
Escolha, 95
Espaço/função, 222
Especialistas, aumentando a parcela de consumidores quem são, 283-288
Especialização, estratégia de posicionamento de, 143
Específicos, mensuráveis, alcançáveis, relevantes e com limite de tempo (SMART), 183
Estabilidade, 378
Estações, 135
Estímulo, 90-91
Estímulo-organismo-resposta (EOR), modelo, 217
Estímulos, 217

Estratégia de comunicação, 178
Estratégia de comunicação de serviços
  desafios associados com a estratégia de comunicação de serviços, 190-191
  desenvolvendo, 177-209
  desenvolvendo a estratégia de comunicação – Escoteiros da Austrália, 205-209
  desenvolvendo estratégias de comunicação para prestadores de serviços profissionais, 199-203
  diretrizes para o desenvolvimento de comunicações de serviços, 191-198
  gerenciando o processo de comunicação de serviços, 180-188
Estratégia de comunicação, monitorar, avaliar e controlar, 188
Estratégia de comunicações de serviços, desafios associados com a, 190-191
  comunicações com erro de alvo, 190
  conflitos de vendas/operações, 191
  gerenciamento de expectativas e percepções, 190
  propaganda para funcionários, 190-191
Estratégia de penetração, 144
Estratégia de posicionamento, 185
  de especialização, 143
  de nicho, 143
  orientada para volume, 143
Estratégia de posicionamento da empresa prestadora de serviços, formulação de, 185-186
Estratégia de posicionamento de nicho, 143
Estratégia de preço fixo, 169
Estratégia de preço orientado a benefício, 169
Estratégia de preços
  baseada na satisfação, 169
  criativa, 77
  de eficiência, 171
  de relacionamento, 169-172
  de serviços, 150-176
  orientada a benefício, 169
  software turbinado define companhia aérea, 159
  tarifa fixa, 169
Estratégia de preços, considerações especiais para serviços, 154-168
  considerações de concorrência, 165
  considerações de consumo, 165
  considerações de custo, 155-165
  considerações de lucro, 165-166
  considerações do produto, 166-168
  considerações legais, 168
Estratégia de preços criativa, 77
Estratégias

compensatórias, 379
de comunicação, 178
de comunicações de serviços, desenvolvimento, 177-209
de desculpas, 379
de não resposta, 380
de penetração, 144
de posicionamento, 185
de posicionamento de especialização, 143
de posicionamento de nicho, 143
de posicionamento orientado a volume, 143
de reembolso, 379-380
de restauração, 379
desafios associados com comunicações de serviço, 190-191
desenvolvendo de comunicações (Caso 7), 205-209
e implicações para os clientes, 247
implantação bem-sucedida, 83
monitorar, avaliar e controlar a comunicação, 188
Estratégias compensatórias, 379
Estratégias de comunicação, desenvolvendo para prestadores de serviços profissionais, 199-203
  considerações especiais para prestadores de serviços profissionais, 199-201
  desenvolvimento do folheto empresa, 202
  dicas de comunicação para prestadores de serviços profissionais, 201-202
  estabelecendo comunicações regulares com os clientes, 202
  pessoal de escritório informado é vital, 203
Estratégias de comunicação, desenvolvimento, serviço, 177-209
  desafios associados com a estratégia de comunicação de serviços, 190-191
  desenvolvendo a estratégia de comunicação – Escoteiros da Austrália, 205-209
  desenvolvendo estratégias de comunicação para prestadores de serviços profissionais, 199-203
  diretrizes para o desenvolvimento de serviços de comunicações, 191-198
  gerenciando o processo de comunicação de serviços, 180-188
Estratégias de desculpa, 379
Estratégias de mídia, estabelecendo a mensagem e, 186-189
Estratégias de não resposta, 380
Estratégias de preços de serviços, considerações especiais, 154-168
  considerações da concorrência, 165

considerações de consumo, 165
considerações de custos, 155-165
considerações de lucro, 165-166
considerações do produto, 166-168
considerações legais, 168
Estratégias de preços em companhias aéreas, *software* turbinado, 159
Estratégias de reembolso, 379-380
Estratégias de restauração, 379
Estratégias de serviços, implantação bem-sucedida, 83
Estratégias emergentes de preços de serviços, 168-171
   preço baseado em satisfação, 169
   preços de eficiência, 171
   preços de relacionamento, 169-171
Estratégias para lidar com conflitos e as implicações para os clientes, 247
Estratégias, pessoas como, 240-272, 274-300
   analogia teatral, 280-282
   consumidores especialistas e iniciantes, como parte do processo de produção, 276
   decidir quanto valem as refeições, 299-300
   desempenho do consumidor e eficiência operacional, 277
   desempenho do consumidor e tecnologia da informação (TI), 278-280
   gerenciamento de roteiros de desempenho do consumidor, 282-288
   gerenciando percepções do consumidor de serviços, 288-292
   importância do pessoal de serviço, 244-245
   inseparabilidade do consumidor e papel do marketing e das operações, 292-296
   papel da gerência, 263
   pressões e as tensões naturais sobre o pessoal de contato de serviço, 246-249
   redução de custos de recrutamento na indústria de jogos, 270-272
   satisfação do consumidor e desempenho do consumidor, 280-281
   serviço com o clima certo, 249-264
   tecnologia da informação e prestador de serviços, 264-267
Estresse nos relacionamentos de longo prazo com os clientes, 52
Estrutura, 443
Estrutura, mudando a cultura por meio da, 443-445
Ética
   código de, 51
   definição, 43-45
   de negócios, 44
Ética nos negócios, 44
Evidência física, 62

Evidência física, gerenciando a da empresa, 210-241
   desenvolvendo a do serviço é parte do CRAIC, 237-239
   desenvolvimento de *servicescape*, 219-226
   gerenciando sentidos ao criar *servicescapes*, 226-235
   modelo estímulo-organismo-resposta (EOR), 217
   papel estratégico das evidências físicas, 212-217
Evidência física, papel estratégico da, 212-217
Evidências
   físicas, 62
   gestão das evidências físicas empresa, 210-241
   papel estratégico das evidências físicas, 212-217
Evidências físicas da empresa, gerenciando, 210-241
Expectativa dos clientes, tipos de, 323
Expectativas
   confirmadas, 305
   derivadas, 324
   desconfirmadas, 305
   do serviço, 325-326
Expectativas confirmadas, 305
Expectativas derivadas, 324
Expectativas desconfirmadas, 305
Expectativas de serviço, fatores que influenciam, 324-326
Expectativas e percepções de qualidade de serviços de companhias aéreas norte-americanas *versus* europeias, 339
Expectativas e percepções, gerenciando, 190
Expectativas, satisfação do cliente e qualidade de serviço, da ligação entre, 326-327
Expedia, 85
Experiência
   atributos de, 99
   prévia, 325
Experiência de serviço, estrutura, 8-15
Experiente, consumidor, 276
Experientes, definição de consumidores iniciantes e, 282
Experientes e iniciantes, consumidores, como parte do processo de produção, 276
Externa, área, 212
Externa, pesquisa, 93

F

Fábrica focalizada, conceito de, 125
Facebook.com, 63
Falha, atribuição no serviço, 376-378
Falha, pontos de, 138

Falhas
   atribuições de clientes para serviço *on-line*, 377
   de serviço, 362, 365
   lacunas na qualidade do serviço, 336-343
   no núcleo do serviço, 374
Falhas de serviço, 362
   atribuições de, 376-378
   atribuições de clientes *on-line*, 377
   e estratégias de recuperação, 365
   identificações de, 374-376
   núcleo, 374
Falhas no serviço *on-line*, atribuições de clientes a, 377
Falhas no serviço principal, 374
Fatores situacionais, 326
Feedback, proporcionando aos funcionários, 381
Fila de caixa de autosserviço em supermercados, dominando a, 281
Filosofias
   de negócios, 431
   pessoal de serviços, 324
Filosofias de negócios, 431
Filosofias de serviços pessoais, 324
Flórida, Programa de Hospedagem Ecológica da, 261
Fontes de informação pessoais, 62
Fontes pessoais de informação, 62, 101
Forças-tarefas interfuncionais, 444
Forma, 227
Formato da pergunta, 314-315
Four Seasons Hotel, 240
Frontier Airlines, 87-88
Função, ambiguidade de, 341, 381
Funcionalismo, 424
Funcionalismo, departamentalização e, 424-435
Funcionários
   fornecer *feedback* para, 381
   parciais, 288
   propagandas para, 190-191
Funcionários de serviços, gerenciando, 240-273
   importância do pessoal de serviço, 244-245
   papel da gerência, 263
   pressões e tensões naturais sobre o pessoal de contato de serviço, 246-249
   redução de custos de recrutamento na indústria de jogos, 270-272
   serviço de criação do clima certo, 249-264
   tecnologia da informação e prestador de serviços, 264-267
Funcionários reclamam *on-line*, onde, 254
Funções, conflito de. *Ver* Conflito pessoa/função, 341, 381

Funções de serviços subordinados, 246
Funções de serviços subordinados, 246

G

Gandhi, Mahatma, 87
Garantia de resultado específico, 410
Garantia implícita, 410
Garantia incondicional, 409
Garantias
  de resultado específico, 410
  de serviço, 409-411
  implícitas, 410
  incondicionais, 409
Garantias, serviços vendidos sem, 46
Gargalos, 136
Geico, seguradora, 177-178
Gerenciamento. *Ver também* Gerenciamento do relacionamento com o cliente (CRM)
  baixos níveis hierárquicos, 338
  compatibilidade, 288
  de função, 264
  de perdas, 411, 413
  do consumidor, 71
Gerenciamento de compatibilidade, 288
Gerenciamento de recuperação de serviço, reclamação e, 361-391
  arte da recuperação do serviço, 381-384
  desenvolvendo programa de gerenciamento de recuperação de serviço, 371-381
  operando uma companhia aérea, 387-390
  psicologia do comportamento de reclamação do cliente, 364-371
Gerenciamento do relacionamento com o cliente (*customer relationship management* – CRM), 264-267
Gestão de perdas, 411, 413
Gestão do consumidor, 71
Gilmore, James H., 2
GlobalMail, DHL, 122
Godin, Seth, 2
Googleplex, 423
Google-y, cultura do Google, 422
Goswami, Nina, 299
Governo, 37-38
Green Building Certification Institute (GBCI), 133
Gucci, Aldo, 150
Guerras de cama, 57-58
Guerras de cama e conflitos de travesseiro, 57-58

H

Harmonia, 227

Harrah's Entertainment, 392-393
Haughton, Lawrence, 392
Heterogeneidade, 71-73
  definição, 59
  desafios de marketing criados pela, 72
  possíveis soluções para os desafios causados pela, 72-75
  variabilidade da entrega de serviços, 71-74
Hewlett-Packard, 317
Honestidade, 49
Hora, volume máximo por, 135
Hospedagem Ecológica, Programa da Flórida, 261
Hospitalidade, lazer e, 38
Hotéis, práticas de negócios sustentáveis para, 429
Hotel Libertador, qualidade de serviço do, 358-359

I

Icehotel, da Suécia, 16
Ideias de roteiro, definição de iniciantes e especialistas usando, 282
Implantação da estratégia de recuperação, 380-381
Incidente crítico, 66
Índice de referência, 311
Índices de satisfação do cliente
  compreendendo, 311-317
  fatores que influenciam os, 313-316
Indícios comerciais, 90
Indícios, comerciais, físicos e sociais, 90
Indícios físicos, 90
Indícios sociais, 90
Indícios tangíveis, 62
Indústria aérea, práticas da, 65
  Continental, 65
  JetBlue, 65
  Virgin America, 65
Indústria de jogos, redução de custos em recrutamento (Caso 9), 270-273
Indústria de transporte aéreo, 65
Informações
  busca de, 93-95
  fonte pessoal de, 101
  fontes pessoais de, 62
  risco e, 98
  setor de, 38
Iniciantes e especialistas, definição, 282
Inseparabilidade, 66-71
  definição, 67
  desafios de marketing criados pela, 66-69
  interligação dos participantes do serviço, 66-71
  possíveis soluções para os desafios criados pela, 69-71

Instalações no campo, 71
Intangibilidade, 59-66
  desafios de marketing criadas pela, 60-62
  mãe de todas as diferenças, 59-67
  possíveis soluções para os desafios causados pela, 62-66
Intangíveis
  predominância, 5
  torne tangível, 194-196
Intensidade, 228
Intensificadores de serviços transitórios, 325-326
Intensificadores de serviço transitórios, 325-326
Intensificadores duradouros de serviços, 324
Interesse, conflito de, 49-51
Interna, área, 212
Internacional, cultura de serviço de nível, criando, 422-450
  avaliando a cultura da faculdade, 449-450
  departamentalização e funcionalismo, 424-435
  desenvolvendo uma cultura de serviço, 435-443
  estratégias que facilitam a mudança cultural, 443-447
  obstáculos ao serviço de nível internacional, 424-435
Internacional, serviço de nível, obstáculos ao, 424-435
  consequências do modelo de gestão industrial, 432
  entendendo lógicas internas, 426-430
  filosofias de negócios, 431
  modelo de gestão com foco no mercado, 432-435
  modelo de gestão industrial, 431-432
  modelo de gestão industrial *versus* modelo com foco no mercado, 431
  superação de mentalidade de silo, 425-430
Itens sinalizadores, 164

J

JetBlue, 65
Just Around the Corner, bistrô francês, 299-300
Justiça
  distributiva, 380
  interacional, 380-381
  percebida, 380
  processual, 380
Justiça distributiva, 380
Justiça interpessoal, 380-381
Justiça percebida, 380
Justiça processual, 380

K

Kelley, Christy, 329-330
Kronenberg, Danielle, 299

L

Lacuna de conhecimento, 336-340
Lacuna de entrega, 336, 339-341
Lacunas
  de comunicações, 336, 342
  de conhecimento, 336-341
  de entrega, 336, 339-341
  de padrões, 336, 339
  de serviço, 336
  falhas de, 336-341
Lazer e hospitalidade, 38
Lealdade
  do cliente, 394-399
  risco e marca, 100-102
Lealdade à marca, risco e, 100-102
Lealdade do cliente, 394-399
  estratégias para cultivar, 396-399
Lealdade e retenção do cliente, 392-421
  benefícios da retenção de clientes, 402-405
  benefícios de retenção de clientes, 402-405
  desenvolvendo a cultura de zero perdas, 411-417
  desenvolvimento da cultura de zero perdas, 411-417
  enigma do Mandalay Bay, 419-421
  gestão de perdas, 411-417
  lealdade do cliente, 394-399
  programas de retenção de clientes, 405-411
  retenção de clientes, 398-402
  retenção do cliente, 398-402
Liderança em Energia e Projeto Ambiental (Leadership in Energy and Environmental Design – LEED), classificações, 133
Limitação, 267
Linha de produção em todo o sistema, 129
LinkedIn.com, 63
Lixo, jogando fora, 295
Locais, em vários locais, 71
Localizações múltiplas, 71
Lócus, 377
Lógica
  de marketing, 427
  de operações, 425
  de recursos humanos, 430
  de serviço, 430
  predominância de serviços, 59
Lógica de predominância de serviços, 59
Lógica de recursos humanos, 430
Lógicas internas, 426-430

Longo prazo, relacionamentos de, estresse, 52
Lucro do ciclo de vida do cliente, 404
Lucros. *Ver também* Valor do ciclo de vida do cliente
  considerações sobre, 165-166
  da redução dos custos operacionais, 403
  derivado de vendas, 402-404
  obtidos por recomendações, 404

M

Má conduta ética, 51
Má conduta ética, efeitos da, 51
Má conduta ética no marketing de serviços, 45-49
  lapso de tempo entre o desempenho e a avaliação, 46
  participação dos consumidores na produção, 48
  poucos atributos de pesquisa, 46
  serviços prestados por pessoal mediador de fronteira, 46-49
  serviços técnicos e especializados, 46
  serviços vendidos sem garantias, 46
  sistemas de recompensa baseados em resultados, 46
  variabilidade aceita no desempenho, 46
Malcolm Baldrige National Quality Award, 331-332
Mandalay Bay, enigma do, 419-421 (Caso 14), 419-421
Mão de obra global de serviços, 14-16
Marca de empregador, 253
Marcas de hotéis, Marriott, 58
Mariano Ferreyra, escolhas de (Caso 4), 110-113
Marketing
  de conquista, 400
  de frequência, 405-406
  de relacionamento, 406-407
  desafios causados pela perecibilidade, 75-77
  desafios criados pela heterogeneidade, 72
  desafios criados pela inseparabilidade, 66-69
  desafios criados pela intangibilidade, 60-62
  lógica de, 427
  ou *blueprints* de operações, 138-139
  visão geral de serviços, 82
Marketing de conquista, 400
Marketing de frequência, 405-406
Marketing de serviços, má conduta ética no, 45-49
Marketing de serviços, visão geral, 82
  lapso de tempo entre o desempenho e a avaliação, 46

participação dos consumidores na produção, 48
poucos atributos de pesquisa, 46
serviços executados por pessoal mediador de fronteira, 46-49
serviços técnicos e especializados, 46
serviços vendidos sem garantias, 46
sistemas de recompensa baseados em resultados, 46
variabilidade aceita no desempenho, 46
Marketing e operações, inseparabilidade do consumidor e o papel de, 292-296
Marketing, má conduta ética em serviços, 45-49
  lapso de tempo entre o desempenho e a avaliação, 46
  participação dos consumidores na produção, 48
  poucos atributos de pesquisa, 46
  serviços prestados por pessoal mediador de fronteira, 46-49
  serviços técnicos e especializados, 46
  serviços vendidos sem garantias, 46
  sistemas de recompensa baseados em resultados, 46
  variabilidade aceita no desempenho, 46
Marketing sobre pressões e tensões dos prestadores de serviços, o impacto direto do, 248
Marriott Jr., J. W., 58
Marriott, marcas de hotéis, 58
Match.com, 38
Materialismo, presunção de, 42
Maternidade, ala da, 24-27
Matiz, 228
Máxima, resultado por hora, 135
McLean, Karen, 300
MDVIP (Caso 6), 175-176
Medidas
  diretas, 309
  indiretas, 309
Medidas diretas, 309
Medidas indiretas, 309
Medos dos clientes, reduzindo os, 196-197
Medos, reduzindo os do cliente, 196-197
Mensagem e estratégias de mídia, estabelecendo, 186-189
Mercados-alvo, 180
Mídia social, 195
Mídias sociais, 195
Miopia, de marketing de serviços, 6
Missão ambiental, promoção sutil da Starbucks sobre a sua, 185
Misterioso, consumidor, 353

Mix de marketing, serviços táticos, 82-83
Mju oferece cozinha europeia contemporânea, 300
Modelagem comportamental, 254
Modelo de desconfirmação de expectativas, 103, 305
Modelo de gestão industrial, 431-432
Modelo de gestão Industrial *versus* modelo com foco no mercado, 431
Modelo de mundo perfeito, 124
Modelo molecular, 7-8
Modelos
　de desconfirmação de expectativas, 104, 305
　de gestão com foco no mercado, 432-435
　de gestão industrial, 431-432
　de gestão industrial, consequências, 432
　de mundo perfeito, 124
　de zero defeitos, 411
　estímulo-organismo-resposta (EOR), 217
　industrial *versus* gestão com foco no mercado, 431
　molecular, 7-8
　servuction, 8-13
Modelos de eficiência, aplicando às empresas de serviços, 126-134
　mudando o tempo de demanda para se ajustar à capacidade, 132
　soluções de operações para empresas de serviços, 128-131
Modelos de gestão com foco no mercado, 431-435
Modelo *servuction*, 8-13
　clientes diversos, 11-12
　definição, 9
　organização e sistemas invisíveis, 12-15
　pessoal de contato/prestadores de serviços, 11
　servicescape, 9
Moderadores de resposta interna, 224
Moderadores internos de resposta, 224
Momento da questão, 316
Motivadores para os consumidores reciclarem, dez maiores, 92
Motorola, 332
Mudança
　da forma como trabalhamos, 446
　de orientação, 446
　sua forma de trabalhar, 446
Mudança cultural, estratégias de facilitação, 443-447
　mudando a cultura diretamente, 446-447
　mudando a cultura por meio da estrutura, 443-445
　mudando a cultura por meio das pessoas, 446

　mudando a cultura por meio dos sistemas, 444-446
Mundo
　abordagens de venda pessoal em todo o, 193
　aferição da satisfação do cliente em todo o, 312

N

Necessidades e solicitações do(s) cliente(s), 375
Necessidades, pessoais, 324
Netflix, 116-117
Networking social, 63
　Facebook.com, 63
　LinkedIn.com, 63
　novas faces de fontes pessoais de informação, 63
　Twitter.com, 63
Nietzsche, Friedrich, 116
Ninho, 29
Níveis de gestão, 338
Normas de conduta, 51-53
Norton, Greg, 181
Nuances, 228
Núcleo técnico, 124, 277

O

Objetivos de comunicação, estabelecendo, 181-183
O círculo de RH de serviços, 250
O'Connor, Kevin, 300
Oferta e demanda, equilíbrio, 74-80
Olfato, apelos de, 234
Onde os funcionários se conectam para reclamar, 255
Operações, *blueprint* de, ou marketing, 138-139
Operações de serviço, perspectiva do gerente, 135-137
Operações, inseparabilidade do consumidor e papel do marketing em, 292-296
Operações, lógica de, 425
Operações, soluções para empresas de serviços, 128-131
　alinhando todo o sistema de produção, 129
　aumento da participação do cliente, 131
　criação de capacidade flexível, 130-132
　isolando o núcleo técnico, 128
Orbitz, 85
Orçamento, para comunicações, 183
Organismo, 217
Organização e cliente, conflitos entre, 246
Organização e sistemas invisíveis, 12-15

Orientação
　mudança de, 446
　pesquisa de, 338
Outros clientes, 11, 68
Outros tangíveis, 212

P

Pacote
　misto, 171
　preço de, 165
Pacote misto, 171
Padrões, lacuna de, 336, 339
Padronização, 73, 98
Papéis de serviços
　autopercebido, 326
Paradoxo da recuperação do serviço, 382
Parcial, funcionários em tempo, 288
Participação
　aumentando a dos clientes, 131
　do cliente, 80
Participação do cliente, 80
Participação do cliente, aumentando a, 131
Participantes do serviço, interligação de, 66-71
Passado, experiência do, 325
Payne, Jeremy, 300
Pearl Jam, 150
Percepções
　gerenciando expectativas e, 190
　gestão de atendimento ao consumidor, 288-292
Percepções do consumidor de serviços, gestão das, 288-292
Percurso visual, 201
Perecibilidade, 74-81
　desafios de marketing causados pela, 75-77
　equilíbrio entre oferta e demanda, 74-81
　possíveis soluções para os desafios criados pela, 77-81
Perícia de desempenho do consumidor, exame de, 283
Personalização, 73
Perspectiva de controle percebido, 104-105
Perspectivas
　de controle percebido, 104-105
　de roteiro, 106
Pesquisa
　atributos de, 46, 99
　com clientes, 351
　com não clientes, 351
　de informações, 93-95
　externa, 93
　interna, 93
　orientação de, 338
Pesquisa com clientes, 351
Pesquisa com não clientes, 351

Pesquisa de pós-venda, 352
Pesquisa interna, 93
Pesquisas
  benefícios sobre a satisfação do cliente, 308-309
  da qualidade do serviço no mercado total, 354-355
  de pós-venda, 352
  do funcionário, 353-354
  valor da satisfação do cliente, 316
Pesquisas com funcionários, 353-354
Pesquisas de qualidade de serviço do mercado total, 354-355
Pesquisas de qualidade de serviços no mercado, 354-355
Pesquisas de satisfação do cliente
  benefícios de, 308
  valor de, 316
Pessoais, necessidades, 324
Pessoal/prestadores de serviços, de contato, 11
Pessoal
  de contato, 11
  importância nos serviços, 244-245
  pressões e tensões naturais no serviço de contato, 246-249
  serviços prestados por pessoal mediador de fronteira, 46-49
  valor, 154
Pessoal de contato de serviço, pressões e tensões naturais do, 246-249
  estratégias para lidar e implicações para os clientes, 247
  impacto direto de marketing sobre as pressões e tensões dos prestadores de serviços, 248
Pessoal de serviço, a importância do, 244-245
Pessoal de serviço, pressões e tensões naturais no contato, 246-249
  estratégias para lidar com conflito e implicações para os clientes, 247
  impacto direto de marketing sobre pressões e tensões dos prestadores de serviços, 248
Pessoal de serviços externos, 47-49
Pessoal mediador de fronteira, 246
Pessoas como estratégia, 240-272, 274-300
  analogia teatral, 280-282
  consumidores especialistas e iniciantes, como parte do processo de produção, 276
  decidir quanto valem as refeições, 299-300
  desempenho do consumidor e eficiência operacional, 277
  desempenho do consumidor e tecnologia da informação (TI), 278-280
  gerenciamento de roteiros de desempenho do consumidor, 282-288

gestão das percepções do consumidor de serviços, 288-292
importância do pessoal de serviço, 244-245
inseparabilidade do consumidor e papel de marketing e operações, 292-296
papel da gerência, 263
preparação do clima certo para serviços, 249-264
pressões e as tensões naturais sobre o pessoal de contato, 246-249
redução de custos de recrutamento na indústria de jogos, 270-272
satisfação do consumidor e desempenho do consumidor, 280-281
tecnologia da informação e prestador de serviços, 264-267
Pessoas, mudando a cultura por meio das, 446
Pine II, Joseph B., 2
Planta dentro da planta (*plant-within-a-plant*–PWP), conceito de, 125-126
Pós-compra, avaliação, 89, 95-97
Pós-compra, estágio, 95-97
Pós-escolha, considerações, 103-104
Pós-escolha, modelos
  perspectiva de controle percebido, 104-105
  perspectiva de roteiro, 105-106
  teoria da desconfirmação de expectativas, 104
Poupança na indústria de jogos, no custo de recrutamento (Caso 9), 270-273
Práticas de negócios para hotéis, sustentáveis, 429
Prazer-desprazer, 217
Preço
  desertores por, 413
  discriminação de, 161
  pacote, 165
Preço baseado em satisfação, 169
Preço de eficiência, 171
Preço de reserva, 165
Pré-compra, 89
Pré-compra, considerações do estágio
  autosserviço é alternativa viável, 102
  fonte de informação pessoal, 101
  menos alternativas a considerar, 102
  risco percebido, 98-101
Pré-compra, estágio
  avaliação de alternativas, 95
  busca de informações, 93-95
  estímulo, 90-91
  reconhecimento do problema, 93
Predominância, intangível e tangível, 5
Preocupações do setor de serviços, 42-43

Preparação para expansão, 80
Pressões e tensões sobre o pessoal de serviço de contato, naturais, 246-249
Prestação de serviços, a variabilidade da, 71-74
Prestadores de serviço. *Ver também* Pessoal/prestadores de serviços
Prestadores de serviços, controlando, recompensando e avaliando, 256-264
Prestadores de serviços, desenvolvendo estratégias de comunicação para profissionais, 199-203
  considerações especiais para prestadores de serviços profissionais, 199-201
  desenvolvendo o folheto da empresa, 202
  dicas de comunicação para prestadores de serviços profissionais, 201-202
  estabelecendo comunicações regulares com clientes, 202
  pessoal de escritório informado é vital, 203
Prestadores de serviços, tecnologia da informação e, 264-267
  gerenciamento do relacionamento com o cliente (CRM), 264-267
Prestadores de serviços, tensões e pressões, impacto direto de marketing, 248
Prestador, relação de trabalho entre o cliente e o, 196
Presunção de materialismo, 42
Previsibilidade, controle e, 280
Previsto, serviço, 323, 325-326
Problema, reconhecimento do, 93
Processo
  de consumo, 95
  tempo de, 135
Processo de comunicação de serviço, gerenciando o, 180-188
  estabelecendo mensagens e estratégias de mídia, 186-189
  estabelecendo objetivos de comunicação, 181-183
  estabelecendo orçamento de comunicações, 183
  formulação de estratégia de posicionamento da empresa de serviços, 185-186
  mercados-alvo, selecionando, 180
  monitoramento, avaliação e controle da estratégia de comunicação, 188
Processo de comunicação, gerenciando o serviço de, 180-188
  estabelecendo mensagens e estratégias de mídia, 186-189

estabelecendo objetivos de comunicação, 181-183
formulação de estratégia de posicionamento da empresa de serviços, 185-186
mercados-alvo, selecionando, 180
monitoramento, avaliação e controle da estratégia de comunicação, 188
orçamento comunicações, definindo o, 183
Processo de gestão de perdas, 415-417
Processo de produção, consumidores especialistas e iniciantes como parte do, 276
Processos de prestação de serviços, 116-149
  aplicando modelos de eficiência em empresas de serviços, 126-134
  arte de preparar *blueprints*, 133-142
  blueprints e desenvolvimento de novos produtos, 142-145
  Build-A-Bear Workshops, 148-149
  calcular os custos do serviço por urso, 147-149
  eficiência das empresas de serviços, 124-126
  estágios de competitividade operacional, 118-123
  marketing e operações, 122-124
Processos mecanicistas, 372
Processos orgânicos, 372
Produção, participação dos consumidores na, 48
Produto, considerações de, 166-168
Produto, definição de, 5
Produto interno bruto (PIB), 333
Profissionais de marketing, considerações éticas para serviços, 43
Profissionais de marketing de serviços, considerações éticas para, 43
Programa de gerenciamento de recuperação de serviço, desenvolvendo, 371-381
  atribuição de falha de serviço, 376-378
  desenvolvendo uma cultura interna de recuperação, 373
  fornecendo *feedback* aos funcionários, 381
  identificação de falhas de serviço, 374-376
  implantação da estratégia de recuperação, 380-381
  seleção da estratégia de recuperação, 378-380
Programa de gerenciamento de recuperação de serviço, desenvolvimento do, 371-381
  atribuição de falhas de serviço, 376-378
  desenvolvendo uma cultura interna

positiva de recuperação, 373-375
fornecendo *feedback* aos funcionários, 381
identificação de falhas de serviço, 374-376
implantação da estratégia de recuperação, 380-381
seleção da estratégia de recuperação, 378-380
Programas de retenção de clientes, 405-411
  aftermarketing, 407-408
  garantias de serviço, 409-411
  marketing de frequência, 405-406
  marketing de relacionamento, 407
Programas de retenção do cliente, 405-411
Promessa exagerada, 342
Promessas
  de serviço explícitas, 325
  de serviço implícitas, 325
Promessas de serviço implícitas, 325
Promessas de serviços explícitas, 325
Promessas de serviços, implícitas e explícitas, 325
Prometer o que é possível, 194
Propaganda para funcionários, 190-191
Psicologia
  ambiental, 216
  do comportamento de reclamação do cliente, 364-371
Psicologia ambiental, 216
Psicológico, risco, 98
Psicológicos, custos, 153
Purple cow, (Godin), 2-3

Q

Qualidade
  círculos de, 260
  definição e medição em serviços, 331-359
Qualidade de serviço
  diagnosticando falhas de lacunas, 336-343
  ligação entre expectativas, satisfação do cliente e, 326-327
  medindo, 342-350
  no Hotel Libertador, 358-359
  ser ecológico melhora as percepções da, 339
Qualidade de serviços de companhias aéreas, expectativas e percepções de norte-americanos e europeus, 339
Qualidade de serviços, definição e medição, 331-359
  definição, 334-336
  diagnosticando falhas de lacunas na qualidade do serviço, 336-343
  escala de mensuração Servqual, 342-350

medindo a qualidade do serviço, 342-350
qualidade de serviço do Libertador Hotel, 358-359
sistemas de informação de qualidade de serviço, 350-355
Quarto de crescimento, 27-31
Questão
  contexto da, 316
  formato da, 314
  momento da, 316
Questionamento, técnicas de, observação e indireto, 435-437

R

Racionamento, 126
Rainmaker Marketing, 181
Ratemyprofessor.com, 302
Ray, Charles, 175
Reclamação, tipos de pessoas que reclamam, 367
Reclamações
  instrumentais, 366
  não instrumentais, 366
  ostensivas, 366
  reflexivas, 366
  solicitar aos clientes, 352
  tipos de, 364-366
Reclamações de clientes, solicitação de, 351
Reclamações e gerenciamento de recuperação de serviço, 361-391
  arte da recuperação do serviço, 381-384
  desenvolvendo um programa de gerenciamento de recuperação de serviço, 371-381
  operando uma companhia aérea, 387-390
  psicologia do comportamento do cliente que reclama, 364-371
Reclamações instrumentais, 365
Reclamações não utilitárias, 366
Reclamações ostensivas, 366
Reclamações reflexivas, 366
Reclamações, resultados de, 370-371
Reclamar
  por que os clientes não reclamam, 369-370
  por que os clientes reclamam, 368-369
Recomendações, lucros com, 403
Recuperação
  arte em serviços, 381-384
  de serviço, 362
  estratégias de, 365
  implantação da estratégia de, 380-381
  quarto de, 27
  seleção da estratégia de, 378-380

Recuperação, cultura de, em serviços, 372-374
Recuperação de serviço, 362
   arte da, 382
   cultura de, 372-373
   paradoxo da, 382
Rede de comunicações boca a boca, desenvolvimento, 192
Rede de comunicações, desenvolvendo boca a boca, 192
Rede, desenvolvimento de comunicação boca a boca, 192
Redes sociais, 63
   Facebook.com, 63
   LinkedIn.com, 63
   novas faces de fontes pessoais de informação, 63
   Twitter.com, 63
Redução de custos de recrutamento na indústria de jogos (Caso 9), 270-273
Refeição, custo de serviço por, 135
Refeições, quanto valem as (Caso 10), 299-300
Relacionamento com clientes, estresse de longo prazo, 52
Relacionamentos
   estresse de longo prazo com o cliente, 52
   marketing de, 406-407
   organizacionais, 51
   preços de, 169-171
Relações organizacionais, 51
Reserva
   preço de, 165
   sistema de, 77
Resorts, Vail, 31
Resposta emocional, 225
Respostas
   emocionais, 225
   fisiológicas, 225
   viés de, 314
Respostas fisiológicas, 225
Retaliação, 371
Retenção, benefícios da retenção de clientes, 402-405
   determinando o valor do ciclo de vida do cliente, 404
   esclarecendo, 403-404
   lucros de custos operacionais reduzidos, 403
   lucros de vendas, 402-404
   lucros obtidos de recomendações, 404
   mantendo clientes, 404-406
Retenção de clientes, 398-402
   importância da, 401
   tendência para a, 399
Retenção do cliente, 319-321, 398-402
   importância da, 401
   tendência para a, 399
Retenção do cliente, benefícios da, 402-405
   determinando o valor do ciclo de vida do cliente, 404
   esclarecendo, 403-404
   lucros de custos operacionais reduzidos, 403
   lucros obtidos com recomendações, 404
   lucros obtidos com vendas, 402-404
   mantendo os clientes, 404-406
Retenção do cliente, satisfação do cliente traduzindo-se em, 319-321
Retenção, lealdade de clientes e, 392-421
   benefícios da retenção de clientes, 402-405
   desenvolvimento de cultura de zero perdas, 411-417
   gestão de perdas, 411-417
   lealdade do cliente, 394-399
   programas de retenção de clientes, 405-411
   retenção de clientes, 398-402
Riqueza, concentração da, 42
Risco de coprodutor, 98
Risco do produtor. *Ver* Risco do coprodutor
Risco financeiro, 98
Risco físico, 98
Risco percebido, 98-101
Riscos
   de coprodutor, 98
   de desempenho, 98
   e informações, 99
   e lealdade à marca, 100-102
   e padronização, 98
   financeiros, 98
   físicos, 98
   percebidos, 98-101
   psicológicos, 98
   sociais, 98
   tipos de, 98
Risco social, 98
Roteamento, 266
Roteiro esperado, 280
Roteiros
   congruência, 106
   convergentes, 139
   divergentes, 141
   esperados, 280
   normas, 141
   perspectiva, 105-106
Roteiros convergentes, 139
Roteiros de desempenho do consumidor, gerenciamento dos, 282-288
   auditoria da perícia de desempenho do consumidor, 283
   aumentando a quota de consumidores experientes, 283-288
Roteiros divergentes, 139
Roteiros, gestão do desempenho do consumidor, 282-288
   auditoria do desempenho do consumidor, 283
   aumentando a quota de consumidores especialistas, 283-288

S

Sabotagem de serviço, 247
Sabotagem do serviço, 247
Saída, 370
Sala de parto, 25-26
Satisfação/insatisfação do cliente, definição, 305
Satisfação
   com consciência social, 320
   do consumidor, 280
Satisfação do cliente
   aumentando em compras *on-line*, 315
   benefícios da, 306-308
   qualidade do serviço, e expectativas, 326-327
Satisfação do cliente, avaliações, 316-319
Satisfação do cliente, definindo e medindo, 302-330
   avaliando a satisfação do cliente, 316-319
   Crestwood Inn, 329-330
   entendendo os índices de satisfação do cliente, 311-317
   fatores que influenciam os índices de satisfação do cliente, 313-316
   importância da satisfação do cliente, 304-309
   medindo a satisfação do cliente, 309-311
   olhando mais atentamente para a satisfação do cliente, 321-328
   satisfação do cliente traduzindo-se em retenção de clientes, 319-321
   valor de pesquisas de satisfação do cliente, 316
Satisfação do cliente em todo mundo *benchmarking*, 312
Satisfação do cliente, importância da, 304-309
   benefícios da satisfação do cliente, 306-308
   benefícios de pesquisas de satisfação do cliente, 308-309
   satisfação/insatisfação do cliente, definição, 305
Satisfação do cliente, medição da, 309-311
   abordagem combinada, 311
   abordagem de escala de 100 pontos, 310
   abordagem muito insatisfeito/muito satisfeito, 310-311
Satisfação do cliente, olhando mais atentamente para a, 321-328

fatores que influenciam as expectativas de serviço, 324-326
ligação entre expectativas, satisfação do cliente e qualidade de serviço, 326-327
serviço adequado, 325-326
serviço desejado e serviço previsto, 325
serviços desejados, 324-325
tipos de expectativa dos clientes, 323
zona de tolerância, 324
Satisfação do cliente *on-line*, aumentando a, 315
Satisfação do cliente traduzindo-se em retenção de clientes, 319-321
Saúde, em parceria com, 130
Schneider, Benjamin, 422
Sears Auto Centers (Caso 2), 55-56
Segurança, dimensão, 345-347
Seleção da estratégia de recuperação, 378-380
Sem alterar o tempo real, 292
Sentidos, gerenciando ao criar *servicescapes*, 226-235
  apelos gustativos, 234
  apelos olfativos, 234
  apelos sonoros, 232-234
  apelos táteis, 234
  apelos visuais, 227-232
Sentimento de impotência, 341
Servicescape do Google.com, 215
Servicescape percebido, 223
Servicescapes, 9
  desenvolvendo serviço como parte do CRAIC, 237-239
  desenvolvimento de, 218-226
  do Google.com, 215
  faculdades e universidades que criam ecológicos, 220
  no Caribe, 232
  percebido, 223
Servicescapes ecológicos, faculdades e universidades, criação de, 220
Servicescapes, gerenciamento dos sentidos ao criar, 226-235
  apelos gustativos, 234
  apelos olfativos, 234
  apelos sonoros, 232-234
  apelos táteis, 234
  apelos visuais, 227-232
Serviço/produto, conhecimento do, 52
Serviço adequado, 323, 325-326
Serviço, com clima adequado de, 249-264
  controlando, recompensando e avaliando prestadores de serviços, 256-264
  criando clima para o serviço, 250-257
Serviço contínuo, 423
Serviço, definição, 5-8

escala de entidades do mercado, 5-6
modelo molecular, 7-8
Serviço, garantias de, 409-411
Serviço, imperativo de, 4
Serviço, lacunas de, 336
Serviço, lógica de, 430
Serviço, mão de obra global, 14-16
Serviço percebido
  adequação, 323
  alternativas, 326
  superioridade, 323
Serviços
  adequado, 323, 326
  clima de, 250
  complementar, 79
  considerações especiais referentes a, 97-104
  contínuo, 423
  criando clima para, 250-257
  desejado, 323-325
  diversos, 41-42
  interpessoal, 221
  previsto, 323, 325-326
  profissional e corporativo, 40
  realizada por pessoal mediador de fronteira, 46-49
  remoto, 221
  sustentabilidade chega aos, 19-21
  técnico e especializado, 46
  vendido sem garantias, 46
Serviços a distância, 221
Serviços complementares, 161
Serviços, comportamento do consumidor de, 87-113
  considerações especiais relativas aos serviços, 98-104
  processo de decisão do consumidor, 90-97
Serviços corporativos, e profissionais, 38-40
Serviços de ação, a sustentabilidade e práticas da indústria de transporte aéreo, 65
  custo de ser ecológico, 155
  declaração de missão ambiental da Starbucks, 185
  desenvolvendo a cultura ecológica, 429
  Dez principais motivadores para os consumidores reciclarem, 92
  faculdades e universidades criando *servicescapes* ecológicos, 220
  Hospedagem, Programa Ecológico da Flórida, 261
  jogando lixo fora, 295
  Liderança em Energia e Projeto Ambiental (LEED), classificações, 133
  origens e crescimento do movimento ecológico, 21
  práticas de negócios sustentáveis para hotéis, 429

promoção da Starbucks sobre a sua missão ambiental, 185
satisfação com consciência social, 320
ser ecológico aumenta a lealdade no setor bancário, 408
ser ecológico melhora as percepções de qualidade de serviço, 339
TerraPass, 320
TreeHugger tem problemas com a *Sky Magazine* da Delta, 368
tripé da sustentabilidade, 45
Serviços de comunicações, diretrizes para o desenvolvimento, 191-198
  desenvolvendo rede de comunicações boca a boca, 192
  determinar e focar em dimensões relevantes de qualidade de serviço, 197
  diferenciar produtos de serviços via processo de prestação de serviços, 197
  facilitando a compreensão do serviço, 198
  prometer o que é possível, 194
  reduzir os temores dos clientes sobre variações no desempenho, 196-197
  relação de trabalho característica entre o cliente e o prestador, 196
  torne tangível o intangível, 194-196
Serviços de cortesia, 79
Serviços de educação e saúde, 34
Serviços de saúde e educação, 34
Serviços desejados, 323-325
Serviços, diferenças fundamentais entre bens e, 57-86
  estrutura deste livro, 81-83
  heterogeneidade, 71-73
  inseparabilidade, 66-71
  intangibilidade, 59-66
  perecibilidade, 74-81
  viagens aéreas *on-line*, 85
Serviços eletrônicos
  definição de, 16
  surgimento dos, 16-21
Serviços eletrônicos *em ação*, 63
  atribuições de clientes para falhas no serviço *on-line*, 377
  aumentar a satisfação do cliente *on-line*, 315
  caixa de autosserviço, 99
  crescimento das comunicações pessoais via mídia social, 195
  dominando a fila da caixa de autosserviço no supermercado, 281
  game, set, match.com, 39
  onde os funcionários reclamam *on-line*, 254
  parceria com cuidados de saúde, 130
  redes sociais, 63

servicescape do Google.com, 215
sete dimensões da E-QUAL, 351
software turbinado define preços em companhia aérea, 159
TripAdvisor, 18
valores fundamentais da Zappos que impulsionam sua cultura de serviço, 426
Verizon Entreprise Solutions Group, 131
Zappos.com, 397
Serviços *em ação*, globais, 69
Serviços especializados e técnicos, 46
Serviços, estratégia de preços em, 150-176
considerações especiais em estratégias de preços de serviços, 154-168
considerações finais sobre precificação em serviços, 172
estratégias emergentes de preços de serviços, 168-171
fornecendo valor, 152-156
MDVIP, 175-176
Serviços, estudando, 14-21
crescimento da economia global de serviços, 14
crescimento da mão de obra global de serviços, 14-16
serviços ecológicos, 19-21
surgimento de serviços eletrônicos, 16-19
sustentabilidade chega aos serviços, 19-21
Serviços globais *em ação*, 69
abordagens de venda pessoal em todo o mundo, 193
benchmarking de satisfação do cliente em todo mundo, 312
charity.com, 37
comportamento de dar gorjetas do consumidor, 106
considerações internacionais para culturas de serviços, 436
Dell, suporte técnico no exterior, 265
DHL GlobalMail encomendas internacionais facilitadas, 122
expectativas de serviço do consumidor variam entre culturas, 293
expectativas e percepções de qualidade de serviço de companhias aéreas de norte-americanas *versus* europeias, 339
falhas de serviço e estratégias de recuperação, 365
Icehotel da Suécia, 16
preços étnicos, 161
servicescape no Caribe, 232
Singapore Airlines sente a revolta dos clientes, 414
Ski Dubai, 69
Serviços, intensificadores de

duradouros, 324
transitórios, 326
Serviços interpessoais, 221
Serviços, introdução, 2-30
estruturando a experiência de serviço, 8-15
serviço, definição, 5-8
Serviços, marketing de
miopia, 6
perspectiva do gerente, 137-138
Serviços profissionais e corporativos, 38-40
Serviços públicos, 40
Serviços técnicos e especializados, 46
SERVQUAL
críticas, 348
definição, 342
SERVQUAL, escala de mensuração, 342-350
algumas considerações finais, 350
críticas à SERVQUAL, 348
determinando a importância das cinco dimensões, 348
dimensão capacidade de resposta, 345
dimensão confiabilidade, 344-345
dimensão empatia, 347
dimensão segurança, 345-347
dimensão tangibilidade, 343-344
Servuction, modelo, 8-13
estudando serviços, 14-21
primeiro encontro de serviço das gêmeas, 23-30
Setor de informação, 38
Setor de serviços, 31-57
Setores de serviços, 31-57
considerações éticas para profissionais de marketing de serviços, 43
controlando a tomada de decisão ética, 51-52
economia de serviços, 33-43
efeitos de má conduta ética, 51
ética, definição, 43-45
má conduta ética em marketing de serviços, 45-49
questões que criam conflito ético, 48-51
Sears Auto Centers, 55-56
Setores e considerações éticas, 31-56
considerações éticas para os profissionais de marketing de serviços, 43
controlando a tomada de decisão ética, 51-52
economia de serviços, 33-43
efeitos de má conduta ética, 51
ética, definição, 43-45
má conduta ética no marketing de serviços, 45-49
questões que criam conflito ético, 48-51
Sears Auto Centers, 55-56

Sharp, Isadore, 240
Shaw, Mona, 361
Shostack, G. Lynn, 57
Significado simbólico, 224
Silo, mentalidade de, superando, 425-430
Símbolos, 222
Sinais, 222
Singapore Airlines sente revolução dos clientes, 414
Sistemas, 443-444
de baixo e alto contatos, 277
de informações de qualidade de serviço, 350-355
de recompensa baseados em resultados, 46
de reservas, 77
e organização invisíveis, 12-15
linha de produção em todo o, 129
mudando a cultura por meio dos, 444-446
Sistemas de alto contato, 277
Sistemas de baixo contato, 277
Sistemas de contato, baixo e alto, 277
Sistemas de informação da qualidade do serviço, 350-355
Sistemas de informação de qualidade de serviço, 350-355
consumidor misterioso, 353
entrevistas com grupo de discussão de clientes, 352
pesquisa pós-venda, 352
pesquisas com funcionários, 353-354
pesquisas de qualidade de serviços no mercado total, 354-355
solicitação de reclamações de clientes, 351
Sistemas de recompensa baseados em resultado, 46
Sistemas de recompensa baseados em resultados, 46
Ski Dubai, 69
Sky Magazine, revista da Delta, TreeHugger tem problemas com, 368
Sky Magazine, TreeHugger tem problemas com Delta, 368-369
Socialização, 214
do consumidor, 288
do funcionário, 51
Socialização do funcionário, 51
Software define preços companhia aérea, turbinado, 159
Solicitações, necessidades dos clientes e, 375
Sombras, 228
Springsteen, Bruce, 150
Starbucks, declaração da missão ambiental da, 185
Starbucks, promoção da missão ambiental da, 185
Suavização, 126

Substitutos, 160
Suécia, Icehotel, 16
Sugestões, envolvimento em, 260
Sullivan, Stacy Savides, 422
Superioridade do serviço percebido, 323
Supermercados, dominando a fila de caixa de autosserviço, 281
Suporte insuficiente, 341
Suporte interdepartamental, 250
Suporte técnico, Dell no exterior, 265
Suporte técnico Dell no exterior, 265
Suporte tecnológico no exterior, Dell, 265
Sustentabilidade
 chega aos serviços, 19-21
 definição, 20
Sustentabilidade e serviços *em ação*
 aumentando a lealdade no setor bancário, 407
 custo de ser ecológico, 155
 declaração de missão ambiental da Starbucks, 185
 desenvolvendo a cultura ecológica, 429
 Dez principais motivadores para os consumidores reciclarem, 92
 faculdades e universidades criando *servicescapes* ecológicos, 220
 jogando lixo fora, 295
 Liderança em Energia e Projeto Ambiental (LEED) classificações, 133
 melhorando percepções de qualidade de serviço, 339
 origens e crescimento do movimento ecológico, 20
 práticas da indústria de companhias aéreas, 65
 práticas de negócios sustentáveis para hotéis, 429
 Programa de Hospedagem Ecológica da Flórida, 261
 promoção da Starbucks de missão ambiental, 185
 satisfação com consciência social, 320
 TerraPass, 320
 TreeHugger tem problemas com a *Sky Magazine* da Delta, 368
 tripé da sustentabilidade, 45

T

Tamanho, 226
Tangibilidade
 dimensão, 343-344
 outros, 212
Tangível, predominância, 5
Targeting, 266
TARP, 320
Táteis, apelos, 234

Técnicas de observação e questionamento indireto, 435-437
Técnicas de questionamento indireto, observação e, 435-437
Tecnologia da informação (TI)
 desempenho do consumidor e, 278-280
 e prestador de serviços, 264-267
 gerenciamento do relacionamento com o cliente (CRM), 264-267
Tecnologias. *Ver também* Tecnologias de autosserviço
 imateriais, 129
 materiais, 129
Tecnologias de autosserviço, 17
Tecnologias imateriais, 129
Tecnologias materiais, 129
Tempo
 custos de, 153
 da atividade, 135
 de processo, 135
 lapso entre o desempenho e a avaliação, 46
 sem alterar o, 292
Tempo de atividade, 135
Teoria, de desconfirmação de expectativas, 104
Teoria de desconfirmação de expectativas, 104
Terceirização, 80
TerraPass, 320
Texto, 184
Thompson, J. D., 124
Thompson, modelo de mundo perfeito de, 124-126
Ticketmaster Entertainment, 150
Tipos de desertor, 413-415
Tolerância, zona de, 324
Tomada de decisão ética, 51-52
 conhecimento de serviço/produto, 52
 controle corretivo, 53
 estresse em relacionamentos de longo prazo com os clientes, 52
 monitoramento do desempenho do funcionário, 52
 padrões de conduta, 51-52
 socialização de funcionários, 51
 treinamento de liderança, 53
Tomada de decisão ética, controlando, 51-52
 conhecimento do serviço/produto, 52
 controle corretivo, 53
 estresse nos relacionamentos de longo prazo com os clientes, 52
 monitoramento de desempenho do funcionário, 52
 padrões de conduta, 51-52
 socialização de funcionários, 51
 treinamento de liderança, 53
Tornando-se ecológico, 19-21

Total Rewards, 392-393
Trabalho
 facilitação do, 250
 mudar a maneira de, 446
 mudar a maneira que trabalhamos, 446
Transferências interfuncionais, 444
Transporte e armazenagem, e serviços públicos, 40
Travelocity, 85
TreeHugger tem problemas com a *Sky Magazine* da Delta, 368
Treinamento
 de liderança, 53
 interpessoal, 253
 técnico, 253
Treinamento de liderança, 53
Treinamento interpessoal, 253
Treinamento técnico, 253
TripAdvisor, 18
Tripé da sustentabilidade, 45
Turbinado, *software* define os preços de companhia aérea, 159
Twitter.com, 63

U

U. S. Green Building Council (USGBC), 133
Unidade de terapia intensiva (UTI) neonatal, 27
Urso, o cálculo dos custos de serviços por urso, 147-149

V

Vaca roxa, A (Godin), 2-3
Vail Resorts, 31
Valor da imagem, 154
Valor do ciclo de vida do cliente, 404
Valor do produto, 154
Valor do serviço, 154
Valores, 228
 de imagem, 154
 de produto, 154
 de serviço, 154
 fornecendo, 152-156
 pessoais, 154
Varejista, e atacadistas, 41
Variabilidade no desempenho, 46
Variáveis, custos, 157
Vasos, Michael, 299
Venda pessoal, abordagens em todo do mundo, 193
Venda pessoal, abordagens em todo o mundo, 193
Vendas, lucros derivados de, 402-404
Verizon Entreprise Solutions Group, 131
Viagens aéreas, *on-line* (Caso 3), 85
Viagens aéreas *on-line* (Caso 3), 85
Viés de desejabilidade social, 316

Viés de resposta, 314
Vigilância ética, 44
Virgin America, 65
Virgin, marca de mais de 366 empresas, 89
Visual, percurso, 201
Volume, estratégia de posicionamento orientado para, 143
Voz, 370

W

Wegmans, cadeia de supermercados, 240-241
Wendy's, rede de hambúrgueres, 274
Westin Hotels, 57-58
Wiersema, Fred, 361
World Airlines, 387-391

Z

Zappos.com, 397
Zappos, valores fundamentais que impulsionam sua cultura de serviço, 426
Zero defeitos
  modelo, 411
  versus zero perdas, 411-413
Zero defeitos, modelo, 411
Zero perdas, 412
Zero perdas, 411-412
Zero perdas, cultura de, desenvolvendo, 411-417
Zona de tolerância, 324

PERFIL ECONÔMICO MUNDIAL

PAÍS	PIB			FORÇA DE TRABALHO		
	SERVIÇO	INDÚSTRIA	AGRICULTURA	SERVIÇO	INDÚSTRIA	AGRICULTURA
Argentina	59,3%	32,2%	8,5%	76,0%	23,0%	1,0%
Austrália	71,3%	24,9%	3,8%	75,0%	21,4%	3,6%
Áustria	65,8%	32,5%	1,7%	67,0%	27,5%	5,5%
Azerbaijão	33,7%	60,5%	5,8%	48,6%	12,1%	39,3%
Bahamas	90,0%	7,0%	3,0%	90,0%	5,0%	5,0%
Bahrain	41,5%	58,0%	0,5%	20,0%	79,0%	1,0%
Belarus	51,0%	39,7%	9,3%	51,3%	34,7%	14,0%
Bélgica	51,0%	39,7%	9,3%	51,3%	34,7%	14,0%
Brasil	70,4%	23,8%	5,8%	71%	13,3%	15,7%
Canadá	69,6%	28,4%	2,0%	79,0%	19,0%	2,0%
China	40,5%	48,6%	10,9%	33,2%	27,3%	39,5%
Cuba	74,8%	20,9%	4,3%	60,6%	19,4%	20,0%
Dinamarca	73,1%	25,7%	1,2%	72,9%	24,2%	2,9%
Egito	49,2%	37,7%	13,1%	51,0%	17,0%	32,0%
Equador	57,6%	35,6%	6,8%	70,4%	21,3%	8,3%
República Tcheca	62,2%	35,0%	2,8%	56,2%	40,2%	3,6%
Alemanha	72,0%	27,1%	0,9%	67,8%	29,8%	2,4%
Etiópia	43,0%	13,2%	43,8%	10,0%	5,0%	85,0%
Finlândia	65,8%	30,8%	3,4%	69,9%	25,6%	4,5%
França	78,9%	19,0%	2,1%	71,8%	24,4%	3,8%
Gana	37,5%	25,2%	37,3%	29,0%	15,0%	56,0%
Grécia	75,6%	20,5%	3,9%	65,1%	22,5%	12,4%
Hong Kong	92,3%	7,6%	0,1%	91,6%	8,0%	0,4%
Hungria	62,4%	34,2%	3,4%	62,6%	32,4%	5,0%
Índia	62,5%	20,0%	17,5%	34,0%	14,0%	52,0%
Israel	65,4%	32,0%	2,6%	82,0%	16,0%	2,0%
Coreia do Sul	57,6%	39,4%	3,0%	67,7%	25,1%	7,2%
Itália	72,9%	25,0%	2,1%	65,1%	30,7%	4,2%
Jamaica	64,7%	29,6%	5,7%	64,0%	19,0%	17,0%
Japão	75,3%	23,1%	1,6%	67,6%	27,9%	4,5%
Quirguistão	53,4%	15,9%	30,7%	39,5%	12,5%	48,0%
Líbano	76,2%	18,7%	5,1%	N/A	N/A	N/A
Marrocos	48,6%	32,6%	18,8%	44,6%	19,9%	35,5%
México	61,3%	34,6%	4,1%	59,1%	25,8%	15,1%
Noruega	52,7%	45,1%	2,2%	76,0%	21,1%	2,9%
Nova Zelândia	69,7%	25,8%	4,5%	74,0%	19,0%	7,0%
Cingapura	73,2%	26,8%	0,0%	77,4%	22,6%	0,0%
Paquistão	54,9%	24,3%	20,8%	36,6%	20,4%	43,0%
Polônia	67,3%	28,1%	4,6%	53,4%	29,2%	17,4%
Portugal	72,8%	24,3%	2,9%	60,0%	30,0%	10,0%
Suíça	64,5%	34,0%	1,5%	73,2%	22,9%	3,9%
Reino Unido	75,0%	23,8%	1,2%	80,4%	18,2%	1,4%
Tailândia	43,7%	44,0%	12,3%	37,1%	20,3%	42,6%
Taiwan	75,2%	23,1%	1,7%	58,0%	36,9%	5,1%
Turquia	64,7%	25,9%	9,4%	45,8%	24,7%	29,5%
Ucrânia	58,8%	31,2%	10,0%	56,4%	24,2%	19,4%
Cisjordânia	81,0%	14,0%	5,0%	68,0%	15,0%	17,0%
Estados Unidos	76,9%	21,9%	1,2%	76,8%	22,6%	0,6%
Iêmen	51,1%	39,2%	9,7%	N/A	N/A	N/A
Venezuela	61,4%	34,6%	4,0%	64,0%	23,0%	13,0%
Vietnã	38,7%	39,9%	21,4%	25,5%	18,9%	55,6%

Fonte: *The World Factbook 2009* (Washington, DC: Central Intelligence Agency, 2009). Disponível em: <https://www.cia.gov/library/publications/the-world-factbook/>. Acesso em: 28 abr. 2010. Dados do Brasil acessados em: 7 set. 2015.